活用經濟學

朱容徵 編著

全華圖書股份有限公司

推薦序

　　「經濟學」這一門學科的修習，在商學與管理等相關領域，均扮演著相當重要的角色。然以現今大專學生對經濟學的瞭解，時常會令授課老師感到坊間教科書，出現教材內容過多與艱深的壓力。因此，如何能有一本活用經學理論，且能結合實務議題探討與分析的教材，是目前在大專院校開設「經濟學」的老師，在考量如何選用不同教材的需要。

　　作者朱容徵老師在《活用經濟學》這本編著中，致力於將經濟學的理論普及化、生活化，在全書卅二個章節的內容架構上，先將重要的經濟學基本圖形綜合整理，再配合相關經濟理論與分析工具，最後輔以每章節末所引用的經濟實務案例，來協助學生讀者如何將經濟學理論，活用於經濟實務議題的綜合分析。如此的安排可讓學生在修習經濟學時，不會因艱深的數理推演而加以抗拒，亦可以進一步將所學的經濟理論與實務議題作結合，因此是一本著眼於，如何將經濟學理論活用在實務議題的優良教材，也讓經濟學的理論與實務能有結合與對話的管道。

　　《活用經濟學》這本書適合大專院校經濟、財金、商學與管理等相關科系，開設「經濟學」、「經濟分析」等課程使用。經由此本教材的使用，必能讓授課的老師與修課的學生，得以在經濟學的學理與應用上，有更大整合與分析能力的養成。同時，對生活週遭發生的日常經濟事件與案例，亦能有更敏銳的觀察力與關懷情。感謝這本教材的到來，讓它可以有機會去嘉惠更多的莘莘學子。

楊政學　謹識

竹東・浮塵居

作者序

　　經濟學是經世濟民之學，下至民生，上至國計，無不與經濟有關；也就是說，我們每天都在過經濟生活。因此，經濟學不只是法商管理科系的必修課程，其他科系學生或社會人士也渴望了解經濟知識。然而，很多相關科系學生學成畢業後，竟然連日常財經新聞都看不懂，更遑論進一步分析了。這可能是學習方法偏差，也可能是學習內容偏離現實，總之是經濟學教育的一大挫敗。

　　許多人以為「經濟」就是一味追求財富，因此將其和「自私貪婪」畫上等號，同為萬惡淵藪。事實上正好相反！違反經濟原理才是社會亂源！美國次級房貸風暴與國內的卡債、超貸問題如出一轍：金融機構一味擴充業務，消費者只顧當下享樂，未理性分配有限資源。因違反經濟原理導致金融風暴問題，自古至今層出不窮，並非新時代產物，但因全球化與衍生性金融商品，引發更大危機。

　　投資人與企業主常好高騖遠，盲目擴張造成一敗塗地傾家蕩產；個人、企業、政府都可能浪費資源或過勞而成效不彰甚至於崩潰。社會上充斥口水戰和不安情緒，也多來自與其他人事物互動缺乏理性調整，退一步海闊天空才能達到穩定的均衡狀態。過度耗能引發氣候異常與生態浩劫，如何使經濟活動與自然環境達成均衡，有利經濟永續發展，成為最大課題。

　　我在科技大學任教，致力推動將經濟學理論普及化、生活化，將重要的經濟學基本圖形綜合整理，配合相關之經濟理論與分析方法，並輔以經濟生活實例及財經資訊導讀，引領初學者融會貫通很自然地經常記得！

　　本書初版發行後，隨即獲得市場好評與熱烈迴響，經濟學生活化的實務教學也逐漸獲得認同。為滿足師生們的期盼及需求，筆者在百忙中進行改版，除補充內容，結構編排條列分明，並新增「學習導引」、「動動腦」、「經濟視野」等專欄，加入最新財經議題，例如市場分析有關之美國牛肉進口爭議、塑化劑風暴等；產業分析探討台灣四大「慘」業、日本豐田汽車問題等；總體經濟加入美國金融海嘯前因後果、各國因應政策的效果和影響、歐債危機的可能發展等。

　　本書《活用經濟學－財經分析實用寶典》將吾道一以貫之，強調經濟理論之應用，理性選擇最適決策，以發揮最大效益。「活用經濟實務」取材自日常財經資訊，並非罕

見的特殊個案，亦不涉及任何商業機密，主要目的在引導讀者於每一階段學習後，立即觀察實例練習應用，並提示相關理論依據作為參考；希望隨時保持偵查環境的敏感度，類似事件發生時能夠激發靈感，就時事如何在理論中印證，可以將所學進一步分析應用。本書可為經濟學上課教材及相關課程參考用書，並適合社會人士分析經濟活動之專業辭典。

經濟原理除了在傳統市場經濟中分為個體與總體經濟，應用到管理經濟與產業經濟，更延伸到環境經濟、政治經濟、社會經濟等不同領域。經濟原理與每個人的日常生活及未來發展都息息相關，所以全民學經濟，有效率地運用有限資源，達到整體的穩定均衡狀態，才能建立理性和諧的富足社會。

本書內容廣泛充實，盡力保留理論觀念與分析方法之連貫完整，在文句說明上力求簡明易懂，即「字字珠璣，句句精華」，把經濟學的基本理念「將有限資源作最有效運用」發揮淋漓盡致，使讀者能「以最低成本獲得最佳學習效果」。

基於對經濟學的熱愛與教育良知，本書捨去資料堆積與冗長贅述，培養學生獨立思考能力，將所學舉一反三聞一知十。希望本書能提供學習者一支牢靠的「釣竿」，引導「釣魚的方法」，經濟問題未必有標準答案，巧妙各有不同；讀者可以嘗試從不同條件與理論分析同一事件，並多觀察日常生活與財經資訊，才能學以致用並滿載而歸。

終於完成這本書，心中充滿喜悅與感恩：父母的栽培、家人的協助、師長的指導、朋友的鼓勵、學生的教學相長與殷切期盼，甚至周遭生活事物、大自然的生命力，都是孕育本書誕生的動力，並豐富其內涵。

期待讀者也能以喜悅與感恩的心情圓滿研習經濟學，用後務必保留本書成為隨身寶典，勿遺棄或賤賣而浪費資源。感謝認同理念的學者先進支持採用並不吝指教，敬請將本書的優點加以推廣告訴大家，而對缺點疏漏提供建言告知我們。

朱容徵 謹識

2014 年 09 月

經濟學不只是相關科系的基礎學科,也可以成爲日常的生活哲學,它更應是全民的通識教育,任何人都不要成爲經濟學文盲。然而,傳統經濟學教科書多從研究者角度出發而深奧繁瑣,大部份參考書則爲準備考試而編寫,將經濟學當成數學勤作計算練習,或爲應付考試死背答案,卻不知其所以然。

本書共分爲卅二章:第一至四章爲經濟學基本分析,從市場均衡與價量變化出發,進而分析市場的均衡變化與各種彈性應用;第五至八章爲個體經濟活動,了解市場參與者(消費者與生產者)的決策過程;第九至十二章爲市場結構,認識並比較各種市場結構之特性、影響與廠商因應對策;第十三至十六章以市場效率、干預與失靈爲個體經濟總結。第十七至廿三章深入了解總體經濟活動之衡量、問題與政策,先認識常見的經濟指標意義及衡量方法,再了解總體經濟問題與政策的內涵及影響;第廿四至廿八章爲分析模型,進而介紹各學派理論,從不同角度與條件分析總體經濟議題與政策效果;第廿九、三十章爲經濟波動、成長與發展,認識並比較各種經濟變化之特性、影響與策略;第卅一、卅二章加入國際經濟活動,分析開放經濟體系爲總體經濟總結。

每章以「學習導引」專欄開始,簡介該章經濟學理論的代表性學者論著和歷史背景;「預習思考」引導觀察日常生活與該章重點之關聯性。內文基本觀念由淺入深循序漸進,著重分析方法融會貫通;課文中亦穿插「動動腦」,引導讀者思考應用。

每一節「綜合範例」改編近年來升學轉學、各大名校考試及高普考題目,代表學習經濟學的基本程度,除解答外並配合提示相關之精簡重點,範例精析幫助讀者熟悉考試題型並鑑往知來,切忌穿鑿附會死背答案;每章末「複習演練」可加強練習,熟練基本題型的重點內容與解題方法,了解考題勤作練習並知其所以然,將來題目變化甚至於複選、填充、計算、問答等,乃至於英文題目只要掌握專有名詞關鍵字,都可以應付自如,知己知彼百戰百勝。

每一節末「經濟視野」專欄,探討該節經濟學理論相關的財經議題與應用領域;每章末「活用經濟實務」關注最新財經資訊,期使讀者可以依個別需要,應用所學立即探討實務個案;或分析時從本書找到類似個案,了解相關理論。

1

經濟學基本分析

學習導引： 亞當·史密斯與馬克思

經濟視野❶ 魚與熊掌不可兼得

經濟視野❷ 爲何經濟制度又分爲左派？右派？

經濟視野❸ 經濟社會趨勢圖形分析－M形社會來了

活用經濟實務：資本主義山窮水盡？福利國家債臺高築？

　　英國蘇格蘭哲學家和經濟學家亞當‧史密斯（Adam Smith），在 1776 年出版的《國富論》—《國民財富的性質和原因的研究》，成為第一本闡述歐洲產業和商業發展歷史的著作；發展成為現代經濟學科的先驅，也提供了現代自由貿易、資本主義和自由意志主義的理論基礎。

　　《國富論》主張自由市場表面看似混亂而毫無拘束，實際上卻是由一隻被稱為「看不見的手」（invisible hand）所指引，將會引導市場生產出正確的產品數量和種類。自由市場的競爭將能利用自私而貪婪的人性來提供更多具有利潤的產品和服務，進而造福整個社會。反對絕大多數政府管制經濟的行為，因為終將導致長期的效率低落以及價格的居高不下。

【馬克思】

　　馬克思主義創始人猶太裔德國人，政治學家、哲學家、經濟學家卡爾‧海因里希‧馬克思（Karl Heinrich Marx）主要著作《資本論》（1867 年–1894 年），認為資本家是靠壓榨勞工的方式，降低製造成本來賺取利潤，勞工的成本越便宜，資本家的利潤也就越高。馬克思承認，資本主義是歷史上最具生產力的社會結構，但勞工的利益將因為科技的進步而貶低。資本主義將物極必反，無產階級必將因為思想的解放，逐漸取代資產階級，帶動國家經濟的發展。

　　20 世紀中葉，列寧及其他革命者的提倡以及蘇聯的建立，馬克思主義以及社會主義運動達到巔峰。隨著蘇聯的式微與解體，馬克思主義在政治上的影響力也逐漸衰退。近年來，由於西方金融危機等因素的影響，閱讀馬克思著作和研究其思想的熱潮又在歐美世界顯現。

📩 預習思考

☆ 試以經濟學及經濟問題的意義，說明您如何使用每天固定之零用錢、運用一天 24 小時，以滿足您的生活。

☆ 試以理性選擇及機會成本的意義，說明為何「知足可以常樂」；並以極大化及最適化的意義，說明為何「退一步海闊天空」。

☆ 您所屬之廠商在產品市場供給哪些財貨勞務？獲得多少營業收入？需求哪些要素投入生產活動，並支出多少要素報酬？您的家庭成員獲得多少要素報酬？如何依據市場價格調整資源配置？

1-1 經濟學導論

一、經濟學的定義

　　經濟學（Economics）是一門社會科學，研究如何有效率地運用有限資源，在許多可行方案中，理性選擇最適途徑，以發揮最大效果。

二、經濟問題

　　人類無窮的慾望，不能滿足於相對稀少的資源，資源雖然有限卻具有多重用途，理性選擇滿足最大慾望，便可解決此問題（如圖 1-1）。

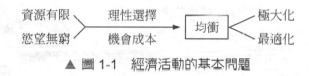

▲ 圖 1-1　經濟活動的基本問題

1.資源有限

　　資源的稀少性是經濟問題的根源，每人每天可用的時間、體能、人力、物力、財力等資源，均為固定有限，但有多重用途，必須理性選擇，合理分配。

2.慾望無窮

　　每人每天面對食、衣、住、行、育、樂等生活、物質與精神各種需求，在相對稀少的資源下，不能同時完全滿足，必須依優先順序有所取捨。

三、經濟問題的解決方法

1.理性選擇

　　在「資源有限慾望無窮」的經濟條件下，任一經濟活動都會面對選擇問題，以滿足最大慾望。就個體而言，必須在有限條件下求極大解；就總體言，必須使整體經濟社會福利最適化。

2.效益極大

　　理性選擇時，會追求自己認為最好的目標，處於限制條件的競爭環境下，必須將有限資源花費在最有價值的用途上，使資源運用有最好的效益。有效率地運用有限資源，理性選擇最適途徑，以滿足最大慾望。

3.配置最適

個體要做最適當的選擇，並在社會中與其他人事物互動調整，使資源做最適當的配置，達到整體經濟的最大福利，才能達到極大化及最適化。

4.機會成本

取捨選擇表示放棄其他機會，以換取獲得所要的事物；被放棄的事物中，價值最高者為機會成本（opportunity cost）（故機會成本不是放棄項目的收益總和），亦即任何選擇所須付出的最大代價。機會成本的衡量不一定是用錢，有可能是用其價值感。

為了實現某個目標而必須放棄的其他收益，又稱為替代性成本，亦即失去利用這些資源生產其他最佳替代品的機會，也就是有得必有失。在制定國家經濟計畫、新投資項目的可行性、新產品開發、乃至工人選擇工作中，都存在機會成本問題。被捨棄掉的選項之價值或喜愛程度改變時，並不會令機會成本改變。機會成本所指的機會必須是決策者可選擇的項目，若非決策者可選擇的項目便不屬於決策者的機會（如圖 1-2）。

▲ 圖 1-2　理性的決策過程

四、財貨的種類

商品依是否須付出代價可區分為自由財（free goods）與經濟財（economic goods）（詳表 1-1）。

▼ 表 1-1　財貨的種類

類別	說明
自由財	不須付出代價即可自由取得充分享用的資源，如陽光、空氣等，又稱為無償財。
經濟財	須付出代價才能取得占有的事物，如各種財貨勞務、生產要素等，又稱為有償財，即市場的價格大於 0。

五、經濟學的研究範圍

1. 依研究對象區分

經濟學研究對象的範圍，由小而大可分爲個體經濟學（micro economics）、總體經濟學（macro economics）與國際經濟學（international economics）；而經濟學研究方法可應用在各種不同領域，其中應用在商管領域的主要爲管理經濟學（managerial economics）（詳表 1-2）。

▼ 表 1-2　經濟學研究對象的範圍

類別	說明
個體（微觀）經濟學	又稱爲**價格理論**，以經濟社會中的個別單位活動爲對象，包括個別家戶、廠商的消費、生產行爲，個別市場、產業的供給、需求、價格、數量變化與影響，市場均衡、市場結構、效率福利、市場失靈等議題。
總體（宏觀）經濟學	又稱爲**所得理論**，以個別經濟單位總合之整體經濟社會爲對象，包括總產出、總所得與物價指數衡量，經濟循環與成長發展、失業與通貨膨脹等問題，及相關之模型分析與利率、政策制度等議題。
國際經濟學	以不同經濟體（國家）之間的經濟活動爲對象，分析國際間商品、生產因素及國際收支的經濟關係，包括貿易理論、貿易政策、外匯市場分析、國際收支帳及調整、國際金融、相關政策等議題。
管理經濟學	又稱爲**經濟策略分析**，以經濟社會中的企業活動爲對象，應用經濟學理論和方法於企業經營管理的一門應用經濟學。研究如何以經濟學方法，理性選擇最適決策，以滿足管理目標，包括訂價、產品、產量、成本、組織、發展等策略議題。

2. 依研究性質區分

經濟學依資料來源及分析目的可分爲實證經濟學（positive）、規範經濟學（normative）與敘述（descriptive）經濟學（詳表 1-3）。

▼ 表 1-3　經濟學研究性質的範圍

類別	說明
實證經濟學	用客觀嚴謹的方法，說明經濟現象「是什麼」的事實描述，而和好壞對錯的主觀價值判斷無關。一般以經濟理論來解釋分析各種經濟現象的前因後果及其相互關係，可以科學方法檢測其有效性及相關性。
規範經濟學	依據主觀的判別標準來決定經濟活動「該如何」的規範論述，通常以實證經濟理論為基礎，加上某些價值標準，來評估經濟政策或制度對各種經濟變數的影響與好壞，並評價其合理性及利弊得失。若外力有一隻手在干預，則市場機能可能將無法順利運作，因此經濟學強調實事性，而盡量避免規範性。
敘述經濟學	觀察並記錄曾經發生的經濟事實，闡釋經濟現象的發展歷程，如經濟史與發展變遷等。以此了解各種經濟活動的演變，並可作為實證經濟學檢證理論可靠性的實際資料，或規範經濟學用來作為評判標準的依據。

六、經濟學的研究

1.科學方法

　　發現問題 → 蒐集相關資料加以觀察衡量→建立模型：提出一般化結論，描述實際狀況，分析各變數之間相互關係，進而推測可能的影響因素與結果→比較事實狀況與模型推論，檢測其結果是否相符，發展相關理論，對問題演變指出可能方向並加以解決。

2.常見的謬誤

　　經由對個別現象的觀察與統計，找出其共同特點，進而提出結論，稱為歸納法（Induction）；以推理方法，從一般化結論反推個別情況的可能結果，稱為演繹法（Deduction）。論述過程中，論者都會犯上一些謬誤（fallacy），即不合邏輯的推理或思想方法。

　　經濟學研究應用科學方法，將相關變數在特定限制下發展出經濟模型，但須避免合成謬誤（fallacy of composition）、分割謬誤（fallacy of division）、因果謬誤（causal fallacies）等邏輯上的謬誤（詳表 1-4）。

▼ 表 1-4　邏輯推論的謬誤

類別	說明
合成謬誤	以偏概全（hasty generalization）：一種以個別代替全體的謬誤。 因整體為個別所合成，而誤認整體與個別相同，認為在個人層次有利的事情，在社會層次也會有利；誤以為部分是對的，合成的結果也會是對的。但個體要在社會中與其他人事物互動調整，不會與整體完全一致；對個體經濟有利者，對總體經濟未必有利，個體的理性有時會導致群體的非理性。
分割謬誤	人身攻擊（ad hominem argument）：不是攻擊他人的論點，而是攻擊他人的國籍、種族、樣貌、身分、地位、職業、性格、性別等。 因個別為整體的一部分，而誤認個別與整體相同。雖然整體有其一般化特性，卻不能因此認為所有個體與其整體完全相同。對總體經濟有利者，對所有個體經濟未必都有利。事實上每個個體有其獨特性，對任何事件（經濟活動）的影響利害各不相同，與整體也不會完全一致。
因果謬誤	兩事件前後接續發生，即誤以為兩者具有前因後果的關係。兩事件（經濟變數）可能純屬巧合的獨立事件，可能真有因果關係，也可能是伴隨發生的其他影響因素所造成的因果關係，須再多加觀察與分析才能下定論。直覺式線性因果思維包括直覺判斷、直覺歸因、直覺解釋且信以為真，可能在動態性連續運作的乘數效果下，因而陷入決策危機。

▶ 動動腦 ◀

1. 對某特定族群存有偏見（即敵視其所有成員），屬於何種謬誤，應如何調整？
2. 因某人的不當行為而對其所屬族群存有偏見，屬於何種謬誤，應如何調整？
3. 當證所稅的實施伴隨著股市下跌，若因此定論兩者的關聯性，屬於何種謬誤，應如何觀察分析其他影響因素（如景氣蕭條）？

3.經濟模型

　　經濟模型（economic model）是指以科學方法，將經濟事項之具有普遍性與重要性的經濟變數及其相關性，發展成有系統的一般化理論，並加以概括簡化表達。以文字敘述推理說明的表達方式，稱為文學（literary）經濟模型；使用具體嚴謹的數學程式作為表達工具，則稱為數理（mathmatical）經濟模型；通常以簡明的幾何圖形分析，輔助表達經濟模型的經濟變數大小及其相互關係。

(1) 其他條件不變

其他條件不變是指在特定限制下，將所要研究的事項獨立出來單獨研討，使該影響因素與研究對象之間的相互關係簡單明確，而不考慮其他可能的複雜情境。然而，現實經濟社會活動是動態多變的，因此經濟模型無法提出完全精確肯定的結論，經濟活動與其影響也不可能完全控制，只能分析出可能方向並研擬較適當對策。

(2) 變數的定義

變數（variables）是指可調整變動量的事件，經濟變數指所要研究的經濟事項之影響因素與結果，通常以符號（英文字母）表示；不受相關因素影響變動的定量則稱為常數（constants）。某一特定經濟體系或經濟模型內，相互影響的因素稱為內生（endogenous）變數；該經濟體系外，影響經濟模型活動的事件則稱為外生（exogenous）變數。受控制觀察之相關因素稱為自變數；受自變數影響所造成之結果稱為因變數。

 綜合範例

下列對於經濟學的相關定義，何者有誤？
(A) 經濟學是一門研究選擇的學問
(B) 經濟學的基本假設是資源有限但慾望無窮
(C) 「抽煙是不好的，所以我們要對抽煙課稅」，屬於實證經濟學的研究範圍

 詳經濟學、經濟問題、實證經濟學、規範經濟學、個體經濟學。

(C) 有誤，屬於規範經濟學。

魚與熊掌不可兼得

當人同時面臨兩或多個抉擇時候，內心的猶豫不決與擔心就會浮現出來，因怕沒選到的會比選到的更好，結果有可能是兩頭空，讓自己陷入混沌兩難之間。我們做任何的抉擇都會有機會成本產生；其實人不管怎麼做選擇，最後都會付出代價的，只是這個代價有高低之分而已。

任何事都是「成本效益原則」，機會成本考慮了成本面，如果效益更大也是值得的。面對快速的變化，包括了自己的日常生活與職場工作、職涯規劃，幾乎每個人常常都得面臨重大的抉擇，來選擇要魚或要熊掌；要學會如何確認與掌握有利於自己的機會成本，以協助自我做出成功的決策。

▲ 天平—成本與效益

1-2 基本經濟活動

一、經濟活動循環

最早由十八世紀法國經濟學家奎納（F. Quesnay）所提出，描述現代自由經濟社會運行的概況。了解個體經濟中的經濟角色及互動關係，參與經濟活動的主體為家戶與廠商，市場依交易標的分為產品市場與要素市場（如圖 1-3）。

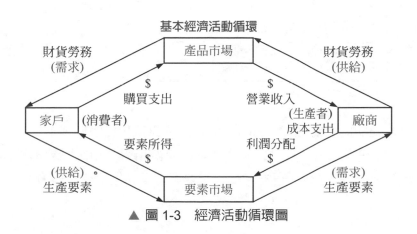

▲ 圖 1-3　經濟活動循環圖

圖形上半部表示廠商將財貨勞務供給到產品市場，家戶消費所需求的財貨勞務，並支付價款成為廠商的營業收入，對財貨勞務的消費需求又稱為終極需求。圖形下半部表示家戶將生產要素供給到要素市場，廠商購買所需求的生產要素投入生產活動，並支出成本與分配利潤成為家戶的要素所得，對生產要素的需求又稱為引申需求，受產品需求影響。圖形外圈為交易標的，內圈為交易媒介（貨幣），流向相反代表買賣雙方交易，在均衡狀態下川流不息（營業收入＝成本支出＋利潤分配＝要素所得　購買支出＝營業收入），自成一基本經濟活動循環（circular flow of economic activities）。

各種產品與要素的供需互動形成其價格（price；P），引導經濟主體家戶與廠商調整他們的資源配置，而他們的決策也會成為改變供需的力量，而影響價格與數量（quantity；Q）。市場機能引導經濟活動的資源配置達到最佳效率，供給分析衡量經濟活動的成本，需求分析衡量經濟活動的效益，因此經濟分析又稱為成本效益分析（cost-benefit analysis）。

二、市場的定義

市場（market）是指買賣雙方對產品或要素進行交易（詳表 1-6），而交易活動的發生，則透過買賣雙方的需求與供給互動接受而完成。經濟學強調市場的價格功能，不在乎場所，而是以能否決定價格為準；市場指的是生產特定產品的廠商（生產者）及共同決定該項產品價格的消費者的集合。

▼ 表 1-6　市場類型

類型	說明
產品（product）市場	交易的標的，包括農、牧、漁、獵、採集、養殖、製造等有形的財貨，以及教育、運輸、通訊、金融、行政、服務等無形的勞務。
要素（factor）市場	交易的標的為土地、資本、勞動及企業能力四大生產要素。土地是廠商生產所在的地表及其所含的自然資源，報酬為地租；資本指生產所用的廠房、機器、設備等生產工具，報酬為利息；勞動為從事生產活動勞心勞力的一般員工，報酬為工資；企業能力則為管理人規劃、組織、領導、控制生產投入以完成生產活動，報酬為利潤。

1. 家戶

家戶（household）或稱家計部門，屬於消費單位，為家庭或個人，可能是勞工、地主、資方或經理人。家戶將供給生產要素的報酬所得，用來購買消費所需求的財貨勞務，是產品市場的需求者（買方），也是要素市場的供給者（賣方）。

2.廠商

廠商（firm）或稱企業部門，屬於生產組織，可為工廠、商店、企業或產業。廠商將供給財貨勞務所得的營業收入，用來購買生產所需求的生產要素，是產品市場的供給者（賣方），也是要素市場的需求者（買方）。

三、產業的定義

生產同一產品的所有廠商之集合，共同形成該產品供給面的市場。產業指一個經濟體中，有效運用資金與勞力從事生產經濟物品（財貨勞務）的各種行業。

1.產業分類

在四級產業分類法中：

☐ 第一產業（又稱初級產業）泛指一切從事原材料開採的行業，例如採礦業、農業、漁業等等。

☐ 第二產業（又稱次級產業）是進行加工的行業，對第一產業生產出來的原料或其他第二產業生產的半製成品進行加工，包括工業、建造業等。

☐ 第三產業泛指一切提供服務的行業，例如法律、醫療、批發業等。

☐ 第四產業是一種相對地新興的行業，以提供智慧型服務為特徵的產業領域，與資訊技術、科學研究相關的高新技術產業以及教育、資訊產業，例如電腦程式設計、生化科技等等。

亦有人認為有第五產業，指提供非牟利為目的之公共產業，包括國防、司法、治安、消防等政府公共服務、基礎設施建設、福利事業等等，但亦有人認為這類行業屬第四產業。一國經濟亦可以概括地分為公共部門和私營部門，而各產業一般被歸入私營部門。國家用作統計的產業分類一般只有傳統上的前三種產業。

2.產業分析（Industry analysis）

企業對特定行業的進行調查與分析，主要是在探討產業中的市場結構、廠商行為與其經營績效三者之間的相互關係。為企業制定科學有效的戰略規劃，分析結果可以幫助政府透過改變產業結構，影響廠商行為以改善資源利用的效率，最後提供更好的公共利益服務。

四、經濟制度

經濟制度（Economic System）是解決經濟問題的方法，規範家戶、廠商、政府等經濟個體之間，經濟行為的互動關係與分工合作，使全國經濟資源有效運用，社會經濟活動順利進行，不同經濟制度對經濟活動產生不同的規範和影響。

不同經濟制度的主要區別（詳表 1-7），在財產權與經濟決策權之歸屬，財產權（property rights）包括生產工具與消費財，歸屬於公有或私有；經濟決策權（rights of resources allocation）包括主要經濟活動，生產（就業）權及消費權，歸屬於中央集權或市場分權。

財產私有且市場分權者為自由（市場）資本主義，如美國、西歐；財產私有而中央集權者為集中（法西斯）資本主義，如二次大戰時之德國、日本；財產公有而市場分權者為社會主義，如南斯拉夫、羅馬尼亞等南歐國家；財產公有且中央集權者為共產主義，如古巴、北韓。一般簡化分為資本主義與社會主義。

▼ 表 1-7　經濟制度的類型

類型	說明
資本主義（capitalism）	財產私有為主，經由市場機能取得、處分，且自由運用於生產（就業）及消費等經濟活動，經濟個體以自利為動機，追求最大報酬以累積私有財產。
福利國家（welfare state）	保有財產私有且市場分權的資本主義制度特性，尊重自由市場，以經濟個體追求最大利益之動機，維持經濟成長的動力；但政府亦直接介入公權力，強制對集體全面施行政策干預，以滿足社會基本要求。
社會主義（socialism）	政府擁有財產權與經濟決策權，控制全國經濟資源之分配使用，全面規劃全國經濟資源之分配使用與經濟活動，以完成國家整體經濟目標，滿足社會人民基本生活要求與最大社會福利。
共產主義（communism）	以革命手段的強制力量控制全國經濟資源，以達成社會主義的理想，又稱為極權社會主義（authoritarian socialism）。
自由社會主義（liberal socialism）	經由自由民主機制，逐步溫和推動社會主義理想，又稱為民主社會主義（democratic socialism），如民主國家的勞工黨或社會黨等，大部分已接近修正資本主義之福利國家制度。

極端的經濟制度在現實上難以完全施行，因此一般國家多採行介於兩者之間的混合經濟（mixed economy），亦即公共部門與私人部門各自擁有財產權，政府與民間同時對經濟活動有決策權，每一國家政府介入程度不一。衡量全國固定資本投資毛額中，民間部門所占比例，作為該國人民享有財產權與經濟決策權程度之參考。

➤ 動動腦 ◄

美國領頭遊說世上許多地區解除政府對融資與企業的干預，但美國式自由放任所造成的浮濫，正是當前全球金融體系失序的罪魁禍首，世界各國政府該如何拿捏與企業互動的分寸？

共產主義國家的民間固定資本投資接近 0，表示政府完全控制全國經濟資源之分配使用；集中式資本主義與社會主義的民間固定資本投資大約 50%，表示政府與私人共享全國經濟資源，再依政府中央集權與市場開放之程度區分；資本主義與福利國家的民間固定資本投資大約 70%，表示民間部門與市場機能主導全國經濟活動，政府介入為輔導協助之角色。

資本主義假設每一經濟個體是理性的經濟人，選擇以最小資源（代價）獲得最大利益，整體社會亦隨之達到最佳經濟效率之全面均衡，即社會福利最大。資本主義經濟制度的經濟活動，由自由市場之價格機能引導調整，又稱為市場經濟（market economy）或自由企業制度（free enterprise system）。福利國家制度是對完全自由放任的極端資本主義進行修正。

社會主義政府掌握主要的生產工具並經營民生事業，避免市場自由競爭由少數強勢者壟斷大部分經濟資源，而剝削多數弱勢者，造成勞動薪資將下跌且失業增加問題。經濟決策由上而下，人民缺乏自主權，又稱為計畫經濟（planned economy）或統制經濟（command economy）。

自由社會主義制度的政府，擁有較多公有財產與較大經濟決策權，增加中央經濟計畫部門的功能。但政府並未控制全國經濟資源之分配使用，而是以政策引導經濟活動方向；尊重自由市場，但介入干預避免市場失靈；保障人民的私有財產權與經濟決策權，但防止少數壟斷剝削，以維護市場秩序及社會公益。偏向社會主義的政黨獲得民意支持執政，也不能改變國家基本體制。

 綜合範例

說明蘇聯與東歐等國家之共產主義制度，由解放理想轉變成集權統治，終於崩潰瓦解的過程與理由。

Tip 詳社會主義、共產主義。

經濟視野②

為何經濟制度又分為左派？右派？

法國大革命之後所形成的國民議會，當時在半圓形的議事廳中，保守主義者坐在議長的右邊，激進派坐在議長的左邊，至於中間派則坐在議長對面的中間。左派在社會主義出現之後，漸漸代表政府介入經濟事務、擴大社會福利政策、公平重於效率的政治立場；而右派則相對代表政府減少干預、縮減社會福利、效率重於公平的政治立場，主張市場經濟跟私有財產，國家小政府最重要的任務在維護社會治安以及保護私有財產。所以此右派常被認為是資產階級有錢人的代言人，左派則常被認為是中下階層窮人的朋友。

1-3 數學圖形應用

以科學方法推算出來的經濟模型，可以方程式、函數、圖形等數學形式表達，便於說明各經濟變數的相關性及變化結果。

一、函數的定義

函數（function）表達各變數之相互關係。設 A、B 為兩非空集合，f 代表從 A 到 B 的對應關係，A 集合中的每一元素 x，在 B 集合中恰有一元素 y 與其對應，則稱 f 為從 A 對應到 B 的函數，可表示為 $f: A \rightarrow B$。A 集合是此函數的定義域（自變數），而 B 集合是此函數的值域（因變數），可表示為 $y = f(x)$。

多項函數 $f(x) = a_n X^n + a_{n-1} X^{n-1} + \cdots + a_1 X + a_0$，或稱為 n 次函數；$f(x) = a_1 X + a_0$，稱為一次函數或線性函數；$f(x) = a_0$，稱為常數函數。

1.函數圖形

函數 f 的定義域 A 集合中的每一元素 x，對應值域 B 集合中的元素 y，在座標平面上找到一特定點 (x, y) 代表兩變數大小，將每一對應點連結描繪成圖形，代表兩變數相互關係（如圖 1-4）。

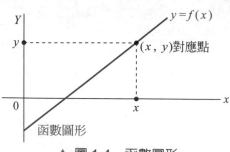

▲ 圖 1-4　函數圖形

2. 導數的定義

導數（derivative）是指函數 f 在 $x = a$ 的瞬間變化。函數 f 的導數表示為 $f(x) = df(x)/dx$，f 在 $x = a$ 的導數表示為 $f'(a) = \dfrac{df(x)}{dx}\bigg|_x = a$，可以微分法（differential）求其值。

> $f(x) = KX^N$ 則 $f'(x) = NKX^{N-1}$；
>
> $f(x) = C$ 為常數函數 (X^0)，則 $f'(x) = 0$

經一次微分所得之 $f'(x)$ 又稱為函數 $f(x)$ 的一階（first order）導數，若其為可微分函數，可再次微分得二階導數，以此類推。

3. 斜率的定義

斜率（slope）衡量兩變數變動的相對方向與程度大小，正值表示兩變數同方向變動，負值表示兩變數反方向變動，絕對值大小表示兩變數變動的相對程度，在座標平面圖形上，表示為斜率 $\Delta Y = \Delta X$，即橫軸變動一單位時之縱軸變動單位，或稱縱軸相對橫軸之變動程度，可視為該函數圖形的陡直程度。設線性函數 $f(x) = Y = mX + C$，C 為固定常數，則 $\Delta Y = m \times \Delta X$，表示 Y 隨 X 變動，其變動程度 $m = \Delta Y / \Delta X = $ 斜率 $= f'(x) = m$。

線性函數對應之直線圖形（如圖 1-5），每一點的陡直程度固定，即線上每一點之斜率相同，代表直線圖形上，任兩點之兩變數變動的相對程度相同。一階導數定義為函數 f 在 $x = a$ 的瞬間變化，在圖形上即代表斜率，線性函數的一階導數為固定常數，即線上每一點之斜率相同。

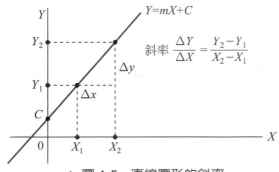

▲ 圖 1-5　直線圖形的斜率

$$斜率 = \frac{\Delta Y}{\Delta X}$$

多次項函數對應之曲線圖形（如圖 1-6），每一點的陡直程度不固定，即線上每一點之斜率不同，代表曲線圖形上任兩點之兩變數變動的相對程度不同。多次項函數的一階導數非固定常數，代表函數 f 在 $x=a$ 點的切線斜率，非固定常數。

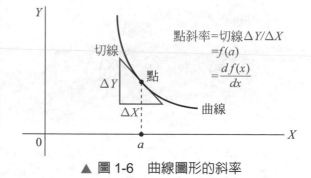

▲ 圖 1-6　曲線圖形的斜率

二、圖形分析

經濟學圖形用來表達經濟變數間的關係，將繁複的經濟現象與理論模型簡化，從基本座標圖形分析，即可了解其影響大小與變化方向（如圖 1-7）。

將經濟變數 X 置於橫軸，Y 置於縱軸，左下直角處為原點（0），距原點愈近表示變數愈小，愈遠表示變數愈大。因此，從圖形位置或移動方向可知兩經濟變

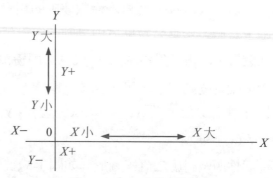

▲ 圖 1-7　基本座標圖形分析

數間的關係，或影響變化方向。即以橫軸左右判變數 X 大小，往左表示 X 愈小，往右表示 X 愈大，原點左方表示 X 為負，原點右方表示 X 為正。以縱軸上下定變數 Y 大小，往下表示 Y 愈小，往上表示 Y 愈大，原點下方表示 Y 為負，原點上方表示 Y 為正。

1. 線性圖形分析

線性圖形表示直線上所有點的斜率相同，即 X 與 Y 相對變動幅度相同。縱軸變數 Y 的變化大小與橫軸變數 X 的變化大小之比值；線愈陡直斜率愈大，線愈平坦斜率愈小。

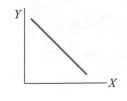

(1)　負斜率

線由左（X 小）上（Y 大）向右（X 大）下（Y 小）延伸，表示 X 與 Y 為反向變動關係，即負相關（如圖 1-8）。

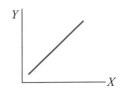

(2) 正斜率

線由左（X小）下（Y小）向右（X大）上（Y大）延伸，表示 X 與 Y 為同向變動關係，即正相關（如圖 1-9）。

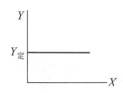

(3) 斜率 = 0

水平線，即不論 X 如何變化，Y 固定（$\Delta Y = 0$）（如圖 1-10）。

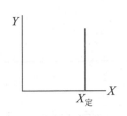

(4) 斜率 = ∞（無限大）

垂直線，即不論 Y 如何變化，X 固定（$\Delta X = 0$）（如圖 1-11）。

2.曲線圖形分析

曲線圖形表示線上所有點的斜率不同，即 X 與 Y 相對變動幅度不同。

$$切線斜率 = \frac{dY}{dX}$$

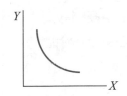

(1) 負相關而斜率遞減

X 與 Y 為反向變動關係，且隨著 X 增加（往右），Y 的變動幅度漸小（漸平坦）（如圖 1-12）。

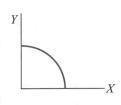

(2) 負相關而斜率遞增

X 與 Y 為反向變動關係，且隨著 X 增加（往右），Y 的變動幅度漸大（漸陡直）（如圖 1-13）。

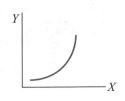

(3) 正相關而斜率遞增

X 與 Y 為同向變動關係，且隨著 X 增加（往右），Y 的變動幅度漸大（漸陡直）（如圖 1-14）。

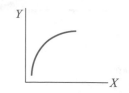

(4) 正相關而斜率遞減

X 與 Y 為同向變動關係，且隨著 X 增加（往右），Y 的變動幅度漸小（漸平坦）（如圖 1-15）。

 綜合範例

試以經濟變數的相互變動關係，舉例說明負斜率、正斜率、斜率 $=0$、斜率 $=\infty$（無限大）之線性圖形分析。

 詳線性圖形分析。

 經濟視野 ❸

經濟社會趨勢圖形分析－M 型社會來了

「M 型化」是日本趨勢大師大前研一 2005 年所提出，主要說明中產階級消失，貧富兩級化的現象。中產階級朝向兩端移動，就好像 M 這個英文字母一樣，中間凹陷而兩端突起。

由於全球化與資訊化的影響，中產階級漸漸消失了，結果產生富者愈富、貧者愈貧的現象。M 型社會就像是一個兩極化的社會，而兩極化的事物會處在一個動盪的狀態，將為國家社會埋下一個不安的因素。

富者財富快速攀升，隨著資源重新分配，中產階級因失去競爭力，而淪落到中下階層，整個社會的財富分配，在中間這塊有了很大的缺口，跟「M」的字型一樣，整個世界分成了三塊，左邊的窮人變多，右邊的富人也變多，但是中間這塊就陷下去，然後不見了。

資本主義山窮水盡？福利國家債台高築？

　　美國政府透過七千億美元紓困方案，對若干銀行進行部分國有化，收購部分股權來恢復投資人信心。即使只是委身當少數股東，都違背了市場基本教義派的美國體制基本信念。然而，象徵資本主義血液的資金已停止流通，以自由市場為基礎的經濟根本無法運作。

　　政府介入金融體系如此之深，是否還能算是自由市場？自由市場理論曾幫助數億人在近數十年來擺脫貧窮，但對美式資本主義的憤恨情緒確實逐漸升高中。不僅中國等開發中國家決定繼續由政府管制金融，英國推動銀行國有化，就連法國乃至國際貨幣基金，現在都呼籲以新的國際法規來查核全球金融狀況。

　　金融危機和歐債危機的連番襲擊，高福利社會也顯露出難以持續的跡象。北歐國家紛紛採取了推遲退休年齡、延長工作時間、縮短失業救濟領取期限、增加稅收、加強就業培訓，擴大綠色經濟和教育、科技創新領域的投資等措施，來增強抵禦經濟危機的能力，積極化解歐債危機的消極影響。希臘和義大利等南歐國家的債務危機愈演愈烈社會動盪，而西歐和中東歐國家在歐債危機的籠罩下也飄搖不定；丹麥、瑞典、挪威和芬蘭等北歐國家經濟以相對較低的公共債務、積極的勞動力市場、高福利和高稅收制度，使社會運行平穩，人民生活相對安定和諧。

　　北歐國家一直實行「從搖籃到墳墓」的高福利制度，福利體系涵蓋社會保障、國民福利、社會服務和社會救助等各個方面，使居民可以不因生、老、病、殘等原因而影響正常生活水準。居民從一出生就享受政府名目繁多的各種福利補貼，都享有接受教育的平等機會，從幼兒園到大學均享受免費教育和免費公共醫療。這些都是所謂的「北歐模式」，也意味社會必須有足夠多的納稅人來支援高稅收制度，維持福利體制的運作。金融危機和歐債危機連番襲擊，美日經濟復甦乏力，歐洲經濟持續低迷，北歐高福利經濟遭受的壓力越來越大。

試以經濟學分析，思考以下問題：

1. 說明資本主義的意義及其對總體經濟活動的影響。
2. 說明福利國家之形成過程與理由，及其對總體經濟活動的影響。
3. 說明極端的資本主義與社會主義經濟制度，都逐漸向中間修正靠攏之過程與理由。

（　　）1. 生產某個物品的機會成本，是指　(A) 它所投入之每一項資源所有其他用途之價值加總　(B) 它所投入之每一項資源所有其他用途中價值最高者的加總　(C) 它所投入之每一項資源市價的加總　(D) 此一物品的市價。

（　　）2. 下列有關經濟學的基本概念，何者是不正確的？　(A) 經濟行為是選擇的行為　(B) 稀少與貧窮是不同的兩回事　(C) 經濟學強調實事性（positive），而盡量避免規範性（normative）　(D) 物品的數量一定要很多，才是自由財（free goods）。

（　　）3. 下列有關經濟學中所常用的生產要素之描述，何者有誤？　(A) 生產要素包括勞動、資本、土地與企業家精神　(B) 勞動的報酬是工資　(C) 土地的報酬是地租　(D) 資本的報酬是利潤。

（　　）4. 下列哪一個敘述屬於規範經濟學（normative economics）的範圍？　(A) 目前的利率水準為 5%　(B) 最低工資應該調高 10%　(C) 去年經濟成長率為 18%　(D) 我國勞動參與率為 65%。

（　　）5. 下列何者不是總體經濟變數？　(A) 利率　(B) 一般物價水準　(C) 啤酒的價格　(D) 國內生產毛額。

（　　）6. 下列對於經濟學的相關定義，何者有誤？　(A) 經濟學是一門研究選擇的學問　(B) 經濟學的基本假設是資源有限但慾望無窮　(C)「抽煙是不好的，所以我們要對抽煙課稅」，屬於實證經濟學的研究範圍　(D) 研究廠商追求利潤最大的行為，屬於個體經濟學的範圍。

（　　）7. 下列何者不屬於「流量」（flow）的概念？　(A) 所得　(B) 利息收入　(C) 勞動人口　(D) 公司損益。

（　　）8. 經濟學認為人類經濟行為的基礎是什麼？　(A) 賺最多錢　(B) 追求最大效用　(C) 做最多事　(D) 利人利己。

（　　）9. 個體經濟學以何種理論為研究中心？　(A) 價格理論　(B) 交換理論　(C) 所得理論　(D) 分配理論。

2

市場供需與均衡

學習導引：《國富論》與《道德情操論》

經濟視野❶　搶便宜掀買氣

經濟視野❷　救命不如救醜？

經濟視野❸　流標與搶標

活用經濟實務：公平與安全的重要性更甚於自由貿易？

「一隻看不見的手」（an invisible hand）是現代經濟學之父亞當·史密斯（Adam Smith）所描述的市場神祕力量，那隻手就是市場機能。這隻調和「自利」（對個人最有利）與「公益」（對社會最有益）的看不見的手，就是通稱的自由競爭，或稱為價格機能。買賣成交的價格，是由眾多買方與賣方經過多方調整後的成交價，必然是買者覺得物有所值，賣者還有賺頭，雙方「你情我願」，互利互惠。

【亞當·史密斯】

亞當·史密斯本來是道德學教授，認為人天生就具備倫理道德。如果能讓社會上有限資源發揮最大的效率，滿足人們的生活所需，這就是最大的社會道德；而這是可以由人的自利，透過市場中間那隻看不見的手神奇地自動達成。

在 1751 年被任命為格拉斯哥大學的邏輯學教授，並在 1752 年改任道德哲學的教授。他的講課內容包括了倫理學、修辭學、法學、政治經濟學、以及治安和稅收的領域。在 1759 年他出版了《道德情操論》（*The Theory of Moral Sentiments*）一書，研究主要是針對人類如何透過仲介者和旁觀者之間的感情互動來進行溝通。認為人的動機都是自私而貪婪的，自由市場的競爭將能利用這樣的人性來造福整個社會，而提供更多仍具有利潤的產品和服務。

對於在強調同情的《道德情操論》與強調私利的《國富論》兩書間是否存在矛盾一直有很大爭論。在道德情操論一書裡，強調人類在慈善動機下的意圖與行為的同步性，而在國富論裡，在資本主義體制，個人依照他們自己的利益行動時也會提升共同體的利益。「看不見的手」於是這便解除了私利的矛盾，他也多次指出對於利己和人類動機的狹窄定義所可能引發的矛盾。

➡️ 預習思考

☆ 試依您的生涯規劃所得目標，圖示說明個人的後彎勞動供給線，保留工資率與後彎的轉折工資率分別為何？

☆ 在台灣寒風吹襲的街頭排隊買紅標米酒奇景，公賣局仍維持公訂價格，圖示分析紅標米酒短缺的原因，並說明可能之調整方法。

☆ 所得增加生活寬裕後，不再省吃儉用，並添購高級汽車、傢俱、服飾等，同時在高價標購藝術品，試以炫耀財、正常財與劣等財的意義，說明其消費決策與行為。

2-1　需求

一、需求者(買方)的市場價量關係

1.需求量的定義

　　需求量（quantity demanded；Q^P）在一定期間內，其他條件不變下，對應某一商品價格，其潛在購買者願意而且能夠購買該商品的數量。將各點特定之價量關係記錄列表，稱為需求表（demand schedule）。（詳表 2-1）

▼ 表 2-1　需求表

點	價格	數量
A	10	15
B	8	20
C	6	25

　　需求量為某一期間的商品流量，只探討商品本身價格對其需求量的影響，而假設其他可能的影響因素不變。其潛在購買者不只有主觀意願想要該商品，也要有客觀的能力能夠購買該商品的數量。

2.需求的定義

　　需求（demanded；D）描述商品本身價格與其需求量之間的連續關係，將需求表上各點連結成價量圖形上的需求線（demand curve），線上每一點代表某一特定商品各價格所對應的需求量，亦即需求者對各特定商品數量，所願意而且能夠支付的最高價格（如圖 2-1）。

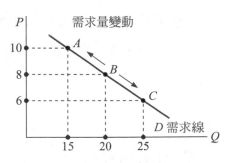

▲ 圖 2-1　需求線與需求量變動

3.需求量變動（change in quantity demanded）

　　在商品本身價格以外的因素不變下，本身價格變動引起該物需求量變動。B 點所對應的價格 8 與需求量 20，當價格上漲為 10 時所對應的需求量減少為 15，在圖形上即沿原需求線往左（量減少）上（價上漲）方移至 A 點。反之，若價格下跌為 6 則需求量增加至 25，在圖形上即沿原需求線往右（量增加）下（價下跌）方移至 C 點。需求量變動在圖形上表示需求線不動，點沿原需求線移動。（如圖 2-1）

4.需求變動（change in demand）

當商品本身價格以外的因素改變時，將使每一價格所對應的需求量與原先不同。例如所得增加，價格為 10 時，其潛在購買者願意而且能夠購買該商品的數量將大於原先的 15，圖形上由 A 點往右（量增加）移至 A_2。同理，B 點往右（量增加）移至 B_2，C 點往右（量增加）移至 C_2，而形成另一條往右（量增加）移的需求線 D_2。反之，若所得減少，將使每一價格其潛在購買者願意而且能夠購買的該商品小於原先需求量，圖形上形成另一條往左（量減少）移的需求線 D_1。

需求變動在圖形上表示整條需求線位移，商品本身價格以外的因素，使每一價格所對應的需求量增加則需求線往右（量增加）位移，需求減少則需求線往左（量減少）位移。（如圖 2-2）

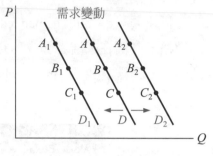

▲ 圖 2-2 需求變動

5.需求函數（demand function）

某商品 X 的線性需求函數可表示為 $QX^D = f(P_X, Z) = a - bP_X$。$P_X$ 表示商品 X 本身的價格，Z 代表 P_X 以外可以影響需求變動的所有其他因素。其他條件不變下，Z 固定則 a、b 固定，QX^D 隨 PX 反向變動，即本身價格變動引起該物需求量變動，在圖形上表示需求線不動，點沿原需求線移動。其他條件改變，則 Z 變化使 a、b 改變，每一價格所對應的需求量與原先不同，需求變動在圖形上表示整條需求線位移。

二、需求法則 (law of demand)

一般而言，在一定期間內其他條件不變下，本身價格上漲時需求量減少，本身價格下跌時需求量增加，為需求者購買行為普遍存在的通則，亦即本身價格與其需求量之間呈反向變動關係。因此需求線為一由左（量減少）上（價上漲）向右（量增加）下（價下跌）延伸的負斜率直線或曲線。

需求法則形成的原因，主要為需求者的替代效果（意願）與所得效果（能力）。

1.替代效果（substitution effect）

在商品本身價格以外的因素不變下，因本身價格變動而與其他商品的相對價格改變，需求者將以相對價格較低的商品取代相對價格較高者。相對價格較高的商品提高其潛在購買者的支付成本，而使其願意而且能夠購買該商品的數量減少，轉而多買其他相對價格較低的替代品。

2. 所得效果（income effect）

在商品本身價格以外的因素不變下，價格較低的商品其潛在購買者願意且能夠購買該商品的數量增加，亦即需求者的實質購買力提高；反之價格較高的商品降低其需求者的實質購買力。實質購買力又稱為實質所得，表示名目所得實際的購買力效果。

動動腦

電影票價上漲，而家庭劇院影音設備及影片租售價格均下跌，試以替代效果與所得效果的意義，圖示分析可能之消費決策與行為。

三、需求法則的例外

需求法則的例外有炫耀財、標新立異財與季芬財，形成正斜率需求線。

1. 韋伯侖財（Veblen goods）

商品價格愈高愈能使該商品的擁有者炫耀其身份地位，反使得該高價商品需求量增加。願意而且能夠購買該商品的需求者多為高所得的有閒階級，又稱為炫耀財，例如豪宅、珠寶等。

2. 標新立異財（Snobby goods）

需求者為標新立異或追求時尚，以突顯個人特色或愛慕虛榮，亦具有炫耀性質，但不限於高所得的有閒階級，需求者亦非追求高價商品。例如許多年輕人喜著奇裝異服或以擁有超炫手機為傲，廠商不斷推陳出新帶動流行，吸引追隨者搶購使價格居高不下，即該高價商品需求量增加；當擁有該商品不再與眾不同，降價求售亦乏人問津，該低價商品需求量即減少。

3. 季芬財（Giffen goods）

商品價格愈高，其支出占所得比例愈高，使購買該商品的需求者愈無力購買其他商品，而只能再多買該商品；反之物價水準降低使需求者購買力提高，則改購買其他商品，反而減少消費季芬財。因此季芬財多發生在低所得階層的生活必需品，為劣等財的一種，其負所得效果大於替代效果。

英國季芬爵士 1845 年發現愛爾蘭發生大飢荒時，馬鈴薯的價格大漲，低收入的工人階級，反而對馬鈴薯的需要量增加，因為當地人民太窮買不起主食小麥，只好買較便宜的馬鈴薯，通常是在劣等的必需品所花費的支出佔所得的比例相當大時才可能發生。季芬財為正斜率的需求曲線，違反需求法則。

四、恩格爾係數 (Engel's coefficient)

德國統計學家恩格爾提出，通常被用作考察一個國家和地區人民生活水準的經濟指標。

$$恩格爾係數 = \frac{食物支出金額}{總支出金額}$$

一般而言，假定其他一切變數都是常數，恩格爾係數越小就越富裕，反之亦然。恩格爾係數是衡量一般家庭生活水準高低的指標，指家庭消費支出中用於飲食類支出所占百分比；根據恩格爾法則，生活水準愈高者其恩格爾係數愈低。

隨著所得增加，糧食的消費支出會增加，但糧食費用佔所得的比例會逐漸減少，恩格爾係數越大，糧食費用佔所得的比例愈大，生活水準越低。隨著所得增加，用於衣物、住宅、燃料等方面支出的支出，占所得的比例大致維持固定不變。隨著所得增加，用於教育、娛樂、文化等方面的費用不但會增加，而且佔所得的比例也會越高，恩格爾係數越小，糧食費用佔所得的比例愈小，生活水準越大。

 ### 綜合範例

有種商品價格愈高，其需求數量愈多，則該商品可能為：(A) 滿足需求法則　(B) 正常商品　(C) 必需品　(D) 季芬商品　（E）炫耀商品。

 詳韋伯侖財、季芬財。

(D)(E) 正確，是需求法則的例外。

經濟視野 ❶

搶便宜掀買氣

知名家電廠推出福利品特賣會，馬上吸引民眾搶翻天。預計 3 天的特賣會，到了第 2 天中午，現場多樣商品就已經銷售一空，32 吋液晶顯示器就打了快 5 折，也讓廠商急忙從別處調貨。另外電冰箱、冷氣機，還有洗衣機，也都讓來撿便宜的民眾搶翻天，只能說景氣不好，省荷包的特賣會，吸引買氣回籠。

要吸引人潮最好的方式就是打低價策略！有餐廳業者為了衝人氣打出一百元麻辣鍋，因此還沒開店就已經吸引民眾排隊，為了搶便宜的火鍋套餐，民眾甘願排隊等候，看門口擠得滿滿的人潮，就連高齡 75 歲的阿媽帶著孫女也來排隊。原價要 300 元現在只要 100 元就可以吃得到，看起來是份量十足，經濟不景氣業者逆向操作，打出低價策略衝高人氣。

2-2　供給

一、供給者 (賣方) 的市場價量關係

1. 供給量的定義

供給量（quantity supplied；Q^s）在一定期間內，其他條件不變下，對應某一商品價格，其潛在銷售者願意而且能夠供應該商品的數量。將各點特定之價量關係記錄列表，稱為供給表（supply schedule）。（詳表 2-2）

▼ 表 2-2　供給表

點	價格	數量
A	10	25
B	8	20
C	6	15

供給量爲某一期間的商品流量，只探討商品本身價格對其供給量的影響，而假設其他可能的影響因素不變。其潛在銷售者不只有主觀意願想銷售該商品，也要有客觀的能力能夠供應該商品的數量。

2. 供給的定義

供給（supplied；S）描述商品本身價格與其供給量之間的連續關係，將供給表上各點連結成價量圖形上的供給線（supply curve），線上每一點代表某一特定商品價格所對應的供給量，亦即供給者對各特定商品數量所願意而且能夠供應的最低價格。

3. 供給量變動（change in quantity supplied）

在商品本身價格以外的因素不變下，本身價格變動引起該物供給量同向變動。B 點所對應的價格 8 與供給量 20，當價格上漲爲 10 時所對應的供給量增加至 25，在圖形上即沿原供給線往右（量增加）上（價上漲）方移至 A 點。反之，若價格下跌爲 6 則供給量減少爲 15，在圖形上即沿原供給線往左（量減少）下（價下跌）方移至 C 點。供給量變動在圖形上表示供給線不動，點沿原供給線移動。（如圖 2-3）

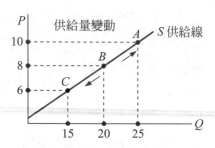

▲ 圖 2-3　供給線與供給量變動

4. 供給變動（change in supplied）

當商品本身價格以外的因素改變時，將使每一價格所對應的供給量與原先不同。例如技術進步，價格爲 10 時其潛在銷售者願意而且能夠供應該商品的數量將大於原先的 25，圖形上由 A 點往右（量增加）移至 A_1。同理，B 點往右（量增加）移至 B_1，C 點往右（量增加）移至 C_1，而形成另一條往右（量增加）移的供給線 S_1。反之成本提高，將使每一價格其潛在銷售者願意而且能夠供應的該商品小於原先供給量，圖形上形成另一條往左（量減少）移的供給線 S_2。

供給變動在圖形上表示整條供給線位移，商品本身價格以外的因素使每一價格所對應的供給量增加則供給線往右（量增加）位移，供給減少則供給線往左（量減少）位移。（如圖 2-4）

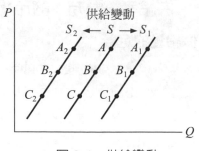

▲ 圖 2-4　供給變動

5.供給函數（supply function）

　　某商品 X 的線性供給函數可表示為 $QX^s = f(P_X, Z) = -c + dP_X$。$P_X$ 表示商品 X 本身的價格，Z 代表 P_X 以外可以影響供給變動的所有其他因素。其他條件不變下，Z 固定則 c、d 固定，QX^s 隨 P_X 同向變動，即本身價格變動引起該物供給量變動，在圖形上表示供給線不動，點沿原供給線移動。其他條件改變，則 Z 變化使 c、d 改變，每一價格所對應的供給量與原先不同，供給變動在圖形上表示整條供給線位移。

二、供給法則 (law of supply)

　　一般而言，在一定期間內，其他條件不變下，本身價格上漲時供給量增加，本身價格下跌時供給量減少，為供給者銷售行為普遍存在的通則，亦即本身價格與其供給量之間呈同向變動關係。因此供給線為一由左（量減少）下（價下跌）向右（量增加）上（價上漲）延伸的正斜率直線或曲線。

　　供給法則形成的原因主要為供給替代效果（意願）與成本效果（能力）。

1.供給替代效果

　　在一定期間內，其他條件不變下，價格上漲表示廠商收入增加而有利可圖，吸引廠商投入更多資源生產銷售，供給量因此增加；反之則供給量減少。相對價格較高的商品提高了供給者的銷售收入，使其潛在銷售者願意而且能夠供應該商品的數量增加，轉而減少供應其他相對價格較低的替代品，即供給者將供應相對價格較高的商品，以取代相對價格低較者。

2.供給成本效果

　　廠商要增加供給量，其產銷成本亦提高，因此必須提高價格。在一定期間內，其他條件不變下，價格上漲表示提高了供給者的銷售所得，廠商能夠負擔較高的成本來增加供給量，使其潛在銷售者願意而且能夠供應該商品的數量增加；反之，售價降低使銷售所得減少，不符產銷成本則供給量減少。

動動腦

糕餅店在中秋節前推銷價值較高的月餅禮盒，而減量供應一般糕餅，試以供給法則與生產替代效果的意義，圖示說明其生產決策與行為。

三、後彎的勞動供給線 (backward bending laborsupply curve)

負斜率供給線是供給法則的例外，常見者為個人的後彎勞動供給線。

若勞工須在勞動和休閒之間選擇，休閒價值為勞動的機會成本，而工資為勞動的所得收入。一般而言，工資率上漲表示勞工所得收入增加，亦即休閒的機會成本提高，因此勞工會選擇增加勞動供給量而減少休閒時間，即替代效果。但所得增加後，正常財（包括休閒）消費亦增加，勞動時間將減少，為所得效果。圖中工資率 w_0 至 w_1，勞工所得仍低時，當工資率上漲，為增加工資收入而增加勞動供給量，替代效果（減少休閒）較大，形成工資率與勞動供給量同方向變動的正斜率勞動供給線。工資率高於 w_1 後，勞工所得已高，工資率上漲表示同一勞動時間可獲得更高工資收入，但為提高生活品質，勞工願意且能夠消費休閒的時間增加（減少勞動時間），亦即所得效果較大，形成工資率與勞動供給量反方向變動的負斜率勞動供給線，為供給法則的例外。其中 w_0 稱為保留工資率，當工資率低於此一水準時，因單位時間報酬太低，勞工毫無工作意願而自行設法生活，不提供勞動給市場。（如圖 2-5）

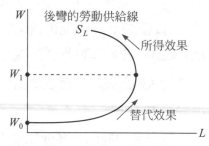

▲ 圖 2-5　後彎勞動供給線

當高所得者進入勞動供給線的後彎階段，增加休閒減少勞動供給量，但會有很多其他想提高工資收入的勞工，因工資率上漲而增加勞動供給量。因此整體市場的勞動總供給線，通常仍為符合供給法則的正斜率曲線，後彎的勞動供給線只是個人的勞動供給線。

綜合範例

小強已在科學園區上班多年，往年皆年年加薪，但工作時間也與日俱增。然而今年其公司雖又給予加薪 20%，但小強卻決定不再超時工作，甚且反而增加其休閒之時間，試說明小強工資上漲之所得效果與替代效果？

Tip 詳後彎的勞動供給線。

經濟視野 ❷

救命不如救醜？

　　有台大醫院苦心培育的外科醫生決定放棄本科，改走當紅的醫療美容領域。台大醫院是龍頭醫院，醫生都頂著無形的光環；外科是重要科別，醫美則是相對輕鬆但賺錢快的行業，這個換跑道行動令社會矚目，也招來「救命不如救醜」的討論。

　　醫院、醫生、護士專責治病救人，但目前醫界自己的問題也到了百孔千瘡、離病入膏肓幾乎只有一步之遙。內科、外科、兒科、婦產科是醫療需求的大宗，但因工作量大、風險高、醫療糾紛多，人力早就開始流失，形成所謂「四大皆空」。近來醫療空洞化之說又漫延到急診，目前國內急診人力至少不夠一半以上，「四大皆空」變成「五大皆空」。國內醫療環境惡劣已達臨界點，醫療體系再不思重建，五到十年內會崩盤！

　　供給者將供應相對價格較高的商品，以取代相對價格低較者。

2-3　供需均衡與調整

一、均衡的定義

　　均衡（equilibrium）是各種條件的力量在互動之後彼此調整因應，而形成的一個穩定狀態：均衡既不是唯一結果，也不涉及任何價值判斷，且不一定會達成。當原來的條件改變，均衡狀態亦隨之變化；可能失去均衡，亦可能達到另一個均衡。可以達到均衡狀態稱為安定體系；外力干擾後無法回復均衡狀態，則稱為不安定體系。

　　存量（*stock*） 指對某一時點的量之衡量，**流量（*flow*）** 則是對某兩時點間一段期間內的量之衡量。當存量與流量都達到穩定狀態不再變化，稱為長期均衡或充分均衡；若流量穩定變化，使存量達到某一穩定狀態，稱為短期均衡或流量均衡；而存量與流量以相等幅度變化則稱為移動均衡。

二、市場均衡的定義

市場均衡（market equilibrium）或稱供需均衡，表示需求價格等於供給價格，而且需求數量等於供給數量，亦即市場交易的買賣雙方達成共識，形成穩定狀態。在圖形上為需求線與供給線交叉（需求＝供給），交叉點 E 為均衡點，所對應的價格為均衡價格 $P*$（$=P^S=P^D$），所對應的數量為均衡數量 $Q*$（$=Q^S=Q^D$）。所以市場均衡的條件為，需求者（買方）願意而能夠支付的價格，為供給者（賣方）所接受；且需求者在該價格所購買的數量，與供給者所銷售的數量一致。（如圖 2-6）

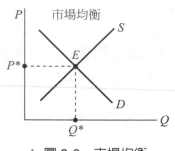

▲ 圖 2-6　市場均衡

在市場經濟活動中，買方（需求者）期待降低價格以減少支付；賣方（供給者）期待提高價格以增加收入，雙方的力量互動調整，即經濟學最基本的市場均衡分析。

三、市場失衡 (market disequilibrium)

當市場的需求與供給不一致，亦即需求價格不等於供給價格，或需求數量不等於供給數量；在圖形上不在需求線與供給線交叉處，而離開原均衡點 E。在本身價格以外因素不變下，需求線與供給線不動，均衡點 E 亦不變，因此市場力量會進行調整，將市場失衡狀態拉回原均衡點 E，而繼續維持穩定的均衡。

1.超額供給（excess supply）

當市場價格（P_1）高於均衡價格 $P*$，在本身價格以外因素不變下，需求線與供給線不動，需求量變動由 E 點沿需求線往左（量減少）上（價上漲）方移至 A 點，供給量變動則沿供給線往右（量增加）上（價上漲）方移至 B 點，因此在 P_1 下供給量（Q^S_1）大於需求量（Q^D_1），而偏離交叉點 E（需求＝供給），AB 段為超額供給之市場失衡。（如圖 2-7）

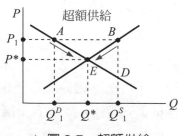

▲ 圖 2-7　超額供給

需求與供給不一致（市場失衡），市場力量進行調整，因供給過剩，又稱為剩餘（surplus），賣方為出清存貨而降價求售。價格由 P_1 降至 P^*，需求量變動由 A 點沿需求線往右（量增加）下（價下跌）方移至 E 點，供給量變動由 B 點沿供給線往左（量減少）下（價下跌）方移至 E 點，因此在 P^* 下，供給量等於需求量等於均衡量（Q^*），市場重回原均衡點 E（需求＝供給）。若人為干預，訂定價格下限 P_1 高於均衡價格 P^*，市場力量無法以降價重回原均衡，除非供需條件改變，將持續超額供給之市場失衡，市場交易量（Q_1^D）小於均衡量（Q^*）。

2. 超額需求 (excess demand)

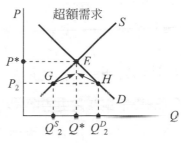

▲ 圖 2-8　超額需求

當市場價格（P2）低於均衡價格 P*，在本身價格以外因素不變下，需求線與供給線不動，需求量變動由 E 點沿需求線往右（量增加）下（價下跌）方移至 F 點，供給量變動則沿供給線往左（量減少）下（價下跌）方移至 G 點，因此在 P_2 下供給量（Q_2^S）小於需求量（Q_2^D），而偏離交叉點 E（需求＝供給），GH 段為超額需求之市場失衡。（如圖 2-8）

需求與供給不一致（市場失衡），市場力量進行調整，因需求過剩，又稱為短缺（shortage），買不到的需求者喊價搶購。價格由 P_2 漲至 P^*，需求量變動由 H 點沿需求線往左（量減少）上（價上漲）方移至 E 點，供給量變動則由 G 點沿供給線往右（量增加）上（價上漲）方移至 E 點，因此在 P^* 下，供給量等於需求量等於均衡量（Q^*），市場重回原均衡點 E（需求＝供給）。若人為干預，訂定價格上限 P_2 低於均衡價格 P^*，市場力量無法以漲價重回原均衡，除非供需條件改變，將持續超額需求之市場失衡，市場交易量（Q_2^S）小於均衡量（Q^*）。

當拍賣商品的底價太低或太高，會場喊價過程如何調整？試以市場均衡的意義，及市場失衡的調整過程說明之。

四、市場機能 (market mechanism)

市場力量會進行調整，使供需雙方達成並維持穩定的均衡狀態，此一力量為市場價格變動，導致需求量與供給量變動，又稱為**價格機能**（*price mechanism*）。

均衡價格與數量是由供給與需求兩股力量所共同決定，但市場可能常處於調整過程，均衡未必是常態，交易量價也未必等同均衡量價；若雙方缺乏可共同接受的適當價格，供需雖在卻無法成交。

價格為市場的重要訊息，表示市場的供需情況，並傳達給市場交易的買賣雙方，引導需求者節約稀有資源，價漲則需求量減少；多用豐富資源，價跌則需求量增加。供給者則依據價格訊息了解市場需求，決定該生產什麼、生產多少與如何生產，價漲則供給量增加，價跌則供給量減少，以獲得最大利益。因此整個經濟社會資源運用最有效率，供需雙方原為追求自身利益，透過市場機能卻能增進社會福利。

五、黑手定理 (invisible hand theorem)

經濟學始祖亞當史密斯（A. Smith）認為，每一市場參與者均無決定性影響力，完全依市場機能運行，沒有人可以干預，而藉由市場價格的漲跌，牽引需求者與供給者調整運用其有限資源至最佳效率，使供需雙方自動達成最大福利並維持穩定的均衡狀態；亦即市場內有一隻看不見的手在調節，不必外力干預。

在正常的市場價格機能運作下，調整使供需雙方自動達成並維持穩定的均衡狀態，整個經濟社會資源運用最有效率，供需雙方各自獲得最大的生產者剩餘與消費者剩餘，社會福利亦最高。若外力有一隻手在干預，則市場機能將無法順利運作達成並維持穩定的均衡狀態。

看不見的手就是價格機能，是一種可以將各類市場集結起來，構成全面性一般均衡的力量，也能引導經濟朝向國家財富極大化的方向發展。當買賣雙方只謀求自身的利益時，會以雙方都滿意的條件完成交易。唯有當人們在競爭下從事利己活動時，才會增加國家的財富，個人若在被保護不受國外競爭的環境下從事利己活動，即使其個人或產業的資本增加，國家的資本也未必因而增加。

經濟視野 ❸

流標與搶標

「流標」就是拍賣物品有底價，而眾人的出價又不超過拍賣物品的底價。

元大金控委託戴德梁行 3 筆商辦不動產標售案，結果意外流標。房地產人士指出，流標原因除了政策影響外，該案為 3 筆不動產綁在一起出售，產品屬性不同，加上底價過高，影響投資人出手意願；若 3 筆不動產分開標售，標脫機會非常大。由於台灣商辦房地產市場熱門，先前也傳出領標單情況相當踴躍，市場原本預期可順利標脫，因此流標消息一出，不少市場人士感到吃驚。商仲擔憂，金管會研擬提高最低收益率已經出現效果，對於往後幾筆標案應該也會造成一定衝擊，出手態度會相較保守。

「搶標」就是拍賣的東西是價高者得，只要設定的價格高一點，如果還被超過你所設定的價格時，就須考慮一下是不是還要下標。

三商美邦宏遠大樓標售案不畏金管會祭出的收益率緊箍咒，成功順利脫標並吸引 4 家壽險業者搶標，包括富邦人壽、新光人壽及中國信託人壽，最後由國泰人壽以總價 72 億 5600 萬元取得，溢價率達 23.4%，換算土地價格每坪約 1363 萬元，建物單價每坪約 119.8 萬元，成為今年商辦大樓交易金額最大筆的一宗。三商美邦人壽獲利超過 21.9 億元以上，可謂投資大贏家。

拍賣底價高於市場均衡價格，因供給過剩而流標；當拍賣底價低於市場均衡價格，買不到的需求者喊價搶購，價格漲至市場均衡價。

綜合範例

假設某物品價格（P）與需求量（Q_d）及供給量（Q_s）之間的關係是：$Q_d = 12 - 3P$，$Q_s = -2 + 4P$，則市場均衡為何？若政府訂定價格上限為 $P = 1.5$，則市場交易量為？若政府限定價格為 $P = 3$，則市場會發生何種情況？

Tip 詳市場均衡、超額供給、超額需求。

解析

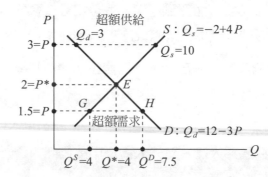

市場均衡時 $Q^S = Q^D$，則 $Q_d = 12 - 3P = Q_s = -2 + 4P$，得 $P = 2$，$Q = 6$

若政府訂定價格上限為 $P = 1.5 < 2$（均衡價格），將持續超額需求之市場失衡，市場交易量 $Q_s = -2 + 4P = -2 + 4 \times 1.5 = 4 < Q^* = 6$。

若政府訂定價格上限為 $P = 1.5$，則市場交易量為 $Q_s = 4$。

若政府訂定價格上限為 $P = 3$，市場供給量 $Q_s = -2 + 4P = -2 + 4 \times 3 = 10$，

需求量 $Q_d = 12 - 3P = 12 - 3 \times 3 = 3$，則超額供給 $10 - 3 = 7$ 單位。

價格上限 $P = 3 > 2$（均衡價格），供給量大於需求量，則市場交易量為 $Q_d = 3$。

公平與安全的重要性更甚於自由貿易？

在傳統經濟理論下，自由公平貿易存在的前提，在於政府不以法規、關稅、其它非關稅貿易障礙來限制貿易。不過就自由貿易論者而言，目前在太陽能產業，中國、歐洲、美國政府道行逆施，競相提供國內太陽能產業業者補助、優惠貸款、出口退稅、等有形或無形的支持，也因而引來其它國家向世界貿易組織控訴或採行自衛行動，如反傾銷稅。

中國政府正面臨到一些嚴厲指控，主要是因為當局積極推廣綠色科技發展，因此投入大量資金至國內太陽能產業。現在的中國太陽能發電正如多年前的鋼鐵產業，取得政府技術協助，並在教育、土地使用、高技術勞力、與貿易糾紛處理上受到特別的照顧。

擁護國際貿易法的經濟理論派認為，政府不應厚愛特定產業，古典經濟學派也支持自由貿易。不過有學者認為，完全自由貿易並不存在，除非條件相當的競爭者共同訂高價，才能有本錢繼續投資新廠和新產品。在這些條件存在後，還要有理想崇高政府、有效率的教育系統、具遠見的投資人、以及理性消費者等條件配合才會實現完全自由貿易理想。

德國公司少得到政府補貼，但這些公司的產品精良，因此深獲貿易商與消費者青睞。不過，德國國內具備對業者友善的法規、銀行放款意願高、學校的支持、加上努力投入的員工，綜合因素為德國創造驚人優勢競爭力。由於起跑點不同，旨在促進公平競爭的補貼，不見得是妨害自由貿易。

太陽能發電貿易爭端透露這樣的問題，消費者不願多付錢支持國內產業，因此只能靠政府去補貼以維持其生存。太陽能發電能夠拯救世界，讓人類減少消耗石化燃料改用太陽能發電，在此目標下，能源自由又比自由貿易還來得重要。

試以經濟學分析，思考以下問題：

1. 說明自由貿易的意義及對其經濟活動的影響。
2. 說明自由競爭市場的調整過程，對整個經濟社會資源運用最有效率？
3. 說明若外力有一隻手在干預，則市場機能將無法順利運作的理由。

( ) 1. 勞動供給線向後彎的原因是： (A) 所得效果大於替代效果 (B) 替代效果大於所得效果 (C) 實質所得下降 (D) 休閒成為一種劣等品。

( ) 2. 假如某人永遠視休閒為劣等財，則他的勞動供給曲線一定是何種型態？ (A) 負斜率 (B) 正斜率 (C) 水平的 (D) 垂直的。

( ) 3. 下列何者是需求法則的例外？ (A) 奢侈品 (B) 必需品 (C) 季芬物品 (D) 中性物品。

( ) 4. 若休閒為正常財貨，則工資率提高，工作者會如何調整其勞動供給量？ (A) 增加勞動供給量 (B) 減少勞動供給量 (C) 勞動供給量增減不確定 (D) 勞動供給量不變。

( ) 5. 休閒對小明而言是正常財，如果工資率提高時所產生的所得效果大於替代效果，將使小明： (A) 增加勞動供給量 (B) 減少勞動供給量 (C) 勞動供給曲線向右移動 (D) 勞動供給曲線向左移動。

( ) 6. 當市場達到均衡時，表示： (A) 市場上有超額需求 (B) 市場上有超額供給 (C) 需求曲線斜率等於供給曲線斜率 (D) 市場價格不再調高或調低。

( ) 7. 下列有關商品消費量與所得關係之敘述，何者正確？ (A) 消費數量隨所得提高而減少的物品，稱為正常品 (B) 消費數量隨所得提高而增加的物品，稱為正常品 (C) 消費數量隨所得提高而增加的物品，稱為劣等品 (D) 消費數量隨所得提高而減少的物品，稱為奢侈品。

( ) 8. 當勞動者的工作意願隨著工資的上升而減少時，下列敘述何者是正確的？ (A) 休閒是正常財，且工資上升的替代效果大於所得效果 (B) 休閒是正常財，且工資上升的替代效果小於所得效果 (C) 休閒是奢侈品，且工資上升的替代效果大於所得效果 (D) 休閒是劣等財，且工資上升的替代效果小於所得效果。

( ) 9. 若一商品為正常財，則該商品價格下降時，消費者對其需求量會： (A) 增加 (B) 減少 (C) 不變 (D) 不一定。

( )10. 若政府認為市場均衡價格太高，而採取管制措施，令商品之最高價格不得高於市場均衡價格，則此市場會產生： (A) 超額供給 (B) 超額需求 (C) 需求曲線向右移動 (D) 供給曲線向右移動。

3

市場均衡變化

學習導引：馬歇爾

經濟視野❶ 替代品的威脅

經濟視野❷ 台灣好米的市場價值

經濟視野❸ 物超所值的重要性

活用經濟實務：農糧危機來了？！

阿爾弗雷德・馬歇爾（Alfred Marshall，1842-1924）是現代個體經濟學體系的奠基人，新古典學派的創始人，19 世紀末 20 世紀初著名的經濟學家。首先以「經濟學原理」代替以往之「政治經濟學原理」，以強調經濟學為獨立的科學。

1890 年發表的《經濟學原理》，是與亞當·史密斯《國富論》、李嘉圖《賦稅原理》齊名的劃時代的著作，構成了現代經濟學的基礎，多年來一直被奉為英國經濟學的聖經。綜合了古典學派與效用學派，建立其有名的剪刀式價

【馬歇爾】

值論，成為現代價格理論的基礎，研究重心置於個人、個別廠商或個別產業。他本人也被認為是英國古典經濟學的繼承和發展者，他的理論及其追隨者被稱為新古典理論和新古典學派，也被稱為劍橋學派。

他看到了十九世紀中期在英國出現的嚴重的社會不公平，感覺到神學、數學、物理學和倫理學都不能夠給人類帶來福音，於是他把自己轉移到政治經濟學，把理解社會現狀的希望寄託在經濟學的研究上，從經濟上來分析社會不公平的原因。他把經濟學看成是增進社會福利、消滅人類貧困的科學，開創福利經濟學的研究。但他的核心仍然是在證明資本主義是一種合理的制度，它可以自動地保持均衡，因而馬歇爾最終還是成了資本主義的辯護人。

➡ 預習思考

☆ 因為原油減產使塑化原料與塑膠製品價格亦上漲，廠商囤積而減量供應，試以生產互補品與未來預期對商品供給的影響，圖示說明其生產決策與行為。

☆ 因技術進步及市場開放，手機業者百家爭鳴，並致力附加功能與促銷活動，以吸引消費者，圖示分析該市場供需及均衡量、價變化的過程與方向。

☆ 美伊戰爭影響台灣電子產業，台灣地震亦影響美國電子產業，試以互補品交叉彈性的意義，說明其理由。

3-1　需求與供給變化

一、需求變動 (change in demand) 的因素與影響

　　當商品本身價格以外的因素改變時，將使每一價格所對應的需求量與原先不同，在圖形上表示整條需求線位移。商品市場常見之影響需求變動的因素，包括所得、偏好、對未來的預期、人口、相關物品價格等，需求增加則需求線往右（量增加）位移，需求減少則需求線往左（量減少）位移。

1. 所得

　　一般而言，所得增加使購買力提高，每一價格其潛在購買者願意而且能夠購買的該商品數量增加，整條需求線往右（量增加）位移；反之所得減少則使購買力降低，整條需求線往左（量減少）位移，此種所得與需求同向變動的物品稱為正常財（normal goods）。

　　所得與需求反向變動的物品，即所得增加使偏好降低，所得減少則使偏好提高的物品，稱為劣等財（inferior goods）。所得增加使一般人增加正常財的需求，而減少對品質較低的劣等財的需求；所得減少則使一般人偏好相對價格較低的劣等財，而減少對正常財的購買力。

2. 偏好

　　對某物品的偏好提高將增加該商品的需求（需求線右移），反之則減少（需求線左移），影響偏好的因素可能有習慣、流行、廣告、季節、品味、實用、便利、外觀以及促銷活動、特殊事故等。

3. 對未來的預期

　　預期未來某物品價格上漲，或可能有特殊大量需要，而提前購買，於相對價格較低時增加該商品的需求（需求線右移）；反之預期未來某物品價格下跌則暫時觀望，於目前相對價格可能較高時減少其需求（需求線左移）。

4. 需求人口

　　對某物品的需求人數或市場容量擴大則增加該商品的需求（需求線右移），反之若縮減時減少其需求（需求線左移）。在同一價格下將多人的需求量加總，成為該價格對應的市場需求量，每一價格與其對應的市場需求量（點）連接起來，在圖形上形成另一條右移之需求線，即市場需求線是由個人需求線水平加總。

5.相關物品價格

商品本身價格 P_y 變動引起該物需求量 Q_y^D 變動，而導致其他相關物品需求 D_x 變動，相關物品包括替代品與互補品。

(1) 替代品（substitutes）

用途相近而能互相取代的事物，因此某物價格上漲將使其需求量減少而增加替代品的需求；反之亦然。

例如颱風後葉菜類（Y）價格上漲，本身價格 P_y 變動引起該物需求量 Q_y^D 變動，由點 B 沿 D_y 往左（量減少）上（價上漲）方移至 A。減少葉菜類需求量而以根莖類取代，根莖類需求（D_x）受其他相關物品（葉菜類）價格（P_y）變動（上漲）影響，整條需求線往右（量增加）位移至 D_{x1}（如圖 3-1）。因兩物可互相取代，其需求數量反向變動，Y 增則 X 減；Y 減則 X 增。

相關物品價格變動

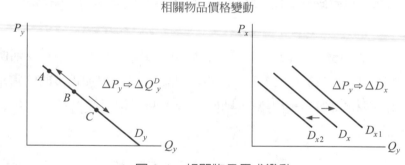

▲ 圖 3-1　相關物品需求變動

(2) 互補品（complements）

須共同搭配使用的事物，因此某物價格上漲將使其需求量減少而連帶減少互補品的需求；反之亦然。

例如照相機須搭配底片共同使用，照相機（Y）降價促銷，本身價格 P_y 變動引起該物需求量 Q_y^D 變動，由點 B 沿 D_y 往右（量增加）下（價下跌）方移至 C。底片的需求（D_x）亦連帶增加，受其他相關物品價格（P_y）變動（下跌）影響，整條需求線往右（量增加）位移至 D_{x1}（如圖 3-1）。因兩物須共同搭配使用，其需求數量同向變動，Y 增則 X 增；Y 減則 X 減。

因為國際紙漿價格上漲，民眾排隊搶購衛生紙，試以未來預期對商品需求的影響，圖示說明其消費決策與行為。

二、供給變動 (change in supplied) 的因素與影響

　　當商品本身價格以外的因素改變時，將使每價格所對應的供給量與原先不同，在圖形上表示整條供給線位移。在商品本身價格以外的因素不變下，本身價格變動引起該物供給量同向變動，供給量變動在圖形上表示供給線不動，點沿原供給線移動。當本身價格上漲時所對應的供給量增加，即沿原供給線往右（量增加）上（價上漲）方移；反之若本身價格下跌則供給量減少，即沿原供給線往左（量減少）下（價下跌）方移。

　　商品市場常見之影響供給變動的因素包括生產技術、生產成本、相關產品價格、對未來的預期、供給者數目等，使供給增加則供給線往右（量增加）位移，供給減少則供給線往左（量減少）位移。

1. 生產技術

　　生產方法與工具的創新進步，可降低成本而提高產量，使每一價格其潛在銷售者願意而能夠供應的該商品大於原先供給量，整條供給線往右（量增加）位移；反之若生產環境遭受破壞，將使供給減少，供給線往左（量減少）位移。

2. 生產成本

　　生產要素價格，包括薪資、租金、利息等，或生產原料如各種資源、半成品、生產工具等物價，漲價使成本提高，每一價格其潛在銷售者願意而且能夠供應的商品小於原先供給量，整條供給線往左（量減少）位移；反之成本降低則供給增加，供給線往右（量增加）位移。

3. 對未來的預期

　　預期未來某物品價格上漲，或可能有特殊大量需要，銷售者提前於相對價格較低時囤積，減少該商品的供給（供給線往左移），但生產者增加產量（供給線往右移）；反之預期未來某物品價格下跌，銷售者於目前相對價格較高時出清存貨，增加其供給（供給線往右移），但生產者減少產量（供給線往左移）。

4. 供給者數目

　　某物品的產業規模擴大或市場開放，廠商數量增加則該商品的供給增加（供給線往右移），反之若縮減時其供給減少（供給線往左移）。在同一價格下將多人的供給量加總，成為該價格對應的市場供給量，每一價格與其對應的市場供給量（點）連接起來，在圖形上形成另一條由個別供給線水平加總的市場供給線。

5. 相關產品價格

　　商品本身價格 P_y 變動引起該物供給量 Q_y^S 變動，而導致其他相關物品供給 Sx 變動，相關物品包括替代品與互補品。

(1) 生產替代品

生產技術相近而能互相轉換的產品，因此某物價格上漲，將使其供給量增加而減少替代品的供給；反之亦然。例如耕地稻米（Y）價格下跌，本身價格 P_y 變動引起該物供給量 Q_y^S 變動，由點 B 沿 S_y 往左（量減少）下（價下跌）方移至 A。減少稻米供給量而以生產蔬菜取代，蔬菜供給（S_x）受其他相關物品價格（P_y）變動（下跌）影響，整條供給線往右（量增加）位移至 S_{1x}（如圖 3-2）。因兩物互相轉換生產，其供給數量反向變動，Y 增則 X 減；Y 減則 X 增。

相關產品價格變動

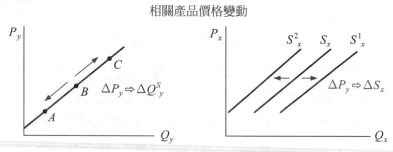

▲ 圖 3-2　相關物品供給變動

(2) 生產互補品

同時或附帶生產的產品，因此某物價格下跌，將使其供給量減少而連帶減少互補品的供給；反之亦然。例如雞內臟與雞肉同時附帶生產，雞肉（Y）價格上漲，本身價格 P_y 變動引起該物供給量 Q_y^S 變動，由點 B 沿 S_y 往右（量增加）上（價上漲）方移至 C。雞內臟的供給（S_x）亦連帶增加，受其他相關物品價格（P_y）變動（上漲）影響，整條供給線往右（量增加）位移至 S_{1x}（如圖 3-2）。兩物同時附帶生產，其供給數量同向變動，Y 增則 X 增；Y 減則 X 減。

廠商認為台灣的土地與人力成本偏高，而計畫關廠外移，試以生產成本與供給者數目對商品供給的影響，圖示說明其生產決策與行為。

綜合範例

已知某物品的個別需求線有三，其個別數量（D_1，D_2，D_3）與價格 P 的關係分別如下：
$D_1 = 4 - 3P$，$D_2 = 8 - 6P$，$D_3 = 12 - 9P$，水平加總後可得市場需求線。當市場價格為 0.5 時，市場需求量為何？

 詳需求人口。

市場需求線是由個人需求線水平加總。

當市場價格為 0.5 時，市場需求量 $= D_1 + D_2 + D_3 = 2.5 + 5 + 7.5 = 15$。

個人需求線

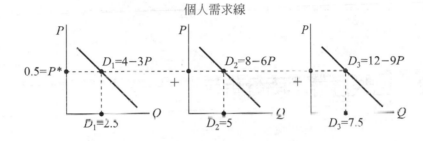

市場需求線

經濟視野 ❶

替代品的威脅

由於產品功能的改良、消費者習性的改變或者技術的突破，都會引發替代品的出現，如汽車替代馬車或腳踏車，連鎖超商替代傳統雜貨店，液晶顯示器替代傳統映像管螢幕等。替代品的存在限制了某個產業的可能獲利，甚而取代使原有產業消失，因此現有廠商必須要謹慎以對。

替代品價格越低、質量越好、用戶轉換成本越低，其所能產生的競爭壓力就強；而這種來自替代品生產者的競爭壓力的強度，可以具體通過考察替代品銷售增長率、替代品廠家生產能力與盈利擴張情況。

3-2 比較靜態均衡分析

比較靜態分析 (comparative static analysis)

主要分析均衡變化的方向與因素，比較不同靜態均衡點之間的差異，分析新均衡狀態與原均衡狀態之間的差異及關係。當商品本身價格以外的因素改變，將使每一價格所對應的需求量（供給量）與原先不同，在圖形上表示整條需求線（供給線）位移，因此原需求線與供給線交叉（需求＝供給）之均衡點亦位移，由新需求線與供給線交叉（需求＝供給）形成新均衡點，即所對應的均衡價格與均衡數量亦改變。

探討其他條件改變時，市場供需變化的因素，以供需線及其均衡點之變動方向，分析均衡價量的可能變化，稱為比較靜態均衡分析。

一、需求變化對市場的影響

1.需求增加

商品本身價格以外的因素改變，例如所得增加、喜好提升、預期未來價格上漲、市場人口增加、替代品價格上漲或互補品價格下跌等，造成需求增加。若供給不變，在原均衡價格 P_0 下，造成超額需求，使價格上漲，供給量增加。

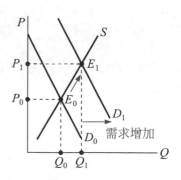

▲ 圖 3-3　需求增加

在圖形上，整條需求線右移至 D_1 而供給線不動，需求位移增加至 Q_1，供給量則沿原供給線移動增加至 Q_1，價格上漲至 P_1，形成新均衡點 E_1。亦即當需求增加，新均衡向右（量增加）上（價上漲）移。（如圖 3-3）

2.需求減少

商品本身價格以外的因素改變，例如所得減少、喜好降低、預期未來價格下跌、市場人口減少、替代品價格下跌或互補品價格上漲等，造成需求減少。若供給不變，在原均衡價格 P_0 下，造成超額供給，使價格下跌，供給量減少。

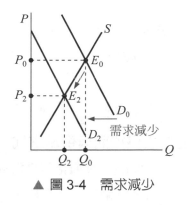

▲ 圖 3-4　需求減少

在圖形上，整條需求線左移至 D_2 而供給線不動，需求位移減少至 Q_2，供給量則沿原供給線移動減少至 Q_2，價格下跌至 P_2，形成新均衡點 E_2。亦即當需求減少，新均衡向左（量減少）下（價下跌）移。（如圖 3-4）

二、供給變化對市場的影響

1.供給增加

商品本身價格以外的因素改變，例如技術進步、成本降低、預期未來價格下跌、產業規模擴大、市場開放、生產替代品價格下跌或生產互補品價格上漲等，造成供給增加。若需求不變，原均衡價格 P_0 下造成超額供給，使價格下跌，需求量增加。

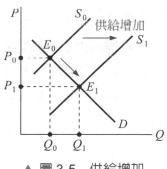

▲ 圖 3-5　供給增加

在圖形上，整條供給線右移至 S_1 而需求線不動，供給位移增加至 Q_1，需求量則沿原需求線移動增加至 Q_1，價格下跌至 P_1，形成新均衡點 E_1。亦即當供給增加，新均衡向右（量增加）下（價下跌）移。（如圖 3-5）

2.供給減少

商品本身價格以外的因素改變，例如產地破壞、成本提升、預期未來價格上漲、產業規模縮減、生產替代品價格上漲或生產互補品價格下跌等，造成供給減少。若需求不變，在原均衡價格 P_0 下，造成超額需求使價格上漲，需求量減少。

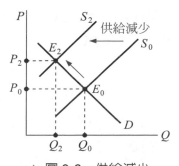

▲ 圖 3-6　供給減少

在圖形上，整條供給線左移至 S_2 而需求線不動，供給位移減少至 Q_2，需求量則沿原需求線移動減少至 Q_2，價格上漲至 P_2，形成新均衡點 E_2。亦即當供給減少，新均衡向左（量減少）上（價上漲）方移動。（如圖 3-6）

--- 動動腦 ---

因颱風水災破壞蔬菜產地，則消費市場供需及均衡量、價將如何變化？若釋出庫存冷凍蔬菜應急，該市場供需及均衡量、價的變化又如何？

三、需求變化而且供給變化對市場的影響

1.需求增加而且供給增加

　　商品本身價格以外的因素改變，造成需求增加而且供給增加。在圖形上，整條需求線右移至 D_1 而供給線也右移至 S_1，需求與供給都位移量增加至 Q_1，形成新均衡點 E_1。價格變動方向則不一定，因需求線向右（量增加）上（價上漲）方移動，而供給線向右（量增加）下（價下跌）方移動。（如圖 3-7）

　　若需求增加較多則新均衡價上漲，若供給增加較多則新均衡價下跌，若需求與供給增加幅度相同則新均衡價不變。

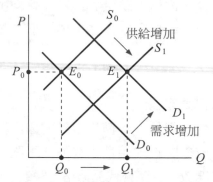

▲ 圖 3-7　需求增加而且供給增加

2.需求減少而且供給增加

　　商品本身價格以外的因素改變，造成需求減少而且供給增加。在圖形上，整條需求線左移至 D_2 而供給線則右移至 S_2，新均衡價下跌至 P_2，形成新均衡點 E_2。新均衡量變動方向則不一定，因需求線向左（量減少）下（價下跌）方移動，而供給線向右（量增加）下（價下跌）方移動。（如圖 3-8）

　　需求減少較多則新均衡量減少，若供給增加較多則新均衡量增加，供給與需求增減幅度相同則新均衡量不變。

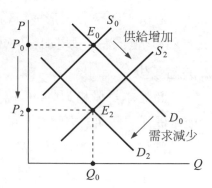

▲ 圖 3-8　需求減少而且供給增加

・動動腦・

農民轉作經濟價值較高的花卉，卻遭遇景氣衰退與政府節約送禮政策，圖示分析該市場供需及均衡量、價變化的過程與方向。若農會大力推廣行銷，該市場供需及均衡量、價的變化又如何？

3. 需求減少而且供給減少

　　商品本身價格以外的因素改變，造成需求減少而且供給減少。在圖形上，整條需求線左移至 D_3 而供給線也左移至 S_3，需求與供給都位移量減少至 Q_3，形成新均衡點 E_3。價格變動方向則不一定，因需求線向左（量減少）下（價下跌）方移動，而供給線向左（量減少）上（價上漲）方移動。（如圖 3-9）

　　若需求減少較多則新均衡價下跌，若供給減少較多則新均衡價上漲，若需求與供給減少幅度相同則新均衡價不變。

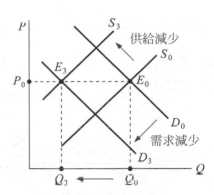

▲ 圖 3-9　需求減少而且供給減少

4. 需求增加而且供給減少

　　商品本身價格以外的因素改變，造成供給減少而且需求增加。在圖形上，整條需求線右移至 D_4 而供給線則左移至 S_4，新均衡價上漲至 P_4，形成新均衡點 E_4。新均衡量變動方向則不一定，因需求線向右（量增加）上（價上漲）方移動，而供給線向左（量減少）上（價上漲）方移動。

　　若供給減少較多則新均衡量減少，若需求增加較多則新均衡量增加，若需求與供給增減幅度相同則新均衡量不變。

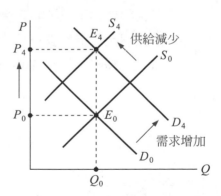

▲ 圖 3-10　需求增加而且供給減少

・動動腦・

豬口蹄疫發生時，養豬場飼豬遭大量撲殺，消費者恐慌不敢食用，圖示分析該市場供需及均衡量、價變化的過程與方向。

綜合範例

分析市場均衡變化：

(A) 開放蘋果進口，蘋果市場的均衡價格？數量？

(B) 電子技術進步與消費者所得提高，個人電腦市場的均衡價格？數量？

(C) 颱風損壞農作物，蔬果市場的均衡價格？數量？

(D) 發現大量黃金儲藏，明年可開採，今年黃金市場的均衡價格？數量？

Tip 詳比較靜態均衡分析。

解析

(A)開放蘋果進口，造成供給增加，蘋果市場的新均衡向右（量增加）下（價下跌）移。

(B)電子技術進步與消費者所得提高，造成供給增加而且需求增加。需求線向右（量增加）上（價上漲）方移動，而供給線向右（量增加）下（價下跌）方移動，因此個人電腦市場的均衡數量增加，價格變動方向則不一定。

(C)颱風損壞農作物使供給減少，新均衡向左（量減少）上（價上漲）方移動，蔬果市場的均衡價格提高，數量減少。

(D)明年可開採造成供給增加，明年黃金市場的均衡價格下跌，數量增加。預期未來物品價格下跌，則於今年相對價格可能較高時減少其需求，增加其供給；需求線向左（量減少）下（價下跌）方移動，而供給線向右（量增加）下（價下跌）方移動，因此今年黃金市場的均衡價格下跌，數量變動方向則不一定。

經濟視野②

台灣好米的市場價值

　　西螺鎮農會推廣台灣好米，繼推出高價位的「皇金米」之後，再與生物科技中心合作，以發芽玄米為原料，推出機能性飲料「玄米豆漿」及「玄米漿」，並希望藉由健康、安全機能性的農產加工品，帶動農業升級。濁水溪孕育栽培的蓬萊米在日據時期就是台灣米的代名詞，部分極品米更成為日本皇室專用的獻納米，所以全新推出的有機米就稱為「皇金米」，還有宜蘭越光米和花蓮的富麗米，這些優質米甚至打入國內的高級餐廳，取代日本高級米的地位。

　　提高某物品的偏好將增加該商品的需求（需求線右移），影響偏好的因素有習慣、流行、廣告、季節、品味、實用等。

3-3　動態分析與交易利得

一、動態分析 (dynamic analysis)

　　主要分析不同期間下，影響均衡變化的因素與調整情況，探討非均衡狀態調整變動至均衡狀態的過程。市場價格變動，導致需求量與供給量變動及市場力量的調整，但供給數量通常須一段時間生產銷售才能供應市場，考慮時間因素是為動態分析，之前未考慮時間因素則為靜態分析（static analysis）。

　　探討某一時點下市場均衡的分析方法為靜態模型分析，而探討兩各靜態均衡點的差異為比較靜態。將時間的因素納入模型中，探討一個均衡向另一個均衡的各個時點之過程為動態模型分析，蛛網理論是動態供需模型的典型代表。

二、蛛網理論 (cobweb theory)

　　在動態分析中，廠商了解前一期的市場價格，並據以決定本期供給數量；到產量完成調整時，市場上為固定供給，並發生時間落後，多用於生產期間較長的產品，如農產品。因此，動態分析的供給函數表示為 $Q_t^S = f(P_t - 1) = -c + dP_t - 1$。

　　若廠商在 t_o 時市場價格為 P_o，依長期供給線 S 而決定產量 Q_1，於 t_1 時市場上為固定供給量 Q_1，圖形上為垂直供給線 S_1，對應的市場價格降為 P_1。廠商因此依長期供給線 S 決定下期供給數量減少為 Q_2，於 t_2 時市場上為固定供給量 Q_2，圖形上為垂直供給線 S_2，對應的市場價格漲為 P_2。廠商因此依長期供給線 S 決定下期供給數量增加為 Q_3，於 t_3 時市場上為固定供給量 Q_3，圖形上為垂直供給線 S_3，對應的市場價格跌為 P_3。如此循環逐漸靠近均衡點 E，其供需價量變動過程類似蜘蛛結網形態（如圖 3-11），解釋為何某些市場的價格會有週期性的波動。

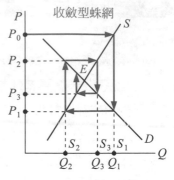

▲ 圖 3-11　收斂型蛛網

　　第一期的價格上升下降，決定第二期的供給量會增產減產，由第二期產量與需求量決定第二期的價格，再決定第三期的供給量，依此過程一直運作下去，不一定有均衡價。

→ · 動動腦 · ←

前年高麗菜價格高而農民獲利豐，去年擴大種植造成菜價下跌，今年農民減種又使菜價上漲，試以價格機能的意義，及蛛網理論的調整過程說明之。

三、社會福利 (social welfare)

　　透過市場機能運作，經濟社會資源運用最有效率而增進社會福利。經濟福利來自市場參與者的專業分工，包括消費者剩餘及生產者剩餘，又稱為交易利得；沒有交易行為，即無經濟福利。社會福利為消費者剩餘與生產者剩餘之總合，即圖形中 $\triangle BAE$ 的總面積（如圖 3-14）。$\triangle BAE$ 所含蓋之範圍亦為交易可能區域，代表供給者與需求者所願意而且能夠接受成交的價量區間，但在均衡點交易可獲得最大的消費者剩餘與生產者剩餘之總合，即最高的經濟社會總福利。在正常的市場價格機能運作下，調整使供需雙方自動達成並維持穩定的均衡狀態，整個經濟社會資源運用最有效率，供需雙方各自獲得最大的生產者剩餘與消費者剩餘，總社會福利亦最高。

1. 消費者剩餘（consumer's surplus；CS）

需求線代表需求者對各特定商品數量所願意而且能夠支付的最高價格，當消費者實際支付的市場均衡價格（$P*$）低於其願意支付價格，所多得的利益。$P*$ 為市場均衡價格，對應均衡需求量 $Q*$，消費量 0 至 $Q*$ 消費者願意支付的價格為 A 至 $P*$，但消費者購買每一單位消費量，實際支付的價格均為 $P*$，因此 $\triangle AP*E$ 所含蓋之面積，為消費者願（應）付而未付的總價值，即消費者剩餘（如圖 3-14）。

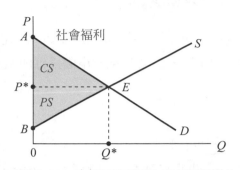

▲ 圖 3-14　市場交易過程中的福利變化

其中面積□ $0Q*EA$ 為消費者願付的總價值，□ $0Q*EP*$ 為消費者實際支付的總價值，消費者剩餘為兩者的差額，即消費者在市場上多賺得的經濟福利，同一商品市場均衡價格愈低則消費者剩餘愈大，表示消費者的經濟福利愈高。

2. 生產者剩餘（producer's surplus；PS）

供給線代表供給者對各特定商品數量所願意而且能夠供應的最低價格，當生產者實際收入的市場均衡價格（$P*$）高於其願意供應的價格，所多得的利益。

供給量 0 至 $Q*$ 生產者願意供應的價格為 B 至 $P*$，但生產者供應每一單位供給量實際收入的價格均為 $P*$，因此 $\triangle BP*E$ 所涵蓋之面積，為生產者願供應而多收入的總價值，即生產者剩餘。其中面積□ $0Q*EB$ 為生產者願意供應的總價值，□ $0Q*EP*$ 為生產者實際收入的總價值（如圖 3-14），生產者剩餘為兩者的差額，代表生產者在市場上多賺得的經濟福利，同一商品市場均衡價格愈高則生產者剩餘愈大，表示生產者的經濟福利愈高。

 經濟視野 ③

物超所值的重要性

根據尼爾森所公布的報告顯示，全球消費者對消費性包裝商品採取不同的省錢購物策略。消費者一旦決定購買地點後，物超所值的重要性略高於單純的價格便宜。來自全球 51 個市場，超過 25,000 位網路受訪者參與，有六成全球網路消費者在決定到特定消費性包裝商品零售店購物時，將「物超所值」視為最具影響力的因素，勝於「價格便宜」。任何消費者自願的購買，一定是「物超所值」，那個差額就是消費者剩餘。

綜合範例

假設小明購買第一個蘋果願付 20 元，購買第二個蘋果願付 15 元，購買第三個蘋果願付 10 元，如果蘋果的市價為每個 10 元，則小明購買三個蘋果的消費者剩餘為？

Tip 詳消費者剩餘。

解析

消費者實際支付的市場均衡價格，低於其願意支付價格所多得的利益。小明購買蘋果 3 單位時，蘋果價格為 10 元（實際支付的市場價格）；但他願意以 20 元時購買第 1 單位蘋果，以 15 元購買第 2 單位蘋果；則小明的消費者剩餘為 $(20-10) + (15-10) = 15$ 元

 綜合範例

已知某物品的價格 (P) 與需求量 (Q_d) 及供給量 (Q_s) 之間的關係是：$Q_d = 60 - 6P$，$Q_s = -20 + 4P$，均衡時的生產者剩餘與消費者剩餘為？

Tip 詳生產者剩餘。

解析

市場均衡時 $Q_s = QD$，則 $Q_d = 60 - 6P = Q_s = -20 + 4P$，得 $P = 8$，$Q = 12$。

$Q_s = -20 + 4P = 0$ 時，得 $P = 5 = B$ 生產者願意供應的價格為 B 至 P^*，但生產者供應每一單位供給量，實際收入的價格均為 P^*，因此 $\triangle BP^*E$ 所涵蓋之面積，為生產者願供應而多收入的總價值，即生產者剩餘 $= 12 \times (8-5)/2 = 18$

$Q_d = 60 - 6P = 0$ 時，得 $P = 10 = A$，消費者剩餘 $= 12 \times (10-8)/2 = 12$

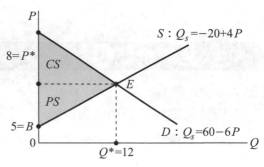

。活用經濟實務

農糧危機來了？！

　　幾個農產大國俄羅斯、澳洲，都傳出糧食減產的消息，美國更遭遇 50 年來最嚴重的旱災，玉米和大豆價格漲幅達史上新高。仰賴美國進口大豆、玉米的台灣，原物料價格也突破 2008 年糧食危機最高價格。台灣應逐步改變飲食結構，以促進糧食安全。

　　在糧食的結構上，米倉大爆滿，另一邊的奶肉蛋類卻不足，十分不平衡。1 公斤稻米以 25 元收購，農民看有利潤，就努力種水稻，以至於稻米賣不完，只能堆滿穀倉。即使支持在地生產的奶肉蛋，仍逃避不了這些經濟動物的飼料都是進口雜糧的事實。90% 飼料來自進口雜糧。與其鼓勵農民種稻，政府更應增加誘因讓農民樂於種雜糧。

　　強烈需求反映在糧食上，全球人口每年多 1%（中國平均每年人口增幅 9%），開發中國家對高蛋白質的西方飲食趨之若鶩，而 7 公斤穀物僅能產出 1 公斤牛肉（1 公斤豬肉則須 4 公斤穀物），造成全球糧食供不應求的狀況。

　　儘管農夫的生產效率已有提升，然而生產量的增加卻遭兩個負面因素抵銷：大量玉米被轉作生質燃料之用，以及惡劣天候致使收成大減。2030 年以前，糧食的需求量將增加 50%，但是人均耕地面積只會愈來愈少。短期內，肉類價格還未受到衝擊，因為畜產業者為了節省昂貴的飼料成本已率先屠殺大量牲畜，導致供過於求。然而，敗壞的收成可能導致價格一發不可收拾，恐慌性購買、出口禁令、搶糧暴動都有可能隨之而來。

　　此刻應是西方重新審視生質燃料正當性的時機。當作物豐收，表示會有多出的穀物可轉成乙醇，西方消費者不必犧牲自己原有的生活形態。但糧食問題已形成迫在眉睫的危機，解決辦法不是降低需求就是增加供應，或者兩者同時並進。減少需求最直接的方式就是抑制人口成長或者改變飲食習慣，不過兩者推行當然都困難重重。

試以經濟學分析，思考以下問題：

1. 說明影響糧食需求與供給的因素。
2. 說明糧食的消費替代品與生產替代方式。
3. 說明糧食價格波動之形成過程與理由，及其對經濟活動的影響。

( ) 1. 麥當勞漢堡與肯德基炸雞塊是替代品，麥當勞今提高其漢堡之價格，市場上肯德基炸雞塊均衡價格會？而均衡交易數量會？ (A) 上升，上升 (B) 下降、上升 (C) 下降、下降 (D) 上升、下降。

( ) 2. 均衡價格確定會上升，若： (A) 供給需求都增加 (B) 供給需求都減少 (C) 供給增加而需求減少 (D) 供給減少而需求增加。

( ) 3. 若預期液晶電視（TFT－TV）在未來會大幅降價下，則： (A) 消費者現在會增加購買液晶電視 (B) 生產者在未來會增加生產傳統電視 (C) 傳統電視未來價格會下降 (D) 液晶電視現在的供給會減少。

( ) 4. 若市場需求為 $Qd = 300 - 20P$，而市場供給則由原來的 $Q_s = 60 + 4P$ 成為 $Qs = 30 + 4P$，式中 P 為價格，Qd 為需求數量，Qs 為供給數量。根據以上數式，可推論： (A) 供給曲線向右移動 (B) 供給曲線斜率改變 (C) 均衡價格提高 (D) 均衡數量增加。

( ) 5. 所得提高，政府又開放進口，將使得國內正常財市場之： (A) 均衡價格提高 (B) 均衡數量減少 (C) 均衡數量增加 (D) 均衡價格下跌。

( ) 6. 若勞動市場上的勞動供給是缺乏彈性，則勞動需求曲線右移會使得： (A) 工資上漲 (B) 對工資沒有影響 (C) 就業量減少 (D) 對就業量沒有影響。

( ) 7. 使用網的利性增加以後，促成電腦主機市場的供給與需求同時增加，其均衡時確定的影響為： (A) 電腦主機的價格會上漲 (B) 電腦主機的價格會下跌 (C) 電腦主機的數量會增加 (D) 電腦主機的數量會減少。

( ) 8. 若某產品的市場需求曲線左移，供給曲線右移時，可以確定： (A) 市場均衡價格一定下跌 (B) 市場均衡價格一定上漲 (C) 市場均衡數量一定增加 (D) 市場均衡數量一定減少。

( ) 9. 某一項產品的市場需求曲線右移，供給曲線也右移時，則可以確定： (A) 市場均衡價格一定下跌 (B) 市場均衡價格一定上漲 (C) 市場均衡數量一定增加 (D) 市場均衡數量一定減少。

( )10. 當一家獨占廠商採取了一個成功的廣告活動之後，下列何種情況不會發生？ (A) 廠商的平均成本曲線向上移動 (B) 消費者的需求曲線向右移動 (C) 獨占市場的均衡交量增加 (D) 獨占市場的均衡價格下降。

4

供需彈性與應用

學習導引：恩格爾與奧珊斯基

經濟視野❶ 策略行銷訂價

經濟視野❷ 專案生產與再造工程

經濟視野❸ 議價能力

活用經濟實務：漲價反映原物料成本？

【恩格爾】

西元十九世紀德國統計學家恩格爾（Christian Lorenz Ernst Engel）把統計調查數據資料列表，指出一個家庭在食品和其他項目上的開支取決於它的收入和總消費開支。隨著收入的增加，用於食品的支出部分將下降；用於住宅和衣服方面的支出將基本保持不變；而用於其他商品的支出會增加，這分析的結果被稱為恩格爾定律。由於食品支出同收入的比率會隨收入提高而下降，因此這一比率常被用來衡量國家和地區的富裕程度。這一比率稱為恩格爾係數。恩格爾曲線反映的是所購買的一種商品的均衡數量與消費者收入水平之間的關係，是一條表示在不同所得水準下，對於某一商品需求量之關係的曲線。

正式運用恩格爾定律測量貧困線，則是美國學者奧珊斯基（Orshansky）的研究成果，論證生活必需品開支的社會平均水平可以用於確定貧困水平。她在研究了美國家庭的食物開支占總開支的比例後，繪出了一條恩格爾曲線，並且聲稱她在這條曲線上發現了一個轉折點，在這一點以下的部分就是貧困的。經計算後她提出，一個家庭將預算的30% 以上用在食品開支上就是貧困的。

從此，奧珊斯基的方法廣為流傳，現在國際上常用恩格爾係數 60% 或 50% 來作為判定一個國家或一個地區乃至一個家庭是否貧困的標準。

➡ 預習思考

☆ 試以影響供給彈性大小的因素，說明個人應如何改變其供給彈性，以增加競爭力與就業機會。

☆ 當所得增加時，您的家庭支出比例如何變化，是否符合恩格爾法則？試以所得彈性的意義，指出您的正常財、奢侈品、必需品、劣等財。

☆ 戰爭及傳染病影響旅遊意願，團費與機票降價亦不能吸引消費者，試以影響需求彈性大小的因素，及價格需求彈性對收入變化的影響，說明其原因。

4-1　需求彈性

一、彈性 (Elasticity)

　　某一變數改變對另一變數有影響而產生的反應程度，彈性大表示反應強，彈性小則反應弱，亦即彈性是該受影響變數的敏感度指標。因兩變數的單位不同，不能直接比較其絕對數量大小，應以相對變化量來衡量，通常以變化量百分比作為衡量指標。經濟意義亦可表示為，當經濟環境發生變化，參與該經濟活動的個體，調整其資源配置之能力與敏感度。

二、價格彈性 (Price Elasticity)

　　依據價格機能，商品本身價格變動會引起市場商品的數量變動，需求量變動的反應程度稱為價格需求彈性，供給量變動的反應程度則為價格供給彈性。因此價格彈性係數 ε ＝數量變動百分比／價格變動百分比；亦即價格變動 1% 可引發 ε% 數量變動。

1.弧（arc）彈性

　　變動前後有一段距離，弧彈性取其直線距離的中點為比較基準。

$$\varepsilon = \frac{數量變動百分比}{價格變動百分比} = \frac{\%\Delta Q}{\%\Delta P} = \frac{\dfrac{\Delta Q}{(Q_1 + Q_2)}}{\dfrac{\Delta P}{(P_1 + P_2)}} = \frac{\dfrac{(Q_1 - Q_2)}{(Q_1 + Q_2)}}{\dfrac{(P_2 - P_1)}{(P_1 + P_2)}}$$

2.點（point）彈性

　　取某一點為比較基準，點彈性即衡量該點的微量變動程度。

$$\varepsilon = \frac{\dfrac{\Delta Q}{Q}}{\dfrac{\Delta P}{P}} = \frac{P \times \Delta Q}{Q \times \Delta P} = \left(\frac{P}{Q}\right) \times \left(\frac{1}{斜率}\right)$$

$$斜率 = \frac{\Delta P}{\Delta Q}$$

三、彈性大小之衡量

　　彈性大小介於 0 ～∞（無窮大）之間。

1. 單位彈性（unitary elasticity）

又稱為中立彈性，即 $\varepsilon = 1$，代表需求量變動百分比（$\%\Delta Q$）等於價格變動百分比（$\%\Delta P$），因此彈性大小是以單位彈性為比較基準。

2. 富有彈性（elastic）

又稱為彈性大，即 $\varepsilon > 1$，代表需求量變動百分比（$\%\Delta Q$）大於價格變動百分比（$\%\Delta P$），亦即需求量受商品本身價格變動影響的敏感度大。

3. 完全彈性（perfectly elastic）

又稱為彈性無窮大，即 $\varepsilon = \infty$，代表在價格固定下（$\%\Delta P = 0$），需求量變動百分比（$\%\Delta Q$）可達無窮大，亦即需求量受商品本身價格變動影響的敏感度無窮大。

4. 缺乏彈性（inelastic）

又稱為彈性小，即 $\varepsilon < 1$，代表需求量變動百分比（$\%\Delta Q$）小於價格變動百分比（$\%\Delta P$），亦即需求量受商品本身價格變動影響的敏感度小。

5. 完全缺乏彈性（perfectly inelastic）

又稱為無彈性，即 $\varepsilon = 0$，代表不論價格如何變動（$\%\Delta P = \infty$），需求量變動（$\%\Delta Q$）仍為 0，亦即需求量固定，完全不受商品本身價格變動的影響。

點彈性大小與價量比值及斜率倒數有關，在同一條直線型需求線上，每一點的斜率相同，點彈性大小與價量比值（P/Q）呈正相關。價量比值代表該點在線上的相對位置，以直線中點的彈性為1，其左（量小）上（價高）段價量比值較大故點彈性大於1，$Q=0$ 時，$\varepsilon = \infty$；其右（量大）下（價低）段價量比值較小故點彈性小於 1，$P=0$ 時，$\varepsilon = 0$。

因此在同一條直線型需求線上，愈往左（量小）上（價高），因量的比較基準較小，量變動百分比相對較大，其點彈性愈大；愈往右（量大）下（價低）則點彈性愈小。曲線型需求線上，每一點的切線斜率不同，點彈性大小與價量比值及切線斜率均有關。（如圖 4-1）

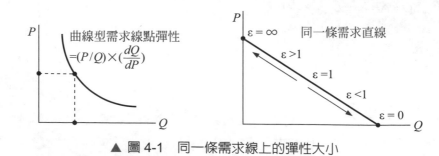

▲ 圖 4-1　同一條需求線上的彈性大小

　　不同斜率的需求線代表不同的需求彈性，彈性大小與直線斜率（$\Delta P / \Delta Q$）呈負相關。斜率愈小其直線愈平坦，即橫軸變動量（ΔQ）較大，代表彈性大；水平線斜率＝0，即價格固定下橫軸變動量（ΔQ）可達無窮大，代表彈性無窮大。斜率愈大其直線愈陡直，即橫軸變動量（ΔQ）較小，代表彈性小；垂直線斜率＝∞，即固定需求量（$\Delta Q = 0$），代表彈性＝0。（如圖 4-2）

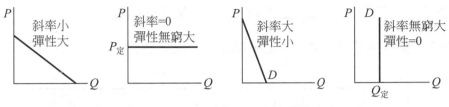

▲ 圖 4-2　不同斜率的需求線彈性大小

四、需求 (價格) 彈性

　　商品本身價格變動引起需求量變動的反應程度，亦即需求量受商品本身價格變動影響的敏感度指標。ε_d = 需求量變動百分比 / 商品本身價格變動百分比依據需求法則，商品本身價格與其需求量之間呈反向變動關係之負斜率需求線，因此需求彈性係數為負值，但負號只表示兩變數變化方向相反，彈性大小（反應程度）須視彈性係數絕對值（消去負號）大小而定。

五、影響需求彈性大小的因素

　　需求彈性為需求量受影響的敏感度，而商品替代性為影響需求量變動的最主要因素，當需求者的選擇機會大則影響需求量變動大，即需求彈性大；反之則小。

1. 替代品：商品本身特性容易相互替代，或市場競爭激烈，則商品替代性大，代表需求者的選擇機會大，使價格相對較低的商品需求量大增，而價格相對較高的商品需求量大減，亦即需求彈性大（需求量變動大）；反之則小。

2. 商品範圍：商品範圍小，即其他同類替代品多，則商品替代性較大，代表需求彈性大；反之商品範圍大，即其他不同類替代品少，代表需求彈性較小。

3. 需求者偏好：生活必需品或忠誠度較高的品牌不易替代，則影響需求量變動小，即需求彈性小；反之則大。

4. 支出比例：某一商品消費占需求者總支出的比例愈大，則價格變動對其購買力（實質所得）影響愈大，須設法尋求替代品或調整使用量，因此需求量變動大，即需求彈性大；反之則小。

5. 時間：時間愈長，則替代商品增加及需求者改變其實質所得或消費偏好的可能愈大，對消費商品的選擇機會大，因此需求量變動大，即需求彈性大；反之則小。短期指需求者來不及改變其消費選擇的期間，長期則是指需求者足以改變消費並選擇替代的期間。

試以影響需求彈性大小的因素，說明廠商應如何改變商品的需求彈性，以增加競爭力與獲利。

綜合範例

消費者對某電漿電視的需求弧彈性之絕對值大於一，當價格由每台 20 萬元降為 15 萬元時，需求量會如何變動？

 詳弧彈性。

變動前後有一段距離，弧彈性取其直線距離的中點為比較基準。

$$\varepsilon = \frac{數量變動百分比}{價格變動百分比} = \frac{\%\Delta Q}{\%\Delta P} = \frac{\dfrac{\Delta Q}{\dfrac{(Q_1 + Q_2)}{2}}}{\dfrac{\Delta P}{\dfrac{(P_1 + P_2)}{2}}} = \frac{\dfrac{(Q_1 - Q_2)}{(Q_1 + Q_2)}}{\dfrac{(P_1 - P_2)}{(P_1 + P_2)}}$$

$$弧彈性 = \frac{\%\Delta Q}{\dfrac{\Delta P}{\dfrac{(P_1 + P_2)}{2}}} = \frac{\%\Delta Q}{\dfrac{(15 - 20)}{\dfrac{(15 + 20)}{2}}} = \frac{\%\Delta Q}{\dfrac{10}{35}} > 1$$

得 $\%\Delta Q > 28\%$

綜合範例

商品本身價格與其需求量之間呈反向變動關係，因此當價格由每台 20 萬元降為 15 萬元時，需求量會增加，幅度大於 28%。對桃子的反需求函數為 $P = 237 - 3Q$，其中 P 為每單位桃子的價格，Q 為每週桃子的需求量，當 $P = 27$ 時，問桃子的需求價格彈性為何？

 詳點彈性。

需求函數為 $Q = 79 - P/3$ 時，當 $P = 27$，則 $Q = 70$

取某一點為比較基準，點彈性即衡量該點（$P = 27$，$Q = 70$）的微量變動程度。

桃子的需求價格彈性

$$\varepsilon = \frac{\dfrac{\Delta Q}{Q}}{\dfrac{\Delta P}{P}} = \frac{P \times \Delta Q}{Q \times \Delta P} = \left(\frac{P}{Q}\right) \times \left(\frac{dQ}{dP}\right) = \left(\frac{27}{70}\right) \times \left(\frac{-1}{3}\right) = -\frac{27}{210}$$

經濟視野 ❶

策略行銷訂價

策略市場規劃是把行銷功能和企業政策結合，從公司的整體目標發展到策略，透過規劃考慮環境因素、競爭因素、產品組合分析等，來分配得適當的組合。

策略行銷是指行銷的策略面。針對市場進行全面掃描，瞭解顧客的需求及競爭者的實力，進行調整找出最佳市場區隔及發展定位策略。

在價格策略上，定價程序有六個步驟：決定定價目標 → 估計需求價格彈性 → 估計成本 → 分析競爭者成本、價格和品質 → 選擇定價方法 → 訂定最後價格。

4-2　其他彈性

一、供給 (價格) 彈性

商品本身價格變動引起供給量變動的反應程度，亦即供給量受商品本身價格變動影響的敏感度指標，供給彈性大小之衡量及意義與需求彈性相同。

$$\varepsilon_S = \frac{供給量變動百分比}{價格變動百分比}$$

依據供給法則，價格與其供給量之間呈同向變動關係（正斜率需求線），因此供給彈性係數為正值。

二、影響供給彈性大小的因素

供給彈性為供給量受影響的敏感度，而生產替代性為影響供給量變動的最主要因素，當供給者的生產選擇機會大，則影響供給量變動大，即供給彈性大；反之則小。

1. 資源流動性：生產要素特性容易相互替代或用途較廣，生產技術多樣化或產能高等因素，使生產者有能力擴產或改變產品，代表供給者的生產選擇機會大，則影響供給量變動大，即供給彈性大；反之則小。

2. 成本：當增加產量或改變生產線會使成本增加較大，使供給者的生產選擇機會小，則影響供給量變動小，即供給彈性小；反之則大。

3. 時間：時間愈長，供給者改變產量或生產線的可能性愈大，對生產選擇機會大，因此供給量變動大，即供給彈性大；反之則小。

生產期間並非以特定時間長短區分，而是視個別廠商的生產特性與調整能力而定。短期指供給者來不及調整生產資源以改變其產量或生產線的的期間，供給量變動小，即供給彈性小；極短期是供給者來不及反應，只能供應現成存貨的期間，供給量無法變動，即供給彈性接近 0。長期是供給者可以調整生產資源，足以改變產量或生產線並選擇替代的期間，因此供給量變動大，即供給彈性大；極長期是供給者可以創新發展，跨越原有領域或規模，供給量變動極大，即供給彈性可達無限大。

動動腦

試以影響供給彈性大小的因素，說明廠商應如何改變其供給彈性，以增加競爭力與獲利。

三、影響要素需求彈性大小的因素

要素需求彈性為要素需求量受影響的敏感度，要素需求是產品最終需求之引申需求，因此產品的需求量變動大（產品需求彈性大），影響要素需求量變動亦大（要素需求彈性大）。要素替代性為影響需求量變動的最主要因素，當需求者的選擇機會大則影響需求量變動大，即需求彈性大；反之則小。

某一要素占需求者總支出的比例愈大，則價格變動對其購買力影響愈大，須設法尋求替代品或調整使用量，因此需求量變動大，即需求彈性大；反之則小。

時間愈長，則替代品增加及需求者改變其生產特性的可能愈大，對要素的選擇機會大，因此需求量變動大，即需求彈性大；反之則小。

四、所得 (income；I) 彈性

所得變動引起需求量變動的反應程度，亦即商品需求量受所得變動影響的敏感度指標。

$$\varepsilon_1 = \frac{需求量變動百分比}{所得變動百分比}$$

所得增加可使其需求增加的物品為正常財，即所得與需求同向變動，因此所得彈性為正。若所得彈性大（$\varepsilon_I > 1$），代表需求量變動百分比（$\%\Delta Q$）大於所得變動百分比（$\%\Delta I$），亦即所得增（減）1% 會增（減）更多 % 需求的商品，稱為奢侈品，所得增加才能增加更多消費；所得彈性小（$\varepsilon_I < 1$），亦即所得增（減）1% 卻增（減）不到 1% 需求的商品，稱為必需品，所得增減對其消費量影響不大。

無所得彈性（$\varepsilon_I = 0$），即所得增（減）不影響需求的商品，稱為中性財；所得與需求反向變動的物品稱為劣等財，所得增加使一般人增加正常財的需求，減少對品質較低的劣等財的需求，因此所得彈性為負。

1. 恩格爾法則

當所得增加，則一般家庭糧食支出增加但占所得之比例降低，即必需品的所得彈性小（$0<\varepsilon_I<1$）；其他日常費用與所得維持一固定比例（等幅增加），即中立財所得彈性中立（$\varepsilon_I=1$）；儲蓄與耐久財等其他支出占所得之比例則上升，即奢侈品所得彈性大（$\varepsilon_I>1$）。非劣等財之所得彈性均為正，但大小各有不同。商品需求量受所得變動影響的敏感度指標

2. 恩格爾曲線（Engel curve；EC）

描述所得變動與商品需求量變動之間的關係。

正常財即所得與需求同向變動且維持一固定比例，因此為正斜率直線；奢侈品之所得彈性大，而且隨所得增加其支出占所得之比例增加，因此為正斜率彈性漸增曲線；所得增減對必需品消費影響不大，而且隨所得增加其支出占所得之比例降低，因此為正斜率彈性漸減曲線；劣等財所得彈性為負，即所得增加使一般人增加正常財的需求，減少對品質較低的劣等財的需求，因此為負斜率曲線。（如圖 4-3）

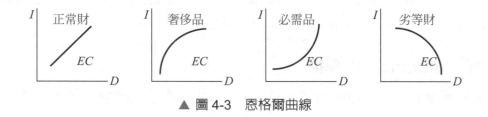

▲ 圖 4-3　恩格爾曲線

五、交叉 (cross) 彈性

其他商品價格變動引起相關商品需求量變動的反應程度，亦即需求量受其他商品價格變動影響的敏感度指標。

$$\varepsilon_{XY}=\frac{X\,需求量變動百分比}{Y\,價格變動百分比}$$

用途相近而能互相取代的事物互為替代品，當某物（Y）價格上漲將使其需求量減少而增加其替代品（X）的需求；反之亦然。商品需求量與其替代品價格之間呈同向變動關係，因此替代品交叉彈性係數為正值。替代性大則交叉彈性大，反之則小。

須共同搭配使用的事物互為互補品，則某物（Y）價格上漲將使其需求量減少而連帶減少其互補品（X）的需求；反之亦然。商品需求量與其互補品價格之間呈反向變動關係，因此互補品交叉彈性係數為負值。負號只表示兩變數變化方向相反，彈性大小（反應程度）須視彈性係數絕對值（消去負號）大小而定，互補性大則交叉彈性大，反之則小。

獨立品交叉彈性係數為 0，代表 X 需求量不受 Y 價格變動影響，即兩物非相關商品。

台灣加入 WTO 後將開放各種商品進口，衝擊國內相關產業，試以替代品交叉彈性的大小，說明其影響程度。

六、其他需求彈性

　　商品本身價格以外，市場常見之影響需求變動的因素，包括所得、偏好、對未來的預期、人口、相關物品價格等，某一變數改變對需求影響的反應程度形成各種需求彈性，彈性大表示反應強，彈性小則反應弱，亦即各種需求彈性是該受影響變數的需求影響敏感度指標。

　　例如廣告彈性代表廣告支出變動對需求影響的反應程度，廠商可調整其廣告預算；對未來物價預期的彈性，代表未來物價對需求影響的反應程度，廠商可參考物價指數與通貨膨脹率等指標調整其生產。

 綜合範例

假設 X 的需求量（Q_X^D）取決於其價格（P_x）、消費者所得（I）及 Y 的價格（P_y），其關係式為 $Q_X^D = 100 - 3Px - 0.01I + 0.5Py$，試分析 X 物品的性質，及其與 Y 物品的關係？

Tip 詳交叉彈性。

解析

$Q_X^D = 100 - 3P_x - 0.01I + 0.5Py$

X 需求量（Q_X^D）與其價格（$-3P_x$）間呈反向變動關係，則 X 符合需求定律。

X 需求量（Q_X^D）與所得（$-0.01I$）之間呈反向變動關係，則 X 是劣等物品。

X 需求量（Q_X^D）與 P_y 之間呈同向（$+0.5P_y$）變動關係，用途相近而能互相取代的事物，某物價格上漲（P_y）將使其需求量減少，而增加替代品的需求（Q_X^D）。

因此 X 與 Y 是替代物品。

經濟視野 ❷

專案生產與再造工程

　　專案生產（project production）使用不同加工設備且非標準化作業流程，針對客戶需求產出差異化產品，為某些特定目標的臨時組合，完成後即回歸原正式工作職務，而不影響原系統架構之正常運作，並提升企業的應變能力，節省資源且增進效率。通常為創意機動生產部門所採行，但個案的專案成員不易控制管理。

　　網狀組織只保留核心規劃專案管理，而將生產作業流程與其他功能活動的執行外包，可以保持本身企業的機動彈性，但須與其他外包企業建立緊密的關係網絡，以依其需要彈性合作完成專案生產，確保企業功能可以長期完整順利運作。

　　網狀組織形式讓企業如一張網，更具彈性、機動性和效率；網中的成員可自行為工作負責，主動面對問題、下決策，除了不再仰賴權力集中式中心，更可充份發揮個人潛能，讓企業體成為結合員工才能與企業目標的數位組織。

　　網狀組織是一種以契約為結合基礎的動態聯結體，通常擁有一個核心組織以負責統籌協調與其他組織間的關係與活動。一反過去組織完全包辦所有製造輸出所必須具有的功能，網狀組織的核心可視需要而與任何其他組織產生聯結或中斷關係，必須與其他組織合作才有存在的價值。這種依賴自我管理與獨立自主所建構的網絡，將極大化資訊的交換以及對業務與科技變遷的反應與彈性。

　　由於網狀組織擁有極端分散與動態的特質，因此必須藉助於進步的資訊科技做為彼此溝通與協調的橋樑。資訊科技的應用促使組織突破以往地域性的疆界與公文旅行的限制，其已從過去文書處理的功能轉變成為策略的通訊工具，因此資訊網路的建立已成為網狀組織的必備條件。

　　再造工程（reengineering）重新設計組織架構與作業流程，以改善品質與降低成本，提升管理效能與附加價值。再造工程須先導正策略目標，配合新的管理方法和技術工具，賦予成員新的任務使命；再造過程中須不斷改善問題，使企業組織持續成長，追求更高的績效標準與成長機會。

　　生產者有能力擴產或改變產品，代表供供給彈性大，可以增加廠商競爭力與獲利。求職者生產技術多樣化或產能高，即勞工的勞動供給彈性大，可以增加競爭力與就業機會。

4-3 轉嫁能力

一、收入變化分析

收入（Revenue；R）為商品單位售價與銷售數量的乘積，對供給者而言是其總銷售收入，對需求者則為購買總支出。

$$R = P*Q^D \; ; \; \Delta R = \Delta P * \Delta Q^D \; ; \; \Delta R\% = \Delta P\% + \Delta Q^D\%$$

銷售數量為需求者願意且能夠購買的數量，即對應該市場價格 P 的需求量 Q^D。依據需求法則，其價量變化方向相反，當價格下跌表示每單位收入減少，但需求量上升卻可能使累積總銷售收入增加；究竟價格變動對需求量反向變動的影響，進而造成的收入變化為何？可應用需求彈性之大小來分析收入變化的影響，因需求價量變化方向相反，其收入變化應與變動百分比大者同方向。

1. 需求彈性大（$\varepsilon > 1$）

代表需求量變動百分比（$\%\Delta Q$）較大，總收入應與需求量變動同方向（與價格變動反向），亦即需求量增加則總收入增加；反之則減少。因此需求彈性大的商品降價促銷可以增加總銷售收入，即價格下跌 1% 可增加更多 % 銷售數量而增加總收入；價格上漲 1% 會減少更多 % 銷售數量而減少總收入，廠商在市場競爭激烈下不敢漲價，以免被其他供給者替代，成本上漲多自行吸收，可以轉嫁給消費者的空間較小。

2. 需求彈性小（$\varepsilon < 1$）

代表價格變動百分比（$\%\Delta P$）較大，總收入應與價格變動同方向（與需求量變動反向），亦即價格上漲則總收入增加；反之則減少。因此需求彈性小的商品漲價可以增加總收入，價格上漲 1% 而銷售數量減少不及 1%，仍可增加總收入；價格下跌 1% 而銷售數量增加不及 1%，即減少總收入。廠商在市場競爭小時可漲價反應成本，被其他供給者替代數量不大，成本上漲不須完全自行吸收，可以轉嫁給消費者的空間較大。

3. 需求彈性中立（$\varepsilon = 1$）

代表價量變動百分比相同，總收入變動方向不受價格變動影響，因商品價格上漲（下跌）則銷售數量減少（增加）相同幅度。廠商不論降價促銷或漲價反應成本，成本上漲不論自行吸收或轉嫁給消費者，都不影響總收入變動方向。

行銷企劃提案，商品打八折可以增加一成銷售量，試以價格需求彈性對收入變化的影響，分析此促銷方案的可行性，並說明該商品的需求彈性大小及原因。

價格 P_0 時需求量 Q_0，總銷售收入 $= P_0 \times Q_0 = \square\ 0P_0AQ_0$ 面積；價格 P_1 時需求量 Q_1，總銷售收入 $= P_1 \times Q_1 = \square\ 0P_1BQ_1$ 面積；因價格下跌而減少收入 $= \square\ P_0P_1CA$ 面積；因需求量增加而增加收入 $= \square\ Q_0Q_1BC$ 面積。當需求彈性大（$\varepsilon > 1$），因需求量增加（減少）而增加（減少）的收入（面積），大於因價格下跌（上漲）而減少（增加）的收入（面積），即總收入增加（減少）；當需求彈性小（$\varepsilon < 1$），因需求量增加（減少）而增加（減少）的收入（面積），小於因價格下跌（上漲）而減少（增加）的收入（面積），即總收入減少（增加）；當需求彈性中立（$\varepsilon = 1$），因需求量增加（減少）而增加（減少）的收入（面積），等於因價格下跌（上漲）而減少（增加）的收入（面積），即總收入不變。（如圖 4-4）

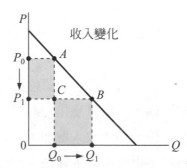

▲ 圖 4-4　需求彈性大小對收入變化的影響

二、轉嫁 (shifting)

名義納稅人可能與實際負擔賦稅者不同，亦即名義納稅人可將賦稅轉移由他人負擔，實際負擔賦稅者稱為歸宿（incidence）。

凡名義納稅人與實際負擔賦稅者為同一人，亦即賦稅負擔完全租稅不可轉嫁，稱為直接稅，如所得稅、遺產稅、贈與稅、土地稅、房屋稅等財產稅。

凡繳稅人與實際負稅人非為同一人，亦即租稅可轉嫁者，稱為間接稅；如關稅、貨物稅、營業加值稅、印花稅、消費稅等。

賦稅可以轉嫁的條件為名義納稅人繳稅後有後續交易，且對納稅人邊際成本增加或邊際收入減少，例如廠商生產商品繳納貨物稅後，藉由後續交易價格上升，將部份貨物稅成本轉嫁給後續購買消費者。

1.前轉（forwardshifting）

實際負擔賦稅者向前轉嫁至最終消費者，例如消費稅加入售價，由最終購買者付費負擔。需求彈性較小的商品，漲價對需求量影響較小，廠商可以漲價由最終購買者付費負擔賦稅，因此前轉較大；供給彈性較大的商品，生產對成本上漲較敏感，廠商漲價由最終購買者付費負擔賦稅，因此前轉較大。

2.後轉（backwardshifting）

　　實際負擔賦稅者向後轉嫁至生產者，例如消費稅未加入售價，而由供應商自行吸收負擔。需求彈性較大的商品，漲價對需求量影響較大，廠商不敢漲價而自行吸收負擔賦稅，因此後轉較大。供給彈性較小的商品，生產對成本上漲較不敏感，廠商不漲價而由供應商自行吸收負擔，因此後轉較大。

三、成本轉嫁能力

1. 商品的需求彈性大小對廠商訂價策略的影響

　　當需求彈性大，代表需求者的選擇或調整使用量機會大，使價格相對較低的商品需求量大增而價格相對較高的商品需求量大減，廠商在市場競爭激烈下不敢漲價以免被其他供給者替代，亦即需求彈性大的商品成本轉嫁能力較低；反之，需求彈性小的商品，代表需求者的選擇或調整使用量機會小，廠商可漲價轉嫁給消費者，被其他供給者替代數量不人，成本上漲不須完全自行吸收，亦即需求彈性小的商品成本轉嫁能力較高。

2. 生產的供給彈性對廠商成本轉嫁能力的影響

　　供給彈性大代表供給者的生產選擇機會大，供給量受成本上漲影響的敏感度較大，供給者可以改變產量或生產線，成本上漲的商品減量供應，商品價格上漲轉嫁給消費者，或選擇生產價值較高的產品，亦即供給彈性大的廠商成本轉嫁能力較高。反之，供給彈性小代表供給者的生產選擇機會小，供給者難以改變產量或生產線，成本上漲的商品供給量變動小，或選擇生產高價值產品的機會較小，不易漲價轉嫁給消費者，亦即供給彈性小的廠商成本轉嫁能力較低。

3.成本轉嫁能力的圖形分析

　　成本上升（例如課稅）前之供給線 S_0，均衡量 Q_0 而均衡價 P_0；成本上升後供給線向上位移至 S_1，其垂直距離 AE_1（$P_2 P_1$）即單位成本上升 t，均衡量減少爲 Q_1 而均衡價上漲爲 P_1，其中漲價 P_0P_1 表示由消費者負擔（消費者付費 P_1），而 P_2P_0 則是由生產者負擔（生產者實收 P_2）。（如圖 4-5）

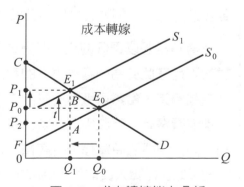

▲ 圖 4-5　成本轉嫁能力分析

　　需求彈性小或供給彈性大，代表需求價格變動相對較大，即消費者負擔（P_0P_1）較大；需求彈性大或供給彈性小，代表供給價格變動相對較大，即生產者自行吸收負擔（P_2P_0）較大。需求線垂直（$\varepsilon_d = 0$）或供給線水平（$\varepsilon_S = \infty$），成本上升完全由消費者付費負擔（完全前轉）；需求線水平（$\varepsilon_d = \infty$）或供給線垂直（$\varepsilon_S = 0$），成本上升完全由生產者自行吸收（完全後轉）。

▶ 動動腦 ◀

試以彈性大小對成本轉嫁能力的影響，說明企業「創新領先市場，掌握趨勢應變」的經營策略。

　　需求彈性小的商品或供給彈性大的廠商，前轉較大而漲價轉嫁成本能力較高，即消費者付費負擔較大；需求彈性大的商品或供給彈性小的廠商，後轉較大而成本轉嫁能力較低，即生產者自行吸收負擔成本。

經濟視野 ❸

議價能力

　　買方議價能力是指買方採用壓低價格、要求較高的<u>產品質量</u>或索取更多的服務項目等競爭手段，從賣方彼此對立的狀態中獲利的能力。決定買方議價能力的基本因素：價格敏感度和相對議價能力。

　　買方對價格是否敏感取決於產品對買方的成本結構是否重要，當該產品占買方的成本大時，就會更關心是否有成本較低的替代品。即使買方對價格很敏感，但若沒有更多的選擇，其相對議價能力就較弱。

　　買方常想以更低的成本取得更高的價值，也就是「物超所值」；而另一方面賣方想的則是在此交易中獲得更大的利益。採購議價雙方的立場有時是不對等的，如果是買方強勢時，當然可取得更好的價格和條件。但是當賣方是唯一的生產或供應者，買方別無選擇時，應該爭取的首先是要確保充足的供應量。買方採購人員在進行議價談判之前，更要隨時掌握最新商情。包括目前市面價格、供需情況，以及賣方潛在的競爭對手等。採購人員需要具備成本分析的技巧。才能判斷賣方所提出的報價是否合理，或有多大的議價空間。

綜合範例

若服飾需求的價格彈性為 1.2，試分析下列敘述：(A) 當服飾價格上升 10% 時，其需求量？ (B) 當服飾價格上升 5% 時，銷售者之收益會？ (C) 若政府對服飾收取銷售稅，銷售者之收益會？ (D) 若政府對服飾收取銷售稅，消費者對服飾之支出會？

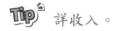 詳收入。

解析

(A) $\varepsilon_d = 12/10 = 1.2$，當服飾價格上升 10% 時，其需求量下降 12%。

(B) $\Delta R\% = \Delta P\% + \Delta Q^D\%$，當服飾價格上升 5% 時，$\varepsilon_d = 6/5 = 1.2$，

則 $\Delta Q^D\% = -6\%$，銷售者之收益會減少 1%。

(C) ε_d = 需求量變動百分比 / 商品本身價格變動百分比 = 1.2 > 1。

若政府對服飾收取銷售稅，需求彈性大的商品，成本上漲多自行吸收，可以轉嫁給消費者的空間較小，銷售者之收益會下降。(D) 對供給者而言是其總銷售收入，對需求者則為購買總支出。若政府對服飾收取銷售稅，消費者對服飾之支出會下降。

綜合範例

已知服飾的需求函數為 $Q_d = 17 - 2P$，而供給函數為 $Qs = 8 + P$，其中 P 為價格，假設政府對 X 物品每單位課徵 3 元固定稅額，若需求函數不變，則生產者每單位產量應負擔多少稅額？

 詳成本轉嫁能力。

解析

原均衡 $Qs = 8 + P = Q_d = 17 - 2P$，得 $P_0 = 3$，$Q_0 = 11$，成本上升後供給線向上位移至 S_1，其垂直距離即單位成本上升 $t = 3$，因此新供給線 $S_1: P^S = (Qs - 8) + 3$，則 $Qs = P + 5 = Q_d = 17 - 2P$；得新均衡 $P_1 = 4$，$Q_1 = 9$，即消費者支付 $P_1 = 4$ 購買，價上漲（消費者負擔稅額）$= 4 - 3 = 1$，則生產者應負擔 $3 - 1 = 2$ 元稅額。

$Q_1 = 9$ 代入 $S_0: Qs = 8 + P$，得 $P_2 = 1$，生產者只收入 1 元。單位成本上升 $t = 3$（政府稅收），均衡量減少為 $Q_1 = 9$ 而均衡價上漲為 $P_1 = 4$，其中漲價 $P_0P_1 = 4 - 3 = 1$ 表示由消費者負擔（消費者付費 $P_1 = 4$），而 $P_2P_0 = 3 - 1 = 2$ 則是由生產者負擔（生產者實收 $P_2 = 1$）。

漲價反映原物料成本？

　　近年多數廠商以原物料漲價為由調高售價，但其實原物料所占成本僅約 1/10；引爆的物價跟漲風氣，歸納廠商漲價理由不外乎是「油電上漲」「原物料上漲」「反映成本」。

　　其實早在政府宣布油電調漲前，就已有許多民生物資因為國際原物料上漲而調高售價。OPEC 油價一度飆至每一桶 118 美元，因此帶動國際棉花、咖啡、糖、稻米、橡膠等大宗物資商品行情創歷史高價，讓許多進口廠商苦不堪言，價格壓力也層層轉嫁到消費端，導致披薩、泡麵、烘焙業陸續喊漲。再加上農委會調高生乳收購價，原料以奶類、糖為主的咖啡、連鎖手搖茶攤，也紛紛反應成本而漲價。

　　漲勢持續延燒，連鎖速食龍頭麥當勞、頂呱呱等也宣布調漲多數品項。又因季節轉換、包裝材料上漲、反映奶類成本等理由，國內食品廠商如統一、味全、小美、泰山、波蜜等，更分別調漲旗下部分飲料、雪糕、冰品。

　　先前個別廠商動作已經讓消費者累積了不少壓力，因而當政府宣布油電雙漲時，也把全民抗漲的心聲引到最高點。眾多消費者不禁要問，電價已經緩漲，不少國際原物料價格也下降，特別是天然氣、咖啡近期價格更是大跌，怎麼這時廠商個個沒反應？為什麼原物料上漲，就馬上調漲價格，下跌了為何不下修價格？甚至還有部分產業持續漲價？憑什麼漲上去，就回不來了？曾因聯合漲價而喧騰一時的咖啡，四大超商通路卻不考慮調降，引爆最多抨擊。

　　你還甘願為「反映原物料價格」、「廠商已自行吸收部分成本」等理由埋單嗎？對於價格，消費者還可以有更積極的作為。所有參與製造、生產、銷售的人，都應該公平地分擔生產風險與利潤，儘管油電有漲價的必要，但現有政策已給予企業許多補貼，企業不應該再以此作為轉嫁成本的理由。民眾應從這次事件中看清事實，支持那些善待環境、善待供應鏈的企業。

　　公平會發言人呼籲，消費者還有一項武器可以用：「拒買！」。對不合理漲價的業者，請大聲說不！

試以經濟學分析，思考以下問題：
1. 說明國內食品廠商的供給彈性。
2. 說明國內食品消費的需求彈性。
3. 說明國內食品價格的成本轉嫁能力。

複習演練

( ) 1. 下列何者會使廠商的獨占力愈大？ (A) 更多的替代品出現 (B) 面對的需求彈性愈小 (C) 更多的廠商加入生產 (D) 價格愈接近邊際成本。

( ) 2. 對香蕉的價格需求彈性會： (A) 跟所有水果的價格彈性相同 (B) 比所有水果的價格彈性大些 (C) 比所有水果的價格彈性小些 (D) 比所有食物的價格彈性小些。

( ) 3. 下列對需求彈性的敘述，何者不正確？ (A) 需求的價格彈性是指需求價格變動的百分比除以數量變化的百分比 (B) 需求彈性用來衡量價格變動造成需求量變化的百分比率 (C) 需求彈性大於一稱為需求具有彈性 (D) 一條直線型需求線的需求彈性大小須視需求基準點與斜率而定。

( ) 4. 在衡量價格彈性時，若將原先以「公斤」表示之產量，改成以「公克」表示，且 1 公斤 = 1000 公克，則對於價格彈性影響為： (A) 新彈性為原先彈性的 1000 倍 (B) 新彈性為原先彈性的 1/1000 倍 (C) 新彈性為原先彈性的 10 倍 (D) 不受影響。

( ) 5. 要估計某商品價格上漲 10% 時，對於購買數量變動百分比的影響，應該引用以下那一個概念？ (A) 需求的所得彈性 (B) 需求的交叉彈性 (C) 需求的價格彈性 (D) 供給的價格彈性。

( ) 6. 下列何種情況下的需求是較沒有彈性的？ (A) 該商品有許多替代品 (B) 該商品消費經過的時間很長 (C) 該商品的生產成本提高 (D) 該商品的消費支出占所得比例很低。

( ) 7. 如果政府對每單位的石油課徵一個固定比例的從量稅，石油的生產者把租稅轉嫁給消費者的比例，下列敘述何者正確？ (A) 長期轉嫁較多 (B) 短期轉嫁較多 (C) 長短期的轉嫁都一樣 (D) 無法轉嫁。

( ) 8. 以下何種因素會使得對口服維他命 C 片的需求彈性變大？ (A) 維他命 C 片價格提高 (B) 有更多的替代品 (C) 消費者所得提高 (D) 維他命 E 片價格提高

( ) 9. 需求彈性大可能是因為： (A) 替代品不多 (B) 消費支出佔所得的比例很大 (C) 時間很短 (D) 以上皆是。

筆記頁

5

消費行為

學習導引：希克斯與《價值理論的再思考》

經濟視野❶　行銷近視症

經濟視野❷　複合式經營

經濟視野❸　體驗行銷策略

活用經濟實務：網路經濟的邊際效用

學 習 導 引

　　效用理論分為「基數效用」和「序數效用」：基數效用中假設效用可以精確計量並加總，其效用大小可以用數字明確表達；而序列效用則假設效用不可以度量，只能依照偏好排列出大小順序。

　　基數（cardinal）效用分析又稱為邊際效用分析，由奧國的曼格（C. Menger）、英國的傑逢士（W. S. Jevons）與瑞士的瓦勒斯（L. Walras）所提出，其基本前提是效用可以具體基數來衡量，而不同商品間的消費效用各自獨立且可相加成總效用，效用測定所使用之單位是 Util。然而效用表示消費者的滿足感，應為個人主觀感受，無法以客觀標準的具體基數來表達，而消費者在不同商品間選擇，使該等商品間有相關性而非完全獨立。

　　英國經濟學家約翰·希克斯（John Richard Hicks）為了彌補基數效用論的缺點而提出另一種研究消費者行為的理論，1934 年和艾倫在《價值理論的再思考》論文中提出序數效用論：效用作為一種心理現象是無法計量的，因為不可能找到效用的計量單位。他們運用埃奇沃思（Francis Ysidro Edgeworth）發明的無異曲線對效用進行了重新詮釋，認為消費者在市場上並不是權衡商品效用的大小，而是在不同的商品之間進行排序。

【希克斯】

▶ 預習思考

☆ 試以消費者均衡的邊際條件及需求法則，說明「續杯打折」的促銷策略。

☆ 以邊際效用遞減的意義及消費者均衡條件，說明台灣民眾對西洋速食之偏好轉變；並分析麥當勞提供多元的餐點，是否可以改善其經營。

☆ 圖示完全互補品的無異曲線並解釋其意義，說明廠商如何以「組合套餐」的商品行銷策略，才能滿足消費者的效用。

5-1　邊際效用分析

一、效用 (Utility；U)

　　消費者消費商品獲得滿足感的程度，滿足感愈強則效用愈大，反之則小。消費為基本經濟活動的終極目的，在耗用有限資源以滿足無窮慾望的過程中，消費者依其偏好選擇取捨商品。效用是個人的偏好感受，為因人而異的主觀價值判斷，甚至同一人在不同環境變化下，也可能會有不同感受而產生不同效用，因此產生不同的選擇決策與消費行為。

1. 效用函數（Utility Function）

　　表達消費商品與效用滿足感之相互關係，可表示為 $U = f(X)$，代表消費某商品 X 的不同數量，所得到的效用滿足水準；或表示為 $U = f(X, Y \cdots)$，代表消費某商品 X，$Y \cdots$ 不同組合，所得到的效用滿足水準。

2. 總效用（Total Utility；TU）

　　在一定時間內，消費某一財貨勞務所累積得到的效用總和，亦即消費該商品總數所產生的總滿足感。

$$TU = U_0 + U_1 + U_1 + \cdots = MU_0 + MU_1 + MU_2 + \cdots$$

3. 邊際效用（Marginal Utility；MU）

　　在一定時間內，每增加一單位消費量所能增加的效用單位，亦即多消費該商品一單位所增加的滿足感幅度。

$$MU = \frac{\Delta U}{\Delta Q} = \frac{dU}{dQ} = \frac{效用變動量}{消費變動量}$$

　　邊際效用是每一個別消費單位的效用，也代表總效用變動幅度，亦即個別消費單位的邊際效用為總效用之影響幅度。

　　如附表 5-1，當消費量（Q）為 0 時，消費者未獲得任何效用，因此 TU = MU = 0。當消費量為 1 單位時，消費者獲得 10 單位效用，因此 TU = MU = 10。當消費量為

2 單位時，消費者由第 2 單位消費增加 12 單位效用，因此 MU ＝ 12，與由第 1 單位獲得的 10 單位效用累積，總共獲得 22 單位效用，因此 TU ＝ 22，以此類推。邊際效用是每變動一單位消費量的效用變動幅度，而總效用為每一單位邊際效用之總和。因此在圖形上，邊際效用是總效用曲線的斜率，即邊際效用函數為總效用函數的一階導數（一次微分）。

▼ 表 5-1　邊際效用與總效用的關係

Q	TU	MU
0	0	0
1	10	10
2	22	12
3	31	9
4	34	3
5	34	0
6	32	−2

二、邊際效用遞減法則 (Law of Diminishing Marginalutility)

　　在一定時間內，其他條件不變下，當開始增加消費量時，邊際效用會增加（$0 \rightarrow C$），即總效用增加幅度大（$0 \rightarrow A$），但累積到相當消費量（Q_1）後，隨消費量增加而邊際效用會逐漸減少；若邊際效用仍為正（$C \rightarrow D$），表示總效用持續增加，但增加幅度逐漸平緩（$A \rightarrow B$）；消費量累積到飽和（Q_2），邊際效用遞減至 0 時，表示總效用不會再累積增加，此時總效用達到最大（B 點）；若邊際效用減為負（D 之後），表示總效用亦會逐漸減少（B 之後）。（如圖 5-1）

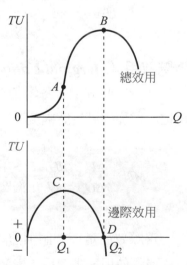

▲ 圖 5-1　邊際效用與總效用的變動

　　一般而言，消費者想要（偏好）某物而未能獲得，或擁有數量不夠大時，增加消費量則其滿足感大增（邊際效用增加）；但擁有數量足夠時（Q_1），再增加消費量則其滿足感增加幅度逐漸平緩（邊際

效用遞減）；擁有數量太多時（Q_2），再增加消費量則反而感覺厭惡（邊際效用減為負且繼續遞減，累積之總效用因此亦減少）。在正常狀況下，消費者擁有足夠數量而邊際效用遞減後，會將有限資源配置轉移以滿足其他慾望，不至於消費同一商品過量到感覺厭惡。

→ 動動腦 ←

試以邊際效用遞減法則，說明一般人「不珍惜擁有」的理由。

三、消費者均衡 (Consumer's Equilibrium)

消費者的理性選擇行為應在有限資源（預算）下，追求最大效用（滿足感），此時為最佳消費組合，亦即消費者行為不再變動的穩定狀態。

消費者均衡的邊際條件為 $\dfrac{MU_1}{P_1} = \dfrac{MU_2}{P_2} = \cdots = \dfrac{MU_M}{P_M (1元)}$

邊際效用均等法則表示，消費者花費的最後一元預算，不論購買消費何種財貨勞務，所獲得的滿足感（邊際效用）相同，則其消費的總效用亦達到最大。若任兩物之間等式不成立，即處於不均衡狀態，消費者須再調配其預算支配直到均衡為止。如 $MU_X/P_X > MU_Y/P_Y$，表示消費者花費的最後一元預算，消費 X 比消費 Y 獲得更大的滿足感（邊際效用），因此消費者會增加消費 X 而減少消費 Y，依據邊際效用遞減法則，MU_X 減少而 MU_Y 增加，此消費行為持續調整直到 $MU_X/P_X = MU_Y/P_Y$ 的均衡狀態為止，即總效用亦持續增加達到最大；反之亦然。

一般而言，消費者在可支配所得預算有限下，會理性選擇邊際效用（獲得滿足感）較高的商品，將其有限資源作最有效配置。當消費者花費的最後一元預算，不論購買消費何種財貨勞務，所獲得的邊際效用（滿足感）相同，則不須再改變消費選擇，其消費各種商品的總效用亦達到最大之均衡狀態。

持有貨幣（M）亦可使消費者獲得效用，因此可將持有貨幣的邊際效用與購買商品的邊際效用比較，如 $MU_X/P_X > MU_M/P_M$，表示持有貨幣的邊際效用，小於將最後一元貨幣支出以購買商品 X 的邊際效用，此時消費者會理性選擇支出貨幣（減少持有）而增加消費（購買）商品 X，依據邊際效用遞減法則，MUX 減少而 MU_M 增加，此消費行為持續直到 $MU_X/P_X = MU_M/P_M = MU_M$ 的均衡狀態為止；反之亦然。

四、邊際效用遞減與需求法則

　　邊際效用遞減法主張，隨消費量增加而邊際效用會逐漸減少，因此消費者願意支付的價格也降低，形成隨消費量增加而商品價格降低的需求法則，亦即降價可使 MU_X/P_X 上升，消費者才願意再增加消費商品 X。由邊際效用遞減曲線導出負斜率的需求線（如圖 5-2），線上每一點代表每一需求量，對應消費者願意支付的最高價格。

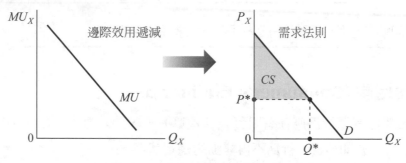

▲ 圖 5-2　邊際效用遞減與需求法則

　　當消費者實際支付的價格 P^* 低於其願意支付的價格，亦即消費（購買）商品所獲得的效用，大於持有貨幣的邊際效用，因此產生**消費者剩餘（*Consumer's Surplus*；*CS*）**，可反應消費者對各物的價值。

五、價值矛盾 (Paradox of Value)

　　又稱為鑽石與水的矛盾。一般而言，水比鑽石有用（總效用），但鑽石卻比水更貴，此因鑽石稀少而水量卻大得多，依據邊際效用遞減法則，消費量少的鑽石邊際效用（$MU_{鑽}$）大而消費量大的水邊際效用（$MU_{水}$）小，而在消費者均衡時，$MU_水/P_水 = MU_鑽/P_鑽$，因此 $P_鑽 > P_水$，消費者願意支付的價格決定於邊際效用而非總效用。

　　不同商品的計量單位不同，因此不同商品間，單位消費量的效用變化量（邊際效用）亦不能直接比較，將邊際效用除以價格（MU_X/P_X）則成為每元邊際效用，使不同商品的邊際效用有相同單位（每元）為基礎來比較，同時亦考慮到消費者的支付能力，高價商品會降低其每元邊際效用，消費者須將有限預算分配給每元邊際效用較高之商品。

　　因每一商品均有邊際效用遞減現象，消費者才會選擇多樣商品，增加消費邊際效用較高而減少消費邊際效用較低之商品，直到多種商品的每元邊際效用均相等時，即達到消費者均衡之穩定狀態（最佳消費組合）。

經濟視野 ❶

行銷近視症

行銷近視症（marketing myopia）由行銷大師李維特（Theodore Levitt）於 1966 年提出，如同企業得了近視眼一樣，只看得到近在眼前的產品本身，卻看不到背後更重要的顧客需求及其所追求的利益。企業過分專注於產品，以產品導向而非顧客導向，忽略了滿足顧客需求的重要性；迷信大規模生產時單位成本快速下降的利益，而忽略了市場環境和顧客需求的改變，使企業因產品過時而步上衰退沒落的命運。

行銷遠視症（marketing hyperopia）由菲利普‧科特勒（Kotler Philip）及辛赫（Ravi Singh）於 1981 年提出，指企業在生產過程當中只看到顧客，卻忽視了產品。行銷遠視症主要發生四種狀況：1.企業過分追求市場佔有率；2.過分企業品牌經營；3.極端地滿足顧客需求；4.重視業績的比重過於企業內部實力經營。

企業經營勢必找出一個平衡點，否則即落入行銷短視症或行銷遠視症的迷思。

 綜合範例

若只有二種財貨可供消費：CD 與書，若二種財貨都要買（所得不變）。CD 一片 320 元，書一本 250 元，且坲行買的最後一片 CD 與書所帶滿足增量分別為 640utils 與 55Outils，為了極大滿足下一次購買將？

 詳邊際效用遞減與需求法則。

解析

CD 一片 320 元，書一本 250 元。且現行買的最後一片 CD 與書所帶滿足增量分別為 64 Outils 與 55 Outils。

$CD：MU_X / P_X = 640 / 320 = 2$

書：$MU_Y / P_Y = 550 / 250 = 2.2$

$MU_X / P_X < MU_Y / P_Y$，表示消費者花費的最後一元預算，消費 Y 比消費 X 獲得更大的滿足感（邊際效用），因此消費者會增加消費 Y 而減少消費 X。

因此，為了極大滿足下一次購買將買書。

5-2 無異曲線分析

一、序數 (Ordinal) 效用分析

又稱爲消費無異曲線分析,將消費效用以比較序數來表達,而非以具體基數來衡量,消費不同商品的總效用爲消費者的綜合滿足感,而非將各獨立基數效用直接加總。

消費者行爲只要知其對各不同商品的選擇取捨偏好順序,而不能確定某物對消費者產生效用之具體大小數量;效用數值愈大代表消費者的滿足感愈大,但不同數值間並無倍數關係。序數效用分析以效用數值大小比較消費者行爲的偏好順序,而非直接衡量消費者滿足感的具體大小。

效用函數代表某一偏好順序,對一給定的效用函數而言,任何單調轉換並不改變其所代表的偏好。

二、無異曲線 (Indifference Curve)

假設 X 與 Y 爲可使消費者產生效用的兩種商品,且消費者只能選擇此二商品爲其消費組合,圖中橫軸代表 X 消費量,縱軸代表 Y 消費量,X-Y 構成之平面稱爲商品空間,在此空間內的任一曲線代表兩物消費組合,可產生相同效用水準的軌跡。同一無異曲線代表某一效用水準;線上每一點則代表兩物不同的消費組合,可產生相同的效用水準(消費者滿足感無異),因此又稱爲等效用曲線。

1.無異曲線特性

(1) 不同曲線則代表不同效用水準:整條無異曲線往外側(遠離 0 點)位移,代表較大的效用水準,如圖 $U_1 > U_0$,而 U_1 上每一點不同的消費組合可產生相同的效用水準 U_1。反之若整條無異曲線往內側(接近 0 點)位移,代表較小的效用水準,如圖 $U_2 < U_0$,而 U_2 上每一點不同的消費組合可產生相同的效用水準 U_2(如圖 5-3)。

(2) 無異曲線彼此不能相交:商品空間上每一點都有唯一一條無異曲線通過,亦即在某一商品空間上有無限多條無異曲線,每一不同曲線代表不同效用水準,因此無限多條無異曲線代表各種不同效用水準,但相同效用水準的消費組合只能有唯一一條無異曲線通過,且同一線上每一點有相同效用水準。如圖若 U_1 與 U_0 兩線相交,代表兩線上有一交叉點 $= U_0 = U_1$,造成矛盾且不符合無異曲線的定義。

(3) 負斜率曲線：無異曲線由左（X小）上（Y大）向右（X大）下（Y小）方延伸，X 與 Y 之消費量反向變動以維持相同的效用水準。如圖，U_0 代表同一無異曲線的某一效用水準，A 與 B 為同一線上的兩點，代表不同的消費組合（兩物消費量不同），而有相同的效用水準 U_0。

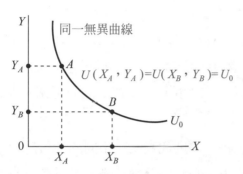 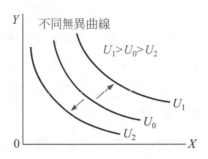

▲ 圖 5-3　無異曲線

(4) 無異曲線凸向原點：無異曲線由左上方向右下方延伸，而且由陡直（斜率大）而漸平坦（斜率小），為邊際替代率遞減法則所造成。

2. 邊際替代率（Marginal Rate of Substitution；MRS）

　　為維持相同的效用水準，消費者要增加一單位 X 消費量而必須減少 Y 的消費量，亦即以 X 代替 Y 的交換比例。$MRS_{XY} = \Delta Y / \Delta X = MU_X / MU_Y$ 為維持相同的效用水準，因此增加 X 消費量而增加的效用 $\Delta X \times MU_X$ 須與減少 Y 消費量而減少的效用 $\Delta Y \times MU_Y$ 相同，而 $\Delta Y / \Delta X$ 為無異曲線上任一點（X，Y）的切線斜率，所以邊際替代率即是無異曲線上的點切線斜率，亦為 X 與 Y 之邊際效用比值。

3. 邊際替代率遞減法則（Law of Diminishing MRS）

　　隨著 X 消費量增加，為增加一單位 X 消費量而減少的 Y 消費量隨之遞減，同一無異曲線愈往右（X增加）愈平坦（斜率減小）。依據邊際效用遞減法則，消費者增加消費 X 而減少消費 Y 時，MU_X 減少而 MU_Y 增加，因此 MU_X / MU_Y（邊際替代率）下降。因為隨著 X 消費量增加，X 的邊際效用遞減，消費者願意付出的代價（減少消費 Y）降低，亦即以 X 代替 Y 的交換比例降低，所以邊際替代率隨著 X 消費量增加而遞減，代表消費者偏好平均而不喜愛極端。

試以邊際替代率遞減法則，說明「喜新厭舊」的意義。

三、預算線 (Budget Line)

　　消費者若將所有預算購買 X 與 Y 兩種商品，其購買之商品總價值＝總支出 (TE)＝$P_X \cdot X + P_Y \cdot Y$＝總預算（$M$），預算線即為在商品空間上，同一預算水準下，消費者購買 X 與 Y 兩種商品不同數量組合的軌跡。

　　$M = P_X \cdot X + P_Y \cdot Y$，當 $Y = 0$ 時表示所有預算（M）只購買 X 的消費量為 M/P_X，而 $X = 0$ 時表示所有預算（M）只購買 Y 的消費量為 M/P_Y，兩點連線即成預算線。預算線內側，即左（X 小）下（Y 小）方三角形，為消費者預算可支付之能力範圍，又稱預算空間；線外側即右（X 大）上（Y 大）方，表示已超過消費者預算可支付之能力範圍，因此預算線又稱為消費可能疆界或預算限制。

　　同一預算線代表某一預算水準，而線上每一點則代表兩物不同的消費組合所產生相同的支出水準。不同預算線代表不同預算水準：整條預算線往外側（遠離 0 點）位移，代表較大的預算水準，如圖 $M_1 > M_0$；反之若整條預算線往內側（接近 0 點）位移，代表較小的預算水準，如圖 $M_2 < M_0$（如圖 5-4）。

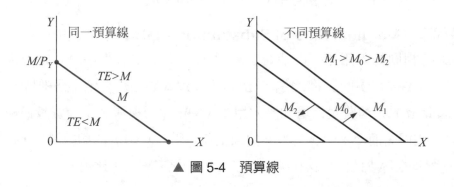

▲ 圖 5-4　預算線

$$\text{預算線斜率} = \Delta Y / \Delta X = (M/P_Y)/(M/P_X) = P_X/P_Y$$

　　預算線斜率又等於 X 與 Y 兩種商品價格的相對比例，因此預算線又稱價格線。

　　預算線為直線而非曲線，線上每一點斜率均相同，但 X 與 Y 之購買量須反向變動以維持相同的預算水準，而形成負斜率預算線。當兩物相對價格不變而所得支出水準改變，則預算線平行位移；若兩物相對價格改變，則預算線斜率改變，P_X 相對上漲則斜率較大（預算線較陡），P_Y 相對上漲則斜率較小（預算線較平）。

四、消費者均衡

消費者購買兩種商品時會衡量所能獲得的滿足感（無異曲線）、價位與支付能力（預算線）等因素，以取得均衡（最佳消費組合），在有限資源（預算）下能得到最大滿足（總效用）。因此將客觀存在的預算線與主觀排列的無異曲線相配合，以決定消費者均衡的最佳消費組合，亦即在有限預算下使消費者得到最大效用，又稱為一般的選擇原則。

消費者均衡在預算線與無異曲線相切之切點（E）處，在預算（M）有限下，消費者得到最大效用（U_0），並對應最佳消費組合之消費量（X^*，Y^*）。如圖 5-5，在消費者預算可支付之能力範圍之預算空間內（預算線 M 左下方），可得最人效用 U_0，而切點 E（X^*，Y^*）為無異曲線 U_0 上，唯一消費者預算可支付能力範圍內之消費組合。

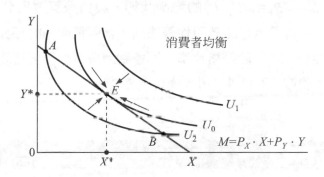

▲ 圖 5-5　消費者均衡條件及調整過程

雖然無異曲線 U_0 上切點 E 以外各點，同樣可以獲得最大效用 U_0，但均落在消費者預算可支付之能力範圍外（預算線 M 右上方），因此非最佳消費組合，要調整消費量以減少支出至切點 E（X^*，Y^*）。而遠離預算線之無異曲線，如圖 U_1 之消費組合可以獲得較大滿足感，但已超過消費者預算可支付之能力範圍，無法達成此一效用水準，必須調整消費量以減少支出至無異曲線 U_0 上之切點 E（X^*，Y^*）。與預算線相交之無異曲線，如圖 U_2 上 AB 段之間的消費組合，均落在消費者預算可支付之能力範圍內，但 U_2 效用較小，亦即消費者尚未將有限資源（預算）作最有效配置以獲得最大滿足（效用），因此應該調整消費量以增加效用至無異曲線 U_0 上之切點 E（X^*，Y^*）。

試以消費者均衡的調整過程,說明您的消費預算與消費組合。

五、消費者均衡條件

消費者均衡在預算線與無異曲線相切處,亦即預算線 M 爲無異曲線 U_0 上之均衡點 E 的切線,因此該切線斜率等於預算線斜率,所以消費者均衡的條件:

$$MRS_{XY}(\text{無異曲線切點斜率}) = \Delta Y / \Delta X = MU_X / MU_Y = P_X / P_Y (\text{預算線斜率})$$

經整理後可得 $MU_X/P_X = MU_Y/P_Y$ 的均衡狀態,與由邊際效用分析法得到消費者均衡的邊際條件相同,亦即符合邊際效用均等法則,當兩種商品的每元邊際效用相等時,代表不同商品的邊際替代率等於價格比率,即達到消費者均衡之穩定狀態(最佳消費組合),在有限資源(預算)下能得到最大滿足(總效用)。

 經濟視野❷

複合式經營

透過異業結盟讓服務項目能更全面性,推出組合行銷或聯合折價券,而讓客戶能有更多元的選擇;除了可以吸引更多客源外,還能提升消費金額,充分運用既有資源,一旦綿密的蜘蛛網通路形成後,便能發揮很強的綜效。

藉品牌的影響力及既有客戶群的優勢,也是複合式經營的運用,擴大現有客戶群。複合式經營的優點,在於可以提高坪效,增加店面空間使用率;還可以提高來客數及營業額。商品增加後,還可以滿足顧客一次購足的願望,特別是複合式經營的毛利會趨近於淨利。

綜合範例

假設正常財（normal goods）X 與 Y 的價格分別為 1 元與 2 元，消費者之所得為 20 元，效用函數為 $U = X_Y$，則該消費者最大效用之購買組合（X，Y）為？

Tip 詳消費者均衡。

解析

$$MU_X = \frac{dU}{dX} = Y \quad , \quad MU_Y = \frac{dU}{dY} = X \quad , \quad 得 \; MRS_{Xy} = \frac{Y}{X} = \frac{P_X}{P_Y} = \frac{1}{2}$$

$X = 2Y$ 代入 $M = 1X + 2Y = 20$，得 $Y = 5$，$X = 10$

該消費者最大效用之購買組合 $(X，Y)$ 為：$(10，5)$。

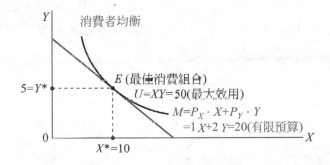

 綜合範例

某消費者甲對兩商品 X_1 與 X_2 的效用函數為 $U(X_1，X_2) = X_1X_{24}$，則消費者甲對於 X_2 商品的消費額佔其所得的比例為？

 詳邊際替代率。

對兩商品 X_1 與 X_2 的效用函數為 $U(X_1，X_2) = X_1X_2^4$，$MRS_{12} = \Delta X_2 / \Delta X_1 = MU_1 /$
$MU_2 = X_2^4 / 4X_1X_2^3 = X_2 / 4X_1$

為維持相同的效用水準，消費者要增加一單位 X_2 消費量而必須減少 $4X_1$ 的消費量，亦即 $X_2：X_1$ 的消費比例 = 4：1。則甲對於 X_2 商品的消費額佔其所得的比例為：
$4 / (1 + 4) = 4 / 5$

5-3 特殊偏好效用

一、所得消費曲線 (Income-Consumption Curve；ICC)

一般而言，所得增加使消費者預算增加以獲得較大滿足，若兩物相對價格不變，則預算線平行位移（預算線斜率＝P_X/P_Y 不變）。當所得增加，整條預算線往右上方位移，亦會與較外側之無異曲線相切，表示可得到較大的效用，將每一不同所得預算線與無異曲線相切之點連接起來，就是所得消費曲線，代表每一所得水準所對應之最佳消費組合軌跡。

隨著所得增加，若 ICC 往右（X 增加）上（Y 增加）方延伸，則 X 與 Y 均為正常財；若 ICC 往左（X 減少）上（Y 增加）方延伸，則 X 為劣等財；若 ICC 往右（X 增加）下（Y 減少）方延伸，則 Y 為劣等財（如圖 5-6）。若 ICC 水平延伸，則 Y 消費量固定為中性財；若 ICC 垂直延伸，則 X 消費量固定為中性財。

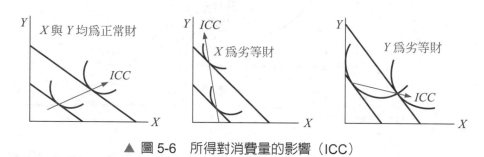

▲ 圖 5-6　所得對消費量的影響（ICC）

當所得增加時，試以無異曲線移動的方向及角度，說明您的商品偏好變化，並分別圖示所得消費曲線（ICC），指出您的正常財、奢侈品、必需品、劣等財。

二、價格消費曲線 (Price-Consumption Curve；PCC)

若兩物相對價格改變，則預算線斜率＝P_X/P_Y 改變，P_X 上漲或 P_Y 下跌則預算線較陡直（斜率＝P_X/P_Y 增大），而 P_X 下跌或 P_Y 上漲則預算線較平坦（斜率＝P_X/P_Y 減小）。不同斜率預算線會與不同之無異曲線相切，將每一不同斜率預算線與無異曲線相切之點連接起來，就是價格消費曲線，代表每一不同價格所對應之最佳消費組合軌跡。

如圖 5-7，若 P_Y 不變而 P_X 下跌，則 M/P_Y 固定而 M/P_X 增大（右移），且預算線較平坦（斜率 = P_X/P_Y 減小）。隨著 PX 下跌，PCC 往右（X 增加）方延伸，符合需求法則（負斜率需求線）。隨著 P_X 下跌，若 PCC 往右（X 增加）上（Y 增加）方延伸，則 X 與 Y 為互補品（變動量同向）；若 PCC 往右（X 增加）下（Y 減少）方延伸，則 X 與 Y 為替代品（變動量反向）；若 PCC 水平延伸，則 Y 消費量固定不受 P_X 影響，為與 X 無關的中性財。

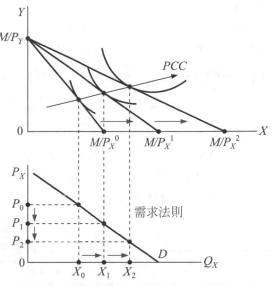

▲ 圖 5-7 價格對消費量的影響（PCC）

1. 替代效果

在無異曲線上的兩物具有相互替代關係，因此在相同效用水準下，以降價後之 PX 為斜率的預算線與降價前之無異曲線相切，其消費變化量即是來自替代效果。如圖 5-8，X 價格由 P_{X0} 降為 P_{X1}，原價預算線 M_0 之斜率 P_{X0}/P_Y 而降價後預算線 M_1 之斜率 P_X^1/P_Y，作一條與 M_1 平行（斜率 P_X^1/P_Y）之預算線 M1' 與原價無異曲線（效用相同）U_0 相切，切點（最佳消費組合）由 A 往右（X 增加）下（Y 減少）方移動至 B，此一過程即是替代效果。表示在新商品價格（P_X^1）下，不同的消費組合（以相對價格較低的商品取代相對價格較高者），維持相同的效用水準。

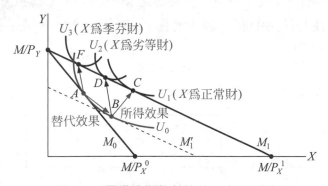

▲ 圖 5-8 需求法則的替代效果與所得效果

2. 所得效果

實質所得增加，因此預算線外移而能獲得較大效用。圖 5-8 中預算線由 M_1' 平行外移至 M_1，代表消費者實質所得提高，而與較大效用之無異曲線 U_1 相切於 C 點，最佳消費組合由 B 外移至 C，此一過程即是所得效果，表示在新商品價格（P_X^1）下，由於

商品消費量（X，Y）增加使效用增加。而 X 價格由 P_X^0 降為 P_X^1，最佳消費組合由切點 A 外移至 C 點，亦即因價格變動引起該物消費量依需求法則變動，是替代效果（$A \to B$）與所得效果（$B \to C$）之共同作用。C 點位於 B 點右方（X 消費量大於所較低之 B 點）代表正的所得效果，因此 X 為正常財。

　　當 M_1 與 U_2 切點 D，位於 B 點左方（X 消費量少於所較低之 B 點）代表負的所得效果，則 X 為劣等財，P_X 降價後之 X 消費量仍大於 A 表示替代效果較大，符合需求法則；當 M_1 與 U_3 切點 F，位於 A 點左方（X 消費量少於 P_X 較高之 A 點），違反需求法則，因此 X 為季芬財，代表負的所得效果超過替代效果；所以季芬財是劣等財的一種，而劣等財不一定是季芬財。

➤ 動動腦 ◀

當實質所得不變而商品價格變動時，試以無異曲線移動的方向及角度，說明您的商品偏好變化，並分別圖示價格消費曲線（PCC），指出您的正常財、奢侈品、季芬財、劣等財。

三、上癮財

　　若為邊際替代率遞增之負斜率無異曲線（凹向原點），即隨著 X 消費量增加，而消費者願意付出更大代價減少消費 Y 時，則 X 是上癮財（對 X 偏好）。水平無異曲線之 $\text{MRS}=0$，$MU_X=0$ 代表 X 為中性財，Y 消費量固定則是必需品（對 Y 偏好），消費者不願減少消費 Y 來多消費 X；反之垂直無異曲線之 $\text{MRS}=\infty$，X 為必需品（對 X 偏好），Y 為中性財，消費者願意付出代價（減少消費 Y）來多消費 X。（如圖 5-9）

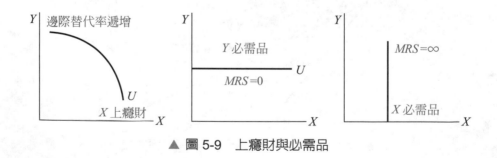

▲ 圖 5-9　上癮財與必需品

四、完全替代品

　　用途相近而能互相取代的事物，當兩物可以完全替代（偏好相同），效用函數 $U = AX + BY$，為線性函數。減少 Y 的消費量可以完全被增加 X 消費量所取代，而不影響消費

效用，亦即邊際替代率不會遞減（偏好不變），而形成固定斜率（MRS＝A/B）的直線形無異曲線，但該斜率未必與預算線相同，因此最佳消費組合在兩線交點（一點）。無異曲線愈平直（接近直線形），則兩物替代性愈大（如圖 5-10）。

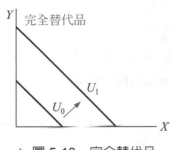

▲ 圖 5-10　完全替代品

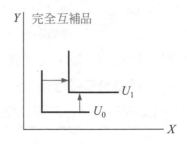

▲ 圖 5-11　完全互補品

五、完全互補品

須共同搭配使用的事物，當兩物完全互補，則兩物必須同時增減才能滿足相同消費效用，效用函數 $U = \min(X/A, Y/B)$，又稱為李昂蒂夫（Leontief）效用函數。消費者只能依兩物固定組合比例（A：B）搭配，若只增加一物消費量而另一物未增加（水平或垂直），則無法增加消費效用，亦即邊際替代率不會遞減，而形成固定比例的直角形無異曲線（如圖 5-11），因此與預算線相切之角點為最佳消費組合。無異曲線愈彎曲（接近直角形），則兩物互補性愈大。

綜合範例

小華的效用函數為 $U(x, y) = x - (1/y)$，他的所得是 30 元，且小華追求效用極大化，則：如果 x 之單價為 4 元，y 之單價為 1 元，則小華會買？單位的 y 財貨？

 詳消費者均衡條件、厭惡財。

解析

消費者均衡的條件：

MRS_{XY}（無異曲線切點斜率）$= MU_X / MU_Y = P_X / P_Y$（預算線斜率）

預算線 $M = P_X \cdot X + P_Y \cdot Y = 4_X + Y = 30$

$TU = X - Y^{-1}$，則 $MU_X = d\dfrac{TU}{dX} = 1$ ， $MU_Y = \dfrac{d\,TU}{dX} = Y^{-2}$

當 $P_X = 4$，$P_Y = 1$，則 $MU_X / MU_Y = Y^2 = P_X / P_Y = 4$，得 $Y = 2$。

經濟視野 3

體驗行銷策略

　　體驗行銷（experiential marketing）為消費者透過對事件的觀察或參與，感受到某些刺激所誘發的思維認同或購買行為，不著墨於產品本身，而是提供一個知覺的、情感的、認知的、行為的情境，讓消費者與商品產生互動；傳達的是消費者的觀感或使用心得，不同於傳統廠商自行推銷的方式。透過這樣的連結，除了能提高市場對產品的接受度外，也有助於建立良好的產品形象。

。活用經濟實務

網路經濟的邊際效用

　　傳統經濟學邊際效用遞減規律認為，隨著消費數量的增加，擁有的某種產品越多興趣就越小。在網路經濟中情況恰好相反，消費者對某種商品使用得越多，增加該商品消費量的慾望就越強，出現了邊際效用遞增規律。

　　對知識含量較高的產品會出現邊際效用遞增的現象，由於消費這些產品需要較多時間進行學習，有較高的轉移成本而被鎖定，還因為知識本身是可以系統增值。隨著掌握的知識數量的增加，人們對訊息的理解程度逐步加深，形成知識的累積效應；知道如何充分發揮訊息的使用價值，增加的效用就較大。

　　在網路經濟時代，由於超越空間限制的互聯，根據麥特卡夫定律，網路價值與網路用戶數量的平方成正比，即 N 個聯結能創造 N^2 的效益；隨著網路以算術級數增長，網路的價值以指數模式增長。收益遞增可使加入網路的價值增加，而使塑造平台的經濟驅動力越強大，吸引更多的公司加入網路，導致網路價值滾雪球般地增大，較小的努力會得到巨大的結果，產生令人震撼的蝴蝶效應。

　　對大批量生產、技術變化速度比較小的傳統經濟來說，邊際效用遞減涉及的產品或服務，在質量和性能上沒有變化，簡單重複性的消費很容易達到飽和狀態。對小批量生產或定製生產、技術進步迅速的網路經濟來說，邊際效用遞增涉及的產品或服務，在質量和性能上不斷改進，在消費數量增加的同時，也不斷給人新的刺激，而能不斷提升人們的滿足程度。

　　凡是僅滿足人們的物質需要或知識含量較少的網路產品和服務，其消費仍然體現出邊際效用遞減規律。幾乎所有的電子信箱都具有相同的功能，當用戶只能擁有一個電子信箱時其邊際效用最高，當用戶可以擁有無窮個電子信箱時，邊際效用就會不斷下降為零，因此人們只願意使用免費電子信箱。

試以經濟學分析，思考以下問題：

1. 說明傳統經濟學邊際效用遞減規律的意義及理由。
2. 說明在網路經濟中出現邊際效用遞增規律的意義及理由。
3. 說明網路效應，消費者如何理性選擇，在有限預算下作最有效配置。

( ) 1. 當消費者消費兩種商品時，在兩種商品消費數量平面上無差異曲線凸向原點的原因是：　(A) 邊際效用遞增　(B) 邊際效用遞減　(C) 邊際替代率遞增　(D) 邊際替代率遞減。

( ) 2. 消費者的無異曲線凸向原點，原因是　(A) 邊際成本遞減　(B) 邊際替代率遞減　(C) 邊際技術替代率遞減　(D) 邊際消費者剩餘遞減。

( ) 3. 下列敘述中，那一個能表示邊際代替率（marginal rate of substitution）的意義？　(A) 無異曲線上任意一點切線斜率的絕對值　(B) 邊際效用　(C) 消費者願意購買的數量　(D) 消費者願意且能夠購買的數量。

( ) 4. 下列何者最能代表邊際替代率（marginal rate of substitution）的意義？　(A) 兩商品邊際效用的比　(B) 兩商品總效用的比　(C) 兩商品消費數量的比　(D) 兩商品邊際成本的比。

( ) 5. 消費者的最適選擇，發生在無異曲線和預算線相切之處，其經濟意義是：　(A) 消費與生產的最適分配　(B) 追求極大化利潤的行為　(C) 追求極大化效用的行為　(D) 可以由此導出廠商的供給曲線。

( ) 6. 消費者的最適選擇，發生在無異曲線和預算線相切之處，其經濟意義是：　(A) 消費與生產的最適分配　(B) 追求極大化利潤的行為　(C) 主觀取捨等於市場的客觀評價　(D) 可以由此導出廠商的供給曲線。

( ) 7. 若消費者的最適商品組合是在預算線與縱軸的交點，這表示　(A) 橫軸所示的商品價格太高　(B) 縱軸所示的商品價格太高　(C) 消費者對橫軸所示商品的偏好太強　(D) 消費者對縱軸所示商品的偏好太弱。

( ) 8. 若消費者的貨幣所得增 20%，而所有商品的價格都上升 10%，則我們可以確定的是：　(A) 預算線不變　(B) 某些商品的需要量減少　(C) 任一商品的需要量增加　(D) 至少有一種商品的需要量會增加。

( ) 9. 當商品 X 的價格下降時，對消費者預算線有何影響？　(A) 預算線平行向外移動　(B) 預算線平行向內移動　(C) 預算線以 Y 軸截距為中心，向外旋轉　(D) 無法判斷。

( )10. 需求曲線是負斜率係因為：　(A) 邊際機會成本遞增　(B) 消費者所得的限制　(C) 邊際報酬遞減　(D) 邊際效用遞減。

6

跨期經濟活動

學習導引：伯努利與《聖彼得堡學術院》

經濟視野❶ 風險值（Value at Risk；VaR）

經濟視野❷ 信用卡利率變化的影響

經濟視野❸ 保險理財規劃

活用經濟實務：傘型基金平衡組合風險資產

聖彼得堡矛盾（The St. Peters-burg Paradox）可說是機率裡相當有名且最饒富趣味的一個謎題（puzzle）及詭論，由柏努利（Daniel Bernoulli）所提出，他是 James Bernoulli（大數法則之首位證明者）的姪兒。世居瑞士的柏努利家族是數學史和科學史上最傑出的家族之一，他們從十七、十八兩世紀以來，三代中出現了八位非常了不起的數學家和科學家，在微積分的發展和應用上扮演著領導的角色。

【柏努利】

有一個機率論上有名的問題，是他在聖彼得堡學術院（St.Petersburg Academy）所提出，問題如下：某甲投擲一枚硬幣，倘若第一次就擲得正面，則得 1 元；在第二次才擲得正面，得 2 元；第三次才擲得正面，可得 4 元，如此類推。試問他的期望值應為若干？

投擲一公正的銅板，直至出現一正面才停止，若停止是在第 r 次發生 , 可得 2^r 元。則因第 r 次停止的機率為 2^{-r}，故每次賭局所得之期望值為 ∞（無限大）。所以不論每次之賭注多大，只要是

【聖彼得堡學術院】

一有限值，對賭徒均有利。只是若賭注愈大，便要賭愈多次才有可能得到正的淨所得。因此每次之賭注須為無限大，才是一公正的賭局。但是否有人願意付無限多的錢來參與此賭局？這是此問題成為一詭論的原因。

預習思考

☆ 試以利率的跨期替代效果，說明目前利率走勢，對經濟社會消費活動的影響及可能之變化。

☆ 投資理財組合須考量個人對風險的承受程度，並依生涯規劃隨年齡而調整，試以投資決策者面對風險時的不同態度說明之。

☆ 檢視您目前的保單是公平保險、有利保險、或不利保險，並圖示財富效用曲線，分析自己是屬於風險逃避、風險中立、或風險愛好者。

6-1 跨期與風險

一、跨期分析 (inter-temporal analysis)

時間因素加入消費者行為分析，在資源有限慾望無窮的經濟條件下，任一經濟活動都會面對選擇問題，以滿足最大慾望，跨期分析即將時間視為主要的有限資源之一。

取捨選擇表示放棄其他機會以換取獲得所要的事物，機會成本意即任何選擇所須付出的最大代價，跨期分析強調時間成本。花費時間從事消費活動之機會成本為薪資所得，代表放棄工作時間的最大代價；支出預算從事消費活動之時間機會成本為利息，代表放棄儲蓄所得的最大代價。

以跨期預算線說明消費者從現在到未來的消費預算規劃，並分析利率與風險對跨期決策的影響。

1.跨期消費（cross section consumption）

消費者在第一期（現在）與第二期（未來）之消費選擇行為，跨期消費分析消費者衡量時間機會成本之消費選擇行為，跨期決策的關鍵為利率。

2.跨期預算線

分析消費者兩期的消費行為，消費者在第一期與第二期之消費預算分別為 M_1 與 M_2，消費額則分別為 C_1 與 C_2，市場利率為 r。跨期預算線假設兩期之消費預算固定，且消費者具有時間偏好，而存、借款利率皆等於市場利率 r，跨期效用函數表示為 $U = U(C_1, C_2)$。

圖 6-1 中 e 點表示預算與當期消費收支平衡，亦即第一期消費額 C_1 等於預算 M_1，第二期消費額 C_2 等於預算 M_2，e 點（M_1, M_2）稱為稟賦（endowment）點，代表收支平衡之跨期消費組合。若第一期消費額（C_1'）小於預算 M_1，表示有多餘儲蓄（$S = M_1 - C_1$）或為貸放者，可在第二期增加 $S(1 + r)$ 之消費額，沿跨期預算線愈往左（C_1 減少）上（C_2 增加）表示第一期儲蓄愈多，當第一期消費額為 0，則第二期消費額可達 $M_2 + M_1(1 + r)$。若第一期消費額（C_1''）大於預算 M_1，表示有消費透支或為借款者（$B = C_1 - M_1$），在第一期透支之 B 消費額，必須在第二期償還本息，因而第二期減少 $B(1 + r)$ 之消費額，沿跨期預算線愈往右（C_1 增加）下（C_2 減少）表示第一期透支愈大，當第一期消費額為 $M_1 + M_2/(1 + r)$，即包含第一期預算及第二期預算現值，則第二期消

費額為 0。

> 兩期的消費現值＝預算現值
>
> $C_2(終值) = M_2 + (1+r)(M_1 - C_1)$ 或 $C_1 + C_2/(1+r) = M_1 + M_2/(1+r)$

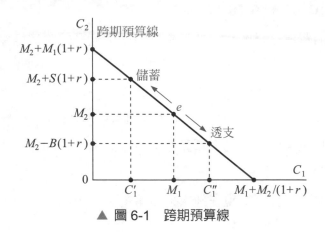

▲ 圖 6-1　跨期預算線

二、預算變動

　　跨期預算線之斜率為 $-(1+r)$，當第一期消費額每增加 1 元，必須以減少第二期消費額 $(1+r)$ 元為代價；或第一期消費額每減少 1 元，必須以增加第二期消費額 $(1+r)$ 元為補償。儲蓄表示犧牲目前消費以增加未來消費，透支則表示增加目前消費而犧牲未來消費，因此為負斜率跨期預算線。

　　當利率變動，跨期預算線以消費收支平衡點 e 為支點旋轉移動，利率 r 上升則增加目前儲蓄以增加更多未來消費，跨期預算線較陡直（斜率大）；利率 r 下降則增加儲蓄所增加的未來消費較少，而增加目前消費提前享用，未來利息亦較少，跨期預算線較平坦（斜率小）。當跨期所得預算變動，將使每一期所對應的消費量與原先不同，在圖形上表示整條跨期預算線，隨所得預算增加（線外移）減少（線內移）而位移；若利率 r 不變，跨期預算線平行（斜率不變）位移。

1. 利率的替代效果

　　為維持實質所得（購買力）不變，由於利率（使用貨幣價格）變動引起兩期的消費量改變。本利和 $(1+r)$ 是第一期消費的機會成本，因利率 r 上升使第一期消費的機會成本提高，消費者選擇減少目前消費（增加儲蓄）以增加更多未來消費。因此在其他條件不變下，利率高表示資金需求者機會成本提高，資金需求量減少，利率下跌時需求量增加，亦即利率與資金需求量（購買）之間呈反向變動關係；利率高則資金供給者所得提高，資金供給量增加，利率下跌時供給量減少，亦即利率與資金供給量

（儲蓄）之間呈同向變動關係，所以資金市場與一般商品市場同樣有負斜率需求線與正斜率供給線。

2. 利率的所得效果

利率 r 上升使貸放（儲蓄）者利息收入（所得）增加而增加消費量，但借款（購買）者卻因利息支出或機會成本增加（所得減少）而減少消費量。

3. 利率的消費效果

包括替代效果與所得效果，而市場消費者包括貸放者與借款者，因利率的所得效果不一定，所以利率變動對市場消費量的總效果並不一定，須視替代效果與總所得效果之大小而定。

當利率上升，若利率的替代效果大於利率的所得效果，消費者會減少第一期（目前）消費，所得效果大於替代效果則增加目前消費；利率下跌時，若利率的替代效果大於利率的所得效果，消費者會增加第一期（目前）消費，所得效果大於替代效果則減少目前消費。

試以利率的所得效果，說明降低利率對貸放者與借款者的影響，以及對經濟社會刺激消費活動的效果。

三、風險的定義

風險（risk）是未來有可能發生而可以估計其發生機率的各種事件。決策者以期望值及風險度作為依據，期望值是各種事件可能產生的財富收支與其發生機率（權數），計算所得之加權平均值；而風險度則是各種事件可能產生的財富收支範圍，因此通常高獲利的事件亦具有高風險（變動範圍大）。

四、多角化的定義

多角化（diversification）藉由分散投資各種不同資產或不同公司證券，當部分資產因不利事件而價值下跌時，其他資產卻可能因有利事件而價值上漲，因此抵銷損失而降低風險。系統風險對各種資產價值的變動影響是全面性的，無法藉由多角化分散風險，為不可分散風險；非系統風險對各種資產價值的變動影響是不同的，可以藉由多角化分散風險，為可分散風險。若各種不同資產之間的相關係數為正，代表風險事件對各種資產價值的影響是同方向變動，無法藉由多角化分散風險；若各種不同資產之間的相關係數為負，代表風險事件對各種資產價值的影響是反方向變動，可以藉由多角化分散風險，

抵銷部分損失；若各種不同資產之間的相關係數爲負 1，多角化可以完全互相抵銷損失，形成無風險投資組合。

 經濟視野 ❶

風險值（Value at Risk；VaR）

　　以一金額數字來表達投資組合在特定持有期間內，某一機率百分比下之最大可能損失，可以由投資組合標準差（σ）去估算，乘上標準常態值 Z_α，當 α 固定時，VaR 只受到標準差的影響。只要知道各資產報酬之波動率和其間之相關係數，就可以計算該投資組合之風險值。

$$\text{風險值 } VaR = -Z\alpha \times \sigma \times V \times \sqrt{t}$$

　　假設投資組合的市場價值爲 V，投資組合的報酬波動度 σ，且信賴水準爲 α 下，標準常態值爲 Z_α，持有該投資組合的期間爲 t。

　　目前風險值被廣泛運用在資本適足率的計算、企業內部之風險控管、資產配置等之參考依據。VaR 值對於資產報酬分配的假設以及參數的估計隨著資產特性與樣本的選取而有所不同，如果不能將資產報酬率分配作正確的描述，則所估計出來的 VaR 會出現錯誤，或不具效率性的問題發生。

 綜合範例

假設消費者在第一期的所得爲 I_1，第二期的所得爲 I_2。政府實施國民年金制度，在第一期收取保費每人 X 元，在第二期發給老人給付每人 Y 元。利用無異曲線圖分析這項政策對儲蓄的影響。

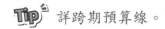 詳跨期預算線。

 6-2 跨期消費均衡

一、跨期無異曲線

C_1 與 C_2 為可使消費者產生效用的兩期消費，圖 6-2 中橫軸代表第一期消費額 C_1，縱軸代表第二期消費額 C_2，在此空間內的任一曲線代表兩期消費組合，可產生相同效用水準的軌跡。同一跨期無異曲線代表某一效用水準，而線上每一點則代表兩期不同的消費組合，可產生相同的效用水準（消費者滿足感無異）。

不同曲線則代表不同效用水準，整條無異曲線往外側（遠離 0 點）位移，代表較大的效用水準，反之若整條無異曲線往內側（接近 0 點）位移，代表較小的效用水準。跨期無異曲線亦具有負斜率、不能相交、凸向原點等特性。

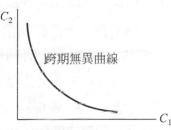

▲ 圖 6-2 跨期無異曲線

1.邊際時間偏好率（Marginal Rate of Time Preference；MRTP）

為維持相同的效用水準，消費者要增加一單位消費額 C_1 而必須減少 C_2 的消費額，亦即以 C_1 代替 C_2 的交換比例：**$MRTP = \Delta C_2 / \Delta C_1 = MU_1 / MU_2$**

為維持相同的效用水準，因此增加 C_1 消費而增加的效用 $\Delta C_1 \cdot MU_1$ 須與減少 C_2 消費而減少的效用 $\Delta C_2 \cdot MU_2$ 相同，而 $\Delta C_2 / \Delta C_1$ 為跨期無異曲線上任一點（C_1，C_2）的切線斜率，所以邊際時間偏好率即是跨期無異曲線上的點切線斜率，亦為 C1 與 C2 之邊際效用比值，代表消費者願意犧牲一單位現在消費額 C_1，以換取未來消費額 C_2 的單位數。

若對現在消費偏好較高則曲線較陡直，表示邊際時間偏好率較大，消費者願意付出較大代價（減少消費 C_2）來多消費 C_1；反之對未來消費偏好較高則曲線較平坦，表示邊際時間偏好率較小，消費者不願減少消費 C_2 來多消費 C_1。若對 C_1 偏好提高則曲線偏右移動（C_1 消費量增加較多），反之對 C_2 偏好提高則曲線偏上移動（C_2 消費量增加較多）。

2.邊際時間偏好率遞減法則（law of diminishing MRTP）

　　隨著 C_1 消費增加，爲增加一單位 C_1 消費而減少 C_2 的消費隨之遞減，圖形上同一跨期無異曲線愈往右（C_1 增加）愈平坦（斜率減小），亦即邊際時間偏好率遞減。依據邊際效用遞減法則，消費者增加消費 C_1 而減少消費 C_2 時，MU_1 減少而 MU_2 增加，因此 MU_1 / MU_2（邊際替代率）下降。因爲隨著 C_1 消費增加，C_1 的邊際效用遞減，消費者願意付出的代價（減少消費 C_2）降低，亦即以 C_1 代替 C_2 的交換比例降低，所以邊際時間偏好率隨著 C_1 消費增加而遞減，而形成負斜率凸向原點的跨期無異曲線。

二、跨期消費均衡

　　消費者購買商品時會衡量所能獲得的滿足感（無異曲線）、價位與支付能力（預算線）等因素，以取得均衡（最佳消費組合），在有限資源（預算）下能得到最大滿足（總效用）。因此將客觀存在的預算線與主觀排列的無異曲線相配合以決定消費者均衡的最佳消費組合，亦即在有限預算下使消費者得到最大效用。

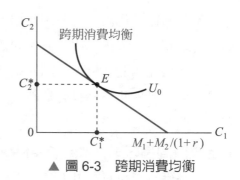

　　跨期消費均衡在跨期預算線與跨期無異曲線相切之切點（E）處，在跨期預算有限下，消費者得到最大效用（U_0），並對應最佳消費組合之消費量（$C_1{}^*，C_2{}^*$）。如圖 6-3，在消費者預算可支付之能力範圍之預算空間內，可得最大效用 U_0，而切點 E（$C_1{}^*，C_2{}^*$）爲無異曲線 U_0 上，唯一消費者跨期預算可支付能力範圍內之消費組合。

▲ 圖 6-3　跨期消費均衡

三、跨期消費均衡條件

　　跨期消費均衡在跨期預算線與跨期無異曲線相切處，亦即跨期預算線爲跨期無異曲線 U_0 上之均衡點 E 的切線，因此該切線斜率等於預算線斜率，所以跨期消費均衡的條件：

$$MRTP(\text{無異曲線切點斜率}) = \Delta C_2 / \Delta C_1 = MU_1 / MU_2$$
$$= 1 + r(\text{預算線斜率})$$

　　當消費者願意犧牲一單位現在消費額 C_1，以換取未來增加 C_2 的消費額等於本利和；或消費者願意犧牲（$1+r$）單位未來消費額 C_2（支付本利和），以換取增加一單位現在消費額 C_1，即達到跨期消費均衡之穩定狀態（最佳消費組合），在有限資源（預算）下能得到最大滿足（總效用）。

動動腦

試以跨期預算線,說明您今年的消費預算與消費額,依目前利率預估您明年的消費預算與消費額;並解釋您的消費行為,透支或儲蓄的理由。

 綜合範例

假設消費之時間偏好率大於利率,則個人消費?

 詳邊際時間偏好率。

經濟視野 ❷

信用卡利率變化的影響

過去信用卡循環利率動輒 20%,現今降至 12% 左右,每月利息負擔將減少一半左右,估計有上百萬名卡奴受惠。金管會銀行局要求各發卡機構建立評分系統,對申請人的信用狀況給予不同利率。部分銀行已經實施彈性利率制,信用狀況較好的客戶,循環信用利率可以較低。借款利率較高者的跨期消費均衡效用降低,因此信用條件愈差的弱勢者,其社會福利愈低。

修法後壓縮銀行利潤,可能會讓發卡量較少的銀行難以生存,造成大者恆大局面。但銀行濫發信用卡、現金卡,才造成百萬卡奴,銀行不應把營運不佳的責任讓卡奴承擔;許多業務員為衝業績,未考慮民眾還款能力即核卡,銀行須負起管制不當責任。但是保護消費者卻可能導致違約情況快速升高,傷害台灣金融安定。這項限制信用卡、現金卡利差的銀行法修正案,被視為開利率自由化倒車,可能不利國際信評機構對台灣的國家評等。

6-3 風險態度與財富效用

一、財富效用 (utility of wealth)

個人對獲得財富的滿足程度，財富增加則可消費商品數量亦增加，依據邊際效用遞減法則，邊際效用隨消費數量增加而漸減少，因此通常亦有財富邊際效用遞減，亦即總效用增加趨緩的現象，但會因決策者面對風險時的不同態度而異。

1. 不確定性（uncertainty）

未來有可能發生，卻對其發生的機會與可能結果完全不知的事件，通常是無法掌握相關訊息所致。

風險下的選擇，是決策個體在知道各種可能結果的機率分配所作的決定，而以預期效用來衡量風險選擇可以獲得的福利；決策者依各別的風險態度，評估其財富邊際效用變化，並選擇預期效用最大的消費（投資）組合。

2. 完全資訊價值（value of complete information）

無法精確評估未來有可能發生的不確定性或風險事件，通常是無法掌握相關訊息所致，但為取得相關資訊，亦須支付資訊成本。決策者為獲得最大效用，除依各別主觀的風險態度，亦以客觀的完全資訊評估並選擇最佳的預期消費（投資）組合。因為取得完全資訊而增加的報酬或減少之損失為完全資訊價值，等於完全資訊期望值與不完全資訊期望值之差額，即決策者為提高財富效用，願意支付的最大資訊成本。

3. 資產風險

風險度是各種事件可能產生的變動範圍，因此通常高獲利的事件亦具有高風險。資產風險代表高風險性資產持有期間，實際報酬率與預期報酬率之間的差異可能範圍，通常以統計學中的變異標準差作為資產風險值，亦即實際報酬率與預期報酬率之間的平均差異離散程度大小。

標準差除以預期報酬率期望值稱為變異係數，代表平均每單位預期報酬所承擔之風險程度大小，用來比較各風險性資產（預期報酬率不同）的風險值。

二、風險態度 (risk attitude)

　　決策者面對風險下的選擇，對於現在支出成本（財富效用減少）以獲得未來報酬（財富效用增加）的評估差異，或高獲利事件的滿足感（財富效用增加）及高風險壓力（財富效用減少）的承受力不同，因此總效用隨財富增加，但財富邊際效用因決策者的風險選擇態度而不同。高報酬事件可以增加決策者高獲利的滿足感（邊際效用增加），但亦具有高風險而抵銷獲利的滿足感（邊際效用減少）。

1.風險逃避（risk averse）

　　預期增加一元財富（高風險）可獲得的效用，低於減少一元（成本）所減少的效用，亦即決策者面對高獲利風險時須投保避險，因此總效用隨財富增加而增加趨緩，有財富邊際效用遞減現象，即財富效用曲線斜率遞減（如圖 6-4）。

2.風險中立（risk neutral）

　　預期增加一元財富（高風險）可獲得的效用，等於減少一元（成本）所減少的效用，亦即決策者面對高獲利風險既不逃避（投保）也非偏好（冒險），因此總效用隨財富增加而呈固定比例增加，即財富邊際效用固定，財富效用曲線是斜率固定的直線（如圖 6-4）。

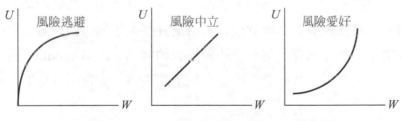

▲ 圖 6-4　風險態度對財富邊際效用的影響

3.風險愛好（risk loving）

　　預期增加一元財富（高風險）可獲得的效用，高於減少一元（成本）所減少的效用，亦即決策者偏好冒險以獲得更多的財富，因此總效用隨財富增加而增加更多，有財富邊際效用遞增現象，即財富效用曲線斜率遞增（如圖 6-4）。

三、賭局 (game)

　　參與的事件可能結果為贏（獲利）或輸（損失）兩種，其機率已知，可算出期望值。支出成本等於預期收入期望值，即期望值為 0 之賭局稱為公平賭局，例如成本 1 元贏者可得 100 元之賭局，若贏得 100 元（淨利 99 元）之機率 1% 而損失 1 元成本之機率 99%

者稱為公平賭局，表示參與無窮多次賭局的結果回歸原點，無淨利（損）；期望值正者為有利賭局，期望值負者為不利賭局。當賭局獲利的預期財富效用大於支付成本所減少之財富效用，則決策者願意參與，因決策者面對風險（賭局）時的態度（效用）不同，是否參與賭局因人而異，分析不同風險態度者參與賭局的決策差異。

1. 參與賭局之風險態度

風險逃避者預期贏得一元（高風險）可獲得的效用低於減少一元（支付成本）所減少的效用，因財富邊際效用遞減，願意參與獲利機率較大之有利賭局，不願意參與公平賭局及不利賭局。

風險中立者預期贏得一元（高風險）可獲得的效用等於減少一元（支付成本）所減少的效用，因財富邊際效用固定，會參與有利賭局，不願意參與不利賭局，公平賭局則不論是否參與其效用無差異。

風險愛好者預期贏得一元（高風險）可獲得的效用大於減少一元（支付成本）所減少的效用，因財富邊際效用遞增，願意參與公平賭局及有利賭局，不願意參與獲利機率很小之不利賭局。

2. 聖彼得堡矛盾（St. Petersburg paradox）

有利賭局之期望值為正，參與多次其期望值累計增加，參與無窮多次之財富期望值可達無窮大，應該所有人都願意投入，但是實際上卻只有極少數人會樂此不疲。此一矛盾現象由十八世紀研究自然科學的數學家柏努利（D. Bernoulli）所提出，認為決策者是否願意參與賭局，並非直接由財富期望值決定，而是由其參與賭局可獲得的預期效用決定。

依據邊際效用遞減法則，不論是風險逃避者、風險中立者或風險愛好者，在成本支出達一定程度後，雖然其財富期望值累計增加，終究會因過高風險（損失可能）而使財富邊際效用遞減。因此一般人不願意參與預期財富效用低於支付風險成本所減少之財富效用的賭局，只有極少數人（高度風險愛好者）會願意不計成本風險，甚至傾家蕩產參與賭局，以追求預期收入期望值高的財富。經濟學家傑逢士（W. S. Jevons）等人，將財富邊際效用應用於解釋一般消費行為，發展出完整的基數效用分析消費理論。

動動腦

試以聖彼得堡矛盾及邊際效用遞減法則，說明「賭徒性格」與「保守性格」的決策模式差異及其依據。

四、保險 (insurance)

　　面對未來可能發生的不利事件（風險），可以先繳付小額保費，若不利事件發生而造成的損失可以獲得補償（避險）。保費支出等於預期補償期望值，即期望值為 0 之保險稱為公平保險，期望值正者為有利保險，期望值負者為不利保險。決策者依各別的風險態度，評估其財富邊際效用變化，並選擇預期效用最大的保險商品。

1. 參與保險之風險態度

　　當補償獲利（損失減少）的預期財富效用大於支付投保成本所減少之財富效用，則決策者願意參與，因決策者面對風險時的態度（效用）不同，是否參與保險因人而異。投保不利保險又稱為過度保險（over-insure），當不利事件發生時反而會獲利；只投保有利保險又稱為低度保險（underinsure），當不利事件發生時將只能減少部分損失。

2. 參與保險的決策差異

　　風險逃避者預期減少一元（支付保費）所減少的財富效用，低於減少高風險損失可獲得的效用，因此風險逃避者願意投保有利保險及公平保險，不願意投保保費過高之不利保險。

　　風險中立者預期減少一元（支付保費）所減少的財富效用，等於減少高風險損失可獲得的效用，因此風險中立者會投保有利保險，不願意投保不利保險，公平保險則不論是否投保其效用無差異。

　　風險愛好者預期減少一元（支付保費）所減少的財富效用，大於減少高風險損失可獲得的效用，因此風險愛好者只願意投保保費極低之有利保險，不願意投保不利保險及公平保險。

綜合範例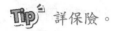

若您的所得效用函數為 $M^{0.5}$，目前所得為 8,100 元，但有 0.4 的機會因為火災而損失 5,600 元，則請問：

(A) 預期效用值為？

(B) 您最多願意付的保險費為？

(C) 風險費用為？．

(D) 預期所得值為？

(E) 公平保費為？

Tip 詳保險。

解析

保費支出等於預期補償期望值時，即期望值為 0 之保險稱為公平保險。

(D) 預期所得值 = 8,100 − 5,600 × 0.4 = 5,860 元

(E) 公平保費 = 預期補償期望值 = 5,600 × 0.4 = 2,240 元

(A) 預期效用值 = 0.6 × $8,100^{0.5}$ + 0.4 × $(8,100 − 5,600)^{0.5}$ = 74

(B) 最多願意付的保險費為 X，$(8,100 − X)^{0.5} = 74$，得 $X = 2,624$

(C) 風險費用 = 最多願付保費 − 公平保費 = 2,624 − 2,240 = 384 元

 經濟視野 **3**

保險理財規劃

購買保險最主要的目的就是要照顧家人，父母、配偶、子女的生活所需、債務或遺產的費用（房貸、車貸、卡費、遺產稅）、身後事的費用等，可以讓保險來分擔。再來是照顧自己，一旦不幸生病、發生意外，相關的醫療費用、收入中斷的補償，都可以轉嫁給保險，才不會造成家人的負擔。行有餘裕再做投資理財及退休的保險規畫。定期定額的投資方式，不但能持續掌握全球投資市場脈動，更能維持資產穩定成長與分散風險的特性，為財富增值增添動力。

傘型基金平衡組合風險資產

　　傘型基金（umbrella fund）是開放式基金的一種組織結構，子基金共同構成的一基金體系，基金發起人根據一份總的基金招募書發起設立，子基金或成分基金（sub-funds）相互之間可以根據規定的程式進行轉換。傘型基金不是一隻具體的基金，而是管理多只基金的經營管理方式。

　　傘型結構之下的不同子基金擁有共同的基金發起人、基金管理人和基金託管人，並共有一份基金契約、招募說明書。子基金之間可以相互轉換，基於發揮規模經濟的作用，不同子基金聘請共同的代銷機構、會計師事務所、律師事務所等仲介機構，以及共同公告等其他可以一起完成的事項。在傘型結構基金中，保證各子基金資產的獨立性；同時具有的統一品牌的銷售能力、方便轉換的流動性、規模經濟帶來的低成本，提高整個基金的運營效率。

　　傘型基金著眼長期理財規劃，特有的定期自動化資產配置機制（automatic asset allocation, AAA），加上投信背後強人的集團資源與管理經驗，長期可累積一筆可觀的資產。對定期定額投資人來說，不但可分散進場時間的風險，更可以相對較低成本累積相對較多的持有單位數。單筆投資者可將其視為全球股票型及平衡型基金，具有風險分散與股債配置，適合長期持有與中短期投資操作。

　　傘型基金於 2004 年七月才獲得金管會開放，是國內投信發行基金的新趨勢，一個大傘底下有多個子基金，可以是股票型、平衡型、債券型、組合型、保本型等類型，目前法令規定最多有三個子基金。子基金不限於同一類型，依其各自信託契約規範的投資特色，且有各自的基金經理人。子基金轉換免手續費，投資人依自己的屬性，投資不同比重資產到各子基金，並視時機轉換調整比重，發揮資產配置的優勢。

試以經濟學分析，思考以下問題：

1. 以多角化的意義，說明傘型基金如何分散投資風險。
2. 以資產組合平衡的意義，說明最適資產分配使個人財富效用達到最大。
3. 以系統風險與非系統風險的意義，說明資產配置機制分散風險的效果。

( ) 1. 跨期決策的關鍵為 (A) 個別風險偏好 (B) 中央銀行的行動 (C) 商業銀行的規範 (D) 利率。

( ) 2. 假設消費者只能活兩期，且此消費者為一淨債務者，則利率上升會使其在第一期的消費 (A) 增加 (B) 減少 (C) 所得效果會使第一期消費增加，代替效果會使第一期消費減少 (D) 所得效果會使第一期消費減少，代替效果會使第一期消費增加。

( ) 3. 假設消費之時間偏好率大於利率，則個人將 (A) 提高利率 (B) 增加當期和未來消費水準 (C) 減少當期消費，增加未來消費 (D) 增加當期消費，減少未來消費。

( ) 4. 因利率變動所導致的總合財富效果（Aggregate Wealth Effect） (A) 為零 (B) 大於零，若壹經濟社會之貸方多於借方 (C) 小於零，若壹經濟社會之借方多於貸方 (D)(B)、(C) 均是。

( ) 5. 假設小華當期與下期的所得各為 \$500 與 \$550，實質利率為 10%，則小華的所得現值為 (A)\$500 (B)\$1000 (C)\$1050 (D)\$1100。

( ) 6. 假如消費者之效用函數 U 是兩期消費值 C_1 及 C_2 之乘積，即 $U = C_1 C_2$，其兩期所得分別為 \$20,000，\$22,000。假設他可以在利率 10% 之下自由借貸且無物價膨脹，則第二期之消費為何？ (A) 介於 \$20,000 與 \$22,000 之間 (B) 等於 \$20,000 (C) 大於 \$22,000 (D) 等於 \$22,000。

( ) 7. 假設消費是正常財。對一個儲蓄者而言，利率提高表示　麼？ (A) 未來消費的機會成本降低 (B) 替代效果將使儲蓄減少 (C) 所得效果將使儲蓄減少 (D) 所得效果大於替代效果。

( ) 8. 在兩期模型中，如果第一期是借入者，以下敘述何者正確？ (A) 如果利率不斷升高，借入者會始終保持借入者的身分 (B) 如果利率不斷降低，借入者的借款　額會下降 (C) 如果利率不斷降低，借入者可能變成貸出者 (D) 如果利率不斷升高，借入者可能變成貸出者。

( ) 9. 從跨期消費的角度來看，當期利率上升會有　麼效果？ (A) 當期消費增加，儲蓄減少 (B) 當期消費減少，儲蓄增加 (C) 視跨期替代效果與所得效果而定 (D) 消費效果與儲蓄效果互相抵銷，沒有任何效果。

7

投入與產出

學習導引：穆勒與《政治經濟學原理》

經濟視野❶ 績效管理（**performance management**）

經濟視野❷ 產能（**capacity**）

經濟視野❸ 訂貨生產（**order production**）

活用經濟實務：台灣 **LED** 照明產業的成本效益

英國著名經濟學家和哲學家約翰·斯圖亞特·穆勒（John Stuart Mill），1848 年出版《政治經濟學原理》（Principles of Political Economy），被譽為 19 世紀下半期西方國家一本無可爭議的經濟學聖經，資產階級經濟學出現以來最流行的經濟學教科書之一。

【穆勒】

穆勒將經濟問題置於更廣闊的社會政治範疇內，研究生產和分配的原理；相信自由競爭是必要的，有利於解放有用的社會能量；雖然國家不應該存在太多限制，但並不意味著它將擺脫所有的責任。他繼承了前人的基本觀點，即政治經濟學是研究財富生產和分配規律的學科，而財富則是具有效用和交換價值的物品。

穆勒的生產理論大體上包含生產要素論；論述決定勞動生產力的各種因素；論述勞動、資本和土地的生產增長規律。穆勒的意見實際上是折衷主義的綜合物，混合了古典的和以後種種反古典的經濟思想。總結了從亞當·斯密起到 19 世紀中葉大半個世紀西方經濟學發展的過程，奠定了政治經濟學的完整體系。

在經濟理論分析中注入大量對人類福利的關注和容忍精神，主張快樂是唯一的善，痛苦則為惡；凡是能促進個人、社會、國家，甚至是全人類之最大善、最小惡的行為，就是應該做的、義務的，反之則為不道德的。據此，道德上的至善，是最大多數人之最大幸福或快樂。

➡️ 預習思考

☆ 公營事業常因人事酬庸影響經營績效，試以邊際報酬（產量）遞減法則說明其理由。

☆ 試以經濟利潤的意義，檢視您目前的工作方式或生活型態，是否做了理性抉擇，應如何調整。

☆ 圖示重點發展勞力密集產業與資本密集產業，生產可能曲線之不同形狀及成長時曲線位移之不同角度。

7-1 產量

一、生產 (Production；P)

廠商投入要素以產出各種財貨勞務，四大生產要素勞動、土地、資本、企業能力可簡化為**勞動人力**（*labor*；*L*）與**資本物力**（*capital*；*K*），在一定的技術水準下，投入最少生產要素（最低成本），以產出最大產量（最高利潤），亦即將有限的生產資源作最有效配置（如圖 7-1）。

$$投入 \longrightarrow 產出(產量) \longrightarrow 收益(P \times Q) \longrightarrow 利潤$$
生產要素　　　　　銷售　　　收益−成本($TR-TC$)

▲ 圖 7-1　生產過程

1.生產函數（production function）

以數學程式描述投入生產要素 K、L（詳表 7-1）與產出產量 Q 之相互關係，可表示為 $Q-f(K，L)$，代表使用不同數量或不同組合的生產要素（$K，L$），所得到的產量（Q）水準。生產函數所得到的每一產量水準，代表在一定的技術水準下，投入最佳之生產要素組合所產出的最大產量。

▼ 表 7-1　固定要素與變動要素

類別	說明
固定要素（fixed factors）	短期內不易變動的生產要素，通常為會計科目所稱之固定資產，包括土地、廠房、設備等，簡化為資本 K。
變動要素（variable factors）	短期內可以變動的生產要素，以人力調整為主，簡化為勞動力 L。

產出同一產量水準所使用的生產要素組合，若所需勞力（L）之比例相對較高，稱為**勞力密集**（*labor-intensive*）；所需資本（K）之比例相對較高，則稱為**資本密集**（*capital-intensive*）。

2.長期生產

供給者可以完全調整生產資源，足以改變產量或生產線的期間，指投入的所有生產要素 K 與 L 均能調整，因此產出之生產規模亦可改變。

3.短期生產

供給者來不及調整部份生產資源以改變其產量或生產線的的期間,指投入固定要素 K 不變而只能調整勞動力 L ,在此一限制下產出特定水準的生產潛能稱為生產規模,生產函數 $Q = f(L)$, $K = K_0$(固定)。

二、邊際產量、平均產量與總產量的意義與關係

1.總產量(total product;TP)

在一定時間內,技術水準與固定要素(K)不變下,投入某一變動要素(L),所累積產出的產量總和。總產量為所有勞動要素累積產出的產量之總和,亦即總產量為所有勞動邊際產量之總和。

$$TP(Q) = Q_1 + Q_2 + \cdots = MP_1 + MP_2 + \cdots$$

2.邊際產量(marginal product;MP)

在一定時間內,技術水準與固定要素(K)不變下,每增加一單位變動要素(L),所能增加的產量單位。邊際產量是每一個別單位勞動的產量,也代表總產量變動幅度,亦即個別單位勞動的邊際產量為總產量之影響幅度。

$$MP_L = \frac{\Delta Q}{\Delta L} = \frac{產量變動量}{要素變動量}$$

3.平均產量(average product;AP)

在一定時間內,技術水準與固定要素(K)不變下,平均每單位變動要素(L)所能產出的產量單位,指平均每單位勞動力之產量,又稱為勞動生產力。

$$AP_L = \frac{TP}{L} = \frac{總產量}{總要素量}$$

如表 7-2,當變動要素(L)為 0 時,生產者未產出任何產量,因此 $TP = MP = AP = 0$。當 L 為 1 單位時,生產者產出 10 單位產量,因此 $TP = MP = AP = 10$。當 L 為 2 單位時,生產者由第 2 單位 L 增加 12 單位產量,因此 $MP = 12$,與由第 1 單位 L 產出的 10 單位產量累積,總共獲得 22 單位產量,因此 $TP = 22$, $AP = 22/2 = 11$,以此類推。邊際產量是每一單位勞動的產量變動幅度,而總產量為每一單位勞動邊際產量之總和,平均產量則是總產量除以總勞動量之總量平均值。

▼ 表 7-2 邊際產量、平均產量與總產量的意義與關係

L	TP	MP	AP
0	0	0	0
1	10	10	10
2	22	12	11
3	30	8	10
4	32	2	8
5	32	0	6.4
6	30	-2	5

→ 動動腦 ←

試以平均產量與邊際產量的意義，衡量工作團隊中的整體績效與個人貢獻度，並以 TP、MP、AP 之相互關係，說明新進員工對生產力的可能影響。

三、邊際報酬 (產量) 遞減法則 (law of diminishing marginal returns)

在一定時間（短期）內，技術水準與固定要素（K）不變下，因為生產規模固定，當開始增加勞動量時，邊際產量會增加（$0 \to F$），亦即總產量增加幅度遞增（$0 \to A$），但累積到相當勞動量（L_1）後，隨勞動量增加而邊際產量會逐漸減少；若邊際產量仍為正（$F \to H$），表示總產量持續增加，但增加幅度逐漸平緩（$A \to C$）；邊際產量遞減至 0（H 點）時，表示總產量不會再累積增加，此時總產量達到最大（C 點）之 q_3；因生產規模固定，總產量不再增加，邊際產量持續遞減為負（H 之後），表示總產量亦會逐漸減少（C 之後）。廠商在生產的最初階段經常經歷邊際報酬遞增，在生產的最終階段經常經歷邊際報酬遞減。

一般而言，在固定資產（K）不變下，開始增加投入勞動量，因資產設備充分利用發揮產能，其產量大增（邊際產量增加）；但擁有勞動量足夠（L_1）時，再增加勞動量則因每人可用之資產設備減少，其產量增加幅度逐漸平緩（邊際產量遞減）；擁有勞動量太多（L_3 之後），已無更多資產設備可用，再增加勞動量則反而干擾產出（邊際產量減為負且繼續遞減，累積之總產量因此亦減少）。在正常狀況下，生產者擁有足夠勞動量而邊際遞產量減後，會將有限資源配置轉移以提升生產效益，不至於雇用過量勞工到干擾產出。

在固定資本不變下，勞動量遞增導致（K/L）比值（每人可用之資產設備）遞減，擁有勞動量足夠之後，勞動生產力受限於固定資本而不能再提升，稱爲**瓶頸**（*bottleneck*）。勞動量遞增導致變動要素（L）之投入與固定要素（K）的組合比例改變，生產資源配置愈趨不適，稱爲**變比法則**（*law of variable proportion*）。

四、TP、MP、AP 之相互變動關係

在總產量曲線上，各點切線斜率（$\Delta Q / \Delta L = MP$）爲邊際產量，而各點至原點之割線斜率（$TP/L = AP$）爲平均產量。如圖 7-2，TP 曲線 OA 段切線漸陡表示斜率漸大，對應 MP 上升之 OF 段；A 之後切線漸平表示斜率漸小（邊際產量遞減），對應 MP 下降（F 點之後）；TP 頂點 C 爲水平切線表示斜率爲 0，對應 MP 爲 0 之 H 點；H 點之後 MP 爲負，對應 TP 下降（C 點之後各點切線斜率爲負）。TP 曲線 OB 段割線漸陡表示斜率漸大，對應 AP 上升之 OG 段；B 之後割線漸平表示斜率漸小，對應 AP 下降（G 點之後）。

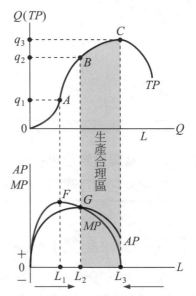

▲ 圖 7-2　TP、MP、AP 之相互變動關係

當 MP 在 AP 之上（L_2 之前），表示每增加一單位勞動量所能增加的產量大於原來之平均水準（AP），亦即每增加一單位勞動量可使 AP 持續增加，對應 AP 上升之 OG 段；當 MP 在 AP 之下（L_2 之後），表示每增加一單位勞動量所能增加的產量小於原來之平均水準（AP），亦即每增加一單位勞動量會使 AP 減少，對應 AP 下降之 G 點後段，而 L_2 對應 AP 之頂點 G；因此 MP 與 AP 均爲先增後減，而 MP 向下通過 AP 之最高點。

AP 在下降時，MP 必然也在下降（MP 在 AP 之下）；MP 在下降而尚未通過 AP 之最高點時（MP 在 AP 之上），表示每增加一單位勞動量所須增加的產量遞減，但仍大於原來之平均水準，因此每增加一單位勞動量使 AP 增加，對應 AP 上升。

五、生產合理區

在邊際產量小於平均產量但仍為正值之區間,即雇用勞動量 L_2 至 L_3 對應總產量 q_2 與 q_3 之間(如圖 7-2),代表從平均產量最大開始遞減至總產量持續增加達到最大,此段為生產資源配置(勞動雇用量與固定資本組合)最佳之理想生產狀態。雇用勞動量少於 L_2 則 MP 在 AP 之上,表示增加勞動量可使 AP 持續增加,即固定資產尚未完全充分利用,又稱為資本閒置(capital idle),所以此段未達生產合理區,廠商應再雇用更多勞動量以增加平均產量;雇用勞動量多於 L_3 之後則邊際產量遞減為負,表示廠商再雇用更多勞動量反而干擾產出,使總產量逐漸減少,即勞動量過剩,又稱為**技術無效率**(*technical inefficiency*),因此並非生產合理區,應減少勞動量。

六、邊際收益、平均收益與總收益的意義

生產的產量在市場上售出可以得到收入。

1. 總收益(total revenue;TR)

在一定時間內,累計所生產的總產量在市場上售出可以得到的收入總和。

$$TR = P(售價) \times Q(產量)$$

2. 邊際收益(marginal revenue;MR)

在一定時間內,變動一單位產量在市場上售出的收入變動,每增加一單位變動產量所能增加的收入單位。邊際收入至 0 時,表示總收入不會再累積增加,此時總收入達到最大。

$$MR = \frac{\Delta TR}{\Delta Q} = \frac{收入變動量}{產量變動量}$$

$$= \frac{(P\Delta Q + Q\Delta P)}{\Delta Q} = P[1 + (\frac{Q}{P})(\frac{\Delta P}{\Delta Q})]$$

$$= P(1 + \frac{1}{\varepsilon_D}) = P(1 - \frac{1}{|\varepsilon_D|})$$

3. 平均收益(average revenue;AR)

在一定時間內,平均每一單位產量在市場上售出的收入。

$$AR = TR/Q = P \times Q/Q = P(售價)$$

 綜合範例

假設聯招的歷屆考古題為聯招委員會所獨占擁有；而考生對考古題的需求函數是：$D = 100 - 2P$；請問聯招委員會要使此一獨占收益極大，價格應訂為多少？在收益極大價格下，聯招委員會會賣出多少份考古題？

Tip 詳邊際收益。

 解析

需求函數是：$D = 100 - 2P$，

邊際收入至 0 時，表示總收入不會再累積增加，此時總收入達到最大。

$TR = PQ = (100 - 2P) \times P = 100P - 2P^2$，則 $MR = 100 - 4P = 0$

獨占收益極大，價格應訂為 $P = 25$ 元

賣出 $Q = 100 - 2P = 100 - 2 \times 25 = 50$ 份

經濟視野 ❶

績效管理（performance management）

針對組織活動的過程與結果，選擇適合的評估方式重點管理，以提升公司的營運能力。績效管理須反應明確的目標、組織的生產力與應變力、獲取資源與利用環境的能力、投入到產出的品質與效率、成員的凝聚力與安定性、以及全體的成長與報酬等。

 ## 7-2 成本

一、成本 (cost；C)

廠商為從事生產而投入要素所必須支付的代價，產出更大產量需要更多要素，生產成本即會增加，為將有限的生產資源作最有效配置，在一定的技術水準下，應投入最少生產要素（最低成本），以產出最大產量（最高利潤）。

1.變動成本（variable cost；VC）

在一定時間內，技術水準與固定要素（K）不變下，隨產量增加而遞增之成本，即產出某一產量（Q），所累積支付的變動要素成本總和。總變動成本為產出產量所累積之變動成本總和，亦即總變動成本為所有邊際成本之總和。

$$TVC = VC_1 + VC_2 + \cdots = MC_1 + MC_2 + \cdots$$

2.邊際成本（marginal cost；MC）

在一定時間內，技術水準與固定要素（K）不變下，每增加一單位產量（Q），所須增加的變動成本。邊際成本是每一個別單位產量的變動成本，也代表總變動成本變動幅度，亦即個別單位產量的邊際成本為總變動成本之影響幅度。

$$MC = \Delta VC / \Delta Q = 成本變動量 / 產量變動量$$

3.平均變動成本（average variable cost；AVC）

平均每單位產量所須支付的變動成本。

$$AVC = VC / Q = 變動成本 / 總產量$$

▼ 表 7-3　邊際成本、平均成本與總變動成本的意義與關係

Q	VC	MC	AVC
0	0	0	0
1	10	10	10
2	18	8	9
3	24	6	8
4	32	8	8

如表 7-3，當產量（Q）為 0 時，生產者未支付任何變動成本，因此 $VC = MC = AVC = 0$。當 Q 為 1 單位時，生產者支付 10 單位變動成本，因此 $VC = MC = AVC = 10$。當 Q 為 2 單位時，生產者由第 2 單位 Q 增加 8 單位變動成本，因此 $MC = 8$，與由第 1 單位 Q 支付的 10 單位變動成本累積，總共 18 單位變動成本，因此 $VC = 18$，$AVC = 18 / 2 = 9$，以此類推。

邊際成本是每一單位產量的成本變動幅度，而總變動成本為每一單位邊際成本之總和，平均變動成本則是總變動成本除以總產量之平均數。

➤ 動動腦 ◄

> 試以 VC、MC、AVC 之相互關係，說明搶接訂單，增加產量所須增加的變動成本，對成本控制的可能影響。

二、邊際成本遞增

在一定時間（短期）內，技術水準與固定要素（K）不變下，因為生產規模固定，對應邊際產量會先增後減，邊際成本（$\Delta VC/\Delta Q$）則會先減後增。

如圖 7-3，總產量增加幅度（ΔQ）大時邊際成本遞減（F 之前），因變動成本增加幅度相對較小（$0A$ 段）；但累積到相當產量（Q_1）後，隨勞動量增加而邊際產量會逐漸減少，亦即總產量增加幅度（ΔQ）減小時邊際成本遞增（F 點之後），因變動成本增加幅度相對較大（A 點之後）。

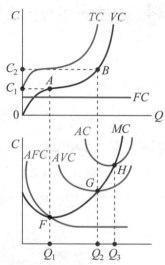

▲ 圖 7-3　VC、MC、AVC 之相互變動關係

三、VC、MC、AVC 之相互變動關係

在總變動成本（VC）曲線上，各點切線斜率（$\Delta VC/\Delta Q = MC$）為邊際成本，而各點至原點之割線斜率（$VC/Q = AVC$）為平均變動成本。如圖 7-3，VC 曲線 $0A$ 段切線漸平表示斜率漸小，對應 MC 下降之 F 點前段；A 之後切線漸陡表示斜率漸大（邊際成本遞增），對應 MC 上升（F 點之後）。VC 曲線 $0B$ 段割線漸平表示斜率漸小，對應 AVC 下降前段；B 之後割線漸陡表示斜率漸大，對應 AVC 上升之 G 點後段，當平均成本既不上升也不下降時，其對應之邊際成本等於平均成本。

當 MC 在 AVC 之下（$Q2$ 之前），表示每增加一單位產量所須增加的變動成本小於原來之平均水準（AVC），亦即每增加一單位產量可使 AVC 減少，對應 AVC 下降之 G 點前段；當 MC 在 AVC 之上（$Q2$ 之後），表示每增加一單位產量所須增加的變動成本大於原來之平均水準（AVC），亦即每增加一單位產量會使 AVC 增加，對應 AVC 上升之 G 點後段，而 $Q2$ 對應 AVC 之底點 G；因此 MC 與 AVC 均為先減後增，而 MC 向上通過 AVC 之最低點。

AVC 在上升時，*MC* 必然也在上升（*MC* 在 *AVC* 之上）；MC 在上升而尚未通過 *AVC* 之最低點時（MC 在 *AVC* 之下），表示每增加一單位產量所須增加的成本遞增，但仍小於原來之平均水準，因此對應 *AVC* 下降。

四、總成本 (total cost；TC)

包括總固定成本及總變動成本，亦即 $TC = FC + VC$，因此 TC 為與 TVC 形狀相同但向上平行位移之曲線，平均變動成本（*AVC*）曲線的最低點在平均總成本（ATC）曲線最低點的左下方。

1.平均總成本（average total cost；ATC；AC）

平均每單位產量所須支付的總成本，$AC = TC/Q = AFC + AVC$，因此 ATC 為與 *AVC* 形狀類似而向上位移之曲線（如圖 7-3），即 *AC* 亦為先減後增，且 *MC* 向上通過 *AC* 之最低點（*H*）。最低平均成本所產出之產量（Q_3），為短期限制下產出特定水準的生產潛能，稱為生產規模的**產能**（*capacity*），此時生產資源已充分利用，生產效率達到最高，在生產合理區。

2.固定成本（fixed cost；FC）

短期內不易變動的固定要素成本，不隨產量的變動而變動，因此為一水平線。若已先行支付，即使未投產仍須負擔之費用，則稱為**沈沒成本**（*sunk cost*）。

3.平均固定成本（average fixed cost；AFC）

平均每單位產量所須支付的固定成本。$AFC = FC/Q =$ 固定成本／總產量

平均固定成本隨產量的增加而減少，因此 *AFC* 為一負斜率曲線；隨著產出增加，平均成本線與平均變動成本線會逐漸接近（如圖 7-3）。

五、經濟利潤與會計利潤的差異

利潤 (profit) ＝收益 (*TR*) －成本 (*TC*)

1.外顯成本 (explicit cost)

會計帳目上記錄實際發生的交易支出，又稱為會計（accounting）成本或商業（business）成本，因此會計利潤＝總收入－外顯成本。

2. 隱含成本 (implicit cost)

使用自行擁有的要素，在會計帳目上無交易支出記錄，但可合理估算將該資源投入其他用途可獲得的最大報酬。

3. 經濟成本 (economic cost)

包括外顯成本及隱含成本，亦即將交易支出的資金及自有資源投入其他用途可獲得的最大報酬，也就是選擇該生產活動的機會成本。

4. 經濟利潤 (economic profit)

利潤為收入與成本之差額，會計利潤記錄帳面上之盈虧，而經濟利潤多扣除一項隱含成本，以評斷生產者是否做了理性抉擇。

當經濟利潤為 0 時之會計利潤稱為正常利潤，亦即帳面盈餘恰可彌補隱含成本，為中立選擇；經濟利潤為正稱為超額利潤，表示該資源配置較投入其他用途獲得更大的報酬，為有利選擇；經濟利潤為負稱為經濟損失，則是不利選擇，因為不論會計帳面盈虧均無法彌補隱含成本，表示該資源配置較投入其他用途獲得更少報酬，並非理性抉擇。

經濟利潤＝總收入－經濟成本＝會計利潤－隱含成本

 經濟視野 2

產能（capacity）

產能是指公司利用現有的資源，在正常況狀下所能達到的最大產出數量；而產能利用率則是指廠商實際總產出佔總產能的比率，越高代表閒置產能越少，象徵製造活動熱絡，但若產能利用率太高也可能代表景氣過熱。

產能決策須反應未來外部環境變化與市場需求，調整加工設備與作業流程。短期廠商可以透過員工加班或增加臨時工人使產出增加，產能利用率便可能超出 100%；長期來看，廠商的產能增加有賴資本投資的增加。

綜合範例

老王在學校當老師，一個月的薪水為 50,000 元。上個月老王辭職，開了一家麵店賣麵，一個月下來麵店的總收入為 60,000 元，總支出為 33,000 元。則老王在這個月：會計利潤為？經濟利潤（損失）為？

Tip 詳經濟利潤。

解析

當老師一個月的薪水為 50,000 元，辭職開麵店一個月下來的總收入為 60,000 元，總支出為 33,000 元。

會計利潤記錄帳面上之盈虧，而經濟利潤多扣除一項隱含成本，用以評斷生產者是否做了理性抉擇。

經濟利潤 = 總收入 － 經濟成本 = 總收入 － 外顯成本 － 隱含成本

= 會計利潤 － 隱含成本 = 60,000 － 33,000 － 50,000 = 27,000 － 50,000

= － 23,000 　　因此，會計利潤為 27,000 元，經濟利潤為損失 23,000 元。

7-3 生產可能曲線

一、廠商均衡 (firm equilibrium)

在一定時間（短期）內，生產規模固定下的廠商產量與市場價格，使其獲得最大利潤或最小損失，則廠商的短期生產達到最佳之穩定狀態（均衡），產出最適產量不再變動，又稱為生產者的短期均衡。其條件為 MR = MC，亦即使廠商的邊際收益等於邊際成本時之產量（Q^*）。

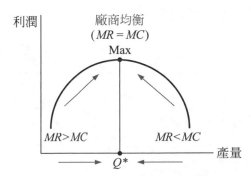

▲ 圖 7-4　廠商均衡的條件及調整過程

利潤為總收入扣除總成本後之淨利，利潤變動 $\Delta \pi = \Delta TR - \Delta TC$，一單位產量變動之利潤變動即為 $M\pi = MR - MC$，$\Delta \pi / \Delta Q = （\Delta TR / \Delta Q）-（\Delta TC / \Delta Q）$，邊際利潤為邊際收入扣除邊際成本。當 $MR = MC$ 時邊際利潤為 0，表示總利潤已達頂點（Max），產出最適產量（Q^*）不再變動，即 $MR($ 邊際收入 $) = MC($ 邊際成本 $)$ 時之產量，為生產者短期均衡的最適產量。

若 $MR > MC$，表示增加單位產量獲得的收入大於所須支付的成本，因此增產會使利潤持續增加（邊際利潤為正），而尚未達到淨利最大之均衡狀態，即當時產量小於最適產量（Q^*），廠商應再增加產量，調整直到邊際利潤為 0 不再變動（如圖 7-4）。

若 $MR < MC$，表示增加單位產量獲得的收入小於所須支付的成本，因此增產會使利潤持續減少（邊際利潤為負），並非淨利最大之均衡狀態，即當時產量已大於最適產量（Q^*），廠商應減少產量，調整直到邊際利潤為 0 不再變動。

➡ 動動腦 ⬅

試以廠商均衡的條件及調整過程，說明如何評估選擇有利方案，以獲得最大利益。

二、生產可能曲線 (Production Possibilities Curve；PPC)

生產者的資源（生產要素）有限而慾望（產量規模）無窮，若生產者可以生產兩種產品（選擇），在一定期間（短期）內，固定之生產資源與技術水準下，將其作最有效的配置運用（均衡），所能產出的兩種產品最大產量之組合軌跡。

假設生產者可以生產兩種產品 X 與 Y，在充分利用固定之生產資源與技術水準下，兩種產品不可能同時增加，同一生產可能曲線上各點，為兩種產品最大產量之組合軌跡（如圖 7-5）；線內區域表示產出小於最大產量組合，即生產者未充分有效利用有限的資源，應向生產可能曲線方向調整；線外區域表示產出大於最大產量組合，在目前條件限制下不可能產生。

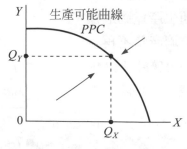

▲ 圖 7-5　生產可能曲線

三、邊際轉換率 (Marginal Rate of Transformation；MRT)

在同一條生產可能曲線上，增加產出一種產品則須減少產出另一種產品，亦即生產者須負擔機會（替代）成本，而增加產出一單位 X 須減少產出 Y 的產量（機會成本），稱為 X 的邊際轉換率（MRT_{XY}），亦即生產可能曲線上各點的切線斜率（$\Delta Y / \Delta X$）。生產可能曲線又稱為**生產轉換曲線**（*production transformation curve*），為負斜率曲線，代表 X 與 Y 兩產品產量反向變動。

依據邊際報酬遞減（邊際成本遞增）法則，生產可能曲線之 MRS 遞增，因此 PPC 為向外凸（凹向原點）的曲線，愈往右（X 增加）愈陡直（斜率遞增）。邊際轉換率遞增（由平坦而漸陡直）表示，雖然生產者可以生產兩種產品 X 與 Y，但因為資源差異性，並非目前所有生產資源可以完全彼此替代，生產者會先用適合產出 X 的資源增加產出 X，隨著 X 產量增加，生產者必須付出的代價（減少生產 Y）增加（邊際成本遞增），亦即以適合產出 Y 的資源增加產出 X，使 X 的生產效率降低（邊際報酬遞減），所以 X 的邊際轉換率（MRT_{XY}）隨著 X 產量增加而遞增。$MRT_{XY} = \Delta Y / \Delta X = MC_X / MC_Y$

四、等收益線 (iso-revenue line)

生產者可以生產兩種產品 X 與 Y 並將所有產量銷售，需求者購買之商品總價值＝總收益 (TR)＝$P \times Q = P_X \times X + P_Y \times Y$，等收益線即為在商品空間上，同一收益水準下，生產者生產銷售 X 與 Y 兩種商品不同數量組合的軌跡。

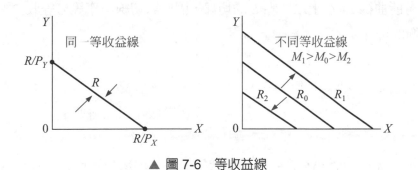

▲ 圖 7-6 等收益線

如圖 7-6 不同等收益線代表不同收益水準：整條等收益線往外側（遠離 0 點）位移，代表較大的收益水準（$R_1 > R_0$）；反之若整條等收益線往內側（接近 0 點）位移，代表較小的收益水準（$R_2 < R_0$）。

等收益線斜率＝$\Delta Y/\Delta X=(R/P_Y)/(R/P_X)=P_X/P_Y$ 等收益線斜率又等於 X 與 Y 兩種商品價格的相對比例，因此等收益線又稱價格線。等收益線為直線而非曲線，線上每一點斜率均相同，但 X 與 Y 之購買量須反向變動以維持相同的收益水準，而形成負斜率收益線。

五、經濟效率均衡

生產者產出兩種產品時，會衡量所能獲得的產量組合（生產可能曲線）、產品價位與收益水準（等收益線）等因素，以取得均衡（最佳生產組合），在固定之生產資源與技術水準下，能得到最大收益。

經濟效率均衡為等收益線與生產可能曲線相切之切點（E）處，如圖 7-7，在可生產銷售之收益範圍（R 內側），生產者得到最大產量組合（PCC），並對應最佳產品組合之產量（X^*，Y^*），而切點 E（X^*，Y^*）為生產可能曲線 PCC 上，唯一生產者可生產銷售最大收益之最佳生產組合，即具有經濟效率。

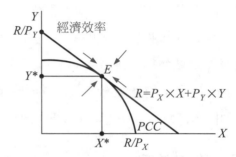

▲ 圖 7-7　經濟效率均衡的條件及調整過程

雖然等收益線 R 上切點 E 以外各點，同樣可以獲得最大收益 R，但均落在生產者可產出之能力範圍外（生產可能曲線 PCC 右上方），因此非最佳生產組合，要調整產量組合至切點 E（X^*，Y^*）。經濟效率均衡在等收益線與生產可能曲線相切處，亦即等收益線 R 為生產可能曲線 PCC 上之切點 E 的切線，因此該切線斜率等於等收益線線斜率，所以生產者均衡的條件：

$$MRT_{XY}(\text{生產可能曲線切點斜率})=\Delta Y/\Delta X=MC_X/MC_Y$$
$$=P_X/P_Y(\text{等收益線線斜率})$$

整理後可得 $MC_X/P_X=MC_Y/P_Y$ 的均衡狀態，符合經濟效率條件，亦即當生產兩種商品，生產者所負擔商品每元售價的邊際成本相等時，即達到經濟效率均衡之穩定狀態（最佳產量組合），在有限資源下能得到最大收益。生產可能曲線上各點為符合技術效率之兩種產品最大產量組合的連線，其中一點（與消費無異曲線相切）具有經濟效率，代表符合社會需求最佳產品組合。

·動動腦·

試以經濟效率均衡的意義，說明「曲高和寡」、「叫好不叫座」的理由，應如何調整？

綜合範例

某獨占廠商的市場需求曲線為 $P = 100 - Q$，其總成本曲線為 $C = 100 + 20Q + Q^2$，則該廠商的極大化利潤為？

Tip 詳廠商均衡。

解析

廠商的市場需求曲線為 $P = 100 - Q$，

廠商的短期生產達到最佳之均衡狀態，其條件為 $MR = MC$。

$TC = 100 + 20Q + Q_2$，則 $MC = \dfrac{dTC}{dQ} = 20 + 2Q$

$TR = P \times Q = (100 - Q) \times Q = 100Q - Q_2$，則 $MR = \dfrac{dTR}{dQ} = 100 - 2Q$

均衡條件為 $MC = MR$，則 $MC = 20 + 2Q = MR - 100 - 2Q$，得 $Q = 20$

則該廠商的極大化利潤 $= TR - TC = 1600 - 900 - 700$

 經濟視野 **3**

訂貨生產（order production）

針對特定需求訂單少量生產，因此單位成本較高，工作排程配置與物料需求規劃複雜，須彈性調整工作職務設計，使整體生產作業管理可以快速反應外部環境變化。

間斷生產（intermittent processing）以不同加工製程條件產出少量部分標準化產品，權責角色分工依需要彈性調整，工作職務設計團隊化，成員具有獨當一面的責任與能力，便於快速反應外部環境變化。

台灣 *LED* 照明產業的成本效益

　　台灣 LED 照明產業，正面臨全球化的激烈競爭，台灣在 LED 市場上亦受大陸、韓國等國家直接競爭，而台灣在 LED 照明產業上，除需正視 LED 照明相關專利布局與因應專利限制的折衷產品開發改善方案外，在面對成本、能效、產品實際表現等改善設計方案，必須洞悉產業趨勢、業界技術、國家標準，從中找出有效的獲利方程式。

　　如何做好 LED 照明應用的光品質設計與更有效地節約能源設計方案，是目前 LED 產業最重要的努力方向。LED 照明產業應更重視 LED 照明品質與產品規範要求，避免消費者對 LED 產品失去信心；同時 LED 照明業者更須及時拉近全球的照明效率、製造成本距離，保持自身產品的競爭力，以更好的品質、絕佳的能效與更優異的整合應用方案，取得市場競爭實力避免落入無謂的價格競爭。

　　在日常照明應用方面，LED 照明產品以球泡燈與管燈為大宗，多數廠商在各種 LED 新技術更迭過程中，若能掌握到關鍵核心技術和新製作方法，就有較高的機會取得市場先機，搶占消費市場的應用大餅。

　　在創造產品差異化的部分，可以透過導入新的元件、技術，或是新的設計方法，來突破成本競爭現實問題。產品的開發，研發速度相當重要。不只要追求創新，在產品化的過程也要加速，一方面可因應市場考驗淬鍊出更好的產品設計，另一方面也可避免產品陷入無價值的價格戰。

試以經濟學分析，思考以下問題：

1. 以廠商均衡的條件及調整過程，說明如何評估 LED 照明產業選擇有利方案。
2. 低價產品生產線外移，說明其成本效益。
3. 高附加價值產品和研發留在台灣，說明其成本效益。

( ) 1. 下列有關總產量（*TP*）、平均產量（*AP*）與邊際產量（*MP*）之間的關係，何者為真？ (A)TP 不可能為負 (B)*AP* 與 *MP* 交於前者的最高點 (C)*AP* 與 *MP* 交於後者的最高點 (D)*AP* 與 *MP* 交於 *TP* 的最高點。

( ) 2. 下列何者屬於廠商的合理生產區間？ (A)*AP* 與 *MP* 都在上升時 (B)*AP* 在上升，*MP* 在下降時 (C)*AP* 在下降，*MP* 在上升時 (D)*AP* 與 *MP* 都在下降時。

( ) 3. 教科書的生產函數為 $Q = \sqrt{4\,LK}$，當勞力 *L* 僱用數量為 25 而資本 *K* 投入數量為 100 時，資本的邊際產量為何？ (A)1 (B)40 (C)100 (D)200

( ) 4. 勞動生產力可定義為： (A) 產出加上勞動總工時 (B) 產出減掉勞動總工時 (C) 產出除以勞動總工時 (D) 產出乘以勞動總工時。

( ) 5. 下列關於短期生產中，勞動的平均產量 *AP* 與邊際產量 *MP* 之間關係的敘述，何者正確？ (A) 當 *MP* 隨勞動增加而上升時，*AP* 比 *MP* 高 (B) 當 *AP* 隨勞動增加而上升時，*MP* 比 *AP* 低 (C) 當 *AP* 是最大值時，*MP* 是隨勞動增加而遞增 (D) 當 *AP* 是最大值時，*MP* 是隨勞動增加而遞減。

( ) 6. 勞動常被視為短期要素，是因為 (A) 勞動工時可以細分切割 (B) 勞動可以隨時替代資本 (C) 勞動較其他要素低 (D) 勞動的投入量可隨時改變

( ) 7. 經濟學中的短期，指的是：在某期間內 (A) 生產技術不變 (B) 至多有一生產要素是能變動的 (C) 至少有一生產要素是不能變動的 (D) 市場價格不變

( ) 8. 下列敘述，何者正確？ (A) 平均成本一定低於邊際成本 (B) 平均成本一定高於邊際成本 (C) 平均成本一定等於邊際成本 (D) 平均成本和邊際成本的關係要視情況而定。

( ) 9. 下列有關平均成本（*AC*）與邊際成本（*MC*）之間的關係，何者為真？ (A)*AC* 在上升時，*MC* 必然也在上升 (B)*MC* 在上升時，*AC* 必然也在上升 (C)*MC* 與 *AC* 交於前者的最低點 (D)*MC* 與 *AC* 交於前者的最高點。

( )10. 當一家廠商的短期平均成本遞減時，下列何者是正確的？ (A) 生產要素的邊際報酬遞增 (B) 生產要素的邊際報酬遞減 (C) 邊際成本高於平均成本 (D) 邊際成本低於平均成本

筆記頁

8

長期生產決策

學習導引：柯布與道格拉斯

經濟視野❶ 生產功能（production function）

經濟視野❷ 成長策略（growth strategy）

經濟視野❸ 緊縮策略（retrenchment strategy）

活用經濟實務：面板廠的規模報酬與發展策略

柯布·道格拉斯（Cobb-Douglas）型生產函數是美國數學家柯布（C.W.Cobb）和經濟學家保羅·道格拉斯（Paul H. Douglas）共同探討投入和產出的關係時創造的生產函數。在生產函數的一般形式上改進，引入了技術資源因素，用來預測國家和地區的工業系統或大企業的分析發展生產途徑的一種經濟數學模型。是經濟學中使用最廣泛的一種生產函數形式，它在數理經濟學與經濟計量學的研究與應用中都具有重要的地位。

【柯布】

他們根據有關歷史資料，研究了從 1899 － 1922 年美國的資本和勞動對生產的影響，在技術經濟條件不變的情況下，得出了產出與投入的勞動力及資本的關係。但是柯布－道格拉斯生產函數中把技術水平作為固定常數，難以反映出因技術進步而給產出帶來的影響。

柯布·道格拉斯生產函數中，如果有任何一種投入要素為零，則產出也為零，因此對於生產來說，每種生產要素都是必需的，沒有一種要素可以完全替代另一種要素。採用邊際分析方法，可用於分析要素投入對產出的貢獻率、規模收益和其他系列問題。根據研究目的和需要，現在有很多在柯布．道格拉斯生產函數基礎上變形應用的函數形式。

【道格拉斯】

預習思考

☆ 試以規模經濟的意義及影響因素，說明新興產業的新進廠商，以追求成長為經營策略與目標的理由。

☆ 試以規模不經濟的意義及影響因素，說明企業盲目擴張的可能後果，應如何調整至最適規模？

☆ 說明麥當勞提供多元的餐點，是否可以達到多樣化經濟，改善其經營。

8-1 等產量曲線

一、等產量曲線 (Isoquant Curve)

　　K（資本）與 L（人力）為可使生產者產出產量的兩種要素，且生產者只能選擇此二要素為其要素組合，在長期下所有生產要素皆可調整。圖中橫軸代表 L 雇用量，縱軸代表 K 雇用量，L-K 構成之平面稱為要素空間，在此空間內的任一曲線代表兩要素組合（L，K）可產生相同產量水準（Q）的軌跡（如圖 8-1）。亦即同一等產量曲線代表某一產量水準，而線上每一點則代表兩要素不同的組合可產生相同的產量水準。

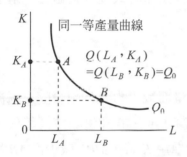
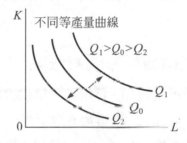

▲ 圖 8-1　等產量曲線

一、等產量曲線特性

　　不同曲線代表不同產量水準：整條等產量曲線往外側（遠離 0 點）位移，代表較大的產量水準，如圖 $Q_1 > Q_0$，而 Q_1 上每一點不同的要素組合可產生相同的產量水準 Q_1。反之若整條等產量曲線往內側（接近 0 點）位移，代表較小的產量水準，如圖 $Q_2 < Q_0$，而 Q_2 上每一點不同的要素組合可產生相同的產量水準 Q_2（如圖 8-1）。

1. **負斜率曲線**：同一等產量曲線由左（L 小）上（K 大）向右（L 大）下（K 小）方延伸，L 與 K 之雇用量反向變動以維持相同的產量水準。

2. **等產量曲線不能相交**：要素空間上每一點都有唯一一條等產量曲線通過，亦即在某一要素空間上有無限多條等產量曲線，但彼此都不能相交。

3. **等產量曲線凸向原點**：同一等產量曲線由左上方向右下方延伸，而且由陡直（斜率大）而漸平坦（斜率小），此為邊際技術替代率遞減法則所造成。

三、邊際技術替代率 (marginal rate of technical substitution；MRTS)

為維持相同的產量水準，生產者要增加一單位 L 雇用量而必須減少 K 的雇用量，亦即以 L 代替 K 的交換比例：

$$\text{MRTS}_{LK} = \Delta K / \Delta L = MP_L / MP_K$$

為維持相同的產量水準，增加 L 雇用量而增加的產量 $\Delta L \times MP_L$ 須與減少 K 雇用量而減少的產量 $\Delta K \times MPK$ 相同，而 $\Delta K / \Delta L$ 為等產量曲線上任一點 $(L，K)$ 的切線斜率，所以邊際技術替代率即是等產量曲線上的點切線斜率，亦為要素 L 與 K 之邊際實物產出比值。其意義與無異曲線的邊際替代率相同，但生產者改變要素組合，須配合不同之生產技術。

四、邊際技術替代率遞減法則

隨著 L 雇用量增加，為增加一單位 L 雇用量而減少的 K 雇用量隨之遞減，圖形上同一等產量曲線愈往右（L 增加）愈平坦（斜率減小），亦即邊際技術替代率遞減。依據邊際報酬遞減法則，生產者增加雇用 L 而減少雇用 K 時，MPL 減少而 MPK 增加，因此 MP_L / MPK（邊際技術替代率）減小。因為隨著 L 雇用量增加，L 的邊際實物產出遞減，生產者願意付出的代價（減少雇用 K）降低，亦即以 L 代替 K 的交換比例降低，所以邊際技術替代率隨著 L 雇用量增加而遞減。隨著 L 雇用量增加，等產量曲線上的生產點，沿線向右（L 大）下（K 小）方移動，代表技術偏向勞力密集式生產，因而減少雇用 K，但將適宜資本密集式生產的資源轉以勞力密集式生產，致使 L 的邊際實物產出遞減。

五、等成本線 (Iso-Cost line)

生產者購買 L 與 K 兩種要素投入生產，其購買之要素總價值＝總成本 $(TC) = w \times L + r \times K$＝總預算（$M$）。等成本線即為在要素空間上，同一成本水準下，生產者購買 L 與 K 兩種要素不同數量組合的軌跡，其意義與消費者的預算線相同。w 是購買 L 之單位價格（薪資），r 是購買 K 之單位價格（利率）。

$C = w \times L + r \times K$，當 $K = 0$ 時表示所有成本 (C) 只購買 L 的雇用量為 C/w，而 $L = 0$ 時表示所有成本 (C) 只購買 K 的雇用量為 C/r，兩點連線即為成本線。如圖 8-2，成本線內側，即左（L 小）下（K 小）方三角形，為生產者成本可支付之能力範圍又稱成本空間，線外側即右（L 大）上（K 大）方表示已超過生產者成本可支付之能力範圍，因此成本

線又稱爲成本限制。同一成本線代表某一成本水準，線上每一點則代表兩要素不同的雇用量組合可產生相同的成本水準。

不同成本線代表不同成本水準：如圖 8-2，整條成本線往外側（遠離 0 點）位移，代表較大的成本水準（$C_1 > C_0$）；反之若整條成本線往內側（接近 0 點）位移，代表較小的成本水準，如圖（$C_2 < C_0$）。

$$成本線斜率 = \Delta K / \Delta L = (C/r)/(C/w) = w/r$$

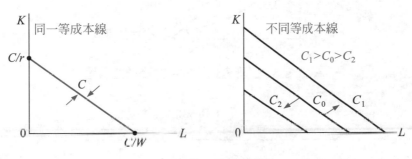

▲ 圖 8-2　等成本線

成本線斜率又等於 L 與 K 兩種要素價格的相對比例，因此成本線又稱要素價格線，人力薪資相對較高時成本線較陡（斜率大），資本利率較高則成本線較平（斜率小）。成本線爲直線而非曲線，線上每一點斜率均相同，但 L 與 K 之購買量須反向變動以維持相同的成本水準，而形成負斜率成本線。

六、生產者均衡

將成本線與等產量曲線相配合，以決定生產者均衡的最佳要素組合，亦即在有限成本下使生產者產出最大產量，或以最低成本產出特定產量。

如圖 8-3，生產者均衡在成本線與等產量曲線相切之切點 E 處，在成本 (C) 有限下，生產者產出最大產量（Q_0），並對應最佳要素組合之雇用量（L^*，K^*）。成本線 C 爲等產量曲線 Q_0 上之切點 E 的切線，因此該切線斜率等於成本線斜率，所以生產者均衡的條件：

$$MRTSLK(等產量曲線切點斜率) = \Delta K / \Delta L = MP_L / MP_K$$
$$= w/r(成本線斜率)$$

　　整理後可得 $MPL/w = MPK/r$ 的均衡狀態，當兩種要素的每元（邊際成本）所能獲得之邊際實物產出（邊際產量）相等時，即達到生產者均衡之穩定狀態（最佳要素組合），在有限資源（成本預算）下能產出最大產量；使一定產量的生產成本爲最低，滿足各種變動生產要素所支出最後一元的邊際產量皆相等。

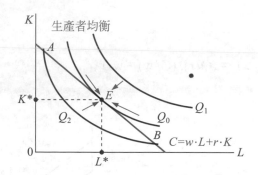

▲ 圖 8-3　生產者均衡的條件及調整過程

試以生產者均衡的意義，說明「量力而爲」、不要「好高騖遠」的理由與調整過程。

 經濟視野 ❶

生產功能（production function）

　　廠商投入要素以產出各種財貨勞務的過程，其中包含轉換活動（生產作業）與隨機事件（環境變化），有系統地將投入資源轉換成爲產出供給稱爲生產作業管理（production and operation management；POM）。

　　執行生產功能的前置設計包括製程選擇、資源配置、設施地點、人員工作、產能規劃等，生產流程包括工作排程、物料需求、品質控制、存貨管理與整體規劃，相關輔助功能包括零件採購、設備維護、能源效率、績效評估、安全標準等。

　　再造工程（reengineering）重新設計組織架構與作業流程，以改善品質與降低成本，提升管理效能與附加價值。再造工程須先導正策略目標，配合新的管理方法和技術工具，賦予成員新的任務使命；再造過程中須不斷改善問題，使企業組織持續成長，追求更高的績效標準與成長機會。

綜合範例

給定生產要素 L 與 K 的邊際技術替代率絕對值為 3，如果廠商想在原先產出水準下減少 3 單位的 L，則需 K？

Tip 詳邊際技術替代率。

解析

　　為維持相同的產量水準，生產者要增加一單位 L 雇用量而必須減少 K 的雇用量，亦即以 L 代替 K 的交換比例：$MRTS_{LK} = \Delta K / \Delta L = MP_L / MP_K$。

　　$MRTS_{LK} = 3 = \Delta K / 3$，得 $\Delta K = 9$

　　因此減少 3 單位的 L，則需：增加 9 單位的 K。

 綜合範例

假使工資 $w = 10$，資本財價格 $r = 20$；假使生產函數 $Q = KL$，若廠商要生產 $Q = 50$ 的產量，則應雇用多少要素？

Tip 詳生產者均衡。

解析

　　生產函數 $Q = KL = 50$，$w = 10$，資本財價格 $r = 20$;

　　$MRTS_{LK}$（等產量曲線切點斜率）$= MP_L / MP_K = w / r$（成本線斜率）

　　$MP_L / MP_K = K / L = w / r = 10 / 20 = 1 / 2$，則 $L = 2K$

　　$Q = KL = 50 = 2K_2$，得資本 $K = 5$，勞動 $L = 10$

 8-2 擴展線

一、擴展線 (Expansion Path line；EP)

一般而言，生產者增加要素成本可以獲得較大產量，若兩要素相對價格不變，則成本線平行位移（成本線斜率＝w/r 不變）。當成本增加，整條成本線往右上方位移，亦會與較外側之等產量曲線相切，表示可得到較大的產量，將每一成本線與等產量曲線相切之點連接起來就是擴展線，代表每一成本水準所對應之最佳要素組合軌跡，或每一特定產量水準以最低成本產出所對應之最佳要素組合軌跡（如圖 8-4）。廠商若想要使生產成本降至最低，該廠商應生產在擴展線上。

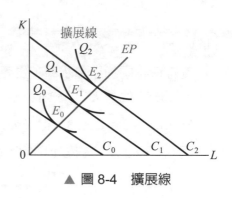
▲ 圖 8-4　擴展線

長期生產期間之生產要素 K 與 L 均能調整，因此產出之生產規模（Q）亦可改變，又稱為生產規模曲線，代表規模擴張的長期成本軌跡。以擴展線的形狀變化，說明生產要素的使用差異（如圖 8-5）。

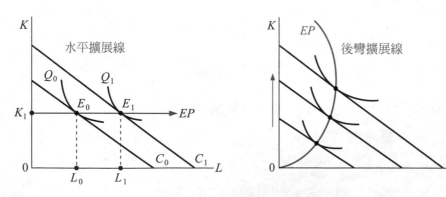
▲ 圖 8-5　擴展線的形狀變化

1.勞力密集式擴展線

技術偏向勞力密集式生產，代表生產者為獲得較大產量，而增加之人力要素相對較大，因此擴展線偏右（L 增加）移動。短期生產期間，供給者來不及調整固定要素，資本 K 不變而只能調整勞動力 L，擴展線向右水平延伸。

2.資本密集式擴展線

　　技術偏向資本密集式生產，代表生產者為獲得較大產量，而增加之資本要素相對較大，因此擴展線偏上（K 增加）移動。

　　在固定資本不變下，勞動量遞增導致勞動生產力受限於固定資本，而不能再提升之瓶頸。生產者會將有限資源配置轉移以提升生產效益，為持續擴充產量而增加之資本要素相對較大，因此擴展線向上（K 增加）後彎（L 減少）。

➡ 動動腦 ⬅

試以擴展線的意義，說明企業如何擬定完整的擴張計劃，才能在穩定中求發展。

二、要素完全替代

　　當兩要素可以完全替代（產能相同），生產函數 $Q = AL + BK$，為線性函數（如圖 8-6）。減少 K 的雇用量可以完全被增加 L 雇用量所取代，而不影響特定產量，亦即邊際技術替代率不會遞減，而形成固定斜率（$\text{MRTS} = A/B$）的直線形等產量線，但該斜率未必與成本線相同，因此最佳要素組合在兩線交點。

　　等產量曲線愈平直（接近直線形），則兩要素替代性愈大。

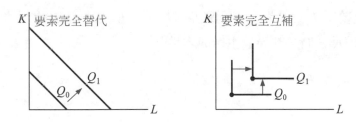

▲ 圖 8-6　要素完全替代與要素完全互補

三、要素完全互補

　　當兩要素完全互補，則兩物必須同時增減共同搭配才能增減產量，生產函數 $Q = \min(L/A，K/B)$，又稱為李昂蒂夫（Leontief）生產函數。生產者只能依兩要素固定組合比例（A：B）搭配，若只增加一要素量而另一要素未增加（水平或垂直）則無法增加產量，亦即邊際技術替代率不會遞減，而形成固定比例的直角形等產量曲線（如圖 8-7），因此與成本線相切之角點為最佳要素組合。

　　要素完全互補的直角形等產量曲線，生產函數 $Q = \min(L/A，K/B)$，均衡點在角點，即均衡時 $Q = L/A = K/B$。等產量曲線愈彎曲（接近直角形），則兩要素互補性愈大。

經濟視野 ❷

成長策略（growth strategy）

兩家或兩家以上獨立之公司，概括移轉由一家公司繼續營運的情況稱為合併（merger）；一家企業購買或證券交換其他企業全部或部份所有權，進而能掌握其經營控制權稱為收購（acquisition）；與其他企業合作成立一獨立之新公司，以轉投資取得新公司之部份所有權稱為合資（joint venture）；持有其他公司股份，以支配控制其經營活動稱為控股公司（holding company）；企業原有事業部門為擴大營運，獨立成為新公司稱為分生（spin-off）。

企業擴充規模進入原有產品的上、中、下游市場領域：開發原料或中間產品進入上游供應商市場稱為向上整合（upward integration）；成立倉儲物流網路跨進下游通路商領域稱為向下整合（downward integration）；向上整合與向下整合合稱為垂直整合（vertical integration）；上、中、下游全面整合統一管理則稱為一貫化作業；接收同業其他競爭者的公司組織或相關部門以及市場客戶稱為水平整合（horizontal integration）。

綜合範例

假定使用兩生產要素 L 與 K 的生產函數為 $f(L, K) = L + K$。當 L 的價格為 3，K 的價格為 2，而產出水準為 5 時，其最適生產成本為？

 詳要素完全替代。

解析

當兩要素可以完全替代，生產函數 $Q = AL + BK$，為線性函數，而形成固定斜率 $(MRTS = A/B)$ 的直線形等產量線，但該斜率未必與成本線相同，因此最佳要素組合在兩線交點。$L = 0$ 時，其最適生產成本為 $C = 10$。

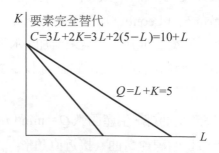

綜合範例

設廠商用 L 與 K 來生產 Q，其生產函數為 $Q = \min(\sqrt{L}, K)$，L 與 K 的價格分別為 P_L 與 P_K，則其長期平均成本為？

Tip 詳要素完全互補。

解析

即均衡時 $Q = \sqrt{L} = K$，則 $L = Q^2$，$K = Q$，

長期平均成本 $LAC = TC/Q = (P_L L + P_K K)/Q = (P_L Q^2 + P_K Q)/Q = P_L Q + P_K$

 ## 8-3 長期平均成本曲線

一、長期平均成本 (Long-run Average Cost；LAC)

平均每單位產量所須支付的長期總成本，指供給者可以完全調整生產資源，足以改變產量或生產線的期間，投入的所有生產要素（K 與 L）均能調整並支付成本，因此產出之生產規模小可改變。

$$LAC = LTC/Q$$

Q 不只是短期生產特定規模內的產量，亦是長期生產規模。

短期內，技術水準與固定要素 K 不變下，因為生產規模固定，對應邊際報酬先增後減與邊際成本先減後增，**短期平均成本**（*short run average cost*；*SAC*）為先減後增之 U 型曲線；而長期生產期間之生產規模改變，是由各短期特定規模的生產所累積建立，因此長期平均成本可由各特定規模的短期平均成本導出。

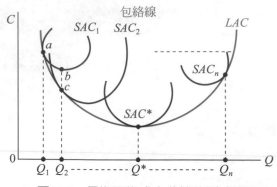

▲ 圖 8-7　長期平均成本曲線的形成過程

　　廠商的長期生產調整過程中，依計劃建立各特定規模以生產適合之產能，每一 SAC 代表建立每一特定規模所須支付的短期成本，每一特定產量以最適合之規模生產，使長期成本最低。

　　如圖 8-7，生產 Q_1 之最適規模為 SAC_1，在 a 點之生產成本為長期生產規模產出 Q_1 之最低成本，但因 SAC_1 並非長期生產之最適規模，a 點並非 SAC_1 之最低點。SAC_1 之最低點 b 可產出 Q_2，但長期生產調整後可以在 SAC_2 之規模以更低成本之 c 點之生產，在 c 點之生產成本為長期生產規模產出 Q_2 之最低成本，廠商的長期生產再以此方式繼續調整。長期平均成本曲線之最低點生產 Q^*，長期生產之最適規模為 SAC*，而 SAC* 之最低點可產出 Q^*，亦即 LAC 最低點與最適規模 SAC* 最低點相同。

　　長期平均成本曲線便是長期生產調整過程中，各特定產量的長期最低平均成本，對應各最適合之短期生產規模所連結的軌跡。因此長期平均成本恆不大於各特定產量的短期平均成本，而使 LAC 曲線與各最適合短期生產規模之 SAC 曲線相切，即長期平均成本曲線 LAC 將各短期平均成本曲線包起來，又稱為包絡線（envelop curve）或**計畫線**（*planning curve*）。長期平均成本曲線呈現 U 字型，代表規模報酬先增後減。

　　只有在最適產量（Q^*）的長期最低平均成本，才會等於最適規模之短期最低平均成本（LAC 最低點與 SAC* 最低點相切），其餘各特定產量（非最適產量 Q^*）的長期最低平均成本，並非各最適合生產規模之短期最低平均成本（LAC 與其餘各 SAC 之切點並非各 SAC 之最低點）；長期平均成本遞減（LAC 曲線下降）時，與短期平均成本遞減（SAC 曲線下降）處相切（如 SAC1）；長期平均成本遞增（LAC 曲線上升）時，與短期平均成本遞增（SAC 曲線上升）處相切（如 SACn）。

二、長期邊際成本 (Long-run Margin Cost：LMC)

供給者可以完全調整生產資源的期間，每變動一單位產量（規模）所須變動的長期成本。$LMC = \Delta LC / \Delta Q$ = **長期成本變動量／產量變動量**

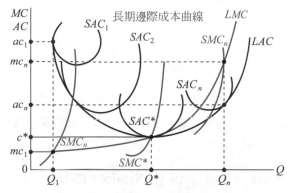

▲ 圖 8-8 長期邊際成本曲線的形成過程

MC 與 AC 均為先減後增，而 MC 向上通過 AC 之最低點，長期邊際成本由短期平均成本與長期平均成本切點下之短期邊際成本組合而成。因此各短期邊際成本曲線（SMC）向上通過各短期平均成本曲線（SAC）之最低點，長期邊際成本曲線（LMC）亦向上通過長期平均成本曲線（LAC）之最低點，所以 LMC 未必不大於 SMC，而使 LMC 與 SMC 相交而非相切，即長期邊際成本曲線 LMC 並非各短期邊際成本曲線 SMC 之包絡線。

長期平均成本遞減（LAC 曲線下降）時之產量（Q_1），SMC = LMC = （mc_1）< LAC = SAC（= ac1）；長期平均成本遞增（LAC 曲線上升）時之產量（Q_n），SMC = LMC = （mcn）> LAC = SAC（= acn）；長期平均成本最低（LAC 曲線水平）時之產量（Q^*），SMC = LMC = LAC = SAC（= c^*）。

三、規模報酬變化及廠商發展策略

1. 規模報酬遞增（Increasing Returns to Scale：IRS）

長期生產代表供給者可以完全調整生產資源，欲擴充生產規模，投入的生產要素 K 與 L 增加並支付更高總成本，但是當產量 Q 增加幅度大於成本 TC 增加幅度，使長期平均成本 LAC 下降，即生產報酬隨規模擴充而增加，又稱為規模經濟（economy of scale），意指擴大生產規模具有經濟效益，因此應持續擴充生產規模，增加產量至最適產量 Q^*（如圖 8-10）。當 LMC 在 LAC 之下（$Q < Q^*$），表示每增加一單位產量所須增加的成本小於原來之平均水準（LMC < LAC），亦即每增加一單位產量可使 LAC 減少，對應 LAC 下降之規模報酬遞增。

　　規模報酬遞增的內在（廠商內部）因素包括：組織規模擴充而促進專業分工，提高了生產要素的生產效率；大量採購進貨可獲得折扣優惠，而降低平均成本；大量產出可分攤大額前置固定成本，並提升要素使用效率等因素，均使得大量投入要素的單位成本降低，且大量生產的經濟效益提高，又稱為**內部規模經濟**（*internal economies to scale*）。

　　規模報酬遞增的外在（外部環境）因素包括：規模擴充表示產業前景樂觀，可吸引人才投入，因而提升人力資源素質及生產力，研發意願提高亦提升資本生產力；產業規模擴大提高了影響力及議價能力，較能爭取有利政策、行政支援與各種折扣優惠，使單位成本降低且經濟效益提高，又稱為**外部規模經濟**（*external economies to scale*），可使整條 LAC 向下位移。

2. 規模報酬固定（Constant Returns to Scale；CRS）

　　當產量 Q 增加幅度等於成本 TC 增加幅度，為長期平均成本 LAC 最低且固定之水平段，即生產報酬達到最大，不再隨規模變化而變化，生產要素使用效率最佳之均衡狀態，又稱為**最適規模**（*economy of scale*）。意指生產規模已產生最大經濟效益及最低平均成本，因此應維持此一最佳生產規模及最適產量（$Q=Q^*$）而不再變動，即產量 Q 增加幅度等於成本 TC 增加幅度時之產量，為生產者長期均衡的最適規模（如圖8-9）。

　　LMC 與 LAC 均為先減後增，而 LMC 向上通過 LAC 之最低點，因此長期最適規模條件為 LMR＝LMC，亦即使廠商的長期邊際收益等於長期邊際成本時之產量。

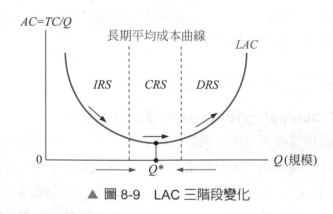

▲ 圖 8-9　LAC 三階段變化

3. 規模報酬遞減（Decreasing Returns to Scale；DRS）

　　當產量 Q 增加幅度小於成本 TC 增加幅度，使長期平均成本 LAC 上升，即生產報酬隨規模擴充而減少，又稱為規模不經濟（diseconomy of scale），意指擴大生產規

模不具經濟效益,因此應縮小生產規模,減少產量至最適產量 Q^*(如圖 8-10)。當 LMC 在 LAC 之上($Q > Q^*$),表示每增加一單位產量所須增加的成本,大於原來之平均水準(LMC > LAC),亦即每增加一單位產量使 LAC 增加,對應 LAC 上升之規模報酬遞減。

　　規模報酬遞減的內在(廠商內部)因素為組織規模過大而分工複雜,管理階層擴大,使得成本提高卻不易協調控制,制度僵化而降低了管理效率,因此大量投入要素的單位成本提高,且大量生產的經濟效益降低,又稱為**內部規模不經濟**(*internal diseconomies to scale*)。規模報酬遞減的外在(外部環境)因素為規模過度擴充,使生產要素需求大增,因而要素價格(成本)上漲,而產量大增又使產品市場價格(收益)下跌,生產行銷及倉儲物流等成本亦提高,造成單位成本上升而報酬降低,即不具經濟效益,又稱為**外部規模不經濟**(*external diseconomies to scale*),可使整條 LAC 向上位移。

4. 最小效率規模(**Minimum Efficient Scale;MES**)

　　使長期平均成本下降至廠商可以生存的最小規模水準,通常位於 IRS 與 CRS 之間,即 LAC 下降至接近最低之水平區間。當生產規模未達 MES,廠商須持續擴充使 LAC 下降;若未達可以生存的水準,即無法擴充至足夠規模(MES)的廠商,將因長期平均成本過高而被迫退出市場。

5. 規模報酬(**returns to scale**)

　　生產函數代表使用不同數量或不同組合的生產要素(K,L),所得到的產量(Q)水準,亦即投入的生產要素變動,將導致產出之產量水準(生產規模)發生變動(如圖 8-10)。

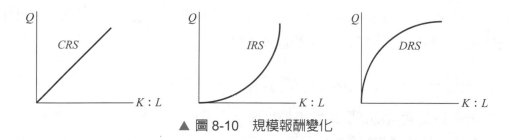

▲ 圖 8-10　規模報酬變化

6. 柯布道格拉斯(**Cobb-Douglas**)型生產函數

　　Cobb-Douglas 型生產函數表示為 $Q = f(K,L) = AK^{\alpha}L^{\beta}$

　　投入的要素數量變動 a 倍,即 $f(a \times K, a \times L) = A(a \times K)^{\alpha}(a \times L)^{\beta}$

　　$= a^{(\alpha+\beta)} \times AK^{\alpha}L^{\beta} = a^{(\alpha+\beta)} \times f(K,L)$

所以當 $\alpha+\beta=1$ 時，$f(a\times K，a\times L)=a\times f(K，L)$，為規模報酬固定（CRS）；當 $\alpha+\beta>1$ 時，$f(a\times K，a\times L)>a\times f(K，L)$，為規模報酬遞增（IRS）；當 $\alpha+\beta<1$ 時，$f(a\times K，a\times L)<a\times f(K，L$，為規模報酬遞減（DRS）。

因此只要生產函數為齊次（k 次方）函數，即 $f(a\times K，a\times L)=a^k\times f(K，L)=a^k\times Q$，當 $k=1$ 時，$f(a\times K，a\times L)=a\times f(K，L)$，為規模報酬固定（CRS）；當 $k>1$ 時，$f(a\times K，a\times L)>a\times f(K，L)$，為規模報酬遞增（IRS）；當 $k<1$ 時，$f(a\times K，a\times L)<a\times f(K，L)$，為規模報酬遞減（DRS）。

➡ 動動腦 ⬅

圖示長期平均成本線，說明規模報酬的變化及其影響因素，並比較麥當勞在台灣與中國大陸的發展及策略差異。

四、多樣化 (範疇) 經濟 (economy of scope)

生產報酬隨不同產品服務的生產線擴充而增加，擴大多樣化類別具有經濟效益，因此應持續擴充生產線，增加類別至最適多樣化。

因共同成本（joint cost）固定，大量產出可分攤大額前置固定成本而降低平均成本；以核心能力開發的不同產品服務可以快速獲得市場客戶認同，節省廣告促銷成本，使單位成本降低且經濟效益提高。

當生產多樣化的共同成本比例較低或品牌擴張效益不大，使成本增加幅度大於不同產品增加幅度，長期平均成本 LAC 上升，即生產報酬隨多樣化生產線擴充而減少，則稱為多樣化不經濟（diseconomy of scope），意指擴大生產多樣化不具經濟效益，因此應縮減不同生產線，減少產品服務類別至最適多樣化。

五、多角化 (diversification) 經營

企業將多樣化新產品推廣到新市場以擴充市場規模。企業延伸經營相關業務，擴大類別以達成產品多樣化的全方位服務，並得以進入新市場經營銷售，稱為**集中多角化**（*concentric diversification*）；企業與完全無關的產業結合，進入經營全新的產品服務與市場客戶，稱為**複合多角化**（*conglomerate diversification*）；在相同的產業中跨進經營全新的產品服務，爭取原有市場客戶以擴大總營業額，稱為**水平多角化**（*horizontal diversification*）。

經濟視野 ③

緊縮策略（retrenchment strategy）

廠商進行組織縮編整併稱為改組（restructuring）；面對環境變化而全面整頓稱為重整（consolidation）；企業為縮小營運規模而將原有部分事業部門轉讓或關閉稱為撤資（divestiture）；公司面臨困境危機而全面結束營運或讓售所有資產稱為清算（liquidation）。

規模報酬遞增階段的成長策略已獲致成效，廠商因此享有最適規模產生之最大經濟效益及競爭力，稱為收割（harvest）；產業前景不明而考慮進行組織改造或策略調整，避免盲目擴張造成規模不經濟，稱為暫停（pause）。當廠商採取暫停策略而無法擴充至足夠規模（MES），將因長期平均成本過高而被迫退出市場。

 綜合範例

若生產函數為 $Q = 2L^{0.6}K^{0.2}$，則生產之規模報酬特性？

 詳庫柏道格拉斯型生產函數。

解析

Cobb-Douglas 型生產函數表示為 $Q = f(K，L) = AK\alpha L\beta$

投入的要素數量變動 a 倍，即 $f(a \times K，a \times L) = A(a \times K)\alpha(a \times L)\beta$

$= a(\alpha + \beta) \times AK\alpha L\beta = a(\alpha + \beta) \times f(K，L)$

因此 $\alpha + \beta = b = 0.6 + 0.2 = 0.8 < 1$，此生產函數具齊次性，屬 0.8 階齊次函數，為規模報酬遞減 (DRS)。

。活用經濟實務

面板廠的規模報酬與發展策略

　　鴻海與夏普合作分為入股母公司、大尺寸面板跟中小尺寸面板三個部份。首先是鴻海計劃入股夏普，希望拿下 9.9% 股權，價格跟入股時間點，雙方還在洽談中；在大尺寸部分，夏普把 10 代廠切割出來，成立 SDP 公司，已由郭台銘個人投資並介入經營，就等合作效益發酵。鴻海希望夏普切割中小尺寸液晶面板事業群，並與鴻海成立合資公司。

　　夏普將與英特爾構思未來要共同開發，將夏普的 IGZO（氧化銦鎵鋅）面板技術，應用在搭載英特爾晶片的輕量級筆記型電腦。IGZO 是新世代液晶電視技術，比現在的液晶技術解析度高出近 4 倍，還可減少耗電量，夏普是全球唯一成功量產的公司，而蘋果也導入採用。夏普也擴大供應蘋果平板電腦 iPad 等觸控面板，計劃讓製造中小尺寸面板的日本三重縣龜山工廠產能利用率要提高到 100%。

　　鴻海希望在與夏普合作的大陸成都中小尺寸面板廠中導入 IGZO 技術，夏普則考量 IGZO 是珍貴且先進的技術，遲遲不肯答應。由於中小尺寸可說是夏普的「金雞母」，且在夏普重整計畫中，內部預估至 2014 年 3 月止營收達 1212 億日元（約台幣 451 億元），順利轉虧為盈。

　　鴻海董事長郭台銘以個人名義投資夏普大尺寸液晶面板堺工廠，持股 37% 與夏普並列最大股東，已成功掌控 10 代線大尺寸面板生產，近期產能利用率提高到將近 80% 的水準。2013 年夏普 8 代線將停產 32 吋面板，全面轉做平板和 Ultrabook 等高解析度面板，至於夏普一年約 1,000 萬台的液晶電視面板需求將由旗下的 10 代線和奇美電共同供貨。10 代線則是以生產 40 吋、60 吋、70 吋等大尺寸電視面板為主，鴻海可以取得該廠一半的產能，品牌廠開始為年終旺季做準備，夏普產能利用率也逐季拉高，表現明顯改善。

試以經濟學分析，思考以下問題：

1. 以規模經濟的影響因素，說明鴻海以追求成長為經營策略與目標的理由。
2. 以規模不經濟的意義說明面板廠盲目擴張的後果，應如何調整。
3. 分析企業整合擴充規模，進入原有產品上、中、下游市場領域的理由。

( ) 1. 長期平均成本線的形狀呈上升時，乃反映： (A) 規模報酬遞增 (B) 規模報酬不變 (C) 規模不經濟 (D) 規模經濟。

( ) 2. 下列有關長期平均成本（LRAC）與短期平均成本（SRAC）之敘述，何者有誤？ (A)LRAC 先降後升 (B)SRAC 先降後升 (C)LRAC 永遠小於 SRAC (D) LRAC 是每一條 SRAC 最低點的連線。

( ) 3. 當一家廠商的成本函數具有規模經濟特性時，則該廠商的： (A) 短期平均成本遞減 (B) 短期邊際成本遞減 (C) 長期平均成本遞減 (D) 長期邊際成本遞減。

( ) 4. 下列有關於長、短期成本的關係何者是錯誤的？ (A) 長期總成本是各個短期總成本的包絡線 (B) 長期平均成本是各個短期平均成本的包絡線 (C) 長期邊際成本是各個短期邊際成本的包絡線 (D) 在長、短期邊際成本的交點，長期邊際成本較爲平坦。

( ) 5. 長期平均成本是許多短期成本的包絡曲線（envelope curve），原因是長期成本： (A) 是在每個產量下選擇成本最低的規模生產 (B) 是在一個最大產量可能下選擇成本最低規模生產 (C) 是在每個規模下選擇平均成本最低所對應的產量生產 (D) 是在每個產量下選擇一個固定的規模生產。

( ) 6. 關於規模經濟的 明，以下敘述何者正確？ (A) 隨著產量增加，平均成本持續下降，而且平均成本高於邊際成本 (B) 隨著產量增加，邊際成本持續下降，而且邊際成本高於平均成本 (C) 隨著產量增加，固定成本持續下降，利潤持續增加 (D) 投入增加兩倍，產量也隨之增加兩倍。

( ) 7. 在規模經濟階段，我們會得到： (A) 長期平均成本曲線爲負斜率 (B) 邊際成本曲線爲正斜率 (C) 邊際成本大於平均成本 (D) 總成本會隨產量增加而減少。

( ) 8. 明 燈具公司去年僱用勞力 20 單位及機器設備 6 單位，產量 120 單位；今年擴張爲勞力 40 單位及機器設備 12 單位，產量則增加爲 240 單位。請問其生產技術型態爲何？ (A) 規模報酬遞增 (B) 規模報酬不變 (C) 規模報酬遞減 (D) 規模報酬先遞增，再遞減。

9

完全競爭市場

學習導引：羅賓遜夫人與《不完全競爭經濟學》

經濟視野❶　差異會計（differential accounting）

經濟視野❷　有便宜的為什麼要買貴的？

經濟視野❸　藍海策略（Blue Ocean Strategy）

活用經濟實務：太陽能產業的低成本競爭優勢

英國著名女經濟學家瓊‧羅賓遜（Joan Robinson）夫人，新劍橋學派的代表人物，是有史以來最著名的女性經濟學家，被西方經濟學家認為是應該獲得而未能獲得諾貝爾經濟學獎的少數幾個經濟學家之一。

【羅賓遜夫人】

1933 年發表《不完全競爭經濟學》一書，因之聞名於西方經濟學界。1936 年凱恩斯的《就業、利息和貨幣通論》問世後，當時已是著名經濟學家的羅賓遜高度評價了這一著作，並寫了許多闡述凱恩斯理論的著作和文章，成了一個重要的凱恩斯主義者。50 年代起她投入了很大精力與經濟理論界居統治地位的新古典綜合派論戰，使她成了新劍橋學派最著名的代表人物和實際領袖。

她受到斯拉法《競爭條件下的收益規律》一文的啟發，放棄了新古典經濟學關於完全競爭的假設，轉向從不完全競爭的角度，分析了經濟均衡的條件，使經濟分析的前提和實際情況相符合。

美國著名經濟學家張伯倫（E.H.Chamberlin）在 1933 年出版《壟斷競爭理論》一書，提出關於資本主義市場結構和價格形成的理論，認為實際的市場既不是競爭也不是壟斷，而是這兩種因素的混合，因此企業家心目中沒有純粹競爭，只有壟斷競爭的概念。資本主義市場的整個價格制度，是由純粹競爭市場、壟斷市場以及由壟斷和競爭力量相混合的各種市場上的價格關係組成的。

▶ 預習思考

☆ 試以商品同質性的意義，指出您的消費行為，將那些商品主觀認定為可以彼此完全替代，並說明其理由。

☆ 試以完全競爭廠商的特性與條件，說明成本降低（COSTDOWN）之經營策略。

☆ 試以完全競爭廠商的長期均衡，說明開放市場自由競爭，對經濟社會的可能影響。

9-1 特性與條件

一、市場結構

市場是買賣雙方進行交易特定商品的集合體,由買方(需求者)、賣方(供給者)與商品(財貨勞務)所組成。市場結構指市場組織之組成特性,如買賣方參與數量、需求者對商品同質性之認知、供給者進出市場的難易等,一般依市場的競爭程度,分為完全競爭、壟斷性競爭、寡占及獨占(完全壟斷)等四大市場結構(詳表 9-1)。

▼ 表 9-1　市場結構分類

市場結構	廠商數量	進入障礙	競爭程度	定價能力
完全競爭	多	小	大	小
壟斷性競爭	↓	↓	↓	↓
寡占				
獨占	少	大	小	大

市場結構是以同一市場內廠商互相競爭的程度為分類的標準,個別廠商對價格的影響力主要決定於市場上有多少的競爭者,所以依據競爭性的準則將市場區分。衡量廠商定價能力的主要指標有勒納指數與班恩指數。

1. 勒納指數 (Lerner index)

獨占廠商為價格決定者,因此廠商的定價能力愈強代表獨占力愈大。

$$\text{Lerner index} = (P - MC)/P = 1/\varepsilon_d$$

當 $P = MC$ 時指數 $= 0$,完全競爭廠商的短期均衡條件為 $MC = MR = P^*$,即指數 $= 0$ 代表完全競爭廠商毫無定價能力,為價格接受者。因此指數愈高代表廠商的定價能力愈強,可以高於邊際成本的幅度愈大,即獨占力愈大,又稱為價格加碼(pricemark up)。

需求彈性小代表商品替代性小,則勒納指數愈高,即廠商的定價能力愈強,獨占力愈大。

2. 班恩指數 (Bain index)

亦以廠商的定價能力測度其獨占力，但是以平均成本取代邊際成本作為測度基準。

$$Bain\ index = (P - AC)/P$$

分析方法與勒納指數相同，指數愈高代表廠商的定價能力愈強，可以高於平均成本的幅度愈大，價格加碼愈高，廠商可得超額利潤的能力愈強，即獨占力愈大。完全競爭廠商的長期均衡點位於市價等於長期平均成本最低，廠商沒有超額利潤，即指數＝0代表完全競爭廠商為價格接受者。因此班恩指數測度廠商的長期獨占力，短期班恩指數可能為負（$MC = MR$ 之 $P = AR < AC$），代表有虧損的短期均衡。

二、完全競爭 (perfect competition)

市場參與者之買賣雙方數量眾多、有完全訊息、交易的商品具同質性、廠商進出市場容易幾無障礙，而為價格接受者。市場參與者之買賣雙方數量眾多，即每一需求者的購買量與供給者的生產量，在整體市場中所占比例極低，均無決定性影響力。因此市場均衡及其價量，是由所有需求者與供給者共同決定；廠商自由移動生產資源而自由進出，完全依市場機能運行，沒有人可以干預，即新廠商的加入，或原有廠商的退出，都沒有人為的障礙。完全競爭市場的特性與條件：

1. 商品同質性 (homogeneous)

賣方（供給者）與商品（財貨勞務）數量眾多，但需求者在消費行為上，主觀認定所有同類型商品並無差異，即具有完全替代性。商品是否同質是由消費者主觀認定，並表現在消費行為上；既使各家廠商生產供應的商品未必毫無差異，但只要需求者在消費行為上，將該等商品彼此完全替代，即為商品同質性。購買者最在意的是價格，對個別廠商沒有主觀上的偏愛，認定市場內每家廠商生產的產品都是同質的，彼此間沒有差異。消費者可以分辨出產品的不同叫做異質，分不出來的就是同質；只要產品的價格、顏色、形狀、氣味、大小、包裝乃至於區位、擺設方式、服務態度等因素的不同，而給消費者不同的感受，便可稱為產品異質。

2. 完全訊息 (perfect information)

買賣雙方對彼此及市場交易情況（供需、價量、商品等）均完全掌握了解，沒有人為干預，並能迅速自由調整資源配置，達到市場均衡，維持市場穩定及雙方利益；每一廠商對市場資訊完全瞭解，廠商追求利潤最大的產量與價格決策，會因其身處的市場不同而改變。

　　廠商與廠商間，廠商與消費者間有完全的訊息，所以廠商不會有創新活動及廣告活動的出現。所有的資源可以自由移動，若某一行業有利可圖，廠商可自由加入生產，若有虧損亦可隨時退出該市場毫無阻礙。所以長期時，廠商沒有超額利潤，只賺得正常利潤。

→ 動動腦 ←

試以完全訊息的意義，說明廣告促銷在完全競爭市場中的策略與效果。

3.價格接受者 (price taker)

　　在完全競爭市場的特性與條件下，市場均衡價格由所有需求者與供給者共同決定，買賣雙方都只能接受該價格，稱個別廠商為市場的價格接受者，其需求線為價格固定之水平線（如圖 9-1）。產業內的廠商數很多，每一家廠商的銷售量佔總銷售量的比重很小，任一家廠商都無法影響產品的價格，產品的價格是由市場供需決定的，廠商均為價格的接受者。

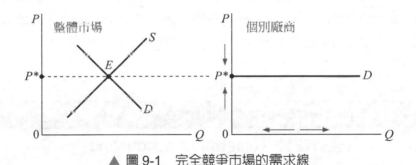

▲ 圖 9-1　完全競爭市場的需求線

　　個別廠商之水平需求線，代表個別廠商只能接受整體市場決定的均衡價格 P^*，而在此固定價格下，依其產能決策決定數量。水平需求線亦代表需求彈性無窮大，即商品同質，需求者在消費行為上將該等商品彼此完全替代，稅賦完全由生產者負擔。若個別廠商定價高於市場均衡價格，將被其他相對低價之同質商品完全替代，而被迫退出市場，或調整回均衡價格 P^*；若個別廠商定價低於市場均衡價格，其他相對高價同質商品將被完全替代，但個別廠商其供應量在整體市場中所占比例極低，因超額需求而將定價調整回均衡價格 P^*。

　　因此在市場完全訊息下，需求者亦只能接受整體市場決定的均衡價格 P^*，而形成價格固定之水平需求線，即個別廠商沒有自行定價的能力，個別需求者也沒有影響市場價格的能力。

完全競爭市場的廠商家數很多，亦即單一廠商的市場佔有率很低，故每一買者或賣者都無法影響市場的價格。產品的市場價格是由市場全體的供給者與需求者共同決定，而每個廠商只能在市場決定的價格下訂定其產量，並以此價格出售。完全競爭廠商所生產的產品與其他廠商無異，因此廠商對市場價格無影響力，且廠商間並沒有非價格的競爭。

試以價格接受者的意義，說明同質性高的商品，由價格競賽調整至市場公認價格的過程。

4. 成本降低 (cost-down)

完全競爭市場的供給者數量眾多，交易的商品具同質性而彼此完全替代，由價格競賽調整至市場公認價格，每一廠商只能接受市場均衡價格，廠商之策略唯有控制成本至長期平均成本最低，採取低成本優勢競爭。

完全競爭市場每一供給者的產量在整體市場中所占比例極低，均無決定性影響力，市場價格下跌至最低長期平均成本，廠商長期均衡之經濟利潤為 0，因此完全競爭廠商之策略，唯有控制成本以獲得正常利潤，不然只好退出市場（停業）。

經濟視野 1

差異會計（differential accounting）

各種不同生產方式方案中，比較具有差異的會計資料項目，作為決策之參考依據。

各種方案負擔相同之資源成本，或已支出而不能改變的沈沒成本，決策時可不予考慮，稱為無關成本（irrelevant cost）。生產方式可節省資源而降低之成本稱為減支成本（decremental cost）；生產方式需多投入資源而增加之成本稱為增支成本（incremental cost）；兩者合稱攸關成本（relevant cost），為決策之重要參考依據，衡量後選擇具有差別利益（differential income）之最佳方案。

部門中心營運狀況正常符合預計成本，管理時可不予考慮，只針對成本差額的重要問題加以注意管理，提出並確實執行修正方案，稱為例外管理（management by exception）。當實際成本小於標準成本時為有利差異，若實際成本大於標準成本則為不利差異。

綜合範例

一完全競爭廠商，目前產量為 20 單位。若價格為 \$10，總固定成本為 \$10，而平均變動成本為 \$3，則廠商利潤為？就長期均衡而言，對完全競爭市場之廠商課稅，稅賦負擔？廠商之產品在完全競爭市場內銷售，若該廠希望增加一倍的銷售量，該廠應？

Tip 詳價格接受者。

解析

完全競爭市場的個別廠商為價格接受者，只能將定價固定在市場均衡價格 $P*$，因此 $TR = P \times Q = 10 \times 20 = 200$，$TC = FC + VC = 10 + 3 \times 20 = 70$，則廠商賺得總利潤為：$TR - TC = 200 - 70 = 130$，每單位賺 $130/20 = 6.5$，而在此固定價格下，依其產能決策決定數量。廠商希望增加一倍的銷售量，該廠應增加一倍的產量，並以原價銷售之。

9-2　短期均衡

一、完全競爭廠商的短期均衡

在一定時間（短期）內，生產規模固定下，廠商產量與市場價格使其獲得最大利潤或最小損失，則廠商的短期生產達到最佳之穩定狀態（均衡），產出最適產量不再變動，其條件為 $MR = MC$，即廠商的邊際收益等於邊際成本時之產量。

總收益 $TR = P \times Q$，平均收益 $AR = TR/Q = P$，而完全競爭市場的個別廠商為價格接受者，只能將定價固定在市場均衡價格 $P*$，因此 $\Delta TR = P* \times \Delta Q$，而 $MR = \Delta TR / \Delta Q$，所以 $MR = P* = AR$。完全競爭廠商的 AR 與 MR 圖形即個別廠商之水平需求線，TR 圖形則是由原點射出的正斜率直線，固定斜率 $= MR = P*$。

完全競爭廠商的短期均衡條件為 $MC = MR = P*$，即廠商的邊際收益（等於市場均衡價格）等於邊際成本時，可以產出最適產量使其獲得最大利潤或最小損失。

如圖 9-2，均衡點 E 為 MC 與 MR 之交叉點，代表均衡條件 $MC = MR = P*$，對應最適產量 $Q*$ 與平均成本 G。此時廠商的總收入 $TR = AR \times Q*$ 為 □ $0P*EQ*$ 面積，扣除總成本 $TC = AC \times Q*$ 為 □ $0GFQ*$ 面積，得淨利 $\pi = TR - TC = (AR - AC) \times Q*$ 為 □ $GP*EF$ 面積，即為廠商的最大利潤。

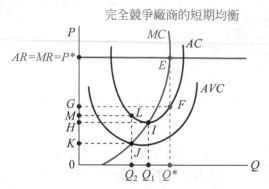

完全競爭廠商的短期均衡

▲ 圖 9-2　完全競爭廠商的短期均衡

若市價下跌至最低平均成本（H），均衡條件 $MC = MR = H$ 之均衡點 I，對應最適產量 Q_1，則 $TR = TC$ 為 □ $0HIQ_1$ 面積，得最大淨利為 0（損益兩平），$P* = H$ 為新廠商考慮是否加入市場之轉折點（進入價格）。若市價下跌至最低平均成本以下將造成虧損，在 $MR = MC$ 處為最小損失。例如市價下跌至 K，均衡條件 $MC = MR = K$ 之均衡點 J，對應平均成本 M 與最適產量 Q_2，廠商的總收入為 □ $0KJQ_2$ 面積，扣除總成本為 □ $0MLQ_2$ 面積，得淨損為 □ $MKLJ$ 面積，即為廠商的最小淨損。

二、停業點 (shutdown point)

如圖 9-2 分析廠商進出市場的調整過程，當市價下跌至最低平均變動成本（K），均衡條件 $MC = MR = K$ 之均衡點 J，是最小損失之生產狀態，對應最適產量 Q_2。此時廠商的總收入 $TR = TVC($ 變動成本 $) = AVC \times Q$ 為 □ $0KJQ_2$ 面積，其淨損即為固定成本，表示平均收入恰可彌補平均變動成本，但固定成本則已無法回收。因此 $AVC = AR($ 市價 $) < AC$ 時，廠商應考慮停業，不論是否停業均損失固定成本。若市價下跌至最低平均變動成本（K）以下，即 $AR < AVC$，表示最適產量之平均收入已無法彌補平均變動成本與固定成本，若持續生產（變動成本增加）將造成虧損擴大，廠商必須停業以減少虧損。

當市價在最低平均成本（H）與最低平均變動成本（K）之間，在 $MR = MC$ 處為最小損失，因為 $AR > AVC$，表示平均收入彌補平均變動成本後仍有餘，可逐漸回收固定成本，廠商應繼續營業，又稱為有虧損的短期均衡。此時若因帳面虧損（$AR < AC$）即予停業，將立即損失固定成本而失去回收機會。

1. 停業原則 (shutdown rule)

完全競爭市場個別廠商的 $MR($ 市價 $) = MC$ 時產出最適產量為短期均衡，當 $AR($ 市價 $) > AC$ 時廠商可得最大利潤，$AR($ 市價 $) < AC$ 時廠商只得最小淨損，$AR($ 市價 $) = AC$ 時廠商損益兩平，為新廠商考慮是否加入市場之轉折點 (進入價格)。$AVC < AR($ 市價 $) < AC$ 時雖有虧損仍無須停業，$AR($ 市價 $) < AVC$ 時則虧損擴大必須停業，$AR($ 市價 $) = AVC$ 時為廠商考慮是否停業之轉折點（停業點）。

2. 停業價格 (shutdown price)

在廠商理論中，市場價格恰可以彌補平均變動成本，企業每期的損失恰好等於它的固定成本，與停業關門的後果一樣，因為產量不管多少都必須負擔固定的開銷支出。因此，使用固定成本較高的公司，比其他產業面臨更早的停業點，因景氣的變化導致銷售波動，而無法支付營運成本，最後停止營運的機會較高。

試以停業點的意義及調整過程，說明銀行應對「還有救的企業」予以紓困貸款的理由。

三、短期供給線 (short run supply curve)

由停業點的分析可知，完全競爭廠商願意而且能夠生產供給的價格（平均收入 AR），至少須等於平均變動成本（AVC）；而最適生產（供給）量在 $MC = MR = P^*(= AR)$ 處，因此完全競爭市場的個別廠商供給線為 $MC > AVC$（P_0 以上）之 MC 曲線，即廠商的短期均衡點（$P^* = MR = MC$）連線軌跡（E_0 以上），對應各市場均衡價格（$P^* = MR$）之最適生產（供給）量（如圖 9-3）。

邊際成本遞增（MC 曲線上升），對應商品價格與其供給量之間呈同向變動關係的供給法則，因此商品供給線為一由左（量減少）下（價下跌）向右（量增加）上（價上漲）延伸的正斜率直線或曲線。

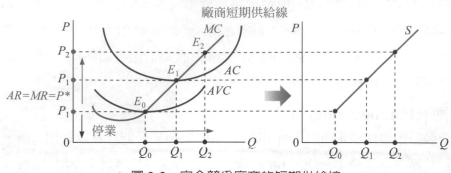

▲ 圖 9-3　完全競爭廠商的短期供給線

 經濟視野❷

有便宜的為什麼要買貴的？

　　針對同類型的產品，功能或效用幾乎一樣，只是包裝、成分稍微有點不同，實在沒道理買比較貴的品牌。廠商之間都瞭解消費者這種心態，所以大家在功能與價格之間會極盡一切美化之能事，只為了讓消費者覺得自己端出來的產品組合是最划算的。甚至於直接鎖定競爭產品來規劃自己的產品，所以便利商店裡百事可樂跟可口可樂的價格幾乎不會有差異，甚至於連促銷策略都會訂得一樣。

綜合範例

某公司處於完全競爭市場中，總成本函數為 $TC = Q^3 - 8Q^2 + 3Q + 124$，若產品的價格 $P = 15$，則其最適產量是？利潤為？

Tip 詳完全競爭廠商的短期均衡。

 解析

　　在完全競爭市場中，個別廠商為市場的價格接受者，面對的產品價格為 15 元，短期均衡條件為 $MR = P^* = 15 = MC = 3Q^2 - 16Q + 3$，

　　則 $3Q^2 - 16Q - 12 = 0$；$(3Q + 2)(Q - 6) = 0$，得最適產量 $Q = 6$

　　因此 $TR = P \times Q = 15 \times 6 = 90$，$TC = Q^3 - 8Q^2 + 3Q + 124 = 70$，

　　則利潤為 $TR - TC = 90 - 70 = 20$。

9-3 長期均衡

一、完全競爭廠商的長期均衡

　　長期（long run；L）指供給者可以完全調整生產資源，足以改變產量或生產線的期間，因此產出之生產規模亦可改變。在完全競爭市場中，市場均衡及其價量是由所有需求者與供給者共同決定，廠商自由進出，完全依市場機能運行，個別廠商為市場的價格接受者，只能將定價固定在市場均衡價格（$AR = MR$）。

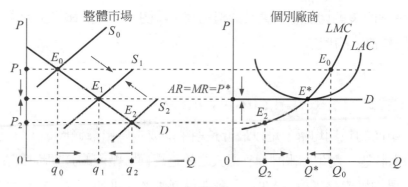

▲ 圖 9-4　完全競爭廠商長期均衡的調整過程

　　當均衡條件 $LMC = MR$ 時之平均收入（市價 P_0）大於長期平均成本（LAC）時，則淨利 $\pi = TR - TC = Q \times (AR - AC) > 0$，代表有利可圖（廠商可得超額利潤），在無進入障礙之完全競爭市場，經過長期調整，將吸引廠商擴大生產規模增加產量，新廠亦建立生產線進入市場，使整體市場的供給增加（$S_0 \rightarrow S_1$）且均衡價格下跌（$P_0 \rightarrow P^*$），而所有個別廠商為市場的價格接受者，只能跟著降價至 P^*，整體市場均衡量（$q_0 \rightarrow q_1$）增加，而個別廠商最適產量卻減少（$Q_0 \rightarrow Q^*$）。直到市場價格（$= AR = MR$）下跌至長期平均成本（LAC）最低，此時個別廠商之經濟利潤為 0，廠商可得正常利潤，亦即帳面盈餘恰可彌補隱含成本，為中立選擇，因此整體市場的供給不再變動，廠商進出達成均衡穩定狀態。

　　若市價（$AR = P_2$）低於長期平均成本（LAC）時，則淨利 $\pi = TR - TC = Q \times (AR - AC) < 0$，經過長期調整，無法承受虧損的廠商將被迫停業退出市場，使整體市場的供給減少（$S_2 \rightarrow S_1$）且均衡價格上漲（$P_2 \rightarrow P^*$），整體市場均衡量減少（$q_2 \rightarrow q_1$），繼續生存的廠商最適產量增加（$Q_2 \rightarrow Q^*$），獲利回升至正常利潤，即經濟利潤為 0 之均衡穩定狀態（如圖 9-4）。完全競爭廠商產出最適產量使其獲得正常利潤的長期均衡條件為：

$$AR = P^* = MR = LMC = LAC$$

　　完全競爭廠商的長期均衡點位於水平需求線與 LAC 曲線最低之切點（E*）。在廠商可以自由移動生產資源而自由進出的完全競爭市場，供給者依據價格訊息了解市場需求，完全依市場機能運行，即市場內有一隻看不見的手在調節，而不必外力干預，價格機能充分發揮，使供需雙方自動達成並維持穩定的均衡狀態，整個經濟社會資源運用最有效率而增進社會福利。

動動腦

試以完全競爭廠商長期均衡的意義及調整過程，說明「一窩蜂跟進」之可能後果，以及「危機就是轉機」的理由。

二、長期供給線 (long run supply curve)

　　完全競爭廠商的長期均衡，是以最低長期平均成本產出最適產量，即生產要素使用效率最佳之均衡狀態，為生產報酬達到最大之最適規模。廠商的長期均衡點（E）連線軌跡，對應各市場均衡價格（P* = MR）之長期最適生產（供給）量（Q）大於 0，形成完全競爭廠商的長期供給線，為 LMC > LAC（E* 以上）之 LMC 曲線，供給函數在長期的彈性大於其在短期的彈性。

三、完全競爭市場的影響

　　完全競爭市場的長期均衡，為市場價格等於廠商之最低長期平均成本，即完全競爭廠商須以最低長期平均成本產出最適產量，具有生產效率；而消費者也可以最低價格（MR = P* = MC）滿足最大效用，具有配置效率；因此整體市場的資源最有效率，經濟福利最大。

　　當生產者實際收入的市場均衡價格（P*) 高於其願意供應價格所多得的利益，亦即生產（銷售）商品，所獲得的邊際收入大於雇用要素所支出的邊際成本，因此產生生產者剩餘（producer'ssurplus；PS)，代表生產者的經濟福利。完全競爭廠商的長期均衡條件為 AR = MR = P* = LMC = LAC，生產者實際收入的市場均衡價格（P*）等於其願意供應價格（邊際成本），所以廠商的生產者剩餘＝0，即廠商沒有超額利潤，經濟福利全部由消費者所獲得（水平長期供給線）；成本遞增產業（正斜率長期供給線）的生產者剩餘，則由要素供給者所獲得。

在最低長期平均成本生產，可使現有資源配置最有效率，但因長期經濟利潤為 0，廠商亦失去研發創新的能力與動力，消費者不能享有更價廉物美的多樣商品，對未來經濟發展與社會福利未必有利。

 綜合範例

完全競爭市場中，個別廠商的固定成本 $FC = 6400$，變動成本 $VC = 16Q^2$，市場之需求曲線 $Q = 1000 - P$，則試問價格應大於多少才會使該廠商的產量大於 0？市場長期均衡時之廠商數為？個別廠商的產量為？

Tip 詳完全競爭廠商的長期均衡。

解析

則 $TC = FC + VC = 6400 + 16Q^2$，$AC = 6400/Q + 16Q$

AC 最低之條件為 $dAC/dQ = 0$，則 $(-6400/Q^2) + 16 = 0$，得 $Q = 20$（個別廠商的產量），代入 AC 最低 $-6400/Q + 16Q = 640 = P^*$（市場均衡價格）。

所以市場的產量 $Q = 1000 - P = 360$，

得廠商數 = 市場產量 / 個別廠商產量 = $360/20 = 18$ 家。

 經濟視野 ❸

藍海策略（Blue Ocean Strategy）

避免正面衝突，而在原有的行業中創造新的需求、新的市場，以創意而非競爭的模式來擬定策略，提出不靠競爭而取勝的全新策略思維，力求差異化並追求獲利永續成長；把現有的商業競爭環境稱為紅海，也就是同業殘酷地面對面廝殺，企業競爭激烈以搶占市占率優勢。

在紅海中廝殺的企業，只能靠大量生產、降低售價來薄利多銷，彼此競爭的是價格，割喉削價競爭的下場就是血染紅海，不分敵我都獲利縮減；而成功的企業擺脫其他競爭者，創造出屬於自己市場的一片蔚藍大海，只要找出產品獨特價值就能提高售價。真正持久的勝利不在競爭求勝，而是創造嶄新未開發的市場空間（藍海），策略為創新重大價值，讓對手無法趕上。

太陽能產業的低成本競爭優勢

太陽能是大自然中取之不盡、用之不竭的再生能源，相較現有使用主流的石化燃料來說，是更為環保的潔淨能源，使用過程也不會產生任何污染。發展太陽能初期遭遇的問題是光電轉換效率不高、太陽能電池造價高，為了提高光電轉換率改用新製程，新方法的太陽能電池其造價可能又更高了，造成企業、民眾導入太陽能潔淨能源卻步不前的主因。

太陽能光電利用領域中，因為每日的日照時間有限，加上太陽能電池必須使用到較大的空間進行設置，若要有效發揮太陽能的輔助能源用途，勢必需要針對太陽能電池板的能源轉換效率進行優化，強化單位太陽能板的光電轉換能源產出，同時增加電池板的轉換與輸出效率，才能發揮實際的效用。

發展太陽能潔淨能源的關鍵在於，降低成本與提高光電轉換效率，而非晶矽薄膜太陽能電池因為成本相當地低，正契合關鍵的成本壓縮需求，相當適合大規模生產。但關鍵的問題是，非晶矽薄膜太陽能電池對於太陽輻射的光譜波長區塊並不敏感，導致光電轉換效率偏低，即便非晶矽薄膜太陽能電池具備極佳的成本優勢。利用多層太陽能電池結構，可以有效解決特定材料對於太陽輻射光譜的區域限制，利用不同光譜效益較高的材料堆疊，讓整體電池的光電轉換效率得以提升，也可讓不同能隙的材料組合在一起，提升太陽輻射光譜的響應區塊。

全球太陽能需求仍然成長，目前主要問題仍是產能過剩，特別是無效產能部分，產業若持續追求高效率低成本，將可加速無效產能退場。台灣太陽能展中，可看出業者在追求低成本時，也要求產品效率持續演進，展會中晶圓與電池相關業者不約而同的推出新一代高效率的產品，並在成本控制上表現優異，使得平準電價的表現更加突出。太陽能業者仍可維持獲利才有利於產業長遠的發展，透過聚焦優勢領域與技術深耕來帶動整個產業的良性發展，並加快產業調整的步伐。

試以經濟學分析，思考以下問題：

1. 如何控制最適經濟採購量，並控制資源之損耗浪費及運用效率。
2. 試以學習曲線的意義及調整過程，說明成本優勢與競爭力所在。
3. 如何參考成本差異，制定滿足顧客需求和改善企業獲利的管理決策。

( ) 1. 若政府對成本不變的完全競爭產業從量補貼，則產業長期均衡會有何改變？ (A) 產量減少 (B) 價格上升 (C) 廠商利潤增加 (D) 廠商家數增加。

( ) 2. 在長期時，完全競爭廠商利潤為零的主要原因在於： (A) 生產同質產品 (B) 廠商數眾多 (C) 廠商可自由進出市場 (D) 充分流通的訊息。

( ) 3. 在完全競爭市場裡，當個別廠商處於長期均衡狀態時，下列那一個敘述是錯誤的？ (A) 個別廠商的經濟利潤等於零 (B) 長期均衡點位於長期平均成本的最低點 (C) 個別廠商的正常利潤必然等於零 (D) 個別廠商的平均成本等於平均收入。

( ) 4. 完全競爭廠商的長期均衡產量，不能證明下列何種情況的發生： (A) 價格等於長期邊際成本 (B) 價格高於長期平均成本 (C) 在長期平均成本曲線最低點 (D) 在長期邊際成本遞增階段。

( ) 5. 關於完全競爭廠商的敘述，下列何者正確？ (A) 在長期，$P = MR = MC = AC > AR$ (B) 在短期，$P = MR = MC > AR = AC$ (C) 在長期，個別廠商的產量為 AC 的最低點 (D) 在短期，個別廠商可以影響價格。

( ) 6. 下列何者是造成成本遞增產業的原因？ (A) 要素價格上升 (B) 規模報酬遞減 (C) 邊際報酬遞減 (D) 邊際報酬遞增。

( ) 7. 完全競爭廠商達到長期均衡時： (A) 其超額利潤為零 (B) 邊際成本大於平均成本 (C) 價格大於邊際成本 (D) 邊際成本小於平均成本。

( ) 8. 完全競爭廠商短期在何種狀況下應退出市場，不要生產？ (A) 價格低於短期平均成本 (B) 利潤為零 (C) 收入低於變動成本 (D) 利潤小於零。

( ) 9. 完全競爭廠商的短期供給曲線為： (A) 其邊際收入曲線 (B) 其總成本曲線正斜率的部分 (C) 其短期邊際成本曲線高於平均變動成本的部分 (D) 其平均成本曲線正斜率的部分。

( )10. 廠商於短期中，若有虧損產生時，則其繼續生產的條件為： (A) 平均成本大於邊際成本 (B) 平均成本小於邊際成本 (C) 價格大平均變動成本 (D) 價格大於平均固定成本。

筆記頁

10

獨占市場

學習導引：萊賓斯坦與《超經濟的新基礎》

經濟視野❶　圍標

經濟視野❷　綁標

經濟視野❸　促銷訂價（promotional pricing）

活用經濟實務：谷歌搜索是否壟斷市場？

　　哈維・萊賓斯坦（Harvey Leeibenstein）1922 年出生於蘇
聯，1925 年隨父母遷居加拿大 1942 年到美國讀書，1949 年加
入美國籍。他最初在美國西北大學攻讀經濟學，又在普林斯頓大
學工作並師從當時著名的人口經濟學家諾特斯坦。萊賓斯坦研究
範圍廣泛著作頗豐，涉及微觀經濟學，發展經濟學和人口經濟學
等領域。他運用成本—收益分析方法研究家庭規模，建立了微觀
人口經濟學後，發表《經濟—人口發展理論》、《經濟落後與經
濟發展》、《第三世界的人口增長和經濟發展》等相當有影響的

【萊賓斯坦】

著作。從 60 年代開始研究 X 效率理論，主要著作有：《配置效
率與 X 效率》(1966)、《超經濟的新基礎》(1976)、《X 效率通論和經濟發展》(1978)、
《通貨膨脹、收入分配和 X 效率理論》(1980) 等。

　　萊賓斯坦在《超越經濟人》中，闡述在企業生產中決定產出的不僅是企業的投入和
技術狀況，還有一個未知的因數，即 X 因素，並將由這種 X 因素引起的效率稱為 X 效率。
由於經濟單位（包括企業和家庭）內部原因，沒有充分利用現有資源或獲利機會的一種
狀況，被稱為 X 低效率，這種理論被稱為 X 效率理論。在許多製造業中，資本和勞動投
入不變的情況下，通過改變經理與雇員之間的關係，或是改變激勵機制，就可以得到勞
動生產率的顯著變化。如果沒有企業組織的變化，企業的效率所得主要是由於價格和產
量的變化的淨邊際效應。

預習思考

☆ 試以法定獨占與競租的意義，說明官商勾結圖利特定廠商，黑金體制的形成過
　程。

☆ 試以自然獨占與最適規模的意義，說明偏遠地區的小吃店可以成為獨占廠商的理
　由。

☆ 試以第二級差別訂價與消費者剩餘的意義，說明大量採購、長期訂購、加入會員，
　通常可以獲得折扣優惠的理由。

10-1　進入障礙與價格決定

一、獨占的定義

　　獨占（monopoly）市場中僅有一家供給者，且商品特性獨特，無其他相關商品可以替代，又稱為完全壟斷市場。通常因為該市場有進入障礙，或因資訊不完全、資源不易流通等因素，使該唯一廠商可以維持獨占地位，因為沒有競爭者，而成為價格決定者。

二、市場進入障礙的原因

1.法定障礙 (legal barrier)

　　政府法令規定，廠商須具備特定條件才能獲得許可設廠生產，或為鼓勵研發創新而給予獨家生產專利權，亦可以藉由取得某稀有關鍵資源（原料、要素、技術等）的控制授權而成為獨占者。

2.自然障礙 (natural barrier)

　　非由外力人為限制所造成，而是因產業特性或市場環境自然形成的獨占。通常為設廠固定成本或技術層次極高，其他廠商進入障礙大。

　　當獨占廠商處於長期平均成本遞減之生產狀態（規模經濟），其產量已足以供給整體市場，新進廠商因所須成本較高，不易達到最小效率規模，難以競爭獲利，而自動不願加入。也可能因為資訊取得或資源流通不易而成本過高，例如特殊偏方、地理區隔、交通困難等因素，使其他廠商不得其門而入，形成特定範圍的獨占現象。

3.智慧財產 (intellectual property)

　　政府為鼓勵研發創新而給予廠商獨家生產權利，稱為專利權（patent），以法令保障技術領先廠商在一定期間內，創新期產品享有獨占利益，並得以承擔研發創新的風險與成本；技術成熟後其他廠商以較低成本複製生產並拓展市場，而先進廠商藉由不斷研究創新，持續享有各種新產品的獨占利益。

　　保障設計創作的智慧財產，稱為著作權（copyright；版權），在一定期間內，創作內容享有獨占利益。智慧財產藉由專利權或著作權的法令保障，非經他人同意，不得複製、生產、傳播、銷售；權利擁有者藉由獨家生產或授權經營權利金，享有研發創新的獨占利益。廠商亦可藉由研發創新技術、方法、零件等而享有超額利潤，或取得關鍵技術的控制授權而成為獨占者。

試以自然獨占與規模經濟的意義，說明在自由競爭的市場環境下，企業提升競爭力，亦可以成為獨占廠商的形成過程。

三、價格決定者 (price maker)

獨占市場中僅有一家供給者，因此整體市場的需求即為該獨占廠商的需求，個別廠商的需求線與整體市場的需求線同為價量反向的負斜率曲線，獨占廠商可以依據市場需求的量價，決定適當的價格與產量以獲得最大利潤。

$TR = P \times Q$，$AR = TR/Q = P$，獨占廠商的平均收入為商品單位價格，隨需求量增加而降低，因此獨占廠商亦不能隨意定價，若要增加銷售量則須降價，其 AR 線即為負斜率需求線 D（如圖 10-1）。邊際收入 $MR = \Delta TR / \Delta Q$，因獨占廠商單位價格 P 並非固定，其 MR 不會等於 $P = AR$，平均收入 P 隨銷售（市場需求）量增加而遞減，所以邊際收入 MR 亦隨銷售量增加而遞減且小於 AR，表示增加一單位產（銷售）量可增加的收入小於平均收入，致使平均收入隨產量增加而遞減，因此獨占廠商的 MR 線為負斜率而低於 AR 線。MR 為正時 TR 遞增但幅度漸緩，MR 遞減至 0 對應 TR 最大（M），MR 為負時 TR 遞減，至 TR 為 0 對應 AR 亦為 0。

在同一條直線型需求（AR）線上，每一點的斜率相同，點彈性大小與價量比值 P/Q 呈正相關，愈往左（量小）上（價高），其點彈性愈大；反之愈往右（量大）下（價低）則點彈性愈小。當需求彈性大（$\varepsilon_d > 1$），代表需求量變動百分比（% ΔQ）較大，總收入與需求量變動同方向（與價格變動反向），亦即需求量增加則總收入增加（MR 為正使 TR 隨產量遞增），TR 遞增但幅度隨彈性減小而漸緩；反之需求彈性小（$\varepsilon_d < 1$），代表價格變動百分比（% ΔP）較大，總收入應與價格變動同方向（與需求量變動反向），亦即需求量增加則總收入減少（MR 為負使 TR 隨產量遞減）。

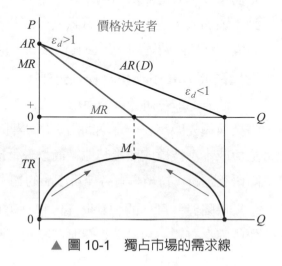

▲ 圖 10-1　獨占市場的需求線

經濟視野 ❶

圍標

不良廠商常利用黑道或黑道利用不良廠商（租牌），以利誘與威脅方式取得領取標單廠商名單，對於不同意配合之廠商以脅迫方式要求退讓；或於開標中心控制現場出席廠商，使其膽怯而放棄，以取得工程的決標權利，謀取不當利益。

公共工程受到地方派系與黑道綁標介入，工程造價成本不合理增加，工程品質低落，正當廠商失去合理競爭生存空間，社會產生暴戾、浮華奢侈的風氣，社會正義蕩然無存。

 綜合範例

一個獨賣廠商的生產資料如下：$MR = \$18$，$MC = \$10$，平均成本 $(AC) = \$20$，假設這個廠商的目標是追求利潤極大，它應該？

Tip 詳價格決定者。

解析

獨占廠商可以依據市場需求的量價，決定適當（均衡）的價格與產量以獲得最大利潤。$MR(18) > MC(10)$，表示增加單位產量獲得的收入大於所須支付的成本，因此增產會使利潤持續增加（邊際利潤為正），而尚未達到淨利最大之均衡狀態，廠商應再增加產量，其 AR 線為負斜率需求線 D，獨占廠商要增加銷售量則須降價。追求利潤極大，它應該降低價格，增加產量。

 **10-2 廠商均衡**

一、獨占廠商的短期均衡

在一定時間（短期）內，生產規模固定下，廠商產量與價格使其獲得最大利潤或最小損失，則廠商的短期生產達到最佳之穩定狀態（均衡），產出最適產量不再變動，其條件為 $MR = MC$，亦即使廠商的邊際收益等於邊際成本時之產量與定價（$MC = MR < AR = P$）。因為 $MC = MR > 0$，獨占廠商的生產均衡必然位於 AR 線上需求彈性 $\varepsilon_d > 1$ 處（TR 隨產量遞增）；若需求彈性小（$\varepsilon_d < 1$），價格下跌使需求量增加，則總收入減少（TR 隨產量遞減時 $MR < 0$），廠商將減少產量以提高價格使總收入增加。

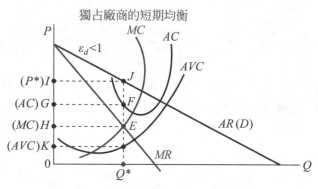

▲ 圖 10-2　獨占廠商的短期均衡

如圖 10-2，均衡點 E 為 MC 與 MR 之交叉點，代表生產均衡條件 $MC = MR(= H)$，對應最適產量 Q^* 與平均成本 G 及平均收入 I（$P^* > MC$）。此時獨占廠商的總收入 $TR = AR \times Q$ 為□ $0IJQ^*$ 面積，扣除總成本 $TC = AC \times Q$ 為□ $0GFQ^*$ 面積，得淨利 $\pi = TR - TC$ 為□ $GIJF$ 面積（$AR > AC$），即為廠商的最大利潤（超額利潤）；若均衡條件 $MC = MR$ 對應之 $AC = AR$，則

$TR = TC$ 得最大淨利為 0（正常利潤）；若均衡條件 $MC = MR$ 對應之 $AC > AR$，則 $TR < TC$ 得最大淨利為負（最小損失）；若均衡條件 $MC = MR$ 對應之 $AVC > AR$，則最小損失仍使虧損擴大而無法回收固定成本，應停止生產。因此獨占廠商未必可以獲得超額經濟利潤，當市場需求減少（AR 線左下移），或生產成本過高（AC 或 AVC 線上移），亦可能使獨占廠商無利可圖，甚至關廠停業。

→ · 動動腦 · ←

試以獨占廠商均衡的意義及停業點的調整過程，說明特殊傳統技藝沒落失傳的理由。

二、獨占廠商無供給線

　　獨占廠商為價格決定者，可以決定適當的價格與產量以獲得最大利潤，且 MR 並非如完全競爭廠商須接受市場固定價格之水平線，負斜率而低於 AR 線的 MR 線，使 MC 與 MR 交叉之均衡點不等於市場價格（AR），而無隨市場價格變動的供給線軌跡，因此無供給線，即獨占廠商的供給量為均衡點最適產量，且最適產量可能對應不同價格。完全競爭廠商的最適生產（供給）量在 $MC = MR = P^* = AR$ 處，因此供給線為 $P^* = MC > AVC$ 以上之 MC 曲線，即廠商的短期均衡點連線軌跡，對應各市場均衡價格（$P^* = MR$）之最適供給量。

三、獨占廠商的長期均衡

　　獨占廠商能繼續營業且經過長期調整亦無其他廠商進入，該獨占廠商可調整生產資源，尋求最大利潤之規模產量與定價，其條件為 $MR = LMC$，亦即使廠商的邊際收益等於長期邊際成本時，均衡點（E_m）對應之產量（Q_m）與定價（P_m）。

　　由於獨占廠商之平均收益並非如完全競爭廠商須接受市場固定價格之水平線（$P = AR_c = MR_c$），而是負斜率需求線（$AR_m > MR_m$），因此無法與 U 型 LAC 曲線相切於最低點（E_c），獨占性廠商的生產行為，在長期並沒有達到最適規模。而切（M）於左（產量少）上（成本高）側（如圖 10-3），代表獨占廠商與完全競爭廠商長期均衡同樣在 $AR = AC$ 處生產（正常利潤）時，將以較高單位成本（$P_m > P_c$）生產較少產量（$Q_m < Q_c$），生產資源配置未達最佳效率，需求者亦須以較高價格獲得較少消費量，而降低社會經濟福利。

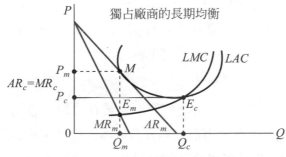

▲ 圖 10-3　獨占廠商的長期均衡

四、獨占市場福利損失

消費者實際支付的市場價格低於其願意支付
價格所多得的利益，稱為消費者剩餘，生產者實
際收入的市場價格高於其願意供應價格所多得的
利益，稱為生產者剩餘，社會福利為消費者剩餘
與生產者剩餘之總合。

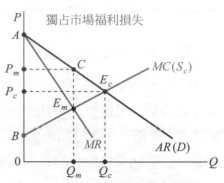

▲ 圖 10-4　獨占市場的福利損失

完全競爭市場均衡（E_c）對應價格（P_c）與
數量（Q_c），消費者剩餘為 $\triangle AP_cE_c$ 面積，生產
者剩餘為 $\triangle BP_cE_c$ 面積，社會福利為 $\triangle ABE_c$ 面
積。獨占市場均衡（E_m）對應價格（P_m）與數量（Q_m），消費者剩餘為 $\triangle AP_mC$ 面積，
生產者剩餘為□ P_mCE_mB 面積，社會福利為□ ACE_mB 面積，損失 $\triangle CE_cE_m$ 面積。

五、獨占市場的影響

因缺乏市場競爭，獨占廠商組織鬆弛，浪費資源使成本偏高，導致效率損失，
稱為 X 無效率（X-inefficiency），代表實際成本與最低成本之間的差距，獨占者的
產出不落於平均成本最低點。有利可圖的獨占廠商完全壟斷市場機會，稱為 Y 效率
（Y-efficiency），但影響需求者權益福利。此外，獨占廠商為供給整體市場而持續擴充
產能，可能進入長期平均成本遞增，造成規模不經濟之生產狀態。

廠商可以在最低長期平均成本生產時，稱為生產效率（productive efficiency），完
全競爭廠商的長期均衡為以最低長期平均成本產出最適產量，因此具有生產效率；獨占
廠商的長期均衡在 $MR = LMC = LAC$（MR 與 LAC 曲線相交於最低點）時亦可具有生產效
率，產出與完全競爭廠商相同的最適產量（Q_c），但需求者須付出較高代價（$P^* = AR >
MR$），影響消費者權益福利。

廠商可以使商品售價等於邊際成本（$P^* = MC$）時，稱為配置效率（allocative
efficiency），完全競爭廠商的長期均衡條件為 $AR = MR = P^* = LMC = LAC$，所以具有配
置效率；獨占廠商的 $MC = MR < AR = P$，即商品定價高於邊際成本，恆不具有配置效率，
亦影響消費者權益福利。

獨占廠商為維持其獨占利益，可能將資源耗費在公關、遊說、賄賂等非生產用途，
稱為競租（rent-seeking）行為，因而提高經營成本，降低生產效率，減少經濟福利，並
造成社會財富分配不均。政府可以公開競標權利金，廠商所願意而且能夠支付的最高權

利金為其超額利潤，亦即獨占利潤為政府公開收入由全民共享，而非廠商私下鑽營圖利。支付權利金是廠商的前置固定成本，即邊際成本不變，不影響生產均衡（$MC = MR$）與商品定價。廠商以最高經營權利金或最低商品價格得標，將致力提升生產效率並降低成本，可增進社會經濟福利。

　　若非由外力人為限制所造成，而是因規模經濟之最適產量已足以供給整體市場的自然獨占，可節省小廠林立的社會成本，使產業規模在最低長期平均成本生產，而增加社會經濟福利。廠商為維持其自然獨占地位，將不斷研發創新多角化經營，或以先進技術管理提升生產效率並降低成本，使整體市場享有價廉物美的多樣商品，其他廠商無競爭優勢可進入市場，仍可增進社會經濟福利。

 經濟視野②

綁標

　　一般是以限制廠商資格與工程規格的方式進行，要求提高廠商施作能力及工程設計規範，表面上其行為與提高工程品質之動機相同，甚難區分也是造成容易綁標的原因，限制越高越有可能受到綁標。這種方式造成工程造價高昂、縮小廠商之競爭對手、提高取得工程的機會、賺取不合理的利益，最終目的是使工程得標的廠商與價格合乎如綁標者所預期。

　　綁標主事者會為結標案者設定為其量身訂做的規格，讓其他業者因為規格不符而無法參予投標；最後的價格標則可能由審查小組洩出底標，讓投標廠商高價得標。

　　「政府採購法」受機關委託提供採購規劃、設計、審查、監造、專案管理或代辦採購廠商之人員，意圖為私人不法之利益，對技術、工法、材料、設備或規格，為違反法令之限制或審查因而獲得利益者，處一年以上七年以下有期徒刑，得併科新臺幣三百萬元以下罰金；其意圖為私人不法之利益，對廠商或分包廠商之資格為違反法令之限制或審查，因而獲得利益者亦同。

 **綜合範例**

下列對於獨占廠商行為的描述，何者有誤？　(A) 在面對直線型的市場需求時，獨占廠商必然會在需求線上，彈性小於 1 的地方生產　(B) 獨占廠商的供給曲線不存在　(C) 獨占廠商可能會出現損失　(D) 獨占廠商生產的最適條件為邊際收益等於邊際成本。

 詳獨占廠商的短期均衡。

解析

因為 $MC = MR > 0$，獨占廠商的生產均衡必然位於 AR 線上需求彈性 $\varepsilon_d > 1$ 處，若需求彈性小（$\varepsilon_d < 1$），價格下跌使需求量增加則總收入減少（TR 隨產量遞減；$MR < 0$），廠商將減少產量以提高價格使總收入增加。因此對於獨占廠商行為的描述，(A) 在面對直線型的市場需求時，獨占廠商必然會在需求線上，彈性小於 1 的地方生產有誤。

 ## 10-3　差別訂價

一、差別訂價 (price discrimination)

　　獨占廠商為價格決定者，可以決定適當的價格與產量以獲得最大利潤，因此市場策略為，在成本相同下針對各種不同需求者或購買量訂定不同價格，於 $MC = MR_1 = MR_2 = \cdots$ 時，獲得最大銷售量收入並提升利潤。其條件為廠商是價格決定者，不同購買者可有效區隔，且彼此間不能轉售套利。

　　並非只有獨占廠商可以差別訂價，但獨占力愈強，則廠商之差別訂價策略愈有效；需求者特性（偏好）差異愈大，廠商可有效區隔不同購買者，差別訂價空間愈大，使利潤愈高。

二、第一級 (first degree) 差別訂價

　　針對每一不同購買者與購買量訂定完全不同之價格，又稱爲完全（*perfect*）差別訂價。如圖 10-5，消費量 0 至 Q^* 消費者願意支付的價格爲 A 至 P^*，但若市場價格固定（統一訂價），消費者購買每一單位消費量實際支付的價格均爲 P^*，因此 $\triangle AP^*E$ 所含蓋之面積爲消費者願付而未付的總價值，即消費者剩餘（CS），廠商總收入□ $0P^*EQ^*$ 面積。

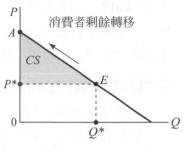

▲ 圖 10-5　第一級差別訂價

　　當獨占廠商可以完全依市場需求線定價，即依每一單位需求量之消費者願意支付的最高價格訂價，如消費量 0 至 Q^* 依序定價爲 A 至 P^*，總收入□ $A0Q^*E$ 面積，將消費者剩餘（$\triangle AP^*E$ 面積）完全轉歸獨占廠商所有，即消費者福利損失，但社會經濟福利並無損失（獨占廠商獨享）。完全差別訂價在實際執行上有其困難，因每一不同購買者與購買量之願意支付價格不可能完全區隔，且定價單位過細使銷售過程繁瑣，成本提高反而對廠商不利。

三、第二級 (second degree) 差別訂價

　　依購買量分級，購買量少者須付較高價格，購買量多者可付較低價格（大量折扣），一定範圍內的購買量訂價相同（差價區間），亦藉此區隔不同需求量區間的消費者。叫轉移部分消費者剩餘歸獨占廠商所有，總收入雖不如完全差別訂價，但在執行技術上修正，可行性高且銷售成本低，對廠商更有利，又稱爲銷售數量差別訂價或階段（block）差別訂價。階段愈多則廠商可轉移之消費者剩餘愈大，但定價單位過細使銷售成本愈高，即愈接近完全差別訂價。

四、第三級 (third degree) 差別訂價

　　廠商可以依需求者特性（偏好）訂定不同價格，又稱爲銷售對象或市場區隔（market separating）差別訂價。廠商爲獲得較大收益，若不同購買者可有效區隔且彼此間不能轉售，可對需求價格彈性較大的市場訂定較低價格（銷售量增加大），而對需求價格彈性較小（銷售量變動不大）的市場訂定較高價格，以增加總收入。

　　需求彈性較小（訂價較高）的消費者剩餘減少，但需求彈性較大（訂價較低）的消費者剩餘可能增加（訂價低於均衡價），即消費者總福利可能增加。各種不同市場區隔之差別訂價：

1. 傾銷 (dumping)

在國際貿易上，廠商對不同國家市場的銷售對象差別訂價。廠商對需求價格彈性較小的國內（壟斷）市場訂定較高價格，而對需求價格彈性較大的國外市場（國際競爭）訂定較低價格，亦即廠商以其在國內市場獲得補貼，而到國外市場低價促銷，形成國際貿易不公平競爭，廠商可以增加產量與利潤。

2. 時間區隔 (inter-temporal) 差別訂價

廠商依需求者特性（偏好），在不同銷售期間對同一產品訂定不同價格。偏好較強（需求彈性較小）的消費者，在產品推出前期即願意支付較高的價格購買，廠商可以訂定較高價格；產品推出後期，則針對偏好較低（需求彈性較大）的消費者降價促銷，以獲得最大銷售量收入並提升利潤。

若消費者多期待產品終將降價而延後購買，使廠商必須延長銷售時間並降低售價（清倉拍賣），將反而因此提高銷售成本並減少利潤。

3. 尖峰負荷 (peak-load) 差別訂價

廠商依需求量的時間不同（如特定季節、假日、時段等），在不同需求期間對同一產品訂定不同價格。整體需求量大的時間為尖峰期，消費者的需求彈性較小，廠商可以訂定較高價格；非尖峰期消費者的需求彈性較大，廠商降價促銷，以獲得最大銷售量收入並提升利潤。

尖峰負荷差別訂價不只為廠商提升利潤，亦可以價制量，分散消費者的需求時間，降低生產者的邊際成本，改善資源配置與生產效率。

> 試以第三級差別訂價與需求價格彈性的意義，說明為何名牌商品訂價偏高；而一般商品常針對學生、軍公教等特定消費族群低價促銷的理由。

五、平均成本訂價法 (average cost pricing rule)

將價格訂定在需求線（AR）與平均成本線（AC）的交點（如圖 10-6），亦即在 $P = AR = AC$ 處，表示經濟利潤為 0，廠商只能獲得正常利潤，消費者剩餘增加（產量提高而訂價較低）。但若獨占廠商浪費成本，卻可以漲價轉嫁給消費者，造成社會資源配置效率低而且分配不公。

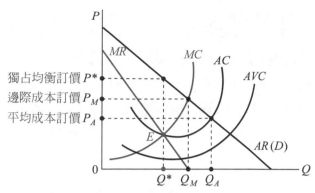

▲ 圖 10-6　比較不同之訂價方式

六、邊際成本訂價法 (marginal cost pricing rule)

　　將價格訂定在需求線（D）與邊際成本線（S）的交點（如圖 10-6），$P = AR = MC$ 亦即與完全競爭市場相同之均衡價格與產量，因此消費者剩餘及生產者剩餘總和（社會經濟福利）最大，消費者經濟福利並無損失。但是設廠固定成本極高而邊際成本低之產業，將因訂價過低（$MC = P = AR < AC$）而須補貼，否則難以長期負擔虧損，無法擴充至最小效率規模（MES）。若廠商為提高售價而調整邊際成本，可能導致廠商浪費資源而降低生產效率。

 經濟視野 ❸

促銷訂價（promotional pricing）

　　購買量多者可付較低價格，稱為數量折扣（quantity discount）；每次交易之購買量可以累計使總購買量愈大者折扣愈高，稱為累積折扣（cumulative discount）。

　　依需求量的時間不同，廠商對非尖峰期（淡季）的購買者降價促銷，稱為季節折扣（seasonal discount）；廠商對特定季節、假日、時段等，專案限期降價促銷，稱為促銷折扣（promotional discount）。

　　廠商對提早付清貨款的購買者提供降價優惠，稱為現金折扣（cash discount）；商品有部分破損，廠商對願意購買的需求者提供降價優惠，或對中間商之退換成本提供補貼，稱為瑕疵折讓（deficit allowance）；廠商對中間商或通路商提供降價優惠或成本補貼，鼓勵其配合商品促銷活動，稱為促銷折讓（promotional allowance）。

綜合範例

假設某鎮上只有一家戲院,鎮上成人對電影的需求為 $Q = (100 - P)/3$,學生對電影的需求則為 $Q = (80 - P)/2$,P 為 1 場電影的票價,而 Q 為看電影的人數。戲院放 1 部電影的固定成本為 70 元,每增加 1 位顧客的邊際成本為 4 元,而戲院的訂價目標是想極大化利潤。如果這家戲院能夠對成人和學生進行差別訂價,則學生票的價格為?

Tip 詳差別訂價。

解析

　　獨占廠商為價格決定者,因此在成本相同下針對各種不同需求者或購買量訂定不同價格,於 $MC = MR_1 = MR_2$ 時,獲得最大銷售量收入並提升利潤。

學生對電影的需求為 $Q = (80 - P)/2$,則 P 學 $= 80 - 2Q$

TR 學 $= P \times Q = (80 - 2Q) \times Q = 80Q - 2Q^2$

則 MR 學 $= \dfrac{dTR}{dQ} = 80 - 4Q$,而每增加 1 位顧客的邊際成本(MC)為 4 元,

MR 學 $= 80 - 4Q = MC = 4$,則 $4Q = 76$,得 Q 學 $= 19$;

因此 P 學 $= 80 - 2Q = 42$ 元。

綜合範例

一獨占廠商之總成本函數為 $C(q) = 1,200 + 8q$,其面臨的反需求函數(Inverse Demand Curve)為 $800 - 4q$,若政府規定此獨占廠商應將價格訂得和其邊際成本一樣,而且又必須滿足在此價格下消費者所有之需求。在此情況下,此獨占廠商之損失為多少?

Tip 詳邊際成本訂價法。

解析

　　邊際成本訂價法將價格訂定在需求線(D)與邊際成本線(S)的交點($P = AR = MC$),因訂價過低($MC = P = AR < AC$)而須補貼,否則難以長期負擔虧損。

TC $= 1,200 + 8q$,則 MC $= 8 = P$

$P = 800 - 4q = 8$,則 $q = 198$

TR $-$ TC $=$ PQ $-$ TC $= 8 \times 198 - 1200 - 8 \times 198 = -1200$

此獨占廠商之損失為 1,200

谷歌搜索是否壟斷市場？

美國聯邦貿易委員會（FTC）正計劃對谷歌（Google）采取法律行動，阻止谷歌利用在搜索引擎市場的領先地位來打擊競爭對手。FTC 在 2011 年中開始對谷歌進行調查，還聘請了一位司法部前律師參與，還向蘋果發出了傳票，要求獲得其移動搜索交易的詳細情況。FTC 正在準備長達 100 頁的備忘錄，建議政府對谷歌提起訴訟，以保護在搜索領域的競爭、透明和創新活動。

谷歌對取代微軟成為雅虎新搜索合作伙伴很有興趣，不排除會在搜索領域進一步打擊微軟，至少在營收上給微軟造成影響。微軟與雅虎在搜索上的合作並不愉快，主要原因是有限的市場份額無法為雅虎帶來理想的分成收益。目前谷歌還身陷反壟斷調查中，競爭對手指責該公司濫用搜索引擎方面的優勢，在搜索結果中打壓競爭對手的品和服務。如果谷歌替代微軟成為雅虎的搜索引擎供應商，也會引發一樣的反壟斷調查。

美國前聯邦法官羅伯特·博克（Robert Bork）發表研究報告，逐條駁斥了微軟、甲骨文等競爭對手有關谷歌違反競爭法或存在壟斷行為的指控。博克曾在 90 年代末期幫助發起了對微軟的反壟斷指控，甚至主張將微軟分拆為多家公司，以懲其違反反壟斷法規。不過博克表示谷歌不是微軟，其搜索做法並不存在任何壟斷行為。耶魯大學法律與經濟學教授喬治·普利斯（George Priest）也表示，他沒有發現谷歌存在任何壟斷行為的證據；谷歌之所以佔據大部分市場份額，那是因為他們的產品性能突出。

報告警告稱，FTC 一旦因搜索做法而對谷歌採取行動，必將導致對搜索方法和品質改進的監管，這將不利於互聯網搜索行業的當前創新步伐，而互聯網創新已經讓廣大消費者受益匪淺。

試以經濟學分析，思考以下問題：

1. 以 X 無效率的意義，說明長期的獨占為何容易降低自己的競爭力。
2. 以 Y 效率的意義，說明廠商的獨占利益。
3. 以獨占廠商的特性，說明谷歌搜索如何壟斷市場。

( ) 1. 自然獨占的平均成本曲線 　(A) 在遞增階段與市場需要曲線相交 　(B) 每一點都是正斜率 　(C) 在遞減階段與市場需要曲線相交 　(D) 每一點都是負斜率。

( ) 2. 下列何者是造成自然獨占的原因？ 　(A) 廠商擁有專利權 　(B) 廠商控制了稀少性資源的所有權 　(C) 廠商獲得獨家授權 　(D) 存在極明顯的規模經濟。

( ) 3. 下列那一項可能是獨占的優點？ 　(A) 會有競租行為 　(B) 價格會比競爭時便宜 　(C) 產量會比競爭時多 　(D) 較有能力從事創新。

( ) 4. 高速公路休息站有個獨占的販賣部。其獨占的理由是 　(A) 規模經濟 　(B) 獨家 　(C) 擁有生產要素 　(D) 擁有專利特權許可。

( ) 5. 競租（rent-seeking）是指： 　(A) 廠商與資本提供者的競價行為 　(B) 要素供給者間的競價行為 　(C) 要素需求者間的競價行為 　(D) 為取得人為獨占地位的行為。

( ) 6. 廠商擁有市場力量（market power）指的是廠商在那方面的能力？ 　(A) 降低成本 　(B) 增加產量 　(C) 消滅競爭對手 　(D) 設定價格。

( ) 7. 在獨占下，物品的需求彈性愈小，獨占者操控價格的能力就 　(A) 愈小 　(B) 愈大 　(C) 不一定 　(D) 不受影響。

( ) 8. 以下何者是三級差別定價存在的先決條件？ 　(A) 商品可以在不同的市場轉售 　(B) 商品可以區分出高低品質 　(C) 廠商可以課徵反傾銷稅 　(D) 廠商可以區隔不同的消費者族群。

( ) 9. 以下何者達到柏雷托效率（Pareto efficiency）的情況？ 　(A) 獨佔廠商在 MR = MC 上生產 　(B) 獨佔廠商採取完全差別訂價 　(C) 政府補貼出口廠商或對進口廠商設限 　(D) 政府設定價格上限或下限。

( )10. 設某獨占廠商在 A 與 B 兩市場採取差別訂價，則 　(A) 若 A 市場需求彈性較高，則其價格較高 　(B) 兩個市場的銷售量應該保持相等 　(C) 兩個市場的邊際收益應該保持相等 　(D) 兩個市場的價格應保持相等。

11

不完全競爭市場

學習導引：納許與《美麗境界》

經濟視野❶ 先占優勢（**first mover advantage**）

經濟視野❷ 價格卡特爾（**price-fixed agreement**）

經濟視野❸ 競爭動力學（**competitive dynamics**）

活用經濟實務：全球最佳品牌的價值

約翰‧福布斯‧納許（John Forbes Nash），美國數學家，主要研究賽局理論、微分幾何學和偏微分方程。他的理論被運用在市場經濟、計算、演化生物學、人工智慧、會計、政策和軍事理論。1994 年，他和其他兩位賽局理論學家約翰‧海薩尼和萊因哈德‧澤爾騰共同獲得了諾貝爾經濟學獎。

【納許】

1950 年，納許獲得美國普林斯頓大學的博士學位，他在那篇僅僅 28 頁的博士論文中提出了一個重要概念，也就是後來被稱為「納許均衡」的博弈理論。2001 年上映的美國影片《美麗境界》，獲得了包括最佳影片獎在內的四項奧斯卡金像獎，不過納許本人表示電影情節和他的真實人生並不一致。

諾貝爾經濟獎得主納許罹患精神分裂症的真實故事，被拍成電影美麗境界（A Beautiful Mind），電影主軸多半著墨於納許精神分裂後，在兩個世界中遊走的經過。納許對各種數字與文字的神靈解釋、牽強進政治觀點、宗教觀點，已經達到無法控制的地步，他經常將他的妄想到處發函，告密給學校、政府單位。納許的康復是緩慢漸進的，過去在各種文字中尋找數字關係的徵狀慢慢消失，變成越來越像數學的數字學，探討公式與因數分解，已不再存有怪異的性質，接下來就是真正的研究了。

📢 預習思考

☆ 試以商品異質性的意義，說明檳榔攤以辣妹西施吸引消費者的理由。若政府嚴格取締檳榔西施或規定穿制服，檳榔市場結構將如何變化？

☆ 試以寡占市場的特性及整合的意義，說明台灣金融業由限制、開放至合併的過程，並分析市場結構變化及廠商策略。

☆ 試以獨占與寡占市場的意義及條件，說明台灣油品市場結構的變化及市場進入障礙。

11-1 壟斷性競爭市場

一、壟斷性競爭市場 (monopolistic competition)

　　具有部份壟斷性的競爭市場,其基本特性及條件與完全競爭市場雷同,均為市場參與者買賣雙方數量眾多,且廠商進出市場容易;惟壟斷性競爭市場交易的商品具異質性,而不能完全彼此替代,因此廠商有部份價格決定權。

　　壟斷性競爭廠商必須不斷研發商品特性並促銷推廣,爭取消費者認同表現在消費行為上;壟斷性競爭市場中資訊流通自由,但廠商間及消費者,對各種異質商品特性不易完全了解,因此並非完全資訊。對於難以負擔成本來突出商品異質性的廠商而言,亦具有市場進入障礙,因此壟斷性競爭市場中,資源流動並非完全自由。

二、商品異質性 (heterogeneous)

　　賣方(供給者)與商品(財貨勞務)數量眾多,但需求者在消費行為上主觀認定有同類型商品存在差異,即不能完全彼此替代。商品是否異質是由消費者主觀認定並表現在消費行為上,各家廠商生產供應的商品未必有明顯差異,但只要在消費行為上將該等商品彼此不能完全替代,即商品具有部份特性,包括商品用途、外觀、耐用、服務、便利、名牌忠誠度等,足以吸引消費者提高偏好者。

三、壟斷性競爭廠商的短期均衡

　　廠商的短期生產達到最佳之穩定狀態(均衡),產出最適產量不再變動,其條件為 $MR = MC$,即使廠商的邊際收益等於邊際成本時之產量與價格,使其獲得最大利潤或最小損失。壟斷性競爭廠商有部份價格決定權,所以個別廠商有其特定的市場需求線(AR),為價量反向的負斜率曲線,邊際收入 MR 亦隨銷售量增加而遞減且小於 AR,廠商可以決定適當的價格與產量以獲得最大利潤。因此分析方式與獨占廠商相似,無隨市場價格變動的供給線軌跡,而無供給線。

　　如圖 11-1,均衡點 E 為 MC 與 MR 之交叉點,代表生產均衡條件 $MC = MR(= H)$,對應最適產量 Q^*,與平均成本 G 及平均收入 I ($P^* > MC$)。此時壟斷性競爭廠商的 $AR > AC$(淨利為□ $GIJF$ 面積),即為廠商的最大利潤(超額利潤);若均衡條件 $MC = MR$ 對應之 $AC = AR$,則 $TR = TC$ 得最大淨利為 0(正常利潤);若均衡條件 $MC = MR$ 對應之 $AC > AR$,則 $TR < TC$ 得最大淨利為負(最小損失);若均衡條件 $MC = MR$ 對應之 $AVC > AR$,則最小損失仍使虧損擴大而無法回收固定成本,應停止生產。

　　壟斷性競爭市場交易的商品具異質性，但是並非唯一不可替代，其負斜率需求線應較獨占廠商平坦（斜率小彈性大），廠商定價空間較小；壟斷性愈大的廠商其需求線愈陡（斜率大彈性小），表示個別廠商間需求替代低，需求量變動小，定價空間愈大，愈接近獨占廠商。

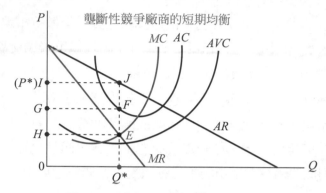

▲ 圖 11-1　壟斷性競爭廠商的短期均衡

．動動腦．

試以壟斷性競爭廠商的特性及短期均衡，說明廠商應如何加強壟斷性，減少流失客戶，增加獲利能力。

四、壟斷性競爭廠商的長期均衡

　　當均衡條件 $LMC = LMR$ 時之平均收入大於長期平均成本，代表有超額利潤。因市場進入障礙小，經過長期調整，將吸引其他新廠模仿跟進，使整體市場的供給增加；原廠商的需求被瓜分而減少（廠商需求線內移），即個別廠商之售價下跌且銷售量降低，造成平均收入減少。直到 $AR = LAC(= G)$，此時個別廠商之經濟利潤為 0，整體市場的供給不再變動，表示廠商進出達成均衡之穩定狀態，產出最適產量，

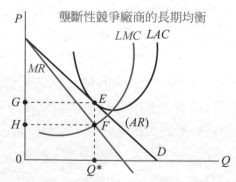

▲ 圖 11-2　壟斷性競爭廠商的長期均衡

使其獲得正常利潤。反之若有經濟損失，將迫使部份廠商退出，整體市場的供給減少，存活的個別廠商市場需求增加（廠商需求線外移），即個別廠商之售價上漲且銷售量提

升，造成平均收入增加，直到 $AR = LAC$ 之經濟利潤為 0（如圖 11-2）。因此壟斷性競爭廠商的長期均衡點位於負斜率需求線（AR）與 LAC 曲線之切點，條件為 $LAC = AR = P > MR = LMC$，廠商只能獲得正常利潤。

　　由於壟斷性競爭廠商之 AR 是負斜率需求線，並非如完全競爭廠商須接受市場固定價格之水平線，因此長期均衡點（E）時，負斜率 AR 線與 U 型 LAC 曲線相切於最低點之左（產量少）上（高成本）側，亦即以較高單位成本生產較少產量，資源配置未達最佳生產效率。

試以壟斷性競爭廠商的長期均衡及其調整過程，說明廠商應不斷領先創新才有競爭力，落後跟進將無利可圖的理由。

五、壟斷性競市場的影響

　　壟斷性競爭廠商的長期均衡在 $MR = LMC = LAC$（與 LAC 曲線相交於最低點）時亦具有生產效率，產出與完全競爭廠商的最適產量（Q_c），但需求者須付出較高代價，影響消費者權益福利。壟斷性競爭廠商的 $MC = MR < AR = P$，即商品定價恆高於邊際成本，不具有配置效率，亦影響消費者權益福利。

　　壟斷性競爭廠商將資源配置於不斷研發商品特性，並促銷推廣，以爭取消費者認同其異質性，非價格競爭能使整體市場享有高品質多樣化的商品，亦可增加消費者福利。

經濟視野 ❶

先占優勢（first mover advantage）

　　採取策略而優先掌握市場競爭優勢的廠商，可以享有品牌權益賺取超額利潤，若市場進入障礙小將吸引其他新廠模仿跟進，先占廠商須運用策略維持優勢，使其他廠商難以進入市場參與競爭。

　　先占企業品牌及商標連結，所累積建立的商譽資產，足以吸引消費者提高偏好，願意付出較高代價，成為市場區隔的名牌忠誠度差異與企業重要的品牌權益。正面形象之品牌聯想效果與密切顧客關係，轉換成本使其他廠商不易獲得消費者認同，形成進入障礙效果。

🎈 **綜合範例**

獨占性競爭廠商與完全競爭廠商在長期均衡時，何者相同？ (A) 均衡價格 (B) 均衡產量 (C) 需要曲線與長期平均成本曲線相切 (D) 消費者剩餘 (E) 有長期經濟利潤 (F) 具類似但異質產品 (G) 非價格競爭。

Tip 詳壟斷性競爭廠商的長期均衡、壟斷性競爭市場。

解析

壟斷性競爭廠商的長期均衡點位於負斜率需求線（AR）與 LAC 曲線之切點，條件為 $LAC = AR = P > MR = LMC$，產出最適產量，使其獲得正常利潤。獨占性競爭廠商與完全競爭廠商在長期均衡時，(C) 需要曲線與長期平均成本曲線相切相同。

11-2 寡占市場

一、寡占市場 (oligopoly)

市場中僅有少數幾家廠商（詳表 11-1），個別廠商有部分市場影響力與價格決定權。因非完全獨占且競爭對象明確，廠商彼此牽制相互影響；與獨占市場同樣具有進入障礙，但條件較為寬鬆而能有少數幾家廠商（非唯一獨占）；條件愈寬鬆則進入市場的廠商愈多，愈接近競爭市場。

▼ 表 11-1 寡占的種類

類別	說明
1. 完全（perfect）寡占	少數幾家廠商生產同質商品，通常須巨額固定成本與大規模經濟，如石油、鋼鐵、水泥等礦產開採煉製，又稱為同質（pure）寡占。
2. 不完全（imperfect）寡占	少數幾家廠商生產異質商品，通常須具備關鍵技術，如高科技電子、電信、電器、汽車等大型製造業，又稱為異質（differential）寡占。

集中度（concentration ratio）衡量各寡占市場或產業中,個別廠商的市場影響力大小,亦即個別廠商大小占整體市場之比例。衡量方式包括有:以資產規模為標準的資產集中度、以市場占有為標準的銷售量集中度、以獲利能力為標準的利潤集中度,若少數幾家廠商之集中度愈接近 1,表示獨占力愈大,代表該產業愈接近寡占市場。只有兩家廠商之市場或產業,又稱為雙占（duopoly）。

二、策略性進入障礙 (strategic entry barriers)

市場中的個別廠商運用策略,使其他廠商難以進入市場參與競爭。廠商可以擴充產能（expanding capacity）,使其產量足以供給整體市場甚至超額,新進廠商因不易占有市場而自動不願加入。

原廠商採取限制定價（limit pricing）壓低市場價格,新進廠商因所須成本較高,難以競爭獲利致知難而退。掠奪性定價（predatory pricing）則是財力雄厚的廠商,定價低於邊際（變動）成本,其他廠商因不堪長期虧損而被迫退出市場。個別廠商運用策略時明確告知對手,並展現決心與公信力,使其他廠商慎重考慮進入市場參與競爭之可能後果,而達成策略性進入障礙的效果,稱為策略性承諾（strategic commitments）。因法令規定限制造成的法定（人為）進入障礙,以及因產業特性或市場環境形成的自然（市場）進入障礙,並非個別廠商策略,則稱為結構性進入障礙（structural entry barriers）。

三、寡占廠商的行為

寡占廠商的短期及長期均衡,與壟斷性競爭及獨占廠商類似,惟寡占廠商的獨占力較壟斷性競爭廠商大,其負斜率需求線應較獨占廠商平坦（斜率小彈性大）,而較壟斷性競爭廠商陡直（斜率大彈性小）,壟斷性愈大的廠商其需求線愈陡,定價空間愈大,愈接近獨占廠商。寡占廠商為維護其寡占利益,少數幾家廠商之間可能為結合或競爭,視對手反應而定,其策略無一定準則,相互依存度頗高。

1. 卡特爾 (cartel)

即聯合壟斷,寡占市場中的少數幾家廠商之間結合成一合作組織,而採取一致策略,其市場行為形同獨占。以聯合減產或協議定價方式,哄抬市場價格或共同瓜分市場配額,稱為合作性行為（cooperative behavior）或勾結（collusion）。

若組織成員多或彼此間差異大，將使合作協議難以達成，亦不易約束所有成員遵守協議，造成卡特爾組織瓦解，轉變成相互競爭，其市場行為接近競爭市場，則稱為非合作性行為（noncooperative behavior）。

2.反托拉斯法 (Anti-Trust Law)

美國 1880 年即有的反獨占法，又稱為雪曼條款（Sherman Act），為防止廠商在市場中的不當行為及聯合壟斷之企圖，以避免影響市場秩序，傷害消費者權益。我國於 1991 年通過公平交易法，1992 年成立行政院公平交易委員會監督執行該法，以維護交易秩序與消費者利益，確保公平競爭。在法令的監督限制下，卡特爾組織不能明文勾結，亦因此對組織成員遵守協議缺乏約束力。

四、價格領導 (price leadership)

寡占市場中競爭對象明確，廠商彼此牽制相互影響，影響力較大的廠商決定價格，其他廠商則認同跟進，形成寡占市場價格一致的現象。

領導廠商（dominant firm）一般有由生產成本最低之廠商決定市場價格的低成本領導（低價跟進），或由生產規模最大之廠商決定市場價格的大廠商領導（影響力較大）。

認同跟進領導價格的其他廠商不能影響市場價格，如同完全競爭廠商面對固定水平的需求線（$P=AR=MR$），在 $MR=MC$ 產出最適產量；領導廠商則面對扣除追隨廠商後之特定的負斜率市場需求線（$AR>MR$），廠商的邊際收益等於邊際成本時決定其最適產量與價格。

寡占廠商有部分市場影響力與價格決定權，但因非完全獨占而彼此牽制相互影響，而有價格領導現象，所以寡占市場價格實際上呈現不易變動，僵固一致的特性，**價格僵固性**（price stickiness）如同無形的聯合勾結定價。因此寡占廠商多採取非價格競爭策略，並致力研究發展及規模經濟之達成。

五、折拗需求線 (kinked curve)

在跟跌不跟漲的寡占市場中，需求線是有轉折點的折拗線。當領導廠商漲價時其他廠商跟漲，則各個別廠商需求量減少不大；領導廠商降價時其他廠商跟跌，則各個別廠商需求量增加不大，因市場價格一致，個別廠商間需求替代低，需求量變動小，表示價格需求彈性小，為較陡直之需求線 D_1。

　　若價格領導機制瓦解，亦即領導廠商之定價不為其他廠商認同跟隨，當領導廠商漲價但其他廠商不跟漲，則其他廠商需求量增加而領導廠商需求量減少；領導廠商降價但其他廠商不跟跌，則其他廠商需求量減少而領導廠商需求量增加，因市場價格不一致，個別廠商間需求替代大，需求量變動大，表示價格需求彈性大，為較平坦之需求線 D_2。

　　通常個別廠商間的定價策略為跟跌不跟漲，領導廠商漲價時其他廠商不跟漲，領導廠商降價時其他廠商則跟跌。英國學者霍爾（Hall）、希區（Hitch）及美國學者施威哲（Sweezy）均提出類似觀點，成為研究寡占市場的重要理論，解釋寡占市場的價格僵固性。

　　如圖 11-3，當領導廠商定價在 P_0 以上，其他廠商不認同跟隨，則其他廠商需求量增加而領導廠商需求量減少，個別廠商間需求替代大，需求量變動大，表示價格需求彈性大，為較平坦之需求線 D_2 之 AB 段；當領導廠商定價在 P_0 以下，其他廠商認同跟隨，因市場價格一致，個別廠商間需求替代低，需求量變動小，表示價格需求彈性小，為較陡直之需求線 D_1 之 BC 段。所以在跟跌不跟漲的寡占市場中，需求線是以 P_0 為轉折點的折拗線（ABC 段）；當邊際成本變動不大時，市場價格僵固在 P_0，因廠商漲價對其不利，而降價時其他廠商跟隨，使需求量變動小而無利可圖。

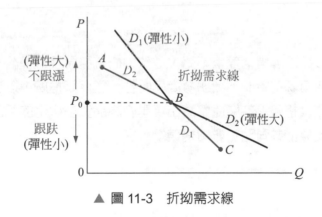

▲ 圖 11-3　折拗需求線

試以價格領導的意義，說明台塑石化初入市場時，跟隨中油訂價的理由。並以寡占市場的折拗需求線，觀察台塑石化與中油的訂價，是否具有跟跌不跟漲的特性，而造成台灣油品市場的價格僵固性。

 經濟視野 ②

價格卡特爾（price-fixed agreement）

　　寡占市場中的少數幾家廠商之間結合成一合作組織，以協議定價方式採取一致策略，哄抬市場價格；聯合減產或共同瓜分市場配額，限制總產量避免產業規模過度擴充，稱為數量卡特爾；採取一致的銷售條件策略，包括付款、折扣、品質等條件，稱為銷售條件卡特爾。

 綜合範例

寡占市場與壟斷性競爭市場的共同點為　(A) 有長期利潤　(B) 非價格競爭　(C) 廠商數量　(D) 進入難易度　(E) 在需求曲線的折拗處，價格呈現僵硬性　(F) 廠商相互依存度頗高。

Tip 詳寡占市場、價格僵固性。

解析

(B)寡占廠商多採取非價格競爭策略，並致力研究發展及規模經濟之達成。壟斷性競爭廠商將資源配置於不斷研發商品特性，並促銷推廣，以爭取消費者認同其異質性，非價格競爭若能使整體市場享有高品質多樣化的商品；寡占市場與壟斷性競爭市場的共同點為非價格競爭。

11-3　賽局理論

一、囚犯困境 (prisoner's dilemma)

　　兩共犯被捕偵訊，若都堅不認罪，可能因罪証不足而同獲開釋；若都認罪則同獲減刑；若其中之一認罪獲減刑，另一不認罪者將加重刑責。雙方都堅不認罪可共享最大利益，但在互信不足下，多預期對方會認罪，為求自保而都選擇認罪。此一社會心理行為理論廣泛應用於人際關係、科學辦案、戰術謀略、談判技巧等領域，並在經濟學界發展出賽局理論；以賽局理論的各種模型，分析寡占市場少數廠商之間的互動與策略。

二、賽局理論 (game theory)

　　由數學家紐曼（Neumann）提出後與經濟學家摩根斯坦（Morgenstern）合作，用以分析不同個體間策略互動的行為關係，可以說明寡占市場個別廠商間之彼此牽制相互影響。

　　寡占廠商之間可以合作聯合壟斷市場，其市場行為形同獨占；但廠商為維護其個別利益，可能違反協議，當合作破局，則彼此牽制相互競爭。一般而言，合作可使雙方共享市場利益，違反協議的一方可以獨得更大利益，但對方亦會反制，則協議失效，雙方競爭市場利益。

▼ 表 11-2　寡占廠商之間的賽局

乙\甲	守約		違約	
守約	5000	6000	3000	6000
違約	6000	3000	4000	4000

　　如表 11-2，當甲、乙兩大廠商依協議合作採取一致策略，雙方共享市場利益可以各得 5000 萬元利潤；違反協議的一方（私下降價或增產促銷）將獲得 6000 萬元利潤，而使遵守協議的一方只得 3000 萬元利潤；若雙方均違反合作協議而私下競爭，則各得 4000 萬元利潤。雙方應合作以共享市場利益，但廠商為維護其個別利益以獲得最大利潤，或避免對方獨得更大利益，雙方均會選擇違反協議，此一結果又稱為納許均衡。

　　考量對方的可能反應下之決策，又稱為**策略效果**（strategic effects），廠商的反應決策均衡解為策略效果互動的結果。不考量對方的可能反應下之決策，則稱為**直接效果**（direct effects）。

1. 納許均衡 (Nash equilibrium)

　　雙方相互預期的選擇組合，在互信不足下，多預期對方會違約，為求自保而選擇違約，雙方均選擇違反協議後，均不再改變所作之選擇，故稱為均衡，又稱為納許不合作解（Nash noncooperative solution）。

　　納許均衡不一定是單一解，亦可能無均衡解；不論對方的可能決策為何，廠商採取之同一策略都較有利，稱為優勢策略（dominant strategies）；理性考量對方的可能反應下之最佳決策，即是均衡解；若參與賽局者都有其優勢策略，則一定有均衡解；當參與者因理性侷限未採用最佳決策，則無均衡解，只能在小中求大（maxmin）。

2. 重複賽局 (repeated game)

　　當雙方須長期互動，或經過多次賽局後達成共識互信，體認合作可使雙方共享市場利益同獲最大利潤，並為維護其合作關係及共同利益，而達成雙方均遵守協議的合作均衡解。

> 試以賽局理論與納許均衡的不合作解，解釋一般人明知合則兩利，卻常流於鬥爭內耗的理由；並以重複賽局的意義，說明長期合作機制建立的過程。

三、庫諾模型 (Cournot model)

　　雙占市場之兩廠商生產同質商品（產出 $Q = q_1 + q_2$），都知道市場的總需求（$P = a - bQ$），廠商彼此牽制相互影響，在考量對方的產量規模下，同時為己方做最佳之產量決策，又稱為同時賽局（simultaneous game）或靜態賽局（static game）。

　　廠商的反應決策均衡解為：一方增加產量規模時，另一方則減少產出，即兩廠商之生產量呈負相關，使市場的總供給穩定，不致過度競爭而降低售價，雙方共享市場利益。廠商間之反應呈負相關，又稱為策略性替代（strategic substitutes），即以柔克剛，以強制弱。

　　市場的廠商數量增加時，市場價格會下跌；廠商數量增加至無窮大時，市場價格降低至接近邊際成本之完全競爭廠商定價；廠商數量減少至一家時，市場價格接近完全獨占廠商之定價；因此寡占廠商之價格決策均衡解為，介於完全競爭廠商與完全獨占廠商定價之間。

經濟視野❸

競爭動力學（competitive dynamics）

　　個別廠商有部分市場影響力運用策略維持優勢，但競爭對象明確而彼此牽制相互影響；廠商在為己方做最佳之決策時須考量對方的反應，稱為相互依存（mutual interdependence）；許多廠商運用策略相互爭奪市場優勢，稱為競爭性對立（competitive rivalry）；個別廠商運用策略以取得市場優勢，稱為競爭性行動（competitive action）；引發對手採取因應對策，稱為競爭性反應（competitive response）。

 綜合範例

若有 2 家 Cournot 廠商，成本函數 $AC：20+0.5q\pi$，$\pi=1$、2，市場需求 $P=100-0.5(q_1+q_2)$，則 Cournot 均衡？

 詳庫諾模型。

解析

　　雙占市場之兩廠商生產同質商品（產出 $Q=q_1+q_2$），

　　市場總需求（$P=a-bQ$）。

$TC\pi=q\pi \times AC=q\pi(20+0.5q\pi)=20q\pi+0.5q\pi^2$

$MC\pi=20+q\pi$

$TR_1=Pq_1=q_1(100-0.5q_1-0.5q_2)=100q_1-0.5q_1^2-0.5q_1q_2$

則 $MR_1=100-q_1-0.5q_2=20+q_1$，$2q_1+0.5q_2=80$

$TR_2=Pq_2=q_2(100-0.5q_1-0.5q_2)=100q2-0.5q_1q_2-0.5q_2^2$

則 $MR_2=100-0.5q_1-q_2=20-q_2$，$2q_2+0.5q_1=80$，

得 $q_1=q_2=32$，$P=100-0.5(q_l+q_2)=68$。

○ 活用經濟實務

全球最佳品牌的價值

　　品牌策略諮詢公司 Interbrand 公布 2012 年最佳全球品牌排行榜，可口可樂第 13 度掄元。Interbrand 把品牌嘉惠公司組織的各個面向納入評估考量，如吸引並留住人才、符合顧客期望等，而品牌最終價值可用於引導品牌管理，促使企業做出更佳也更明智的決策，於是品牌產品或服務的財務績效、品牌在消費者購買決策過程所扮演的角色、品牌實力成了 Interbrand 三大評估重點。

　　Google（谷歌）品牌價值超越競爭對手微軟，為 Interbrand 排行榜有史來首見。重回榜上或新進榜的品牌包括幫寶適、Facebook（臉書）、Prada、起亞汽車、Ralph Lauren 和萬事達卡。在全球景氣持續不穩之下，百大全球品牌的共同點在於一方面能確保自身的市場地位，另一方面又成功為消費者提供跨地域以及更具個人化且豐富的體驗。

　　百大全球品牌均能與人性接軌，傾聽消費者、員工和投資人的心聲，並且對所接收的訊息做出回應，進而帶動創新；品牌的挑戰在於迅速反應並以誠相待，否則恐折損品牌與人的關係。Interbrand 每年都會依照財務表現、對消費者選擇的影響力、控制公司盈利的實力等 3 項標準，列出全球最佳品牌。

　　蘋果、亞馬遜、三星、日產和甲骨文是品牌價值年增幅排名前五大的品牌，而這 5 個品牌當中有 4 個來自科技業，如蘋果增加 129%、亞馬遜增加 46%、三星增加 40% 與甲骨文增加 28%。Google 品牌價值上升 26%，位居第 4 名。IBM 拿下季軍。微軟則占第 5 名，是前 10 大企業中價值唯一下滑的業者，年減幅度 2%，英特爾（Intel）和三星則是分別位居第 8 及第 9 名。

　　至於其他 10 大品牌分別是第 6 名的奇異（GE）、第 7 名的麥當勞、第 10 名的豐田汽車（TOYOTA）。2011 年擠進百大品牌的宏達電則沒有進榜，掉出百大品牌的行列。

試以經濟學分析，思考以下問題：

1. 品牌如何加強消費者印象，形成產品的形象差異，成為重要的市場區隔效果。

2. 品牌擴張效果如何快速獲得市場客戶認同，使單位成本降低且經濟效益提高。

3. 品牌權益為何是商譽資產，可以提升商品的附加價值與競爭力。

（　）1. 折拗需要（kinked demand）曲線模型：　(A) 不鼓勵非價格競爭　(B) 會使得價格較穩定　(C) 會使得價格較不穩定　(D) 只有在雙占的情況才會出現。

（　）2. 有些產品邊際成本常常在變，但價格不常變的現象，可以用下列那個經濟模型加以解釋？　(A) 勾結（collusion）　(B) 囚犯困境（prisoner dilemma）　(C) 獨占性競爭（monopolistic competition）　(D) 拗折需求線（kinked demand curve）

（　）3. 某地區只存在 3 家有線電視業者，則此產業結構屬於　(A) 完全競爭　(B) 獨占　(C) 寡占　(D) 壟斷性競爭。

（　）4. 下列何者不符合寡占廠商追求利潤最大的條件？　(A)$P > MC$　(B)$MR = MC$　(C)$AR = MC$　(D)$AR > MR$。

（　）5. 對於寡占市場，下列敘述何者為錯誤？　(A) 合乎配置效率　(B) 易於形成聯合壟斷　(C) 易於形成削價競爭　(D) 有進入障礙。

（　）6. 一同質寡占市場的總需求函數為 $P = 12 - Q$，其中 P 為價格，Q 為數量，市場上有兩家邊際成本皆為 3 的廠商提供產品。若此二廠商之競爭由 Bertrand 競爭變成 Cournot 競爭，則下列市場均衡的變化何者正確？　(A) 價格將下跌　(B) 總產量將增加　(C) 消費者剩餘將增加　(D) 總利潤將提高。

（　）7. 獨占性競爭廠商與完全競爭廠商在長期均衡時，何者相同？　(A) 均衡價格　(B) 均衡產量　(C) 需要曲線與長期平均成本曲線相切　(D) 消費者剩餘。

（　）8. 下列那一種市場結構下的廠商最可能會有策略性的行為？　(A) 完全競爭市場　(B) 獨占市場　(C) 獨占性競爭市場　(D) 寡占市場。

（　）9. 卡特爾（Cartel）的協定經常不能持久的原因，下列敘述何者正確？　(A) 利潤增加　(B) 成本增加　(C) 廠商彼此有欺騙的誘因　(D) 無法達到獨佔情況下的利潤水準。

（　）10. 下列項目中，何者不是獨占性競爭（monopolistic competition）市場的特性？　(A) 廠商數目很多　(B) 廠商進出市場容易　(C) 廠商有價格決定能力　(D) 產品同質。

筆記頁

12

生產要素市場

學習導引：李嘉圖與《政治經濟學及賦稅原理》

經濟視野❶　新經濟實踐基礎

經濟視野❷　知識經濟活動

經濟視野❸　專利

活用經濟實務：經濟衰退就業寒冬

【李嘉圖】

大衛・李嘉圖 (David Ricardo)，英國政治經濟學家，對經濟學作出了系統的貢獻，被認為是最有影響力的古典經濟學家。他也是成功的商人，金融和投機專家，並且積累了大量財產。

李嘉圖 1772 年出生於倫敦的一個猶太移民家庭，14 歲時跟隨父親進入倫敦證券交易所學習金融運作，為將來在股票和房地產市場的成功奠定了基礎。李嘉圖最著名的著作是《政治經濟學及賦稅原理》，在第一章闡述了勞動價值論，論證了價格不反映價值。

認為一國的產品要以地租、利潤、和工資的名義分配給三個主要社會階級，實際工資的增加會導致實際利潤的降低。長期來看價格反映了生產成本，稱之為「自然價格」，人力成本是勞動者維生所需的花費，工資必須保持在可以維生的水平；由於經濟的發展，工資水平會高於勉強維生的水平。

在論文《論利潤》中提出決定價值的勞動是社會必要勞動，利潤取決於工資的高低，工資取決於生活必需品的價格，生活必需品的價格取決於食品的價格。工資由工人必要生活的價值決定，利潤是工資以上的餘額，地租是工資和利潤以上的餘額。由此說明瞭工資和利潤、利潤和地租的對立，從而揭示了無產階級和資產階級、資產階級和地主階級之間的對立，對後來的經濟思想有重大影響。

➡ 預習思考

☆ 試以引申需求與最終需求的意義，說明關廠裁員產業外移的原因，並提出解決之道。

☆ 景氣前景不明，影響消費、投資及銀行放款意願，圖示說明資金市場供需，及均衡利率變化的過程與方向，並分析對資金供需者雙方的影響。

☆ 經營企業需具有前瞻性並能承擔風險，才能獲得最大利潤，試以獨占者企業能力享有創新報酬與承擔不確定性代價的意義說明之。

12-1　生產要素

一、生產要素 (factor)

　　為完成生產活動，生產活動所需僱用的四大要素，廠商需投入土地、資本、勞動及企業能力四大要素。土地是廠商生產所在的地表及其所含的自然資源，報酬為地租；資本指生產所用的廠房、機器、設備等生產工具，報酬為利息；勞動為從事生產活動勞心勞力的一般員工，報酬為工資；企業能力則為管理人規劃、組織、領導、控制生產資源，報酬為利潤。

　　資本要素不包含貨幣資本（資金），因資金投入已包含在所有要素之成本支出中；生產要素不包括原料、零件等生產製程之投入，因原料、零件等已包括在產出之各種財貨勞務中，屬於上游製程之產品或整體製程之部分半成品，而不屬於生產要素。

二、勞動市場

　　生產要素中所使用的人力，包括各種勞心與勞力，有能力且有意願提供勞動的人力為勞動供給，提供勞動的人必須親自投入，隱含機會成本；需要雇用勞動投入生產為勞動需求，雇用勞動的廠商必須支付使用價格，為生產成本。

　　提供勞動所得的報酬為工資，每單位時間的報酬為工資率（wage rate；w），也就是使用者所須支付的單位成本，包括現金薪資給付、實物利益交換、額外福利津貼與相關之工作條件等所合計折算的價值。

三、土地市場

　　廠商投入生產之所在地，包含其所蘊含的全部自然資源，具有總量固定及可以長久使用的特性。土地的使用價格為地租（rent；r），亦即土地需求者支付給土地供給者的單位（大小、時間）報酬，而非交易價格 P。土地雖然總量固定，但具有多重用途，因此應支付一最低報酬，以補償使用土地的機會成本。

　　總量固定的垂直供給線 $S_土$ 與負斜率需求線 $D_土$，交叉點 E 為均衡點，對應均衡地租 r^* 與均衡土地量 $Q_土^*$（如圖 12-1）。因此均衡地租決定於土地需求大小，當本身價格（地租）以外因素，例如使用土地的人口、用途與產值等增加時，土地需求增加，整條土地需求線向右上位移，均衡點向上（地租上漲）移；反之則需求減少，整條土地需

求線向左下方位移，均衡點向下（地租下跌）移。

地租上漲並不能使土地供給量增加，但需求者成本提高，而必須將有限資源作最有效的使用，因此地租仍可發揮其價格機能；土地交易價格 P 亦可以相同方式分析。

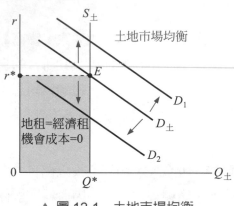

▲ 圖 12-1　土地市場均衡

四、經濟租（economic rent）

報酬（均衡地租）超過機會成本（供給者所能接受之最低地租）的部份，即土地供給者的生產者剩餘（producer's surplus），又稱為準租（quasi rent）。

土地的總量固定而為垂直供給線，但特定用途的個別土地可為正斜率供給線，例如建築用地租（價）上漲，引導其他土地擁有者會變更或開發，而增加建築用地供給量。正斜率供給線代表在各供給數量下對應的價格（地租），即機會成本，為供給者要求的最低代價。

圖 12-2 中□ $0Q^*Er^*$ 面積為地租總收入，其中供給線右下面積□ $a0Q^*E$ 為機會成本；而左上面積 $\triangle aEr^*$ 為經濟租，亦即價格（均衡地租）以下供給線以上部份，為供給者多得的淨利，即土地供給者剩餘。若為垂直供給線，代表總量固定的均衡土地量，未提供即閒置，因此無機會成本，均衡地租即是經濟租，地租總收入全屬供給者剩餘。經濟租提高代表多餘報酬增加，促使土地的開發與利用會更完善，資源分配更有效率，其他資源亦可以相同方式分析。

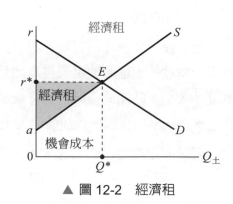

▲ 圖 12-2　經濟租

工商綜合區與郊區別墅可以提升土地價值，吸引地主與建商大量開發，圖示說明土地市場供需及價量變化的過程與方向。若因景氣不佳乏人問津，圖示分析經濟租的變化。

五、資本市場

資本（capital；K）即實質資產，如廠房、設備、存貨與相關之生產工具等，在某一時點所累積的數量為資本存量，在一段時間內的資本存量變化，則為投資流量。各種資本都可以貨幣表達其價值，因此資金（money；M）又稱為貨幣資本。

使用資本所支付的代價或機會成本為利息（interest），即資金供應者所獲得的報酬；既使使用自有資金亦隱含機會成本，與購買擁有資本所支付的價格不同。每單位時間（每期）之利息占其貨幣資本（本金）的百分比為利率（interest rate；i），代表使用資本的單位成本。

六、企業能力

生產者結合其他生產要素（勞動、土地與資本）投入生產的經營能力，企業經營能力的報酬，為收入扣除機會成本（正常利潤）後的超額利潤，因此可正可負，是創新的報酬、承擔不確定性的代價、也是由獨占者享有，因此支付機會成本的正常利潤不包括在內。

熊彼得（J. Schumpeter）認為創新有生產新產品、使用新方法、開發新市場、取得新原料、創立新組織等五種型態。將發明實際應用在市場上獲利就是創新，可因此降低成本或提高售價而增加利潤，但其他生產者跟進將使供給增加售價下跌，超額利潤因此減少，必須不斷創新才能維持利潤。利潤是承擔不確定性的代價，經營方向正確可獲得超額利潤，方向錯誤則無利潤，若損失機會成本則經濟利潤為負。

 **綜合範例**

下列有關經濟學中所常用的生產要素之描述，何者有誤？　(A) 生產要素包括勞動、資本、土地與企業家精神　(B) 勞動的報酬是工資　(C) 土地的報酬是地租　(D) 資本的報酬是利潤　(E) 貨幣資金的單位價格是利率。

Tip 詳生產要素。

【解析】

(E) 利息是使用資本所應支付的代價，亦即資金供應者所獲得的報酬；利率是每單位時間（每期）之利息占其貨幣資本（本金）的百分比，代表使用資金的單位成本。因此，(D) 資本的報酬是利潤有誤。

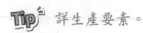 **經濟視野 ①**

新經濟實踐基礎

　　舊經濟將固定資產（土地及其他自然資源）、勞力與資本等生產要素視為主要的競爭要素，著重直接從降低生產成本及增進經營者的誘因來吸引企業投資，以帶動產業的發展及提升經濟的競爭力；而政府的功能則是設法提供足夠的基礎設施與財政貸款以滿足企業設廠的需求，還須以降低稅率、租稅補貼及降低勞動成本等措施直接增加企業的競爭力。提升競爭力的焦點集中在降低生產成本，而非增進生產力，結果將導致國家的財經政策停留在競相殺價的惡性競爭。

 ## 12-2　要素市場均衡

一、引申需求 (derived demand)

　　生產者對生產要素的需求，是由於產品市場上消費者的需求，生產者為生產該財貨勞務而須投入生產要素，消費者對最終產品的需求則稱為最終需求（final demand），要素需求即是由最終需求所衍生出來之引申需求。

1. **實物總產出 (total practical product；TPP)**

   累計投入某要素所生產的總產量（TP 或 Q）。

2. **實物邊際產出 (marginal practical product；MPP)**

   變動一單位某要素所影響變動的產量（邊際產量 MP）。

3. **實物平均產出 (average practical product；APP)**

   平均每一單位某要素所產出的平均產量（AP）。

4. **總產出收益 (total revenue product；TRP)**

   累計投入某要素所生產的總產量，在市場上售出可以得到的總收入（TR）。

   TRP＝TPP(產量 Q)×P(售價)

5. **邊際產出收益 (marginal revenue product；MRP)**

   變動一單位某要素所變動的產量，在市場上售出的收入變動（MR）。

   MRP＝MPP(實物邊際產出)×MR(邊際收入)

   在 P（售價）固定時＝MR(邊際收入)，則 MRP 又稱為邊際產出價值（value of marginal product；VMP）。

6. **平均產出收益 (average revenue product；ARP)**

   平均每一單位某要素所產出的產量，在市場上售出的收入（AR）。

   ARP＝APP(實物平均產出)×P(售價)

7. **邊際要素成本 (marginal factor cost；MFC)**

   增加一單位某要素所須支付之價格，即增加雇用一單位該特定要素的邊際成本（MC）。

   MFC＝MPP(實物邊際產出)×MC(邊際成本)

8. **平均要素成本 (average factor cost；AFC)**

   平均每一單位某要素所須支付之價格，要素需求者（廠商）須支付要素報酬而成為其生產成本，為正斜率要素供給線曲線。

二、影響要素需求的因素

要素本身價格以外的主要因素為要素生產力，即該要素的平均生產量（$APX＝Q/X$），當生產力大則該要素需求增加，反之則需求減少，而影響生產力的主要因素為技術（人力）與品質（物力）。

　　要素需求是產品最終需求之引申需求，因此產品的需求大使市場價格上漲，則要素需求增加，反之則需求減少。

　　生產技術、作業方式與產業特性會影響生產者對各種要素的不同需求，例如資本密集產業對資本要素需求較大，而勞力密集產業對勞動要素需求較大。

　　一般而言，生產任何產品均需要許多不同要素，因此各種要素替代品的價格與生產力變動，以及互補品的成本與配合效率等因素，須綜合整體考量，而非只衡量單一要素。

三、產出最大的要素均衡

　　生產者的理性選擇行為應在有限資源（成本）下，追求最大產出。最大產出的要素均衡條件為：

$$\frac{MPP_1}{P_1} = \frac{MPP_2}{P_2} = \cdots = \frac{MPP_n}{P_n(\text{要素價格})}$$

　　生產者花費的最後一元成本，不論購買使用何種生產要素，所獲得的實物產出（MPP）相同，則在有限資源（成本預算）下能產出最大產量，其生產特定產量的成本亦達到最低。若任兩要素之間等式不成立，即處於不均衡狀態，生產者須再調配其成本支配至均衡為止。如 $MPP_X/P_X > MPP_Y/P_Y$，表示生產者花費的最後一元成本，雇用要素 X 比雇用 Y 獲得更大的實物產出（MPP），因此生產者會增加雇用 X 而減少雇用 Y，依據邊際報酬（產量）遞減法則，MPP_X 減少而 MPP_Y 增加，此要素雇用行為持續直到 $MPP_X/P_X = MPP_Y/P_Y$ 的均衡狀態為止；反之亦然。此時為最大產出之最佳要素組合，亦即要素選擇不再變動的穩定狀態，但未必達到最大生產利潤。

四、收入最大的要素均衡

　　若要衡量要素所生產的實物產出在市場上售出可以得到的收入，最大收入的要素均衡條件為：

$$\frac{MRP_1}{P_1} = \frac{MRP_2}{P_2} = \cdots = \frac{MRP_n}{P_n(\text{要素價格})}$$

一般而言，生產者在成本預算有限下，會理性選擇邊際實物產出收益較高的要素，將其有限資源作最有效配置。當生產者花費的每元成本，不論購買雇用何種要素，所獲得的邊際實物產出收益（MRP）相同，則在有限資源（成本預算）下能得到最大收入，其特定收入的成本亦達到最低之均衡狀態，則不須再改變要素選擇。此時最大收入之要素雇用組合達到最理想之狀態，但每一要素之個別雇用量未必最佳，因此並未達到最大生產利潤。

五、利潤最大的要素均衡

生產者雇用各種生產要素，每一要素增加一單位所獲得的實物產出收益（MRP），均等於該單位要素價格（成本），則其生產利潤達到最大。若任一要素之邊際產出收益與該要素價格（邊際成本）不相等，即處於不均衡狀態，生產者須再調配其成本支配至均衡為止。

若 $MRP_1 > P_1$，表示增加一單位要素所獲得的實物產出邊際收益，大於雇用該單位要素所須支付之價格（邊際成本），則應持續增加雇用該要素以增加利潤，此時利潤未達最大；反之若 $MRP_1 < P_1$，表示增加一單位要素所獲得的實物產出邊際收益，小於雇用該單位要素所須支付之價格（邊際成本），則持續增加雇用該要素將減少利潤，因此須減少雇用該要素，此時利潤亦非最大。只有在 $MRP_1 = P_1$ 時，雇用該單位要素所須支付之價格（邊際成本）等於該單位要素所獲得的實物產出邊際收益，此時利潤不再變動即達到最大。生產利潤最大的要素均衡條件為：

$$\frac{MRP_1}{P_1} = \frac{MRP_2}{P_2} = \cdots = \frac{MRP_n}{P_n(\text{要素價格})} = 1$$

各種生產要素雇用量之調整均以此類推，當所有要素均達到最佳雇用量時，其生產利潤達到最大，表示每一要素的使用均達到最理想之均衡狀態。

生產利潤最大的邊際條件可修正為：

$$\frac{MRP_1}{MFC_1} = \frac{MRP_2}{MFC_2} = \cdots = \frac{MRP_n}{MFC_n} = 1$$

試以邊際產出收益與邊際要素成本的意義，及生產利潤最大的邊際條件，為企業診斷並適當調整其生產結構。

六、邊際報酬遞減與需求法則

邊際報酬遞減法則主張，隨要素量增加而邊際報酬會逐漸減少，因此生產者願意支付的價格也降低，形成隨要素量增加而要素價格降低的需求法則（如圖 12-3），亦即要素降價可使 MRP_F/P_F 上升，生產者才願意再增加雇用要素 F。

由邊際報酬遞減曲線導出負斜率的要素需求線，線上每一點代表每一需求量對應生產者願意支付的最高要素價格，因此生產者願意支付的要素價格決定於其邊際產出收益而非總產出收益。

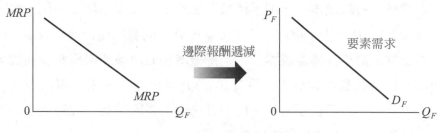

▲ 圖 12-3　邊際報酬遞減與需求法則

七、邊際成本遞增與供給法則

正斜率商品供給線代表商品在各供給數量下對應的價格，為供給者要求的商品最低邊際收益。生產者每增加一單位產量須增加雇用生產要素，變動成本提高則要求的最低邊際收益亦須提高，要素邊際成本遞增對應商品價格與其供給量之間呈同向變動關係，為供給成本效果形成的供給法則（如圖 12-4）。

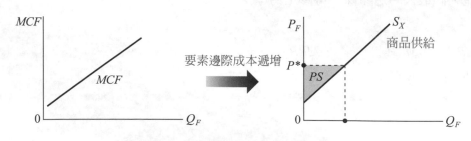

▲ 圖 12-4　邊際成本遞增與供給法則

供給線上每一點代表供給者對各特定商品數量所願意而且能夠供應的最低價格（邊際成本），當生產者實際收入的市場均衡價格（P^*）高於其願意供應價格所多得的利益，亦即生產（銷售）商品所獲得的邊際收入大於雇用要素所支出的邊際成本，因此產生生產者剩餘（producer's surplus；PS），代表生產者的經濟福利。

 經濟視野 ❷

知識經濟活動

　　知識的創造牽涉傳統的誘因與智慧財產權問題，是各種要角間互動的結果。資訊科技網路提高知識的流通速率，組織內須加強知識管理，以免可用的知識隱而未現或流失，組織之間的互動與合作則便於隱性知識跨組織流通。知識的應用在研發成果商品化，研發成果須搭配生產力、通路等互補性資產，運用於建立新的營運模式以開創附加價值。

  綜合範例

假設要素與產品市場均為完全競爭市場

要素投入單位	0	1	2	3	4
產出	0	50	105	140	165

根據上表，假如產品一單位的均衡價格是 0.5 元，要素每單位的均衡價格是 15 元，則要素投入第三單位的邊際實物產出是多少？

Tip 詳實物邊際產出。

 解析

　　變動一單位某要素所影響變動的產量（邊際產量 MP）。

　　要素投入第三單位的邊際實物產出 (MPP) = 140 − 105 = 35

12-3　要素市場結構

一、要素市場完全競爭

　　要素市場參與者之買賣雙方數量眾多，即每一需求者與供給者在整體市場中所占比例極低，均無決定性影響力。因此市場均衡及其價量，是由所有需求者與供給者共同決定，完全依市場機能運行，沒有人可以干預。

　　在完全競爭市場的特性與條件下，市場均衡價格由所有需求者與供給者共同決定，買賣雙方都只能接受該價格，稱個別廠商為市場的價格接受者，其面對的要素供給線為要素價格固定之水平線（如圖 12-5）。

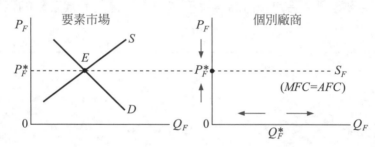

▲ 圖 12-5　要素市場完全競爭

　　個別廠商面對之水平要素供給線，代表個別廠商只能接受整體市場決定的要素均衡價格 PF^*，而在此固定價格下，依其產能（要素需求）決策決定要素雇用數量（$Q_F{}^*$）。

　　完全競爭要素市場的個別廠商為要素價格接受者，要素市場均衡價格固定在 $P_F{}^*$，因此 $P_F{}^*$＝AFC(平均要素成本)＝MFC(邊際要素成本)。

　　生產者均衡的最適要素使用量，其條件為 $MRP = MFC = PF^*$，亦即廠商使用生產要素的邊際收益等於使用生產要素的邊際成本（要素價格）時之要素使用量，使其獲得最大利潤或最小損失。

$$MRP = MPP(實物邊際產出) \times MR(邊際收入)$$

在完全競爭的產品市場 P(產品售價固定)$= MR$(產品邊際收入),則 MRP 又稱為邊際產出價值（value of marginalproduct；$VMP = MPP \times P$），代表變動一單位某要素所變動的產量之價值變動，亦為要素需求線。依據邊際報酬遞減法則，需求線為價量變動反向的負斜率曲線（如圖 12-6）。

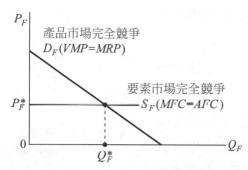

▲ 圖 12-6 要素完全競爭在完全競爭的產品市場

在非完全競爭的產品市場 $P = AR > MR$，則 $VMP > MRP$（如圖 12-7）。生產者要素使用均衡時，$VMP > MRP = MFC = P_F^*$，代表要素價格（P_F^*）低於要素產出之價值（P_1），亦即要素供給者提供生產要素，獲得的要素報酬低於其創造之產出價值，稱為獨占（專賣）性剝削（monopolistic exploitation）。

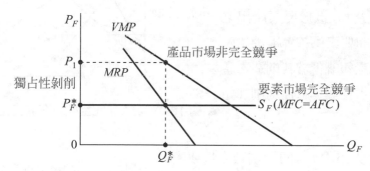

▲ 圖 12-7 要素完全競爭在非完全競爭的產品市場

為保障勞工福利而提高最低基本工資率與降低工作時間，圖示說明勞動市場供需變化的過程與方向，並分析對勞資雙方的影響。

二、要素市場非完全競爭

要素使用者（買方）只有一個，稱為**獨買**（monopsony），其要素供給線為整體市場的正斜率曲線，因此 MFC(邊際要素成本)$>AFC$(平均要素成本)。

在完全競爭的產品市場，要素使用均衡時 $VMP=MRP=MFC>AFC$（如圖 12-8），代表要素價格（P_F^*）低於要素產出之價值（P_2），亦即要素供給者提供生產要素，獲得的要素平均報酬低於其創造之產出價值，稱為**專買性剝削**（monopsonic exploitation）。

在非完全競爭的產品市場，非完全競爭要素市場獨買的生產者，要素使用均衡時，$VMP>MRP=MFC>AFC$，代表要素價格（P_F^*）低於要素產出之價值（P_1），亦即要素供給者提供生產要素，獲得的要素報酬低於其創造之產出價值，發生獨占性與專買性剝削（如圖 12-9）。

完全競爭要素市場 (C) 的個別廠商為要素價格接受者，市場均衡價格固定在 P_F^*（P_c），要素使用均衡時，$P_F^*=AFC=MFC=MRP$；要素市場非完全競爭的獨買（m）廠商，要素使用均衡時，$MRP=MFC>AFC=PF$（Pm），因此支付比價格接受者較少的要素均衡價格，而且會雇用較少的要素均衡數量。要素使用均衡時，要素市場均衡價格 $P_m<P_c$；最適要素使用量 $Q_m<Q_c$（如圖 12-10）。

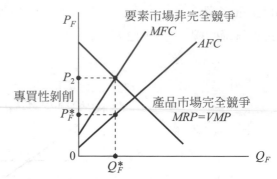

▲ 圖 12-8　要素非完全競爭在完全競爭的產品市場

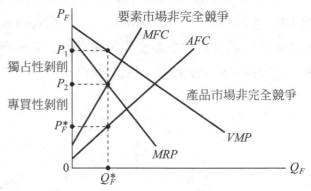

▲ 圖 12-9　要素非完全競爭在非完全競爭的產品市場

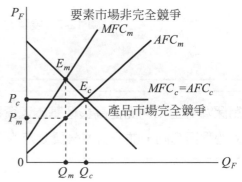

▲ 圖 12-10　完全競爭與非完全競爭要素市場的差異

三、要素市場雙邊獨占 (duopoly)

要素的買方與賣方各只有一個，通常是一個工會組織與一個產業大廠之勞資關係，要素供給線為整體市場價量變動同向的正斜率曲線，要素使用均衡時（資方最大利潤）$MRP = MFC > AFC$，最適要素使用量 Q_D 與最適要素價格 P_D。

要素需求線為整體市場價量變動反向的負斜率曲線，亦為賣方報酬之平均收益（AR_S），均衡時（勞方最大報酬）$AR_S > MR_S = MC_S$，最適要素使用量 Q_S 與最適要素價格 P_S；因此雙方的均衡要素價格並不一致，只能就雙方可接受之範圍（P_D 與 P_S 之間）進行談判協商，要素市場完全競爭的均衡價格 P_C 亦在範圍內（如圖 12-11）。

若要素供給不能移動（缺乏彈性），將使不同部門（廠商）間出現要素價格（工資）不一致的差距，要素自由移動可以使兩部門的要素價格均趨於相等，並促進專業分工而提升生產效率，增加整體總產出。

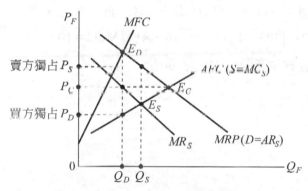

▲ 圖 12-11 要素市場雙邊獨占

 經濟視野③

專利

專利申請權人指發明人、創作人、其受讓人或繼承人。受雇人於職務上所完成之專利權屬於雇用人，雇用人應支付受雇人適當之報酬；受雇人於非職務上所完成之專利權屬於受雇人，但係利用雇用人資源或經驗者，雇用人得支付合理報酬後，於該事業實施其發明、新型或新式樣。

 綜合範例

若廠商使用三種固定生產要素與一種變動生產要素進行生產。在商品市場與要素市場，廠商都是價格接受者。假設短期生產函數為 $Q = 305X - 2X^2$，其中 X 是變動生產要素的使用量，Q 是產出水準。若商品的單價為 2 元，變動生產要素的價格為 10 元，則廠商應使用多少單位的變動生產要素？

 詳要素市場完全競爭。

解析

生產者均衡條件為 MRP = MFC = $PF^* = 10$ 之要素使用量。

在完全競爭的產品市場 P（產品售價固定）= MR（產品邊際收入），則 MRP 又稱為邊際產出價值 = $f(x) = d\,f(x)\,/\,dx = 305 - 4X$，$P = 2$，

$VMP = $ MPP $\times P = (305 - 4X) \times 2 = 610 - 8X = $ MFC $= 10$，

得廠商應使用變動生產要素 $X = 75$ 單位。

○ 活用經濟實務

經濟衰退就業寒冬

　　失業率、青年失業率雙雙創新高，經濟景氣則連續十個月藍燈、史上第二慘，就算出現復甦，恐也只是短暫的假性反彈，經濟不會出現Ｖ型快速回轉、復甦之路將是遲緩漫長。政府應對民眾坦承這是不景氣的年代，不應再以短期方案去追求美化數據，不能只想靠凍結薪資、引進低薪便宜外勞來為企業創造利潤，恐反將對國人就業及經濟發展種下惡果；台灣要的是包容性的經濟成長，須是可以全民雨露均霑的經濟成長。

　　台灣的經濟景氣已連十個月藍燈，ＧＤＰ從保三變成無法保二，國際還有很多氣候、政治等非經濟因素影響。1990 年代台灣失業率約 1.4%，到 2000 年上飆到 3%，但當時經濟狀況還不錯，且失業多是中高齡，目前轉向年輕人失業率快速增長。

　　十五至二十四歲青年失業率，歐美國家多已突破 20%，台灣還不算太糟。但歐美國家是不景氣工作減少，且失業青年五分之一以上是沒有高中學歷，只要經濟復甦增加工作，失業就可改善。台灣卻是高學歷高失業率，且不單純是沒有工作機會，有些企業有職缺卻還找不到人，牽涉到教育與產業脫節的結構性問題。就算經濟復甦，青年失業未必能改善。

　　1980 年代前，教育是人力政策的一環，從產業所需回推培育人力。但 90 年代後，經濟所得提高，推動廣設大學，目前台灣年輕人在大專唸書已達 82%，比日本、德國、法國高；但台灣的知識經濟根本還未發展出來，產業還是金字塔結構，需要最多的還是中低階管理或技術人力，不是高階人力。

試以經濟學分析，思考以下問題：

1. 說明引申需求的意義及其對勞動市場的影響。
2. 試以生產利潤最大的邊際條件，調整台灣產業的生產結構。
3. 以知識經濟的意義，說明國家應該提供知識與科技發展之制度性條件。

( ) 1. 因素市場的獨買者（monopsonist），會雇用？工人，以及支付他們比價格接受者？的工資　(A) 較多，較多　(B) 較少，較少　(C) 較多，較少　(D) 較少，較多。

( ) 2. 假設台灣的勞動市場是完全競爭，則引入外籍勞工時　(A) 勞動市場的工資率會上升　(B) 台灣企業主的利潤會下降　(C) 本國勞工之福利減少　(D) 本國勞工的就業量會增加。

( ) 3. 如果所有要素市場都是完全競爭，而且廠商雇用成本最低的要素組合，則下列那個條件成立？　(A) 所有要素價格分別等於其邊際生產收益　(B) 所有要素的最後一元支出之邊際產量都相等　(C) 邊際收益等於邊際成本　(D) 商品價格等於邊際成本。

( ) 4. 若廠商在產品市場銷售上為價格接受者，則其在勞動的雇用上，最佳決策為　(A) 勞動的邊際產量等於實質工資　(B) 勞動的邊際產量等於名目工資　(C) 勞動的邊際產量等於平均產量　(D) 勞動的邊際產量為最大值

( ) 5. 已知雇用 1 個勞動時，廠商所支付的總成本為 100，雇用 2 個勞動時，廠商所支付的總成本為 180；請問在雇用第 2 個勞動時，廠商所支付的邊際要素成本是多少？　(A)80　(B)100　(C)180　(D)280。

( ) 6. 廠商以每小時 $6.00 僱用 100 位工人，若要僱用 101 位工人則必須支付每小時 $6.05，此廠商僱用第 101 位工人之邊際要素成本是多少？(A)$5.00　(B)$6.00　(C)$6.05　(D)$11.05。

( ) 7. 如果廠商是勞動的完全競爭需求者，那麼廠商的勞動需求曲線就是　(A) 勞動的邊際生產收益曲線　(B) 勞動的邊際產量曲線　(C) 產品的邊際收益曲線　(D) 勞動的平均生產收益曲線。

( ) 8. 若某地區土地的邊際生產收益大於其價格，利用土地進行生產的廠商應該：(A) 使用較多該區土地　(B) 設法提高該區土地價格　(C) 設法降低該區土地的生產力　(D) 降低購買該土地的願付價格。

13

全面均衡與福利

學習導引：李昂蒂夫與哈佛大學

經濟視野❶　臺灣產業關聯表

經濟視野❷　機制設計理論（Mechanism Design Theory）

經濟視野❸　福利經濟學與經濟倫理

活用經濟實務：臺灣工具機的生產效率

　　瓦西里‧瓦西里耶維奇‧李昂蒂夫（Wassily Leontief）是一位俄裔美國經濟學家，他以「投入產出理論」對於經濟學的貢獻獲得了 1973 年諾貝爾經濟學獎。他離開俄國的原因跟他公開反對共產主義有關，他甚至為此數度被逮捕跟監禁。

　　1948 年主持「哈佛經濟研究計劃」至 1973 年，他在哈佛大學經濟系的這段時期也是該系的黃金時期：熊彼得是他的同事並且對他的研究成果備為推崇，兩位諾貝爾經濟學獎得主保羅‧薩繆爾森與羅伯特‧索洛是他的學生。

【李昂蒂夫】

　　1936 年提出產業關聯表，係用矩陣表示各產業間投入與產出之相互依存關係，又稱投入產出表（I.O 表），爾後逐步研發充實，於 1953 年研修完成「1919-1939 年美國經濟之結構」，奠定產業關聯分析之理論與架構，堪稱為經典之作。此後無論在理論與實際應用上均有長足的進步，其他國家亦先後開始編製，作為經濟計畫之依據；1968 年聯合國將產業關聯統計納入新國民經濟會計制度內，建議各國採行。

　　創編我國產業關聯表的諸位亦都有舉足輕重的地位，其中李登輝先生為我國第八、九任總統，謝森中先生曾任中央銀行總裁，王友釗先生曾任行政院農業委員會主任委員，王作榮先生為前監察院院長，邢慕寰先生為中央研究院院士，劉泰英先生曾任中國國民黨投資管理委員會主任委員及中華開發董事長。

➡ 預習思考

☆ 試以投入產出分析，說明經濟問題與經濟政策，「牽一髮而動全身」的理由。

☆ 試以消費面及社會面柏雷圖效率的調整過程，說明自由貿易可以提升各地區生產效率與消費者福利的理由。

☆ 試以次佳理論，說明沒有任何政策是解決所有問題的萬靈丹，只要調整適當配套措施即可。

13-1　全面均衡

一、局部均衡與全面均衡

1. 局部均衡 (partial equilibrium)

　　某一個別市場達到均衡之穩定狀態，將該市場獨立出來個別分析，而不考慮與其他經濟單位之互動影響；亦即假設其他條件不變，個別市場商品均衡之調整與價量決定過程。

2. 全面均衡 (general equilibrium)

　　各相關的經濟部門同時達到商品市場之穩定狀態，強調個別市場不能完全獨立自行調整，而會與其他經濟單位互動影響；亦即個別市場商品從要素投入、生產到消費，以及相關產品（替代或互補）之間，各經濟部門會互動影響。

　　全面均衡分析各相關市場均衡價格之關聯性，在一套整體價格機制中，生產者（商品市場供給者）願意且能夠銷售的產品，使消費者（商品市場需求者）願意且能夠購買並得到滿足（商品市場均衡）；而生產者（要素市場需求者）亦可依此價格機制購買要素投入（要素市場供給者），進行生產而獲得報酬（要素市場均衡），即為整體市場之均衡。

　　全面均衡分析最早於 18 世紀由法國重農學派奎納（Quesnay）提出經濟表，以基本經濟活動循環，說明各相關經濟部門間之關聯性與互動影響：參與經濟活動的主體為家戶與廠商，市場可依交易標的分為產品市場與要素市場，家戶將生產要素供給到要素市場，廠商購買所需求的生產要素投入生產活動，並支出成本與分配利潤成為家戶的要素所得，家戶消費所需求的財貨勞務並支付價款成為廠商的營業收入。

試以全面均衡的調整過程，說明以使用者付費限用塑膠袋，對各相關市場均衡價格之關聯性及影響。

二、完整經濟活動循環

　　在總體經濟中，參與經濟活動的主體，除了民間的家戶與廠商，政府部門亦參與經濟活動，向家戶與廠商徵收稅賦成為政府的主要收入，再以公共支出提供服務，並維持

市場經濟秩序。除了要素市場與產品市場，以貨幣資金為交易標的金融市場亦參與經濟活動，有剩餘資金之家戶、廠商與政府，透過金融市場將資金供給予需要資金之家戶、廠商與政府（如圖 13-1），使資金運用與經濟活動更有效率。

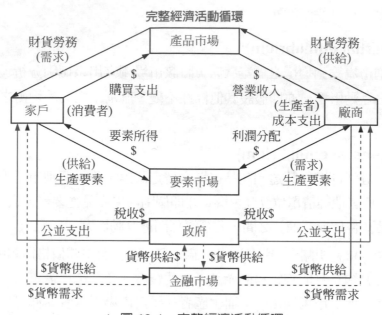

▲ 圖 13-1　完整經濟活動循環

在開放經濟體系，國內部門之家戶、廠商與政府亦與國外之家戶、廠商與政府進行經濟活動，透過國際貿易交易產品與要素，透過國際金融交易貨幣資金。

三、投入產出分析 (input-output analysis)

由美國學者李昂蒂夫（Leontief）於 20 世紀初期提出，將奎納的基本經濟活動循環發揚光大，使每個經濟部門既是銷售（供給）本身產品的經濟單位，也是購買（需求）其他經濟部門產品的經濟單位，如此經濟體內各產業即完全聯結並互動影響，並可將經濟活動循環的實際周轉情形，以具體數據分析其變化與影響，進而擴大到總體經濟問題分析與研擬經濟政策之參考依據。

在一套整體價格機制中，生產要素價格變化，導致生產者成本與報酬變化，亦引起消費者的所得及購買行為變化，再影響生產行為與要素需求變化，如此關聯互動不斷相互影響，從中分析出一套整體機制，使產品市場與要素市場的供給與需求都達到均衡之價格與數量，即整個經濟體達到全面均衡。

四、經濟效率 (economic efficiency)

　　生產者以最低成本生產商品，並使消費者獲得最大效用，即表示此一經濟活動充分發揮效率，經濟社會中生產者剩餘及消費者剩餘總和（經濟福利）達到最大。經濟活動的主要參與者，生產者追求最大利潤而消費者追求最大滿足，在自由經濟市場機制下，各自追求本身目標時，也達到社會經濟資源配置之最佳效率。

　　經濟效率就是經濟社會以最低成本生產最佳之商品消費組合，即已聯結生產成本與消費效用的全面均衡，其條件為 $PX = MCX$，表示消費者購買所需商品數量所支付的價格，恰等於其所獲得之效用（邊際效用），因此得到最大滿足；而生產者購買所需要素數量而支付的價格（邊際成本），亦恰等於其要素可產出所獲得之邊際生產收益（商品價格），所以某商品為消費者所獲得之邊際效用，即等於生產者產出該商品所須支出的邊際成本。當經濟社會中各市場均達到如此之全面均衡，即為社會經濟資源配置最佳之經濟效率，經濟社會中生產者剩餘及消費者剩餘總和（經濟福利）達到最大。

五、市場失靈 (market failure)

　　現實經濟活動未必能在自由經濟市場機制下，達到社會經濟資源配置最佳之經濟效率，又稱為市場無效率（market inefficiency），代表市場機制運行未能有效，即資源配置無法以最低成本來滿足最大效益，不能達成巴瑞圖最適境界。

　　廠商自由進出亦可能會形成自然獨占，經濟資源配置即不能達成最佳之經濟效率；市場經常存在不對稱訊息而不能完全充分反應市場機制；政府決策即形成外力干預，影響自由經濟市場機制的運行；而外部性與公共財等問題，未能完全充分反應市場之真實供需。

六、巴瑞圖最適境界 (Pareto optimality)

　　全面均衡而達到最佳效率下的情境，經濟社會總福利達到最大，因此無法再使其中任何經濟單位獲得更大效益而不會損傷任何其他經濟單位。其條件為經濟社會中各市場都達到全面均衡，經濟資源配置為最佳效率，經濟社會中生產者剩餘及消費者剩餘總和（經濟福利）達最大，又稱為巴瑞圖效率。

　　當生產者購買要素數量所支付的價格（邊際成本），恰等於其所購買的要素可產出之邊際生產收益（消費者願付最高價格），則無法再改變市場狀況，使生產者及消費者同時能獲得更大效益，即達到市場全面均衡之巴瑞圖最適境界。

七、艾吉渥斯箱型圖 (Edgeworth box diagram)

由純粹交易體系之經濟活動分析全面均衡，將交易活動簡化成兩人（參與者）A、B，以及兩物（需求標的）X、Y、0_A、0_B代表兩參與者A、B之原點，A對X的需求X_A向右遞增，對Y的需求Y_A向上遞增；B對X的需求X_B向左遞增，對Y的需求Y_B向下遞增。箱型範圍內的任何一點，代表兩參與者A、B對需求標的X、Y之不同分配，以巴瑞圖最適與經濟核心分析經濟活動調整至均衡效率的過程。

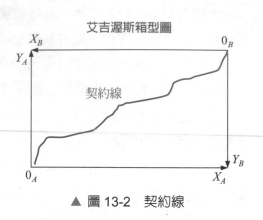

▲ 圖 13-2　契約線

代表巴瑞圖效率之分配組合軌跡（如圖 13-2），稱為契約線（contract curve）或巴瑞圖集合（Pareto set），線上的每一點都滿足巴瑞圖效率條件，無法再使其中任何經濟單位獲得更大效益而不會損傷任何其他經濟單位。

1. 巴瑞圖改善 (Pareto improvement)

若經濟社會尚未達到巴瑞圖最適境界，即經濟福利有改善空間，可以改變某些經濟狀況，使其中部分經濟單位獲得更大效益而不會損傷任何其他經濟單位，直到達成巴瑞圖效率為止。在艾吉渥斯箱型圖中，即範圍內的任何一點，由非最適境界調整到滿足巴瑞圖效率條件的過程。巴瑞圖最適境界為經濟資源配置最佳之經濟福利，而非公平分配之社會福利。

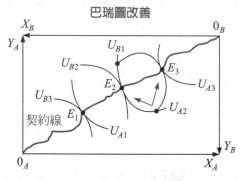

▲ 圖 13-3　巴瑞▲ 圖改善

2. 經濟核心 (economic core)

如圖 13-3，兩無異曲線相交所包含的範圍，稱為互惠區（mutual advantage region）或理性區（rational region），代表消費者間可以經由理性公平交易不同商品，使雙方互惠（提升效用）而不會損傷任何一方（巴瑞圖改善）。互惠區中之契約線稱為經濟核心，代表巴瑞圖效率之分配組合軌跡，即市場交易已調整到滿足 MRS 均相等（無異曲線相切）之消費最適境界，無法再使其中任何經濟單位獲得更大效益，而不會損傷任何其他經濟單位。

消費分配在兩無異曲線相交處（e 點），代表純粹交易體系之消費者原賦點（endowment），U_B 無異曲線之 MRS^B_{xy} 不等於 UA 無異曲線之 MRS^A_{xy}，經由公平交易不同商品，將消費分配移至 E_3，則滿足分配效率，其中 B 消費者效用不變（U_{B1}），而 A 消費者效用提升（$U_{A2} \rightarrow U_{A3}$）；將消費分配移至 E_2，亦滿足分配效率，其中 A 消費者效用不變（U_{A2}），而 B 消費者效用提升（$U_{B1} \rightarrow U_{B2}$）。

 經濟視野❸

臺灣產業關聯表

我國編製產業關聯表已有相當久遠的歷史，民國 48 年邢慕寰教授發表「產業關聯研究的發軔」一文，首先引進產業關聯統計之概念與架構，並向當時美援運用委員會經濟研究主持人王作榮先生提議，擬就臺灣的投入產出關係作一個試探性的研究，終於在民國 49 年創編完成 43 年臺灣地區產業關聯表，為我國編製產業關聯表之濫觴。該表產業部門分為 23 個，其中農業 7 個、礦業 3 個、製造業 9 個以及電力、營造、交通及其他服務等；邢教授並於民國 50 年發表「臺灣經濟的投入產出關係──一個清查現存資料的試探研究」一文，闡述編表的艱辛及試編結果。

產業關聯統計移至主計處辦理之 20 餘年期間，由於業者經營日趨多元，廠商填報各產品之投入產出資料倍加繁瑣，填報意願因而挫低。所幸主計處編表精益求精的態度，使各年次產業關聯表的內容均能切合產業結構的變遷，部門分類由 65 年的 99 個產業部門及 394 個產品部門，逐年增至 95 年的 166 個產業部門及 554 個產品部門。

綜合範例

關於契約線的敘述，下列何者有誤？　(A) 其上的每一點都符合巴瑞圖最適　(B) 契約線是由所有無異曲線相切點連結而成　(C) 契約線上的每一點都符合經濟公平　(D) 契約線上的每一點都符合經濟效率　(E) 經濟核在契約線之上　(F) 經濟核必然落在理性區間之內　(G) 市場交易結果一定會落在經濟核之上。

　詳契約線、消費效率、巴瑞圖改善、經濟核心。

解析

(C)巴瑞圖最適境界為經濟資源配置最佳之經濟福利，而非公平分配之社會福利，因此 (C) 契約線上的每一點都符合經濟公平有誤。

13-2　效率分析

一、消費效率

消費面的巴瑞圖效率，代表消費者已充分利用固定之預算水準，作最有效的配置運用，所能產生的最大效用之組合，兩種產品消費量不可能再同時增加，又稱為分配效率（allocation efficiency）。

消費面的全面均衡，其條件是所有消費者購買任兩種商品之邊際替代率（$MRSxy$）均相等，因為若 MRS（邊際效用比值）不等時，代

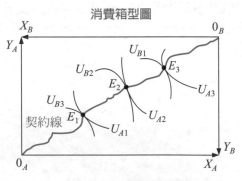

▲ 圖 13-4　消費箱型圖

表消費者間可以經由公平交易不同商品，使雙方互利（提升效用）而不會損傷任何一方（非最適境界），調整直到 MRS 均相等（最適境界）。

如圖 13-4，在消費箱型圖中，A、B 兩消費者需求 X、Y 兩商品，兩消費者對兩商品之效用無異曲線相切時，代表 $MRSxy^A = MU_X^A / MU_Y^A = MRSxy^B = MU_X^B / MU_Y^B$，消費分配效率即滿足邊際替代率（無異曲線斜率）均等之消費面的巴瑞圖效率。

二、效用可能疆界 (Utility Possibility Frontier；UPF)

將消費箱型圖中兩消費者對兩商品之所有無
異曲線切點連線，代表消費效率之商品分配組合
軌跡，為消費契約線。契約線上的每一點所對應
之效用大小（U_A，U_B）連線，代表消費效率之最
大效用組合軌跡，稱為效用可能疆界，線上的每
一點都滿足消費面的巴瑞圖效率（如圖 13-5），
無法再使其中消費者獲得更大效用，而不會損傷
任何其他消費者。在同一條效用可能疆界上，一

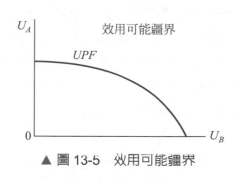

▲ 圖 13-5　效用可能疆界

消費者獲得更大效用則須減少另一消費者效用，負斜率曲線代表兩消費者效用反向變動。

UPF 線上的每一點都滿足 $MRS_{xy}^A = MRS_{xy}^B = P^X/P^Y$ 之消費效率條件；線內區域表示
小於最大效用組合，即消費者未充分有效利用有限的資源，應向效用可能疆界方向調整；
線外區域表示大於最大效用組合，在目前條件限制下不可能產生。

三、生產效率

生產面的全面均衡，其條件是當所有
生產者使用任兩種要素之邊際技術替代率
（$MRTS_{KL}$）均相等，因為若 $MRTS$（要素邊際
產量比值）不等時，代表生產者間可以經由公
平交易不同要素，使雙方互利（提升生產效率）
而不會損傷任何一方（非最適境界），調整直
到 $MRTS$ 均相等（最適境界）。

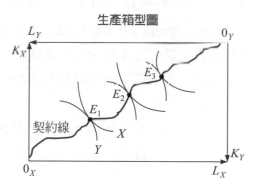

▲ 圖 13-6　生產箱型圖

如圖 13-6，在生產箱型圖中，生產 X、Y
兩商品需求 L、K 兩要素，兩商品對兩要素之等產量曲線相切時，代表 $MRTS_{LK}^X = MP_L^X/$
$MP_K^X = MRTS_{LK}^Y = MP_L^Y/ MP_K^Y$，即滿足邊際技術替代率（等產量曲線斜率）均等之生產面
的巴瑞圖效率。

四、生產可能曲線 (Production Possibilities Curve；PPC)

將生產箱型圖中兩商品對兩要素之所有等產量曲線切點連線，代表生產效率之要素分配組合軌跡，為生產契約線。契約線上的每一點所對應之產量大小（X、Y）連線，代表生產效率之兩種產品最大產量組合軌跡，稱為生產可能曲線，線上的每一點都滿足生產面的巴瑞圖效率，無法再使其中商品獲得更大產量，而不會損傷其他商品產量。

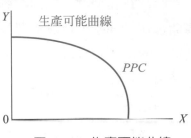

▲ 圖 13-7　生產可能曲線

PPC 線上的每一點都滿足 $w/r = MRTS^X_{LK} = MRTS^Y_{LK}$ 之效率條件。PPC 的斜率（$\Delta Y/\Delta X$）稱為邊際轉換率（marginal rateof transformation；MRT），代表增加產出一單位 X 須減少產出 Y 的產量（機會成本），因此 $MRTxy = \Delta Y/\Delta X = MC_X/MC_Y$。如圖 13-7，線內區域表示產出小於最大產量組合，即生產者未充分有效利用有限的資源，應向生產可能曲線方向調整；線外區域表示產出大於最大產量組合，在目前條件限制下不可能產生。

在同一條生產可能曲線，一商品獲得更大產量則須減少另一商品產量，負斜率曲線代表兩商品產量反向變動。

五、技術效率 (technical efficiency)

生產可能曲線上各點為兩種產品最大產量，表示在固定之生產資源與技術水準下，生產者達到最佳之產品組合生產狀態，生產資源最有效的配置運用。亦即生產可能曲線為符合技術效率之兩種產品最大產量組合的連線，但線上各點之產品產量組合未必都是社會所需。

生產面的巴瑞圖效率，代表生產者已充分利用固定之生產資源與技術水準，作最有效的配置運用，兩種產品不可能再同時增加產量。

六、全面效率

分析使消費者與生產者達成社會全面經濟效率的調整過程及條件。社會面的巴瑞圖效率代表生產可能曲線上某一點，生產者所選擇的產品最大產量組合，為消費者需求的商品最大效用組合，表示整體經濟社會達到最佳之產品組合狀態，又稱為經濟效率。其條件是所有消費者購買任兩種商品之邊際替代率（MRS）等於所有生產者生產該商品之邊際轉換率（MRT），因為若不等時，代表消費者與生產者間可以經由公平交易不同商品，使雙方互利（提升報酬及效用）而不會損傷任何一方（非最適境界），調整直到 $MRS = MRT$ 之最適境界。

生產可能曲線上各點之產量組合，代表生產資源最有效的配置運用，爲符合技術效率之兩種產品最大產量組合的連線，其中一點（與無異曲線相切）具有經濟效率，代表符合社會需求的最佳產品組合；技術效率不能隱含經濟效率，但經濟效率可隱含技術效率。

生產者應選擇社會所需（爲誰生產）的最佳產品（生產什麼）組合狀態下（如何生產），產出最大產量組合（生產多少）。因此生產決策以生產可能曲線上各點之產量組合，代表生產資源最有效的配置運用，而其中一點爲具有經濟效率，符合社會需求的最佳產品組合。

動動腦

試以生產面柏雷圖效率的調整過程，說明不同地區之間的人才、資金交流及產業、技術移轉，對各地區經濟發展之影響。

七、經濟效率與供給法則

等收益線斜率等於 X 與 Y 兩種商品價格的相對比例（P_X/P_Y），因此當 X 商品價格相對較高時，等收益線較陡（斜率較大）；當 Y 商品價格相對較高時，等收益線較平（斜率較小）。

如圖 13-8，斜率較小（P_{X1}）的等收益線 R_1 與生產可能曲線相切於切點 E_1 處，對應經濟效率最佳產品組合之產量（X_1，Y_1）；X 商品價格上漲（P_{X2}）相對較高時，等收益線爲斜率較大的 R_2，與生產可能曲線相切於切點 E_2 處，對應經濟效率最佳產品組合之產量（X_2，Y_2），即 X 產量增加而 Y 產量減少。

本身價格上漲（P_{X2}）表示廠商收入增加有利可圖，吸引廠商投入更多資源生產銷售（X），供給量因此增加；反之則供給量減少（Y）。即供給者將供應相對價格較高的商品以取代相對價格低較者，爲供給替代效果形成的供給法則。

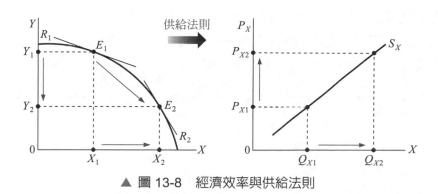

▲ 圖 13-8　經濟效率與供給法則

經濟視野 ❷

機制設計理論（Mechanism Design Theory）

美國學者里奧尼德‧赫維克茲（Leonid Hurwicz）、埃里克‧馬斯金（Eric Maskin）和羅傑‧梅爾森（Roger Myerson）三人，在如何為複雜的經濟與社會任務設計出解決之道的開創性研究，共同榮獲 2007 年諾貝爾經濟學獎。這三位學者因為從事經濟學次領域「機制設計理論」研究而獲獎，這項理論的目的在於確保最有效率利用資源，以追求所想要的目標。

機制設計理論被廣泛地運用於壟斷定價、最優稅收、契約理論、委託代理理論以及拍賣理論等諸多領域。許多現實和理論問題如規章或法規制訂、最優稅制設計、行政管理、民主選舉、社會制度設計等都可歸結為機制設計問題。

 綜合範例

下列有關巴瑞圖最適的敘述，何者正確？ (A) 達到巴瑞圖最適為社會福利最大化的充分條件 (B) 可以找到某一方法讓某人過得更好，而不去傷害到他人 (C) 巴瑞圖最適的資源配置點必定只有一個 (D) 其必定是屬效率邊界上之某一點 (E) 在 Pareto Optimal 的資源配置狀態下，同時也達成所得的公平分配 (F) 即使在不完全競爭市場，Pareto Optimal 也成立。

Tip 詳效用可能疆界、全面效率。

解析

(F) 完全競爭市場均衡滿足巴瑞圖全面效率之最適境界，供需雙方原為追求自身利益，透過市場機能卻能增進社會福利。因此，巴瑞圖最適：(D) 其必定是屬效率邊界（efficient frontier）上之某一點。

13-3　福利經濟學

一、社會福利均衡

消費者購買兩種商品時會衡量在有限資源下所能獲得的滿足感（效用可能疆界），以最佳消費組合（均衡）得到最大的福利水準（等福利曲線）。效用可能疆界代表消費效率之最大效用組合軌跡；等福利曲線代表某一福利水準，而線上每一點則代表兩不同兩需求商品的組合可產生相同的福利水準。

將等福利曲線與效用可能疆界配合以決定均衡的最佳商品組合，亦即社會在有限條件下得到最大福利，均衡在等福利曲線與效用可能疆界相切之切點 (E) 處，社會得到最大福利（W^*），並對應最佳消費效用組合（U_A^*，U_B^*）。如圖 13-9，在消費者效用可能疆界範圍內，可得最大福利 W^*，而切點 E（U_A^*，U_B^*）爲等福利曲線 W^* 上唯一消費效率之最大效用組合。

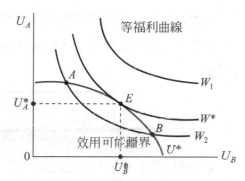

▲ 圖 13-9　社會福利均衡的調整過程

雖然等福利曲線 W^* 上切點 E 以外各點的商品組合，同樣可以獲得最大福利 W^*，但都落在效用可能疆界 U^* 範圍外，因此非消費效率最佳組合，要調整至切點 E（U_A^*，U_B^*）。而遠離效用可能疆界之等福利曲線，如圖 W_1 之效用組合可以獲得較大福利，但已超過消費效率之最大效用組合範圍，無法達成此一福利水準，必須調整至等福利曲線 W^* 上之切點 E（U_A^*，U_B^*）。與效用可能疆界 U^* 相交之等福利曲線，如圖 W_2 上 AB 段之間的商品組合都落在效用可能疆界範圍內，但 W_2 效用較小，亦即消費效率之最大效用組合尚未獲得最大福利，因此應該調整增加效用至等福利曲線 W^* 上之切點 E（U_A^*，U_B^*）。

與最大等福利曲線 W^* 相切之效用可能疆界 U^*，其消費箱型圖中之契約線代表消費效率的商品分配組合軌跡，兩消費者 A、B 對兩商品 X、Y 之效用（U_A^*，U_B^*）無異曲線相切，使 $MRS_{xy}^A = MRS_{xy}^B$，切點（X_A^*，X_B^*，Y_A^*，Y_B^*），代表消費效率福利最大的商品分配組合，即滿足邊際替代率均等之消費面的巴瑞圖效率。效用可能疆界上各點之效用組合，代表資源最有效的運用（配置效率），但線上各點之效用組合未必獲得最大社會福利，其中一點（與等福利曲線相切）爲福利最大的效用分配組合。

　　生產可能曲線代表生產效率之兩種產品最大產量組合軌跡，曲線上某一點（X^*，Y^*）為具有經濟效率，代表符合社會需求的最佳產品組合，表示整體經濟社會達到最佳之產品組合狀態，即滿足 $MRS = MRT$ 之全面效率最適境界。經濟效率（X^*，Y^*），其生產箱型圖中之契約線生產 X、Y 兩商品需求 L、K 兩要素，契約線代表生產效率要素分配組合軌跡，兩商品對兩要素之等產量（X^*，Y^*）曲線相切，切點（L_X^*，K_X^*，L_Y^*，K_Y^*），代表全面效率（福利最大）的要素分配組合，使 $MRTS_{LK}^X = MRTS_{LK}^Y$，即滿足邊際技術替代率均等之生產面的巴瑞圖效率。

→ ·動動腦· ←

試以社會福利均衡的調整過程，說明如何將有限資源花費在最有價值的用途上，理性選擇追求目標，以滿足最大慾望，並在社會中與其他人事物互動調整，達到極大化及最適化。

二、福利經濟學的定義與基本理論

　　福利經濟學（welfare economics）屬於帶有價值判斷的規範經濟學，分析經濟活動應該如何增進社會福利，通常能夠發揮資源配置效率的經濟活動，即表示可以增進社會經濟福利。

1. 福利經濟學第一定理 (first theorem of welfare economics)

　　在完全競爭市場，均衡及其價量是由所有需求者與供給者共同決定，而皆成為價格接受者，完全依市場機能運行，沒有人可以干預，因此完全競爭市場均衡滿足巴瑞圖全面效率之最適境界，亦即同時滿足消費面的巴瑞圖效率（$MRS_{xy}^A = MRS_{xy}^B = P_X/P_Y$）、生產面的巴瑞圖效率（$w/r = MRTS_{LK}^X = MRTSL_K^Y$）、社會面的巴瑞圖效率（$MRS = P_X/P_Y = MRT = MC_X/MC_Y$）。供需雙方原為追求自身利益，透過市場機能卻能增進社會福利。

2. 福利經濟學第二定理 (second theorem of welfare economics)

　　每一滿足巴瑞圖效率條件之不同分配，都有一組競爭市場均衡價格，因此可以藉由調整所得（資源）分配，其市場均衡價格將滿足巴瑞圖全面效率並兼顧公平，而不須直接干預市場價格；破壞市場機能運行反而不能滿足巴瑞圖效率，造成福利損失。

三、次佳理論 (theory of the second best)

巴瑞圖全面效率可以達到社會經濟福利最佳之完美狀態,但現實社會通常不易達成,因此退而求其次,即次佳的福利水準亦可接受。若市場不能同時滿足消費面、生產面、社會面的巴瑞圖效率之最適境界條件,滿足兩條件的福利水準未必高於只滿足一條件的福利水準,未滿足之兩條件間可能互相抵消不利因素,反而提升福利水準。

 綜合範例

下列何種因素不是造成市場無效率的原因?　(A) 公共財　(B) 外部性　(C) 獨占性競爭廠商　(D) 個別廠商對價格缺乏控制力　(E) 自然獨占　(F) 訊息不對稱。

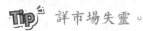 詳市場失靈。

解析

(D) 每一滿足巴瑞圖效率條件之不同分配,都有一組競爭市場均衡價格,因此可以藉由調整資源分配,其市場均衡價格將滿足巴瑞圖全面效率並兼顧公平,而不須直接干預市場價格;破壞市場機能運行反而不能滿足巴瑞圖效率,造成福利損失。因此,(D) 個別廠商對價格缺乏控制力,不是造成市場無效率的原因。

 經濟視野 ❸

福利經濟學與經濟倫理

由於福利經濟學強調從福利方面研究社會經濟,這種理論具有社會倫理觀的特點。首先,它把主觀價值引入經濟學。第二,把道德規範引入經濟學,使福利經濟學研究成了區別於實證經濟學的規範經濟學,福利經濟學家堅持認為經濟學研究應包括對經濟行為非常善惡的研究。第三,福利經濟學文獻中討論了大量的經濟倫理問題,如收入轉讓問題、對社會中較不利者的補償問題、分配正義問題等等;大量的倫理學假設,如人是有理性的、人人都合理地尋求其最大滿足等,這些題材正在成為西方倫理學中討論的重要內容。

廣義的福利包括自由、幸福、友誼、正義等,這類福利無法計量;經濟福利取決於人對於它的評價,即它滿足人的偏愛程度。

臺灣工具機的生產效率

　　經濟部提出三業四化推動方案，以「製造業服務化、服務業科技化與國際化、傳統產業特色化」為推動主軸，工業局正規劃推動工具機製造服務化，採「智慧設計製造」及「製造服務」的雙引擎策略提升工具機製造產業之產品設計能力、創新生產製造價值及強化全球銷售服務，推動我國工具機製造業成為提供整體解決方案的全球最佳選擇。

　　工具機主要分布以台中為主，總產值達新台幣 1,500 億元左右，群聚效應及衛星體系形成的生產效率優勢，不僅造就了台灣工具機產業的榮景，但也形成工具機產品同質化的現象。因此讓產業以既有基礎增加產品價值，並以差異化的競爭優勢因應全球競爭，是刻不容緩必須面對的課題。

　　工業局提出工具機智慧設計製造及製造服務雙引擎策略，在產品設計開發端，便能運用資通訊技術，不僅蒐集掌握終端客戶生產與加工應用需求，並且強化系統整合技術，結合機台設計模擬分析，在設計階段就能納入終端客戶生產及加工應用需求，節省設計變更成本，縮短產品開發時程。銷售服務端，則是將工具機產業的營運範疇由工具機產品擴增至全方位服務，從產品單純交易延伸到建立緊密顧客關係，透過本推動方案，將協助業者建立加工、問題診斷等應用技術服務能力，並且運用網路雲端服務平台，發展全球服務。

　　工業局推動「智慧設計製造」及「製造服務」的雙引擎策略，預期 2020 年促成 100 家廠商導入 ICT 應用技術，20 家廠商運用設計製造模擬技術、開發 80 型機台，20 家廠商建立應用技術中心及 20 家廠商建立服務平台等指標，促進產值倍增為新台幣 2,550 億元。

試以經濟學分析，思考以下問題：

1. 以技術效率的意義，說明臺灣工具機產業的生產效率。
2. 以投入產出分析，說明工具機產業與其他經濟單位互動影響。
3. 以巴瑞圖改善的意義，說明如何改善工具機產業產業的生產效率。

( ) 1. 已知一完全競爭廠商之固定成本為 40，當市場價格等於 10 時，其最大利潤之產量為 20，平均變動成本為 8。由此可知，其生產者剩餘為何？ (A)0 (B)20 (C)40 (D)60。

( ) 2. 假設檳榔的需求函數是 $Q = 50 - 5P$，Q 與 P 分別代表檳榔的數量與價格。目前檳榔的價格是 2。假設政府擬限制檳榔的生產，一旦檳榔的供給減少，價格將上漲至 4，則檳榔消費者願意付多少代價，阻止政府實施管制？ (A)30 (B)70 (C)90 (D)160。

( ) 3. 若市場需求曲線為 $P = 100 - Q$，且市場價格 $P = 40$，式中，Q 代表產量，則此時消費者剩餘是多少？ (A)600 (B)1200 (C)1800 (D)2400。

( ) 4. 下列何者需求曲線的消費者剩餘等於零？ (A) 完全沒有彈性的需求曲線 (B) 具有完全彈性的需求曲線 (C) 彈性等於 1 的需求曲線 (D) 線性具負斜率的需求曲線。

( ) 5. 在短期下，個別完全競爭廠商的生產者剩餘等於：(A) 廠商的利潤 (B) 廠商的利潤加固定成本 (C) 廠商的總收入 (D) 廠商的利潤加變動成本。

( ) 6. 若市場供給曲線為：$P = 10 + Q$，且市場價格 $P = 50$，式中，Q 代表產量；請問：在此狀況下，生產者剩餘是多少？ (A)1200 (B)3000 (C)800 (D)600。

( ) 7. 消費者購買一定數量商品時，其所願意且能夠支付之最大金額與實際支出金額之間的差額，我們稱之為： (A) 地租 (B) 生產者剩餘 (C) 消費者剩餘 (D) 邊際利潤。

( ) 8. 若市場需求曲線為：$P = 100 - 2Q$，且市場價格 $P = 20$，式中，Q 代表產量，請問在此狀況下，消費者剩餘是多少？ (A)3500 (B)800(C) 1600 (D)4000。

( ) 9. 若市場供給曲線為：$P = 2Q$，且市場價格 $P = 40$，式中，Q 代表產量，請問此時生產者剩餘是多少？ (A)80 (B)400 (C)800 (D)1000。

( )10. 消費者購買一定數量商品時，其所願意且能夠支付之最大金額與實際支出金額之間的差額，我們稱之為： (A) 效率水準 (B) 消費誤差 (C) 消費者剩餘 (D) 需求函數。

筆記頁

14

外部效果與環境

學習導引：寇斯與《廠商的本質》

經濟視野❶ 需求外部性（demand externalities）

經濟視野❷ 衝突管理（conflict management）

經濟視野❸ 公害糾紛

活用經濟實務：污染防治與永續發展

1991 年諾貝爾經濟學獎得主寇斯（Ronald Coase）是制度學派的代表人物，也是「交易成本」理論的提出者。從交易成本來探討廠商為何存在以及存在形式的研究方法，一般稱為新制度經濟學（New Institutional Economics）。

【寇斯】

交易的完成需要蒐尋訊息的成本、議價與決策的成本、以及檢驗與執行的成本。寇斯指出，生產活動雖然可以透過個人間的契約關係獨立進行，但由於簽定契約需要交易成本，因此只要交易活動在廠商內部進行的成本小於在市場上進行，廠商就會把這些原本經由市場進行的交易改由廠商來安排。在廠商內部進行交易的成本等於在市場進行交易的成本時，廠商的規模就達到極限。交易成本也是決定廠商購買什麼、生產什麼以及銷售什麼的因素。寇斯認為，由於擁有權利的人是否與別人簽訂契約，最後的結果是透過市場交易達成，權利的轉移過程中所產生的交易成本必須扣除。

寇斯在《社會成本問題》一文中說，國家是超級廠商（super-firm）；在其先前的《廠商的本質》一文中指出，因為市場存在著交易成本，以一個概括契約取代一連串契約的廠商，使經理人可直接指揮生產因素無須再經其同意，而減少了交易成本。國家以法律決定了財產權，人民須受其拘束，故稱超級廠商。協商制度的理論基礎就是寇斯定理，政策意義是政府制訂各種法律與制度時，應盡量去除會妨礙私人協商的各種障礙，不要增設有礙協商的障礙，以降低交易成本。

▶ 預習思考

☆ 試以外部效益與內部化的意義，說明全民健保由政府開辦的的原因。

☆ 試以最適污染量與污染許可證的意義，說明如何加強廢水排放業者的污染防治觀念及防治設施。

☆ 試以成長極限的意義，說明「限用塑膠袋，改用紙容器」的政策依據，並分析其對台灣經濟發展與生態環境的可能影響。

14-1 外部效果

一、外部性 (externalities)

　　參與經濟活動的行為者,所創造的經濟利益有部分不能獨享(外部效益),或所須成本有部分不必自己負擔(外部成本);外部效益與外部成本合稱外部性,或稱為外部效果(external effects),包括無排他性(nonexclusive)效果與共同財富(common property)效果。主要原因為該等商品的效益享用或成本負擔無法排他,亦即具有外部效益的商品不能完全禁止他人共享,而具有外部成本的商品不能完全避免他人承受,因此造成市場實然與社會應然之間存在差異。

　　社會應然之社會邊際成本(social marginal cost;SMC)等於社會邊際效益(social marginal benefit;SMB)的均衡,才能使經濟社會資源達最佳配置效率,獲得最大社會福利;市場實然之私人邊際成本(private marginal cost;PMC)等於私人邊際效益(private marginal benefit;PMB)的均衡,並未使經濟社會資源達最佳配置效率,而損失社會福利,造成市場失靈。

二、外部成本 (external costs)

　　經濟行為者所造成的成本不必自己負擔之部分,又稱為外部不經濟(external diseconomies)或負外部性(negative externalities),而自己須負擔之部分則稱為私人成本(private costs),兩者之和是該經濟活動所造成的總社會成本(social costs)。

> 外部成本＝社會成本－私人成本

1.生產面的負外部性

　　生產過程製造的成本,並未由該商品的生產者與消費者完全負擔,例如工廠環境汙染,是由忍受污染的鄰居甚至全民來共同承擔。

　　如圖 14-1,S_0 為廠商生產某商品的供給線,價格與其供給量之關係對應其邊際成本,因此 S_0 亦為生產者之私人成本,均衡量為 Q_0 而均衡價格 P_0。生產過程製造的外部成本為 E_0A 段,較高之 S_1 即為社會邊際成本曲線,表示由社會成本對應之社會應付

價格，社會均衡 E_1 之最適產量應減少為 Q_1 而社會價格應上漲為 P_1。Q_0 大於 Q_1 表示市場失靈，因為由私人成本 S_0 所形成之均衡 E_0 忽略了外部成本而超額生產了 Q_1Q_0 段，造成資源浪費（非最佳配置）。

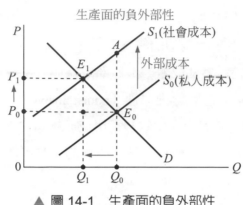

▲ 圖 14-1　生產面的負外部性

□ $AE_1Q_1Q_0$ 面積代表超額生產之總成本，□ $E_1Q_1Q_0E_0$ 面積代表消費者少付 P_1P_0 段價差並多消費 Q_1Q_0 段數量所多得的效益，所以 $\triangle E_1E_0A$ 面積代表社會成本淨額，即為生產消費此一商品的經濟活動，超額生產的邊際社會成本（供給線 S1）高於邊際效益（需求線），代表整體社會須為該商品的經濟行為者（生產者與消費者）所多負擔之損失。

因經濟行為者不必負擔全部成本，過度生產而使市場均衡量大於社會均衡量（$Q_0 > Q_1$），且市場均衡價低於社會均衡價（$P_0 < P_1$）的市場失靈現象，即過度生產導致社會成本損失。若對具有外部成本的商品生產加課稅捐，即提高私人成本，供給線上移至與社會成本相同之 S_1，可達到社會均衡 E_1 及資源配置效率。

2. 消費面的負外部性

消費過程製造的成本，並未由該商品的生產者與消費者完全負擔，例如消費煙酒造成的社會成本（環境污染、交通安全、社會秩序等），由全民來共同承擔。

如圖 14-2，D_0 為消費者消費某商品的需求線，價格與其需求量之關係對應其邊際效益，因此 D_0 亦為消費者之私人效益，均衡量為 Q_0 而均衡價格 P_0。消費該商品產生的外部效益降低（外部成本）為 E_0B 段，較低之需求線 D_2 即為社會邊際效益曲線，表示由社會效益對應之社會應付價格，社會均衡 E_2 之最適產量應減少為 Q_2 而社會價值（願付價格）應降低為 P_2。Q_0 大於 Q_2 表示市場失靈，因為由私人效益 D_0 所形之均衡 E_0 忽略了外部成本而過度消費 Q_2Q_0 段，造成資源未最佳配置。□ $Q_2Q_0E_0E_2$ 面積代表

社會過度消費（生產）之總成本，□$E_2Q_2Q_0B$ 面積代表社會消費者多消費 Q_2Q_0 段數量所增加之效益，所以 $\triangle E_2E_0B$ 面積代表社會成本淨額，即為生產消費此一商品的經濟活動，超額消費（生產）的邊際成本（供給線）高於邊際社會效益（需求線 D2），代表整體社會須為該商品的經濟行為者（生產者與消費者）所多負擔之損失。

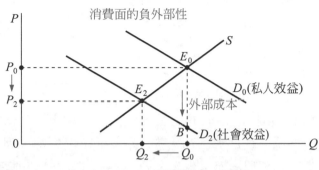

▲ 圖 14-2　消費面的負外部性

　　社會效益淨損失，即為了消費此一商品，整體社會因該商品的經濟行為者（生產者與消費者）未達社會均衡所損失之效益。因經濟行為者不必負擔全部成本，過度消費而使市場均衡量大於社會均衡量（$Q_0 > Q_2$），且市場均衡價高於社會均衡價（$P_0 > P_2$）的市場失靈現象，即過度消費導致社會成本損失。若對具有外部成本的商品限制消費，即降低私人效益，需求線左移至與社會需求相同之 D_2，可達到社會均衡 E_2 及資源配置效率。

試以外部成本與內部化的意義，說明垃圾費隨袋徵收的理由及影響。

三、外部效益 (external benefits) 的定義

　　經濟行為者創造的經濟利益中，自己不能獨享之部分，又稱為外部經濟（external economies）或正外部性（positive externalities），而自己享受的部分則稱為私人效益（private benefits），兩者之和是該經濟活動所創造的總社會效益（social benefits）。

外部效益＝社會效益－私人效益

1.生產面的正外部性

工廠生產過程製造的成本，由該商品的生產者承擔，但全民可以共同享有商品的利益，而降低社會成本。

如圖 14-3，S_0 為廠商生產某商品的供給線，價格與其供給量之關係對應其邊際成本，因此 S_0 亦為生產者之私人成本，均衡量為 Q_0 而均衡價格 P_0。生產的外部利益為 E_0A 段，較低之 S_1 即為社會邊際成本曲線，表示由社會成本對應之社會應付價格，其最適產量應

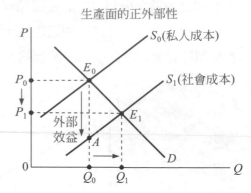

▲ 圖 14-3　生產面的正外部性

增加為 Q_1 而社會價格應下跌為 P_1。Q_0 小於 Q_1 表示市場失靈，因為由私人成本 S_0 所形成之均衡 $E0$ 忽略了外部利益而少生產了 Q_1Q_0 段，造成資源浪費（非最佳配置）。□ $E_0E_1Q_1Q_0$ 面積代表消費者少消費 Q_1Q_0 段數量所損失的效益，□ $E_1Q_1Q_0A$ 面積代表少生產 Q_1Q_0 段所節省的成本，所以 $\triangle E_1E_0A$ 面積代表社會效益淨額，增加消費的邊際效益（需求線）高於邊際社會成本（供給線 S_1），代表整體社會因該商品的經濟行為者（生產者與消費者）未達社會均衡所損失之效益。

因經濟行為者不能獨享全部效益，生產者不願多生產而使市場均衡量小於社會均衡量（$Q_0 < Q_1$），且供給不足使市場均衡價高於社會均衡價（$P_0 > P_1$）的市場失靈現象。若對具有外部效益的商品補貼，提高私人生產，供給線下移（降低成本）至與社會成本相同之 S_1，可達到社會均衡 E_1 及資源配置效率。

若因廠商研發創新產生的外部利益，使社會均衡之市場最適產量增加而價格下跌，提高社會福利，又稱為技術外溢（technology spillover）效果。

2.消費面的正外部性

消費商品的效益不能完全禁止他人共享，例如建造居住花園豪宅，居住者以外的過路人或鄰居亦可賞心悅目，享有滿足效用，非擁有者完全獨享。

如圖 14-4，D_0 為消費者消費某商品的需求線，價格與其需求量之關係對應其邊際效益，因此 D_0 亦為消費者之私人效益，均衡量為 Q_0 而均衡價格 P_0。消費該商品產生的外部效益為 E_0B 段，較高之需求線

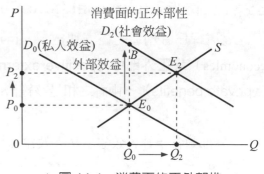

▲ 圖 14-4　消費面的正外部性

D_2 即為社會邊際效益曲線，表示由社會效益對應之社會應付價格，其最適產量應增加為 Q_2 而社會價格應上漲為 P_2。Q_0 小於 Q_2 表示市場失靈，因為由私人效益 D_0 所形之均衡 E_0 忽略了外部效益而消費不足 Q_2Q_0 段，造成資源未最佳配置。□ $BE_2Q_2Q_0$ 面積代表社會消費不足之效益總損失，□ $E_2Q_2Q_0E_0$ 面積代表社會消費者少付 P_2P_0 段價差並少消費 Q_2Q_0 段數量所節省的成本，所以 $\triangle E_2E_0B$ 面積代表社會效益淨損失，增加消費的社會邊際效益（需求線 D_2）高於邊際社會成本（供給線），代表為了生產消費此一商品的經濟活動，整體社會因該商品的經濟行為者（生產者與消費者）未達社會均衡所損失之效益。

因經濟行為者不能獨享全部效益，消費者不願多消費而使市場均衡量小於社會均衡量（$Q_0 < Q_1$），且消費者不願多付費而使市場均衡價低於社會均衡價（$P_0 < P_1$）的市場失靈現象。若對具有外部效益的商品補貼，提高私人需求，需求線上移至與社會需求相同之 D_2，可達到社會均衡 E_2 及資源配置效率。

試以外部效益與內部化的意義，說明補貼植栽，獎勵美化環境的理由及影響。

綜合範例

MPC 代表電力公司使用燃油來生產每百萬瓦小時（Mwh：permegawatt hour）的邊際私人成本（marginal private cost），MSC 代表每 Mwh 的邊際社會成本，T 代表每 Mwh 的租稅。為達配置效率，則 T 應？

Tip 詳生產面的負外部性、外部性。

解析

因經濟行為者不必負擔全部成本，過度生產導致社會成本損失。若對具有外部成本的商品生產加課稅捐，即提高私人成本，供給線上移至與社會成本相同，可達到社會均衡及資源配置效率。因此，租稅 T 應使：MPC + T = MSC。

網路外部性（network externalities）

　　市場需求增加，可引發個人使用的外部效益增加；使用網路的人愈多，使用者彼此之間的通訊效益愈大，並帶動增加網路相關的服務。廠商籍此增加提供網路相關服務，提升使用者的效益與廠商的利潤，稱為網路效果（network effect）。

 ## 14-2 外部效果內部化

一、內部化 (internalize)

　　將外部效果內部化，在市場均衡中調整加入外部效果，亦即將外部效益與外部成本納入市場活動之內，則該市場的成本效益與社會的成本效益相符，其均衡價量也就等於社會的最適價量，沒有市場失靈。通常經由政府干預促成，包括直接管制、課稅、補貼及各種福利政策使所得重分配公平化。

　　供需雙方形成的市場均衡與加上外部效果的整體社會應達成的均衡不同，使經濟社會資源未達最佳配置效率，造成市場失靈。將外部效果內部化，可以使市場實然真正反應社會應然，市場均衡即可與社會均衡相同，使經濟社會資源達最佳配置，消除市場失靈。但外部效果不易具體衡量，過度強調社會應然可能造成市場干預，而不能反應市場實然。

二、寇斯定理 (Coase Theorem)

　　當財產所有權可以確定（不論屬於何方）、牽涉之相關人數有限而且協商成本不大，則外部效果問題可以由該等相關當事人自行協商解決，不須政府干預。例如將環境權視為財產所有權，生產者與被污染者可以確定，牽涉之相關人數有限而且協商成本不大，為維護各自利益而協議補償。此補償金即是將外部成本內部化，納入市場活動之內，供需雙方均須衡量補償金的影響（成本上升）而調整其經濟行為（減少污染），直到達成社會均衡的最適價量狀態，使經濟社會資源達最佳配置效率，獲得最大社會福利。將外部效果問題的所有權明確歸屬，使具有外部性的經濟活動及其參與者受到監督，須在市場均衡中調整加入外部效果，使經濟社會資源達配置最有效率。

如圖 14-5，由私人成本 S_0 所形成之均衡 E_0，最適產量 Q_0，$\triangle AE_1E_0$ 面積代表社會成本淨額，私人生產者要生產 Q_0 產量，須支付 $\triangle AE_1E_0$ 面積予承受社會成本之所有權人（如受污染民眾）；社會均衡 E_1 之最適產量應減少為 Q_1，但私人經濟活動參與者損失效益 $\triangle BE_1E_0$ 面積，社會應補貼 $\triangle BE_1E_0$ 面積予經濟活動所有權人（如具有生產價值但會造成污染的廠商）。不論所有權確定屬於何方，外部效果問題可以由該等相關當事人自行協商解決，為維護各自利益而協議補償，達成社會均衡的最適價量狀態。

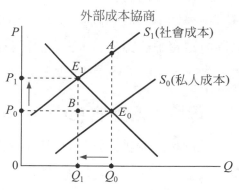

▲ 圖 14-5 外部效果協商

寇斯定理不考慮協商成本，當協商成本大於協商利益時，相關當事人無意進行協商，供需雙方形成的市場均衡無法加上外部效果，不能達成整體社會的均衡，使經濟社會資源未達最佳配置效率，造成市場失靈。若相關當事人對各自利益認知差異太大，或牽涉之相關人數認定困難，進行協商卻難以達成協議，將持續市場失靈。

寇斯定理不論所有權確定屬於何方，外部效果問題可以由該等相關當事人自行協商解決，達成社會均衡，但若所有權歸屬不當，可能引發不當誘因，且提高協商成本，反而造成資源浪費（非最佳配置）之市場失靈，降低社會福利。

寇斯認為交易成本係社會成本的一部分，尤其在解決污染問題方面；如果交易成本高到無法進行私人協商時，市場機制將無法啟動，經濟學的「以最低的成本獲得最大滿足」將無法成立，資源配置將是浪費的。

動動腦

試以寇斯定理的意義，與最適污染量的調整過程，說明環保爭議的解決之道。

三、共同財富 (common property)

當經濟社會資源之財產所有權不易確定，使具有外部性的經濟活動及其參與者未受到監督，只追求私人利益，例如海洋、森林等天然資源之濫採濫用，使經濟社會資源未達最佳配置效率（資源耗竭），而損失社會福利，造成市場失靈。

因使用共同財富資源之經濟行為者不必負擔全部成本,使市場均衡量大於社會均衡量且市場均衡價低於社會均衡價的市場失靈現象,即過度濫採導致社會成本損失。若將共同財富資源收歸公有,對經濟行為者(生產者與消費者)加收管理費或權利金,即提高私人成本,供給線上移至與社會成本相同,可達到社會均衡之資源配置效率。

四、環境影響評估 (environmental impact assessment;EIA)

進行經濟開發活動或政府政策對環境,包括生活環境、自然景觀、社會條件、文化遺產及生物生態等可能影響之程度及範圍,事前以科學、客觀、綜合之調查、預測、分析及評定,提出環境管理計畫,並公開說明及審查。環境影響評估工作包括第一階段、第二階段環境影響評估及審查、追蹤、考核等程序。以國家、地方團體、住民合為一體,管理良好環境素質與天然資源為目的,以及對水、空氣、廢棄物、噪音、土壤污染問題的防止和杜絕。

五、皮古稅 (Pigouvian tax)

生產過程製造的外部成本,並未由該商品的生產者與消費者完全負擔,因為由私人成本所形成之均衡忽略了外部成本而超額生產,造成資源浪費(非最佳配置)之市場失靈,若對具有外部成本的商品生產加課稅捐,即提高私人成本,由經濟行為者(生產者與消費者)自行承擔外部成本,供給線上移至與社會成本相同,可達到社會均衡及資源配置效率。

 經濟視野 ❷

衝突管理(conflict management)

衝突可能產生的結果為事情惡化使彼此均受到傷害、衝突較和緩但未見解決、雙方的協調使爭執獲得解決且都能表達出自己的想法。傳統處理衝突的方式多為被動壓制已發生的爭議事件,只能暫時性地息事寧人;現代衝突管理強調應用管理的方法及相關理論,來處理因應衝突,包含尚未發生、已經發生、正進行中的衝突事件。

綜合範例

當有不良外部性存在時，資源分派即遭受扭曲，試圖示說明扭曲的情況；為矯正該扭曲，政府應採取那些措施？

Tip 詳外部成本、生產面的負外部性、消費面的負外部性、內部化。

 ## 14-3　環境經濟學

一、環境經濟學 (environmental economics)

人類利用有限資源從事經濟活動，但經濟發展又會改變自然環境，使可用資源更為稀少，不利未來之經濟活動與發展，如何使經濟活動與自然環境達成均衡，即資源之利用配置最有效率，有利經濟永續發展與社會最大福利，成為經濟學的重要課題。

1. 柏雷圖永續性 (Pareto sustainability)

經濟發展應使目前經濟活動達到最大效益，而不損傷未來之經濟發展與福利，亦即經濟發展應以永續發展為原則，追求當代社會最大福利，不應以損傷未來之社會福利為代價。

2. 成長極限 (limits to growth)

米多士 (D & D. Meadows) 於 1970 年代提出，認為經濟成長提高所得水準，人口隨之增加，為增加產出而耗用更多資源並加重環境污染，當超越地球的生態極限與忍受程度，生活水準終將降低，經濟成長不可能長期持續發展。

成長極限理論主張經濟成長須配合生態環境，因此應限制使用自然資源，減輕環境污染，節制人口增加，減少投資產出，最後將導致人口增加率及經濟成長率降低至0。

3. 永續發展 (sustainable development)

聯合國於 1980 年代成立世界環境與發展委員會，認為不須限制經濟成長，但不能以惡化環境的方式發展經濟，即資源永續利用的發展。永續發展理論主張自然環境是經濟成長的基本資本，若自然環境耗竭創傷，經濟成長亦不可能持續發展。經濟成長過程須消耗基本資本，因此基本資本與實質資本及人力資本，同樣須不斷累積才能促進經濟發展，所以生態環境必須加以維護保育，並彌補其耗用與損失，持續累積資本進行永續發展。

　　先進國家應努力改變生活與生產方式，減少每單位產出的資源使用量與污染排放量，以創新技術提升生態效率及資源回收再利用。開發中國家則應努力減少人口增加率，並在進行經濟發展過程中即引進生態效率技術；先進國家與國際組織亦應提供必要的技術協助與資金援助，各國通力合作，才能永續利用全球資源，追求世界持續經濟發展。

→ 動動腦 ←

試以永續發展的意義，說明「建立非核家園」與「發展核能技術」的理念依據，並分析其對台灣經濟發展與生態環境的可能影響。

二、最適污染量

　　污染防治與環境保護有助長期經濟發展，減少污染可以獲得邊際社會利益（marginal social benefits；MSB），但清除污染亦須支付邊際社會成本（marginal social costs；MSC），MSB 大於 MSC 之污染防治值得推行，反之則否。

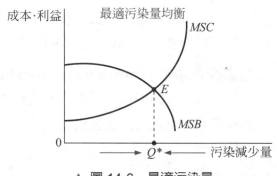

▲ 圖 14-6　最適污染量

　　如圖 14-6，隨著污染減少量愈大（向右），可以獲得的邊際社會利益遞減，而須支付之邊際社會成本遞增，因此 MSC 為正斜率而 MSB 為負斜率，$MSC = MSB$ 時為均衡，均衡點 E 對應最適污染量 Q^* 時之社會福利最大。若 $MSC < MSB$（Q^* 左方），表示污染防治可以獲得的邊際社會利益大於須支付之邊際社會成本，應繼續減少污染量（向右調整）；若 $MSC > MSB$（Q^* 右方），表示污染防治可以獲得的邊際社會利益小於須支付之邊際社會成本，應減少推行污染防治量（向左調整）。

　　污染減少量 0（原點）時之污染量最大而社會福利最小，因此污染防治之 MSB 最大而 MSC 最小，應繼續擴大減少污染量（向右調整）至 Q^*；當污染減少量超過 Q^*（Q^* 右方），雖然環境品質更佳，卻非最大社會福利之均衡狀態，因為須支付之邊際社會成本太高，應減少推行污染防治量（向左調整）至 Q^*，所以零污染（最大污染減少量）並不符合經濟效益。

由於污染為外部成本，將外部效果內部化，通常經由政府干預促成，包括直接管制訂定污染量標準（取締違反者使其支付成本）、課徵污染稅（使用者付費以價制量）、補貼獎勵污染防治模範等，以達成社會均衡之最大福利。

三、可交易污染許可證 (tradable pollution permits)

政府衡量最適污染量，載明可污染量標準後，售予需求廠商，廠商間亦可交易買賣，形成污染許可證交易市場；經由自由市場機制運作，決定均衡之最適污染價格，達成資源利用配置最有效率之最大社會福利。

如圖 14-7，橫軸為污染數量，縱軸為污染價格；其他條件不變時，污染價格高表示使用成本高使需求量減少，形成負斜率需求線；供給由政策控制（政府發行許可證）為定量，所以污染供給線是垂直線；交叉點 E 為市場均衡，對應均衡污染量與均衡污染價格。因此經由污染許可證交易，政府管制訂定污染量標準，廠商則依其需求決定均衡污染價格。

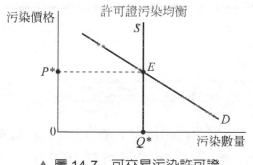

▲ 圖 14-7　可交易污染許可證

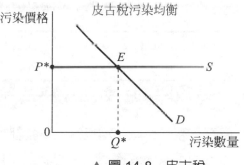

▲ 圖 14-8　皮古稅

若對具有外部成本的商品加課皮古稅，亦即廠商支付固定污染價格取得污染許可，供給由政策控制。皮古稅額為定價，所以污染供給線是水平線（如圖 14-8）；污染需求線為負斜率；交叉點 E 為市場均衡，對應均衡污染量與均衡污染價格。因此經由加課皮古稅，政府管制訂定污染外部成本價格標準，廠商則依其需求決定均衡污染數量。

四、自然保育 (Nature Conservation)

積極主動地調查、規劃，將現有值得保護的各項資源，透過國家公園、保護區及相關公眾參與等手段，來達成環境資源的保存及保育，如森林、坡地、農田、綠地、水源區、國家公園、野生動植物，以及生物多樣性等，是重要的長期工作。

　　自然資源著重水體、土壤、森林、野生物等實體物質及範圍，完整的生態系運作過程包含水循環、營養循環、氣候調節、生命循環及土地使用等，規劃管理須由整合性的觀點考量。

五、綠色國民所得 (green GNP)

　　由聯合國及世界銀行所推動，與環境關懷組織合作，為追求經濟的永續發展（sustainable growth），強調環境資源對國民經濟福利之重要性。將油氣、煤炭等礦產之能源開發及消耗，森林、海洋、野生生物等再生資源之失衡損失，及土壤、空氣、水源等環境污染成本，均計入國民所得帳中予以扣抵。國際標準組織（International Organization for Standardization；ISO）亦於 1996 年推出 ISO14000 系列，將環境管理納入企業生產管理，亦即將環保納入生產成果與福利水準。

> 觀察台灣的綠色國民所得，說明其對我國經濟成長，與永續發展之影響及解決之道。

綜合範例

生產石化產品會產生環境污染，當社會無法界定並執行污染權時，廠商生產的石化產品產量和可以達成經濟效率的產量比較起來，是較多還是較少？為什麼？政府應採取那些措施？試繪圖說明之。

 詳寇斯定理、最適污染量。

經濟視野 ❸

公害糾紛

　　因公害或有發生公害之虞所造成之民事糾紛。公害係指因人為因素，致破壞生存環境，損害國民健康或有危害之虞者，範圍包括水污染、空氣污染、土壤污染、噪音、振動、惡臭、廢棄物、毒性物質污染、地盤下陷、輻射公害及其他經中央主管機關指定公告為公害者。

◦ **活用經濟實務**

污染防治與永續發展

　　行政院環境保護署舉行環境荷爾蒙研討會，高雄師範大學生物科技系副教授田倩蓉、成功大學環境保護暨安全衛生中心主任李俊璋等人都指出，雙酚 A、壬基酚等環境荷爾蒙，對人體生殖、消化、泌尿系統有危害，應密切注意。

　　根據環保署對台灣主要河川的監測資料，國內河川壬基酚、雙酚 A 的含量偏高，其中以高雄市愛河、桃園縣南崁溪最嚴重，特別值得注意。其中壬基酚是常見的表面活性劑、抗氧劑成分，廣泛被用做清潔劑，可能會干擾內分泌系統；雙酚 A 則多用在食品包裝、罐頭、飲料罐等，可能會影響生殖系統。另外，國內多條河川也被檢出可氯丹、毒殺芬等有害物質，學者建議政府加強工業污染防治，以免民眾誤食受到污染的魚類。

　　台灣的自來水不僅檢出壬基酚、雙酚 A、還有塑化劑，綠色和平與專家呼籲，這些環境荷爾蒙和塑化劑雖然都只是微量，但部份超過歐盟標準值，環保署應列出禁用清單，並訂飲用水的各項標準。

　　林口長庚醫院臨床毒物科主任林杰樑解釋，塑化劑與環境荷爾蒙在環境中不易分解，水、土、河川底泥中都會累積，如沒有固定清除，恐會有二次污染問題。綠色和平污染防治專案主任賴倩如表示，環境荷爾蒙或塑化劑恐造成兒童性早熟或生殖器官受損；以壬基酚而言，目前環保署僅限制用在家庭清潔劑，但工業清潔劑仍可使用，環保署應列出塑化劑、環境荷爾蒙的禁用清單。

　　台北醫學大學醫學系生化學科教授張怡怡說，環境荷爾蒙檢出屬微量，經過風險評估試算，不會對人體造成危害，在成本考量下，沒有必要要求水公司去除微量的環境荷爾蒙，民眾真正要擔心的恐怕是加氯消毒副產物。水利署發言人表示，確有部份淨水場原水偵測到新興污染物，但都是微量，透過淨水處理之後，幾乎都測不到，民眾不用擔心。

試以經濟學分析，思考以下問題：

1. 以污染許可證的意義，說明國內河川、自來水處理之最適污染數量與價格。
2. 以永續發展的意義，說明創造環境保護、經濟發展及社會公義的三贏局面。
3. 以零污染的成本效益，說明水公司去除微量環境荷爾蒙的效果。

複習演練

(　　) 1. 政府可以採取幾種方法減少污染，其中那一種方法最無法鼓勵廠商開發降低污染的新技術？　(A) 課徵 Pigouvian 稅　(B) 直接管制排放數量　(C) 發給可交易污染許可證　(D) 補貼開發防污技術。

(　　) 2. 人們的經濟行為有外部效益時：　(A) 可達最高之社會淨效益　(B) 社會邊際效益小於私人邊際效益　(C) 私人所決定的產量偏低　(D) 政府應加以課稅。

(　　) 3. 下列何種活動最不可能造成外部性（externality）？　(A) 擦香水　(B) 吸香煙　(C) 讀言情小說　(D) 剷除門前路上的積雪。

(　　) 4. 汽車排放廢氣行為具有下列那一點特性？　(A) 互斥性　(B) 排他性　(C) 外部性　(D) 內部性。

(　　) 5. 如果某產品的生產會帶來負面的外部效應（negative external effect），則生產該產品的　(A) 社會成本大於私人成本　(B) 社會成本等於私人成本　(C) 社會收益大於私人收益　(D) 社會收益小於私人收益。

(　　) 6. 當廠商生產的成本低於社會成本時，廠商產品的產量會：　(A) 高於社會所需要的量　(B) 低於社會所需要的量　(C) 等於社會所需要的量　(D) 與社會所需要的量無關。

(　　) 7. 張先生在自己的庭院種植花草，不但香氣四溢而且也美化了環境，此時社會福利最大的種植數量應符合下列那一條件？　(A) 社會邊際效益＝社會邊際成本　(B) 私人邊際效益＝私人邊際成本　(C) 私人邊際效益－外部效益＝社會邊際成本　(D) 私人邊際效益＝私人邊際成本＋外部成本。

(　　) 8. 寇斯（Coase）定理是指政府處理外部成本問題時，最該做的是：　(A) 課稅　(B) 補貼　(C) 直接管制　(D) 界定產權。

(　　) 9. 有外部不經濟時，若無任何政策，市場產量　(A) 將高於社會最適產量　(B) 將低於社會最適產量　(C) 等於社會最適產量　(D) 不一定高於社會最適產量。

(　　)10. 污染防治的最適水準，應該追求　(A) 零污染的境界　(B) 完全無防治　(C) 環保的邊際效益等於邊際成本　(D) 環保的總效益等於總成本。

15

公共財與干預

學習導引：薩繆森與《經濟分析基礎》

經濟視野❶ 促進民間參與公共建設法（簡稱促參法）

經濟視野❷ 農產品保證價格

經濟視野❸ 租稅優惠

活用經濟實務：國有地活化的公共選擇

保羅‧薩繆森（Paul Samuelson），美國凱恩斯學派著名經濟學家，1947 年在其《經濟分析基礎》（Foundation of Economic Analysis）一書中提出比較靜態經濟分析方法（comparative statics method），同年獲得約翰‧貝茨‧克拉克獎，1970 年獲得第二屆諾貝爾經濟學獎。

【薩繆森】

薩繆森是革新經濟學研究的理論巨人，他在 60 多年前所著的《經濟學》一書，至今在全球銷售超過 400 萬冊，影響了一整個世代，美國聯邦準備理事會（Fed）主席柏南克在麻省理工學院（MIT）唸書時便是拜在薩謬森門下。一生學術論文 300 多篇，在經濟學多個領域都做出奠基性的貢獻，包括總體經濟學、個體經濟學、福利經濟學、貿易理論、公共財理論等方面。

薩繆森從 1940 年起便一直在 MIT 任教，32 歲就當上教授，成為第一位榮獲諾貝爾經濟學獎的美國人，教出了三個諾貝爾經濟學獎得主。薩繆森畢生都是忠誠的民主黨員，擔任過甘迺迪與詹森總統的顧問，但從不接受正式的官職。

薩繆森的經濟學是把凱因斯的總體經濟學和新古典經濟學的個體經濟學結合在一起，他認為如果先使用凱因斯派的方法救治失業等問題，就可以用新古典學派的市場模型來解決一般性的經濟問題。

▶ 預習思考

☆ 試以政府干預與政府失靈的意義，以及公共財均衡分析，說明政府分配預算的過程、理由及影響。

☆ 試以虜獲理論的意義，說明政商勾結黑金體制的形成過程、理由及對經濟社會之影響。

☆ 試以搭便車與政府失靈現象，分析健保雙漲政策（調高健保費率與部份負擔）的可能影響。

15-1　公共財

一、私有財與公共財

1.私有財 (public goods)

　　一般在市場均衡分析中的各種財貨勞務商品，供需雙方均須依循價格機制調整其行為以完成交易。私有財的特性為需求者間具有敵對性（rivalry），當某需求者購買消費某單位商品後，即擁有私有財產所有權，其他需求者就不能再購買同一單位商品。

　　私有財的供給者則具有可排他性（excludability），供給者所銷售的商品，在技術上可以選擇特定消費者而隔離其他，使願意而且能夠支付代價或符合條件的需求者，才能享有其供應之商品。

　　在同一價格下將多人的個別私有財需求量加總，成為該價格對應的市場需求量，將每一價格與其對應的市場需求量（點）連接起來，在圖形上形成另一條右移之需求線（如圖 15-1），即市場需求線是由個人需求線水平加總。

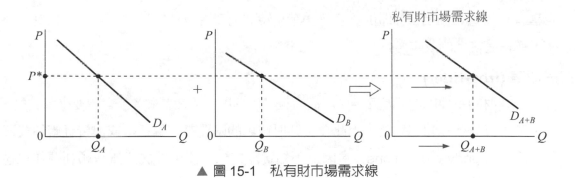

▲ 圖 15-1　私有財市場需求線

　　私有財市場的經濟效率之均衡狀態，其條件是所有消費者購買任兩種商品之邊際替代率（MRS）相等，而且等於所有生產者生產該商品之邊際轉換率（MRT）；MRS＝MRT 之最適境界，表示生產者所選擇的產品最大產量組合，為每一消費者需求的商品最大效用組合，使整體經濟社會達到最佳之產品組合狀態。

2.俱樂部財 (public goods)

　　供給者具有可排他性，所銷售的商品在技術上可以選擇特定消費者（會員）而隔離其他，使願意而且能夠支付代價或符合條件的需求者，才能享有其供應之商品。

會員間具有非敵對性，財貨勞務可以由各不同需求者共同使用同一單位商品，亦即某需求者使用某單位商品後，不影響其他需求者再使用同一單位商品（場所設備）。

3. 公共資源 (public resources)

天然資源的供給為非排他性，在技術上不易選擇特定消費者取用而隔離其他，使願意而且能夠支付代價或符合條件的需求者才能享有其供應之商品，亦即無法禁止特定以外的需求者共享其供應之商品。

需求者間具有敵對性，當某需求者消耗使用某單位資源後，即擁有所有權，其他需求者就不能再消耗使用同一單位資源。

4. 公共財 (public goods)

一般公共設施，公共財的特性為需求者間具有非敵對性（non-rivalry），有些財貨勞務可以由各不同需求者同時使用同一單位商品，亦即某需求者使用某單位商品後，不影響其他需求者再使用同一單位商品，又稱之為集體消費性，表示許多需求者共同消費使用同一單位商品，並不會增加生產者之邊際成本。

公共財的供給者為非排他性（non-excludability），供給者所銷售的商品，在技術上不易選擇特定消費者而隔離其他，使願意而且能夠支付代價或符合條件的需求者才能享有其供應之商品；亦即供給者無法禁止特定消費者以外的需求者共享其供應之商品，或實施排他的成本過高。

5. 搭便車 (free-rider)

公共財的主要問題，因為不支付代價也可以享用，所有需求者都會想要坐享其成，而不願意支付代價自己購買，因此在公共財市場的購買需求偏低，或浪費耗竭造成草原悲劇（tragedy ofcommons）。因為不知實際需求，使市場機能無法順利運作以達成最大經濟效率之均衡狀態，造成市場失靈。

試以公路與停車場的非敵對性與可排他性及搭便車之意義，說明使用者付費改善交通的理由及影響。

二、公共財均衡分析

公共財的需求者無實際購買行為，因此公共財通常由政府購買供大眾共享，其願意支付的價格，為所有需求者願付最高價格之加總，亦即公共財市場的總需求線（邊際效益 MB）為所有個別需求線的垂直加總，供給線則是生產者之邊際成本（MC），兩線交叉之均衡點（$MC = \Sigma MB$）即對應公共財市場的最適價格與數量（如圖 15-2），公共財的最適生產量決定於每人支付的價格之和等於生產該項產品的邊際成本。為多增一單位公共財的需求效用，其願意增加支付的價格，應等於多增一單位公共財的供給成本，才能達成最大經濟效率之均衡狀態。此一分析法由美國經濟學家薩繆森（Samuelson）於1955 年提出。

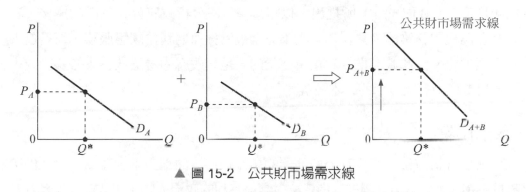

▲ 圖 15-2 公共財市場需求線

公共財市場的經濟效率之均衡狀態，其條件是所有消費者之邊際替代率（MRS）總合等於所有生產者生產該商品之邊際轉換率（MRT），公共財總消費量為所有需求者共同消費使用，$\Sigma MRS = MRT$ 之最適境界，表示所有需求者願付最高價格（代價 MRS）之加總為消費者需求的商品最大效用組合，均衡時應等於生產者所選擇的產品最大產量組合之成本（代價 MRT），使整體經濟社會達到最佳之產品組合狀態。

三、公共利益 (public interest)

政府任務在為民服務，其經濟角色為協助市場，將經濟資源作最有效的運用，以提升經濟效率使社會福利達到最大，必要時政府可以對不盡完善之市場機能進行干預，發揮公平與安定的經濟功能。

公共財的唯一購買者為政府，亦即由政府代表公共財市場的總需求，但個別實際需求難以確實衡量，也就難以加總得到總需求，因此政府應支付多少價格購買多少數量公共財，通常由政治程序決定。政府擬議推動的公共建設，應先評估其可以獲得的效益及

所須支付的成本（包括外部性與機會成本價值），再經政治程序由決策者修正認可後執行，但其價格與數量實際上是各政治勢力相互妥協的均衡，而非經濟力量透過市場機能調整所得之最適均衡。

四、虜獲理論 (capture theory)

由史蒂格勒（G. Stigler）所提出，認為政府已被經濟影響力較大的大型企業所虜獲而為其利益服務，政府干預不能真正為全民服務發揮經濟公平，因此發生決策偏誤造成之政府失靈現象。

五、公共選擇 (public choice)

由布坎南（J. Buchanan）所提出，以經濟學方法分析政府公共部門的操作，認為政府不完全在為民服務維護公共利益，也不完全被虜獲而為利益團體服務，而是追求該政府的效用極大化。因此政府推行政策所衡量的，是該政府的邊際效益大於邊際成本，而非衡量全民或任何利益團體的成本效益。

六、政治市場

以經濟學分析方法，將政府公共部門的操作視為一個別市場，政治人物（供給者）提出政見，選民（需求者）選擇（消費）對其最有利的政治人物，組成政府為其利益（效用）服務，當選的政治人物雇用行政官員（要素）執行（生產）其政策（產品），政治人物選擇以最小代價（成本）尋求最多選民認同（收入）並獲得最大政治利益（利潤）。因此由政治市場均衡所得到的最大政治利益，未必符合經濟市場均衡所追求之最大經濟效率，或規範經濟學所追求之全民福利。

七、理性愚昧 (rational ignorance)

一般選民可能對各種問題無法深入了解，亦可能只為各自私利，因此一般選民通常會選擇對其利益立即明顯而代價短期不明的政策，反對其利益短期不明而代價立即明顯的政策；政府為得到最大政治利益，必須在一般選民與利益團體間達成均衡，而不惜犧牲經濟效率與長期經濟福利。

➡ ·動動腦· ⬅

試以政治市場的公共選擇理論，說明政府政策經常「爲選票拼選舉」的理由，及對經濟社會之影響。

 綜合範例

下列公共財的敘述，何者爲眞： (A) 公共財的使用，不具有排他性 (B) 公共財提供的時機，其必要條件是保留價格的加總小於公共財的總購置成本 (C) 提供公共財的最適數量應 $\Sigma MRS_i - AC(G)$；G 是公共財，AC 是平均成本，MRS 是邊際替代率 (D) 公共財提供的時機，其充分條件是公共財的總購置成本小於每人實際支付的總額。

Tip 詳公共財均衡分析、公共財。

 經濟視野 **1**

促進民間參與公共建設法（簡稱促參法）

於 2000 年公布實施，秉持積極創新之精神，從興利的角度建立政府、民間之夥伴關係，政府規劃之民間參與公共建設計畫，皆應辦理可行性評估及先期規劃，審慎評估民間投資之可行性；並就公共建設特性結合商業誘因，研擬先期計劃書。

15-2 政府干預

一、政府干預

當發生市場失靈，市場價格機制無法自行有效運作達成均衡，爲確保經濟社會最大福利，將政府力量介入影響市場運作，又稱爲看得見的黑手。政府主要的經濟任務爲建立制度政策、維護市場競爭秩序、調整資源配置運用、謀求經濟穩定成長與所得分配平均，使國民獲得最大福利。但政府決策即形成外力干預（詳表 15-1），亦可能影響自由經濟市場機制的運行。

▼ 表 15-1　政府干預的方式

類別	說明
1. 直接干預 （direct intervention）	政府透過法令政策直接管制市場活動，直接限制市場的價格或數量。
2. 間接干預 （indirect intervention）	政府透過法令政策影響市場活動，造成供給或需求變化，間接限制市場的價格或數量。例如對某產業獎勵補貼而使其供給增加，嚴格審查或課稅則使其供給減少；協助某商品的促銷活動或規定獎勵使用該商品可增加其需求，禁止或限制某市場的消費活動則減少其需求。

━━━━━━━━━━ 動動腦 ━━━━━━━━━━

試以直接干預與間接干預的方法，說明政府如何管制熱錢投機，引導產業正常發展；再以政府失靈的意義，分析政府干預金融市場的可能影響。

二、價格管制 (price control)

　　政府針對某市場設定最高價格（上限）或最低價格（下限）。當設定價格不等於市場的均衡價格，使需求與供給不一致而離開原均衡，但市場力量受限而不能進行調整拉回原均衡，將繼續維持市場失衡狀態，而無法達到穩定的均衡。

1. 價格下限 (price floor)

　　政府設定市場的最低價格，例如政府在勞動市場訂定最低工資，以保障勞工基本權益與生活水準。若市場均衡工資高於或等於最低工資則不影響市場運作，但當最低工資高於市場均衡工資，將造成勞動市場超額供給（不均衡），失業勞工無法就業獲得最低工資以保障其基本生活，反而減少國民福利。

　　當價格下限（P_1）高於均衡價格 P^*，在 P_1 下供給量（Q_1^S）大於需求量（Q_1^D），而偏離交叉點 E（需求＝供給），AB 段為超額供給之市場失衡。若自由經濟機制順利運行，市場力量進行調整，因供給過剩，賣方為出清存貨而降價求售，價格由 P_1 降至 P^*，在 P^* 下供給量等於需求量等於均衡量（Q^*），市場重回原均衡點 E（需求＝供給）。因人為干預訂定價格下限，市場力量無法以降價重回原均衡，除非供需條件改變，否則將持續超額供給之市場失衡，市場交易量（Q_1^D）。

社會福利為消費者剩餘與生產者剩餘之總合，在均衡點交易可獲得最大的消費者剩餘與生產者剩餘之總合，即圖 15-3 中 $\triangle CFE$ 的總面積即最高的經濟社會總福利。在正常的市場價格機能運作下，調整使供需雙方自動達成並維持穩定的均衡狀態，整個經濟社會資源運用最有效率，供需雙方各自獲得最大的生產者剩餘（$\triangle P^*EF$）與消費者剩餘

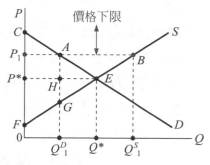

▲ 圖 15-3　價格下限對市場的影響

（$\triangle P^*EC$），社會福利亦最高。人為干預訂定價格下限 P_1，市場交易量 Q_1^D，消費者剩餘 $\triangle ACP_1$，生產者剩餘 $\square AGFP_1$，社會總福利 $\square ACFG$，福利損失 $\triangle AEG$。

2. 價格上限 (price ceiling)

政府設定市場的最高價格，例如政府在消費市場訂定最高售價，以保障消費者基本權益與生活水準。若市場均衡售價低於或等於價格上限則不影響市場運作，但當價格上限低於均衡售價，將造成消費市場超額需求（不均衡），亦即有許多需求者想買卻不買到商品的短缺問題，必須增加商品供給或減少商品需求才能夠使消費市場調整至均衡狀態，否則資源配置不當，反而減少國民福利。

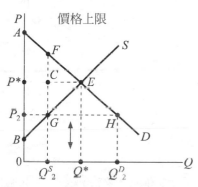

▲ 圖 15-4　價格上限對市場的影響

當價格上限（P_2）低於均衡價格 P^*，在 P_2 下供給量（Q_2^S）小於需求量（Q_2^D），而偏離交叉點 E（需求＝供給），GH 段為超額需求之市場失衡。若自由經濟機制順利運行，市場力量進行調整，因為短缺，買不到的需求者喊價搶購，價格由 P_2 漲至 P^*，在 P^* 下供給量等於需求量等於均衡量（Q^*），市場重回原均衡點 E。但人為干預，訂定價格上限 P_2，市場力量無法以漲價重回原均衡，除非供需條件改變，否則將持續超額需求之市場失衡，市場交易量（Q_2^S）。

在正常的市場價格機能運作下，調整使供需雙方自動達成並維持穩定的均衡狀態，整個經濟社會資源運用最有效率，圖 15-3 中供需雙方各自獲得最大的生產者剩餘（$\triangle P^*EB$）與消費者剩餘（$\triangle P^*EA$），社會福利亦最高（$\triangle BEA$）。人為干預訂定價格上限 P_2，市場交易量 Q_2^S，消費者剩餘 $\square AFGP_2$，生產者剩餘 $\triangle P_2GB$，社會總福利 $\square AFGB$，福利損失 $\triangle EGF$。

三、數量管制 (quantity control)

　　政府針對某市場設定數量限額，例如為保護國內產業而限制該商品的進口數量，造成市場供給減少而發生超額需求；可能透過黑市交易，或調整到數量減少且價格上漲的新均衡狀態，反而減少國民福利。

　　如圖 15-5，S 代表國內的生產者對某產品的供給線，D 是國內對該產品的需求線，當無國際貿易發生時，國內市場均衡價 P^* 與量 Q^*。進行國際貿易後，以國際價格 Pw 進口該產品至國內市場交易，需求量增為 Q_4，但國內生產者只能供給 Q_1（收入 □ $0P_wAQ_1$），因此進口量為 Q_1Q_4 段。

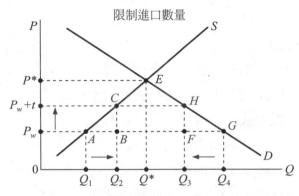

限制進口數量

▲ 圖 15-5　限制進口數量對市場的影響

　　若進口限額 Q_2Q_3 段，即國內需求量減為 Q_3，但國內生產者供給量增為 Q_2，國內市場價格上漲為 $Pw+t$，國內生產者收入增加為 □ $0Q_2C$（P_w+t）。其中 $\triangle ABC$ 面積代表國內生產者，以較高成本生產較多產量造成的資源浪費（社會福利損失），而 $\triangle HFG$ 為國內消費者因價格上漲且需求量減少，所造成的消費者剩餘減少（社會福利損失），□ $BCHF$ 則為國外生產者因價格上漲而增加之收入。其影響效果與提高關稅 t 相同，但 □ $BCHF$ 為政府之關稅收入。

四、政府失靈 (government failure)

　　政府為保障國民獲得最大福利，而介入影響市場運作，可能付出極大代價得不償失，甚至與原先目標背道而馳，反而成為干預市場的黑手，使市場價格機制無法自行有效運作，以達成均衡之最大社會福利。

經濟視野 2

農產品保證價格

　　利用補貼或租稅為手段，維持國內農產品價格達到某一合理的水準之上，以提高農民所得，最常用的有政府直接收購、不足額支付、實物補助、進出口管制方式等。農產品價格穩定政策，則利用平準基金法或實物平準法，透過公開市場的操作，以穩定農產品價格達到合理範圍。

 綜合範例

已知 X 物品的需求函數為 $Q_d = 35 - 10P$，而供給函數為 $Q_s = -9 + 12P$，其中 P 為價格，如果政府限制市場數量固定為 9 單位，則社會的絕對損失（deadweight loss）為何？

Tip 詳價格上限。

解析

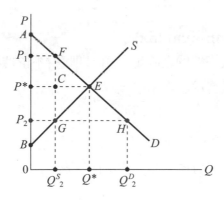

均衡 $Q_s = -9 + 12P = Q_d = 35 - 10P$，

得 $P^* = 2$，$Q^* = 15$，

人為干預訂定價格上限 P_2 或限制市場數量 Q_2^S，消費者剩餘□ $AFGP_2$，生產者剩餘 $\triangle P_2GB$，社會總福利□ $AFGB$，福利損失 $\triangle EGF$。

$Q_2^S = 9$ 單位，$P_2 = (Q_s + 9)/12 = 1.5$，$P_1 = (35 - Q_d)/10 = 2.6$

福利損失 $\triangle EGF = (15 - 9) \times (2.6 - 1.5)/2 = 3.3$。

15-3 課稅效果

一、稅率

通常賦稅依據稅額占稅基的比例課徵，例如所得稅率為稅額占所得之百分率，所得愈高則稅額愈高。

稅率以總量表達者稱為平均稅率（t）＝繳稅總額（T）／所得總量（Y）；

以變動量表達者則稱為邊際稅率（Δt）＝繳稅增額（ΔT）／所得增量（ΔY）

1. 比例稅 (proportional tax)

稅率固定，即賦稅依據稅額占稅基的固定比例課徵，所得愈高則稅額愈高，但增加幅度相同，因此邊際稅率等於平均稅率。

2. 累進稅 (progressive tax)

稅率隨所得增加而增加，即賦稅依據稅額占稅基的不同比例課徵，所得愈高則稅額愈高，且稅額增加幅度較大，因此邊際稅率大於平均稅率。通常為所得稅以及部分財產稅所採行。

3. 定額稅 (fixed tax；lump-sum tax)

繳稅總額為與稅基大小無關之固定金額，即賦稅不依據稅額占稅基的特定比例（稅率）課徵，不論所得高低其稅額均相同。

4. 從量稅 (specific tax)

賦稅依據稅額占交易數量的比例課徵，交易數量愈高則稅額愈高，通常為稅率固定之比例稅。若賦稅由廠商負擔，將造成廠商邊際成本增加。

5. 從價稅 (ad valorem tax)

賦稅依據稅額占交易金額的比例課徵，交易價格愈高則稅額愈高，通常為稅率固定之比例稅。若賦稅由廠商負擔，將造成廠商邊際收入減少。

6. 累退稅 (regressive tax)

納稅人的負擔率隨課稅對象數額的增加而遞減的稅，指稅額相對於納稅人淨收入的比例而言，負擔能力高者，負擔率低；而負擔能力低者，負擔率高，這實質上就是一種累退稅。常見的例子是營業稅、消費稅和財產稅。

二、課稅影響效果

課稅前市場均衡價 P^* 與量 Q^*，課稅後（稅額 t）市場售價 P_d，即消費者支付 P_d 購買，但生產者只收入 P_s，量減為 Q_t，另政府稅收 t。如圖 15-6，課稅前生產者剩餘 $\triangle P^*EF$ 與消費者剩餘 $\triangle P^*EG$，經濟社會總福利 $\triangle GFE$。課稅（稅額 t）後消費者剩餘 $\triangle AGP_d$，生產者剩餘 $\triangle CFP_s$，政府稅收 $\square ACP_sP_d$，社會總福利 $\square ACFG$，福利損失 $\triangle AEC$；其中消費者剩餘損失 $\triangle AEB$ 並負擔稅賦 $\square ABP^*P_d$，生產者剩餘損失 $\triangle CEB$ 並負擔稅賦 $\square BCP_sP^*$。

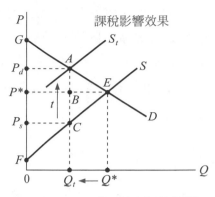

▲ 圖 15-6　課稅對市場的影響

三、完全競爭廠商的課稅效果

個別廠商之水平需求線（$AR = MR$），代表個別廠商只能接受整體市場決定的均衡價格 P^*，完全競爭廠商產出最適產量使其獲得正常利潤的長期均衡條件為 $AR = MR = P^* = LMC = LAC$，因此完全競爭廠商的長期均衡點位於水平需求線與 LAC 曲線最低之切點。

對每一單位銷售量課徵 t 元從量或從價稅，比例稅使廠商的邊際成本與平均成本皆上升 t 元，市場的稅後售價長期亦上漲 t 元。

短期市價上漲但低於長期平均成本（$P < P^* + t = LAC_1$）時，無法承受虧損（自行吸收賦稅成本）的廠商將被迫停業退出市場，使整體市場的供給減少（$S_0 \rightarrow S_1$）且均衡價格上漲（$P^* \rightarrow P^* + t$），規模減少（$q_0 \rightarrow q_1$）；繼續生存的個別廠商最適產量不變（Q^*），獲利回升（購買者負擔賦稅 t）至正常利潤（$P = P^* + t = LAC_1$），即經濟利潤為 0 之均衡穩定狀態（如圖 15-7）。

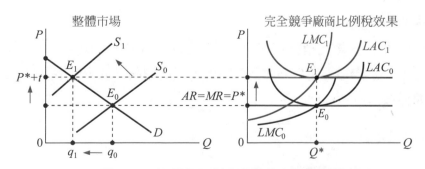

▲ 圖 15-7　比例稅稅對完全競爭市場的影響

對每一商品課徵固定 T 元，定額稅使廠商的邊際成本不變而平均成本上升。

短期市價（P^*）不變（MC 不變）而低於長期平均成本（LAC_2）時，無法承受虧損（自行吸收賦稅成本）的廠商將被迫停業退出市場，使整體市場的供給減少（$S_0 \to S_2$）且均衡價格上漲（$P^* \to P_2$），規模減少（$q_0 \to q_2$）；繼續生存的個別廠商最適產量增加（$Q_0 \to Q_2$），獲利回升（購買者負擔賦稅）至正常利潤（$P_2 = LAC_2$），即經濟利潤為 0 之均衡穩定狀態（如圖 15-8）。

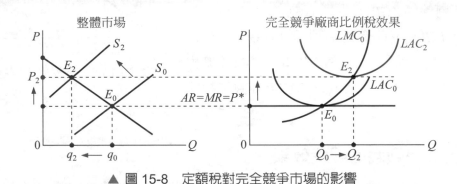

▲ 圖 15-8　定額稅對完全競爭市場的影響

試以比例稅對廠商的課稅效果，說明網拍業者依法課徵營業稅及營利事業所得稅的可能影響。

四、獨占廠商的課稅效果

獨占廠商可調整生產資源，尋求最大利潤之最適規模產量與定價，其長期均衡條件為 $MR = LMC$，亦即使廠商的邊際收益等於長期邊際成本時之產量與定價。由於獨占廠商之平均收益是負斜率需求線（$AR > MR$），因此無法與 U 型 LAC 曲線相切於最低點，賦稅轉嫁程度視市場需求彈性而定。

如圖 15-9，對每一單位銷售量課徵 t 元從量或從價稅，比例稅使廠商的邊際成本與平均成本皆上升，邊際收益與平均收益皆降低，因此利潤降低，價格上漲（$P_0 \to P_1$），廠商最適產量減少（$Q_0 \to Q_1$）。

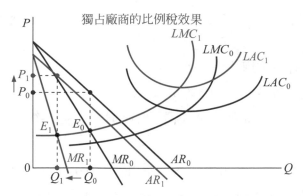

▲ 圖 15-9　比例稅對獨占市場的影響

　　如圖 15-10，對每一商品課徵固定 T 元，定額稅使廠商的邊際成本不變而平均成本上升，邊際收益與平均收益皆不變，因此利潤降低，廠商最適（均衡）價格與產量皆不變，廠商的利潤降低等於政府稅收。

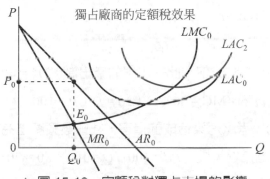

▲ 圖 15-10　定額稅對獨占市場的影響

　　獨占廠商之最適規模產量與定價可能產生超額利潤，課徵利潤稅，廠商的成本與收益皆皆不變，因此 $MC = MR$ 之廠商最適（均衡）價格與產量皆不變，廠商的利潤降低等於政府稅收。

 經濟視野 ❸

租稅優惠

　　我國 1990 年通過促進產業升級條例，是透過租稅減免優惠措施來帶動產業升級的產業政策工具。2010 年廢止，另通過「產業創新條例」，其中營所稅稅率由 20% 再調降至 17%，保留原促產條例中研發部份的租稅優惠，但抵減率及適用範圍縮減。

15-16 活用經濟學
Applied Economics

 綜合範例

假設汽車輪胎市場的需求方程式為 $D:P=100-Q$。汽車輪胎產業（為一完全競爭市場）各廠商在不負擔任何外部成本下的邊際成本線的水平加總為 $MC=20+Q$；且生產每單位輪胎所造成的污染損失（如呼吸道受損、財產損失、農作物之損害。）為一固定值20元。

(A) 在不考慮外部性之狀況下，此一市場的產出為？ (B) 考慮污染造成的損害，社會最適產出為？ (C) 社會最適產出的輪胎價格為？ (D) 當政府以課稅方式達成社會最適產出，則政府每單位課稅為？ (E) 消費者購買每單位輪胎負擔稅為？

Tip 詳課稅影響效果。

【解析】

(A)課稅前 $D：P=100-Q=S：MC=20+Q$；

市場均衡量 $Q^*=40$，價 $P^*=60$

在不考慮外部性之狀況下，此一市場的產出為：$Q^*=40$

(B)課稅後（稅額 t）$S：MC=20+Q+20=D：P=100-Q$

量減為 $Qt=30$，考慮污染造成的損害，社會最適產出為：$Qt=30$

(C)社會最適產出的市場售價：$Pd=100-Q=100-30=70$

(D)以課稅方式達成社會最適產出，則政府稅收 $t=$ 生產每單位輪胎所造成的污染損失 $=20$

(E)消費者支付 $P_d=70$ 購買，但生產者只收入 P_s，課稅前市場均衡價 $P^*=60$。因此消費者購買每單位輪胎負擔稅賦 $=P_d-P^*=70-60=10$

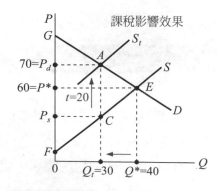

國有地活化的公共選擇

為提升經濟動能，吸引民間資金注入活水，工程會舉行民間參與公共建設招商大會，將釋出公告招商商機 41 案逾 1,000 億元；重頭戲以 300 億元信義區 A25 燙金地段開發案、逾百億的金門水頭國際港經貿園區，以及南港高鐵沿線都更等三亮點最吸睛。外商機構、陸資在台代表、壽險、營建業等逾百人與會。財政部、交通部、故宮、台北市、新北市、高雄、嘉義、澎湖、金門、新竹等十個單位將簡報招商旗艦計畫。

財政部積極行銷國有地活化，釋出 13 案向投資人招手，權利金至少 7、80 億元，其中財稅人員訓練所及其周邊土地，基地廣達 1 萬坪，屬商三特及住三使用分區，可開發為旅館、金融商辦或商場，吸引民間投資 61 億元；另全省釋出 12 處國有地設定地上權案，權利金底價估至少 15 億元。

都更招商案 7 件，最受矚目為南港調車場都更案，擬開發為綠色生活城，基地面積 5.4 公頃，採權利變換方式進行都更，可興建住宅銷售、商業購物中心及飯店旅館等，內政部已完成變更為特定商業區。交通部估總開發規模 700 億，民間投資 300 億元，預料這塊南港三鐵共構基地，將掀起搶標大戰。

台北市府公告的信義區 A25 基地，市府許可 70 年開發，擬引入辦公、國際觀光旅館及長住型旅館等複合型商用不動產類型開發，已有國內外及陸資各路人馬躍躍欲試。金門縣府擬推五案 BOT，其中水頭碼頭經貿園區案民間投資 123 億元引人注目，健康養生村也計畫引入民間資金。

試以經濟學分析，思考以下問題：

1. 以公共財的意義，說明行政部門的公共選擇。
2. 以公共利益的政治程序，說明民間參與公共建設相互妥協的均衡。
3. 以公共財均衡分析，評估國有地活化可以獲得的效益及所須支付的成本。

( ) 1. 政府對獨占者課徵利潤稅的後果，那一項正確？ (A) 產量減少 (B) 價格上漲 (C) 消費者剩餘不變 (D) 利潤增加。

( ) 2. 政府對一家廠商課徵一固定金額的特許費，會造成： (A) 廠商的平均收入曲線向上移動 (B) 廠商的平均成本曲線向上移動 (C) 廠商的邊際收入曲線向上移動 (D) 廠商的邊際成本曲線向上移動。

( ) 3. 某一國家的全年汽車需求量是 20 萬輛，該國的國產車產能是 10 萬輛，其他的依賴進口。如果現在該國設定數量管制，限定外國製造汽車的進口配額為 5 萬輛，這樣一來，國內的車價會有何變化？ (A) 進口車和國產車都跌價 (B) 進口車和國產車都漲價 (C) 進口車漲價，國產車跌價 (D) 進口車跌價，國產車漲價。

( ) 4. 「最低工資」是指： (A) 政府設定的價格上限 (B) 政府設定的價格下限 (C) 政府制定的均衡價格 (D) 勞動供給線上的工資。

( ) 5. 價格上限（price ceiling）管制很可能會導致： (A) 超額供給 (B) 均衡價格提高 (C) 超額需求 (D) 均衡價格下降。

( ) 6. 以下何種稅最會加重所得分配的不均度？ (A) 累進稅 (B) 比例稅 (C) 定額稅 (D) 累退稅（regressive tax）。

( ) 7. 若政府對完全競爭市場中的廠商課徵從量稅，在長期時，這將會使得： (A) 市場價格不變 (B) 個別廠商產量減少 (C) 廠商數減少 (D) 個別廠商終將虧損。

( ) 8. 下列那一種稅比較像累退稅（regressive tax）？ (A) 綜合所得稅 (B) 遺產稅 (C) 必需品消費稅 (D) 土地增值稅。

( ) 9. 所謂累進稅（progressive tax）是指： (A) 平均稅率大於邊際稅率 (B) 平均稅率小於邊際稅率 (C) 平均稅率等於邊際稅率 (D) 以上皆非。

( )10. 下列的政府干預機制中，何者不屬於數量管制與價格管制政策？ (A) 管制進口 (B) 管制牌照 (C) 最低工資率 (D) 產業升級條例。

16

訊息不對稱

學習導引：阿卡洛夫與《檸檬市場》

經濟視野❶ 國家標準（Chinese National Standards；CNS）

經濟視野❷ 風險告知

經濟視野❸ 工會

活用經濟實務：不動產市場資訊透明化

美國經濟學家喬治‧阿卡洛夫（George Akerlof）和邁克爾‧斯賓塞（Michael Spence）、約瑟夫‧斯蒂格利茨（Joseph Stiglitz）分享 2001 年諾貝爾經濟學獎，奠定了對充滿不對稱信息市場進行分析的理論基礎，構成了現代信息經濟學的核心。

【阿卡洛夫】

阿卡洛夫 1970 年時發表了論文《檸檬市場：質化的不確定性和市場機制》（The Market for Lemons：Quality Uncertainty and the Market Mechanism），這是一篇主要在推理不對稱資訊理論（asymmetrical information theory）對二手車市場的影響機制之論文。在文中用不同的水果代替不同特性的二手車，以香甜的櫻桃與水蜜桃來譬喻車況優良的二手車，而用酸澀的檸檬來譬喻狀況不佳的二手車商品，檸檬市場真正的意思為疵品充斥的市場。他的研究借鑒了社會學、心理學、人類學以及其他學科以確定經濟學的影響和結果。他的專業領域包括巨集觀經濟學、貧困問題、家庭問題、犯罪、歧視、貨幣政策和德國統一問題。

斯賓塞認為，假如顧主不能區分高能力和低能力的勞動能力之間的區別，就會導致勞動力市場以低工資雇用低能力者，形成勞動力市場上劣幣驅逐良幣的現象，隨後的研究拓展這一理論和證實不同市場信號重要性的大量應用性。

斯蒂格利茨闡述了有關掌握信息較少的市場一方如何進行市場調整的有關理論，曾擔任世界銀行資深副總裁與首席經濟師，提出經濟全球化的觀點。

➡️ 預習思考

☆ 試以訊息不對稱與市場迷失的意義，說明內線交易對證券市場的可能影響。

☆ 試以訊息不對稱與道德危險的意義，說明健保局收支難以平衡的原因；並為健保局設計可信有效的訊號及監督機制，以降低其風險。

☆ 試以誘因與分離式均衡的意義，說明優良農產品證明標章（CAS）之產品，如何滿足消費者辨識要求。

16-1　市場訊息問題

一、市場訊息 (market information)

　　買賣雙方須對彼此及市場交易情況（供需、價量、商品等），均能掌握了解完全訊息，沒有人爲干預並能迅速自由調整資源配置，才能達到市場均衡，維持市場穩定及雙方利益。然而在現實中，所有市場參與者均完全掌握了解完全訊息幾乎不可能，而且要搜尋取得市場資訊得支付成本，因此必須在支付成本與獲得效益間取捨選擇以達到均衡。

二、訊息不對稱 (asymmetric information)

　　市場參與者交易的某一方，擁有對方不能掌握的訊息，訊息優勢者（informed party）能從中獲得額外利益，而使訊息不足者（uninformed party）造成損傷。不對稱訊息可能來自訊息優勢者故意隱匿本身特質狀態而使對方無從得知，或從事影響市場交易的行爲而使對方難以察覺，因此訊息不足者會觀察某些相關之參考指標作爲訊號（signal），搜尋取得對方訊息以正確選擇的過程稱爲篩選（screening）。

1. 逆向選擇 (adverse selection)

　　由於訊息優勢者故意隱匿本身特質狀態，即隱匿訊息（hidden information），使訊息不足者在篩選時作了錯誤選擇，而在不公平交易中造成損傷。例如保險公司不確知投保人健康狀態、銀行不確知借款人財務狀況、勞動市場需求者不確知求職者品德能力、一般商品買方不確知賣方品質信用等。隱匿訊息在雙方交易前即已存在，因此逆向選擇問題發生在交易過程中的訊息傳遞，可以藉由設計可信有效的相關參考指標作爲訊號，以增加推測選擇正確性，減少錯誤逆向選擇造成的損傷。

2. 道德危險 (moral hazard)

　　訊息優勢者從事影響市場交易的行爲並使對方難以察覺，即隱匿行爲（hidden action），在不公平交易中以損傷對方而獲得超額利益。例如投保人保險後從事危險活動或惡意詐領保金、借款人取款後挪用資金惡性倒債、求職者被錄用後怠忽職守等。影響市場交易的隱匿行爲在雙方交易過程中發生，因此道德危險問題可以藉由監督機制（懲），或給予資訊優勢者足夠利益（獎），以減少從事道德危險行爲的動機。

3. 市場迷失 (missing market)

因為訊息不對稱，使市場參與者不能公平交易，供需雙方雙贏的市場均衡無法達成，甚至崩潰消失。例如為降低訊息不對稱的風險或成本，保險公司提高保費、銀行提高利息或手續費、消費者偏好便宜貨等方式，反而使善良交易人卻步，更加重逆向選擇與道德危險問題，最後全部退出市場，該市場即完全消失。

三、商品市場訊息問題

賣方對商品情況能掌握了解完全訊息，但買方則否，因此在商品市場中，賣方屬訊息優勢者，而買方屬訊息不足者。在不公平交易中，賣方擁有對方不能掌握的訊息，故意隱匿商品特質狀態，而以高價從中獲得額外利益；買方則因訊息不足，作了錯誤選擇造成損傷。買方為減少損傷，只願意支付較低價格購買商品，更使成本較低之劣質品充斥市場，加重市場逆向選擇問題。

商品成交後之售後服務與維修，買方屬訊息優勢者而賣方屬訊息不足者，因買方對商品使用情況能掌握了解完全訊息，但賣方則否。訊息優勢者購買商品後，不當使用或惡意破壞使對方難以察覺，以詐領退費或要求換新，在不公平交易中以損傷對方而獲得超額利益，加重市場道德危險問題。

四、金融市場訊息問題

投保人較了解本身健康狀態，但保險公司則否，因此在保險市場中，買方屬訊息優勢者而賣方屬訊息不足者。在不公平交易中，買方故意隱匿本身健康狀態，而從低保費高理賠中獲得額外利益；賣方則因不能掌握對方的訊息，作了錯誤選擇，出售廉價保單造成損傷。賣方為減少損傷而調高保費，使健康狀態良好者不願投保高價保單，更加重市場逆向選擇問題。保單成交後，投保人可能從事危險活動或惡意詐領保金，保險公司亦可能挪用保費或經營不善，以損傷對方而獲得超額利益，加重市場道德危險問題。

借款人能掌握了解本身財務狀況，但銀行則否，因此借款人屬訊息優勢者而銀行屬訊息不足者。在不公平交易中，借款人故意隱匿本身財務狀態，銀行則因不能掌握對方的訊息，作了錯誤選擇造成損傷，銀行為減少損傷而提高利息或手續費，信用狀態良好者不願承擔高資金成本，更加重市場逆向選擇問題。借貸成交後，借款人可能從事高風險投資或惡意倒閉，以損傷對方而獲得超額利益，加重市場道德危險問題。

銀行（企業）能掌握了解本身財務經營狀況，但存款（投資）人則否，因此銀行（企業）屬訊息優勢者，而存款（投資）人屬訊息不足者。在不公平交易中，銀行（企業）故意隱匿本身財務經營狀態，存款（投資）人則因不能掌握對方的訊息，作了錯誤選擇

造成損傷，加重市場逆向選擇問題。存款（投資）成交後，銀行（企業）可能從事高風險經營或惡意倒閉，以損傷對方而獲得超額利益，加重市場道德危險問題。

動動腦

試以逆向選擇的意義，說明全民健保必須全民強制加保的原因；並分析提高保費是否可以改善健保局收支，以及市場迷失的可能性。

五、勞動市場訊息問題

　　勞動市場需求者（廠商）徵才過程中，求職者了解本身品德能力，但廠商則否，因此求職者屬訊息優勢者而廠商屬訊息不足者。在不公平交易中，求職者故意隱匿本身品德能力，廠商則因不能掌握對方的訊息，作了錯誤選擇，造成市場逆向選擇問題。求職者被錄用後怠忽職守或惡意不當使用廠商資源，使對方難以察覺，以損傷對方而獲得超額利益，造成市場道德危險問題。

　　勞動市場供給者（個人）求職過程中，勞動市場需求者（廠商）了解本身經營狀況與工作環境，但求職者則否，因此廠商屬訊息優勢者而求職者屬訊息不足者。在不公平交易中，廠商故意隱匿本身經營狀況與工作環境，求職者則因不能掌握對方的資訊，作了錯誤選擇，造成市場逆向選擇問題。求職者被錄用後，廠商故意不當對待員工或惡意倒閉，使對方難以察覺，以損傷對方而獲得超額利益，造成市場道德危險問題。

經濟視野 ❶

國家標準（Chinese National Standards；CNS）

　　我國的國家標準業務是由經濟部標準檢驗局掌管，於民國 88 年將原為「中央標準局」之標準與度政（度量衡）業務與「商品檢驗局」之商品檢驗業務合併改制而成。其主要業務為標準制訂、度量衡／檢查等業務之規劃、審議、協調、督導、實施及管理。並辦理認證體系與產品標誌之建立、推行及管理事項。

　　國家標準之層級可分為五種層級：1. 國際標準 2. 地區標準 3. 國家標準 4. 團體標準 5. 公司標準。標準檢驗局也設置 26 個國家標準技術委員會以推動及制訂相關專業標準。在各技術委員會之下，參考國際標準組織之技術委員會設置情況，設置分組委員會，每年定期召開各專業之技術委員會，以完成相關標準業務之制訂細則。

 綜合範例

試以股市禿鷹案，探討投資市場的訊息不對稱問題。

Tip 詳金融市場訊息問題。

 16-2　訊息經濟學

一、訊息經濟學 (information economics)

探討市場在訊息不對稱情況下的交易行為，與調整均衡之過程。一般市場均衡分析，假設買賣雙方均對彼此及市場交易情況（供需、價量、商品等）掌握了解完全訊息，沒有人為干預，並能迅速自由調整資源配置，才能達到市場均衡，因此在訊息不對稱情況下的市場均衡分析有所不同。

一般市場均衡認為，每一需求者的購買量與供給者的生產量，在整體市場中所占比例極低，均無決定性影響力，因此市場均衡及其價量，是由所有需求者與供給者共同決定。然而市場在訊息不對稱情況下，訊息優勢者能從中獲得額外利益，使訊息不足者造成損傷；訊息不足者為減少損傷，須額外支付資訊成本，亦即市場參與者影響力不同（詳表 16-1）。

▼ 表 16-1　經驗財與搜尋財

類別	說明
1. 經驗財（experience goods）	在商品市場中，賣方對商品情況能掌握了解完全訊息，但買方則否；商品成交，買方使用之後，才能掌握了解商品情況。
2. 搜尋財（search goods）	消費者為獲得最大效用，在交易活動中減少損傷增加福利，願意支付資訊成本。 在商品市場中，搜集市場訊息獲得的利益大於所須支付的成本，使消費者福利持續增加，因此消費者持續增加市場相關訊息並選擇最佳商品組合。

二、搜尋法則 (search rule)

搜集市場訊息，可以在交易活動中減少損傷增加福利，但亦須支付訊息成本，因此市場參與者決策時，須衡量各種條件因素，評估成本效益後，找出最適均衡點，此一觀點為首創訊息經濟學的史蒂格勒（G. Stigler）於 1961 年提出。

以搜尋法則分析處理訊息不對稱問題的成本效益，當搜集市場訊息獲得的邊際利益（marginal benefit；MB）等於支出的邊際成本（marginal cost；MC），即 $MB = MC$ 時邊際福利為 0，表示福利已達頂點，搜尋最適訊息不再變動，表示 $MB = MC$ 時之訊息量，為訊息不足者的最適均衡訊息量。

若 $MB > MC$，表示增加市場訊息獲得的利益大於所須支付的成本，因此搜集市場訊息會使福利持續增加（邊際福利為正），而尚未達到淨利最大之均衡狀態；即當時訊息量小於最適訊息量，應再增加搜集市場訊息，調整直到邊際淨利為 0 不再變動。

若 $MB < MC$，表示增加市場訊息獲得的利益小於所須支付的成本，因此搜集市場訊息會使福利持續減少（邊際福利為負），並非淨利最大之均衡狀態；即當時訊息量已大於最適訊息量，應減少訊息量，調整直到邊際淨利為 0 不再變動。

試以訊息經濟學與搜尋法則的意義，說明消費者四處打聽搶購便宜貨，是否符合成本效益。

三、檸檬市場 (lemon market)

在二手車市場中，供給者詳知其舊車性能品質，為訊息優勢者；需求者不知舊車實際狀況，為訊息不足者。當舊車價值超過市場價格，車主會將該車留用，只願意賣出品質較差而價值低於市場價格的酸檸檬車；買車者為降低訊息不對稱的風險或成本，只願意支付較低價格購買二手車，使品質較佳之高價值舊車退出二手車市場，在該市場中全為品質較差而價值低於市場價格的酸檸檬車，需求者亦不願購買酸檸檬車，以致無法交易，最後導致市場迷失。

此一觀點為阿卡洛夫（G. Akerlof）於 1970 年提出，原為探討舊車市場的論文，可以引申解釋各種市場，在訊息不對稱情況下的品質不確定性與市場機制，以及逆向選擇問題，以檸檬市場與價格功能探討訊息不對稱市場的影響。

　　假設在二手車市場中數量 N，其中好車比例 a，每輛好車之願賣最低價格 Pg，願買最高價格 Dg；劣車比例 $1-a$，每輛劣車之願賣最低價格 Pb，願買最高價格 Db。賣方對商品情況能掌握了解完全訊息，因此願賣最低價格 $Pg > Pb$。

　　市場在訊息對稱情況下的交易行為，買賣雙方均對商品情況能掌握了解完全訊息，因此願賣最低價格 $Pg > Pb$ 而且願買最高價格 $Dg > Db$。

　　在訊息對稱市場，買賣雙方均了解二手車的品質與價值，因此分別在好車市場與劣車市場，各取所需達成均衡，以價格 Dg 交易 aN 輛好車，價格 Db 交易 $(1-a) N$ 輛劣車（如圖 16-1）；在訊息不對稱市場，需求者不知舊車實際狀況，只願意以平均願買最高價格交易，因此

$$P' = aDg + (1-a)\,Db，Db < P' < Dg$$

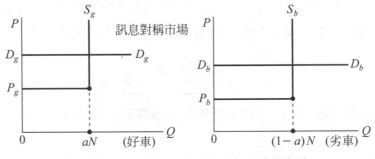

▲ 圖 16-1　市場在訊息對稱下的交易行為

　　若 $P' \geqq Pg$，則以價格 P' 交易 N 輛所有二手車，形成混合式均衡（pooling equilibrium），但好車賣方（$P' < Dg$）與劣車買方（$P' > Db$）較吃虧，而劣車賣方（$P' > Db$）與好車買方（$P' < Dg$）較有利。

　　若 $P' < Pg$，即價格交易低於好車之願賣最低價格，則好車無法成交而退出市場，在該市場中全為品質較差的酸檸檬車。

　　因此好車比例 $a \geqq (Pg - Db) / (Dg - Db)$，即平均願買最高價格 $P' \geqq Pg$，才能使好車繼續存在市場交易。當好車比例 a 降低，平均願買最高價格 P' 亦隨之降低，好車賣方（$P' < Dg$）較吃虧而減少好車比例，更加重市場逆向選擇問題。

　　交易價格 P' 持續降低，直到價格交易低於好車之願賣最低價格（$P' < Pg$），品質較佳之舊車退出二手車市場，在該市場中全為品質較差的酸檸檬車，較有利的好車買方（$P' < Dg$）亦不存在，需求者不願購買酸檸檬車，以致無法交易，最後導致市場迷失。

四、價格功能對訊息不對稱市場的影響

1. 分離式均衡 (separating equilibrium)

　　當訊息不對稱問題降低，市場交易的商品具異質性而不能完全彼此替代，消費者認同並表現在消費行為上，不同品質商品可以不同價位區隔。訊息優勢者主動提供資訊或訊號，亦須符合搜尋法則，即所獲得的邊際利益（MB）應不低於支出的邊際成本（MC）。

2. 價格功能模型

　　由克林（B. Klein）與李弗（K. Leffler）於 1981 年提出，認為商品本身價格可以具有區隔不同品質之功能，而解決市場訊息不對稱問題。

　　通常高價位代表高品質，並因此有足夠誘因，使廠商願意供給高品質商品，且主動提供詳實資訊。當市場發生訊息不對稱問題，在混合式均衡下，劣質品廠商可以低價獲得短期利潤，若市場訊息不對稱問題持續，將導致市場迷失；若市場中訊息流通自由，以不同價位區隔不同品質商品，將形成分離式均衡。因此劣質品廠商不能獲得長期利潤，而高價位高品質商品，廠商必須爭取消費者認同。

3. 價格分散 (price dispersion)

　　同一商品未必全部在市場均衡價交易，形成一物多價之價格區間。在不公平交易中，部分賣方以高價從中獲得額外利益，部分買方則因訊息不足而購買高價商品，商品市場在訊息不對稱情況下的交易行為，買方為在交易活動中減少損傷增加福利，依搜尋法則支付必要的訊息成本。

4. 鑑價法制化

　　任何商品或資產，都可透過鑑價取得公平市價。鑑價是會計資產評估中相當專業的一項技術，國內鑑價專業一直無法受到重視，水準參差不齊而很難獲得第三人的信任，使需要鑑價的人找尋有利的鑑價單位作評估，結果也是見人見智。

　　一旦鑑價機制法制化，任何東西的鑑價都有法可循，鑑價結果也可取得公信力，鑑價的用途可被廣泛使用，藉鑑價取得公平價值，創造更多附加價值。

五、誘因

　　為解決訊息不對稱問題，應設計足夠誘因，使訊息優勢者願意公開本身特質狀態，或不願從事影響市場交易的行為，訊息不足者會觀察某些相關之參考指標作為訊號。為避免市場迷失，訊息優勢者應主動提供詳實資訊，例如品質保證、售後服務、商譽等，或委託專業中立的第三者進行品質認證，政府或管理單位亦應訂定法令規則，以遏阻逆向選擇與道德危險的發生。

 綜合範例

試以保險市場資訊透明化，探討訊息公開制度。

 詳搜尋法則。

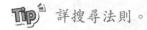 經濟視野❷

風險告知

銀行應建立交易控管機制，避免提供客戶逾越徵信額度、財力狀況或合適之投資範圍以外之商品或服務，並避免業務人員非授權或不當顧問之業務行為。建立向客戶定期及不定期報告之制度，報告之內容、範圍、方式及頻率，除法令另有規定外，應依照雙方約定方式為之。

 ## 16-3 訊息管理機制

一、商品市場管理機制

在商品市場中，賣方屬訊息優勢者，而買方屬訊息不足者。買方為減少損傷，只願意支付較低價格購買商品，使成本較低之劣質品充斥市場，品質較佳之高價值商品退出市場，在該市場中全為品質較差的劣質品，以致無法交易，最後導致市場迷失。

高品質商品賣方為避免逆向選擇導致市場迷失，應主動提供詳實資訊或訊號，供資訊不足之買方觀察作為參考指標，以遏阻逆向選擇與道德危險的發生，導致市場迷失。高品質商品賣方對商品情況能掌握了解，可以提供品質保證，否則退費或換新；亦可加強售後服務與維修，增加訊息不足者的購買信心。劣質品賣方為避免品質保證或服務維修成本，不敢跟進，而形成區隔效果（screening effect）。

商品成交後之售後服務與維修，買方對商品使用情況能掌握了解完全訊息，若訊息優勢的買方不當使用或惡意破壞以詐領退費或要求換新，將加重賣方支出的邊際成本，

因此訊息不足的賣方會設定某些條件作為訊號，避免市場道德危險問題。商品市場中對訊息不對稱問題的因應對策與管理機制：

1. 保證 (warranty)

高品質商品賣方提供品質保證否則退費或換新，亦可加強售後服務與維修，市場正常運作之後所累積建立的商譽（reputation），即成為市場的重要訊號。

2. 檢驗 (testing)

買方為減少損傷，支付訊息成本給客觀的訊息提供者，聘請專家鑑定價值。賣方提供有形的線索，公共報導亦具有甚大的影響力，利用客觀第三者的人或證據做為訊息，以滿足顧客需求或加強公司形象。

3. 定型化契約

企業經營者為與不特定多數人訂立契約之用而單方預先擬定之契約條款，企業經營者在定型化契約中所用之條款，應本平等互惠之原則，如有疑義時應為有利於消費者之解釋。

4. 定型化契約條款

定型化契約中之條款違反誠信原則，對消費者顯失公平者無效。包括違反不等互惠原則者；條款與其所排除不予適用之任意規定之立法意旨顯相矛盾者；契約之主要權利或義務，因受條款之限制，致契約之目的難以達成者。

二、金融市場管理機制

在保險市場中，投保人較了解本身健康狀態，但保險公司則屬訊息不足者。賣方為減少損傷而調高保費，使健康狀態良好者不願投保高價保單，更使高風險之投保人充斥保險市場，保險公司亦不願承擔高風險損失，最後導致市場迷失。因此保險公司會觀察某些相關之參考指標，例如以年齡、職業、體檢等作為訊號，篩選區隔投保人，收取不同等級之保險費率，降低逆向選擇問題。保單成交後，投保人可能從事危險活動或惡意詐領保金，因此保險公司會限制理賠條件；保險公司亦可能挪用保費或經營不善，應主動提供經營資訊並累積建立商譽，以避免市場道德危險問題。

在借貸市場中，借款人能掌握了解本身財務狀況，但銀行屬訊息不足者。銀行為減少損傷而提高利息或手續費，信用狀態良好者不願承擔高資金成本，使信用不良者充斥借貸市場，銀行亦不願承擔信用損失，最後導致市場迷失。因此銀行會進行徵信調查，例如以年齡、職業、財產等作為訊號，篩選區隔借款人，核可不同貸款額度並收取不同等級之利息，降低逆向選擇問題。借貸成交後，借款人可能從事高風險投資或惡意倒閉，銀行應持續追蹤借款人信用狀況，減少市場道德危險問題。

在投資市場中，金融機構（企業）能掌握了解本身財務經營狀況，但存款（投資）人則屬訊息不足者。存款（投資）人因不能掌握對方的訊息而作了錯誤選擇，銀行（企業）可能從事高風險經營或惡意倒閉，因此金融機構（企業）應主動提供詳實資訊或訊號，並累積建立商譽，供訊息不足者觀察作為參考指標；存款（投資）人亦應充分搜集市場資訊，政府或管理單位訂定法令規則維持市場秩序，以遏阻逆向選擇與道德危險的發生。

1. 安定基金 (safety fund)

為保障被保險人之權益，並維護金融之安定，財產保險業及人身保險業應分別提撥資金，其提撥比例與安定基金總額，由主管機關審酌經濟、金融發展情形及保險業務實際需要定之，並應專設委員會管理，其組織及基金管理辦法，由主管機關定之。金融市場中對訊息不對稱問題的因應對策與管理機制。

2. 信用評等

對債務人就某一特定債務之信用風險加以評估，並出具等級之意見。評估債務人依債務所定之條件，適時地支付利息及償還本金的能力及意願，亦即揭露債務不履約的可能性，與其所能提供的保障性。除債務人本身的信用風險外，亦包括了此特定債務的約束及條件，例如抵押品及求償順位，當發生破產、重整或在破產法及其他法律協助下，會影響債權人權益時，對債權人之保護程度。

三、勞動市場管理機制

勞動市場需求者（廠商）徵才過程中，求職者了解本身品德能力，但廠商則屬訊息不足者。廠商因不能掌握對方的訊息，作了錯誤選擇，因此廠商會進行篩選，例如以年齡、學歷、經歷等作為訊號，區隔求職者；求職者亦應主動提供詳實訊息，供訊息不足者觀察作為參考指標，降低逆向選擇問題。求職者被錄用後可能怠忽職守或惡意不當使用廠商資源，廠商應建立管理考核機制，加以適當的監督獎懲，以減少員工從事道德危險行為的動機，管理機制所獲得的邊際利益（MB）應不低於支出的邊際成本（MC）。

勞動市場供給者（個人）求職過程中，勞動市場需求者（廠商）了解本身經營狀況與工作環境，但求職者則屬訊息不足者。求職者則因不能掌握對方的訊息，作了錯誤選擇，因此求職者會進行篩選，例如以商譽、經營狀況、薪資福利、升遷機會等作為訊號；廠商亦應主動提供詳實資訊，供訊息不足者觀察作為參考指標，降低逆向選擇問題。求職者被錄用後，廠商故意不當對待員工或惡意倒閉，員工應持續追蹤廠商經營狀況，以工會力量或法令機制保障勞工權益，遏阻道德危險的發生。勞動市場中對訊息不對稱問題的因應對策與管理機制。

1. 當事 - 代理問題

　　雇主或股東是廠商的當事人（principal），目標爲獲得最大廠商利潤；經理或員工是爲廠商工作的代理人（agent），目標爲獲得個人最大權益，當雙方目標不同，代理人工作時爲追求個人目標而犧牲當事人利益，便產生問題。當勞動市場發生訊息不對稱問題，在混合式均衡下，因同酬不同工，劣質員工可以獲得超額利益，造成市場道德危險問題與當事 - 代理問題。

　　當事人建立管理考核機制，加以適當監督獎懲代理人，使代理人的工作目標與當事人利益一致。例如績效獎金、入股分紅等薪資加碼，給予代理人足夠利益，以減少從事道德危險行爲的動機，稱爲效率薪資（efficiency wage）。

動動腦

試以逆向選擇與訊號的意義，說明求職者應如何爭取徵才者的信任錄用；再以道德危險與誘因的意義，說明主管應如何建立合理有效之管理機制。

2. 誘因相容契約 (incentive compatible contract)

　　代理人爲獲得長期利益，追求個人目標時亦同時達成當事人交付之任務目標，契約內容揭露利潤分享與預期報酬等資訊。

　　不同類型的受雇人會選擇相同誘因相容契約，稱爲合併式均衡（pooling equilibrium），當事人無法區隔代理人之工作內容與目標；不同類型的受雇人會選擇不同誘因相容契約，稱爲區隔式均衡（separating equilibrium），當事人可以區隔代理人之工作內容與目標，選擇適合的評估方式重點管理，員工配合公司運作，增強對組織的認同感與向心力，進而貢獻努力達成組織目標。訊息不足者設計不同誘因條件，吸引不同類型的訊息優勢者願意選擇不同契約，自動減少逆向選擇與道德危險的發生，稱爲自我選擇（self-selection）。

經濟視野 ③

工會

工會為法人，同一區域或同一廠場，年滿二十歲之同一產業工人，或同一區域同一職業之工人，人數在三十人以上時，應依法組織產業工會或職業工會。以保障勞工權益，增進勞工知能，發展生產事業，改善勞工生活為宗旨。僱主或其代理人，不得因工人擔任工會職務，拒絕僱用或解僱及為其他不利之待遇。

員工享有職業選擇自由，除非有合法有效的離職後競業禁止約定存在，否則離職員工跳槽到營業競爭對手陣營，應為法之所許。跳槽員工到新工作崗位後有使用、洩漏在前雇主處時知悉的營業秘密時，可能涉及刑法背信罪責及民事賠償責任問題。

雇主終止勞動契約者，應依規定發給勞工資遣費。勞動契約終止時，勞工如請求發給服務證明書，雇主或其代理人不得拒絕。

 ## 綜合範例

試以勞動市場誘因相容契約，探討訊息管理機制。

Tip 詳勞動市場管理機制。

○ 活用經濟實務

不動產市場資訊透明化

　　根據地政三法修法所確立的實價登錄新制正式上路，2012 年 8 月 1 日之後所有房地產交易行為，都必須將交易價格登錄於官方設置的平台上，負責登錄的是內政部所屬的地政機關。實價登錄地政三法，係指不動產經紀業管理條例、地政士法及平均地權條例。

　　實價登錄指不動產買賣移轉、預售屋和委託仲介租賃成交案件都要實價登錄，申報內容包括交易標的、價格資訊及標的資訊三大部分。權利人或地政士或不動產經紀業者應於所有權移轉登記 30 日內，向主管機關申報登錄。買賣案件若未委託代理，則由權利人（買方）負責申報即可，賣方無申報之義務。租賃案件僅限於不動產仲介業受託案件才要申報，由仲介業負責。

　　為促進不動產交易資訊透明化，降低目前不動產資訊不對稱情形，避免不當哄抬房價，在保障民眾隱私權前提下，內政部積極推動實價申報登錄之立法。以往不動產買賣的價格都是以政府的評定價格作為課稅標準，但與實際的成交價有段距離，一般評定價格是遠低於成交市價，所以政府課徵的稅額就少很多。強制不動產交易需以實價登錄，並由政府一定程度公開房價資訊，可使房地產市場往健全發展邁出一大步，透過掌握交易實價，無論是交易或持有非自用住宅，都可全面實價課稅，包括房屋財產交易所得、契稅、印花稅、土地增值稅等都適用。未來交易及持有成本增加，有利於引導民眾在不動產投資上更為謹慎。

　　內政部推動實價登錄地政三法，係為資訊公開透明，未來是否走向實價課稅，則屬財政部規劃權責。因此，在相關配套措施完全建立並完成立法後，始得為課稅依據，所以短期內不會實價課稅。自用住宅換屋將不增加賦稅負擔，而是以漸進的方式調整公告現值並檢討稅率，以避免增加一般民眾自用住宅的負擔。

試以經濟學分析，思考以下問題：

1. 以資訊不對稱的意義，說明不動產市場的不完全資訊。
2. 以搜尋法則的意義，說明不動產資訊公開的最適均衡資訊量。
3. 以市場迷失的意義，說明資訊透明化是不動產的機會而不是負擔。

( ) 1. 下面那一種財貨或服務可能產生「公有地的悲劇」（The Commons of Tragedy）？　(A) 海洋漁產　(B) 高速公路　(C) 治安維護　(D) 美麗風景。

( ) 2. 下列那一項公共財較具「共享性」（non-rivalry，或稱無敵對性）？　(A) 市立游泳池　(B) 國防　(C) 高速公路　(D) 都會公路。

( ) 3. 下列何種財貨的總需求曲線應爲個別消費者需求曲線的垂直加總？　(A) 公共財　(B) 私有財　(C) 劣等財　(D) 季芬財。

( ) 4. 下列何者不是政府提供免費公共財的原因？　(A) 公共財無排他性，無法向消費者收費　(B) 公共財不具外部性，應儘可能規範消費者消費　(C) 許多公共財不會因增加消費者使用而損壞，故不應該收費　(D) 針對公共財使用收費，將使得原來應該使用公共財的消費者不使用公共財。

( ) 5. 具有消費非敵對性的財貨，其市場需求曲線應由個別消費者的需求曲線　(A) 水平加總得出　(B) 水平相減得出　(C) 垂直加總得出　(D) 垂直相減得出。

( ) 6. 關於公共財，下列那一個敘述不正確？　(A) 公共財具非排他性　(B) 公共財具非敵對性　(C) 公共財不具正面外部性　(D) 公共財會有搭便車問題。

( ) 7. 假設整個社會只有 A，B 兩人，各自對公共財的需求是 $MBA(Q) = 10 - Q$ 與 $MBB(Q) = 10 - 2Q$，若此公共財的邊際生產成本是 $MC(Q) = 5$，社會最適公共財數量是：　(A)5 單位　(B)7.5 單位　(C)10 單位　(D)15 單位。

( ) 8. 某人消費某財貨後，其他人消費同一財貨的效用不致因而減損，稱爲　(A) 消費不可排他性（non-excludable）　(B) 消費非敵對性（non-rivalry，或稱共享性）　(C) 消費排他性（excludable）　(D) 消費敵對性（rivalry，或稱獨享性）。

( ) 9. 廠商利用效率工資（efficient wage）是否可以防止工人偷懶？實施效率工資會增加還是減少失業？　(A) 可以防止工人偷懶；增加失業　(B) 無法防止工人偷懶；減少失業　(C) 可以防止工人偷懶；減少失業　(D) 無法防止工人偷懶；增加失業。

( )10. 有關廣告事項，下列何者爲正確？　(A) 廣告對社會而言是一種浪費　(B) 廣告可以減少消費者收集訊息的成本　(C) 寡占廠商很少做廣告　(D) 廣告一定會引來更多的廠商參與價格競爭。

17

總所得之衡量與調整

學習導引：庫茲奈與《國民收入及其構成》

經濟視野❶　核心物價指數（Core CPI）

經濟視野❷　我國最新（第 8 版）行業標準分類

經濟視野❸　國民幸福指數（Gross National Happiness）

活用經濟實務：台灣平均實質所得停滯

西蒙·史密斯·庫茲奈（Simon Smith Kuznets），俄裔美國經濟學家，1971 年獲得諾貝爾經濟學獎。在 1941 年出版了一部重要著作 National Income and Its Composition,1919－1938《1919-1938 年的國民收入及其構成》，提出關於國民生產總值的研究，並依不同的行業、最終產品以及不同的使用來進行劃分，特別強調平均每人國民所得的概念。他對商業周期以及經濟增長不均衡的研究推動了發展經濟學理論的建立，提出的為期 15 至 20 年的經濟周期，後來被稱為「庫茲奈周期」。1967 他率領美方學者團參加台灣經驗發展會議，而後協助台大籌辦經濟研究所博士班，促進我國經濟研究工作。

【庫茲奈】

庫茲奈是發展經濟學的早期研究者之一，1955 年提出了收入分配狀況隨經濟發展過程而變化的曲線－倒 U 曲線（Inverted U Curve），又稱作"庫茲奈曲線"，描述收入不均衡與經濟增長之間隨時間變化的關係：在貧窮國家，經濟增長擴大貧富差距；而在富裕國家，經濟增長縮小貧富差距。經濟增長的國家，貧富差距會經歷一個先擴大、後縮小的過程，其原理是為了實現經濟增長，國家必須將經濟重心從農業轉向工業，農業社會人們的收入差距不大，工業化導致了收入差距的擴大；進而由於經濟增長，大眾教育普及，低收入人群的收入會迅速增長，並且能夠影響政府的決策。

預習思考

☆ 試以一段期間內，生產所有最終財貨勞務之市場價值總和的意義，說明提升產品附加價值，對我國生產毛額的影響及貢獻。

☆ 試以生產面生產毛額的意義，觀察各產業的產值大小與消長情形，說明其對我國近年來，經濟發展過程的影響及貢獻。

☆ 觀察您的家庭所得，及台灣的所得與生活水準，您是否屬於絕對貧窮或相對貧窮？並說明我國社會保險與救助制度的影響及改善之道。

17-1　總產出與物價指數

一、總產出

　　總體經濟的總產出指標，整體經濟社會在一段期間內的經濟活動成果，為廠商生產各種產品所創造的價值總和；在全面均衡下，也是家戶提供各種生產要素收到各種報酬所得的總和，亦即整體經濟社會所有參與者從事各種經濟活動支付之成本總和。

　　最早由國民所得帳之父庫茲奈（S. Kuznets）於 1930 年代綜合美國各種經濟活動資料所發表，全面衡量一國的整體經濟活動，作為研究總體經濟的基礎。

　　挪威經濟學家弗瑞希（R. Frisch）與荷蘭經濟學家丁伯根（J. Tingbergen）結合經濟理論、數學與統計學，發展創始計量經濟學，運用國民所得帳之各種經濟活動資料，使用具體嚴謹的數學程式作為表達工具，解釋分析各種經濟現象的前因後果及其相互關係，以科學方法檢測其有效性及相關性。

　　我國則由行政院主計處依據聯合國的國民所得制度估計發表，採用適於市場經濟制度的國民所得帳體系（system of national accounting，SNA）。

二、國內生產毛額 (Gross Domestic Product；GDP)

　　在國境內的一段期間內，生產之所有最終財貨勞務的市場價值總和。

1. 一段期間內

　　通常為一年或一季之流量，非本期生產之價值不應再重複計算，當期生產而未出售的存貨仍歸屬當期生產成果，因此前期生產而在本期出售的市場價值不再計入；但再經本期經濟活動（例如加工處理、交易手續、中介佣金、初級市場發行等），所額外增加的市場價值、支付成本、報酬所得等則歸屬當期生產成果。

　　因此一般移轉性支付（如贈與、補助、福利金等）、次級市場交易（如金融證券買賣）、舊貨轉手交易、政府支付之公債利息、退休金等，不包括在生產毛額中。前期生產價值而在本期進行資產所有權移轉，其價值變化對本期生產成果無實際貢獻，又稱為非生產性經濟活動，不計入當期生產的市場價值。

2. 最終產品 (final products)

　　最終用途使用的財貨勞務，通常為供消費者使用的商品或供生產者使用的設備；而可以再加工的原料、半成品等則屬於中間產品（intermediate products）。因最終產

品的市場價值已累計各階段中間產品之附加價值，若再將各中間產品價值計入則為重複計算；但當期未完成加工、或購買者自行使用未再出售的中間產品價值，則歸屬當期生產成果，且所有產品的最終用途不易追蹤，因此應以附加價值累計法計算當期的經濟活動成果較為嚴謹。

3.市場價值

為使生產成果有客觀統一之衡量標準，只計入有市場交易價值的生產性經濟活動，因此自產自用（如家庭勞務）而未經市場交易之生產成果，沒有客觀的市場價值而不予計入。可以客觀估計市場價值之生產成果，如農民保留自用未出售的農產品、自有房產之設算租金及實物津貼等仍予計入；而地下經濟活動或非法交易如黑市、走私等雖有其市場價值，卻不能計入。

動動腦

試以國內生產毛額的意義，說明吸引外資、引進外勞，對我國 GDP 的影響及貢獻。

4.地下經濟 (underground economy)

為逃避稅負而故意漏報之生產所得及市場交易，或非法的違禁產品及走私交易等，雖有實際交易的市場價值所得，卻不能由正式紀錄中明確查知，使生產毛額低估而失業率錯估，並造成稅源流失與經濟秩序混亂。

以市場價值為計量標準，遺漏了地下經濟，及未在市場交易的生產成果所創造之國民經濟福利。

三、國民生產毛額 (Gross National Product；GNP)

本國人在一段期間內，生產之所有最終財貨勞務的市場價值總和。

▼ 表 17-1　GDP 與 GNP 之差異

國內生產毛額	GDP	國內：指一經濟體國境內的所有生產性經濟活動，包括本國人及外國人在本境內的生產成果（如外資企業產值、外勞生產所得等），而不包含本國人在國外（本國境外）生產的市場價值，因此 *GDP* 為屬地主義的生產毛額。
國民生產毛額	GNP	國民：以從事生產性經濟活動的國籍為界定範圍，包括本國人在本國境內及國境外生產的所有市場價值（海外投資產值與所得報酬），而不包含外國人在本國境內的生產成果，因此 *GNP* 為屬人主義的生產毛額。

我國自 1994 年起，以 GDP 衡量經濟成長率，過去則採用 GNP 為指標（詳表 17-1）。

> $GNP = GDP + $ 生產要素在國外生產所得淨額

生產要素在國外生產所得淨額（net factor income from the rest of world；NFI） = 本國人生產要素在國外生產所得 − 外國人生產要素在我國境內生產所得

試以國民生產毛額的意義，說明我國企業海外投資、延伸經濟實力，對我國 GNP 的影響及貢獻。

四、物價指數 (Price Index；PI)

當期平均物價水準，相對於基期平均物價水準的百分比值，了解總體經濟的物價水準指標。基期是作為比較基準的期間，其物價指數為 100，當期物價指數與 100 比較，即可知半均物價水準的變化。各種商品的計價單位不一，對平均物價水準之影響比重亦不同，因此在衡量整體物價水準時，不能以各商品的單位價格直接加總，而是以各商品的總市場價值來計算。

> $PI = [\, \Sigma (P_t \times Q_0) / \Sigma (P_0 \times Q_0) \,] \times 100$

物價指數的衡量，$\Sigma(\cdot Q)$ 代表各商品的總市場價值，有統一的總額價格單位，且交易量 Q 較大之商品占總額權重較大，表示對平均物價水準之影響較大；分子 P_t 為當期價格而分母 P_0 為基期價格，均乘以基期交易量 Q_0，避免不同期間的不同交易量，對物價水準的比較造成不當影響，又稱為拉氏指數（Laspeyres index）。

計入物價指數的商品種類不同，可以計算出各類商品或個別產業的物價指數，作為了解該類商品平均物價水準的變化，及其對經濟活動的不同影響，又稱為實計物價指數（explicit price index）。

1. 消費者物價指數 (Consumer Price Index；CPI)

衡量家戶部門生活所需之主要消費商品平均物價水準的變化，是將占一般家庭收支比重較大的商品計入物價指數，以了解經濟體內一般人民的生活成本。因一般家庭購買之消費商品多為零售商品，因此又稱為零售物價指數（retail price index）。

2.躉售物價指數 (Wholesale Price Index；WPI)

又稱爲批發物價指數，會大量購買批發商品者多爲廠商部門生產營業所需，可以了解經濟體內一般廠商的生產成本。原料進貨再加上資產設備購買成本，又稱爲生產者物價指數（producer price index；PPI）。

五、物價水準對總產出的影響與調整

1.名目 (nominal)*GDP* 的定義

以當期物價水準計價之所有最終財貨勞務的市場價值總和，會受到物價水準波動的不當影響，無法眞正表達各種產品所創造的價值；如通貨膨脹時，當期名目 *GDP* 的市場價值虛增而高估。

2.實質 (real)*GDP* 的定義

以基期物價水準計價之所有最終財貨勞務的市場價值總和，因各期實質 *GDP* 均以同一基期物價水準計價，比較 *GDP* 消長時，不會受到物價水準波動的不當影響，可以眞正表達各種產品所創造的價值與所得實際購買力，通常以小寫 *gdp* 表示，由名目 *GDP* 調整至平均每人實質 *GDP*。

$$
\begin{aligned}
實質\ GDP &= 名目\ GDP/\ 物價水準 \\
&= 名目\ GDP/(GDP-\text{deflator}/100) \\
&= (C/CPI)+(I/IPI)+(G/GPI)+(X/XPI)-(M/MPI)
\end{aligned}
$$

名目 *GDP* 除以物價指數可以平減物價波動的不當影響，而轉換爲實質 *GDP*。名目工資未考量到物價變動因素，而實質工資將通貨膨脹率加以考量計算；實質工資所反應的即是實質購買力，物價持續上漲，消費者眞正可以購買到的東西是變少的。

3.國內生產毛額平減指數 (GDP-deflator)

當期物價水準計價之名目 *GDP*，相對於基期物價水準計價之實質 *GDP* 的百分比值，代表整體經濟體系的物價水準；並非直接由加總各商品的市場價值來計算，又稱爲隱性（推斷）物價指數（implicit price index）。

$$
\begin{aligned}
GDP\text{-deflator} &= (\ 名目\ GDP/\ 實質\ GDP)\times 100 \\
&= [\Sigma(P_t \cdot Q_t)/\Sigma(P_0 \cdot Q_t)]\times 100
\end{aligned}
$$

分子 P_t 為當期價格而分母 P_0 為基期價格，均乘以當期交易量 Q_t，避免不同期間的不同商品，對物價水準的比較造成不當影響，又稱為貝氏指數（Paasche index）

4. 平均每人實質 GDP(gdp per capita) = 實質 GDP / 總人口

實質 *GDP* 已去除物價波動的不當影響，但價值總和會受到人口總數的不當影響，無法真正表達每人所創造的價值所得；實質 *GDP* 除以總人口可以減除人口總數的不當影響，真正表達平均每人所創造的生產價值；可以用來比較同一經濟體不同期間的相對變化，衡量一國的經濟成長率；亦可用來比較同一期間不同經濟體的相對差異，表達一國的經濟實力。

一般以平均每人實質所得作為國民經濟福利指標，因生產毛額衡量一經濟體的生產成果附加價值，再調整為平均每人實質所得，即可概括了解一般人民所享有的經濟福利，亦可表達一國的經濟實力；但平均數並非每人真正分配到的福利，而不均度亦只是參考指標，並無客觀標準的公平分配方式。

 經濟視野 ❶

核心物價指數（Core CPI）

在消費者物價指數中，由於食物及能源兩項成份經常受季節因素而波動劇烈，因此扣除該二項成份後所重新計算物價指數，稱為核心物價指數，經濟學者以核心物價指數的高低來衡量中央銀行貨幣政策的績效。

目前台灣的 CPI 共包括 395 個項目群，包括食物類（肉類、魚介、蔬菜、水果）、衣著類（成衣）、居住類（房租、水電燃氣）、交通類（油料費、交通服務費）、醫療保健類（醫療費用）、教育娛樂類（教養費用）以及雜項類（理容服務費）等 7 個基本分類，以 1985 年台灣地區家庭消費結構為權數，此項權數主要根據家庭收支調查資料計算而得，每五年更換一次，以反映消費支出型態的變化。

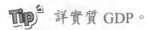 **綜合範例**

某一年中名目 GNP 由 $3,000 億增爲 $3,400 億，同時物價指數也由 150 增爲 160，則實質 GNP 變化？

Tip 詳實質 GDP。

 解析

實質 GNP＝名目 GNP／物價水準＝名目 GNP／(物價指數／100)

實質 GNP_1＝3000／(150／100))＝2000，實質 GNP_2＝3400／(160／100)＝2125

因此，實質 GNP[(2125－2000)／2000]×100％＝增加 6.25％

 # 17-2 總產出與總所得之衡量

一、附加價值累計法 (value-added approach)

將整個生產過程中，每一階段廠商所創造的市場價值全部累積合計。

▼ 表 17-2　附加價值累計法

生產者＼生產過程	小麥→麵粉→麵包（市場價值：元）		
農民	100		
麵粉廠	(＋200)	300	
麵包店		(＋250)	550

　　如表 17-2 所示，小麥市場價值 100 元，爲農民所創造；製成麵粉後的市場價值 300 元，其中麵粉廠創造附加價值 200 元，而農民所創造的小麥市場價值 100 元不能重複計入；再加工製作麵包後的市場價值 550 元，其中麵包店創造附加價值 250 元，而農民所創造小麥市場價值 100 元及麵粉廠創造生產價值 200 元不能重複計入；所以三階段生產者創造的附加市場價值全部累積合計＝100＋200＋250＝550 元＝最終產品（麵包）的市場價值，因此又稱爲最終產出法（final products approach）。

若將三產品的市場價值全部累積合計＝100＋300＋550＝950元＞550元，因將前階段已包含的生產價值重複計入，造成不合理高估。實務上不易追蹤所有產品的最終用途及每一階段附加價值，但可以用於計算各產業的產值，代表全部廠商生產各種產品所創造的價值總和，作為了解各產業對整體經濟活動成果的貢獻比重與消長情形，為生產面的生產毛額。

$$GDP = \Sigma(P \times Q)$$

　　製造業生產價值為我國生產毛額中所占比例最高（約30％），但廣義服務業（含商業交易、金融資產、各種勞務等）生產價值所占比例逐年升高（已達約60％），農礦業生產價值所占比例則逐年降低；表示台灣經濟發展由農礦業經濟體系升級為新興工業化國家（newly industrializing country；NIC），再轉型為先進國家之後工業化（post-industrialization）。

　　在均衡時生產毛額等於所得毛額，即廠商生產各種產品所創造的價值總和（總供給產出），也就是家戶提供各種生產要素投入生產所收到各種報酬的總和（總所得收入），全部供整體經濟社會所有參與者從事各種經濟活動（總需求支出）。在總體經濟中，參與經濟活動的主體與市場，在均衡狀態下川流不息，成一經濟活動循環體系。

二、支出法 (expenditure approach)

　　廠商生產各種最終產品所創造的價值總和，在均衡時，全部供整體經濟社會所有參與者從事各種經濟活動，即使用各種最終產品所支付之成本總和。整體經濟社會各種經濟活動的參與者為家戶、廠商、政府、國外四大部門，分別從事民間消費(C)、投資(I)、政府支出(G)、國際貿易（X－M）四大經濟活動，為支出面的生產毛額，又稱為國內支出毛額（gross domestic expenditure；GDE）。

$$GDP = C + I + G + (X - M)$$
$$= \Sigma(P_C \times Q_C) + \Sigma(P_I \times Q_I) + \Sigma(P_G \times Q_G) + \Sigma(P_X \times Q_X) - \Sigma(P_M \times Q_M)$$

　　民間消費（Consumption；C）為家戶部門生活所需購買之各種財貨勞務，亦包括使用自有房產之設算租金及農民保留自用未出售的農產品；投資毛額（Investment；I）又稱為資本支出或資本形成毛額（扣除折舊後則是投資淨額），包括廠商生產所需購買之各種資本財（如廠房設備、存貨增量等）、家戶購買之新建住宅、政府投入之公共建設等；政府支出（Government；G）為非資本形成之各種消耗性支出，包括支付公務人員薪資、

各種行政服務所需費用、工具購置、警消防洪、軍事國防等,因無市場交易價格,均以實際支出成本入賬。

出口淨額($X-M$)為出口總額扣除進口總額後之餘額,是開放經濟體加入國外部門之國際貿易活動的調整項。GDP 為國境內生產的市場價值,出口總額(Export;X)表示國境內的生產成果未供國內部門從事各種經濟活動支付($C+I+G$),因此國境內生產成果須調整加計入($+X$);而進口總額(Import;M)表示國境外的生產成果供國內部門從事各種經濟活動支付,已計入($C+I+G$)中,因此非國境內生產成果的部分必須再調整扣除($-M$)。

當進出口總額相等時,出口淨額 $(X-M)=0$,對國內生產毛額仍有影響;若出口總額增加,表示國境內的生產成果增加(成長),代表各種產品所創造的價值總和之生產面生產毛額增加,各種報酬所得總和的所得面生產毛額亦增加,經濟社會所有參與者從事各種經濟活動的支出面生產毛額($C+I+G$)增加;反之則減少(衰退)。民間消費(C)為我國生產毛額中所占比例最高(約60%),投資毛額(I)則占約25%,政府支出(G)占約15%。

> 試以支出面生產毛額的意義,說明我國人消費能力、投資意願、政府政策、國際景氣,對我國 GNP 的影響及解決之道。

三、要素所得法 (factor income approach)

廠商將各種產品以市場價值出售後的收入,支付分配給對生產有貢獻的要素提供者,勞動、土地、資本、企業能力四大要素分別獲得薪資(w)、租金(r)、利息(I)、利潤(π)四大要素所得;因此在均衡時生產毛額等於所得毛額,即廠商生產各種產品所創造的價值總和,也就是家戶提供各種生產要素投入生產所收到各種報酬所得的總和,為所得面的生產毛額。

$$GDP = w + r + i + \pi + 折舊 + 間接稅淨額$$

($w+r+i+\pi$)為要素所得淨額,(折舊+間接稅淨額)為所得毛額調整項;間接稅淨額為廠商支付給政府之間接稅,扣抵政府對廠商補貼後之餘額。

薪資（wage rate；w）為提供勞動之工作報酬，包括薪水、工資及相關之獎金、佣金、福利金等；租金（rent；r）是提供資產之使用報酬，包括各種固定資產及版權、專利權等的租賃金，以及自有房產之設算租金；利息（interest rate；i）是提供資金之使用報酬，為利息所得扣除利息支出後的淨額，但不包括政府支付之利息；利潤（profit；π）為提供企業能力管理運用其他生產要素，亦即支付其他要素報酬及相關費用（收益－成本）後的盈餘。勞動薪資（w）所得為我國生產毛額中所占比例最高（約70％），企業利潤（π）所得則占約25％。

折舊（depreciation）是使用固定資產（如廠房設備）所耗費的生產成本，又稱為重置投資（replacement investment），包含在累計附加價值的生產毛額中，但未支付分配給要素所得，因此不包括在所得淨額中，所以所得毛額應加入折舊。廠房設備是供生產者使用的最終產品，以市場價值計入生產毛額中，但生產者使用後扣除折舊之價值不包括在所得淨額中，因此所得面的生產毛額要與生產面的生產毛額相等，必須將折舊價值調整加回。

間接稅由廠商支付給政府，但包含在價格中轉嫁給購買者，如消費稅、貨物稅、關稅、營業稅等。購買者支付市場價值給廠商，其中間接稅部分由廠商支付給政府而未分配給要素所得，因此間接稅包含在以市場價值計算的生產毛額中，卻不包括在所得淨額中，所以所得毛額應調整加入間接稅淨額，才能等於生產面的生產毛額。

四、生產毛額調整

1.國內生產淨額 (Net Domestic Product；NDP)

$$NDP = GDP - 折舊 = C + (I - 折舊) + G + (X - M)$$
$$= 國內要素所得 + 間接稅淨額$$
$$= w + r + i + \pi + 間接稅淨額$$

投資毛額又稱為固定投資，扣除折舊後則是投資淨額，代表資本存量的增加量。投資淨額＝0，即投資毛額等於折舊，代表投資毛額全部用於更新固定資產生產過程的耗損，資本存量未增加而處於靜止狀態，因此投資淨額為正時才能促進成長。

2. 國民生產淨額 (Net National Product；NNP)

$$NNP = GNP - 折舊 = 國民要素所得 + 間接稅淨額$$

　　國民生產淨額（NNP）又稱為按市價計算之國民所得，即一段期間內生產之所有最終財貨勞務淨額的市場價值總和，代表扣除折舊後增加的生產價值。

3. 國民所得 (National Income；NI)

　　國內要素所得＝GDP－折舊－間接稅淨額＝NDP－間接稅淨額

　　國民要素所得＝GNP－折舊－間接稅淨額＝NNP－間接稅淨額

　　　　　　　　＝國民所得（national income；NI）

$$要素所得 = w + r + i + \pi$$

　　國民要素所得（NI）又稱為按成本計算之國民所得，廠商購買所需求的生產要素投入生產活動，並支出成本與分配利潤成為家戶的要素所得。

⟶ 動動腦 ⟵

試以要素所得的意義，說明關廠裁員、降低利率，減少租金、企業獲利衰退，對我國國民所得的影響及解決之道。

4. 個人所得 (Personal Income；PI)

　　要素所得＝$w + r + i + \pi$，其中利潤（π）須由廠商扣除繳納給政府的營利事業所得稅、各種社會保險費、非常損失及保留部分盈餘未分配後，所餘才支付給家戶（個人）成為報酬所得；亦即家戶提供企業能力之生產利潤，有部分未成為其要素所得，故稱為生產未得。

$$PI = 國民所得\,(NI) - 生產未得 + 非生產所得$$

　　非生產所得為家戶（個人）獲得來自他人的移轉性支付淨額等非生產性經濟活動，因非來自本期生產成果的實際貢獻，而未計入要素所得中。

　　個人所得代表家戶部門實際獲得的收入，來源包含生產性與非生產性經濟活動，因此以生產（要素）所得為基礎，扣除生產未得，補入非生產所得。

5. 可支配所得 (Disposable Income；DI)

　　由實際獲得的收入（個人所得；PI）扣除須繳納給政府的直接稅（個人所得稅及各種規費等），才是家戶部門可以動用支配之所得；用於其經濟活動之成本為消費支出（C），剩餘未動支部分稱為儲蓄（S）。

$$DI = 個人所得 - 直接稅 = 消費 + 儲蓄$$

6. 各種所得之相關性：

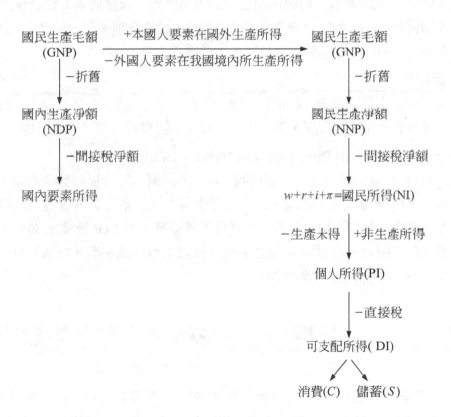

五、國民經濟福利修正指標

生產毛額全面衡量一國的整體經濟活動，但衡量的是產品總量之市場價值，而未能衡量商品品質、休閒價值、生活品味等福利的享受，亦未扣除公害污染、治安、交通等外部成本對經濟福利之不利影響。為改善以國民所得作為經濟福利指標的缺失，陸續有其他修正指標提出；但非以市場價值為計量標準則失之主觀，且各國價值觀不同而難有統一比較標準，因此其他指標多只作為參考，無法完全取代生產毛額成為主要指標。

1. 經濟福利淨額 (Net Economic Welfare；NEW)

原由美國耶魯大學教授諾浩斯（W. Nordhaus）與杜賓（J.Tobin）所提出之經濟福利度量（measure of economic welfare；MEW），經薩繆森 (P. Samuelson) 修改命名的新經濟福利指標。

主要的修正是將家庭勞務與休閒生活的市場價值（機會成本）估計後計入加項，並將處理損害生活品質的社會成本（如污染整治、垃圾處理、交通秩序、國防治安等）計入為負項予以減除，期能確實表達國民生活福利水準。

2. 國民生活指標

我國行政院主計處試編之經濟福利參考指標，衡量健康、安全、經濟、家庭、工作、教育、社會參與、文化休閒等，不同層面的國民生活福利水準及綜合指標。

3. 人類發展指標 (Human Development Index；HDI)

聯合國自 1990 年起發行「人類發展年報」所試編之經濟福利參考指標，將生命健康與知識水準的價值加入，強調人口素質之生命力、生產力與創造力，以提升國民福利的資源與機會。生活水準以平均每人實質所得衡量，占 HDI 指標之 50%；生命健康以出生平均壽命衡量，占 HDI 指標之 25%；知識水準以識字率（75%）與中小學入學率（25%）衡量，占 HDI 指標之 25%。

 經濟視野 ❷

我國最新（第 8 版）行業標準分類

國民所得統計生產帳共分 19 大業、60 中業，主要變動包括：配合全球 ICT 產業發展、企業非核心業務走向外包、環境保護漸受重視等趨勢，分別新增「資訊及通訊傳播業」、「支援服務業」及「用水供應及污染整治業」3 大業；另「政府服務生產者」改依所屬場所單位的經濟活動重新歸類，如政府行政管理與國防、學校及醫院機構，分別歸入「公共行政及國防」、「教育服務業」及「醫療保健服務業」。

綜合範例

若民間消費 80 億元，淨投資 60 億元，政府消費 40 億元，毛投資 70 億元，間接稅淨額 8 億元，淨輸出 20 億元，則國民所得（NI）為？

Tip 詳國民所得。

解析

國民要素所得＝GNP－折舊－間接稅淨額＝國民所得

$$= C + (I - 折舊) + G + (X - M) - 間接稅淨額$$

$$= 80 億元 + 60 億元 + 40 億元 + 20 億元 - 8 億元 = 192 億。$$

 # 17-3　總所得之分配

一、所得分配 (income distribution)

衡量不同家戶間相對所得之差異大小，以了解總所得分配至家戶部門的情形，亦即經濟體內每個人真正享有的總體生產成果與所得水準。

二、不均度 (inequality measures) 的衡量方法

衡量不同家戶間所得之不均程度，作為所得分配的指標。所得分配愈不平均則不均度愈大，反之愈平均則不均度愈小。

1.洛侖士曲線 (Lorenz curve)

橫座標將家戶累計依其所得由小（左）而大（右）排列，縱座標為總家戶數對應之累計總所得，依每累計一家戶數所對應之累計所得分配的落點，連接成的曲線（如圖 17-1）。

當每一家戶的所得均相等時，每累計一家戶數則所對應之累計所得呈等比例增加，即均等之所得分配落於圖中的對角線上，因此該對角線稱為絕對均等線（absolute equality）。反之，若總所得全部集中於最高所得者，其他家戶均未分配到任何所得，

則其所得分配落於圖中最右端的垂直線上，因此該直角線稱為絕對不均線（absolute inequality）。此兩線代表兩種所得分配方式的極端，一般之所得分配方式介於兩種極端之間形成曲線。

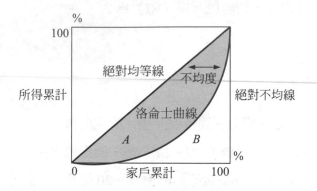

▲ 圖 17-1　洛侖士曲線（Lorenz curve）

低所得家戶位於圖形偏左方，所對應之累計所得增幅較小，曲線較平坦（斜率較小）；反之高所得家戶位於圖形偏右方，所對應之累計所得增幅較大，曲線較陡直（斜率較大）。

2. 吉尼係數 (Gini coefficient)

洛侖士曲線至絕對均等線之間面積，占絕對均等線與絕對不均線之間面積的比例，代表不均度大小。如圖 17-1，洛侖士曲線左方至絕對均等線之間面積為 A，曲線右方至絕對不均線之間面積為 B，則吉尼係數 $= A/(A + B)$。

$A + B$ 為對角三角形固定面積，洛侖士曲線愈接近絕對均等線，代表所得分配愈平均，因此 A 面積愈小，則吉尼係數愈小表示不均度愈小；而洛侖士曲線曲度愈小（接近對角線），亦代表不同家戶間相對所得之差異愈小（累計家戶數所對應之累計所得增幅變化較小）；當洛侖士曲線落於對角線上，代表所得分配絕對均等，A 面積為 0，則吉尼係數為 0。

反之，洛侖士曲線愈接近絕對不均線（遠離絕對均等線），代表所得分配愈不平均，A 面積愈大，則吉尼係數愈大，表示不均度愈大；而洛侖士曲線曲度愈大（接近垂直線），亦代表不同家戶間相對所得之差異愈大（累計家戶數所對應之累計所得增幅變化較大）；當洛侖士曲線落於垂直線上，代表所得分配絕對不均，B 面積為 0，則吉尼係數為 1。

0 ≦吉尼係數≦ 1

3.不均度簡化指標

　　以統計學中的分位法，例如十分位法，將家戶依其所得高低排列分為十等分，計算最高所得 10%家戶總所得相對於最低所得 10%家戶總所得之倍數。最高與最低級距所得倍數愈大，表示不同所得家戶間相對所得之差異愈大，亦即低所得者與高所得者之間的貧富差距愈大，代表所得分配愈不平均。

觀察台灣近年來的吉尼係數，及高低所得者之間的貧富差距倍數大小與變化，說明所得分配情形及其可能之影響因素。

三、所得分配不均的原因

　　每人提供的生產要素與所獲得之報酬不同，稱為功能性所得分配，因勞動市場供需、個人的能力、職務、地位、時運等差異，使其要素所得不均等。個人所得代表家戶部門實際獲得的收入，來源包含生產性與非生產性經濟活動，因此除生產要素所得外，非生產性經濟活動如贈與、遺產等移轉性收入，以及資產價值變化差異，更拉開貧富不均的距離。

四、貧窮程度的指標

1.絕對貧窮 (absolute poverty)

　　一個家戶單位（家庭或個人）的所得，不能維持最低生活水準（食衣住行基本支出）；通常以能夠維持一個家戶單位足夠營養之食物費用乘以 3，低於此一所得水準即是絕對貧窮。

2.相對貧窮 (relative poverty)

　　一個家戶單位的所得水準較平均水準為低之情況，通常一個家戶單位所得低於全國平均所得的四分之一時，為相對貧窮。

五、社會因應貧窮的機制

1. 社會保險 (social insurance)

政府在整體社會全面實施的強制保險制度，家戶單位平時繳付金額不大之保險費用，遭遇生、老、病、死、災難、失業等事故時，可以獲得保險金額，以減輕對家戶單位基本生活的影響，又稱為社會安全制度（social security）。

2. 社會救助 (social assistance)

政府對無力生活者，以支付現金或供應實物等方式，協助低收入貧戶、殘障人士、孤苦老人等，能夠維持基本生活。

 經濟視野 ③

國民幸福指數（Gross National Happiness）

衡量人們對自身生存和發展狀況的感受和體驗，即人們幸福感的一種指數。最早是由南亞不丹王國的國王提出，他認為政策應該以實現幸福為目標，人生基本的問題是如何在物質生活（包括科學技術）和精神生活之間保持平衡。在這種執政理念的指導下，不丹創造性地提出了由政府善治、經濟增長、文化發展和環境保護四級組成的國民幸福總值指標。

人口只有 70 萬的不丹，人民的醫療和教育全部免費，國民的物質享受並不高，但是 97% 自認為過得很幸福。這和國民的信仰也有關係，從王室到平民全都信奉藏傳佛教，去不丹旅遊過的人都仿佛回到了自己心靈的故鄉。

綜合範例

下列有關羅侖茲曲線和吉尼係數的敘述,何者不正確? (A) 若兩條羅侖茲曲線相交,則兩者的吉尼係數一定不相等 (B) 若吉尼係數為零,則所得分配為完全公平 (C) 吉尼係數的數值小於或等於 1 (D) 若兩條羅侖茲曲線不相交,則可以由圖形比較吉尼係數的大小 (E) 羅侖士曲線(Lorenz Curve)愈逼近對角線代表所得分配愈不平均 (F) 基尼係數(Gini Coefficient)愈大,代表所得分配愈平均 (G) 當 Lorenz Curve 恰為對角線時 Gini Coefficient = 1。

Tip 詳吉尼係數。

解析

(A)若兩條羅侖茲曲線相交,則兩者的吉尼係數一定不相等不正確。

(F) Gini Coefficient 愈大,代表所得分配愈平均不正確。

(G)當 Lorenz Curve 恰為對角線時 Gini Coefficient = 1 不正確。

。活用經濟實務

台灣平均實質所得停滯

　　景氣持續低迷，物價卻節節上漲，根據行政院主計處調查顯示，扣除消費者物價指數漲幅後，國人實質平均薪資還不如 14 年前水準，尤其未滿 30 歲的年輕世代起薪偏低，所得倒退的問題更為嚴重，每月平均可支配所得還不到 3 萬元。

　　由 2007 至 2011 年我國進口物價上漲了 7.43％，出口價格卻下跌了 7.39％，貿易條件惡化損失增加 1 兆 1,169 億元，占 2007 年 GDP 的 9％，因而不能成為所得的增加。應該避免再採取衝產量拚出口，但產品售價卻下降的發展策略，企業界不宜藉壓低勞工成本和自相殺價為手段。政府更要謹慎而不隨便採用各種藉降低成本或稅負來吸引要藉殺價競爭的產業，即使短期可讓產量增加，提升經濟成長率，真正的國民所得卻不見增加，反而消耗了能源、增加了二氧化碳排放，而造成台灣的負擔。

　　過去十餘年，台灣的 CPI（消費者物價指數）年增率超過 2％的年度，只有 2005 年的 2.31％和 2008 年的 3.53％，都是因為國際油價上漲的關係。2008 年至 2011 年台灣的經濟成長率分別是 0.73％、-1.81％、10.72％、4.03％。除了 2009 年負成長外，2010 年則是出現 10％以上的驚人成長；失業率方面，自 2008 年至 2011 年分別是 4.14％、5.85％、5.21％、4.39％，但廠商實際加薪的比率並不高。從國民所得統計的資料顯示，2010 年受僱人員報酬占 GDP 比率 44.5％，不僅低於十年前 50％的水準，也創下歷年最低。這些說明經濟的高成長，其實與基層勞動薪資無關，也難怪勞工無感。

　　美國聯準會（Fed）主席柏南克日前演說時指出，現有經濟指標掩蓋了許多民眾與家庭生活受苦的一面，經濟學家應更專注於個體經濟學，並參考經濟合作暨發展組織（OECD）的幸福指數，開發出能評估人民實際生活情況的統計方法。

試以經濟學分析，思考以下問題：

1. 觀察台灣近期的 CPI 大小與變化情形，說明其可能因素，及對我國消費成本與人民生活之影響。

2. 觀察台灣近年來的所得變化情形，說明其可能因素，及對我國人民實質購買力與生活水準之影響。

3. 觀察您的家庭所得及台灣生活水準，說明您是否屬於絕對貧窮或相對貧窮？

（　　）1. 「核心物價指數」的定義為何？　(A) 僅考慮食衣兩大類的商品價格　(B) 加入環境污染所造成之外部性價格　(C) 加上休閒娛樂價值的消費商品價格　(D) 去掉會受季節影響之蔬果時菜與能源等商品後之商品價格。

（　　）2. 關於名目工資和實質工資的關係，下列敘述何者正確？　(A) 名目工資的成長率一定大於實質工資的成長率　(B) 名目工資的成長率一定小於實質工資的成長率　(C) 當物價上升時，實質工資也上升　(D) 當物價上漲率高於名目工資上漲率時，實質工資下降。

（　　）3. 有關平均每人國內生產毛額，下列敘述何者正確？　(A) 可衡量一國之綜合國力　(B) 可作為不同國家經濟福利的國際比較　(C) 是名目國內生產毛額除以物價水準　(D) 可衡量國民所得的分配狀況。

（　　）4. 涵蓋商品範圍最為廣泛的物價指數是：　(A) 消費者物價指數 CPI（consumer price index）　(B) 生產者物價指數 PPI（producer price index）　(C) GDP 平減指數（GDP deflator）　(D) 零售物價指數 RPI（retail price index）。

（　　）5. 以當期價格衡量某一定期間最終產品的市場價值是：　(A) 實質國內生產毛額　(B) 每人國內生產毛額　(C) 名目國內生產毛額　(D) 潛在國內生產毛額。

（　　）6. 關於國民生產毛額（GNP）和國內生產毛額（GDP）的說明，以下敘述何者正確？　(A) 兩者的差等於要素在國外所得淨額　(B) 兩者的差等於外人直接投資淨額　(C) 通常國民生產毛額大於國內生產毛額　(D) 通常國內生產毛額大於國民生產毛額。

（　　）7. 甲乙兩家人原本各自居住在自有住宅中，如果他們交換房屋住，並給付對方等同於市場價值的租金，則國民生產毛額會：　(A) 不變　(B) 增加　減少　(D) 先增後減。

（　　）8. 國民生產毛額不包含下列那一部分？　(A) 勞動者的工資　(B) 企業所有者的利潤　(C) 債權人的利息　(D) 自己修理電燈的市場價值。

（　　）9. 下列那一項不包括在國內生產毛額（GDP）中？　(A) 菲律賓外籍女傭的薪水　(B) 台灣派駐非洲農耕隊員的薪水　(C) 自有房屋設算租金　(D) 農民留供自用的農產品。

筆記頁

18

痛苦指數

學習導引：歐昆與《繁榮的政治經濟學》

經濟視野❶　泡沫經濟（Bubble Economy）

經濟視野❷　最低基本工資

經濟視野❸　無薪假（No-pay leave）

活用經濟實務：台灣痛苦指數持續走高

美國總體經濟學家亞瑟·歐昆（Arthur. Okun），耶魯大學經濟系教授，曾在 1964 年至 1969 年間，進入美國總統經濟顧問委員會擔任主席。他傾向於凱恩斯主義派，長期以來致力於經濟預測的研究，並且從事於政策的制訂及分析。一牛最主要的研究主題是失業與通膨之間的權衡問題，著有《繁榮的政治經濟學》，並創辦了《布魯金斯經濟活動報告》。

【歐昆】

1976 年擔任卡特的總統選戰經濟顧問，提出一種經濟指數，由失業率和通脹率加總得來，數字越高表示痛苦程度越高。痛苦指數成為卡特致勝最大武器，那年夏天的痛苦指數是 13.57％，他以此將福特打成美國史上最糟的總統，說任何給國家這種痛苦指數的人，連開口說要當總統的權利也沒有。但卡特 1980 年帶著 21.98％的痛苦指數尋求連任，雷根問選民"你的日子比四年前好過嗎"，就贏走大選。

研究 70 年代美國經濟時發現，就業水平取決於社會總產出；社會總產出越多，其所要求的勞動力投入也就越多。失業率每高於自然失業率 1 個百分點，實際 GDP 增長率將低於潛在 GDP 增長率 2 個百分點。發現了周期波動中經濟增長率和失業率之間的經驗關係（歐昆法則），首先提出潛在 GDP 概念，指在保持價格相對穩定情況下，一國經濟所生產的最大產值，潛在 GDP 也稱充分就業 GDP。

➡ 預習思考

☆ 試以成本推動通貨膨脹與停滯性膨脹的意義，說明國際原料價格持續上漲，對景氣復甦的不利影響。

☆ 觀察近期台灣的痛苦指數及各項目內容，說明您的生活水準變化情形，並分析其原因、影響及解決之道。

☆ 試以勞動力與摩擦性失業的意義，說明每年畢業季節失業率偏高的理由及其解決之道。

18-1　通貨膨脹

一、痛苦指數 (misery index)

通貨膨脹率加上失業率之總和，了解總體經濟問題的指標。

失業率高表示許多人失去薪資所得，整體名目總所得減少；通貨膨脹率高表示貨幣的實際購買力降低，亦即整體實質總所得減少，因此痛苦指數高，表示經濟體內的國民所享有之社會福利水準降低，而經濟民生之痛苦程度提高。

二、物價膨脹與物價緊縮

1. 物價膨脹 (inflation)

社會上多數財貨勞務之價格持續上漲的現象，亦即代表整體平均物價水準的物價指數不斷升高，買方須多付貨幣才能購買，一般又稱為通貨膨脹。因貨幣的實際購買力降低，若貨幣的名目所得未增加或增幅較小，代表實質總所得減少，經濟體內國民維持原來生活水準的成本提高，甚至被迫降低生活水準。

$$通貨膨脹率 = [(PI_t - PI_{t-1})/PI_{t-1}] \times 100\%$$

為兩期間平均物價水準的變化百分比，亦即由上期（$t-1$）至本期（t）之物價指數的變化幅度大小。

2. 物價緊縮 (deflation)

社會上多數財貨勞務之平均價格持續下跌的現象，亦即物價指數不斷下降，一般又稱為通貨緊縮，常導因於經濟活動衰退；買方支付成本降低，但賣方利潤降低而減少生產，因此伴隨高失業率，痛苦指數反而提高。

三、通貨膨脹的型態

通貨膨脹的型態，依物價上升速度分為爬升式、奔騰式與惡性通膨；依政府干預分為開放性、抑制性與潛在通膨。

1. 爬升式通貨膨脹 (creeping inflation)

每年物價水準上漲的幅度較小（約 5 ％以下），對買方支付成本影響不大，卻可以使賣方利潤穩步提升而誘發投資增加，促進經濟成長，利潤分配與薪資報酬增加，

使實際購買力降低之影響減少，甚至可能增加實質總所得，因此又稱爲良性或溫和通貨膨脹（moderate deflation）。

2. 奔騰式通貨膨脹 (galloping inflation)

每年物價水準持續上漲的幅度極高，物價水準持續上漲的幅度增加而逐漸失控，貨幣的實際購買力與實質總所得明顯降低，而影響經濟活動的正常運作。

3. 惡性通貨膨脹 (hyper inflation)

奔騰式通貨膨脹失控，物價水準短期內（每月、日、甚至小時）持續上漲且幅度極高，通常導因於社會不安、政治不穩、戰亂災難等因素，使政府發行之法定貨幣公信力喪失，國民不願持有貨幣，若無法控制平息，將使國家社會崩潰瓦解。

4. 開放性通貨膨脹 (open inflation)

政府不干預物價水準的持續上漲，而任由市場機制自行調整到供需均衡之價量水準。在溫和通貨膨脹時，經濟社會自行調整的不利影響較小，可採取開放性通貨膨脹。

5. 抑制性通貨膨脹 (repressed inflation)

政府應採取有效的政策，阻止通貨膨脹的進一步惡化。在奔騰式或惡性通貨膨脹時，設法避免貨幣的實際購買力降低與實質所得減少的不利影響。

6. 潛在 (hidden) 通貨膨脹

整體平均物價水準的物價指數表面上未升高。若政府採取價格管制政策阻止通貨膨脹，訂定價格上限低於市場均衡售價，將造成消費市場超額需求（不均衡），亦即有許多需求者想買卻不買到商品的短缺問題，必須增加商品供給或減少商品需求，才能夠使消費市場調整至均衡狀態，否則資源配置不當反而減少國民福利。

四、通貨膨脹形成的原因

1. 需求拉升通貨膨脹 (demand-pull inflation)

因消費、投資、政府支出、貿易出超等經濟活動需求擴張或貨幣數量寬鬆（貨幣供給量大量增加），使經濟體的總需求增加（AD 線右移），則市場物價上漲（$P_0 \to P_1$）且產出（就業）增加（$Y_0 \to Y_1$）。（如圖 18-1）

當 AS 線較平坦（供給彈性大）時，產出增加較大而物價上漲較小，爲良性溫和通貨膨脹，可採取開放性自行調整。

若 AS 線較陡直（供給彈性小），生產接近充分能量，只要產品需求增加，更加可能助長物價膨脹。產出增加較小而物價上漲較大，易成爲奔騰式通貨膨脹，應採取

抑制性的緊縮政策，妥善控制貨幣數量，對投機過熱之經濟活動降溫，並設法避免人民對通貨膨脹之不當預期。

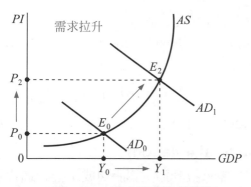

▲ 圖 18-1　需求拉升通貨膨脹

試以需求拉升通貨膨脹與良性溫和通貨膨脹的意義，說明適度通貨膨脹有助於景氣復甦的理由。

2. 成本推動通貨膨脹 (cost-push inflation)

　　因薪資、地租、利息等要素支出或原料、設備等成本上升，使廠商減少供給（AS 線左移），則物價上漲（$P_0 \rightarrow P_1$）且產出（就業）減少（$Y_0 \rightarrow Y_2$），實質總所得明顯降低，失業率及物價水準同時在上升，對經濟活動的正常運作有不利影響（如圖 18-2）。應採取抑制通貨膨脹的政策，改善經濟結構與經營環境，降低廠商生產成本，並協助其擴大產出而增加供給。

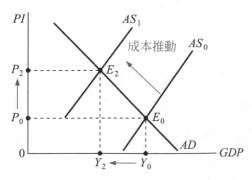

▲ 圖 18-2　成本推動通貨膨脹

若基本工資率提高大於勞動生產成長率，造成廠商支出成本上升，並帶動商品市場物價上漲且產出減少，造成成本推動的通貨膨脹，又稱為**工資推動型通貨膨脹**（wage-push inflation）。

當進口財貨勞務之價格上漲，造成國內支出成本上升，並帶動國內市場物價上漲且產出減少，造成成本推動的通貨膨脹，又稱為**進口型通貨膨脹**（imported inflation）。

廠商為提高利潤，以減產哄抬商品價格上漲大於成本上升，又稱為**利潤推動型通貨膨脹**（profit-push inflation）。

3. 結構型通貨膨脹 (structural inflation)

經濟結構轉變，導致需求拉升通貨膨脹與成本推動通貨膨脹並存的現象。產業前景樂觀而規模過度擴充，使生產要素需求大增，因而要素價格（成本）上漲，造成成本推動通貨膨脹；經濟活動需求擴張使經濟體的總需求增加，造成需求拉升的通貨膨脹。因經濟結構發展不平衡，常連帶引發城鄉差異與區域人口流動等問題。

當出口擴張貿易順差，則國內貨幣數量增加，國民所得水準提高而增加消費等經濟活動需求，造成需求拉升的通貨膨脹，且出口產業生產要素需求大增而成本上漲，導致成本推動通貨膨脹，又稱為出口型通貨膨脹（exported inflation）。

4. 停滯性膨脹 (stagflation)

產出成長停滯而物價上漲的通貨膨脹，低產出和高物價膨脹率同時存在，通常發生於成本推動通貨膨脹（物價上漲且產出減少），或 AS 線垂直（供給彈性小）時之需求拉升通貨膨脹（產出增加較小而物價上漲較大）。

五、通貨膨脹的影響

物價波動使總體經濟社會付出額外之交易成本，對個體的影響差異又分為平衡與非平衡通膨。

1. 菜單成本 (menu cost)

物價膨脹代表社會上多數財貨勞務之價格持續上漲的現象，商品標價經常更動而須一再重印菜單、宣傳單、廣告、看板等，所耗費的人力、物力、財力等成本。

2. 鞋皮成本 (shoe-leather cost)

為避免貨幣的實際購買力降低與實質所得減少，須將貨幣的持有轉換成較能保值的資產商品，或因名目支出不斷增加而須經常提領現金，因此四處奔波而磨損鞋皮、時間等成本。

3. 資訊成本 (information cost)

因多數商品之價格持續上漲，買賣雙方須隨時掌握相關資訊，分析預估並採取措施以減少損失，耗費時間、精力、金錢等成本。

4. 資源重置成本 (resource reallocation cost)

因商品之價格波動，買賣雙方均採取措施以減少損失所造成的額外成本，需求者改變其購買行為而供給者改變其生產計劃，如廠商未能執行原定計劃之沈沒成本、消費者效用水準降低、國內市場物價相對偏高而不利出口、整體社會經濟資源重新配置而運用缺乏效率、資本累積減緩等。

5. 平衡性通貨膨脹 (balanced inflation)

價格持續上漲的各種財貨勞務中，產品與要素價格的變化等幅，亦即經濟體制內的收入者與支付者之相對價格維持不變，則原先的經濟活動與福利水準不變，也就不會發生通貨膨脹的不利影響。

6. 非平衡通貨膨脹 (unbalanced inflation)

各種財貨勞務、產品與要素價格的變化不等幅，造成經濟活動參與者間之相對價格改變，而在價格機制導引下，更加入資源重置及財富重分配效果的不利影響。國際間之非平衡通貨膨脹，將使通貨膨脹率較高者之相對物價與成本偏高，進而降低出口競爭力。

六、預期性通貨膨脹 (expected inflation)

依據相關資訊可以預估通貨膨脹的可能幅度，採取必要措施調整，以物價伸縮條款減緩衝擊，設法避免貨幣的實際購買力降低與實質所得減少的不利影響。

物價伸縮條款（escalator clause）通常可以預先訂定契約，約定薪資、地租、利息等報酬之給付，隨整體平均物價水準的變化等幅（通貨膨漲率）調整，又稱為指數連動（indexation），使貨幣的名目所得扣除通貨膨脹率後之實質所得不變。

預期性通貨膨脹亦必須支出額外之交易成本，然而經濟體系對通貨膨脹的預期與調整，可以降低通貨膨脹的不利影響；亦可減少貨幣的持有，轉換成較能保值的資產商品，以維持所得實際購買力與生活水準。

七、非預期通貨膨脹 (unexpected inflation)

因相關資訊不足、突發變數干擾、經濟環境不易精確分析預估等因素，使實際通貨膨脹率與預期通貨膨脹率之間存在差異。

非預期通貨膨脹率＝實際通貨膨脹率－預期通貨膨脹率

　　通貨膨脹的可能幅度未能精確預估，而不易採取必要措施調整，因此提高通貨膨脹的不利影響；非預期通膨再加入財富重分配與金融淺化問題。

1. 財富重分配效果 (wealth reallocation effect)

　　實質所得由報酬收入者（如勞工、地主、債權人、存款人），轉移分配給報酬支付者（如老闆、佃戶、債務人、銀行）之不公平現象。

　　約定薪資、地租、利息等報酬之給付，可以隨預期通貨膨脹率等幅調整，規避通貨膨脹所導致的損失；但非預期性通貨膨脹率使貨幣的名目所得成長率扣除通貨膨脹率後之實質所得減少，亦即報酬之實質給付減少，造成降低工作與儲蓄意願。

2. 金融淺化 (financial shallowing)

　　貨幣的持有轉換成較能保值的資產商品，使持有實質資產的成長率超越持有金融資產的成長率。其他資產商品價格非預期變動時，亦使買賣雙方因持有的資產商品價值變化，造成財富重分配效果，助長投機行為而壓抑正常經濟活動。

　　名目所得非固定而具有彈性者，可以降低非預期性通貨膨脹的不利影響，但累進稅率提高名目稅負，更降低實質可支配所得，減少消費與投資；物價膨脹是一種稅負，它加諸於政府負債持有者，同時會減少預算赤字的大小。實質所得減少使經濟體內的消費能力、儲蓄意願與資本累積減緩，更不利經濟成長；而貨幣購買力降低亦影響國人持有貨幣的信心，不利金融體系的穩定。

 經濟視野 ❶

泡沫經濟（Bubble Economy）

　　資產在經歷連續的漲價過程後，其市場價格遠高於實際價值的經濟現象。開始的價格上升會產生還要漲價的預期，不關心這些資產本身的狀況和盈利能力，於是又吸引了新的買主謀取利潤。當這種行為成為一種普遍的社會現象時，社會資產所表現的帳面價值高於其實際價值。

　　泡沫經濟一般透過股票市場和房地產市場得以反映，破壞國民經濟的結構和比例，是由虛假的高盈利預期投機帶動，並不是實際經濟增長的結果。使國民經濟的總量虛假增長結構扭曲，助長投機行為並導致貧富兩極化，打擊務實投資者的積極性。一旦泡沫破滅價格回歸價值，泡沫形成過程中發生的債權債務關係就形成信用危機，出現金融機構大量的不良債權、削弱公司籌資能力和償債能力。

綜合範例

下表是某一國家從 1990 至 1992 年的實質國內生產毛額（real GDP）及名目國內生產毛額（nominal GDP）：

Year	Real GDP（億元）	Nominal GDP（億元）
1990	1000	1000
1991	1050	1200
1992	1200	1500

試計算下列：(A)1991 年國內生產毛額的平減指數 (GDP deflator)＝？ (B)1992 年國內生產毛額的平減指數＝？ (C)1991 年以國內生產毛額平減指數計算的物價膨脹率＝？ (D)1992 年以國內生產毛額平減指數計算的物價膨脹率＝？

 詳物價膨脹。

解析

通貨膨脹率 $= [(PI_t - PI_{t-1})/PI_{t-1}] \times 100\%$

GDP-deflator $=$ （名目 GDP／實質 GDP)$\times 100$

(A)1991 年國內生產毛額的平減指數 $= (1200/1050) \times 100 - 114$

(B)1992 年國內生產毛額的平減指數 $= (1500/1200) \times 100 = 125$

(C)1991 年以國內生產毛額平減指數計算的物價膨脹率

$\quad = [(114 - 100)/100] \times 100\% = 14\%$

(D)1992 年以國內生產毛額平減指數計算的物價膨脹率

$\quad = [(125 - 114)/114] \times 100\% = 9.65\%$

18-2　勞動市場

一、勞動市場均衡

以橫座標為市場的勞動量（L），縱座標為勞動的使用價格（實質工資率 w），有能力且有意願提供勞動的勞工為勞動供給（S_L），需要雇用勞動投入生產的廠商為勞動需求（D_L）。

在其他條件不變下，工資率高表示勞動需求者支出高，勞動需求量減少，工資率下跌則勞動需求量增加，即工資率與勞動需求量之間呈反向變動關係，亦代表勞動要素的邊際產量遞減；工資率高時勞動供給者收入高，勞動供給量增加，工資率下跌則勞動供給量減少，即工資率與勞動供給量之間呈同向變動關係，亦代表勞動者的邊際（機會）成本遞增。因此勞動市場與一般商品市場同樣有負斜率需求線與正斜率供給線，供需均衡在交叉點 E，對應均衡工資率 w^* 及均衡勞動量 L^*。在均衡工資率 w^* 下，勞動供給量 L^S＝勞動需求量 L^D＝均衡勞動量 L^*。

二、勞動市場失衡

若最低基本工資率 w_1 高於均衡工資率 w^*，其他條件不變下，勞動需求量沿勞動需求線 D_L 減少至 L^D_1（A 點），勞動供給量則沿勞動供給線 S_L 增加至 L^S_1（B 點），L^S_1 大於 L^D_1，為超額供給（AB 段）的勞動市場失衡，亦即失業（如圖 18-3）。

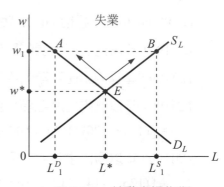

▲ 圖 18-3　勞動市場失衡

當勞動市場的需求與供給不一致，圖形上不在需求線與供給線交叉處而離開原均衡點 E，因法定最低基本工資率使市場力量無法進行調整（工資率下降），而繼續維持勞動市場失衡狀態。必須改變勞動供需條件，使整條勞動需求線（供給線）位移，由新需求線與供給線交叉（需求＝供給）形成新均衡，所對應的均衡工資率與均衡勞動數量亦改變。

總體勞動市場之供（勞工）、需（廠商）、價（工資）、量（就業、失業）的相互關係與變化因素。

1. 工資下限 (wage floor)

政府在勞動市場訂定最低工資，以保障勞工基本權益與生活水準。若勞動市場均衡工資高於或等於最低工資則不影響市場運作，但當最低工資高於市場均衡工資，更多勞工願意工作，廠商雇用的人數會減少，將造成勞動市場超額供給（不均衡），亦即有許多勞動供給者想找工作卻找不到工作的失業問題，必須增加勞動需求或減少勞動供給才能夠使勞動市場調整至均衡狀態。

2. 勞動需求變動

本身價格（工資率 w）以外因素變動，使每一工資率所對應的勞動需求量與原先不同，即整條勞動需求線位移。

當商品需求增加而價格上漲或勞動技能進步使生產力提高，則勞動引申需求增加，整條勞動需求線向右（勞動量增加）上（工資率上漲）方位移。反之則勞動需求減少，整條勞動需求線向左（勞動量減少）下（工資率下跌）方位移，若受最低基本工資率限制而不能下跌，將造成失業。

3. 勞動供給變動

本身價格（工資率 w）以外因素變動，使每一工資率所對應的勞動供給量與原先不同，即整條勞動供給線位移。限制外勞進口、提早退休年齡、就業條件嚴苛等，可減少勞動供給，整條勞動供給線向左（勞動量減少）上（工資率上漲）方位移；反之則勞動供給增加，整條勞動供給線向右（勞動量增加）下（工資率下跌）方位移，若受最低基本工資率限制而不能下跌，將造成失業。

因景氣衰退而商品需求不振，為保障本地勞工權益而限制外勞進口，圖示說明勞動市場供需，及均衡工資變化的過程與方向，並分析對勞資雙方的影響。

三、工資結構 (wage structure)

因工作技能、專業證照、職務地位、社會價值與地理環境等不同因素，使個體間的工資水準具有差異性，又稱為補償性差異（詳表 18-1）。

實質工資率＝名目工資率／物價水準

▼ 表 18-1　工資結構

1. 貨幣工資 (nominal wage)	提供勞動所得之每單位時間的貨幣報酬，所有工作條件合計折算的等值現金。
2. 實質工資 (real wage)	貨幣工資的實際購買力爲貨幣工資除以物價水準。當物價上漲而貨幣工資維持不變，其實際購買力降低，亦即實質工資減少。

 經濟視野 2

最低基本工資

　　最低工資是一種勞工政策，爲勞工最低薪金的金額，通常由政府設立法律，目的是保障工人能以勞力換取足以生存的維生工資。台灣實施類似制度，稱爲基本工資，一些國家拒絕設立最低工資如新加坡。

　　1968 年行政院發佈《基本工資暫行辦法》，將基本工資（月工資）定爲 600 元，是台灣首次以法律規定最低工資。1984 年開始實施的《勞動基準法》第 21 條規定：「工資由勞僱雙方議定之，但不得低於基本工資。」

 ### 綜合範例

假設勞動市場的供給與需求，如下表所示：

工資率	勞動需求量	勞動供給量
2	3000	1000
3	2500	1500
4	2000	2000
5	1500	2500
6	1000	3000

(A) 均衡的工資率與就業水準爲若干？ (B) 如果政府訂定最低工資率爲 $3，則市場的就業水準和失業量分別是多少？ (C) 如果政府訂定最低工資率爲 $5，則市場的就業水準和失業量分別是多少？

詳勞動市場均衡、勞動市場失衡、價格下限。

解析

(A)在工資率為 $4 時，勞動供給量 LS = 勞動需求量 LD = 均衡勞動量 $L^* = 2000$；即均衡的工資率為 $4，均衡的就業水準為 2000。

(B)如果政府訂定最低工資率為 $3，則勞動供給量 $LS = 1500$，勞動需求量 $LD = 2500$，因此市場的就業水準是 1500 而無失業量，為超額需求之市場失衡。

市場力量進行調整，因需求過剩（短缺），工資率可以上漲至 $w^* = 4$，供給量等於需求量等於均衡量 $L^* = 2000$，市場重回原均衡點 E（需求 = 供給）。

(C)最低基本工資率（$w_1 = 5$）高於均衡工資率（$w^* = 4$），為超額供給（AB 段）的勞動市場失衡，亦即失業。勞動供給量 $LS = 2500$，勞動需求量 $LD = 1500$，因此市場的就業水準是 1500，而失業量 = 2500 − 1500 = 1000。

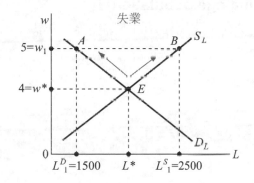

18-3 失業率

一、失業率 (unemployment rate)

失業人口占勞動力人口之百分比（如圖 18-4），亦即有基本能力且有積極意願投入工作之勞動力中（勞動供給），想要找工作卻不能就業（超額勞動供給）之人口比例。失業率高表示許多人失去薪資所得，則總所得減少，而投入要素減少使總產出減少，代表整體社會經濟福利降低，是痛苦指數的重要指標之一。

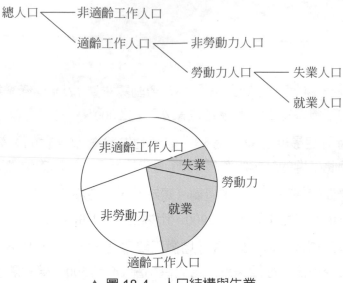

▲ 圖 18-4　人口結構與失業

1. 適齡工作人口 (working-age population)

　　在總人口中，以完成九年國民教育的年齡為界，年滿 15 足歲及以上之平民，為適合投入勞動要素之適齡工作人口；而未滿 15 足歲之國民，必須接受義務教育，還不能進入工作職場，則為非適齡工作人口。

> 總人口＝適齡工作人口＋非適齡工作人口

2. 勞動力 (labor force)

　　在適齡工作人口中，有基本能力且有積極意願投入工作者為勞動力（提供勞動供給）；而衰老、殘障、失能等無基本能力工作者，及全職學生、家庭主婦、提早退休、自願遊民等無積極意願工作者，均為非勞動力；軍人及監管人口則無自由意志選擇工作，非屬適齡工作平民，通常不列入統計。

> 適齡工作人口＝勞動力人口＋非勞動力人口

3. 就業 (employment)

　　勞動力人口中，在職場支領工作報酬，或在自己的家庭企業無酬每週工作 15 小時以上者，均可視為就業（符合勞動需求）；而積極找工作卻不能就業者（超額勞動供給），則為失業（unemployment）。

> 失業率＝（失業人口／勞動力人口）×100％

> 勞動力人口＝就業人口＋失業人口

4. 勞動參與率 (labor force participation rate)

勞動力人口占適齡工作人口之百分比，亦即在適齡工作人口中，有基本能力且有積極意願投入工作之人口比例，表示一經濟體內的勞動潛能。

> 勞動參與率＝（勞動力人口／適齡工作人口）×100％

二、失業相關之名詞

1. 勞動異動 (labor turnover)

失業人口、就業人口、勞動力人口、非勞動力人口之間的流動轉換，包括就業人口轉職繼續工作就業、就業人口解職成失業人口、就業人口退職成非勞動力人口、失業人口找到工作成為就業人口、失業人口放棄找工作成為非勞動力人口、非勞動力人口轉而積極找工作成為勞動力人口（就業人口或失業人口）等。

2. 失志工作者 (discouraged worker)

失業人口因長期不能就業，挫折氣餒而放棄找工作成為非勞動力人口，無積極意願工作者為非勞動力而非失業，但可能成為貧窮遊民或犯罪人口，造成社會問題。在景氣長期蕭條時，常因失志工作者增加而低估失業率，甚至誤以為經濟衰退並不嚴重或景氣即將復甦；反之景氣開始復甦時，因失志工作者轉而積極找工作成為勞動力人口，但未能立即找到工作而高估失業率，甚至誤以為經濟衰退更惡化，因此失業率被視為觀察景氣變動之落後指標。

3. 隱藏性失業 (disguised unemployment)

在就業人口中，因勉強工作或被迫降低工時等因素，而未能充分發揮生產力者。在景氣長期蕭條時，常因隱藏性失業增加而低估失業率，且高估總產出之潛能及勞動市場就業狀況，錯估經濟衰退之嚴重性。因就業人口增加並未提高產出，又稱為低度就業（underemployment）。

試以隱藏性失業與失志工作者的意義，說明台灣普遍存在之家庭地攤經濟，可能造成失業率低估的情形。

4. 自願性失業 (voluntary unemployment)

在失業人口中，因不願勉強就業，而繼續尋求較佳之工作條件者，失業救濟條件寬鬆會造成自願性失業提高。

三、失業發生原因

1. 摩擦性失業 (frictional unemployment)

經由搜尋過程找到合於自己工作前的失業狀態。正常的勞動異動，包括就業人口轉職以及非勞動力人口轉而積極找工作，在尚未找到工作前之搜尋過程，又稱為過渡性失業（transitional unemployment）。摩擦性失業問題是勞動市場供需雙方因資訊不足，發生短暫失衡的現象，並非勞動需求不足。

新進勞動力增加會造成摩擦性失業提高，而資訊技術進步或諮詢管道暢通，可以減少勞動市場搜尋時間，供需雙方各得其所而降低摩擦性失業，並降低隱藏性失業及自願性失業，提升生產力。

2. 結構性失業 (structural unemployment)

經濟結構轉變，如市場競爭條件、產業生產技術、地區發展轉型等之改變，使原來的就業人口無法配合新的勞動需求，因缺乏勞動移動性而失去工作機會，與產業生產技術轉變有關者又稱為技術性失業（technological unemployment）。

結構性失業問題是沒落產業或地區的勞動市場需求減少，發生局部失衡的現象，但在新興產業或地區仍有大量的勞動需求。因此員工職業訓練、教育程度提升、第二專長培養、地區平衡發展等方式，可以增加勞動移動條件，降低結構性失業，並且有助於產業轉型升級。

3. 循環性失業 (cyclical unemployment)

經濟波動景氣循環至衰退蕭條階段，經濟活動低迷導致各種財貨勞務需求減少，生產減少使勞動要素之引申需求減少，因經濟衰退而遭辭退。

循環性失業問題是因全面性勞動需求減少，亦即各產業或地區的勞動市場普遍發生供需失衡的現象，因此在最低基本工資率限制下，只有擴張性的政策提升景氣，全面增加勞動需求，才得以降低循環性失業。

四、失業的影響

1. 自然失業 (natural unemployment)

摩擦性失業及結構性失業，在經濟體系正常運作下不可避免，且為局部而非全面之現象，對經濟長期發展亦未必不利。就長期而言，失業率應維持自然失業率的規模，又稱長期失業率。

自然失業率是充份就業下的失業率，當失業率等於自然失業率（摩擦性失業率＋結構性失業率），循環性失業＝0即可稱之為充分就業（full employment），表示生產要素資源充分運用，其所能為經濟體創造之最大總產出則稱為潛能產出（potential output）。未充分就業即代表有循環性失業存在，其總產出低於潛能產出之差額即是失業成本，對經濟體有全面且不利的影響。

試以結構性失業與循環性失業的意義，說明我國經濟發展經歷多次產業結構轉變，未發生嚴重失業問題的理由，以及近年失業率偏高的解決之道。

2. 磁滯現象 (hysteresis)

當失業率長期高於自然失業率，自然失業率亦將隨之提高，而使失業率長期維持偏高水準。失業人口因長期不能就業，不能了解新的勞動資訊，或無法配合新的勞動需求，而加重摩擦性失業及結構性失業。

3. 歐昆法則 (Okun's law)

實質產出所得水準與就業率呈同方向變動關係，且為一固定常數比例，即失業率提高 1% 將使實質產出所得水準降低一特定比例。經濟活動低迷導致勞動要素之引申需求減少，失業率亦將隨之提高；反之景氣開始復甦時，實質產出水準提高一特定比例，才會降低失業率。

綜合範例

假設某年美國總人口數為 270 百萬，其中，可供就業的平民人口數（亦即非屬任何公共團體的平民人口數）為 250 百萬，就業者有 100 百萬，失業者有 10 百萬，基於這份資料，試計算失業率與勞動參與率。

Tip 詳失業率、勞動參與率。

解析

失業人口占勞動力之百分比,亦即有基本能力且有積極意願投入工作之勞動力中,想要找工作卻不能就業之人口比例。

失業率 = (失業人口 / 勞動力人口) × 100%

　　　 = 10 百萬 / (10 百萬 + 100 百萬) = 9.1%

勞動參與率 = (勞動力人口 / 適齡工作人口) × 100%

　　　　　 = (10 百萬 + 100 百萬)/250 百萬 = 44%

對於失業率與勞動參與率之計算,失業率為 9.1%,參與率為 44%。

經濟視野 3

無薪假(No-pay leave)

諾貝爾經濟學獎得主克里斯多福·皮薩里德斯指出,如果無薪假的實施經由充分溝通、且仍有給予員工足夠生活的薪資,並強制企業預先及事後給付無薪假其間的員工津貼,可以是員工和企業雙贏的一項制度。

無薪假必須先透過勞資協商,使勞方在徹底明白後方可實施。但臺灣沒有強制集體協商制度,因此實際上是完全由資方決定。實施無薪假後,勞方的待遇不可低於基本工資,否則勞方可要求資遣;僱主不得因無薪假而要員工自付健保費;僱主不得要求、威脅或暗示員工當義工或回去上班;有上班就應補計支付員工在職期間的薪資。但僱主經常以責任制、補休取代給薪或不當義工者優先裁員來規避此要求;資遣費、退休金不能因為無薪假而減少,但僱主經常以強簽自願離職文件來規避資遣費退休金。

台灣痛苦指數持續走高

　　觀察近十年台灣痛苦指數可以發現，台灣痛苦指數確有持續走高之勢。2008 年受國際油價高漲及金融海嘯的影響升至 7.67 達到最高，隨後物價大跌導致痛苦指數於 2009 年降至 4.98；近年又因國際農工原料大漲而上揚，2011 年痛苦指數升至 5.81，2012 年上半年仍達 5.64。

　　從近二十年的長期時間數列觀察可以發現，台灣自金融海嘯以來的痛苦指數確實比較高。在 1990 年代初期即使通膨率較高，但由於失業率始終維持在 1.5% 上下，因此痛苦指數從未逾 6。1990 年代後期，由於全球化的生產分工，美歐進入低通膨高成長的「新經濟」時期，台灣的痛苦指數也一路下滑，1997~2000 年的平均痛苦指數只有 3.83。反觀 2008~2011 年平均痛苦指數達 6.16，顯然台灣的民生痛苦程度，確實遠高於十年前。

　　台灣民生的痛苦來自於失業率更甚於通膨率。2008~2011 年的通膨率依序為 3.53%、-0.87%、0.96%、1.42%，相較於 1990 年代通膨率年年在 3%~4% 以上溫和許多。但今日台灣的失業率卻是昔日的三倍，勞動市場無法創造足夠的就業機會，正是台灣當前經濟社會最大的痛苦來源。台灣今天最大的困境不在商品市場的物價波動，許多人認為物價壓力大，事實上根本原因還在於勞動市場薪資長期的停滯，使人們對於物價的忍受度急速下滑。

　　根據住展雜誌發的最新「購屋痛苦指數」市調報告顯示，台北市的購屋痛苦指數達 28.8，再創新高，平均要 28.8 年不吃不喝才買得起。而新北市的購屋痛苦指數則為 13.5，顯示台北市的購屋痛苦指數整整比新北市多了 1 倍以上，想在北市購屋的民眾苦不堪言。所謂「購屋痛苦指數」，是以該區預售屋與新成屋的平均房價，乘以 35 坪 3 房的總價後，除以雙薪夫妻的年可支配所得，顯示民眾購屋負擔的沉重程度。

試以經濟學分析，思考以下問題：

1. 觀察台灣近期的民生痛苦指數大小與變化情形，說明其可能因素，及對我國人民生活之影響。
2. 觀察台灣近年來的所得與房價變化情形，說明其可能因素，及對我國人民實質購買力與生活水準之影響。
3. 觀察您的家庭所得及物價之忍受度，說明民生痛苦指數與購屋痛苦指數持續走高對您的影響。

( ) 1. 當經濟體系發生「可預期的通貨膨脹」，但該經濟體系卻未能做充分調整時，將會引發下列何種成本？ (A) 貸放者的財富移轉至借款者的財富重分配成本 (B) 借款者的財富移轉至貸放者的財富重分配成本 (C) 政府實質稅收減少、民眾實質稅負下降的財富重分配成本 (D) 有利於勞工，不利於雇主的財富重分配成本。

( ) 2. 通貨膨脹發生之後，導致民眾所想要持有的貨幣數量減少，因而花用在交易上的額外時間或成本，在經濟學上將其稱為 (A) 菜單成本（menu cost） (B) 皮鞋成本（shoe leather cost） (C) 財富重分配成本 (D) 所得重分配成本。

( ) 3. 下述有關通貨膨脹的陳述，何者是不正確的？ (A) 通貨膨脹是指一般物價水準持續上漲的現象 (B) 非預期的通貨膨脹將對債權人有利 (C) 非預期的通貨膨脹將不利於資源的有效配置 (D) 預期的通貨膨脹也會使社會付出一些代價。

( ) 4. 物價膨脹可能對個人造成損失，不包含以下那個項目？ (A) 所得重分配 (B) 名目所得水準下降 (C) 實質賦稅加重 (D) 交易成本提高。

( ) 5. 通貨膨脹會產生所得重分配效果，那些人會得到好處？ (A) 固定收入者 (B) 債權人 (C) 納稅義務人 (D) 債務人。

( ) 6. 痛苦指數（misery index）指的是 (A) 失業率加台幣貶值率 (B) 失業率加就業率 (C) 失業率加通貨膨脹率 (D) 失業率加犯罪率。

( ) 7. 若某國以1996年做為基期，所計算出來的2001年消費者物價指數CPI（consumer price index）為120，2002年為130。則2001年至2002年的通貨膨脹率（inflation rate）為多少％？ (A)7.69 (B)8.33 (C)76.92 (D)83.33。

( ) 8. 根據總合供需模型，通貨膨脹現象的出現，是由於： (A) 總合需求減少 (B) 總合供給增加 (C) 總合需求增加或總合供給減少 (D) 總合需求增加與總合供給增加。

( ) 9. 那一種情形會造成成本推動型通貨膨脹？ (A) 政府財政赤字持續惡化 (B) 貨幣供給持續大幅度上升 (C) 技術大幅度提升 (D) 工會組織持續要求調高工資

19

消費與投資

學習導引：莫迪格里尼與《國民收入和國際貿易》

經濟視野❶ 儲蓄率（Savings Rate）

經濟視野❷ 經濟視野：消費理財規劃

經濟視野❸ 資本支出（Capital Expenditure）

活用經濟實務：台灣吸引投資的政策有效嗎？

義大利裔美國籍的經濟學家弗蘭科‧莫迪格里尼（France Modigliani），為 1985 年諾貝爾經濟學獎得主，主要的研究領域為金融經濟學（Financial Economics），第一個提出儲蓄的生命循環周期假設，此一假設在研究家庭和企業儲蓄中得到了廣泛應用。

1953 年一本《國民收入和國際貿易》的書，確立了他作為經濟學家的地位。這本書試圖描述一個開放經濟中凱恩斯主義的經濟計量理論，並且回答了 60 個行為問題，也利用時間序列數據艱難地計算了這個模型的參數，是早期的經濟計量學著作之一。

【莫迪格里尼】

決定公司及資本成本的市場價值的莫迪格里尼—米勒定理，提出了在不確定條件下分析資本結構和資本成本之間關係的新見解，發展了投資決策理論。家庭和企業儲蓄這兩方面的貢獻是密切相互聯繫的，兩者都說明家庭財富管理的必要性，且都可看成對金融市場作用的廣泛研究的不同部分，在消費理論和投資理論兩個方面發展了凱恩斯的學說。關於利率對國民收入影響的論述對 IS-LM 模型的發展有重大意義，關於財政政策與貨幣政策的論述也有相當大的影響，在與貨幣主義、理性預期學派的論戰中，他堅持主張國家干預經濟。

➡️ 預習思考

☆ 試以相對所得的意義，說明虛榮心對消費行為的影響，以及「由奢入儉難」的理由。

☆ 試以投資邊際效率與投資需求曲線的意義，說明政府以降低利率及其他相關配套措施，刺激投資活動的理由。

☆ 試以 q 理論的意義，說明上市公司在股市行情看好時，積極採取增資擴張的理由。

19-1 消費與儲蓄

一、基本心理法則 (fundamental psychological law)

　　由凱因斯（J. M. Keynes）提出，強調消費支出與消費者現有實質所得水準的關係，又稱為絕對所得（absolute income；AI）消費理論。一般人的消費支出大小，與可支配所得呈同方向但不同比例變化，即消費支出隨可支配所得的增加而增加，但消費支出增加率小於可支配所得增加率。

二、消費線

　　以橫軸為可支配所得 Y_d，縱軸為總消費支出 C，為表達總消費支出與可支配所得之關係的軌跡，線上每一點代表一特定可支配所得 Y_d 所對應之總消費支出 C。消費線亦可能為曲線，但為簡化分析，通常以直線型消費線為主。

消費函數：$C = C_a + mpc \times Y_d$

消費支出＝自發性消費＋誘發性消費

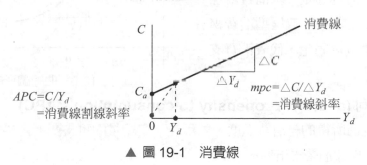

▲ 圖 19-1　消費線

1. 自發性消費 (autonomous consumption；Ca)

　　不受可支配所得大小影響的基本消費水準，亦即當可支配所得為 0 時，為維持基本生活所須支付的最低消費額。與可支配所得無關，故稱為自發性，但仍與其他因素有關，受到所得以外之因素影響而改變，如主觀偏好、生活習性、政策制度、物價水準、未來預期、信用利率、實質資產等。

　　圖 19-1 上 C_a 為消費線與縱軸之截距，代表可支配所得為 0 時的消費支出，因此 $C_a > 0$。當受到所得以外之因素影響而改變時，C_a 向上（增加）下（減少）移動；所得以外之因素不變時則 C_a 固定。

2.誘發性消費 (induced consumption；mpc × Yd)

　　會隨可支配所得的增加而增加的消費支出，可支配所得乘以消費支出增加率即是誘發性消費額，意指受到所得增加所誘發增加的消費支出，亦即總消費支出扣除自發性消費後之部分，因此消費線為一由 C_a 向右（所得增加）上（消費增加）方延伸的正斜率直線。

3.邊際消費傾向 (marginal propensity to consumption；mpc)

　　每變動一單位所得所誘發的消費變動量，表示在增加的可支配所得中，可以用來增加消費支出的比例，亦即消費支出增加率。消費支出增加率小於可支配所得增加率，即 $0 < mpc < 1$。

$$mpc = \Delta C / \Delta Y_d = 消費線斜率$$

　　mpc 在圖形上為消費線之斜率，消費線愈陡直（斜率大）代表消費支出增加率大，即誘發性消費增加幅度大，因自發性消費固定，總消費增加幅度亦大；反之則小。直線型消費線斜率固定，即 mpc 固定，代表消費支出增加率固定。

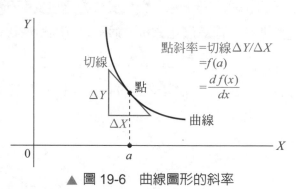

▲ 圖 19-6　曲線圖形的斜率

4.平均消費傾向 (average propensity to consumption；APC)

　　每一單位總所得的總消費額度，表示在一定總量的可支配所得中，可以用來消費支出的比例，亦即消費支出率。

$$APC = C / Y_d$$

　　APC 在圖形上為消費線上每一點至原點之割線斜率，隨可支配所得的增加而斜率愈小（割線愈平坦）。因為消費支出增加率小於可支配所得增加率，當可支配所得增加愈大，消費支出增加落後愈大，致所占的比例愈低，即 APC 愈小；代表每一可支配所得的 $mpc < APC$，使 APC 隨所得增加而遞減，即消費線上每一點至原點之割線斜率均大於消費線之斜率。

➡️ 動動腦 ⬅️

試以自發性消費與誘發性消費的意義，說明國人信心不足及國內失業問題，對我國消費活動與經濟表現的影響。

三、儲蓄線

為表達儲蓄與可支配所得之關係的軌跡，線上每一點代表一特定可支配所得 Y_d 所對應之儲蓄 S。當可支配所得 Y_d 小於消費支出 C，代表消費透支，即須動用自己過去的儲蓄，或向他人借貸（動用他人的儲蓄），使總儲蓄減少，為負儲蓄；當可支配所得 Y_d 大於消費支出 C，代表消費後有餘額，使總儲蓄增加，為正儲蓄。

如圖 19-2，在消費線圖形上之 45° 線代表 $C = Y_d$，為假設可支配所得全部支出消費的參考線，可視之為所得線。因 $0 < mpc < 1$，消費線較 45° 線平坦（斜率 < 1），使消費線與所得線交叉，表示可支配所得全部支出消費（$C_0 = Y_0$），交叉點 (E) 為收支平衡；E 點左方之消費線高於所得線，即 $C > Y_d$ 為消費透支（兩線垂直負距離 $Y_d - C$）。

$$儲蓄函數：S = -C_a + mps \times Y_d$$
$$S = Y_d - C = Y_d - (C_a + mpc \times Y_d) = -C_a + (1 - mpc) \times Y_d$$

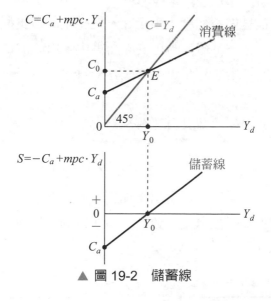

▲ 圖 19-2 儲蓄線

當 $Y_d = 0$ 時，為維持基本生活須支付的最低消費額 C_a（自發性消費），最大透支額（負儲蓄）$-C_a$；隨可支配所得的增加而透支漸小，至 $C_0 = Y_0$ 之交叉點為收支平衡。E 點右方之消費線低於所得線，即 $C < Y_d$，儲蓄額（兩線垂直正距離 $Y_d - C$），隨可支配所得

的增加而儲蓄漸增。因此儲蓄線為一由 $-C_a$ 向右（所得增加）上（透支減少儲蓄增加）方延伸的正斜率直線，所得低於 Y_0 為負儲蓄，高於 Y_0 則為正儲蓄，其大小等於消費線與所得線之垂直距離（$S = Y_d - C$）。

1. 邊際儲蓄傾向 (marginal propensity to save；mps)

每變動一單位所得所誘發的儲蓄變動量，表示在增加的可支配所得中，可以用來增加儲蓄的比例，亦即儲蓄增加率。

$$mps = \Delta S / \Delta Y_d = (\Delta Y_d - \Delta C) / \Delta Y_d = 儲蓄線斜率$$

mps 在圖形上為儲蓄線之斜率，儲蓄線愈陡直（斜率大）代表儲蓄增加率大；反之則小。直線型儲蓄線斜率固定，即 mps 固定，代表儲蓄增加率固定。增加的可支配所得中，用於增加消費支出的比例 mpc，剩餘未動支部分為增加儲蓄的比例 mps，所以 $mpc + mps = 1$。

當受到所得以外之因素影響，除可能改變自發性消費（縱軸之截距），亦可能改變消費與儲蓄之意願及配置，因而改變所得中消費與儲蓄之相對比例，在圖形上即為消費線與儲蓄線斜率之變化。

2. 平均儲蓄傾向 (average propensity to save；APS)

每一單位總所得的總儲蓄額度，表示在一定總量的可支配所得中，可以用來儲蓄的比例，亦即儲蓄率。在一定總量的可支配所得中，用於消費支出的比例 APC，剩餘未動支部分為儲蓄的比例 APS，所以 $APC + APS = 1$。

$$APS = S / Y_d = (Y_d - C) / Y_d = 儲蓄線割線斜率$$

APS 在圖形上為儲蓄線上每一點至原點之割線斜率，隨可支配所得的增加而斜率愈大（割線愈陡直），因為消費支出增加率小於可支配所得增加率，當可支配所得增加愈大，消費支出增加落後愈大，致消費占所得的比例愈低而儲蓄的比例愈高，即 APC 愈小而 APS 愈大。

➤ 動動腦 ◄

試以基本心理法則，圖示您的消費線與儲蓄線，說明對自發性消費、誘發性消費、邊際儲蓄傾向的規劃，及其受社會環境影響之變化情形。

綜合範例

設儲蓄函數為 $S = -100 + 0.2Y_d$，請問下列：(A)$MPC = ?$ (B) 當 $Y_d = ?$ 時 $C = Y_d$(C) 自發性民間消費為？ (D) 當 $Y_d = 1000$ 時，$APC = ?$ (E) 儲蓄曲線的斜率為？

Tip 詳儲蓄函數。

 解析

$S = -Ca + \text{mps} \times Y_d = -100 + 0.2Y_d$，則 (C) 自發性民間消費 Ca 為 100，

(E) 儲蓄曲線的斜率為 mps = 0.2。

(A)mpc = 1 − mps = 0.8

(B)收支平衡 $C = Y_d$，$S = 0 = -100 + 0.2 \times Y_d$，得 $Y_d = 500$

(D)當 $Y_d = 1,000$ 時，$C = Ca + \text{mpc} \times Y_d - 100 + 0.8 \times 1000 = 900$，

　　得 APC = $C / Y_d = 900 / 1000 = 0.9$。

經濟視野 ❶

儲蓄率（Savings Rate）

反映一個國家（或地區）儲蓄水平的重要指標，可藉以分析和研究一個地區城居民或一個單位職工在一定時期內，參加儲蓄的意願和趨勢，是制訂儲蓄計劃的一項重要依據。儲蓄率分為總儲蓄率和個人儲蓄率，總儲蓄率指一國全部儲蓄金額占國民生產總值的百分比，個人儲蓄率則指一國個人儲蓄金額占個人可支配收入的百分比。

19-2　消費相關理論

一、庫茲奈-高史密斯矛盾 (Kuznets-Goldsmith paradox)

　　國民所得帳之父庫茲奈與學者高史密斯研究發現，平均消費傾向 APC 消費支出占所得的比例）固定，即 $mpc = APC$，APC 並未隨所得增加而遞減；圖形上消費線為一由原點出發之射線，即消費線上每一點至原點之割線斜率（APC）等於消費線之斜率（mpc），直線型消費線斜率固定，代表消費支出（增加）率固定。

> 長期消費函數：$C = m \times Y_d$

　　史密希斯（A. Smithesis）加入時間因素後，解決此一矛盾現象。為維持基本生活所須支付的自發性消費額不斷提高，故每一短期消費線逐漸上升，將各短期消費線之平均消費與平均所得的組合點連線，可得一長期消費線，為由原點出發之射線（如圖 19-3）。

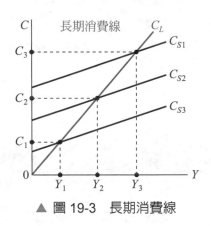

▲ 圖 19-3　長期消費線

　　因此短期消費函數 $C_s = C_a + mpc \times Y_d + \delta_t$，$mpc < APC$，$APC$ 隨所得增加而遞減；長期消費函數 $C_L = m \times Y_d$，$m = mpc = APC$，平均消費傾向 APC 固定。若政府想提升消費水準，必須要有短期的權衡政策，配合長期的策略及規劃。

二、恆常所得 (Permanent Income；PI；Yp)

　　由傅里曼（Friedman）於 1957 年所提出，認為消費支出的比例依據可支配所得中之恆常所得，而不受暫時所得的影響，亦非只依據目前所得來規劃消費；消費支出不能依據暫時所得，而應衡量恆常平均所得以規劃平均消費水準。

　　恆常所得是目前財富可在未來產生的固定收益，包括生產性人力資源產生的勞動所得，以及非生產性經濟活動產生的財產所得，因此財富現值為恆常所得的折現值，而消費支出為恆常所得之固定比例 k，恆常消費的增加，主要來自恆常所得的增加。

> PV（財富現值）$= Yp/i$
>
> $C = k \cdot Yp$；$0 < k < 1$

暫時所得增加使實際所得增加，造成依較低之恆常所得所定之消費支出比例 APC 偏低；反之暫時所得減少使實際所得減少，則依較高之恆常所得所定之消費支出比例 APC 偏高，APC 隨暫時所得增加而遞減。

暫時所得（transitory income）具不確定性，消費者在衡量日常生活預算時，必須依據可預期之恆常所得，暫時所得不能計入恆常之消費支出比例 APC 中。恆常所得與暫時所得及臨時性消費皆無關；暫時所得與臨時性消費亦無關，因暫時所得與臨時性消費的平均值＝0，短暫所得的邊際消費傾向低於永久所得的邊際消費傾向。

短期消費函數 $Cs = a + m \times Y$，$mpc < APC$，APC 隨所得增加而遞減，截距 a 決定於過去各期所得的價值；長期消費依據過去各期的所得與短期消費調整推估恆常所得，函數 $CL = k \times Yp$，$mpc = APC$，長期消費線為由原點出發之射線。

三、生命循環 (Life Cycle；LC)

由莫迪格里尼（Modigliani）於 1985 年所提出，消費主要決定因素為所得與財富。將恆常所得之消費更擴大跨期，為依據一生中之所得變化來規劃一生之消費變化，以一生中之所得限制條件，包括預期未來勞動所得及財產所得，追求一生之消費效用極大，而非只依據目前所得來規劃目前之消費。

一般而言，初入社會工作（青年時期），所得雖然不高，但預期未來所得增加且對耐久財消費需求較大，因此 APC 偏高而儲蓄偏低，甚至發生消費透支之負儲蓄；中年時期所得達到一生中之高峰，但愈接近退休則消費保守而增加儲蓄，因此 APC 偏低；老年時期所得減少而基本生活消費有增無減，造成 APC 偏高，可能須動用過去的儲蓄或接受社會救助（負儲蓄）。

每一時期消費額不斷提高，而所得中可以用來消費支出的比例 APC，隨所得增加而遞減；在生命循環中，所得高峰之中年時期 APC 偏低，所得偏低之青年時期與老年時期 APC 偏高。每一短期消費線逐漸上升，勞動所得遞增而財產所得固定，截距大小決定於實質財富價值，$mpc < APC$，APC 隨所得增加而遞減；長期財產所得上升，勞動所得及財產所得佔可支配所得的比例固定，長期可以用來消費支出之平均消費傾向亦固定，將各短期消費線之平均消費與平均所得的組合點連線，長期消費線為由原點出發之射線（如圖 19-4），$mpc = APC$。

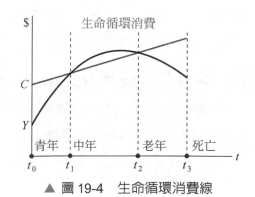

▲ 圖 19-4 生命循環消費線

由於消費支出決定於一生中之所得，短期所得價值之波動與相關因素對消費變化影響不大。消費函數應受當期所得、預期未來所得、利率、財富與物價水準因素之影響。

➤ 動動腦 ◄

試以生命循環消費理論，說明您的生涯規劃，並分析每一階段的生活水準及儲蓄目標。

四、相對所得 (Relative Income；RI)

由笛生柏林 (Duesenberry) 於 1949 年所提出，認為消費支出大小並非完全依據其絕對所得大小，消費效用還會受到社會上其他人的消費水準所影響，稱為示範效果（demonstration effect）。

相對所得意指本身的絕對所得相對於全體平均所得的地位，當相似或更低地位的所得者消費水準偏高時，既使其絕對所得（購買力）已降低，但為顯示其相對地位（效用），仍將維持偏高之消費水準。當低所得者消費水準偏低時，為維持偏高之消費效用，將提高消費水準，因此 APC 偏高，短期 APC 隨所得增加而遞減；長期經濟體系之所得穩定成長，相對所得不變，長期 APC 亦固定。

如圖 19-5，A 點所得 Y_0 時消費水準 C_0；所得成長至 Y_1，則消費水準沿長期消費線（APC 固定）上升至 B 點；所得再降低至 Y_0 時，消費水準沿較高（效用）之短期消費線（C_s'）下降至 D 點，消費水準 $C_1 > C_0$，因此 APC 偏高。絕對所得（購買力）已降低，仍維持偏高之消費（效用）水準，稱為習性堅持效果（habit persistence effect），即消費習性形成後具有不可逆性，消費水準向上調高後不易再調低；消費水準調整的路徑，又稱為制輪效果（ratchet effect）。

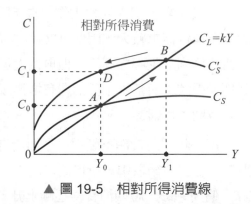

▲ 圖 19-5　相對所得消費線

五、隨機漫步消費 (random-walk consumption)

由霍爾（Hall）於 1978 年所提出，消費支出大小依據跨期所得限制條件，並預期未來之消費邊際效用。理性預期的消費者規劃選擇最適消費行為，以獲得最大跨期之消費效用，理性預期可以完全推測則調整消費行為；若未能完全推測，即預料外的消費行為將隨機變動。

經濟視野 ②

消費理財規劃

在不同人生階段會有不同的消費及投資需求，所需因應的理財態度是根據所處的生涯階段做好理財規劃。

新婚期（約 25 ～ 35 歲），消費理財目標可能是在買房子的頭期款、購車、計劃生寶寶等。這期間作積極性投資，以儘量累積財富為主，可承擔的風險比較高，保險是不可輕忽的重點之一。創業期（約 35 ～ 45 歲），生活及經濟基礎日益穩定，透過資金不同比例的配置，選定一些長期的投資計劃，保證一個穩定、細水長流的收益，再逐步增加風險性，如股票、基金等投資。穩定期（約 45 歲以上），消費理財目標多半是為了退休或養老，在為自己安排適當和醫療相關保險所需的費用後，投資心態應更為謹慎。安養期（約 50 歲之後）少做積極性投資，一切以保本為宜，這時的投資策略應以降低風險為主，穩定、成長的投資工具是首選，比如儲蓄、債券等。

 綜合範例

有關恆常所得假設的消費理論，下列敘述何者正確？ (A) 平均消費傾向為臨時所得與恆常所得之比率 (B) 臨時所得與恆常所得對消費的影響相等 (C) 恆常消費的增加，主要來自於恆常所得的增加 (D) 臨時所得對消費的影響大於恆常所得。

Tip 詳恆常所得。

 解析

因此有關恆常所得假設的消費理論，(C) 恆常消費的增加，主要來自於恆常所得的增加敘述正確。

19-3 投資相關理論

一、投資的定義

投資（investment；I）又稱為資本形成，包括廠商生產所需購買之各種資本財（如廠房設備、存貨增量等）、家戶購買之新建住宅、政府投入之公共建設等，扣除折舊後則是投資淨額。實質資產如廠房、設備、存貨與相關之生產工具等，各種資本都可以貨幣表達其價值，因此資金又稱為貨幣資本。

投資毛額又稱為**資本形成毛額**（gross capital formation），包括固定資本形成毛額與存貨變動。

利率代表使用資本的單位成本，使用自有資金亦隱含機會成本，為使用資本所應支付的代價，或資金供應者所獲得的報酬。

一般私人企業部門投資的主要目的是追求利潤，即收入與成本的差額，又稱為投資報酬。

負斜率投資需求線與正斜率投資供給線，兩線交叉點 E 為供需均衡，對應均衡投資量與均衡投資價格，由投資財之需求價格及供給價格之比較，則可決定投資量的大小。

二、投資邊際效率 (Marginal Efficiency of Investment；MEI)

收入扣除成本（不包括投資金額利息）的差額，與投資金額之相對比例，即增加一單位投資金額可以獲得的報酬，又稱為**預期投資報酬率**（expected rate of return on investment），由凱因斯（J.M. Keynes）提出。

與使用資本的單位成本比較，當投資報酬率 MEI 大於市場利率 i，表示投資有利，使投資需求增加；當投資報酬率 MEI 小於市場利率 i，表示投資不利，使投資需求減少。因此市場利率愈低則投資有利的機會愈大，而市場利率愈高則投資有利的機會愈小，亦即投資需求（DI）變化與市場利率（i）變化呈反向變動關係，形成負斜率之投資需求曲線。

三、投資邊際效率遞減

隨投資金額（I）增加而其邊際投資報酬率（MEI）降低的現象，形成負斜率之投資邊際效率曲線。商品隨供給增加而售價降低，競爭激烈使單位收入減少；要素價格因投資增加要素需求而上漲，且因邊際資本生產力遞減，造成單位成本上升。

　　投資者選擇的投資計劃，必須其投資邊際效率（預期報酬率）至少可以回收使用資本的單位成本（等於市場利率），即 $MEI = i$ 時，投資邊際效率曲線＝投資需求曲線，表示從投資邊際效率曲線可以推知投資需求量。當 $MEI > i$，投資需求增加直到 MEI 遞減至 i 為止；反之 $MEI < i$ 則不值得投資。因此 $MEI = i$ 亦代表投資需求之均衡狀態，MEI 曲線上每一點對應不同利率水準之投資量，即均衡之投資需求量（如圖 19-6）。

投資邊際效率曲線＝投資需求曲線

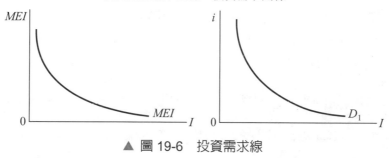

▲ 圖 19-6　投資需求線

　　當 $MEI > 0$，代表投資報酬率為正，即扣除資本的購置成本後，投資者可以負擔與 MEI 相等之利率成本，因此 MEI 為內部報酬率（internal rate of return；IRR）。當 $IRR > i$（市場利率）時值得投資，反之 $IRR < i$ 則不值得投資。

$$P_K = \frac{R_1}{(1+MEI)} + \frac{R_2}{(1+MEI)^2} + \cdots + \frac{R_N + S}{(1+MEI)^N}$$

　　P_K 是資本的購置成本現值，R 為投資後各期的預期報酬，S 是投資終期（N）的資本剩餘殘值，因此 MEI 為使資本購置成本現值等於未來各期預期報酬加上剩餘殘值的折現率，亦代表投資者可以負擔之最高利率（機會）成本。

　　投資淨現值（net present value；NPV）代表資本的購置成本現值扣除未來各期預期報酬及剩餘殘值的折現值（折現率等於市場利率 i），$NPV > 0$ 時值得投資，反之 $NPV < 0$ 則不值得投資。

　　在市場利率以外的因素不變下，市場利率變動引起投資需求量呈反向變動，需求量變動在圖形上表示需求線不動，點沿原需求線移動。

　　當市場利率以外的因素改變時，將使每一市場利率所對應的投資需求量與原先不同，需求變動在圖形上表示整條投資需求線位移，形成另一條往右（量增加）移的需求線，或另一條往左（量減少）移的需求線。市場利率以外影響投資需求的因素，包括技術創新、現有資本、未來預期、產品需求、要素成本、經營能力、所得水準、政策制度等。

1. 自發性投資 (autonomous investment；Ia)

不受國民所得大小影響的基本投資水準，但仍與所得以外之其他因素有關，受到技術創新、要素成本、政策制度、物價水準、未來預期、信用利率等因素影響而改變。

2. 誘發性投資 (induced investment；mpi × Y)

會隨國民所得的增加而增加的投資，國民所得乘以投資增加率即是誘發性投資額，意指受到所得增加而誘發增加消費支出，引導增加投資生產。

3. 邊際投資傾向 (marginal propensityto investment；mpi)

每變動一單位所得所誘發的投資變動量，表示在增加的所得中，可以用來增加投資的比例，亦即投資增加率。

$$mpi = \Delta I / \Delta Y$$

四、存貨與住宅投資

1. 存貨投資

投資毛額包括廠商購買所需之存貨增量等各種資本財，存貨（含原料、半成品、製成品）可及時供應市場需求，但廠商亦負擔利率（機會）成本，因此最適存貨量與市場利率（i）變化呈反向變動關係。存貨減少可降低利率成本，但市場需求增加使廠商提高訂貨交易成本，因此最適存貨量與市場需求變化及訂貨交易成本呈同向變動關係，廠商選擇均衡最適存貨量使總成本最低。

2. 住宅投資

廠商（家戶）為追求最大利潤，以比較住宅資本財與其他（金融）資產之相對投資報酬率，來決定其最適住宅投資的決策。當住宅投資報酬率較高，廠商（家戶）會增加住宅投資；反之若其他（金融）資產投資報酬率較高，則廠商（家戶）增加其他（金融）資產而減少投資投資住宅資產。

比較住宅資本財與其他（金融）資產之相對投資報酬率，來決定其最適住宅投資的決策。

五、加速原理 (acceleration principle)

　　由克拉克（Clark）和金納利（Chenery）所提出，認為國民所得的變動，將引起淨投資（資本增量）更大的變動，因為資本財需求的變動方向與比率，決定於最終財貨需求的變動方向與比率。

　　當所得等速增加時（$\Delta Y_2 = \Delta Y_1$），淨投資（資本增量）不變（$\Delta K_2 = \Delta K_1$）；而所得加速增加（$\Delta Y_2 > \Delta Y_1$）時，淨投資增

　　加（$\Delta K_2 > \Delta K_1$）；所得減速增加（$\Delta Y_2 < \Delta Y_1$），則淨投資減少（$\Delta K_2 < \Delta K_1$）；當所得不變（$\Delta Y = 0$），則淨投資 $\Delta K = 0$，代表毛投資等於折舊；而所得減少（$\Delta Y < 0$），則淨投資為負（$\Delta K < 0$），代表折舊大於毛投資。

$$I_n(淨投資) = \Delta K(資本增量) = \alpha \times \Delta Y$$
$$固定之資本增量對產出比率\ \alpha = \Delta K / \Delta Y = I_n / \Delta Y$$

　　經濟體充分利用所累積的現有資本存量，在既定之生產技術與資本生產力下生產，要增加產出所得（ΔY），必須增加資本（ΔK）投入，而所須增加之資本（擴充產能）是產出所得增加之倍數（α），α 值大於 1。

　　因此淨投資是所得變動的倍數，α 值大於 1 代表所得變動對淨投資有加速影響，即 ΔK（資本增量）大於 ΔY（所得變動），α 值稱為加速係數（accelerator）。

試以加速原理的意義，說明所得加速成長的經濟發展國家，具有「磁吸效應」吸引外資，增加淨投資的理由。

六、新古典投資理論

　　由喬金森（Jorgenson）所提出，認為廠商為追求最大利潤，以比較資本財與金融資產之相對投資報酬率，來決定其最適資本存量的投資決策。當資本財投資報酬率較高，廠商會增加淨投資；反之若金融資產投資報酬率較高，則廠商增加投資金融資產而減少實質投資。

廠商增加實質投資，為追求未來各期預期報酬折現值最大的利潤。生產者均衡的最適實質投資量，其條件為 $MR = MC$，即廠商增加一單位淨投資的邊際收益，等於增加一單位淨投資的邊際成本時之實質投資量，使其獲得最大利潤或最小損失。因此最適實質投資量，與商品市場價格及資本財生產力呈同向變動關係，而與資本財成本呈反向變動關係（如圖 19-7）。資本邊際產量 $MP_K >$ 資本財實質成本 C/P 時，投資需求增加；反之 $MP_K < C/P$ 則不值得投資。

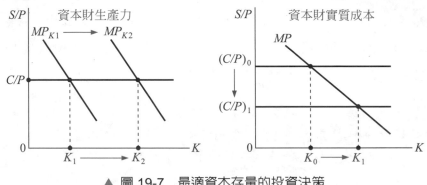

▲ 圖 19-7　最適資本存量的投資決策

任何一項投資都有風險，故利率雖一樣，但投資者對某一項投資的未來收益預期不同，就決定了該項投資的需求大小；投資賦稅減免可以降低資本成本，有利刺激投資意願。

七、q 理論

由杜賓（Tobin）所提出，認為廠商的投資決策，依據市場（社會投資人）對其股票之認同度，以其股票之市場價格對該廠商重置成本的比值（q 值）為指標。

> $q =$ 股票之市場價格 / 廠商的重置成本
> 　 = 投資預期報酬折現值 / 資本購置成本

當杜賓 q 值大於 1，即廠商的股票市場價值大於其重置成本市場價值，代表社會投資人認同其投資報酬率較其他投資項目為高，而願意購買其股票，廠商可由市場籌資並賺取價差，因而增加淨投資；反之若杜賓 q 值小於 1，即廠商的股票市場價值小於其重置成本市場價值，代表社會投資人認為其投資報酬率較其他投資項目為低而不願購買其股票，則廠商減少實質投資。

　　股票市場價值等於未來各期預期股利報酬的折現值，因此市場利率（折現率）愈低則 q 值愈大，而市場利率愈高則 q 值愈小，亦即 q 值與市場利率（i）變化及資本購置成本呈反向變動關係；市場利率愈低則愈有利投資，而市場利率愈高則愈不利投資。廠商重置成本等於現有資本財之市場價格，資本的購置成本愈低則愈有利投資，而資本的購置成本愈高則愈不利投資；q 值與資本報酬呈同向變動關係，未來預期資本報酬愈高則愈值得投資，而未來預期資本報酬愈低則愈不值得投資。

　　杜賓 q 值大於 1，代表投資預期報酬折現值大於資本購置成本，廠商因而增加淨投資；反之若杜賓 q 值小於 1，即投資預期報酬折現值小於資本購置成本，則廠商減少實質投資。

 經濟視野 ❸

資本支出（Capital Expenditure）

　　企業內用以擴大資產、提升服務效率等進行長期投資活動所形成的支出，這些支出的收益期間超過 1 個會計期間，大多用於添購、擴充固定資產，或增加現有固定資本的價值，例如企業購買或升級設備、所有物或工廠建築等。

 綜合範例

下列有關投資支出的敘述，何者不正確？　(A)投資支出毛額包括固定資本的折舊　(B)投資支出又稱為資本形成　(C)存貨的變動是投資支出的一部分　(D)存貨本身是投資支出的一部分。

 詳投資。

解析

　　因此有關投資支出的敘述，(D) 存貨本身是投資支出的一部分不正確。

台灣吸引投資的政策有效嗎？

外商直接投資（Foreign direct investment；FDI）是指外國企業為獲得利益，在本地所作的經濟投資。一般外國企業會和本地企業組成一個公司，形成一個多國企業或者國際企業。為了證明跨國企業母公司足以承擔其對於海外聯合企業或公司等的治理權，國際貨幣基金定義治理權須要至少10%或者更多的普通股份，抑或擁有投票權的團體組織，低於此限制的只能算是投資組合。

近年來台灣 FDI 流入金額遠不及流出金額，政府推出一系列的措施，包括為期兩年的推動台商回台投資政策，承諾降低機具設備進口關稅、提供如貸款、土地等所需協助、簡化行政程序等。但政府考慮放寬外籍勞工來台規定備受爭議，如鬆綁部分產業與製造業外勞人數最高增額比率15%，甚至允許部分企業聘用外勞人數最高達員工總額的40%。

政府促進投資的政策雖可能吸引台商返鄉投資、增加就業機會與經濟成長，卻可能無法吸引有利於台灣長期發展的企業，因為確保低工資措施吸引的主要是勞力密集產業，而非吸引創新、資本密集的製造業以生產有更高附加價值的產品。

政府策略恰與台灣產業結構現代化、從毛利低的製造業轉型的更宏觀目標相牴觸，對促進結構調整恐無益處。台灣的投資利基包括已發展的產業聚落與供應鏈、高教育水準的勞動力及有活力的民間部門，經商環境也已改善，政府其實已有足夠本錢展示給投資人，並不需要提供額外的成本誘因。反而在產業升級、交通通訊等基礎設施改善，開放醫療保健、教育、金融服務、通訊等產業，更能激發投資意願。

試以經濟學分析，思考以下問題：

1. 以加速原理的意義，說明台灣的 FDI 問題。
2. 以投資邊際效率遞減的意義，說明政府促進投資措施的效果。
3. 以資本形成毛額的意義，說明台灣 FDI 流出的影響。

( ) 1. 在下列因素中，何者會增加投資需求數量？ (A) 利率下降了 (B) 政府取消賦稅寬減措施 (C) 對未來的銷售量看壞 (D) 資本財的進口關稅提高了。

( ) 2. 小李計劃以 5％的利率借入 100,000 元開設禮品店，當投資報酬率多少，才可以使此一投資獲得超額利潤？ (A) 小於 0％ (B) 在 0 至 5％之間 (C) 正好為 5％ (D) 大於 5％。

( ) 3. 市場利率上揚將使得廠商投資預期收益的現值： (A) 提高 (B) 降低 (C) 不變 (D) 不一定。

( ) 4. 當物價水準下降，由於將導致利率的＿＿＿而使投資＿＿＿？ (A) 上升，增加 (B) 上升，減少 (C) 下降，增加 (D) 下降，減少。

( ) 5. 在下列因素中，何者會減少投資需求數量？ (A) 利率下降了 (B) 政府取消賦稅寬減措施 (C) 對未來的銷售量看好 (D) 資本財的進口關稅降低了。

( ) 6. 加速折舊通常導致： (A) 較低的資本存量以及較低的淨投資 (B) 較低的資本存量以及較高的淨投資 (C) 較高的資本存量以及較高的淨投資 (D) 較高的資本存量以及較低的淨投資。

( ) 7. 資本形成是指：(A) 股票和債券之增加 (B) 購置新增加的生產設備和庫存等量 (C) 銀行存款增加 (D) 政府的資本支出。

( ) 8. 下列有關債券的市場價格之敘述，何者正確？ (A) 與市場利率呈正相關 (B) 因發行日面值已固定，所以債券市場價格也會固定 (C) 因債券發行數量固定，所以債券市場價格僅由需求決定 (D) 為債券未來各期之報酬的現值決定。

( ) 9. 依據古典學派的觀點，下列何者敘述正確？ (A) 實質利率是由貨幣供需共同決定的 (B) 當可貸資金市場有超額供給時，實質利率上升 (C) 當企業家預期投資的獲利能力增加時，債券供給增加、實質利率上升 (D) 人們對貨幣的需求主要是因為對貨幣有流動性偏好。

( )10. 設若去年 1 月初朋友向你借入資金 10,000 元，12 月底時償還你 10,500 元。此項借貸的利率為： (A)0.0476 (B)0.05 (C)1.05 (D)0.01。

筆記頁

20

金融市場

學習導引：杜賓與《通向繁榮的政策》

經濟視野❶ 兩岸金融 MOU

經濟視野❷ 「歐豬五國」（PIIGS）

經濟視野❸ 扭轉操作（Operation Twist）

活用經濟實務：法國痛失頂級信評的影響

【杜賓】

　　詹姆斯‧杜賓（James Tobin）獲得 1981 年諾貝爾經濟學獎，瑞典皇家科學委員會授予的理由是：貢獻涵蓋經濟研究的多個領域，在諸如經濟學方法、風險理論等內容卓有建樹，尤其是在對家庭和企業行為、以及在巨集觀經濟學純理論和經濟政策的應用分析方面獨闢蹊徑，他是第一位以投資理論獲得諾貝爾經濟學獎。

　　早期的研究為凱恩斯主義的整體經濟學說提供了理論基礎，他所著《通向繁榮的政策－凱恩斯主義論文集》中文版，體現了他的經濟理論思想和政策主張，把這些思想發展為一種金融和實物資產的一般均衡理論，開創金融市場理論及金融市場之於消費和投資決策、生產、就業、價格等相關關係，研究把金融市場上的變化傳遞到家庭和企業的支出決策的機制。

　　他對投資組合選擇理論上的貢獻，提供人們如何組合其資產的理論，在理解金融市場方面也有很大的實際意義。杜賓理論的重點在於，投資人如何在風險、報酬與變現性之間取得平衡。杜賓稅（TobinTax）以諾貝爾經濟學獎得主 Tobin 之名，指針對投機性短期（一年內）外匯買賣進行課稅徵收懲罰性的稅項，如此可以使得匯率較能反映長期預期，而非短期預期，並且保留國家經濟的貨幣政策的自主性。

預習思考

☆ 試以間接金融的意義，說明當您存款的銀行放款給發生財務危機的公司，您承擔的風險為何？應如何處理？

☆ 投資人看好時股市量價齊揚，審慎樂觀時股市量縮價穩，看壞時股市帶量下殺，前景不明時股市無量盤跌，圖示股票市場均衡分析說明其意義及理由。

☆ 試以商業本票與公司債的意義，說明當企業發行商業本票或公司債時，所面臨的不同經營需求。

20-1 金融市場功能

一、金融市場 (financial market)

　　經濟社會中供給者的閒置資金，透過金融機構的運作，轉介流通至短缺資金的需求者，資金需求者須支付報酬給資金供給者，因此健全的金融市場具有調節社會整體資金的功能，有效運用資金資源，促使經濟活動順利進行並持續發展。

　　金融市場主要由貨幣市場、資本市場、外匯市場所組成，金融中介機構則包括銀行體系與非銀行體系。

1.貨幣市場 (money market)

　　　進行一年期以下短期有價證券之交易，調節短期資金；由票券金融公司經營國庫券、商業本票、銀行承兌匯票、可轉讓定存單等短期票券交易。

2.資本市場 (capital market)

　　　進行一年期以上長期有價證券之交易，運用長期資金，又稱為證券市場；由證券公司與證券金融公司經營股票、債券等長期證券交易。

3.外匯市場 (foreign exchange market)

　　　進行國際間不同貨幣之交易，促使國際經濟活動順利進行；由中央銀行參與及外匯指定銀行辦理外匯交易等國際金融業務。

二、直接金融與間接金融

1.直接金融 (direct finance)

　　　資金需求者自行發行有價證券（股票、債券、商業本票等），有閒置資金的供給者藉由購買有價證券，將資金直接支付流轉給資金需求者，證券發行者（資金需求者）支付報酬（利息、股利）給證券持有者（資金供給者）。資金供需者之間具有直接權利義務關係，居間之證券商只為雙方撮合代辦手續並收取服務費，而未中介管理承擔風險。

　　　證券初發行之交易稱為初級市場（primary market）或發行（issue）市場，由證券承銷商撮合代辦手續，協助證券發行者募集資金；證券持有者之間的二手交易稱為次級（secondary）市場或流通（circulation）市場，提高證券交易之流動性，由證券經紀商撮合代辦手續。

2. 間接金融 (indirect finance)

有閒置資金的供給者將資金存入，由存款機構經營管理，貸放流轉給資金需求者。資金供需者之間並無直接權利義務關係，而由存款機構中介管理並承擔風險，支付報酬（利息）給存款人（資金供給者），並向借款人（資金需求者）收取報酬（利息），從中賺取利差。

試以直接金融的意義，說明當您投資的債券或股票公司發生下市或倒閉等財務危機，您承擔的風險為何？應如何處理？

三、金融痛苦指數

貨幣貶值幅度（一般採兌美元匯率）及股價跌幅二者之加總，用以衡量特定時點財富縮水程度。貨幣貶值使擁有之財富相對國外購買力降低，股價下跌造成持有股票等金融資產價值減低，兩者皆會造成財富縮水。

民生痛苦指數為一段期間的物價上漲率及失業率之加總，而金融痛苦指數則為股市跌幅及貨幣貶值幅度的加總，此二指數可反映出人民購買力下降的程度。

四、存款機構 (deposit institution)

包括各類型商業銀行、專業銀行、信用合作社、農漁會信用部等銀行體系，又稱為貨幣機構，主要經營存放款業務。

1. 綜合銀行 (universal banking)

隨著金融業務自由化與國際化，銀行體系走向多元化，主要經營存放款業務之外，亦兼營票券、證券、信託、保險及其他金融業務，並發展外幣拆款市場，擴展國際金融業務。銀行法規定，銀行分為商業銀行、專業銀行、信託投資公司三種，一般綜合銀行以商業銀行業務為主。

商業銀行以收受支票存款、活期存款、定期存款，供給短期、中期信用為主要業務。商務內容包括存款與借款，其服務對象分為企業（法人）金融及個人（消費）金融。企業金融主要以企業為服務對象，如現金管理、中長期融資、外匯業務、衍生性金融商品；個人金融主要以個人為服務對象，如消費性金融商品（信用貸款、新用卡、現金卡）。

外匯指定銀行由中央銀行指定，可以承作開發信用狀或出口押匯等外匯業務的單位，一家銀行中可能有好幾個分行可直接辦理外匯業務，其他分行僅能代收後再轉至外匯指定銀行辦理。

　　儲蓄銀行乃指以複利方式收受儲蓄爲目的之定期存款，以供給長期信用爲主要業務；目前台灣已經沒有儲蓄銀行，上海商業儲蓄銀行於民國初年成立時是儲蓄銀行，所以保留這個名稱，但早已屬於商業銀行。

2.專業銀行 (specialized bank)

　　供給專業信用之銀行，亦即便利工業、農業、輸出入、中小企業、不動產、與地方性等專業信用之供給，經中央主管機關許可設立或指定現有銀行，擔任該項信用供給之銀行，其放款以中長期爲主。專業銀行之功用就一般大眾而言存、放款皆可，只是就其專業領域的放款會承作較多。

　　因供給信用之對象不同，又可分爲工業銀行、農業銀行、輸入出銀行、中小企業銀行、不動產信用銀行、國民銀行。

五、非存款機構

　　郵政儲金、投資信託公司、保險公司等金融機構，雖然也以各種形式吸收管理資金供給者之閒置資金，但存放款並非主要業務，不屬於銀行體系，又稱爲非貨幣機構。

1.信託投資公司

　　以授信人的地位，按照特定目的，收受經理及運用信託基金與經營信託財產，或以投資中間人的地位，從事與資本市場有關特定目的的投資之金融機構，例如台灣土地開發信託公司、中聯信託投資公司、亞洲信託投資公司。

　　信託投資公司簡稱「信託公司」，幾乎與銀行沒有分別，但是可以藉由分紅讓存戶收到比定存高的利率，由於過去法令不健全，形成對銀行之不公平競爭。信託法施行前依銀行法設立之信託投資公司，應於民國 89 年 7 月起五年內依銀行法及其相關規定申請改制爲其他銀行，或依信託法申請爲信託業。

2.證券投資信託公司

　　以發行受益憑證之方式募集成立證券投資信託基金，並運用投資證券及其相關商品，投資所得之利益由受益憑證持有人（即受益人）共享，其目的在於集合多數投資人之資金，委由專業機構負責經理，並由銀行負責保管該基金資產，兼具專業經營、分散投資風險之特質，主要的收益來自對基金的管理費，在國外亦稱爲基金經理公司。

證券投資信託公司簡稱「投信」，募集的基金稱為公募基金，係行公開募集行為而得。銀行信託部募集的基金相當於私募基金，係洽特定人士量身訂做，或設計後洽詢相關專業機構或人士，不得公開招募。

3. 郵政儲金

屬交通部主管，業務並受財政部監督；其涉及外匯業務經營者，應經中央銀行許可。自民國 92 年 1 月起，交通部郵政總局改制為「中華郵政」股份有限公司，郵政儲金匯業局之儲金處與匯兌處合併為儲匯處，再與劃撥處整併為儲匯企劃處、儲匯管理處，並增設財務處以有效運用郵政儲金。

4. 保險公司

保險人（公司）指經營保險事業之各種組織，在保險契約成立時，有保險費之請求權；在承保危險事故發生時，依其承保之責任負擔賠償之義務。保險業之組織以股份有限公司或合作社為限，但依其他法律規定或經主管機關核准設立者不在此限。

5. 金融控股公司

以金融機構為子公司的控股公司，將所屬銀行、證券公司、保險公司、投資信託公司等金融機構，納入控股公司旗下之子公司。金融業以控股公司型態跨業經營，朝向集團化、國際化與大型化，以擴大金融業者的經濟規模，增進與外國金融機構競爭的實力。

控股公司（holding company）持有其子公司股份，以支配控制被控股公司之經營活動為主要目的，雖無實質生產事業，但必須有董事會作為業務執行機關，在組織上也必須有總務、會計、財務等部門，管理部門亦須兼具對被控股公司之經營管理。

 經濟視野 ❶

兩岸金融 MOU

MOU 全名為 Memorandum of Understanding，中文名為「備忘錄」，是兩國往來時經常簽訂的國際契約。不具完整法律效力，內容以「監理」為主，包括五大領域：資訊交換、資訊保密、實地檢查合作、緊急事件聯絡網、平常兩方人員互相聯繫互訪。台灣目前以和三、四十個國家簽訂 MOU，和中國簽的是金融監理MOU。

綜合範例

某國家某年之匯率貶值 19.04％，股價下跌 16.40％，利率變動率為 3.5％，物價上漲 5.5％，試問此國該年之金融痛苦指數為？

Tip 詳金融痛苦指數。

解析

貨幣貶值幅度及股價跌幅二者之加總，某國家某年之匯率貶值 19.04％，股價下跌 16.40％，此國該年之金融痛苦指數為 19.04％＋16.40％＝35.44％

20-2 資本市場

一、債券 (bond) 之特性

發行人透過發行有價證券，直接或間接地向投資大眾籌措建設經費或營運所需資金，並相對地承擔債務，具有流通性表彰債權之借款憑證。屬確定收益（有息票收入或折價反應收益）之證券，有固定之還款期限，期限到期發行人需還本（息）。

發行人可為政府機關、金融機構、公司企業；外國之政府或機構；國際性之機構、公司企業；部份債種可自由轉移或轉讓、質押、及充為公務上之保證，部份債種可掛失止付。發行市場（初級市場）係指債券的發行與標售，交易市場（次級市場）主要重心在店頭市場，並以政府公債為市場最熱絡標的，在集中市場的債券交易占少數。

1. 債券市場

公債為各級政府所發行，流動性最佳、信用風險最低。金融債券由銀行所發行，其債信等級僅次於政府債券，因發行額度低且多為相關金融行庫預購，少見流通。外國金融債券乃跨國性的外國金融機構（如亞洲開發銀行）來台灣發行以美元、日圓或新台幣計價之債券。公司債由企業所發行，轉換公司債結合債券與股票雙重性質之有價證券，持券人可依轉換條件將企業債轉換為發行者股票。

2. 殖利率 (yield to maturity)

債券從買入（發行）價格（現值）到賣出（到期）價格（終值）的報酬率，換算成之利率。

現值＝終值 $/(1+r)^n$，r＝殖利率

二、債券市場均衡

債券利率（價格）由債券市場的供給與需求決定，在其他條件不變下，債券價格高表示債券需求者支出高，債券需求量減少，反之債券價格下跌時債券需求量增加，亦即債券價格與其需求量之間呈反向變動關係；債券價格高則債券供給者收入高，債券供給量增加，反之債券價格下跌時債券供給量減少，亦即債券價格與其供給量之間呈同向變動關係（如圖 20-1）。

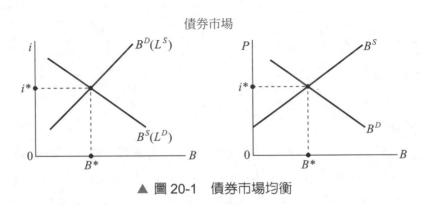

▲ 圖 20-1　債券市場均衡

債券市場的價格與數量關係，為負斜率需求線與正斜率供給線，供需均衡對應均衡債券量與均衡債券價格。債券供給者為資金需求者而債券需求者為資金供給者，且利率水準與債券價格反向變動，因此債券市場的利率與數量關係，為正斜率需求線與負斜率供給線，供需均衡對應均衡債券量與均衡債券利率。

三、債券供需變動

當債券利率（價格）以外的因素改變，引起債券需求（供給）變動，在圖形上表示整條需求線（供給線）位移，因此均衡點亦位移，由新需求線與供給線交叉（需求＝供給）形成新均衡，所對應的均衡利率（價格）與均衡數量亦改變。

所得財富增加、對未來報酬的預期獲利提升、債券風險降低、其他資產風險提高、貨幣政策增加貨幣供給等，使債券需求（資金供給）增加，債券需求線向右（債券量增加）上（價格上升；利率下跌）方位移；反之則需求減少，債券需求線向左（債券量減少）下（價格下跌；利率上升）方位移。

廠商投資機會增加（發行公司債）、預期通貨膨漲率提高（實質債務降低）、財政政策以債券融通（發行公債）等，使債券供給（資金需求）增加，債券供給線向右（債券量增加）下（價格下跌；利率上升）方位移；反之則債券供給減少，債券供給線向左（債券量減少）上（價格上升；利率下跌）方位移。

四、股票 (stock)

為權益證券的一種，代表對某一企業的所有權，股票持有者對該企業的盈餘及資產有最後剩餘請求權，普通股股東則沒有固定的股利。

股票由股份有限公司簽發用以證明股東所持股份的憑證，它表明股票的持有者對股份公司的部分資本擁有所有權，也屬於有價證券。當自然人或法人向股份有限公司參股投資時，便可獲得股票作為出資的憑據；可憑借股票來證明自己的股東身份，參加股份公司的股東大會，對股份公司的經營發表意見；股票持有人可參加股份公司的利潤分配。

1. 股票市場

為資本證券市場的一種，資金需求者（供給股票之賣方）除了銀行借款與發行債券外，亦可發行股票或出售持股來籌募資金。因此股票市場為長期性金融商品交易的地方，可增加資金供給者（需求股票之買方）的投資工具（詳表 20-1），協助資本形成，進而提升企業的經營績效，促使社會資金有效配置。

表 20-1　股票市場分類

(1) 發行市場	又稱為初級市場，即資金需求者將新發行的證券出售給資金供給者，通常有投資銀行或證券承銷商等仲介機構，一方面協助企業發行銷售證券，一方面提供投資人資訊並匯集資金。
(2) 流通市場	又稱為次級市場，即股東將其原有持股與其他投資人間互相買賣，可促進證券的流動性，使投資人易於交易變現，進而擴大發行市場規模，提升證券市場的功能。在台灣有集中市場、店頭市場、興櫃市場等，一般由證券經紀商居間代理交割手續。

2. 證券商

證券經紀商受託於證券交易市場，買賣有價證券，向委託人綜收取手續費。證券承銷商協助企業發行銷售證券，包銷有價證券於契約所訂定之承銷期間屆滿後，對於約定之有價證券未能全數銷售者，其賸餘數額之有價證券應自行認購；證券承銷商代銷有價證券，於契約所訂定之承銷期間屆滿後，對於約定之有價證券未能全數銷售者，其剩餘數額之有價證券得退還發行人。證券自營商於證券交易市場以自有資金買賣有價證券，得為公司股份之認股人或公司債之應募人。

五、股票市場失衡

　　股票的買方為市場需求者，代表有主觀意願與客觀能力購買股票的潛在購買者；股票的賣方則為市場供給者，代表有主觀意願與持有股票的潛在出售者。

　　一般而言，股票買賣價量依市場機能在均衡狀態下成交，但若價格機制受到限制，會發生市場失衡。因台灣股票公開市場有漲跌幅度限制（目前為 7%），當買盤極強，市場價格來到漲停板（+7%）價位即不能再上漲，此時市場價格上限 P_1 低於均衡價格 P^*，產生超額買盤（需求），想買的投資人買不到（$Q^D > Q^S$），成交量只有 Q_1，即無量飆漲。若賣壓極大，市場價格來到跌停板（−7%）價位即不能再下跌，此時市場價格下限 P_2 高於均衡價格 P^*，產生超額賣壓（供給），想賣的投資人賣不掉（$Q^D < Q^S$），成交量只有 Q_1，即無量崩跌（如圖 20-2）。市場失衡狀態不會持久，任何股票不可能每天漲跌停板，調整數日後即會來到均衡價量；除非公司面臨倒閉，則該股票可能一路跌停至下市。

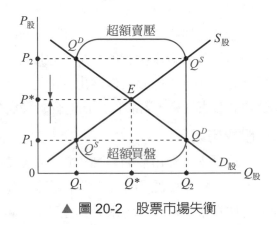

▲ 圖 20-2　股票市場失衡

——→ 動動腦 ←——

　　籌碼安定的股票穩步趨堅後勢看好，籌碼紊亂的股票壓力沈重走勢蹣跚，圖示股票市場均衡分析說明其意義及理由。

六、股票供需變動

　　其他條件改變，引起股票需求（供給）變動。任何激勵買盤的力量，使股票需求增加，整條需求線向右（成交量增加）上（股價上漲）方位移；反之則需求減少，整條需求線向左（成交量減少）下（股價下跌）方位移。同理，任何刺激賣壓的力量，使股票供給增加，整條供給線向右（成交量增加）下（股價下跌）方位移；反之則供給減少，整條供給線向左（成交量減少）上（股價上漲）方位移。其他金融商品亦可以相同方式分析。

　　股票市場常見影響供需變動的因素包括所得、偏好、對未來的預期、參與人口、相關產品、生產技術與成本等。

➡ ⟨動動腦⟩ ⬅

投資人對未來缺乏信心，因此政府國安基金進入股市護盤，圖示說明股票市場供需及價量變化的過程與方向。

經濟視野❷

「歐豬五國」（PIIGS）

葡萄牙（Portugal）、愛爾蘭（Irland）、義大利（Italy）、希臘（Greece）與西班牙（Spain）五個南歐較小或體質較差的經濟體。這五國問題出於各國債信出危機，有大量的國債及預算赤字，各豬國中又以希臘最慘，市場出現信心危機，造成主權債信違約連漪擴散至週邊國家。

 綜合範例

一無限期付息公債（Console），在利率為 10% 時，售價為 10 萬元，若利率降低為 5% 時，則其售價為何？

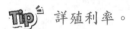 詳殖利率。

解析

現值＝終值 / (1 + r) n，r＝殖利率

公債在利率為 10% 時售價為 10 萬元，若利率降低為 5% 時，則其售價為 10 萬元 × 10% / 5%＝20 萬

20-3　貨幣市場

一、票券 (bills) 之特性

　　發行期間在一年以內的固定收益證券，是有價證券的一種。短期資金借貸市場，主要包括短期票券與銀行同業拆借，循公開方式由供需雙方直接進行借貸行為。已流通票券再分配市場由原始投資人或其後手持票人，出售與其他新的投資人的交易，可將其原先投資收回重作其他用途，減少投資人資金積壓的疑慮。

　　企業發行票券融通短期的資金需求，央行發行票券調節市場資金；通常是因應短期間的資金變化，調節天期多在 30 天～ 180 天，稅賦上的特性為 20％分離課稅，投資人適用之稅率高於 20％時，閒錢投資票券有稅賦上的優勢。

　　當企業有較長的資金需求，會發行債券（期限一年以上）融通資金，而股票是股權則沒有一定的到期日。短期票券指期限在一年期以內之短期債務憑證，包括國庫券、可轉讓銀行定期存單、公司及公營事業機構發行之本票或匯票、其他經主管機關核准之短期債務憑證。

二、票券之種類與功能

1. 國庫券 (treasury bills；TB)

　　由央行發行的政府本票，償還期限不超過 52 週（364 天）。國庫券為無記名式，但經持有人要求得為記名式。

　　甲種國庫券依面額發行，到期時連同利息一次清償，發行期間係按月計算。乙種國庫券採貼現方式公開標售，到期時依面額清償，發行期間分為 13 週、26 週、39 週、52 週；投標之貼現利率係指實際收益率，非銀行貼現率，投標的基本單位為每萬元新台幣。

　　國庫券為調節國庫收支或穩定金融，還本利息日在一年內，大多僅限金融機構購買。公債為籌措政府公共建設所需財源，期限在一年以上，可由社會大眾直接集中市場交易購買，不限於一般金融機構。

　　中央政府所發行國庫券，變現性與安全性皆高，短期風險相對低很多，是報酬率最低的。公債一樣由政府發行，流動性也高，但是持有期間較長，利率風險增加，所以報酬率會略高於國庫券。

→ ·動動腦·←

試以國庫券與公債的意義，說明當中央政府發行國庫券或公債時，所面臨的不同經濟環境。

2.商業本票 (commercial paper；CP)

短期融通票券，發票人簽發一定之金額，於指定之到期日，由自己無條件支付與受款人或執票人之票據。企業自製或至文具店所購買之本票，如果符合本票之要件，仍有本票之效力。

支票爲發票人簽發一定之金額，委託金融業者於見票時無條件支付與受款人或執票人之票據；並非信用證券，屬於代替現金之支付證券，以避免支付現金可能發生之煩雜與錯誤。請求銀行開立支票時即必需向銀行繳交同額票款，可保障支票之兌現，故較收受一般支票更有保障；「台支」指以台灣銀行爲發票人之支票，或以其他銀行爲發票人，以台灣銀行爲付款人之支票。

3.交易性商業本票 (CP_1)

又稱第一類商業本票，爲公司行號因合法交易行爲而簽發之交易本票。此類本票的信用建立在交易雙方，並無銀行信用保證，所以票券商在買入之前，需對交易雙方做徵信工作，並給予受款人一定期間的循環使用額度。持票人可於需要資金時，檢附相關交易憑證向票券商辦理貼現。

公司爲了籌措季節性或短期性的週轉金，以貼現方式發行的本票，期限在一年之內，等到出貨收到貨款後，再把商業本票買回。公司所發行的公司債，訂明按期支付利息，到期償還本金的長期有價證券，資金成本（承銷費用＋利息費用）較高，最主要目的是在吸收中長期資金。

4.融資性商業本票 (CP$_2$)

又稱第二類商業本票，係工商企業爲籌措短期資金所簽發的交易本票，經專業票券商或合格金融機構簽證、承銷後，流通於貨幣市場上，可分爲金融機構保證發行與不需金融機構保證發行兩種。

融資性商業本票發行期限以天爲單位，最長不得超過一年；企業可依本身資金需求狀況、利率結構，自由決定發行期間長短，靈活調度資金，所負擔之成本一般較銀行短期融資爲低，而且採公開發行方式，亦可提高公司知名度，爲一被廣泛運用之短票券工具。

5. 匯票 (bills of exchange)

無條件的書面指令，由發票人簽署的一種付款方式，來往帳戶發給銀行，要求受票人（銀行）於某個日期向某個指定人士或持票人支付一筆金錢，多在六個月內。匯票主要用於商業用途，通常需要其他文件的配合使用，例如提貨單（bill of lading），而支票卻不需要。

6. 承兌匯票 (acceptances)

匯票係由國內外商品交易或勞務提供而產生之票據，經買方或賣方承兌稱為商業承兌匯票（trade acceptances；TA），若由銀行承兌則為銀行承兌匯票（banker's acceptances；BA）。

7. 可轉讓定期存單 (convertible deposit；CD)

銀行發行按期支付的存款憑證，短期資金之運用而開辦之存款業務，可隨時轉讓，不得中途解約。配合政府金融政策，充裕短期信用工具及便利工商企業。

由銀行承諾於指定到期日按票載利率條款，付予持有人本息。其面額以新台幣拾萬元為單位，並得按其倍數分訂數種面額，目前分為拾萬元、伍拾萬元、壹佰萬元、伍佰萬元、壹仟萬元、伍仟萬元、壹億元七種。期限最短為一個月，不得逾一年，利息所得稅率目前為 20%，於存單到期時一次扣繳稅款，不再併計存戶（納稅義務人）之綜合所得總額或營利事業所得額。

三、票券金融公司

為協助政府建立貨幣市場，便利工商企業短期資金調度，促進短期票券流通，以配合經濟發展之需要，經依據公司法及財政部頒佈之短期票券交易商管理規則設立。業務範圍包括短期票券之經紀及自營業務、擔任本票之簽證人、擔任本票之承銷人、擔任本票或匯票之保證人或背書人、擔任金融機構同業拆款經紀人、有關企業財務之諮詢服務工作、在營業處所自行買賣政府債券業務，經財政部核准辦理之其他有關業務。

1. 賣斷交易 (outright sale；OS)

指票券公司依雙方議定條件賣出票券予投資人至票券到期日，投資人於票券到期日自行提示兌償或委託票券公司代為買進兌償。

2. 買斷交易 (outright purchase；OP)

指票券持有者依議定之利率將票券售予票券公司，由票券公司按票券距到期天期及議定利率計算支付價款收取票券。

3. 附條件買回交易 (repurchase；RP)

為便於資金調度，確保投資收益而避免臨時出售損失，可與票券金融公司訂定契約，票券公司將票券售予投資人，並與買方約定於未來某一特定的日期，按約定之利率、金額由票券公司買回原先賣出之票券。

4. 附條件賣回交易 (resale；RS)

指客戶因臨時性資金需求，可將其持有較長天期的票券賣給票券公司取回資金，並約定於某一特定期限後，再由票券公司依約定利率將票券賣還給客戶；等於投資人以票券作質，向票券金融公司週轉短期資金。

 綜合範例

假設向票券金融公司購買面額新台幣一千萬元的六個月期銀行可轉讓定存單（CD），票面利率為 8%，若該 CD 距到期日尚有 120 天，按收益率 7% 成交。

則：票券買價＝？到期稅後實得金額＝？到期實得稅後利息＝？

Tip 詳可轉讓定期存單。

 解析

到期稅後實得金額 $= 10,000,000 \times [1 + 8\% \times (1 - 20\%) \times 6/12] = 10,320,000$

票券買價 ＝ 現值 ＝ 終值 $/ (1 + r) = f'(x) = NKX^{N-1}$
$= 10,133,434.35$

到期實得稅後利息 $= 10,320,000 - 10,133,434.35 = 186,565.65$

 經濟視野 ③

扭轉操作（Operation Twist）

1961 年由諾貝爾經濟學獎得主 James Tobin 提出，用於刺激經濟的一項措施，主要是聯準會調整持有的公債投資組合，以出售短期公債同時買進長期公債的策略，藉此壓低長期利率。

2011 年美國聯準會主席柏南克宣布一項壓低長期利率的行動計畫，用於刺激美國經濟，計劃是賣出 4000 億美元未來幾年到期的公債，再用這些現金買進 6 年至 30 年到期的公債。

。活用經濟實務

法國痛失頂級信評的影響

　　法國痛失穆迪公司（Moody's Investors Service）給予的頂級信評，可能削弱總統歐蘭德在歐洲預算協商上的籌碼，並加深德國對鄰國競爭力落後的憂慮。這個歐洲第 2 大經濟體遭降評，恐怕會讓歐洲委靡的局勢惡化。

　　自標準普爾公司（Standard & Poor's）摘除法國的「AAA」債信評等以來，法債價格反而勁揚，因此這次穆迪降評在政治上的影響可能大於財金面，德國對歐蘭德的政策感到焦慮。法債跌價，10 年期殖利率攀升兩個基點至 2.09%，不過仍接近歷史低點 2.002%，顯示投資人不像德國一樣擔心。法債和德國 10 年期公債間的殖利率差 73 個基點左右，已較 1 年前超過 200 個基點，和歐蘭德 5 月中上任時的 143 個基點縮小。

　　在布魯塞爾召開的峰會，將提出未來 7 年的歐洲聯盟（EU）預算，法國已以不能接受為由，反對削減農業支出的提案，可是德國卻設法限制歐盟支出。歐蘭德調降部分勞動者的退休年齡、對收入超過 100 萬歐元 (127 萬美元）者課 75% 的重稅，並且上調最低工資。他還不斷向梅克爾施壓，希望她能減緩以撙節對抗歐債危機的力道。歐蘭德總統就任以來，就一再敦促德國加緊終結債務危機，自己則致力推動國內的增稅，以削減預算赤字。政府開始對富人與大企業開徵 200 億歐元的新稅捐，意圖將明年的預算赤字壓低到國內生產毛額（GDP）的 3% 以內。

　　歐蘭德就職以來，法國的借貸成本就大幅下降，十年期公債殖利率曾降到 2% 的空前低谷，短期票券殖利率甚至首次出現負值。到目前為止，還能獲得投資人的相當支持。然而，法國經濟已無力成長，失業率更升到 13 年來最高水準，歐蘭德必須趕緊採取行動提振競爭力，經濟學家提出的對策包括改善勞工市場的彈性與降低薪資成本等。

試以經濟學分析，思考以下問題：

1. 以債券市場均衡，說明歐洲債券價格與殖利率的變化。
2. 以直接金融的意義，說明投資歐洲債券所承擔的風險。
3. 以國庫券與公債的意義，說明法國政府面臨不同經濟環境的借貸成本。

( ) 1. 貨幣的使用相較於以物易物的方式來得有效率,是因爲貨幣能 (A) 提供投資功能 (B) 減少交易的需求 (C) 提供價值貯存功能 (D) 減少交易成本。

( ) 2. 資金需求者透過間接金融(indirect finance)取得資金,是指 (A) 透過金融機構中介取得資金 (B) 透過貨幣市場或資本市場發行票券取得資金 (C) 透過無組織的金融體系取得資金 (D) 向中央銀行融資。

( ) 3. 下列何者將會導致一個經濟體系有金融淺化(financial swallowing)的現象? (A) 生產迂迴化(roundabout production)程度的提高 (B) 家庭、企業與政府彼此間的移轉性支出(transfer payment)相對於國民所得之比重逐漸上升 (C) 銀行增加自動提款機的設立,方便民眾小額提款 (D) 房地產、股票等資產的交易大幅成長。

( ) 4. 我國金融體系分類中的「其他金融機構」,包含下列那一種機構? (A) 信用合作社 (B) 本國商業銀行 (C) 農會信用部 (D) 保險公司。

( ) 5. 下列那一種的資金取得方式屬於間接金融(indirect finance)? (A) 向銀行借入房貸 (B) 股票上市公司發行特別股 (C) 股票上市公司發行普通股 (D) 股票上市公司發行公司債。

( ) 6. 下列有關貨幣的陳述,何者是正確的? (A) 強制貨幣係指具有無限法償地位的紙幣 (B) 強制貨幣仍具有商品貨幣的本質 (C) 強制貨幣的發行,可以完全不用考慮其購買力穩定的問題 (D) 信用卡方便購物,故也算是一種貨幣。

( ) 7. 資金需求者透過間接金融(indirect finance)與直接金融(direct finance)兩種方法取得資金,其間的差別在於 (A) 前者在貨幣市場或資本市場發行票券,後者透過金融機構中介 (B) 前者透過金融機構中介,後者在貨幣市場或資本市場發行票券 (C) 前者是透過有組織的金融體系取得資金,後者在無組織的金融體系取得資金 (D) 前者向中央銀行融資,後者向商業銀行融資。

( ) 8. 以下關於貨幣的說明,何者正確? (A) 支票存款、通貨及信用卡都有支付功能,都屬於貨幣 (B) 貨幣的功能包括價值的儲存與遞延支付的標準 (C) 貨幣的演進是由強制貨幣(fiat money)制度演進到商品貨幣(commodity money) (D) 劣幣驅逐良幣的現象,又稱爲銀本位制度。

筆記頁

21

貨幣銀行體系

學習導引：包莫與《資本主義的增長奇跡》

經濟視野❶ 貨幣存貨（money inventory）

經濟視野❷ 資產組合平衡（portfolio balance）

經濟視野❸ 美國次級房貸風暴

活用經濟實務：全球金融流動性危機

美國經濟學家包莫（W. Baumal）是 30 多本書的作者、合著者和編輯，這些書被翻譯成 10 多種文字。他的個人著作包括《微觀經濟學》、《超公平主義》、《企業家精神》、《管理學》以及《支付結構》；在他和別人合編的著作中，包括《生產力和美國的領先地位》。理論頗具原創性，在經濟學領域很有影響力，在企業行為理論、產業結構理論、通貨膨脹理論、藝術品市場、環境政策以及競爭政策領域，都有傑出的貢獻。

【包莫】

在 80 歲高齡時出版了《資本主義的增長奇跡─自由市場創新機器》一書，將其持續了三四十年的創新研究進行了系統總結。中心思想很清楚：增長的發動機最終依賴於制度規則，自由市場的資本主義或許不是最優的技術進步體制，但和其他的經濟制度比，卻是最不壞的制度。

包莫─托賓模型的基本思想是：維持多少貨幣存量的問題轉化為如何使利息收入損失和交易費用兩種成本之和最小，現實經濟意義在於利率的市場化有利於吸收居民需求的貨幣量，居民根據利率的變動投資於企業，一方面解決企業的融資問題，另一方面增加居民的收入，有利於擴大有效需求。同時，金融工具的多樣化，引導居民手中的貨幣投入生產流通領域擴大生產，增加就業，增加居民收入，促進經濟良性循環。

➡ 預習思考

☆ 圖示收益曲線，描述您認為未來一年之利率期限結構，並以預期理論、貼水理論、市場區隔理論說明其理由。

☆ 試以銀行超額準備，保留閒置資金狀態下的貨幣乘數，說明銀行放款政策保守，對貨幣年增率及經濟活動的影響。

☆ 試以銀行貸款總額未回存銀行體系，資金外流狀態下的貨幣乘數，說明「錢進大陸、債留台灣」，對貨幣年增率及經濟活動的影響。

21-1　貨幣供需

一、貨幣的種類

1.商品貨幣 (commodity money)

　　早期社會常將金、銀、貝殼等貴重物品作為交易媒介,但本身仍是商品,因此商品貨幣之幣值與其本身價值接近,又稱為實體貨幣(full bodies money)。

　　作為交易媒介必須具有普遍接受、容易識別、長期儲存、價值穩定、攜帶方便、可以細分等特性,黃金與白銀等貴重金屬,成為最被廣泛使用的商品貨幣,又稱為金屬貨幣(metallic money),並漸由官方接受保證其面值賦予公信力,發展為金幣、銀幣。

　　商品貨幣本身仍是商品,因此成份較佳,其本身價值高於面值之商品貨幣,會被保留作為貴重商品;而作為交易媒介在市場流通之商品貨幣,多為成份較差,其本身價值低於面值者,葛萊興法則(Gresham's law)即劣幣驅逐良幣的現象。

2.可兌換紙幣 (convertible paper money)

　　貴重的商品貨幣數量有限且有劣幣驅逐良幣的現象,交易媒介逐漸發展為本身價值低而攜帶方便的紙幣;初期為取得公信力,紙幣(銀行券)面值可以兌換等值或部分比率價值的貴重物品(如黃金),漸由官方接受成為政府發行的紙幣。

3.法定貨幣 (fiat money)

　　政府發行的紙幣或硬幣,其本身價值遠低於貨幣面值,以無限法償(legal tender)由法令賦予貨幣價值公信力,作為通用之交易媒介,且不須庫存貴重物品作為兌換,又稱為不可兌換紙幣(non-convertible paper money),或統稱為通貨(currency)。

　　純粹紙幣本位制度又稱為管理貨幣(managed money),政府發行紙幣不需金(銀)現金準備,但應妥善管理,符合社會經濟活動之貨幣流通,以維持紙幣價值的穩定。

4.電子貨幣 (electronic money)

　　藉由電腦資訊之科技發展,將書面票據交換清算簡化為電子化交易,例如以儲值卡(stored value card)、電子錢包(electronic purse)、電子資金轉帳系統或電腦網路等方式交易,立即由銀行存款帳戶支付等值通貨,又稱為無現金(cashless)交易。

信用卡（credit card）等簽帳形式亦可作爲交易媒介，但未立即支付等值通貨，不能稱之爲貨幣，用來支付的活期性存款則是貨幣。各種其他交易工具與交易方式的開發引進，取代貨幣本身的交易媒介功能。

二、貨幣功能

貨幣可以當成資產貯存，同時作爲交易的媒介，因此爲具有完全流動性的資產，風險較低但增值報酬不高，只有通貨膨脹會造成實質購買力下降的風險，而無名目本金損失的風險；其他增值報酬較高的資產，有名目本金損失的風險；貯存貨幣資產而不轉換成其他資產，可能損失較高報酬的機會成本；貯存其他資產可能損失本金價值，且需要交易媒介時將損失變現成本。

交易的媒介與計價單位，爲貨幣的基本功能；價值貯藏與遞延支付標準，則是貨幣的引申功能。

1. 交易的媒介 (medium of exchange)

貨幣是市場買賣雙方共同接受的付款工具，提供財貨勞務出售後獲得貨幣，再用來購買所需之其他財貨勞務，可以簡化市場活動，使交易順利進行，促進專業分工擴大經濟發展。

2. 計價單位 (unit of account)

市場買賣財貨勞務以統一的貨幣單位表示，並具有一致的價值標準，代表貨幣具有購買力。

3. 價值貯藏 (store of value)

獲得貨幣未必立即用來購買財貨勞務，可以暫時儲蓄或當成資產貯存，累積財富存量。

4. 遞延支付標準 (standard of deferred payments)

購買財貨勞務未必立即支付貨幣，但契約中載明未來的權利義務，因貨幣具有長期儲存與價值穩定的特性，使信用交易順利進行。

三、貨幣需求 (demand for money；M^d)

在某一時點想要持有之貨幣金額數量，是一存量的概念。貨幣持有數量高，將負擔閒置資金未充分運用的機會成本；而貨幣持有數量低，將負擔換取貨幣所耗費之交易成本。因此閒置資金的機會成本提高，將降低持有貨幣的需求；而換取貨幣之交易成本提高，將增加持有貨幣的需求。

四、流動性偏好 (liquidity preference)

任何其他資產轉換成貨幣的容易程度稱為流動性，因貨幣本身具有完全充分的流動性，凱因斯（Keynes）認為持有貨幣的需求，也就是對保有流動性資產的偏好需求，包括交易動機、預防動機、投機動機，會受到所得、利率與其他相關因素的影響，又稱為貨幣需求的流動性偏好理論。利率與貨幣需求量之間呈反向變動關係，因此有負斜率需求線。

實質貨幣需求（M^d/P）與所得水準、貨幣的交易成本、其他資產的風險呈正相關，而與市場利率水準及其他資產報酬率呈負相關。物價水準上漲使交易金額提高，增加交易動機之名目貨幣需求；但預期通貨膨脹將使貨幣之實質價值（購買力）降低，人民將持有的貨幣轉換成增值報酬較高的其他資產，而減少投機動機之實質貨幣需求。

1. 交易動機 (transaction motive)

貨幣最基本的功能即作為交易的媒介，因此須持有貨幣用來購買所需之財貨勞務。當所得水準愈高購買能力愈強，交易需求提高則貨幣需求增加，所以交易動機之貨幣需求與所得水準呈正相關。

無現金交易方式，降低交易動機之貨幣需求；加工程序較多的迂迴生產過程，增加廠商交易動機之貨幣需求。

2. 預防動機 (precautionary motive)

貨幣未必立即用來購買財貨勞務，可以暫時持有以備不時之需，即持有貨幣作為預防隨時可能發生意外交易之貨幣需求，避免流動性風險，降低變現成本。當所得水準愈高，保留多餘貨幣的能力愈強，所以預防動機之貨幣需求與所得水準呈正相關。

保險產品多樣化與社會安全制度健全，可能降低預防動機之貨幣需求。

3 投機動機 (speculative motive)

貨幣具有價值貯藏功能，是具有完全流動性的資產，風險較低但增值報酬不高，因此多餘貨幣未必全部保留作為預防，可以轉換成其他增值報酬較高的投機性資產（如債券、股票等）。

當預期利率水準（i^e）可能上升，則預期債券價格（$P_b =$ 利息收入 $/i^e$）即將下跌，應賣出高價債券轉換成持有貨幣，準備購買價位較低而增值報酬較高的其他資產；反之，預期市場利率水準下跌，即債券價格將上漲，應買進低價債券而減少持有貨幣的需求。

當市場利率水準偏低或其他資產報酬率較低，代表持有貨幣的機會成本較低而增加貨幣需求；反之，當市場利率水準偏高或其他資產報酬率較高，代表持有貨幣的機會成本較高而減少貨幣需求，所以投機動機之貨幣需求與市場利率水準及其他資產報酬率呈負相關。

使持有貨幣與持有債券的報酬相等之利率水準稱爲臨界水準（critical level），$i^* = i^e / (1 + i^e)$。因個人對未來利率水準預期不同，臨界水準亦因人而異，個人依其臨界水準決定持有流動性資產（貨幣）或持有投機性資產（債券）。

4. 金融創新 (financial innovation)

各種其他資產與交易方式的開發引進，取代貨幣本身的價值貯藏及交易媒介功能，當其他資產的風險低或轉換成貨幣的交易成本降低，將減少持有貨幣需求；反之，當其他資產的風險較高或轉換成貨幣的交易成本提高，則增加持有貨幣需求，所以貨幣需求與貨幣的交易成本及其他資產的風險呈正相關。

> 試以交易動機、預防動機、投機動機及金融創新的情形，說明您的消費預算、保險與急用預備金、儲蓄與各種金融商品的資產組合配置，是否有效運用資金？應如何調整？

五、貨幣供給額 (money supply；Mˢ)

狹義的貨幣定義強調其交易媒介功能，稱爲 M_1，包括通貨淨額及存款貨幣，又稱爲交易貨幣（transaction money）；廣義的貨幣定義再加入準貨幣，代表可以轉換爲貨幣使用而影響總體經濟活動之總量，稱爲 M_2。某一時點之貨幣總計代表貨幣存量，以物價水準平減（M/P）稱爲實質貨幣餘額（real money balance），某一期間之貨幣供給成長率則是流量。

> M_{1A} ＝通貨淨額＋支票存款＋活期存款

通貨淨額是通貨發行扣除庫存在央行以及各貨幣機構現金之後的餘額，代表經濟社會持有流通之貨幣；而庫存現金則未在市場流通，視其流動性大小再加入各貨幣定義中。

開立支票以在銀行的支票存款作爲兌換基礎，支票成爲支付工具，用來支付的支票存款則是貨幣；活期存款多爲公司法人所開立，透過電子資金轉帳系統或電腦網路等方式交易，立即由企業部門在銀行的活期存款帳戶支付等值通貨。

M1A 為最狹義、流動性最大、儲蓄性最小的貨幣定義，代表工商企業進行主要經濟活動所流通之貨幣。

$$M_{1B} = M_{1A} + 活期儲蓄存款$$

  活期儲蓄存款只有個人才能開立，具有貯存在銀行的性質，流動性較活期存款低，但亦可透過電子資金轉帳系統或電腦網路等方式交易，立即由家戶部門在銀行之活期儲蓄存款帳戶支付等值通貨。

  M_{1B} 強調貨幣之交易媒介功能，代表社會所有經濟活動所流通之貨幣與活期性存款；支票存款、活期存款、活期儲蓄存款統稱為存款貨幣或銀行貨幣，可以隨時提領轉換成現金。

  準貨幣（quasi-money）包括定期存款、定期儲蓄存款、外幣存款、外國人之新台幣存款、郵政儲金、金融機構附買回交易之票券餘額等，強調貨幣之價值貯藏功能，是流動性較活期性存款貨幣為小，但比其他資產為大之金融資產，代表一定期限內庫存而不在市場流通之貨幣存量。定期性存款可以提領轉換成現金，但受到契約期限的限制，提前提領將有部分損失。

$$M_2 = M_{1B} + 準貨幣$$

  M_2 包括經濟活動所流通之貨幣，如支票存款、活期存款、活期儲蓄存款等存款貨幣，以及非活期性存款之金融資產，代表可以轉換為貨幣使用而影響總體經濟活動之貨幣總量，為最廣義的貨幣定義。

試以狹義與廣義的貨幣定義及其對經濟活動的影響，說明當貨幣年增率 M_1 向上超越 M_2 形成「黃金交叉」，通常代表景氣復甦，或股市將有「資金行情」的理由。

 經濟視野 **1**

貨幣存貨（money inventory）

美國經濟學家包莫（W. Baumal）利用企業決定存貨的方法，應用於一般人決定貨幣持有數量；廠商選擇均衡最適存貨量，一般人選擇均衡最適貨幣持有量。

一般人持有貨幣可以及時作為交易的媒介，但貯存貨幣資產亦負擔利率（機會）成本，因此最適貨幣持有量與市場利率變化呈反向變動關係。貯存其他資產，貨幣持有量減少可以降低機會成本，但需要交易媒介時將損失變現成本，因此最適貨幣持有量與所得水準（交易需求）呈正相關，而與其他資產變現成本呈反向變動關係。

 ## 綜合範例

說明下列何者會使得貨幣需求增加？　(A) 利率上升　(B) 信用卡普遍使用　(C) 實質所得降低　(D) 薪水支付由週薪改為月薪　(E) 物價水準上升　(F) 總合生產減少　(G) 預期債券價格下跌　(H) 預期物價膨脹率提高。

Tip 詳流動性偏好、交易動機、投機動機、金融創新。

 解析

為避免流動性風險，降低變現成本，(D) 薪水支付由週薪改為月薪會使得貨幣需求增加。

貨幣最基本的功能即作為交易的媒介，因此須持有貨幣用來購買所需之財貨勞務；當 (F) 總合生產減少，貨幣需要會減少。

21-2　利率相關理論

一、利率 (interest rate；i)

每單位時間（每期）之利息占其貨幣資本（本金）的百分比，代表使用資本的單位成本；通常以每年為單位時間，稱為年息化（annualized）。

利息是使用資本所應支付的代價，亦即資金供應者所獲得的報酬；使用自有資金亦損失利息收入，代表隱含機會成本。

1.實質利率

由市場供需決定的資金使用價格，又稱純粹利率或無風險利率，為扣除通貨膨脹等風險影響後的實質報酬。

2.名目利率

實質利率加上預期通貨膨脹率及其他風險溢酬所訂定的利率，資產價值波動幅度較大，即可能獲利的報酬與可能損失的風險皆高，因此高風險性資產亦須相對較高的預期報酬作為補償。

由金融機構參酌其資金結構所公佈的利率為牌告利率，債券上記載的為票面利率，金融自由化以前尚有由央行干預規定的官定利率。

3.無風險利率

通常將利息收入固定而價格穩定、且違約破產風險極低的短期（三個月）公債或國庫券視為無風險資產，其利率則稱為無風險利率。

4.基本利率 (prime rate)

銀行依據市場供需、資金成本、經營利潤等因素，所訂定的最低放款利率，通常只優惠信用最好的客戶；以此為基準，其他借款人則依其信用評等高低再另加碼計息（1 碼＝0.25％）。

5.隔夜拆款利率

銀行可在金融業拆款市場中，與其他金融機構間拆放資金，此利率最能反應當日資金市場供需狀況，為短期指標利率。

二、借貸市場均衡

借貸（loan；L）市場有多餘資金儲蓄並供應貸放者爲資金供給者，資金短缺須借用者爲資金需求者。借貸市場具有調節社會整體資金的功能，有效配置運用資金資源，協助資本形成，進而提升企業的經營績效，促使經濟活動順利進行並持續發展。

橫軸爲可貸資金數量（L），縱軸爲利率（i），利率代表資金需求者須支付的代價，亦即資金供給者所獲得的報酬，可將借貸市場的利率視同商品市場的價格。

負斜率需求線與正斜率供給線，兩線交叉點 E 爲供需均衡，對應均衡可貸資金量 L^* 與均衡利率 i^*（如圖 21-1）。總體經濟的資金總量則爲固定，資金供給線爲垂直線，受貨幣政策影響而變化。

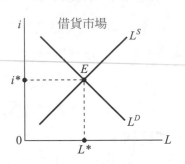

▲ 圖 21-1　借貸市場均衡

三、可貸資金理論

利率以外因素，如生產者資本產值或報酬提高、消費者對產品需求增加、預期通貨膨漲等，使借貸資金需求增加，需求線向右（資本量增加）上（利率上升）方位移；反之則需求減少，整條需求線向左（資本量減少）下（利率下跌）方位移。若儲蓄因私人所得或企業獲利提升而增加、金融市場資金寬鬆等利率以外因素，則資金供給增加，整條供給線向右（資本量增加）下（利率下跌）方位移，反之則供給減少，整條供給線向左（資本量減少）上（利率上升）方位移。

資金短缺之資金需求者亦可發行債券或其他金融工具融資，由有多餘資金之供給者承購並支付資金，因此資金需求者爲債券供給者，資金供給者爲債券需求者。當預期利率水準（i^e）可能上升，則預期債券價格（$P_b =$ 利息收入 $/i^e$）即將下跌，因已發行債券的固定收益報酬率相對降低；反之，預期市場利率水準下跌，即債券價格將上漲。

四、風險溢酬 (risk premium)

又稱爲風險貼水，爲補貼資金供給者承擔額外風險所給付的利率補償，包括通貨膨脹、借款人違約、變現流動性與利率變動等，借款期間資金供給者可能遭受的損失。

因風險不同而造成利率之不同，風險愈高則貼水愈高，名目利率愈高，反之則低，又稱爲利率的風險結構（risk structure）。信用評等愈低的債券，代表風險愈高則貼水愈高，因此名目利率愈高，反之則低。信用評等最低的債券，又稱爲垃圾債券（junk bond），爲高收益高風險之投機債券。

1. 利率風險 (interest risk)

固定收益證券（債券）支付固定利息，債券持有人收入固定，但當市場利率上升時，失去購買其他高利率資產的獲利機會，即持有固定收益證券的機會成本提高；債券價格亦因報酬相對較低而下跌，未到期出售將發生價差資本損失。

2. 通貨膨脹風險 (inflation risk)

社會上多數財貨勞務之價格持續上漲的現象，即整體平均物價水準不斷升高，買方須多付貨幣才能購買。因貨幣的實際購買力降低，若貨幣的名目所得（資產報酬）未增加或增幅較小，代表實質總所得減少，又稱為購買力風險。

3. 流動性風險 (liquidity risk)

資產可以出售變現的難易程度大小稱為流動性，若市場交易量不大或交易成本較高而不易出售變現，即發生流動性風險。

4. 違約風險 (default risk)

企業經營管理之收益已無法負擔支付利息或本金，甚至可能倒閉的風險，又稱為財務（financial）風險。

5. 市場風險 (market risk)

風險事件對各種資產價值的變動影響是全面性，例如景氣、戰亂、天災等影響總體經濟活動的事件，又稱為系統（systematic）風險。

6. 企業風險 (business risk)

風險事件對各種資產價值的變動影響是局部性，例如產業動態、經營方針、管理能力等影響個別企業發展的事件，又稱為非系統（unsystematic）風險。

試以風險貼水與基本利率的意義，說明銀行如何針對各種不同借貸形式、條件、對象等，訂定不同的利率水準。

五、收益曲線 (yield curve)

描述金融工具到期收益率（i）與不同到期日（t）的關係，又稱為利率的期限結構（term structure）。

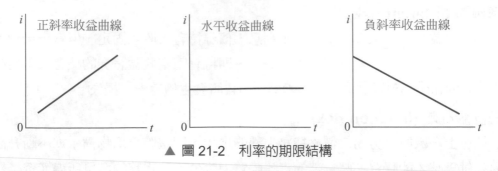

▲ 圖 21-2　利率的期限結構

如圖 21-2，正斜率收益曲線表示利率隨到期期限增長而上升，即長期利率高於短期利率，又稱爲正常（normal）收益曲線；水平收益曲線代表長期利率等於短期利率；負斜率收益曲線則利率隨到期期限增長而下降，即長期利率低於短期利率，又稱爲反轉（inverted）收益曲線。

1. 預期 (expectation) 理論

假設各種不同到期期限的債券彼此可以完全替代，因此長期利率是未來到期期限內各短期利率之平均值，由投資人的預期而定，影響市場供需，長短期利率之間呈同向變動關係。正斜率收益曲線表示預期未來利率走勢上升，水平收益曲線代表預期未來利率走勢持平，負斜率收益曲線則預期未來利率走勢下降。

2. 貼水 (premium) 理論

若長短期債券利率相同，投資人會偏好風險較低之短期債券，即各種不同期限的債券彼此不完全替代，又稱爲期限偏好（preferred habitat）理論。債券發行人爲補償投資人承擔長期額外風險而給付利率貼水，吸引投資人購買長期債券，期限愈長貼水愈高，即長期利率高於短期利率之正斜率收益曲線。

3. 市場區隔 (market segmentation) 理論

假設各種不同到期期限的債券彼此不能相互替代，長短期資金市場可有效區隔，其利率由各自市場供需決定，因此長短期利率之間無一定變動關係，投資人對長短期債券亦無一定偏好。

 經濟視野 ❷

資產組合平衡（portfolio balance）

由杜賓（Tobin）所提出，強調資產組合選擇最適資產結構，未來風險與增值報酬決定個人資產持有組合。一般人對未來利率水準有一預期安全水準，利率的替代效果使現金持有比例與市場利率變化呈反向變動關係。

綜合範例

美國聯準會宣佈調升短期利率一碼，到達 5.25％，請問調升前之短期利率水準為？

 詳基本利率。

解析

　　1 碼＝0.25％，調升前之利率＋(0.25％)＝5.25％，得調升前之利率水準為：5％

21-3　貨幣乘數效果

一、銀行貨幣 (bank money)

　　以貯存在銀行的存款所有權作為兌換基礎，開立支票成為支付工具，持票人以支票為憑據向銀行兌換等值通貨，亦即以支票為憑據將銀行存款作為交易媒介，又稱為存款貨幣（deposit money）。支票可作為交易媒介但未立即支付，不能稱之為貨幣，用來支付的支票存款則是貨幣。

二、金匠法則 (gold smith's principle)

　　古代保管黃金的金匠之經驗法則，所有存入黃金的客戶在正常狀況下，不致於同時將所存黃金全部提領，因此只要保留部分準備，即可應付日常提領需要。

　　金（銀）準備本位制度政府發行的貨幣以貴重物品（金幣、銀幣、外幣）作為準備，稱為現金準備（cash reserve），為十足準備；以政府負債作為準備，稱為保證準備（fiduciary reserve），為信用擴張。

1. 部分準備 (fractional reserve)

　　存款所有權屬於存款人，為銀行之負債，但銀行只要保留存款金額的一部分作為準備金，即可應付日常提領需要。銀行經營管理閒置資金加以有效運用，包括準備金、流動性資產、投資有價證券、貸款等方式，成為其資產並創造收益。

2. 準備金 (reserves)

　　包括銀行在央行的存款及自行保留的庫存現金，以配合法令穩定金融，並支應存款人日常提領需要；自行保留的通貨，銀行可以經營管理，加以有效運用。

3. 存款準備率 (reserve ratio；r)

　　銀行保留存款金額的一特定比例作為準備金，以應付日常提領需要，政府為穩定金融，由中央銀行規定之最低提存比例稱為法定（*legal*）準備或應提（*required*）準備；銀行保留的準備總額稱為實際（actual）準備，其超過法定應提的部分，稱為超額（excess）準備，銀行可以加以有效運用並創造收益；銀行向央行貼現融通所得之準備金稱為借入（borrowed）準備，超額準備扣除借入準備後的餘額稱為淨（net）超額準備或自由（free）準備。

三、貨幣創造 (money creation)

　　資金供給者之存款由銀行經營管理，為銀行的負債，銀行再將超額準備貸款給信用良好之資金需求者，成為銀行資產並創造收益，使銀行貨幣呈倍數增加，又稱為信用擴張或信用（credit）創造。了解銀行體系以部分準備創造貨幣乘數的過程，並比較在理想狀態與非理想狀態下不同條件之乘數差異。

1. 準備貨幣 (reserve money)

　　通貨以及銀行準備金，可以作為貨幣創造的基礎，又稱為貨幣基數（money base；B）；具有創造貨幣之乘數效果，又稱為強力貨幣（high-powered money）。

2. 原始存款 (primary deposit)

　　資金供給者存入由銀行經營管理之第一筆存款，銀行存款（負債）增加但整體社會貨幣供給不變，可以準備作為貨幣創造的貨幣基數 (B)。

3. 引申存款 (derivative deposit)

　　銀行存款再貸款給資金需求者，銀行資產增加所創造的存款貨幣；此過程不斷引申創造貨幣乘數，社會貨幣供給增加量（ΔM）為銀行貸款總合（ΔL）。

原始存款 = 1

存款貨幣數量 $= 1 + (1 - r) + (1 - r)2 + (1 - r)3 + \cdots = \dfrac{1}{1-(1-r)} = 1/r$

引申存款 $(\Delta D) = (1 - r) + (1 - r)2 + (1 - r)3 + \cdots = (1/r) - 1 = \Delta L = \Delta M$

四、貨幣乘數 (money multiplier；m)

貨幣創造過程使銀行貨幣呈倍數增加之倍數。原始存款經過銀行體系之信用擴張，銀行應提法定存款準備後之銀行準備變動（ΔR），在充分有效運用而無閒置資金，且所有貸款終將回流銀行體系之理想狀態下，不斷創造引申存款後，可以累積 $1/r$ 倍的存款貨幣。假設銀行無超額準備、沒有定期與儲蓄

存款、支票與活期存款適用相同應提準備率，進入銀行體系的準備貨幣經過信

用擴張，可以創造貨幣乘數效果，理想狀態下的最大乘數為應提法定存款準備率（r）之倒數；反之，當銀行體系的準備貨幣減少或信用緊縮，亦造成貨幣減少的緊縮（負）乘數效果。

貨幣數量變動 (ΔM)＝銀行準備變動 $(\Delta R) \times$ 貨幣乘數 $(1/r)$ 貨幣乘數

＝貨幣數量變動 $(\Delta M) /$ 銀行準備變動 (ΔR)

當銀行體系之貨幣基數來自存款，須先應提法定存款準備，因此銀行準備變動 ΔR＝原始存款 $\times (1-r)$，貨幣數量變動 $(\Delta M) = B \times (1-r) \times m$。

若貨幣基數來自央行或銀行自行發行金融債券等非存款，則原始資金不須應提法定存款準備，因此銀行準備變動 (ΔR)＝原始資金，貨幣數量變動 $(\Delta M) = B \times m$。

五、非原始存款貨幣創造

1 元非存款貨幣基數，原始資金之銀行準備變動（ΔR）不需應提法定存款準備，銀行第一筆貸款貸款回流銀行體成為引申存款後，應提法定存款準備率（r），理想狀態下不斷累積創造 $1/r$ 倍的存款貨幣。

原始資金＝1

引申存款 $(\Delta D) = 1 + (1-r) + (1-r)^2 + (1-r)^3 + \cdots = 1/r = \Delta L = \Delta M$

銀行貨幣數量＝$1 + 1 + (1-r) + (1-r)^2 + (1-r)^3 + \cdots = 1 + (1/r)$

試以強力貨幣的意義，與央行資金之貨幣創造效果，說明釋出郵儲金供銀行低利貸款，在理想狀態下對貨幣年增率及經濟活動的影響。

六、非理想狀態貨幣創造

通常銀行體系運作並非在完全理想狀態下，即銀行未充分有效運用超額準備而有閒置資金，或（且）部分貸款未回流銀行體系，使貨幣乘數＝$\Delta M / \Delta R$ 小於理想狀態之最大乘數（$1/r$）。

銀行資金閒置以銀行超額準備保留率 v 代表閒置資金占存款總額的比例，資金外流率 f 代表貸款總額未回存銀行體系之比例：

$$\text{貨幣乘數} = \frac{1}{1-(1-r-v)(1-f)} < 1/r$$

若銀行超額準備保留率（w）代表閒置資金占超額準備的比例：

$$\text{貨幣乘數} = \frac{1}{1-(1-r(1-w)(1-f)} < 1/r$$

通貨存款比率 k 代表資金未回存（通貨）/回存（存款）銀行體系之比例，則 $k=f/(1-f)$，若不考慮銀行保留閒置資金：

$$貨幣乘數 = \frac{1}{1-(1-r)(1-f)} = (1+k)/(r+k)$$

$k = f/(1-f)$，則 $f = k/(1+k)$，得 $(1-f) = [1/(1+k)]$

因此，貨幣乘數 $= \dfrac{1}{1-(1-r)(1-f)} = \dfrac{1}{1-(1-r)/(r+k)} = (1+k)/(r+k)$

綜合範例

貿易公司出口商品一批，將其所賺得的美金換成新台幣 100 萬元。公司將錢　(A) 全部以現金保留在公司；(B) 全數存入支票存款帳戶；(C) 部份以現金保留在公司，部份存入支票存款帳戶。此三種處理方式，所可能創造的貨幣數量大小？

 詳非理想狀態貨幣創造。

[解析]

創造的貨幣數量：(B) > (C) > (A)

 經濟視野 **3**

美國次級房貸風暴

美國次級房貸壞帳率攀升，到 2006 年已有三成居民繳納不出房貸。美國 220 萬的房奴是來自美國前五年的房市榮景，透過開發商和華爾街金融資本推銷，房產評估員對房子的價值任意誇大，承諾幫助消費者負擔一到三年的部分貸款，引誘或誤導消費者虛報收入水平，使其日後陷入還款成本會逐年大幅提高的貸款。因為房貸採取浮動匯率，美國聯邦不斷調高貸款利率，最早房貸是 7%，後來攀高到 14%，已經繳納不出來了。最初是房貸的債權，緊接著被次級房貸抵押公司買去，再以資產抵押債券賣給投資銀行，投資銀行再包裝成新的金融衍生商品，轉賣給銀行和保險公司、對沖基金、避險基金等。

銀行或放款機構將房屋貸款債權出售給投資銀行後，就可以拿回原本的資金部位繼續進行授信業務；投資銀行則是將這些債權集中起來進行設計包裝，再賣給投資人。當次級貸款人違約率升高後，債券等級便被調降，債券價格因此大跌，投資者遭受了很大損失。

● **活用經濟實務**

全球金融流動性危機

　　流動性的枯竭，具體可以表現為資產價格下降到其內在價值之下，或金融機構外部融資條件惡化，或金融市場參與者數量的下降，或金融資產交易發生困難等。當國內金融機構出現流動性不足的問題時，央行可以發揮最後貸款人的作用，避免擠兌可能造成的大範圍銀行危機；在國際流動性不足的情況下，IMF 之類的國際組織應及時採取相應的措施。

　　金融海嘯使人們經歷了一次史無前例的全球流動性不足的危機，如今全球經濟問題似乎又走到另一個極端，即全球流動性過剩，馬上又面臨通膨壓力，尤其新興經濟體所累積的龐大外匯存底，隨時可能引燃全面性的火災。

　　透過金融市場的變動，又引起資金在國際間的大幅流動，接著又造成資金供需的消長，這也成了全球各地資本市場價格起落的重要因素，產生周而復始的資金行情輪動，直到漲幅達到某個滿足點後，資金就又如潮水般湧向其他市場，接著又複製其他地區的資金行情。全球經濟出現明顯冷熱不同的區塊，這也是還有部分區域經濟復甦不夠強勁，但流動性過剩的區域則早已通膨壓力充斥，引發嚴重的財富分配及其 M 型社會的惡化。

　　歷史上每次美元出現持續升值，必引爆新興市場泡沫，上次美元上揚觸發了亞洲金融危機和俄羅斯債務危機，並給金融市場造成一系列強烈振盪。聯儲在 2015 年左右開始謀求抽回流動性，2015-2017 年期間乃新興市場的高危期，包括中國房地產在內的一系列新興市場資產，有大幅調整的可能。

　　美、歐、日三大發達國家的央行，在量化寬鬆政策上你追我趕，製造出歷史上前所未有的流動性。由於銀行體係出現功能性障礙，流動性無法被分配到實體經濟，而大量滯留在金融市場中。基金和其他機構投資者坐擁巨額現金，卻無法投入傳統的零風險資產，因為美、德國債扣除通脹因素早已成為負利率。零風險資產的負收益狀況，迫使資金攀爬風險曲線，以增高的風險係數來換取可接受的回報率，萬一市況逆轉，基金被迫吃下比實際需求大得多的風險資產。

試以經濟學分析，思考以下問題：

1. 以流動性偏好的意義，說明流動性不足與流動性過剩的貨幣需求。
2. 以貨幣創造的意義，說明流動性不足與流動性過剩的貨幣供給。
3. 以風險貼水的意義，說明流動性不足與流動性過剩的風險及回報率。

( ) 1. 在 Baumol-Tobin 的現金管理模型中，若名目利率下降，個人所持有的現金數量
與提款次數會有何改變？ (A) 持有現金增加並增加提款次數 (B) 持有現金增
加並減少提款次數 (C) 持有現金減少並增加提款次數 (D) 持有現金減少並減
少提款次數。

( ) 2. 貨幣需要會減少，當 (A) 利率下降 (B) 物價水準上升 (C) 總合生產減少
(D) 預期債券價格下跌。

( ) 3. 下列何者會導致民眾的貨幣需求下跌？ (A) 銀行減少信用卡與簽帳卡的發行
(B) 資產選擇的多樣化程度提高 (C) 銀行減少自動提款機的設立 (D) 上班族
支領薪水的方式普遍由領週薪改爲領月薪。

( ) 4. 下述有關貨幣需求的陳述中，何者是正確的？ (A) 預期物價上漲率提高時，會
增加貨幣的需求 (B) 其他資產的報酬率提高時，會增加貨幣的需求 (C) 資產
總量增加時，會提高貨幣的需求 (D) 物價水準上升時，會減少名目貨幣需求。

( ) 5. 根據凱因斯的流動性偏好理論，下列陳述中，何者是正確的？ (A) 人們爲了
應付突發事件，其所保有的貨幣量，與所得的高低無關 (B) 個人或企業爲了應
付日常生活或正常開支，其所保有的貨幣量，亦與所得無關 (C) 當利率低時，
基於投機動機所保有的貨幣量較多 (D) 當利率低時，基於投機動機所保有的
債券較多。

( ) 6. 其他條件不變，信用卡與簽帳卡的普及，會使得貨幣需求 (A) 增加 (B) 減少
(C) 不變 (D) 可能變多或變少，視發卡數量而定。

( ) 7. 下列何種情形會使得貨幣需求增加？ (A) 實質所得水準提高 (B) 物價膨脹的
預期提高 (C) 名目利率水準提高 (D) 換取貨幣的交易成本下降。

( ) 8. 下列動機中，那一項不是凱因斯認爲的貨幣需求原因？ (A) 交易動機 (B) 保
值動機 (C) 預防動機 (D) 投資動機。

( ) 9. 根據凱因斯之流動性偏好理論，下列那一項不是他認爲民眾會持有貨幣的主要
動機？ (A) 交易動機 (B) 安全動機 (C) 預防動機 (D) 投機動機。

22

貨幣政策

學習導引：傅里曼與《資本主義與自由》

經濟視野❶ 9A 級央行總裁彭淮南

經濟視野❷ 聯邦資金利率（Federal Funds Rate）

經濟視野❸ 量化寬鬆（Quantitative easing；QE）

活用經濟實務：量化寬鬆貨幣政策的效果

傅里曼（M. Friedman）是美國經濟學家，以研究總體經濟學、個體經濟學、經濟史、統計學、及主張自由放任資本主義而聞名。1976 年取得諾貝爾經濟學獎，以表揚他在消費分析、貨幣供應理論及歷史、和穩定政策複雜性等範疇的貢獻，被譽為 20 世紀最重要的經濟學家之一。

在 1962 年出版《資本主義與自由》一書，提倡將政府的角色最小化以讓自由市場運作，以維持政治和社會自由。他的政治哲學強調自由市場經濟的優點，並反對政府的干預。

在芝加哥大學成立貨幣及銀行研究小組，藉著經濟史論家安娜·施瓦茨（Anna Schwartz）的協助，發表《美國貨

【傅里曼】

幣史》。他在書中挑戰凱恩斯學派的觀點，抨擊他們忽略貨幣供應、金融政策對經濟周期及通膨的重要性。他提出貨幣供給作為決定生產價值基準的因素，主張通貨膨脹在根本上源自於貨幣供給量。

貨幣主義是現代經濟學在貨幣數量理論的重要觀點之一，主張貨幣供給的改變是影響經濟生產的首要原因。認為在短期貨幣供給的變動雖然能夠影響實際經濟變量，而在長期能影響到的只有通貨膨脹。主張貨幣發行增長率要保持一個恆定的速度，讓經濟中的個體對通貨膨脹有完全的預期。

預習思考

☆ 試以防衛性操作與附買回票券的意義，說明在年節前後，中央銀行以公開市場操作，調控短期貨幣環境之方法與影響。

☆ 試以道義說服的意義，說明中央銀行為降低放款利率及對企業紓困，召集各大行庫主管開會，要求配合政策的正當性及影響。

☆ 試以投資陷阱的意義，說明台灣近年來的寬鬆貨幣政策效果，及對其總體經濟活動的影響。

22-1　央行政策目標

一、中央銀行 (central bank)

政府的貨幣金融主管機構，主要任務為發行國內通貨、訂定執行貨幣政策、控制貨幣供給、調節外匯供需、監督金融機構營運等，以健全金融市場環境，促進經濟穩定發展。因此中央銀行為發行國幣的銀行，也是執行貨幣政策的銀行。

中央銀行亦管理國庫存款，包括中央政府各機關存入現金、票據、證券等的保管、出納、移轉等，是政府的銀行；中央銀行可以查核了解金融機構的資金吸收及運用狀況，監督全國銀行業務，是銀行中的銀行。

中央銀行隸屬行政院，組織設有理事會、監事會、總裁與副總裁，分別掌理決策、監察、業務執行等功能；業務單位則設有業務、發行、外匯、國庫四局，金融業務檢查、經濟研究、會計、秘書四處，人事、政風、資訊、法務四室，以及紐約、倫敦等海外代表辦事處。

1.資金最後貸放者 (lender of last resort)

必要時中央銀行亦得提供貸款之應有資金需求的銀行。央行藉由購買市場票券釋出資金，銀行資金不足時可以持票據向央行請求融通；央行對不願意配合貨幣政策的銀行可採取懲罰性利率、拒絕融通等方式。

2.準備貨幣 (reserve money)

通貨以及銀行準備金，代表中央銀行對整體經濟社會的無限法償貨幣性負債。強力貨幣等於銀行準備金加通貨，在貨幣供給的決定因素中，央行可以直接控制的部分便是強力貨幣，強力貨幣乘以貨幣乘數等於貨幣供給。

> 準備貨幣＝中央銀行資產－中央銀行其他負債－中央銀行其他項目淨值

中央銀行資產包括庫存現金、融通債權、外匯資產等，中央銀行其他負債包括發行票券餘額、政府與金融機構轉存款等；中央銀行資產增加時準備貨幣增加，中央銀行其他負債與其他項目淨值增加則準備貨幣減少。

$$貨幣供給數量\ (M) = 準備貨幣\ (B) \times 貨幣乘數\ (m)$$

國際貿易出超使央行外匯資產增加，即準備貨幣增加，經貨幣乘數效果，貨幣供給數量倍數增加；反之則減少。政府推動公共建設或民間投資等經濟活動擴張，使央行融通債權增加，即準備貨幣增加，經貨幣乘數效果，貨幣供給數量倍數增加。

二、貨幣政策 (monetary policy)

央行訂定執行可以使用的方法，改變準備貨幣與貨幣乘數效果，調整貨幣供給額，以達成健全金融市場環境，引導配合總體經濟活動，促進經濟穩定發展的目標。

1. 操作目標 (operating target)

央行執行貨幣政策，直接對銀行體系之資金供需與貨幣價量造成短期影響，包括短期貨幣數量指標的貨幣基數及銀行準備，短期貨幣價格指標的金融同業拆款利率與貨幣市場票券利率等。

2. 中間目標 (intermediate target)

貨幣政策影響短期操作目標後，經過銀行體系之運作，創造貨幣乘數效果，進而改變貨幣中期價量，包括中期貨幣數量指標的銀行信用額與流動性以及貨幣供給額 M_1、M_2，中期貨幣價格指標的銀行中長期存放款利率、匯率與資本市場債券利率等。

3. 最終目標 (final target)

貨幣中期價量將影響長期經濟活動，達成中央銀行健全金融市場環境、維護銀行體系正常運作、國際收支平衡、緩和物價波動、確保充分就業、經濟穩定發展的終極目標。央行由應達成的最終目標分析出所需之貨幣中間目標，再由達成該貨幣中間目標所需之貨幣操作目標訂定適合的貨幣政策；央行訂定執行貨幣政策，先直接達成操作目標影響中間目標，進而完成最終目標。

三、權衡性 (discretionary) 貨幣政策

央行隨景氣波動而主動調整貨幣政策，影響貨幣價量，引導總體經濟活動，以達到理想的健全經濟成長目標。

經濟蕭條時央行增加貨幣供給額，進而降低市場利率，刺激總體經濟活動使景氣復甦繁榮，稱為擴張性（expansionary）貨幣政策，又稱為寬鬆（easy）政策；景氣繁榮時央行減少貨幣供給額，進而拉升市場利率，降溫總體經濟活動，以減緩通貨膨脹壓力，稱為緊縮性（contraction）貨幣政策。

四、法則 (rules) 貨幣政策

貨幣學派傅里曼（M. Friedman）主張以法則替代權衡，認爲貨幣政策應有其穩定性，不宜隨景氣波動而主動調整改變，若因貨幣政策失當誤導經濟活動方向，或政策效果落後在不適當的時間發生作用，將更惡化景氣波動。央行依循法則政策，只要訂定最適貨幣供給額成長率作爲標準。

$$最適貨幣成長率＝預期物價上漲率＋預期經濟成長率 \times 貨幣總額占總所得比率$$

央行調整貨幣供給額，目標是在支應物價上漲，並配合經濟成長的貨幣需求；而非主動干預矯正，積極改變引導經濟活動與景氣波動。

試以法則貨幣政策與貨幣數量指標的意義，觀察我國之貨幣年增率目標區，並說明其對總體經濟活動的影響。

五、金融危機 (financial crisis)

短期利率、資產（股票、不動產和土地）價格、企業清償能力等金融指標都出現短暫急遽惡化，以及金融機構發生倒閉。

1. 銀行危機產生過程

外資流入→貨幣供給增加→銀行信用擴張→股市及房地產飆漲→泡沫經濟破滅→銀行呆帳激增。

2. 貨幣危機演變過程

央行引導利率下滑→減輕民眾債息及舒困企業壓力→增加政府債務支出拖累財政→經濟體制失衡引發信心崩潰→資金投機客趁火打擊匯市及股市→金融痛苦指數升高。

3. 資本市場危機過程

央行採緊縮貨幣政策→拉高利率對防衛投機性攻擊→提高企業資金借貸成本→拖累及傷害股市及地產等資本市場。

台灣於開放新銀行設立時，即要求所有銀行均應維持的最低 8% 資本適足率，新設立銀行最低資本額訂爲一百億元新臺幣（約三億美元），俾能承受風險。台灣大企

業的負債對淨值比率約為 1，中小企業的負債對淨值比率約為 2，財務結構亦相當健全，避免銀行及企業採行高財務槓桿操作。

六、美國的中央銀行：聯邦準備理事會 (Federal Reserve Board；Fed)

美國最高貨幣政策主管機關，負責管理全國貨幣供需、保管各銀行準備金、審核各銀行的穩定性、對商業銀行貸款及發行聯邦儲備券等。根據地區性的結構規劃出 12 個行政區域，共分三層組織，最高為理事會，其下是 12 個聯邦準備銀行和各準備銀行的會員銀行。聯準會受到國會的立法授權及監督，以自有盈餘的方式在運作，成員包括七位由總統任命，並經參議院通過，任期 14 年的資深財務專家組成，有其超然獨立的地位。

決定貨幣供給政策，能左右美國整體經濟的榮枯。對於貨幣政策的決議，係採合議兼表決制，一人一票並且為記名投票，主席的一票通常投給原本已居多數的一方。人事獨立與預算獨立，除理事會之外，另外還設有聯邦公開市場操作委員會（FOMC），負責較長期的貨幣決策，並依據外匯指導原則、外匯操作之授權作業與外匯操作程序進行外匯操作。

七、中國的中央銀行：中國人民銀行

1948 年在華北銀行、北海銀行、西北農民銀行的基礎上合併組成，1983 年國務院決定中國人民銀行專門行使國家中央銀行職能。1995 年第八屆全國人民代表大會第三次會議通過了《中華人民共和國中國人民銀行法》，中國人民銀行作為中央銀行。

中國人民銀行對銀行、金融資產管理公司、信託投資公司及其他存款類金融機構的監管職能分離出來，並和中央金融工委的相關職能進行整合，成立中國銀行業監督管理委員會。

 經濟視野 ❶

9A 級央行總裁彭淮南

甫獲得「9A 總裁」殊榮的台灣央行總裁彭淮南在任近 15 年，他 1998 年上任，2000 年獲得全球金融雜誌（Global Finance）「A」級評等肯定，而後再於 2005 年～2012 年連續 8 年獲「A」級評等，至今已累積 9 個 A 級榮譽，已創下了前無古人的空前紀錄。

綜合範例

下列有關強力貨幣的敘述，何者不正確？　(A) 在貨幣供給的決定因素中，中央銀行可以直接控制的部分便是強力貨幣　(B) 強力貨幣是購買力較不會貶值的貨幣　(C) 貨幣供給等於貨幣乘數乘以強力貨幣　(D) 強力貨幣等於銀行準備金加通貨。

Tip 詳準備貨幣。

解析

　　有關強力貨幣的敘述，(B) 強力貨幣是購買力較不會貶值的貨幣不正確。

 ## 22-2　貨幣政策工具

一、貨幣政策工具 (monetary policy instruments)

　　中央銀行訂定執行貨幣政策可以使用的方法，以達成操作目標，影響中間目標，完成最終目標。央行對貨幣供給的控制分為量的管制、質的管制、直接管制、間接管制。

二、一般性信用管制 (general credit control)

　　央行控制整體經濟社會之貨幣供給額，全面影響總體經濟活動，又稱為量的管制（quantitative control），貨幣政策工具包括公開市場操作、調整重貼現率、調整法定存款準備率。

1. 公開市場操作 (open market operation) 政策

　　中央銀行可以自行發行可轉讓定期存單、儲蓄券、乙種國庫券等，並公開在金融市場操作，買賣政府發行或保證之票券、銀行發行的金融債券或保證承兌之票券、以及外國通貨（外匯）等，影響市場資金流向及貨幣存量。

　　當市場資金過剩，央行發行或賣出票券，金融市場支付資金購買央行票券，造成央行收回通貨之緊縮政策效果，即沖銷市場游資使利率上升；反之若市場資金不足，金融市場發行或賣出票券籌措資金，則央行支付資金購買市場票券，造成央行釋出通貨之寬鬆政策效果，增加貨幣供給額而降低利率。

央行進行公開市場操作，可以依情勢持續微量或隨時反向操作，因此具有政策彈性而機動快速，能精確調控金融市場準備貨幣數量與短中期利率結構，但是依市場機能完成交易而無強制性，且無法明確表達長期政策方向。

央行賣出外匯，金融市場支付資金購買央行外匯，造成央行收回本國通貨之緊縮政策效果；央行支付資金購買外匯，造成央行釋出本國通貨之寬鬆政策效果。

(1) 動態性操作（dynamic operation）

央行為執行寬鬆或緊縮貨幣政策，而主動進行公開市場操作；央行進行公開市場操作而成為市場參與者，依市場機能完成交易，因此動態性操作須金融市場與央行進行相對交易（供需均衡），才會有改變貨幣供給之效果。

(2) 防衛性操作（defensive operation）

央行為抵消外在因素對金融市場準備貨幣的不當干擾，而被動進行公開市場操作；外在因素造成市場資金過剩或不足，央行進行公開市場操作而使市場資金供需均衡，因此防衛性操作通常為調控短期貨幣環境之政策工具。

(3) 互換操作（operation twist）

為沖銷市場游資避免市場資金過剩，或為吸引外國資本流入而引導短期利率上升，央行發行或賣出短期票券（短期收回通貨），卻又同時向市場買進等額的中長期債券（中長期釋出通貨），使中長期利率降低並維持整體貨幣供給額不變。央行可以互換操作調控短中期貨幣數量與價格目標，並達成兼顧經濟穩定發展與國際收支平衡的終極目標。

(4) 附買回（repurchase；RP）

央行可以向市場買進有附買回條件的票券，即央行購買市場票券釋出通貨，先支應市場的短期資金需求，在特定期間後依約定價格由賣方（金融市場）再買回該票券（央行收回通貨），央行不須再發行或賣出票券沖銷市場游資，可以維持整體貨幣供給額不變及中長期利率穩定。當市場的暫時或季節性資金需求變化，金融市場準備貨幣可自動調整恢復常態。

2. 重貼現率 (rediscount rate) 政策

資金需求者以持有的未到期票據，向銀行請求預先兌換成現金貼現（discount），銀行收取利息報酬為貼現率；銀行資金不足時再將持該票據向央行請求融通稱為重貼現，央行扮演資金最後貸放者角色，收取利息報酬即為重貼現率。

中央銀行調降重貼現率，可降低銀行融通資金成本，增加銀行借款意願，造成央行增加釋出通貨之寬鬆政策效果，增加貨幣供給額而市場利率降低；反之央行調升重貼現率，即提高銀行融通資金成本，減少銀行借款意願，造成減少央行釋出通貨之緊縮政策效果，減少貨幣供給額而市場利率上升。

銀行融通資金的管道及工具很多，未必受央行調整重貼現率影響，即重貼現率政策不具有完全強制性，但央行是銀行的銀行，因此央行調整重貼現率具有宣示參考利率指標的效果，稱為宣示效果（announcement effect）。

當央行宣布調降重貼現率，銀行亦配合調降放款利率，可降低資金需求者成本，增加其借款意願而增加貨幣創造乘數效果，造成增加貨幣供給額之寬鬆政策效果；反之央行宣布調升重貼現率，銀行亦配合調升放款利率，將提高資金需求者成本，減少其借款意願而減少貨幣創造乘數效果，造成減少貨幣供給額之緊縮政策效果。所以央行調整重貼現率之效果，須能夠影響銀行融通資金的意願而改變銀行準備，或銀行願意配合調整改變市場利率水準，才能達成政策目標。

3. 法定存款準備率 (legal reserve ratio) 政策

政府為穩定金融，由中央銀行規定，銀行應保留存款金額的最低提存比例，作為準備金以應付日常提領需要。中央銀行調降法定存款準備率，造成增加貨幣供給額而降低市場利率之寬鬆政策效果。增加銀行可以自行運用的準備金 ΔR，經過貨幣創造乘數效果，理想狀態下創造 $1/r$ 倍的存款貨幣，降低準備率 r 亦提高貨幣乘數 $1/r$，貨幣數量變動 (ΔM) = 銀行準備變動 (ΔR) × 貨幣乘數 $(1/r)$；反之央行宣布調升法定存款準備率，造成減少貨幣供給額而市場利率上升之緊縮政策效果，銀行減少可以自行運用的準備金 ΔR，經過貨幣創造負乘數效果，提高準備率 r 亦降低貨幣乘數 $1/r$。

法定存款準備率具有強制性，而且直接影響銀行準備 ΔR 及貨幣乘數 $1/r$，是最強力且長期有效的貨幣政策，明確表達長期政策方向，但是缺乏短期調整彈性。政策效果強度仍受銀行管理決策及經濟金融環境影響：當經濟蕭條時採行調降法定存款準備率之寬鬆政策，可能因銀行放款保守或民間投資等經濟活動低迷，銀行體系的準備貨幣增加，卻未能充分有效運用超額準備，或貸款無法回流銀行體系，即閒置資金率或資金外流率提高，將降低貨幣創造乘數效果，造成擴張性政策目標不如理想。

試以調整重貼現率與法定存款準備率的效果與條件，說明「寬鬆貨幣政策非拯救經濟萬靈丹」的理由。

三、選擇性信用管制 (selective credit control)

央行規定銀行體系的貸款條件或資金成本，以控制貨幣供給的使用分配，影響特定市場經濟活動，又稱為質的管制（qualitative control）；貨幣政策工具包括調整證券保證金比率、對房地產市場的不動產信用管制、對商品市場的消費信用管制等，央行就曾透過對某些特定產業的信用管制來降低金融風險。

放寬信用條件可以降低購買者的資金成本而增加其借款意願，造成市場之寬鬆政策效果，用以刺激經濟活動；反之嚴苛信用條件將提高購買者的資金成本而減少其借款意願，造成市場之緊縮政策效果，用以壓抑通貨膨脹壓力。

1. 保證金比率 (margin requirement)

借款人以持有的股票質押給銀行抵押貸款，或投資人向證券金融機構以融資買進股票，不能依股票價值全額貸款，而須保留一定金額比率作為保證金。當股票價格下跌至某一程度即須補足保證金，否則貸款銀行或證券金融機構可以自行處分抵押股票以確保債權。調升保證金比率亦即調降融資比率，將提高資金需求者的資金成本減少其借款意願，造成借貸市場與證券市場之緊縮政策效果，用以壓抑熱錢投機；反之調降保證金比率亦即調升融資比率，可以降低資金需求者的資金成本而增加其借款意願，造成借貸市場與證券市場之寬鬆政策效果，用以刺激投資意願。

2. 不動產信用管制 (mortgage credit control)

央行針對不動產貸款（投資、擔保）之最高限額、最長償還期限、每期應償還最低金額等貸款數量及條件加以規定限制，用來壓抑過度投機炒作的不動產市場，並降低銀行長期資金風險。

3. 消費者信用管制 (consumer credit control)

針對消費者使用信用（預借現金）卡額度，或購買汽車、傢俱等耐久財分期付款之頭期款最低金額、最長償還期限、每期應償還最低金額等付款條件加以管制，造成消費市場之緊縮政策效果，避免通貨膨脹與社會過度信用擴張的壓力。

四、直接管制 (direct control)

央行規定銀行體系的貸款條件或資金成本，直接干預貨幣供給的使用分配，用以配合產業發展政策並維持金融市場安定；央行是銀行中的銀行，可以限制銀行貸款額度、存款吸收、業務範圍、風險性資產等，對不願意配合調整的銀行採取懲罰性利率、拒絕融通等方式。

1. 信用分配 (credit rationing)

　　為使有限資金獲得最大效率，中央銀行將貨幣供給分配，導向較有利的用途，配合經濟發展建設需要；可以運用金融機構或郵政儲金轉存款及各種專款，進行專案融資，例如中小企業發展基金、首次購屋低利房貸額度等。

　　中央銀行接受自金融機構或郵匯局的轉存款增加，造成央行收回通貨之緊縮政策效果，減少貨幣供給額；中央銀行將金融機構或郵政儲金轉存款運用分配，造成央行釋出通貨之寬鬆政策效果，增加貨幣供給額。

2. 直接行動 (direct action)

　　為維持金融市場安定，避免銀行為追求高報酬而承擔高風險，央行可以針對銀行的流動比率、各類貸款條件及最高限額、各種投資限制、存放款利率上下限及利差幅度等，直接進行干預控制，要求限期調整改善。

五、間接管制 (indirect control)

　　中央銀行不直接控制貨幣供給的使用分配及干預銀行業務，而以溝通協調方式要求銀行配合其貨幣政策，由於不具強制約束力，通常用來輔助其他貨幣政策工具，以增強政策效果。

　　道義說服（moral suasion）是最常用的間接管制，央行藉由道義影響及說服力量，口頭勸說建議銀行配合其貨幣政策，又稱為開口（open mouth）或下巴骨政策（jaw boning policy）。

　　此外，央行可以透過各種公開宣傳管道傳達其理念，形成輿論壓力或人民預期，導向其政策方向；亦可以銀行中的銀行之角色，要求銀行公會自律自動合作，或藉由金融檢查、業務開放、溝通協調等方式，約束引導銀行願意配合央行貨幣政策。

 經濟視野 ❷

聯邦資金利率（Federal Funds Rate）

聯邦儲蓄銀行借用資金的短期利率，是每日透過市場供需決定，其變化為未來利率走向最敏感的指標。聯邦準備銀行公開市場操作所釘住的利率，像我國的擔保放款利率，最低貸款利率通常高於聯邦基金利率大約 3 個百分點。

央行貼放利率有三種，分別是重貼現率、擔保放款融通利率及短期融通利率。在銀行出現資金短絀時，中央銀行可透過貼現窗口給予資金融通，方式包括貼現與放款，貼放融通利率由中央銀行訂定。融通的方式包括重貼現、短期融通及擔保放款之再融通。重貼現率指銀行以合格票據為擔保品，向中央銀行融通資金所適用的利率；擔保放款融通利率是指銀行以政府公債、央行所發行的定期存單、貼現之商業票券等央行認可之合格票券作為擔保品，向央行申請擔保放款融通的利率。

 綜合範例

商業銀行體系共有貸款及準備 5000 億，今法定準備率由 25％降低為 10％，最終貨幣供給會？

 詳法定存款準備率政策。

解析

中央銀行調降法定存款準備率，增加銀行可以自行運用的準備金 ΔR，亦提高貨幣乘數 $1/r$。貨幣數量變動 (ΔM)＝銀行準備變動 (ΔR) × 貨幣乘數 $(1/r)$ ΔM_1＝5000 億 /25％＝20,000 億，ΔM_1＝5000 億 /10％＝50,000 億，最終貨幣供給：50,000 億－20,000 億＝增加 30,000 億。

22-3　貨幣政策效果

一、貨幣傳遞機制 (monetary transmission mechanism)

貨幣政策調整貨幣供給額與流動性，引起金融市場利率變化，進而影響商品市場實質面的經濟活動。央行寬鬆政策增加貨幣供給額，將降低市場利率，因資金成本降低而刺激投資、消費等經濟活動，提高國內總產出所得。

1.利率傳遞效果

利率代表貨幣需求者須支付的代價，在其他條件不變下，利率降低表示貨幣需求者支出降低，交易動機、預防動機、投機動機之貨幣需求增加。

市場利率愈低則投資有利的機會愈大，使投資需求增加。當利率水準偏低，資金需求者願意發行長期債券，市場之長期資金需求增加，有利廠商籌資進行長期投資。

利率降低使消費的機會成本降低，消費者增加消費，借款者因利息支出減少而增加消費量。

擴張性貨幣政策增加貨幣供給，降低利率使資本流出造成國際收支逆差，本國貨幣貶值即增加外國貨幣購買力，可以增加我國出口及提高所得。

2.信用傳遞效果

擴張性貨幣政策增加貨幣供給，金融市場資金寬鬆等利率以外因素改變，則可貸資金供給增加，整條供給線向右（資金量增加）下（利率下跌）方位移；資金短缺之資金需求者亦可發行債券或其他金融工具融資，因資金充裕而刺激投資、消費等經濟活動，提高國內總產出所得。緊縮性貨幣政策減少貨幣供給額，進而拉升市場利率，金融市場資金有限而進行信用分配，影響特定市場經濟活動。

3.資產膨脹效果

擴張性貨幣政策增加貨幣供給，市場利率愈低則投資有利的機會愈大，使投資活動增加，進而以財富效果刺激消費活動；反之，緊縮性貨幣政策減少貨幣供給額，則降溫總體經濟活動。

4.預期心理效果

中央銀行訂定執行貨幣政策明確，民間投資等經濟活動或銀行願意配合調整，更能達成政策目標方向。

二、貨幣政策無效的因素

1.流動性陷阱 (liquidity trap)

當貨幣供給額增加卻無法降低市場利率，貨幣傳遞機制失效將造成貨幣政策無效。市場利率下跌至最低水準時，預期利率水準可能上升，則預期債券價格即將下跌，賣出高價債券轉換成持有貨幣；因此市場利率水準偏低代表持有貨幣的機會成本較低，而增加貨幣流動性偏好需求，貨幣需求曲線趨近水平代表貨幣需求彈性無限大，市場利率無法降低。

2.投資陷阱 (investment trap)

市場利率降低仍不能刺激投資需求等經濟活動，貨幣傳遞機制失效造成貨幣政策無效。當經濟蕭條時採行寬鬆政策，增加貨幣供給額降低市場利率，但資金成本降低未刺激投資、消費等經濟活動，儲蓄大於投資，不能提高國內總產出。

銀行放款保守或民間投資等經濟活動低迷，銀行體系未能充分有效運用超額準備，或貸款無法回流銀行體系，即閒置資金率或資金外流率提高，將降低貨幣創造乘數效果，造成擴張性政策目標不如理想。

試以流動性陷阱的意義，說明日本近年來的零利率政策效果，及對其總體經濟活動的影響。

三、總體貨幣均衡

如圖 22-1，橫軸為貨幣數量，縱軸為利率，實質貨幣需求（M_d/P）與市場利率水準呈負相關，因此為負斜率貨幣需求線（M^D），總體經濟的貨幣供給由央行貨幣政策控制為定量，所以貨幣供給線（M^S）是垂直線，$M^S = M^D$ 之交叉點 E 為市場均衡，對應均衡貨幣數量（M^*）與均衡利率（i^*）。

影響貨幣需求因素，與所得水準、貨幣的交易成本、其他資產的風險呈正相關，而與其他資產報酬率呈負相關。

當貨幣需求增加，需求線向右上（利率上升）方位移（M_1^D），若貨幣供給額 M^* 不變，市場均衡利率上升至 i_1；反之貨幣需求減少，需求線向左下（利率下跌）方位移（M_2^D），若貨幣供給額 M^* 不變，市場均衡利率下跌至 i_2（如圖 22-2）。

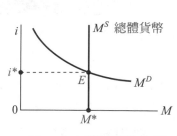

▲ 圖 22-1　總體貨幣均衡

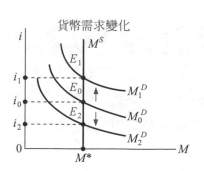

▲ 圖 22-2　貨幣需求的影響

利率以外影響貨幣供給因素為貨幣政策，央行採行寬鬆政策增加貨幣供給額，供給線向右（貨幣數量增加）方位移（M_2^S）。

若貨幣需求 M^D 不變，市場均衡利率下跌至 i_2；反之央行採行緊縮政策減少貨幣供給額，供給線向左（貨幣量減少）方位移（M_2^S），若貨幣需求 M^D 不變，市場均衡利率上升至 i_1（如圖 22-3）。

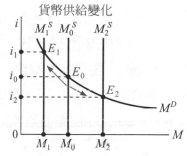

▲ 圖 22-3　貨幣的影響供給

當利率下跌至貨幣需求曲線水平段，寬鬆政策貨幣供給額增加亦無法再降低市場利率，即為流動性陷阱。

四、政策目標策略

中央銀行執行貨幣政策若以貨幣數量為指標，將貨幣供給額固定在目標量，當貨幣需求變化會引起利率波動，失去對貨幣價格指標的控制，而無法達成最終目標；反之若以貨幣價格（利率）為指標，貨幣供給額須隨貨幣需求變化而調整，以維持在目標利率水準，如此貨幣政策將難以穩定；而且當貨幣需求因所得水準降低而減少，貨幣供給額須隨之減少，造成緊縮政策效果，使經濟景氣更加惡化，將與央行最終目標背道而馳。

因此央行執行貨幣政策，不能同時控制貨幣數量與貨幣價格，亦即不可能達成貨幣供給額固定在目標量與貨幣價格固定在目標利率的雙重目標。

五、信用市場落後 (credit market lag)

中央銀行執行貨幣政策調整貨幣供給額，引起金融市場利率（價格）與信用（數量）變化，進而影響商品市場實質面的經濟活動，須經貨幣傳遞機制過程，亦即從貨幣政策到影響經濟活動需要一段時間。其政策效果受銀行管理決策及經濟金融環境影響，市場利率與信用變化後，社會大眾亦須觀察、決策、調整投資、消費等經濟活動，進而改變就業與生產等總體經濟環境以及國內總產出所得。

 經濟視野③

量化寬鬆（Quantitative easing；QE）

　　央行挹注資金到銀行體系的一種貨幣政策，以維持利率在極低的水準。其操作方式主要是中央銀行通過公開市場買入證券、債券等，使銀行的資金增加，為銀行體系注入新的流通性，甚至會干預外匯市場，提高貨幣供應。簡單來說，量化寬鬆貨幣政策就等於央行印鈔，藉購買政府及企業債券等資產，增加貨幣流通量，進而刺激銀行借貸，以達到重振經濟的作用。

　　美國實施第一輪 QE1，時間在 2009 年 3 月至 2010 年 3 月，規模約 1.75 兆美元，主要用於購買 1.25 萬億美元的抵押貸款支持證券、3000 億美元美國國債以及 1750 億美元的機構證券。第二輪 QE2 實施時間在 2010 年 8 月底至 2012 年 6 月，規模約 6 千億美元，主要用於購買財政部發行的長期債券，平均每個月購買金額為 750 億。第三輪 QE3 在 2012 年 9 月 15 日起實施，預計每月採購 400 億美元的抵押貸款支持證券（MBS），沒有明確實施截止日，將持續實施至美國就業市場復甦。

 ## 綜合範例

　　下列哪項組合，對貨幣市場利率有一致的影響效果？　(A) 中央銀行緊縮銀根；貨幣需求增加　(B) 中央銀行放寬銀根；貨幣需求增加　(C) 貨幣供給減少；貨幣需求減少　(D) 中央銀行賣出國庫券；貨幣需求減少。

 詳貨幣供需變動。

解析

　　(A) 對貨幣市場利率有一致的影響效果（利率上升）。

。活用經濟實務

量化寬鬆貨幣政策的效果

在歷經 2008 年金融海嘯後，由於美國聯邦利率趨近於零，已無法以傳統貨幣政策改善經濟問題，美國聯準會開始推出 QE 政策，印鈔票購買長期債券，提升美國長債價格並壓低利率，使民眾降低房貸利率來支撐房市景氣。由於美元是世界儲備貨幣，在全球主要商品都以美元做為基準訂價的基礎下，導致美元大幅貶值，資金流向商品市場，引發全球性通膨危機。

自 2007 年全球金融危機開始以來，英國與日本亦採行了量化寬鬆政策。美國聯準會採取激進的無限期量化寬鬆（QE3）、歐洲央行的直接貨幣交易（OMT）計畫、英國央行從 QE 轉向信用寬鬆（CE）、日本央行擴大 QE 操作規模，降低歐元區外圍國主權債務危機和貨幣聯盟崩潰的風險。

許多其他國家對這不負責任且以鄰為壑的政策大加抨擊，因為這對開發中新興經濟體帶來了持續性的負面衝擊。日本實施量化寬鬆措施有很長的歷史，但仍未能保證經濟的成功復甦。如果實施了大規模量化寬鬆政策，美日以及世界經濟仍陷入衰退，投資者會完全失去對國家政策干預市場的信心。

歐美等已開發經濟體由 80 年代來的槓桿依賴借貸擴張 GDP，2008 年後轉為去槓桿化的緊縮調整期，預估至少尚需 3 到 5 年調整，這段期間民眾無力也無意願借貸，企業無意願擴增資本支出，銀行資本不足，無法充分發揮中介機構角色。這就是各大央行積極量化寬鬆，貨幣基數創下新高，經濟卻仍疲弱，失業率難降的主因。

目前歐美處於類似日本過去 20 年來的流動性陷阱問題，因此 QE 只會有資金行情，且須留意對風險性資產的信心激勵效果可能遞減；自 QE3 宣佈施行以來，風險性資產漲勢大不如前，已透露出不尋常的警訊。

試以經濟學分析，思考以下問題：

1. 以權衡性貨幣政策的意義，說明各大央行量化寬鬆的貨幣政策。
2. 以公開市場操作的意義，說明量化寬鬆政策的方法。
3. 以流動性陷阱的意義，說明量化寬鬆政策的效果。

( ) 1. 中央銀行可以採行那一種方式，以便減少貨幣供給量？ (A) 降低存款的法定準備率 (B) 在公開市場購入債券 (C) 降低重貼現率 (D) 加強選擇性信用管制。

( ) 2. 下列何者不是中央銀行貨幣政策的工具？ (A) 法定存款準備率調整 (B) 貼現率調整 (C) 公開市場操作 (D) 證券交易稅率調整。

( ) 3. 當經濟體系面臨不景氣，而逐步邁向衰退時；貨幣當局通常會採行下列何種的政策？ (A) 增加貨幣供給，降低利率水準 (B) 增加貨幣供給，提高利率水準 (C) 減少貨幣供給，降低利率水準 (D) 減少貨幣供給，提高利率水準。

( ) 4. 下列何者提出「以法則代替權衡」的論點？ (A) 卡斯（R. Lucas） (B) 凱因斯（J.M. Keynes） (C) 亞當斯密（Adam Smith） (D) 傅利曼（M. Friedman）。

( ) 5. 當政府採行擴張性的貨幣政策時，對於總體經濟的影響是什麼？ (A) 國民所得及物價均會增加，但利率不變 (B) 國民所得及物價均會增加，但利率下降 (C) 國民所得、物價及利率均會增加，但實質貨幣供給量減少 (D) 國民所得、物價、利率及實質貨幣供給量均增加。

( ) 6. 中央銀行可以從事貨幣質的控制 (qualitative control)，以下何者屬於質的控制？ (A) 存款準備率高低 (B) 公開市場操作高低 (C) 股票購買的融資成數高低 (D) 重貼現率高低。

( ) 7. 下列項目中，那一項不屬於中央銀行的資產？ (A) 央行所持有的外匯 (B) 央行貼現給商業銀行的商業本票 (C) 央行所發行的通貨 (D) 央行所持有的政府債券。

( ) 8. 當經濟體系面臨過 景氣，而逐步邁向景氣高峰時；貨幣當局通常會採行下列何種的政策？ (A) 增加貨幣供給，降低利率水準 (B) 增加貨幣供給，提高利率水準 (C) 減少貨幣供給，降低利率水準 (D) 減少貨幣供給，提高利率水準。

( ) 9. 依凱因斯學派的看法，貨幣數量變動，是透過什麼變數， 影響經濟狀況？ (A) 利率變動 (B) 匯率改變 (C) 物價波動 (D) 工資的調整。

( )10. 中央銀行在公開市場賣出財政部發行的國庫券是一種 (A) 擴張性財政政策 (B) 擴張性貨幣政策 (C) 緊縮性財政政策 (D) 緊縮性貨幣政策。

23

財政政策

學習導引：拉弗與雷根

經濟視野❶　資本利得稅（Capital Gains Tax；CGT）

經濟視野❷　奢侈稅（Luxury Tax）

經濟視野❸　財政懸崖（Fiscal Cliff）

活用經濟實務：台灣財政問題是否希臘化？

　　美國供給學派經濟學家阿瑟‧拉弗（Arthur Laffer）曾擔任行政管理和預算局的經濟學家、總統經濟政策顧問委員會成員。1974 年的一天，拉弗和一些著名記者及政治家在華盛頓的一家餐館里，他拿來一張餐巾在上面畫了一幅類似傾斜的拋物線的圖，向在座的人說明稅率與稅收收入的關係，可以通過減稅增加供給又不用擔心會減少政府收入，因而主張政府應大幅降低稅率刺激生產性投資活動，以對社會經濟有所助益。

【拉弗】

　　雷根於 1980 年競選總統時，以減稅為主要政見之一，他認為當時美國稅率過高影響工作意願，因此降低租稅可以提高工作誘因，所得與稅收收入將會隨之增加。供給面經濟學主張政府應立刻放開操弄需求面的黑手，儘可能減少對勞動與生產成果的掠奪，給人民有努力生產的充分動機，讓供給面的生產要素既增加數量又提高效率，一面推動經濟成長，一面抑制物價飆漲，而使得整個經濟可以繁榮。認為政府應以減稅讓企業或富人多賺錢、多投資、多花錢，這樣經濟就會繁榮，完全不必考慮再分配的問題。

　　「雷根經濟學」大量減稅與增加軍費造成美國預算赤字從不到一兆美元增加到將近三兆美元；為增加勞動與投資動機的大幅減稅措施，削減對窮人的社會援助計劃，被指為嘉惠富人而欺壓窮人，於是「雷根經濟學」被譏為「巫毒經濟學」。

預習思考

☆ 試以公共收入的來源與徵收原則，以及賦稅中立原則，說明推動賦稅政策改革之必要性、困難度及解決之道。

☆ 試以非權衡性財政政策，說明所得累進稅及社會安全保險福利制度，對財富分配、社會安定與經濟活動的可能影響。

☆ 試以內債與外債的意義，說明亞洲金融風暴，對台灣與韓國的不同影響情形。

23-1　政府收支

一、政府預算 (government budget)

　　政府運用公權力自民間部門取得公共收入，用之於公共支出以推動各項政策，因此政府預算表達政府的財政收入來源及支出方向，亦代表政府投入之經濟活動規模。通常由行政部門擬定，民意機關監督控制，以防止政府浪費誤用經濟資源，公共部門的操作即為公共選擇。

二、公共支出

　　政府為提升經濟效率、維護經濟公平與安定、推動經濟穩定成長使社會福利達到最大，須購買各種財貨勞務於國防退輔、警消救災、社會福利、環境保護、教育文化、交通建設、經濟發展、政務服務等，以維持政府的正常運作與政策的順利推行。

1.經常支出 (current expenditure)

　　購買各種財貨勞務的消費支出、當期折舊完畢的消耗支出、債務付息等支出。

2.資本支出（capital expenditure）

　　購買耐久財及資本財支出、公共投資與建設支出、債務還本等支出。

3.債務支出

　　過去借貸而須於當年償還債務本金利息的支出亦包含在總預算中，政府支付之公債利息，不包括在生產毛額中。借債收入為滿足支出需求，於實質收入不足支應時，以發行公債或向金融機構賒借等方式所得之額外收入。

　　借新債大於還舊債會增加負債餘額，造成往後政府預算中之債務支出提高，反而排擠正常的實質支出。不包括借債收入與支出的公共收支項目又稱為實質收入與實質支出。

4.移轉性支付 (transfer payment)

　　貨幣支付未獲得任何財貨勞務的無償給付，一般為福利性支出，如老人津貼、失業救濟、貧病殘障補助、各種福利金等，對特定產業的補貼及獎勵金亦屬之。

三、公共收入

　　政府為運用公共支出以推動各項政策，自公營事業取得營利收入，並向民間部門徵收租稅、規費、以及收取利息、罰鍰、賠償、捐贈、雜項等其他收入，作為各項公共收入的來源。

1. 營利收入

　　政府的營利收入來自公營事業之盈餘及專賣收入，為非強制性公共收入來源，且公營事業不只追求最大利潤之經營目標，亦須兼顧經濟公平安定、推動經濟穩定成長使社會福利達到最大，配合政策目標。在經濟自由化與國際化趨勢下，公營事業逐漸民營化，政府營利收入在公共收入中的重要性與比例亦逐漸降低。

2. 規費 (fee)

　　政府提供特定服務而向使用者收取費用成為公共收入，如燃料費、過路費、手續費等，具有強制性但非普遍性，因此在公共收入中的重要性與比例相對較低。

3. 租稅 (tax)

　　政府向民間部門徵收公共收入，具有強制性及普遍性，因此在公共收入中的重要性與比例最高。課徵對象的價值稱為稅基（taxbase），課徵賦稅應符合簡明方便、公平合理、有效運用等原則，以降低課徵成本與民怨，促進經濟穩定成長，使社會福利達到最大。

四、賦稅負擔分配原則

1. 受益原則 (benefit principle)

　　政府向民間部門課徵賦稅，應依據人民享有之利益或政府耗費之成本大小而定，又稱為成本原則。此原則較適用於特定使用者付費之規費，或向特定範圍的人民課徵之賦稅。

2. 負擔能力原則 (ability-to-pay principle)

　　政府向民間部門課徵賦稅，應依據各人之負擔能力大小而分配，而不須衡量該納稅人的受益程度；一般廣泛普遍的公共支出成本，受益對象及受益大小不易明辨區分，較適用此原則。

　　將全民依其負擔能力區分大小等級，課徵大小不同之賦稅，又稱為縱（垂直）的公平（vertical equity）；而每一相同負擔能力等級者，須課徵同等之賦稅，則稱為橫（水平）的公平（horizontal equity）。

3. 所得重分配 (income redistribution)

　　市場機能自行決定之均衡，通常未能符合所得平均分配之經濟公平；政府可以對高所得者課稅或要求捐輸，並藉由補助等各種社會福利政策，將國民所得重行分配移轉給低所得者，使所得分配趨向平均。貧富不均差距懸殊易引發社會動亂，因此所得平均之經濟公平具有經濟社會安定的外部效益，對全體國民皆有利，須由政府干預施行所得重分配。

─→ 動動腦 ←─

試以累進稅的意義及負擔能力原則，說明台灣目前的所得稅與土地增值稅之稅率結構及理由。

五、賦稅種類

依課徵對象與性質可歸納為所得稅、財產稅、消費稅三大類。

1. 所得稅

依據各人之收入所得大小區分賦稅負擔能力等級，包括個人綜合所得稅、企業營利事業所得稅、土地增值稅等。綜合所得稅以個人或家庭為課徵對象，可以將家庭成員的各項所得合併為一納稅單位；營利事業所得稅針對各類型公司或營利事業法人團體之盈餘利潤課稅；土地增值稅則是向土地擁有者不勞而獲之資本利得，藉由課徵賦稅將其漲價歸公。

2. 財產稅

依據各人持有之財產價值大小區分賦稅負擔能力等級，包括房屋稅、地價稅、遺產稅、贈與稅、車輛使用牌照稅等。

3. 消費稅

針對市場交易之特定商品課稅，包括貨物稅、娛樂稅、銷售稅（如營業稅）、流通稅（如證券交易稅、土地交易稅、印花稅、契稅）、進口關稅等，通常可藉由商品漲價轉嫁給購買者，依據各人交易商品消費能力大小，區分賦稅負擔能力等級。

經濟視野 ❶

資本利得稅（Capital Gains Tax；CGT）

資本利得是指股票、債券、房產、土地或土地使用權等，在出售或交易時發生收入大於支出而取得的收益，即資產增值。資本利得稅是對資本利得所徵的稅，就是對投資者買賣所獲取的價差收益（資本利得）徵稅。

台灣最大稅基缺口的就是資本利得稅，造成很多富人不繳稅，這種政策無異鼓勵老實繳稅的上班族投機操作而不事生產，難怪有些公司大老闆甘脆炒股賺錢還可以節稅，免徵資本利得稅是制度性大規模逃漏稅。

 綜合範例

說明網路交易課稅對經濟活動的影響。

Tip 詳所得稅、累進稅、負擔能力原則。

解析

網路交易課稅輔導期結束,若有違法情事,月營業額超過六萬元以上沒有辦理稅籍登記者,及逃漏稅的賣家將依法受罰。

秉持賦稅公平原則,財政部賦稅署於 2005 年 5 月 5 日公布網路交易課徵營業稅及所得稅規範,依法經過 6 個月宣導期後正式上路,網拍營業人於國稅局辦理營業登記後也需登記營業事務所,除需繳付營業稅外,也有房屋稅和地價稅的問題。有營利行為的網路拍賣業者,月營業額在六萬以上者,都必須辦理稅籍登記;營業額在六萬至二十萬者,稅率為 1%,二十萬以上不但要開立發票,營業稅率為 5%,而拍賣業者的年所得在五萬元以上者,則要繳交所得稅。

營利事業所得稅針對各類型公司或營利事業法人團體之盈餘利潤課稅,依據各人之收入所得大小區分賦稅負擔能力等級。累進稅稅率隨所得增加而增加,即賦稅依據稅額占稅基的不同比例課徵,所得愈高則稅額愈高,且稅額增加幅度較大,因此邊際稅率大於平均稅率。對每一單位銷售量課徵比例稅,使廠商的邊際成本與平均成本皆上升,邊際收益與平均收益皆降低,因此利潤降低。

受到課稅法令實施的影響,許多網路賣家都出現了觀望的態度,不如前二年般呈現爆炸性的成長。政府課稅收入是人民納稅負擔(支出),將造成可支配所得與成本的變化,影響消費、投資等經濟活動,亦可成為干預市場價格的工具,因此應降低課徵成本與民怨,促進經濟穩定成長,使社會福利達到最大。

23-2　財政政策運作

一、財政政策 (fiscal policy)

　　政府調整公共收入與支出，引導總體經濟活動，以達到理想的均衡所得及物價水準。政府運用公權力自民間部門取得公共收入，用之於公共支出以推動各項政策，因此政府預算表達政府的財政收入來源及支出方向，亦代表政府投入之經濟活動規模，即政府以預算管理來達成經濟目標。

　　政府支出直接影響經濟活動；政府課稅收入為人民的直接負擔，造成可支配所得與生產成本的變化，間接影響民間消費、投資等經濟活動。

二、達成預算平衡目標的方式與影響

1. 預算平衡 (balanced budget)

　　政府財政收入與支出相等，為財政收支平衡。當政府支出大於收入，稱為財政赤字（deficit）；政府財政收入大於支出，則稱為財政盈餘（surplus）。

2. 年度 (annually) 預算平衡

　　政府財政於每一會計年度的收入與支出相等，又稱為連續（continually）預算平衡，亦即政府每年編列公共收入與支出，以達成財政收支平衡為目標。

　　年度預算平衡的目的為健全政府財務結構，但是預算代表政府投入之經濟活動規模，年度預算平衡可能惡化經濟循環問題。當經濟繁榮時政府課稅收入增加，可以積極量出為入增加公共支出，使得總體經濟活動過熱，引發通貨膨脹壓力；經濟蕭條時政府課稅收入減少，必須消極量入為出減少公共支出，反而造成總體經濟活動緊縮，導致景氣更加衰退。

3. 週期 (cyclically) 預算平衡

　　政府編列預算隨景氣循環波動而調整，引導總體經濟活動，使每一景氣循環週期的收入與支出相等。經濟蕭條時增加公共支出並減少課稅收入，以赤字預算刺激總體經濟活動，使景氣復甦繁榮後，政府可以增加課稅收入並減少公共支出，以盈餘預算彌補經濟蕭條時之赤字預算，赤字與盈餘相抵而達成預算平衡之財務健全目標。

　　然而，每一景氣循環週期的蕭條與繁榮之期間、程度不盡相同，政府編列的赤字預算與盈餘預算金額亦不致完全相等而抵消，週期預算平衡為理想狀態，但實際執行卻難以達成目標。

・動動腦・

試以週期預算平衡的意義，說明政府編列預算增加公共支出，若未能促進經濟復甦增加國民所得，對政府財政及總體經濟活動的不利影響。

三、權衡性 (discretionary) 財政政策

　　政府隨景氣波動而主動調整公共收入與支出，以預算變動引導總體經濟活動，達到理想的健全經濟成長目標，又稱為功能性財政（functional finance）政策。政府主動調整引導總體經濟活動，改變當前之景氣波動，又稱為反循環財政政策。

　　經濟蕭條時政府增加公共支出並減少課稅收入，以刺激總體經濟活動，使景氣復甦繁榮，稱擴張性（expansionary）財政政策；景氣繁榮時政府增加課稅收入並減少公共支出，以降溫總體經濟活動，減緩通貨膨脹壓力，稱緊縮性（contraction）財政政策。

1.充分就業預算 (full employment budget)

　　政府的預算管理以達成充分就業為目標，依該經濟體達成充分就業所需之公共收支編列預算。政府增加公共支出並減少課稅收入，以刺激總體經濟活動，當政府採行赤字預算，即支出大於收入，須籌措資金來源以彌補收入之不足，包括貨幣融通、賦稅融通、公債融通等方式。

2.循環性赤字 (cyclical deficit)

　　為達成充分就業目標，藉由自動穩定因子自動調節；當景氣蕭條時，政府自動增加失業保險給付支出並減少所得稅收，因此造成的財政赤字。

3.結構性赤字 (structural deficit)

　　為達成充分就業目標，景氣蕭條失業率提高時，政府主動採取擴張性財政政策以刺激景氣，增加公共支出並減少課稅收入，因此造成的財政赤字。

四、政策落後

　　政府採行權衡性政策須掌握經濟環境變化，彈性調整因應對策，但實際上政策要生效通常會經過冗長過程，而發生政策落後的現象。

> 政策落後過程：問題→認知→決策→執行→效驗

　　過程冗長而發生的時間落後，可能導致政策緩不濟急成效不彰，甚至在影響效果出現時，經濟環境變化已與決策立意不同，反而弄巧成拙，造成問題惡化或經濟不穩定。

1. 認知落後 (recognition lag)

　　從經濟環境的研究分析確認問題發生，到政府體認問題嚴重性而願意調整因應，所需之時間及延誤。因為影響經濟活動的因素複雜多變，難以準確預測判斷立即掌握時機，且決策者多不願承認執政失誤，而使調整對策裹足不前。

2. 決策落後 (decision lag)

　　由政策之研擬修正至完成立法確立內容，所需之時間及協調折衝過程。因為政府各部門對問題嚴重性、發生原因、可行對策等常有不同看法，而立法機構民意代表亦來自不同選區與團體，不易達成共識。

3. 執行落後 (execution lag)

　　立法通過的財政預算與政策方案，要付諸實施推動公共建設，所需之時間及行政程序，或行政效率低落及執行品質落差修正造成之延誤。

4. 效驗落後 (impact lag)

　　政策實行後引導總體經濟活動，發揮效果達到解決問題的目標所需之時間，其效果常受到條件限制及環境變化之影響。

5. 排擠效果 (crowding out effect)

　　政府採行擴張性財政政策，增加公共支出亦增加公共部門資金需求，若社會資金總額不變，將減少民間部門可用資金額度而壓縮其經濟活動，即民間消費、投資之緊縮抵消政府支出之擴張。探討非權衡性財政政策工具及其對總體經濟活動的影響效果。

動動腦

試以權衡性政策的認知落後，說明當學者專家警告，台灣經濟可能衰退而升高失業率，政府斥其「唱衰台灣」而未立即採取對策，對經濟活動的不利影響。

五、自動穩定因子 (automatic stabilizer)

政府不必隨景氣波動而主動調整公共收支，而以特定財政制度，如誘發性租稅與社會保險，使經濟體系具有自動調節機能，又稱為內在（built-in）穩定因子，或非權衡性（non-discretionary）財政政策。

當景氣繁榮時政府自動增加稅收或減少支出，以減緩通貨膨脹壓力；經濟蕭條時政府自動增加支出或減少稅收，以刺激總體經濟活動，因此緩和景氣波動的幅度，但不能完全扭轉。

1. 誘發性租稅 (induced taxation)

政府課徵比例稅時，所得愈高則稅額愈高且增加幅度相同；課徵累進稅時，所得愈高則稅額愈高且稅額增加幅度較大。稅收隨所得提高而增加，當景氣繁榮（所得高）時政府自動增加稅收，人民的可支配所得增加幅度減緩，總體經濟活動不致於過熱引發通貨膨脹；經濟蕭條（所得低）時政府自動減少稅收，人民的可支配所得減少幅度不致惡化，景氣衰退得以緩和。

2. 社會保險 (social insurance)

政府實施社會安全保險福利制度，如失業保險給付，屬於政府對人民的移轉性支出，為人民可支配所得的一部分。當景氣蕭條（失業率高）時政府自動增加失業保險給付支出，人民的可支配所得減少幅度不致惡化，景氣衰退得以緩和；景氣繁榮（失業率低）時政府自動減少失業保險支出，人民可支配所得增加幅度減緩，減輕通貨膨脹壓力。

3. 利率效果 (interest rate effect)

通貨膨脹代表整體平均物價水準的物價指數不斷升高，實質貨幣餘額（MS/P）降低，市場均衡利率上升而總支出減少，使物價水準降低（膨脹減緩），利率成為抑制通貨膨脹之自動穩定因子，又稱為凱因斯效果。

4. 財富效果 (wealth effect)

物價水準上升即需求者的財富實質購買力降低，總支出減少使物價水準降低（膨脹減緩），實質財富成為抑制通貨膨脹之自動穩定因子，又稱為皮古效果。

經濟視野 ❷

奢侈稅（Luxury Tax）

針對奢侈消費行為進行課徵，是消費稅的一種。為了讓稅制符合社會公平原則，以及抑制特種貨物在短期內轉手交易的的行為，香港及新加坡在 2010 年開徵類似的打房稅。

台灣 2011 年開始實施《特種貨物及勞務稅條例》，針對 300 萬元以上的私人飛機、遊艇、汽車等高價貨物，以及 50 萬元以上的高爾夫球證、俱樂部會員證等課徵 10%的奢侈稅；非自用住宅在一年內轉手課徵 15%的奢侈稅，在一至兩年間轉手則課徵 10%的奢侈稅。

 綜合範例

若自動平衡機能有助於降低景氣波動的幅度，下列敘述何者為真？　(A) 當景氣好時，稅收自動減少，政府支出自動減少　(B) 當景氣好時，稅收自動增加，政府支出自動減少　(C) 當景氣不好時，稅收自動增加，政府支出自動增加　(D) 當景氣不好時，稅收自動減少，政府支出自動減少。

 詳自動穩定因子。

解析

(B) 當景氣好時，稅收自動增加，政府支出自動減少。

 ## 23-3　財政融通

一、貝羅 - 李嘉圖對等性定理 (Barro-Ricardo equivalence theorem)

政府以公債融通或賦稅融通支應公共支出所需，並不會影響總體經濟活動之總支出，又稱為李嘉圖中性（neutrality）論點。

目前公債發行數額增加，未來即必須增加課徵租稅來支應公債的還本付息支出，因此未來增加課徵租稅之折現值，應等於目前增加發行公債之現值，即人民的淨財富價值並未增加，其總支出亦無改變。

二、財政支出的影響

1.財政拖累 (fiscal drag)

政府不隨景氣波動調整公共收支，當經濟體系自動調節之機能，使政府財政收入大於支出造成財政盈餘時，代表政府取得之稅收（人民的直接負擔）未完全用於公共支出為民謀福利，國家經濟資源未有效充分利用，不利整體經濟發展。

2.財政紅利 (fiscal dividend)

政府主動調整公共收入與支出，增加公共支出並減少課稅收入，以刺激總體經濟活動，使景氣復甦繁榮，國家經濟資源有效充分利用，達到理想的健全經濟成長目標。

3.財政幻覺 (fiscal illusion)

政府的財政管理以統收統支為預算原則，個別支出與個別收入之間沒有關聯，因個別支出沒有特定收入來源，而有用之不竭的樂觀幻覺；因個別收入向民間部門徵收時多遭受排拒，而有取之不易的悲觀幻覺，所以政府預算經常產生支出大於收入的財政赤字現象。

三、貨幣融通 (money financing)

政府籌措資金來源，採取向中央銀行舉債方式，由央行直接貸款或承購政府公債，發行通貨支應財政政策所需，為最快速有效的資金來源；但因貨幣供給大幅增加，可能引發通貨膨脹壓力，除非緊急情況，不宜採用。

目前我國預算法禁止貨幣融通，避免政府向中央銀行舉債，央行亦不得直接承購政府公債。

四、賦稅 (taxation) 融通

政府籌措資金來源，採取增加課稅收入方式，支應公共支出所需，使財政得以收支平衡，是最穩健的資金來源。

經濟蕭條時，政府增加公共支出以刺激總體經濟活動，增加課稅卻造成人民難以負擔，可支配所得減少而壓縮消費、投資等經濟活動，並降低工作意願，將抵消政府支出之擴張效果。

1. 賦稅中立 (tax neutrality)

課徵賦稅不致影響原來的經濟活動，亦即原定經濟計劃與相關活動，不因賦稅之開徵而有所改變。政府取得之全部稅收為人民的**直接負擔**（direct burden），但可用於公共支出為民謀福；當課徵賦稅使整體社會的損失超過直接負擔時，其差額稱為**超額負擔**（excess burden），代表對原來的經濟活動造成不利影響；政府課徵賦稅應避免超額負擔的損失，為賦稅政策賦稅中立原則。

如圖 23-1，課徵賦稅前之供給線 S_0，均衡量 Q_0 而均衡價 P_0；課徵賦稅（成本上升）後供給線向上位移至 S_1，其垂直距離 $AE_1(P_2P_1)$ 即單位稅額 t，均衡量減少為 Q_1 而均衡價上漲為 P_1，其中漲價 P_0P_1 表示由消費者負擔的賦稅，而 P_2P_0 則是生產者負擔的賦稅。

政府取得之全部稅收為單位稅額 $t \times$ 均衡量 Q_1，即□ $P_2P_1E_1A$ 面積為總直接負擔；消費者剩餘由 $\triangle CP_0E_0$ 減少為 $\triangle CP_1E_1$，因增加支出 P_0P_1 並減少消費 Q_0Q_1 而損失之福利為□ $P_1P_0E_0E_1$ 面積，其中□ $P_1P_0BE_1$ 為直接負擔而 $\triangle BE_1E_0$ 為超額負擔；供給者剩餘由 $\triangle FP_0E_0$ 減少為 $\triangle FP_2A$，因增加成本 P_2P_0 並減少產出 Q_0Q_1 而損失之福利為□ $P_2P_0E_0A$ 面積，其中□ P_2P_0BA

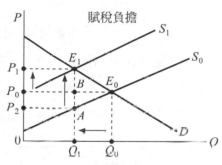

▲ 圖 23-1　課徵賦稅的影響

為直接負擔而 $\triangle BAE_0$ 為超額負擔；因此稅後社會損失之福利為□ $P_1P_2AE_0E_1$ 面積，其中□ $P_1P_2AE_1$ 為總直接負擔（政府稅收），$\triangle E_0E_1A$ 面積為總超額負擔，即社會福利的損失，代表賦稅不中立對經濟活動的影響。

2. 拉弗曲線 (Laffer curve)

美國經濟學家拉弗（A. Laffer）所提出，說明稅率與稅收之間的關係。

如圖 23-2，稅率為 0 時稅收為 0，隨稅率提高使政府稅收增加，可以擴張財政，增加公共支出以刺激景氣，因而提高所得稅基，政府稅收持續增加，支應公共支出所需。可是當稅率過高（大於 A），勞動替代效果大於勞動所得效果，增加

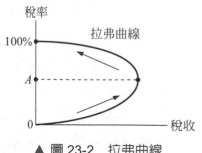

▲ 圖 23-2　拉弗曲線

課稅將造成人民難以負擔並降低工作意願；可支配所得減少，消費所得效果大於消費替代效果，而壓縮消費、投資等經濟活動，所得稅基降低反而減少政府稅收；稅率為 100% 時經濟活動停頓，稅收為 0，因此政府稅收隨稅率提高而先增後減。

試以拉弗曲線與賦稅融通的意義，說明中央政府為紓解其財政壓力，開放地方政府加徵稅捐，對政府稅收與經濟活動的可能影響。

五、公債 (public debt) 融通

政府向銀行借貸或發行公債，籌措資金來源以彌補收入之不足，亦即將民間之閒置資金，藉由承購（資金供給者）公債轉移至政府（資金需求者），作更有效的運用，可以促進經濟發展，是最保守常見的政府理財方式。

以稅收支付公債利息將增加人民負擔，抵消政府支出之擴張效果，因此政府支出亦須節制。公債增加速度不宜大於實質國內生產毛額成長速度，通常會以立法限制公債發行數額，使公債利息只占實質國內生產毛額微小比例。

根據政府負債的傳統觀點，如果政府減少稅租但並沒有減少其支出，則民間消費在短期會增加，長期卻減少。

試以公債融通與李嘉圖中性論點，說明政府以增加公共支出搶救經濟，仍須節制，不超過公債額度上限的理由。

1. 內債 (internal debt)

公債由本國人民承購，公債由政府擔保發行，本金安全可靠且利息收入穩定，在金融市場變現容易具有高度流動性；民間增加此一金融資產代表淨財富增加，可以提升消費、投資等經濟活動，進而增強政府支出之擴張效果。

2. 外債 (external debt)

公債由外國人民承購，外債之利息收入由外國人民獲得，不能直接提升本國消費、投資等經濟活動，卻增加本國人民負擔，因此通常會將外債用於投資性支出，使本國實質產出成長率大於公債利息之支付，不致造成本國人民實際負擔。

同時，政府應有足夠國際準備而具備償還外債的能力，以維持本國國際債信，若積欠鉅額外債無力償還，將引發嚴重國際金融風暴，影響本國及國際經濟穩健發展。

經濟視野 ③

財政懸崖（Fiscal Cliff）

　　自動削減赤字機制的啓動會使政府財政開支被迫突然減少，從支出曲線上看就像懸崖一樣。最早是由美國聯準會（Fed）主席柏南克（Ben Bernanke）提出，意指到 2012 年底，美國政府減稅優惠措施到期，同時國會也將啓動減赤機制，將會造成政府財政支出猛然緊縮，2013 年美國財政赤字將會如懸崖般陡然直線下降，是謂財政懸崖。據估計，上述所有措施涉及約 5000 億美元，約佔美國 GDP 的 3.8%。

　　2011 年美國國會雖針對舉債上限達成協議，但國會兩黨組成的超級委員會，卻未能在減赤行動方案上達成共識。一旦美國財政赤字銳減呈現懸崖般直墜，將使企業雇傭與投資力道急遽減少，個人消費也會下滑，民間稅賦負擔和醫療支出則會上升。

 綜合範例

政府發行公債以融通公共支出，本期經濟社會總產出及物價水準將比較藉提高賦稅，支應公共支出的總產出及物價水準　(A) 為高　(B) 為低民間持有公債數量增加後使得 (C) 貨幣需求增加，利率因而下降　(D) 貨幣需求不變，利率因而不變　(E) 貨幣需求增加，利率因而上升。

Tip 詳內債。

解析

　　政府公債由本國人民承購，民間增加此一金融資產代表淨財富增加，持有公債數量增加後使得 (E) 貨幣需求增加，利率因而上升。

。活用經濟實務

台灣財政問題是否希臘化？

　　近幾年國債增加速度驚人，除了公共債務法規範的長期及短期債務之外，若加計潛藏債務、非營業基金舉債等，各級政府總負債已逼近 22 兆元，占ＧＤＰ（國內生產毛額）比率將近 150％，潛藏債務計有 9 種，總額高達 14.98 兆元。情況再不改善，台灣恐步上希臘後塵。

　　中央政府近 20 年的歲入成長不到 50％，歲出卻翻漲 1 倍，債務存量也跟著翻升 1 倍，總預（決）算有多達 15 年都是赤字。國債將突破 5 兆元，距離舉借上限只剩 3％的空間，可融資餘額不足 4,000 億元。做為國庫最穩健財源的賦稅收入，賦稅依存度（稅收占歲出的比重）超越 70％者僅有 3 年，其餘都在 55％到 66％之間，遠低於國際 80％的正常水準。亞洲地區如日、韓與中國，政府稅收占 GDP 比重都在 20％以上，台灣只有 17.5％，近年更是每況愈下。

　　審計部評估，未來 5 年台灣將進入償債高峰期；財政部估計，平均每年要償付的長短期債務有 6,000 億元之多，等於吞掉 1 年的所得稅收。目前台灣國民租稅負擔率偏低，不及 14％（歐美先進國家 25％至 35％），台灣的租稅問題不是稅負過高，而是稅基不合理，有不同的租稅待遇。稅改重點應放在稅基合理化，取消資本利得免稅，降低經濟弱勢階層的所得稅負。

　　2011 年是戰後嬰兒潮開始退休的第一年，到了 2016 年台灣一年就有將近 100 萬工作人口退休，大量的退休勞工與軍公教人員，將對政府的財政支出造成沉重的壓力。必須面對退休人口大增、所得稅收不斷沉淪、福利支出快速膨脹的龐大逆流。財政問題已涉國安層級，台灣如果希臘化，沒有國際組織救援，可能就是中共接收之時，不能再鄉愿！

試以經濟學分析，思考以下問題：

1. 以負擔能力原則的意義，說明台灣的租稅問題。
2. 以財政幻覺的意義，說明中央政府近 20 年的總預算赤字。
3. 以債務支出的意義，說明未來 5 年台灣政府財政支出的壓力。

複習演練

(　　) 1. 軍公教免稅主要是違反　(A) 受益原則（benefit principle）　(B) 賦稅垂直公平（vertical equity）　(C) 賦稅水平公平（horizontal equity）　(D) 成本原則（cost principle）。

(　　) 2. 若政府採行發行公債方式，來籌措其支出增加所需之財源，則會對於總體經濟造成什麼影響呢？　(A) 國民所得及利率均會增加，但物價不變　(B) 國民所得及物價均會增加，但利率不變　(C) 國民所得、物價及利率均會增加，但實質貨幣供給量減少　(D) 國民所得、物價、利率及實質貨幣供給量均增加

(　　) 3. 下列何者最有助於降低預算赤字？　(A) 降低租稅　(B) 增加利率　(C) 增加軍事支出　(D) 減少移轉性支出。

(　　) 4. 若政府增加支出，但為平衡預算，政府同時增加相同的課稅，則經濟體系的產出，將　(A) 下跌　(B) 不變　(C) 上升　(D) 先上升後下跌。

(　　) 5. 政府融通其支出的方法，並不包括以下那一種？　(A) 依靠稅收的賦稅融通　(B) 發行公債的公債融通　(C) 向中央銀行舉債的貨幣融通　(D) 借用中央銀行外匯存底的外匯融通。

(　　) 6. 下列何種狀況會造成均衡所得增加？　(A) 政府增加課稅　(B) 自發性進口增加　(C) 自發性儲蓄增加　(D) 政府支出增加。

(　　) 7. 當政府收入人於政府支出時，我們稱之為　(A) 政府預算赤字　(B) 政府預算盈餘　(C) 國際收支順差　(D) 國際收支逆差。

(　　) 8. 若政府支出增加 5 億，造成私人投資減少 5 億，此現象稱為　(A) 平衡預算　(B) 排擠效果　(C) 自動穩定因子　(D) 李嘉圖等值定理。

(　　) 9. 自動安定裝置（automatic stabilizer）在經濟衰退時會_____所得稅而_____政府支出。　(A) 增加，增加　(B) 增加，減少　(C) 減少，增加　(D) 減少，減少。

(　　)10. 下列那一項不屬於政府對抗通貨膨脹的政策作法？　(A) 直接的價格管制　(B) 減少政府支出　(C) 降低稅率　(D) 控制貨幣供給數量。

筆記頁

24

古典與貨幣學派

學習導引：費雪與《貨幣的購買力》

經濟視野❶　工業革命（Industrial Revolution）

經濟視野❷　自由市場的盲點

經濟視野❸　美國推動金融改革

活用經濟實務：全球央行貨幣戰爭的影響

耶魯大學第一個經濟學博士歐文·費雪（Irving Fisher），學位論文《價值與價格理論的數學研究》用定量分析效用理論，奠定了他作為美國第一位數理經濟學家的地位。費雪涉獵的領域相當廣泛，一生共發表論著 2000 多種，合著 400 多種，在 1930 年出版了代表作《利息理論》，1932 年出版了《繁榮與蕭條》，1933 年出版了《大蕭條的債務通貨緊縮理論》，1935 年出版了《百分之百的貨幣》。

【費雪】

他對貨幣數量論和巨集觀經濟學的貢獻，代表作是《貨幣的購買力》，是最早的貨幣主義，強調了預期通貨膨脹對名義利率的影響。主要貢獻是在貨幣理論方面闡明瞭利率如何決定和物價為何由貨幣數量來決定，其中尤以費雪方程式為當代貨幣主義者所推崇。

1923 年創辦了數量協會，是第一家以數據形式向大眾提供系統指數信息的組織。費雪是經濟計量學發展的領導者，加大了統計方法在經濟理論中的應用，還對經濟計量學、價值和價格理論、資本理論以及統計學等有所貢獻。1922 年《聯盟或戰爭》一書，主張美國放棄孤立主義，參加國際聯盟為世界和平而努力。

➡️ 預習思考

☆ 試以貨幣流通速度的意義，說明金融創新與交易方式多樣化，對貨幣使用次數 V，以及費雪方程式分析的影響。

☆ 試以現代貨幣數量學說，說明以寬鬆貨幣政策救經濟，可能產生之短期效果與長期影響。

☆ 試以貨幣學派的主張，說明我國貨幣年增率目標區之訂定依據，及其對總體經濟活動的影響。

24-1　古典經濟學

一、重商主義 (mercantilism)

十五世紀至十八世紀之間，歐洲民族國家研究規劃建立富強國家的理論與政策，強調進行國際貿易應長期維持出口大於進口之貿易順差，以累積國家財富（黃金或外匯存底），若發生逆差將減少國家財富，因此應設法刺激出口並壓抑進口。

封建制度瓦解及文藝復興運動，歐洲民族國家興起，商人因國家統一強大而排除貿易障礙，國家君王則仰賴商人賺取戰費支出，形成商人資本主義。隨著貨幣流通普及，航海技術與新地理發現，使國內外貿易更為頻繁興盛，經濟行為與制度逐漸開放。

重商主義主張以政府干預及貿易障礙保護國內經濟，重視工商業以賺取外匯順差，並限制金銀貨幣外流。主要代表人物有奧地利經濟學家侯尼克（P. Hornigk），英國經濟學家孟恩（T. Mun）、達文南特（C. Davenant），法國經濟學家柯貝特（J. B. Colbert）等。重商主義只強調累積金銀之國家財富，而不重視其他總體經濟問題，且多基於政商共同利益之手段，缺乏完整的學理論述。

重商主義及相關論者不認為國際貿易可以使雙方均有利，而主張以貿易障礙保護國內經濟。然而，國家財富若不能有效率地運用於生產與消費等實質經濟活動，將造成資源浪費，甚至可能引發通貨膨脹，反而降低國家競爭力與社會福利。

二、重農主義 (physiocracy)

十八世紀中葉之後，法國因民族主義的連年征戰與重商主義之干預限制，反而造成國庫耗竭與民生凋蔽，因此反對重商主義過度自私自利之拜金集權政策，而強調自然支配的人道主義，認為土地是財富的來源，但並非只重視農業。

重農主義主要代表人物法國經濟學家奎納（F. Quesnay），提出「經濟表」描述自由經濟社會運行的概況。重農主義強調農村經濟型態，主張自由貿易的自然權利，反對政府干預之集權政策，重視保護私人財產及公共建設，以持續投資擴大淨產出。重農主義開始發展完整的學理論述，成為有系統的經濟學派。

三、國富論

經濟學之父英國經濟學家亞當史密斯（Adam. Smith），於 1776 年出版「國家富強的本質與原因」，認為完全依市場機能運行，藉由市場價格的漲跌牽引需求者與供給者，

調整運用其有限資源至最佳效率，使供需雙方自動達成最大福利並維持穩定的均衡狀態；供需雙方原為追求自身利益，透過市場機能卻能增進社會福利，亦即市場內有一隻看不見的手（invisible hand）在調節而不必外力干預。貨幣可以簡化市場活動，使交易順利進行，促進專業分工擴大經濟發展。

觀察工業革命初期的重商主義社會，認為專業分工可以增進技術能力，提升生產力而增加總產出水準，進而促進經濟成長並累積國家財富；儲蓄等於投資，使資本累積增加，配合更多生產性勞動而提高勞動效率，促進國家財富增加。

四、人口論

英國經濟學家馬爾薩斯（T. R. Malthus）於 1798 年起，陸續提出「人口影響未來社會發展的原則」相關論文，認為人口總數增加速度較總產出增加速度為快，即人口呈幾何級數增加而糧食呈算術級數增加（因土地資本固定），導致邊際勞動報酬遞減現象，使平均每人實質所得降低至基本生活水準。

若技術能力進步，每人使用資產設備之生產力提升，促進經濟成長但人口總數隨之增加，平均每人實質所得終將降低，而無法提升生活水準，又稱為**馬爾薩斯陷阱**（Malthusian trap）。

生產供給必須與消費需求達成穩定的均衡狀態，才能使整個經濟社會資源分配最有效率，提高財貨的價值，若消費不足或生產過剩，將引發經濟恐慌，因此反對過度儲蓄。勞動市場應限制勞動供給增加，避免生活水準下降，若放任人口快速增加將造成社會負擔，引發貧窮，其結果將持續影響到人口與糧食維持基本生活水準之均衡。

試以馬爾薩斯陷阱與邊際生產力遞減的意義，說明人口節育及老年化社會，可能產生之經濟問題與解決之道。

五、政治經濟學與賦稅原理

英國經濟學家李嘉圖（D. Ricardo）於 1817 年出版，認為勞動使用資本與機器由土地生產報酬，分配給勞動者、資本家及地主三大階級，儲蓄與投資可以加速資本累積，但人口快速增加將受限於邊際生產力遞減現象，經濟成長終將停滯，固定在充分就業狀態的總產出水準，平均每人實質所得即維持在基本生活水準。

使用土地的人口、用途與產值等增加時，土地需求增加，需求者成本提高，而必須將有限資源作最有效的使用，因此地租仍可發揮其價格機能，不同等級之土地依品質、位置、報酬等而有差額地租。十八世紀末，英國穀物價格由平穩轉為大漲，因拿破崙戰爭破壞農業生產，穀物減產使穀價上漲，帶動土地需求導致地租上漲，而非地租上漲迫使穀價上漲。

觀察工業革命成熟發展的社會問題，強調勞動價值，認為總體經濟活動依報酬遞減現象進行分配，決定資本累積、勞動雇用、所得成長等。

六、政治經濟學原理

英國經濟學家彌勒（J. S. Mill）於 1848 年出版，區隔財富生產與財富分配之差異：財富生產決定於技術環境，財富分配則決定於人為制度，以生產論與分配論將亞當史密斯與李嘉圖等人的古典學派經濟學理論總其成。

生產決定於勞動、資本、土地等要素，以專業分工提升生產力而擴大規模效益，持續技術改良可以改善報酬遞減現象；儲蓄使資本累積增加，但以昂貴機器大規模生產，將使資本累積集中於少數資本家，因此主張自來水、煤氣等大規模民生事業由公制經營。

七、經濟學原理

英國經濟學家馬歇爾（A. Marshall）於 1890 年提出，提出以經濟學取代政治經濟學，用客觀嚴謹的方法，說明經濟現象「是什麼」的事實描述，以科學方法檢測其有效性及相關性，因此建立實證經濟學，而盡量避免價值規範來評價經濟政策或制度。此後劍橋大學成為英國經濟學研究中心，又稱為「劍橋學派」或新古典學派。

供給與需求如同剪刀之兩刃，兩股力量共同決定均衡價格與數量，包括商品售價、資金利息、土地租金、勞動工資，並分析商品本身價格變動引起需求量變動的反應程度，價格彈性係數 ε＝需求數量變動百分比 / 本身價格變動百分比。

 經濟視野 ❶

工業革命（Industrial Revolution）

又稱產業革命，指資本主義工業化的早期歷程，即從工廠手工業向機器大工業過渡的階段，以大規模工廠化生產取代個體工場手工生產的一場生產與科技革命。由於機器的發明及運用成為了這個時代的標誌，因此歷史學家稱這個時代為「機器時代」（the Age of Machines）。

 綜合範例

試說明亞當史密斯（Adam Smith）所說的一隻看不見的手是指什麼？爲什麼？

 詳國富論。

 24-2　古典學派

一、古典經濟學派 (Classical Economics)

經濟學理論始祖亞當史密斯（A. Smith）出版「國富論」，認爲市場力量會透過價格機能進行調整，並引導整個經濟社會資源運用最有效率，因此主張自由放任，後人稱之爲古典學派。

貨幣可以使交易順利進行，促進專業分工擴大經濟發展，亦即貨幣是交易的媒介而不是財富本身，因此反對重商主義主張以政府干預累積金銀貨幣。

勞動市場均衡之充分就業水準對應勞動生產力均衡之產出（所得）水準 Y^*，勞動市場將永遠維持均衡（如圖 24-1）。

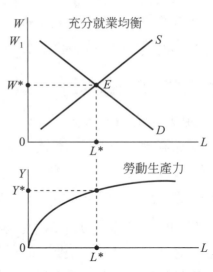

▲ 圖 24-1　古典學派勞動市場

二、商品市場

總體經濟中，在既定之生產技術、資本設備、勞動質量等因素不變下，自動達成並維持穩定的總產出（所得）最大及充分就業之均衡狀態。

短期內生產資源不易改變，總合供給線 AS 垂直固定於充分就業之最大產出 Y^*，當總合需求增加（AD_0 線右移至 AD_1），在總合供給固定下只會造成物價水準上漲（$P_0 \to P_1$）；反之總合需求減少（AD_0 線左移至 AD_2），物價水準下跌（$P_0 \to P_1$）調整，在總

合供給固定下維持穩定的充分就業最大總產出（所得）；長期資本累積、技術進步、人力素質、生產環境等因素改變，垂直總合供給線 AS 移動，則充分就業之最大產出 Y^* 改變（如圖 24-2）。

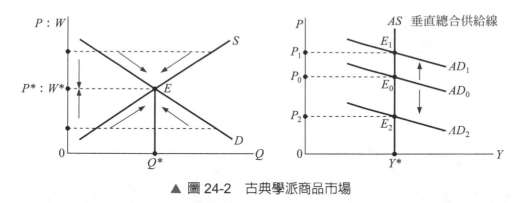

▲ 圖 24-2　古典學派商品市場

　　古典經濟學派的總合供給決定充分就業之最大產出，而總合需求決定物價水準，因此主張由市場看不見的手自動調整，引導至充分就業生產最大產出。以政策干預消費、投資、政府支出等總合需求，只會造成物價波動；政府公共收入與支出，以達成年度預算平衡為目標，健全政府財務結構收支平衡。

試以古典經濟學維持穩定的均衡狀態，說明透過價格機能進行調整的過程，可能產生之經濟問題與解決之道。

三、工資鐵律 (iron law of wage)

　　英國經濟學家李嘉圖認為，當實質工資率低於生存工資率，人民難以維持基本生活而減少人口總數；實質工資率高於生存工資率則生活充裕，人口總數得以增加；實質工資率等於生存工資率時，恰可維持人民基本生活所需，人口總數維持不變。

　　古典理論主張市場力量會透過價格機能完全調整薪資與物價，可以維持充分就業狀態的總產出水準，而人民為維持基本生活所需的最低工資水準，稱為生存工資率（subsistence wage rate）。在充分就業之總產出水準固定下，薪資、物價與人口總數完全調整，使平均每人實質所得維持在基本生活水準。

四、生存水準成長理論 (subsistence theory of growth)

　　古典學派的成長理論偏向悲觀，認為總產出固定在充分就業水準，平均每人實質所得終將維持在基本生活水準。古典經濟學認為經濟成長只是短期現象，不可能長期持續，因此當時的經濟學被稱為幽暗科學（dismal science）。

五、資金市場

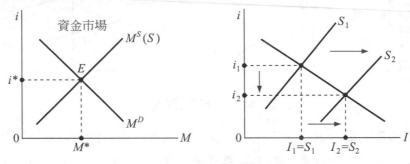

▲ 圖 24-3　古典學派資金市場

　　如圖 24-3，資金供給來自儲蓄（S），資金需求則為投資（I），資金市場均衡表示投資等於儲蓄（$S=I$）；儲蓄增加則資金供給增加（$S_1 \rightarrow S_2$），整條供給線向右（資本量增加）下（利率下跌）方位移（$i_1 \rightarrow i_2$），均衡時投資等幅增加（$I_1=S_1 \rightarrow I_2=S_2$）；儲蓄可以持續累積資本而擴大淨產出，利率水準可以完全伸縮調整，以維持充分就業狀態，生產最大總產出（所得）。

六、市場法則 (law of market)

　　法國經濟學家賽伊（J. B. Say）於 1803 年提出，認為供給創造其本身的需求，又稱為賽伊法則（Say's law），成為古典經濟學理論的的基石。在資源有限慾望無窮之基本經濟條件下，企業家理性選擇以最有效率方式運用社會資源，消費者追求其最大滿足，產出價值決定於效用。有限資源應處於充分使用而沒有閒置之充分就業狀態，生產供給最大總產出（所得），滿足最大慾望的消費需求，因此經濟社會自然達成供需均衡的穩定狀態。

　　在貨幣市場中，資金供給（儲蓄）與資金需求（投資）亦透過利率之價格機能進行調整，使供需雙方達成並維持穩定的均衡狀態。即儲蓄累積資本，充分就業產出供給，財貨勞務滿足各種需求，達到商品市場、貨幣市場、勞動市場之全面均衡。

綜合範例

下列敘述，以總體經濟中古典學派觀點來看，何者為非？　(A) 增加政府支出可提升均衡所得　(B) 勞動市場將永遠維持均衡　(C) 名目變數變動不會影響實質變數　(D) 物價為完全彈性　(E) 理論基礎主要是薩伊法則（Says law）和貨幣數量學說　(F) 新古典學派的經濟學是需求面經濟學　(G) 貨幣的使用不影響經濟活動，只影響物價　(H) 貨幣其有中立性。

Tip　詳古典經濟學派、市場法則、貨幣中性。

解析

以總體經濟中古典學派觀點來看，(A) 增加政府支出可提升均衡所得，(F) 新古典學派的經濟學是需求面經濟學為非。

 經濟視野②

自由市場的盲點

19 世紀初資本主義國家盛行，對金融自由主義的崇拜釀成了 1929 年的美國經濟大危機。1933 年美國暫時拋棄盲目信條，頒布《格拉斯－斯蒂格爾法案》，建立了現代金融業分業經營的防火牆。80 年代以來，過度宣揚金融自由化，過早撤除資本市場和銀行體系之間的防火牆，使商業銀行的信貸業務和投資銀行的證券業務在新商業模式下風險交叉傳遞。

馬克思在其《資本論》中聲明，資本主義社會無法防止周期性經濟衰退的存在。即使是在市場高度發達成熟的美英等國家，市場機制依然存有巨大漏洞。前聯邦準備理事會主席葛林斯潘說，當前情況讓那些相信市場會自我管制的人感到震驚不信，承認金融機構並未如他所假設，做到保護股東與資產的自我規範。反對加強對金融市場監管，導致危機一發不可收拾。

 **24-3 貨幣學說**

一、交易方程式 (equation of exchange)

美國經濟學家費雪（I. Fisher）提出，以市場之全面均衡，解釋貨幣數量與物價水準的關係：

$MV = PY =$ 物價水準變動率 + 實質所得變動率

貨幣供給量變動率 + 貨幣流通速度變動率 = 物價水準變動率 + 實質所得變動率

M 是貨幣供給數量；P 即物價水準；Y 爲實質總產出（量）；V 爲貨幣流通速度，貨幣在一定期間內之平均轉換使用次數 $V = PY/M$，代表交易總額 PY 使用貨幣供給數量 M，此一貨幣數量須週轉之次數。

$M \times V$ 表示貨幣在一定期間內之使用總額，代表總支出或總需求；$P \times Y$ 表示實質總產出（量）之貨幣價值，代表總產值或總供給；$MV = PY$ 表示總支出等於總產值（名目所得），總需求等於總供給，供需雙方完全交易，代表交易總額。交易方程式以貨幣價值說明古典學派維持穩定均衡狀態的基本理論，並強調貨幣可以重複多次交易的功能。

短期內生產資源不易改變，充分就業之最大產出 Y 固定，交易次數 V 亦不易改變，因此物價水準 P 與貨幣供給數量 M 呈正比。所以古典經濟學派認爲以貨幣政策改變貨幣供給數量，只會造成物價波動，而不能改變實質總產出。

二、現金餘額方程式 (cash balance equation)

英國經濟學家馬歇爾（A. Marshall）領導的劍橋（Cambridge）學派所提出，將交易方程式加以修正，強調貨幣除交易外，亦有價值儲藏的功能，又稱爲劍橋方程式：

$M = kPY$

M 是貨幣需求量；P 即物價水準；Y 爲實質總產出（量）；$k = M/PY$ 代表貨幣需求 Md 占名目總所得 PY 之比例，即持有現金餘額的比例。劍橋方程式表示貨幣需求量爲總所得之某一比例 k，在均衡時 $Md = Ms = PY/V$（交易方程式），因此劍橋方程式之 k 等

於交易方程式之 $1/V$，即貨幣需求占總所得之比例與貨幣流通速度呈反比關係；持有現金餘額比例愈高則貨幣流通使用次數愈少，k 值愈高亦代表金融深化程度愈高。短期內持有貨幣之需求習性不易改變，即 k 固定，因此名目貨幣需求量 M 與名目總所得 PY 呈正比。

━━━━━━━━━━━━ ●.動動腦. ◄━━━━

試以持有貨幣需求之動機，說明現金餘額比例 k 的變化，對貨幣使用及劍橋方程式分析的影響。

三、貨幣數量學說 (quantity theory of money)

古典經濟學派的交易方程式中之 V（貨幣流通速度）與現金餘額方程式中之 k（持有現金餘額比例），決定於經濟社會的支付習慣方式、金融市場制度、持有貨幣偏好等因素，短期內不易改變，因此 V 與 k 為定值。

短期內生產資源不易改變，因此充分就業之均衡最大產出（所得）Y 為定值。所以物價水準 P 與貨幣數量 M 呈正比，即物價水準與貨幣數量呈同方向同比例之變動，通貨膨脹率將等於貨幣數量增加率，

1. 貨幣中性 (neutrality of money)

古典經濟學派認為，貨幣數量變動只影響經濟體系的名目變數（絕對物價），薪資可以完全伸縮調整，以維持充分就業狀態，而不能影響實質變數（產出、所得等之相對購買力），因此貨幣對實質經濟活動的影響為中性。寬鬆貨幣政策增加貨幣數量，不能影響實質變數，但物價水準與貨幣供給數量呈同方向同比例變動，即通貨膨脹率等於貨幣數量增加率。

2. 二分論 (dichotomy)

古典經濟學派將經濟體系分為實質部門與貨幣部門，實質部門的經濟活動決定相對購買力，再影響貨幣數量變動及其他實質變數，而不受絕對物價與貨幣數量影響；貨幣部門則影響絕對物價水準。

依據瓦勒斯法則，若其他市場都已達到均衡，貨幣則是最後一（第 n 個）市場，亦為需求等於供給之均衡狀態，不會影響其他部門市場。

━━━━━━━━━━━━ ●.動動腦. ◄━━━━

試以貨幣數量學說，說明以寬鬆貨幣政策救經濟，可能產生之經濟問題與解決之道。

四、貨幣學派 (Monetarism)

美國芝加哥經濟學家傅里曼（M. Friedman）所倡導，強調控制貨幣供給數量的重要性，主張法則性貨幣政策。貨幣學派認為解決經濟問題最好的方法為，政府應堅守固定規則，維持固定的貨幣成長率。

貨幣學派承襲古典學派的基本理論，但認為均衡狀態並非可以立即達成並持續不變，因此應該適度調整市場機能之不足，而非完全放任；貨幣對實質經濟活動的影響短期並非中性，長期則為中性。

1.完全排擠效果 (completed crowding-out effect)

當貨幣流通速度 V 不變，經濟活動的可用資金固定，完全抵消擴張政策提高之所得，因此財政政策完全無效；當貨幣流通速度 V 上升，經濟活動的可用資金略增，部分抵消擴張政策提高之所得，因此財政政策部分有效，稱為不完全排擠效果；當貨幣流通速度 V 下降，經濟活動的可用資金減少，民間部門減少總合需求支出，因此財政政策有負面效果，稱為超額排擠效果。

貨幣學派抨擊以財政政策干預消費、投資、政府支出等總合需求，只會造成物價波動；權衡性貨幣政策隨景氣波動而主動調整貨幣供給數量，可能政策失當誤導經濟活動方向，或政策效果在不適當的時間發生作用，更惡化景氣波動。

2.最適貨幣供給額成長率

貨幣學派主張以法則替代權衡，認為貨幣政策應有其穩定性，只要訂定最適貨幣供給額成長率作為標準。在未達充分就業狀態時，適度增加貨幣數量，人民為減少持有之過多貨幣餘額，將增加消費、投資等支出需求，刺激就業、產出、所得、物價上升，造成經濟短期波動，但調整後可以達到新的均衡狀態。

以最適貨幣供給額成長率作為法則，支應物價上漲並配合經濟成長的貨幣需求，調整短期經濟活動使其趨向充分就業狀態；長期達到充分就業後，最大產出（所得）即固定，繼續改變貨幣供給數量，只會造成物價波動，而不能改變實質總產出；因此通貨膨脹是一種貨幣現象，由多數貨幣追逐有限產品所造成，貨幣以外因素只會造成物價短暫波動，而不會造成長期通貨膨脹。

依循法則政策訂定固定貨幣供給額成長率，短期調整不致於反而成為惡化景氣波動之亂源。最適貨幣成長率亦未能精確估算掌握，在實務施行時，央行多採取貨幣成長率上下限作為標準，即容許一定範圍內之目標區間。

五、現代貨幣數量學說

貨幣學派承認凱因斯流動性偏好理論，認為貨幣需求會受到利率、財富、預期通貨膨脹率等因素所影響，但與所得的相關性最大，在自動達成充分就業之固定所得下，貨幣需求函數仍十分穩定。

古典經濟學派貨幣數量學說中的貨幣流通速度 V 與持有現金餘額比例 k，雖非完全固定之常數，但變化不大且可以預測。因此貨幣數量變動調整短期經濟活動，可以略為改變實質所得，使其趨向充分就業狀態之最大產出，但長期（均衡狀態）主要影響還是在物價水準的波動。貨幣數量增加使市場利率下降且名目所得增加，導致各種資產與財貨勞務購買增加而價格上漲，當過多貨幣追逐少數商品，即發生通貨膨脹。

六、貨幣供給法則

貨幣數量成長率的穩定，是經濟穩定成長的關鍵。貨幣學派主張，只要將貨幣數量維持在一適度穩定的成長率，即可確保經濟穩定成長，且不會導致物價水準大幅波動。

企圖以權衡性擴張政策降低失業率至自然失業率以下，長期只會造成通貨膨脹，工資上升反而提高失業率，所得減少而不能改變實質總產出。

1. 實質貨幣需求 (Md/P)

實質貨幣（M/P）強調貨幣的實質購買力，而非名目貨幣數量。閒置資金的機會成本提高，將降低持有貨幣的需求；而換取貨幣之交易成本提高，將增加持有貨幣的需求。

貨幣學派傅里曼認為，物價水準上漲將使交易金額提高，增加名目貨幣需求；但通貨膨脹使貨幣之實質價值（購買力）降低，人民將持有的貨幣轉換成其他資產，而減少持有實質貨幣需求。主張應衡量恆常平均所得以規劃平均消費水準，因此貨幣需求穩定。

2. 費雪效果 (Fisher effect)

預期通貨膨脹率上升將提高名目利率。

名目利率＝實質利率＋預期通貨膨脹率

為補貼資金供給者承擔額外風險所給付的利率補償，通貨膨脹風險愈高則貼水愈高，因此名目利率愈高，反之則低。因貨幣的實際購買力降低，若貨幣的名目所得（利率）未增加或增幅較小，代表實質總所得減少，又稱為購買力風險。貨幣學派傅里曼認為，名目利率會有波動，但實質利率則長期維持穩定。

 經濟視野 ❸

美國推動金融改革

美國總統歐巴馬推動自 1930 年代經濟大蕭條以來的最大規模金融改革，政府計畫成立保護消費者的金融監管機構、重新擬議分拆倒閉金融公司的程序，並管制掀起金融風暴的衍生性商品市場。內容包括：建立機制以清算破產的大型金融機構，往後「大到不能倒」的企業再面臨倒閉危機，將不再用納稅人的血汗錢紓困；抑制浮濫借貸，尤其是房貸業；設立「金融穩定監督委員會」，以即時偵知金融體系的威脅。

 綜合範例

若已知台灣的貨幣供給為 1.5 兆新台幣，實質 GDP 為 4 兆新台幣，而 GDP 平減指數為 1.5，則貨幣的所得流通速度為？

 詳交易方程式。

解析

解釋貨幣數量與物價水準的關係：$MV = PY$

M 是貨幣供給數量；P 即物價水準；Y 為實質總產出（量）；V 為貨幣流通速度，貨幣在一定期間內之平均轉換使用次數 $V = PY/M$，代表交易總額 PY 使用貨幣供給數量 M，此一貨幣數量須週轉之次數。

$M \times V = 1.5$ 兆新台幣 $\times V = P \times Y = 1.5 \times 4$ 兆新台幣，得貨幣的所得流通速度 $V = 4$。

全球央行貨幣戰爭的影響

全球金融海嘯迄今，歐美各國政府紛紛採行寬鬆貨幣政策，原本希望提供其國內企業與消費者充足資金，藉以加速投資，增加消費，促使經濟及早復甦。然而在全球化資本無國界的實境下，寬鬆資金被用於炒作黃金、原油、大宗物資小麥、玉米、棉花等，反而造成各國的停滯性通貨膨脹。

當歐美日等經濟大國無力解決結構性問題時，量化寬鬆貨幣政策的乘數效果自然就會大打折扣，全球成長趨緩的問題不是單靠貨幣政策就能夠解決的。2007年迄今日本企業流動性資產規模暴增75%至2.8兆美元，標準普爾五百大企業總計持有約9千億美元的現金較2008年成長40%，美國貨幣流通速度（名目GDP除以M2貨幣供給）創逾50年新低。美國聯準會（FED）的量化寬鬆貨幣政策固然讓美國家庭消費力維持水準，2010年以來美國零售銷售額年增率始終呈現正值，但企業資本支出年增率卻是由正轉負。

在2008年的金融風暴後，中國是第一個掀起貨幣大戰的國家，當時在貨幣寬鬆政策下，同時做了許多建設，因此受惠的是原物料。日本景氣受到中國等海外經濟成長減速的影響前景不明，為了提振景氣，進一步採取寬鬆貨幣政策，追加挹注十兆日圓（約台幣三兆七千億元）到金融市場，即資產收購資金總額增加十兆，達八十兆日圓（約廿九兆七千億元），全球央行的貨幣戰爭在日本再度出招後將延續下去。

國內利率低廉，加上金融市場頭寸寬鬆，有助企業取得便宜資金，不少財務操作靈活的企業，趁機發行年期較長的公司債，其中又以信評優等生台積電、台電、台塑、統一等企業最為積極，企業累計發行3,589.5億元的公司債，全年公司債發行量上看4,000億元，有機會再創歷史新高。國內金融機構滿手現金，急需去化資金管道，大型企業標售債券，得標利率皆能維持偏低水準。

試以經濟學分析，思考以下問題：
1. 以現代貨幣數量學說，說明寬鬆貨幣政策的影響。
2. 以貨幣中性的定義，說明寬鬆貨幣的效果。
3. 以市場法則，說明資金供給對商品市場、貨幣市場、勞動市場的影響。

（　　） 1. 劍橋方程式（Cambridge equation）所討論的名目貨幣需求不包含下列那一種動機？　(A) 交易動機　(B) 預防動機　(C) 投機動機　(D) 以上三動機皆包含。

（　　） 2. 根據貨幣數量學說，若貨幣流通速度不變，所得增加 10％，貨幣供給增加 10％，則物價　(A) 約上漲 10％　(B) 約上漲 20％　(C) 約上漲 1％　(D) 大致不變。

（　　） 3. 所謂貨幣中立性（neutrality）是指貨幣供給變動時　(A) 只引起物價變動，對利率不影響　(B) 只引起物價的變動，但對實質產出不影響　(C) 只引起實質產出的變動，但對物價不影響　(D) 只引起實質產出的變動，但對利率不影響。

（　　） 4. 根據古典的貨幣數量學說，貨幣供給額增加 10％則　(A) 名目所得減少 10％　(B) 實質所得增加 10％　(C) 物價上漲 10％　(D) 實質所得與物價都上漲 10％。

（　　） 5. 根據貨幣數量理論的推論，增加貨幣供給會導致　(A) 失業率增加　(B) 貨幣流通速度等比例上升　(C) 產出水準等比例增加　(D) 物價呈等比例上升。

（　　） 6. 根據貨幣數量學說的看法，當貨幣供給量增加 10％時　(A) 物價水準也會增加 10％　(B) 物價水準會降低 10％　(C) 利率水準降低的幅度會小於 10％　(D) 物價水準上升的幅度低於 10％。

（　　） 7. 所謂貨幣中立性（neutrality）是指貨幣供給變動時　(A) 對於物價及實質產出均不影響　(B) 只引起物價的變動，但對實質產出不發生作用　(C) 只引起實質產出的變動，但對物價不影響　(D) 對於實質產出及利率均不影響。

（　　） 8. 長期而言，物價變動主要受到那項因素的影響？　(A) 失業率　(B) 貨幣供給成長率　(C) 名目利率水準　(D) 實質利率水準。

（　　） 9. 貨幣中立性 (neutrality) 說明的是，在長期的情形下，貨幣供給增加　(A) 只會影響產出，不影響物價　(B) 只會影響物價，不影響產出　(C) 同時影響產出與物價　(D) 不影響產出，也不影響物價。

（　　）10. 根據劍橋現金餘額方程式（Cambridge cash balance equation），實質國民所得等於 1000，貨幣數量等於 500，物價等於 2，則貨幣的所得流通速度等於　(A)1　(B)2　(C)3　(D)4。

25

所得支出均衡

學習導引：凱因斯與《就業、利息與貨幣的一般理論》

經濟視野❶ 經濟大恐慌（Great Depression）

經濟視野❷ 擴大內需（expansion of domestic demand）

經濟視野❸ 軟著陸（soft landing）

活用經濟實務：歐洲樽節措施陷入兩難

英國經濟學家約翰·梅納德·凱因斯（John Maynard Keynes），最卓越的成就是他在總體經濟學上的貢獻，主張政府應積極扮演經濟舵手的角色，透過財政與貨幣政策來對抗景氣衰退。凱因斯的思想也成為 1920 年代至 1930 年代世界性經濟蕭條時的有效對策，構築起 1950 年代至 1960 年代許多資本主義社會繁榮期的政策思維，因而稱為「凱因斯學派」，並衍生數個支系，其影響力持續至今。凱因斯是個成功的投資家，可謂是理論與應用兼具的經濟學家典範，十分善於言辭，其文筆也很出色。

【凱因斯】

1936 年發表的《就業、利息與貨幣的一般理論》引起了經濟學的革命，這部作品使人們對經濟學和政權在社會生活中的作用產生了深遠的影響，發展了關於生產和就業水平的一般理論。他認為單純的價格機制無法解決失業問題，建立了流動性偏好傾向基礎上的貨幣理論，他的這些思想為政府干涉經濟，以擺脫經濟蕭條和防止經濟過熱提供了理論依據，創立了總體經濟學的基本思想。

➡️ 預習思考

☆ 試以出口 (X) 與進口 (M) 之總注入與總漏出均衡分析，說明國際經濟不景氣，以及加入 WTO 開放市場，對國內經濟活動與國民所得的影響。

☆ 試以緊縮缺口的意義與形成原因，說明經濟不景氣時，政府應採行擴張性政策的理由，及對經濟活動影響之變化情形。

☆ 試以膨脹缺口的意義與形成原因，說明通貨膨脹時，政府應採行緊縮性政策的理由，及對經濟活動影響之變化情形。

25-1　凱因斯革命

一、新經濟學 (New Economics)

　　英國經濟學家凱因斯（J. M. Keynes）於1936年發表「就業、利息及貨幣的一般理論」（The General Theory），提出新的經濟理論架構，經其追隨者發揚光大，成為凱因斯學派。

　　西方社會自1770年代工業革命之後，經濟長期持續繁榮，古典經濟學派的自動穩定均衡狀態得到驗證支持，但1930年代發生經濟大恐慌，陷入長期大量失業與國民所得降低之經濟蕭條狀態，古典經濟學派主張市場機能自動調整，可以維持充分就業狀態的理論開始受到質疑。

　　凱因斯認為經濟大蕭條發生的原因是社會之有效需求不足，凱因斯學派因此崛起，主張政府應該積極採取政策改變總合需求，以有效派用資源，改善所得與就業水準，而非自由放任市場機能自動調整，又稱為需求面經濟學。

二、凱因斯法則 (Keynes's law)

　　凱因斯認為古典學派賽伊法則「供給創造其本身的需求」與事實不符，而另主張「需求創造其本身的供給」。

　　當總合需求支出不足，商品銷售減少則生產供給必須減少，造成就業機會減少即失業增加；當總合需求支出旺盛，則刺激生產供給增加，就業機會增加即失業減少；若生產供給增加不足，將造成通貨膨脹之過熱現象，因此充分就業只是可能的結果之一，而非必然達成持續的狀態。

三、水平總合供給線

　　現實經濟社會並非完全競爭，勞資雙方都有壟斷性組織，以維護其基本生活與成本，薪資與物價水準不能完全伸縮調整以維持充分就業狀態，短期內價格水準不受 GDP 變動影響；為維護基本生活與成本，薪資與物價水準不能完全伸縮調整，因此總合供給線固定於某一特定物價水準呈水平線，即價格僵固性。

四、有效需求 (effective demand)

　　需求擴張可以有效改善經濟問題。景氣蕭條資源閒置時，充分就業尚未達成，總產出（所得）決定於總合需求，包括消費、投資、政府支出等總體經濟活動的支出面。政

府應該積極採取政策改變總合需求，因生產成本未變不須調高物價，增加利用閒置資源可以提高總產出，改善所得與就業水準，而非自由放任市場機能自動調整。

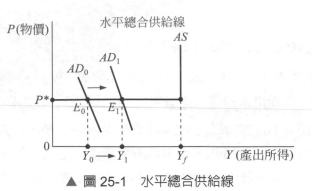

▲ 圖 25-1　水平總合供給線

五、需求面經濟學 (demand-side economics)

　　凱因斯認為，受到勞動契約限制，貨幣名目薪資具有僵固性，當最低工資高於市場均衡工資，將造成勞動市場超額供給，亦即失業問題，無法使工資率下降進行調整，而繼續維持勞動市場失衡狀態；必須增加勞動需求，使整條勞動需求線位移形成新均衡（如圖 25-1）。

　　充分就業尚未達成時，產能過剩存貨增加，物價降低至最低成本水準，即價格僵固性；降低投資意願與勞動需求，使社會資本閒置，所得與就業水準不能完全伸縮自動調整至充分就業，因此總合供給線固定於某一特定物價水準呈水平線，總產出（所得）決定於總合需求；政府隨景氣波動而主動調整公共收入與支出預算變動，以功能性財政引導總體經濟活動，達到理想的健全經濟成長目標。

試以總支出與總產出均衡的調整過程，說明「產能利用率降低」的理由，及對經濟活動影響之變化情形。

六、貨幣幻覺 (money illusion)

　　古典學派美國經濟學家費雪（I. Fisher）提出，認為以貨幣政策改變貨幣供給數量，只會造成物價波動，而不能改變實質總產出；一般人只看到貨幣的名目數值，而忽略貨幣的實質單位價值，決策時受名目貨幣總值影響，卻不受物價波動對貨幣實質購買力（實質所得）的影響，即具有貨幣幻覺。

古典經濟學派認為，名目變數的絕對物價與薪資水準可以完全伸縮調整，而不能影響實質變數之相對購買力（w/p 不變），因此貨幣對實質經濟活動的影響為中性。

　　凱因斯學派認為，勞工對勞動供給與名目工資不受商品物價下跌影響，即不因實質工資改變決策，具有貨幣幻覺；廠商對勞動需求與名目工資受商品物價下跌影響，即因實質工資（w/p）上漲改變決策（勞動需求減少），不具有貨幣幻覺；名目工資向下僵固造成失業，因勞資雙方對一般物價的資訊不對稱所致。

　　當商品需求減少而價格下跌，則勞動引申需求減少，勞動需求線向左下方位移（$D_1 \rightarrow D_2$）；受最低基本工資率限制而名目工資不能下跌，造成勞動市場超額供給（不均衡），造成勞動供給者想找工作卻找不到工作的失業問題（如圖 25-2）。

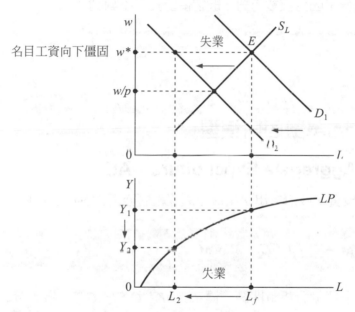

▲ 圖 25-2　目工資向下僵固造成失業

 經濟視野 ❶

經濟大恐慌（Great Depression）

　　1929 年至 1933 年之間全球性的經濟大衰退，經濟大恐慌的影響比歷史上任何一次經濟衰退都要來得深遠。這次經濟蕭條是以農產品價格下跌為起點，農業衰退由於金融的大崩潰而進一步惡化，隨後在 1929 年 10 月發生了令人恐慌的華爾街股市暴跌。

　　持續了四年的經濟大恐慌，很快從美國蔓延到其他工業國家，各國為維護本國利益，加強了貿易保護的措施和手段，進一步加劇惡化世界經濟形勢，這是第二次世界大戰爆發的一個重要根源。

 綜合範例

說明以下有關貨幣幻覺的論述何項正確？　(A) 貨幣幻覺是因勞資雙方對一般物價的資訊不對稱所致　(B) 貨幣幻覺導致 AD 線呈下斜形狀　(C) 貨幣幻覺導致 AS 線呈下斜形狀　(D) 貨幣幻覺是種長期現象。

Tip 詳貨幣幻覺。

解析

(A) 貨幣幻覺是因勞資雙方對一般物價的資訊不對稱所致。

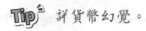 **25-2　簡單凱因斯模型**

一、總支出 (Aggregate Expenditure：AE)

包括消費、投資、政府支出、出口淨額等總體經濟活動的支出面。

$$AE = Ea + eY = C + I + G + X - M$$

凱因斯的基本理論分析封閉經濟體系（$AE = C + I + G$），後人分析開放經濟體系，國際貿易為總體經濟活動的一部分，即出口淨額（$X - M$）亦是總體經濟活動總支出的一部分。

1. 自發性支出 (autonomous expenditure：Ea)

不受總產出（所得）大小影響的基本支出水準，亦即當總所得為 0 時，為維持基本生活所須的最低支出額。與總所得無關，但與其他因素有關，受到主觀偏好、生活習性、政策制度、物價水準、未來預期、信用利率等所得以外之因素影響而改變。

圖形上 Ea 為總支出線與縱軸之截距，代表總所得為 0 時的總支出，當受到所得以外之因素影響而改變時，Ea 向上（增加）下（減少）移動；所得以外之因素不變時則 Ea 固定。

2.誘發性 (induced) 支出

隨總所得的增加而增加的總支出，總所得乘以總支出增加率（總支出線斜率 e）即是誘發性支出額，意指受到所得增加所誘發增加的支出，即總支出扣除自發性支出後之部分。

二、總支出與總產出均衡

圖形上之 $45°$ 線代表 $AE = Y$，為假設總所得等於總支出的參考線，可視之為所得（產出）線，所得線與支出線交叉表示實現總所得等於計畫總支出（$Y^* = AE$），交叉點 (E) 為均衡點。

所得會計帳代表實現總產出，依主客觀因素規劃的經濟活動意願則是事前計畫（planned；p）總支出，計畫總支出不等於實現總產出時，會造成非計畫存貨變化之非均衡狀態，藉由調整投資、消費等經濟活動達到均衡，使計畫總支出等於實現總產出。

如圖 25-3，E 點左方之計畫支出線高於所得線，$AE > Y$ 表示計畫總支出大於總產出（所得），總產出不足（Y_1）使非計畫存貨減少，因此廠商擴充生產（投資增加），增加要素雇用使就業與所得水準提高（消費增加），沿線向右（產出增加）上（支出增加）至 $AE^* = Y^*$ 之交叉點 E 為均衡。如果計畫的總需求大於實際的總產出，則存貨減少，國民生產毛額增加。

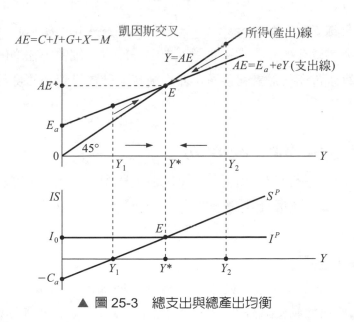

▲ 圖 25-3　總支出與總產出均衡

　　E 點右方之計畫支出線低於所得線，$AE < Y$ 表示總支出小於總產出（所得），總產出過剩（Y_2）使非計畫存貨增加，因此廠商縮減生產（投資減少），減少要素雇用使所得與就業水準降低

　　（消費減少），沿線向左（產出減少）下（支出減少）至 $AE^* = Y^*$ 之交叉點 E 為均衡。

　　支出線斜率必須小於一，才能與 45° 產出線交叉，非均衡調整時，逐漸收斂至 $AE^* = Y^*$ 之交叉點 E 為均衡，即安定體系。

三、凱因斯交叉 (Keynesian cross)

　　$AE^* = Y^*$ 之交叉點 E 代表總支出（需求）與總產出（供給）均衡，代表 GDP 之生產面、所得面與支出面的生產毛額相等。

　　總支出與總產出（所得）均衡是理想的穩定狀態，定義為計畫總合支出等於總合產出。當實現的總產出（所得）發生不足或過剩現象，造成非計畫預期之存貨變化，計畫儲蓄（S^p）與計畫投資（I^p）不相等，透過投資、消費等經濟活動的調整，達到均衡所得，使實現總支出等於實現總產出。在均衡所得時，計畫儲蓄（S^p）與計畫投資（I^p）相等，並等於實現儲蓄與實現投資，沒有非計畫之存貨變化，非預期的投資為零，即均衡的穩定狀態，總需求等於產出。

　　假設短期內計畫投資固定不變，水平投資線 $I = I_0$；隨可支配所得的增加而計劃儲蓄漸增，正斜率儲蓄線 $S = -Ca + mps \times Y$。投資包含存貨變化，所以計畫投資等於實現投資，但隨可支配所得變化的計畫儲蓄意願則未必等於實現儲蓄，在均衡時，計畫投資等於實現投資等於實現儲蓄等於計畫儲蓄；非均衡時，計畫投資等於實現投資不等於計畫儲蓄。

四、浴缸定理 (bathtub theorem)

　　以浴缸內水量代表總產出（所得），當總注入與總漏出相等，總水量（所得）維持均衡狀態；若總注入大於總漏出則總水量（所得）增加，總注入小於總漏出則總水量（所得水準）降低。

1. 總注入與總漏出均衡

　　經濟活動支出需求增加引發產出（所得）增加，稱為所得與就業水準的注入（injection），經濟活動支出需求減少引發產出（所得）減少，稱為所得與就業水準的漏出（leakage），當總注入與總漏出相等，才能達到均衡所得，即實際總支出等於實際總產出的均衡狀態。

所得水準是總支出與總產出（所得）均衡模型的內生變數，沿支出線與所得線調整至 $AE^* = Y^*$ 之交叉點 E，代表總支出與總產出均衡，總注入與總漏出均衡。

儲蓄（S）與投資（I）受利率及所得水準的影響，稅收（T）與政府活動（G）受政策及所得水準的影響，出口（X）與進口（M）受兩國相對物價、貿易及所得水準的影響。所得水準以外之其他因素為外生變數，影響自發性支出改變，即 Ea 向上（增加）下（減少）移動，支出線移動造成交叉點 E 改變，須調整至新的均衡。

2. 儲蓄與投資

所得用於經濟活動為支出，剩餘未動支部分稱為儲蓄。儲蓄（S）使總支出減少，為降低所得與就業水準的漏出項；透過金融市場將儲蓄資金用於投資活動，投資（I）使總支出增加，為提高所得與就業水準的注入項。均衡總產出（所得）$Y = C + S = C + I$，因此均衡時 $I = S$，即總注入與總漏出相等。

3. 稅收與政府支出

政府稅收（T）使民間支出減少，為降低所得與就業水準的漏出項；透過財政政策將稅收資金用於政府活動（G）與公共建設（I），使總支出增加，為提高所得與就業水準的注入項。均衡總產出（所得）$Y = C + S + T = C + I + G$，因此均衡時 $I + G = S + T$，即總注入與總漏出相等。

➤ ‧動動腦‧ ◀

試以儲蓄（S）與投資（I）之總注入與總漏出均衡分析，說明若發生本土金融風暴，對經濟活動與國民所得的影響。

4. 出口與進口

出口（X）代表外國需求支出用於購買我國商品，增加我國生產活動，使總體經濟活動的總支出增加，為提高所得與就業水準的注入項；進口（M）代表我國需求支出用於購買外國商品，減少我國生產活動，使總體經濟活動的總支出減少，為降低所得與就業水準的漏出項。均衡總產出（所得）$Y = C + I + G + X - M = C + S + T$，因此均衡時 $I + G + X = S + T + M$，即總注入與總漏出相等。

 經濟視野 ❷

擴大內需（expansion of domestic demand）

擴大某經濟體內部的需求，通過發行國債等積極財政貨幣政策，啓動投資市場，通過信貸等經濟槓桿，啓動消費市場以拉動經濟增長。

擴大國內投資、消費、政府支出的總和，其中家庭消費占有最重要的地位。因為投資可能過剩也可能不足、政府的支出也會隨著經濟狀況發生較大波動，而家庭消費總體來說比較平穩，家庭消費的穩定增長對擴大內需具有最重要的意義。但家庭消費能力受到家庭收入的制約，當前家庭收入主要是勞動報酬。

 綜合範例

假設消費函數為 $C = -100 + 0.8(1-t)Y$，又設稅率為 $t = 0.2$，投資數額為 $I = 200$，政府支出為 $G = 800$。則這個經濟均衡狀態的 $GNP = $？可支配所得 $(DI) = $？民間儲蓄 $(S) = $？

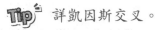 詳凱因斯交叉。

解析

$AE = C + I + G = -100 + 0.8(1-0.2)Y + 200 + 800 = Y$，

則 $0.36Y = 900$，得 $Y = 2500$，$C = -100 + 0.8(1-0.2)Y = 1500$

可支配所得 $(DI) = (1-0.2)Y = 2000$，民間儲蓄 $(S) = DI - C = 500$

因此，GNP = \$2,500，可支配所得 = \$200，民間儲蓄 = \$500

25-3 乘數與缺口

一、乘數效果 (multiplier effect)

自發性支出改變，即支出線移動造成交叉點 E 改變，須調整至新的均衡所得，達到新的總支出與總產出均衡。新的均衡所得變動與自發性支出變動同方向且幅度更大，亦即 $\Delta Y > \Delta E_a$。

> 所得乘數 $= \Delta Y / \Delta E_a > 1$

圖 25-4 上之自發性支出由 Ea_0 增加至 Ea_1，變動量 ΔE_a；支出線移動造成交叉點 E 改變（$E_0 \rightarrow E_1$），均衡所得由 Y_0 增加至 Y_1，變動量 ΔY。45° 等腰三角形中，$E_0 b = \Delta Y = bE_1 > cE_1 = \Delta E_a$，即 $\Delta Y > \Delta E_a$，顯示自發性支出變動導致均衡所得倍數同方向變動，此一倍數即是所得乘數，此一現象稱為乘數效果。自發性支出增加表示經濟活動增加，導致總產出（所得）增加，再引發隨總所得增加而增加的誘發性支出增加，導致總產出（所得）進一步增加，最後新的均衡所得變動與原先自發性支出變動同方向且幅度更大。

任何所得以外之因素影響改變消費、投資、政府支出、出口淨額等需求支出，皆會造成自發性支出改變，即支出線移動引發所得乘數效果，導致均衡所得倍數同方向變動。

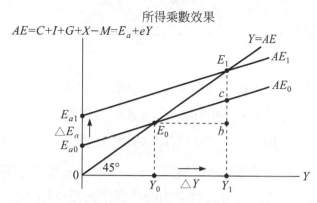

▲ 圖 25-4 所得乘數效果的形成過程

二、影響乘數效果之因素

　　政府政策具獨立性，出口變化受外國所得水準的影響較大，所以通常不考慮隨國內所得增加而增加的誘發性政府支出及出口，即自發性政府支出及出口增加（ΔE_a），可以誘發消費、投資等經濟活動，具有所得乘數效果（$\Delta Y = \Delta E_a \times$ 乘數），但不影響乘數大小。

　　儲蓄、稅收、進口等漏出項，即總需求支出減少則導致所得乘數減少，乘數效果因過程中發生所得漏出而打了折扣，致總所得增加幅度減少。

　　國內生產毛額 $(GDP；Y)$＝經濟活動成本（總支出）

　　$= AE = E_a + eY = C + I + G + X - M$

　　$= Ca + \text{mpc} \times (Y - Y \times t) + I_a + \text{mpi} \times Y + G_a + X_a - (M_a + \text{mpm} \times Y)$

　　$= (C_a + I_a + G_a + X_a - M_a) + \text{mpc} \times (1 - t)Y + \text{mpi} \times Y - \text{mpm} \times Y$

　　$Ea = (C_a + I_a + G_a + X_a - M_a) = $ 自發性總支出

　　$e = \text{mpc} \times (1 - t) + \text{mpi} - \text{mpm} = $ 總支出線斜率 = 邊際總支出傾向

$$\text{所得乘數} = 1/(1 - e) = 1/[1 - mpc \times (1 - t) - mpi + mpm]$$

　　試以乘數效果的意義與形成原因，說明獎勵投資與出口擴張，對經濟活動與國民所得的影響。

1. 民間消費效果

　　總支出中以民間消費活動受所得水準的影響最大，假設其他經濟活動支出皆為自發性，總支出函數可表示為 $AE = E_a + cY$，$c = $ 邊際消費傾向 $\text{mpc} = \Delta C / \Delta Y = $ 支出線斜率，表示在增加的所得中可以用來增加消費支出的比例。

　　任何所得以外之因素影響造成自發性支出增加 ΔE_a，表示經濟活動增加，導致總產出所得增加 $\Delta Y_1 = \Delta E_a$，再引發增加的誘發性消費支出 $\Delta Y_1 \times c = \Delta E_a \times c$，導致總產出（所得）進一步增加 $\Delta Y_2 = \Delta E_a \times c$，再引發增加的誘發性消費支出 $= \Delta Y_2 \times c = \Delta E_a \times c_2 = \Delta Y_3 = $ 所得增加，以此類推至最後新的均衡所得增加 $\Delta Y = \Delta Y_1 + \Delta Y_2 + \Delta Y_3 + \cdots = \Delta E_a \times (1 + c + c_2 + \cdots) = \Delta E_a \times 1/(1 - c)$，表示自發性支出改變 ΔE_a，導致總所得改變 $1/(1 - c)$ 倍。

當增加自發性消費、投資、政府支出、出口等提高所得與就業水準的注入項，即增加總需求支出，可以導致增加總所得 $1/(1-c)$ 倍，分別稱為消費、投資、政策、出口之所得乘數效果。邊際消費傾向 mpc 愈高則引發增加的誘發性消費支出愈大，導致總所得增加幅度愈大，即所得乘數愈大。

2. 平衡預算乘數 (balanced budget multiplier)

當政府支出與課稅收入等量增減時，將引起所得水準亦等量增減，稱為預算平衡乘數效果。

> 平衡預算乘數－1

政府支出增加 ΔG，所得乘數 $= 1/(1-c)$，導致總所得增加 $\Delta Y = \Delta G/(1-c)$；稅收淨額增加 ΔT 導致消費支出減少 $c\Delta T$，總所得減少 $\Delta Y = c\Delta T/(1-c)$，因此淨所得增加 $\Delta Y = (\Delta G - c\Delta T)/(1-c)$，預算平衡時 $\Delta T = \Delta G$，得 $\Delta Y = \Delta G$，即政府支出與課稅收入等量增減 ΔG 時，將引起均衡所得水準亦等量增減 ΔG。

3. 投資效果

所得增加可以誘發廠商增加投資擴充產能，邊際投資傾向 $mpi = \Delta I / \Delta Y = i$，表示在增加的所得中可以用來增加投資支出的比例，亦即投資支出增加率。自發性支出增加 ΔE_a，導致總所得增加 $\Delta Y_1 = \Delta E_a$，再引發增加的總誘發性支出（包括消費及投資）$= \Delta E_a \times (c+i)$，即增加投資支出 i，所得水準注入 i，對乘數效果有加強作用，因此所得乘數增加為 $1/[1-(c+i)]$ 倍，$(c+i) =$ 支出線斜率 $> c$。

4. 儲蓄效果

邊際儲蓄傾向 mps $= 1 -$ mpc $= s$，是每變動一單位所得所誘發的儲蓄變動量，儲蓄（S）使總支出減少，mps 愈高則引發增加的誘發性消費支出 mpc 愈小，導致總所得增加幅度愈小，即所得乘數 $1/(1-c)$ 愈小。

5. 課稅效果

若政府稅收隨總所得增加而增加，其所得比例稅率 $= t$，總支出函數可表示為 $AE = Ea + c(Y - tY)$，$c =$ 邊際消費傾向 mpc。自發性支出增加 ΔEa，導致總所得增加 $\Delta Y_1 = \Delta Ea$，再引發增加的誘發性消費支出 $= \Delta Y_1 \times (1-t) \times c$；即所得比例稅率 t 使誘發性消費支出減少 ct，所得水準漏出 ct；$c(1-t) =$ 支出線斜率 $< c$，即總所得增加幅度較小。

> 所得乘數 $= 1/[1 - c(1 - t)]$

若政府增加稅收爲定額稅（ΔT），總支出函數可表示爲 $AE = E_a + c(Y-T) = (E_a - cT) + cY$。增加定額稅（$\Delta T$）使自發性支出減少 $c\Delta T$，導致總所得減少 $\Delta Y_1 = c\Delta T$，再引發誘發性消費支出減少 $= \Delta Y_1 \times \Delta T \times c$，最後新的均衡所得減少 $= \Delta T \times c(1 + c + c2 + \cdots) = \Delta T \times (c/1-c)$。

所得乘數 $= -c/(1-c)$

6.進口效果

若增加的所得用於消費支出購買外國商品，m 是每變動一單位所得所誘發的進口變動量＝邊際進口傾向 mpm。

自發性支出增加 ΔEa，導致總所得增加 $\Delta Y_1 = \Delta E_a$，再引發增加的我國國內誘發性消費支出 $\Delta C = \Delta Y_1 \times (c-m) = \Delta E_a \times (c-m) = \Delta Y_2 =$ 國內生產毛額（所得）增加；即減少支出消費國內商品 m，所得水準漏出 m，國內商品的邊際消費傾向 $c-m$，因此所得乘數減少爲 $1/[1-(c-m)]$ 倍；$(c-m) =$ 支出線斜率 $< c$，即總所得增加幅度較小，所以開放經濟體系的進口效果使所得乘數較小。

三、節儉矛盾 (paradox of thrift)

自發性支出減少導致均衡所得呈倍數減少的現象。任何所得以外之因素影響造成自發性支出減少 ΔEa，表示消費、投資等經濟活動減少導致總產出所得減少；當 ΔEa 爲負，則 ΔY 亦爲負且幅度更大。

節儉表示增加儲蓄而減少消費，總支出減少導致總所得減少且幅度更大，結果總儲蓄反而減少，發生矛盾現象。總支出減少導致總產出（所得）減少，再引發隨總所得變動的誘發性支出減少，導致總產出（所得）進一步減少，最後新的均衡所得減少，且比原先自發性支出減少幅度更大。

個人節儉儲蓄累積財富所得，透過金融市場將儲蓄資金用於投資活動，可以累積社會資本並使總支出增加，提高所得與就業水準，未必發生節儉矛盾。但若未透過金融市場將儲蓄資金用於投資活動，儲蓄與投資無關，儲蓄提高不會影響利率，提高所得未能誘發增加消費支出，即社會多數人仍持續節儉儲蓄，將造成產能過剩存貨增加，降低投資意願，需求不足使儲蓄資金與社會資本閒置，引發經濟衰退而失業增加，降低所得與就業水準，發生節儉矛盾現象。

充分就業尚未達成時，節儉而減少總支出會產生節儉矛盾，資源閒置應擴大需求支出，充分利用資源以提高所得與就業水準；充分就業達成時，代表資源飽和，應節儉儲蓄，降低需求支出避免通貨膨脹，並累積社會資本而擴大供給面，提高充分就業之最大產出所得，不會產生節儉矛盾性。

➡ **·動動腦·** ⬅

試以節儉矛盾的意義與形成原因，說明消費信心疲弱與投資意願低落，對經濟活動與國民所得的影響。

四、缺口 (gap)

理想的均衡所得為充分就業之最大產出所得水準，對應適當的總支出水準；現實支出水準與理想支出水準之間的差距，稱為缺口，造成現實所得水準與充分就業所得水準之間的差距，即現實的均衡非充分就業理想狀態，應用於調整經濟活動至理想目標。

1. 緊縮缺口 (deflation gap)

總支出不足導致總產出所得未達充分就業所得水準，圖 25-5 中支出線 AE_1 低於理想支出線 AE^*，對應均衡所得 Y_1 小於充分就業所得 Yf，總支出 AE_1 與理想支出水準 AE^* 之間的差距 $\triangle Ea_1$，即支出不足之差額稱為緊縮缺口，代表經濟活動衰退引發景氣緊縮，即失業率高而所得偏低，又稱為衰退（recession）缺口。

經濟衰退時採取擴張性政策，增加消費、投資、政府支出、出口淨額等支出，自發性支出增加 $\triangle Ea_1$，補足緊縮缺口，至維持充分就業所得所需之理想自發性支出水準 Ea^*，經過乘數效果導致總所得增加 $\triangle Y_1$，至充分就業所得水準 Y_f。緊縮缺口（$\triangle Ea_1$），代表為達到充分就業所得水準 Yf，所需之自發性支出增加量。

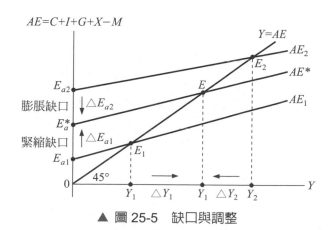

▲ 圖 25-5　缺口與調整

2. 膨脹缺口 (inflation gap)

　　總支出過熱導致名目總產出超過充分就業實質所得水準，即物價水準偏高的通貨膨脹現象。圖 25-5 中支出線 AE_2 高於理想支出線 AE^*，對應均衡名目所得 Y_2 大於充分就業實質所得 Y_f，總支出 AE_2 與理想支出水準 AE^* 之間的差距 ΔEa_2 即支出過多之差額，稱為膨脹缺口，代表總需求支出過熱引發通貨膨脹。

　　經濟過熱時採取緊縮性政策，減少消費、投資、政府支出、出口淨額等支出，自發性支出減少 ΔEa_2，即削除膨脹缺口，至維持充分就業所得所需之理想自發性支出水準 Ea^*，經過負的乘數效果，導致名目總所得減少 ΔY_2，至充分就業實質所得水準 Y_f。膨脹缺口（ΔEa_2），代表為達到實質充分就業所得水準 Yf，所需之自發性支出減少量。

 經濟視野 ❸

軟著陸（soft landing）

　　國民經濟的運行經過一段過度擴張後，平穩地回落到適度增長區間。原是指人造衛星、宇宙飛船、航天飛機等飛行器，利用一定裝置逐漸降低速度，最後不受損壞地降落到指定地區。

　　經濟從擴張轉向收縮的轉折點，比喻為飛機的一個著陸點，如果平穩度過了這個危機階段，就被稱為經濟「軟著陸」；反之被稱作「硬著陸」，就好像一架飛機一頭栽到了地上。投資過多、信用過度擴張和物價飛漲，是經濟危機的先導信號，政府往往採取緊縮信用、壓縮投資等措施，來降溫繁榮中的經濟，經濟平穩滑行一段後就可以重新擴張了。

綜合範例

假設有一包含政府部門的簡單凱因斯模型，$Y = C + I + G$，$Y = C + S + T$，$C = 100 + 0.8(Y - T)$，$I = 100$，$G = 50$，$T = 50$，則均衡所得水準 $Y^* = ?$ 可支配所得 $Y_d = ?$ 投資乘數 $= ?$ 若充分就業所得水準 $Y = 1200$ 時，請問此時有何缺口 $= ?$

 詳緊縮缺口。

解析

$AE^* = Y^*$ 之交叉點 E，代表總支出與總產出均衡，總注入與總漏出均衡。

$Y = C + I + G = C + S + T$，則 $100 + 50 = S + 50$，

得 $S = 100 = -100 + 0.2 Y_d$，則 $0.2 Y_d = 200$，得 $Y_d = 1,000$

$Y_d = Y - T = Y - 50 = 1000$，得 $Y^* = 1,050$

支出所得乘數 $= 1 / (1 - c) = 1 / 0.2 = 5$

總需求支出不足導致總產出所得（1050）未達充分就業所得水準（1200）。

支出不足之差額，代表衰退缺口（ΔE），為達到充分就業所得水準 Y_f，所需之自發性支出增加量。

$\Delta Y = \Delta E \times$ 支出所得乘數 $= 1200 - 1050 = 150$，得 $\Delta E = 150 / 5 = 30$；

緊縮缺口 $= 30$。

○ 活用經濟實務

歐洲樽節措施陷入兩難

自歐債危機發生開始，歐洲國家之間便一直存在著共識，德國取得歐洲央行（ECB）以及國際貨幣基金（IMF）的支援，憑藉其經濟優勢，來援助經濟狀況下滑的國家，但必需採用積極的財政樽節措施，並且同意進行進一步的結構化改革。

法國總統社會黨歐蘭德則認爲德國採用的財政樽節措施過度積極，並希望藉由增加對富人與企業的稅賦，來提升法國在教育方面的支出。他認爲法國有必要降低財政赤字，但他所提出的方法卻與德國所欲採行的方式不同，而且他並不希望採用其他歐盟國家目前正在實施的結構性勞動市場改革。

如果歐洲所實施的樽節措施並未達到效果，卻造成了經濟成長趨緩，許多選民便開始質疑緊縮方案是否眞的是促進長期穩定發展的萬靈丹。在歐洲經濟前景較明朗化之前，歐洲的選民都不會感到滿意，而他們想要的似乎是較爲寬鬆的財政措施，而非更加緊縮的樽節方案。歐洲反樽節的政治力量，將會增加歐洲經濟的不確定性，要脫離困境並再度恢復經濟增長所需的時間就越久。

財政緊縮是過去兩年大西洋兩岸歐美共同追求的目標，如今似乎已開始轉向。在荷蘭政府因削減財政預算爭議而垮台後，德國主張的財政樽節政策，迅速失去盟友的支持，德國的態度開始有所軟化，歐洲央行也希望歐洲達成成長協議並搭配財政協議來施行。樽節措施對於歐洲經濟，尤其是歐洲邊緣國家的經濟成長也造成了相當大的影響。實行樽節措施可以讓這些國家避免因深陷債務危機，不過執行樽節措施則是換取援助資金的先決條件。財政樽節代表政府開支及政府部門就業人數將會出現大幅下滑，雖然能夠改善國家長期的償債能力，但在短期內減少開支卻可能會爲經濟成長帶來負面影響。要大幅改善預算情況，需要多數人繳更多稅金，或接受較少的政府補利或服務。

試以經濟學分析，思考以下問題：

1. 以節儉矛盾的定義，說明樽節措施的影響。
2. 以有效需求的定義，說明成長協議的效果。
3. 以緊縮缺口的定義，說明恢復經濟增長所需的政策。

（　）1. 凱因斯主張影響經濟活動的最主要決定因素為　(A)生產力　(B)有效需求　(C)貨幣數量　(D)利率。

（　）2. 下列關於凱因斯學派與貨幣學派的敘述何者正確？　(A)凱因斯學派相信市場機能可保證充分就業實現　(B)凱因斯學派認為貨幣政策與財政政策都會影響總合需求線　(C)貨幣學派主張政府應以積極態度使用貨幣政策調節景氣　(D)貨幣學派認為貨幣政策目標應釘住利率水準。

（　）3. 下列有關學派的論點，何者正確？　(A)古典學派認為需求管理政策有效　(B)古典學派強調需求創造本身的供給　(C)凱因斯學派認為失業為常態　(D)凱因斯學派認為總合供給線為垂直線。

（　）4. 古典學派和凱因斯學派的總合供給曲線形態不同，主要源於以下那個因素？　(A)兩者對貨幣市場如何決定利率的看法不同　(B)兩者對於總需求變動因素的看法不同　(C)兩者對於貨幣工資調整僵固性的看法不同　(D)兩者對於消費支出之主要決定因素的認定不同。

（　）5. 根據簡單凱因斯模型，政府支出增加，會造成　(A)均衡所得增加　(B)均衡物價上升　(C)失業率上升　(D)國民所得分配不均。

（　）6. 就一封閉經濟體系而言，已知消費函數：$C = 100 + 0.8Y_d$，投資：$I = 200$，政府支出：$G = 300$，淨稅賦函數：$T = 300$；式中，Y_d 為可支配所得。如果總支出函數為：$AE = a + bY$，式中，Y 為實質所得；則 $a = ?$　(A)360　(B)600　(C)240　(D)300。

（　）7. 在簡單凱因斯模型中，均衡條件要求　(A)所得等於消費　(B)貨幣供給等於貨幣需求　(C)事後投資等於儲蓄　(D)預擬投資等於儲蓄。

（　）8. 有一簡單凱因斯模型，經濟體系的總支出函數為：$AE = 200 + 0.75Y$，式中，Y 表實質所得，則均衡所得是多少？　(A)600　(B)800　(C)1000　(D)1200。

（　）9. 假設遭遇到存貨的非預期增加，這證明　(A)商品或服務的需求大於產出水準　(B)商品或服務的需求小於產出水準　(C)商品或服務的需求等於產出水準　(D)商品或服務的需求和產出水準無關。

筆記頁

26

商品貨幣市場均衡

學習導引：漢森與《凱恩斯學說指南》

經濟視野❶ 郵政儲金導入公共建設

經濟視野❷ 熱錢投機？投資？

經濟視野❸ 低利率政策

活用經濟實務：刺激方案能否終結景氣衰退？

阿爾文·漢森（Alvin Hansen,）是當代美國著名的凱恩斯主義經濟學家，在羅斯福實行新政時代，曾任政府經濟顧問。其代表著作有《財政政策與經濟周期》、《貨幣理論與財政政策》、《凱恩斯學說指南》。認為 20 世紀初以來的資本主義經濟是處於長期停滯的階段，實際經濟增長率越來越小於潛在經濟增長率，主張利用國家財政政策來有效地控制停滯，實現充分就業和經濟穩定增長。

【漢森】

認為同時存在私人經濟與社會化公共經濟的混合經濟，市場經濟是基礎，但政府在經濟中的作用越來越重要。他發展了英國經濟學家希克斯提出的 IS-LM 模型，稱為希克斯 - 漢森交叉圖。他與薩繆爾森提出解釋經濟周期的乘數 - 加速原理，又稱為漢森 - 薩繆爾森模型。說明在市場機制自發調節時，由於消費、投資和國民收入之間的相互影響，必然發生經濟周期，而證明國家干預經濟的必要性。

主張經濟停滯不是自動調節的教條所能解決的，辦法是擴大民主政府擔當起維持充分就業的作用。他把美國國會 1946 年通過的就業法案作為經濟計劃的大憲章，把維持充分就業作為聯邦政府的重要職責。認為政府不應把本期的財政收支平衡作為目標，應該是補償性財政政策：在蕭條年份會有赤字，在繁榮年份會有盈餘，因此在長期中仍可以實現財政預算平衡，稱為周期預算平衡論。

➡️ 預習思考

☆ 試以 IS 曲線位移變動，說明我國經濟外熱內冷，即對外出口暢旺，而對內消費低迷、外商撤資，對國民所得之影響。

☆ 試以 LM 曲線位移變動，說明所得及利率以外的因素提高投機貨幣需求，對貨幣市場與經濟活動之影響。

☆ 試以貨幣需求利率彈性與擠入效果的意義與形成原因，說明支出增加對貨幣市場與經濟活動之影響。

26-1 商品市場均衡

一、支出面的生產毛額

　　總合需求包括消費、投資、政府支出、出口淨額等總體經濟活動的支出面，擴張性財政政策增加總合需求支出。以 IS 曲線探討總體經濟之商品市場均衡，並分析利率變動、支出變動與所得變動之相互影響關係。

二、商品市場均衡

　　所得水準是總支出與總產出（所得）均衡模型的內生變數，所得水準以外之其他因素為外生變數，因此利率變動（外生變數）影響自發性支出改變，即 E_a 向上（增加）下（減少）移動。利率下降刺激投資需求增加（$I_0 \rightarrow I_1$），使自發性支出增加（$Ea_0 \rightarrow Ea_1$），總支出增加（$AE_0 \rightarrow AE_1$），而提高均衡總產出（$Y_0 \rightarrow Y_1$）。

　　所得及利率水準是的 IS 曲線內生變數，在其他的因素不變下，市場利率變動引起均衡總產出（所得）量呈反向變動，在圖形上表示 IS 曲線不動，點（$E_0 \rightarrow E_1$）沿原 IS 曲線移動（如圖 26-1）。

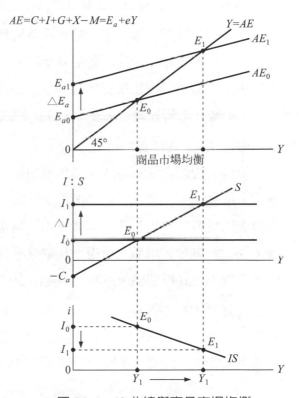

三、IS 曲線

▲ 圖 26-1　IS 曲線與商品市場均衡

　　代表商品市場均衡時 $I = S$，利率下降刺激投資需求增加，使總支出增加而提高均衡總產出（所得），因此商品市場均衡時，所得（Y）變化與市場利率（i）變化呈反向變動關係，形成負斜率之 IS 曲線。商品市場均衡時，當市場利率以外的因素改變，將使每一市場利率所對應的所得與原先不同，在圖形上表示整條 IS 線位移。

1. IS 方程式

　　IS 曲線描述商品市場均衡時，所得（*Y*）變化與市場利率（*i*）變化的關係，利率變化影響投資需求變化，進而導致均衡總產出（所得）變化。商品市場均衡時代表總支出與總產出（所得）均衡，計畫儲蓄與計畫投資相等，並等於實現儲蓄與實現投資，沒有非計畫之存貨變化，即均衡的穩定狀態。

$$Y(\text{所得}) = C(Y - T) + I(i) + G + X - M(Y)$$

　　直接稅 $T = Ta + Y \times t = $ 定額稅＋所得比例稅；稅率＝t 投資需求利率彈性 $v = \Delta I/\Delta i$；邊際進口傾向 mpm $= \Delta M/\Delta Y$ 自發性政府支出 $G = Ga$；自發性出口 $X = Xa$

　　政府政策具獨立性，出口變化受外國所得水準的影響較大，所以通常不考慮隨國內所得、利率變化；民間消費活動受所得水準的影響最大，課稅導致消費支出減少；進口表示所得用於支出購買外國商品，即減少支出購買國內商品，總所得增加幅度減少；利率變化影響投資需求變化，進而導致均衡總產出（所得）變化。

2. *IS* 曲線斜率 $= \Delta i / \Delta Y$

　　邊際消費傾向 mpc 愈大、邊際進口傾向 mpm 愈小、稅率 t 愈小時，代表所得乘數愈大，則 *IS* 曲線斜率愈小（ΔY 相對較大），即 *IS* 曲線愈平坦。因為隨國內所得增加而增加的誘發性所得注入（消費支出）增加，經濟活動支出需求減少的所得漏出（進口及課稅）減少，導致總所得增加幅度愈大，即 ΔY 相對較大。加入外貿部門後的進口效果使 *IS-LM* 模型總所得增加幅度減少（ΔY 相對較小），因此 *IS* 曲線較陡。

　　投資需求利率彈性 $v = \Delta I/\Delta i$ 愈大，則 *IS* 曲線斜率愈小（Δi 相對較小），即 *IS* 曲線愈平坦。因利率彈性 v 愈大代表投資需求對利率變動愈敏感，利率下降刺激投資需求增加愈大，使總支出增加而提高均衡總產出（所得）增加愈大，即 ΔY 相對較大。

　　試以投資需求利率彈性與 *IS* 曲線斜率，說明利率下降對刺激投資需求與總所得的政策效果。

四、正斜率 IS 曲線

當利率下降使總所得減少（利率略回升使總支出大幅減少），或利率上升使總所得增加（利率大幅回升而總支出減少幅度較小），商品市場均衡時，所得（Y）變化與市場利率（i）變化呈同向變動關係，形成正斜率之 IS 曲線。

> 投資支出 $I = I_a - v \times i + mpi \times Y$
> ＝自發性投資＋利率誘發性投資＋所得誘發性投資

所得增加可以誘發廠商增加投資擴充產能，利率下降刺激投資需求增加，使總支出增加而提高均衡總產出（所得），可以增加所得誘發性投資，總所得增加幅度更大。但是總支出增加使資金需求增加而利率上升，投資需求減少使總支出減少而降低均衡總產出（所得）。

 經濟視野 ❶

郵政儲金導入公共建設

經建會規劃將中華郵政轉存金融機構新台幣 2.2 兆儲金，直接放款導入公共建設，不但增加郵政儲金收益，也有助推動地方公共建設，法源依據是「郵政儲金匯兌法」。必須要有允分的配套措施，讓放款風險降到最低，具有償還財源能力、且由中央政府辦理的公共建設，經建會會初步推薦，且要求有明確的償還財源，取代自償率或是擔保品等作法。

綜合範例

假設消費函數為 $C = 200 + 0.5(Y - T)$，投資函數為 $I = 1000 - 200r$，其中 Y 為所得，r 為利率，而政府支出 $G = 300$，政府租稅收入 T 為 200，則 IS 曲線為？IS 曲線斜率為？

 詳 IS 方程式。

 解析

IS 曲線描述商品市場均衡時,所得(Y)變化與市場利率(i)變化的關係。

$Y($ 所得 $) = C(Y - T) + I(i) + G + X - M(Y)$

$Y = 200 + 0.5(Y - 200) + 1000 - 200r + 300$

則 $0.5Y = 1400 - 200r$,得 IS 方程式為 $Y = 2800 - 400r$,斜率為 $-1/400$

 ## 26-2　貨幣市場均衡

一、貨幣市場均衡

　　貨幣供給(M)由央行貨幣政策控制,貨幣市場均衡時 $M^S = M^D$,即貨幣供給與貨幣需求相等。貨幣本身具有完全充分的流動性,對貨幣的流動性資產偏好需求,包括交易(transaction;L_T)動機、預防動機(precautionary;L_P)、投機動機(speculative;L_S)的流動性需求。以 LM 曲線探討總體經濟之貨幣市場均衡,並分析利率變動、貨幣供需變動與所得變動之相互影響關係。

> 貨幣需求 $M^D = LT + LP + LS$

二、LM 曲線

　　代表貨幣市場均衡時 $L(M^D) = M(M^S)$。貨幣供給由央行控制,貨幣政策不變時固定貨幣供給量不變,當所得(Y)水準提高,使貨幣需求增加導致均衡利率上升,因此貨幣市場均衡時,所得(Y)變化與市場利率(i)變化呈同向變動關係,形成正斜率之 LM 曲線。

　　所得及利率水準是 LM 曲線的內生變數,在其他的因素不變下,所得變動引起貨幣需求量呈同向變動,在圖形上表示 LM 曲線不動,點沿原 LM 曲線移動(如圖 26-2)。

　　所得及利率以外影響貨幣供給因素改變,貨幣政策與物價水準為 LM 曲線的外生變數,在圖形上表示整條 LM 線位移。

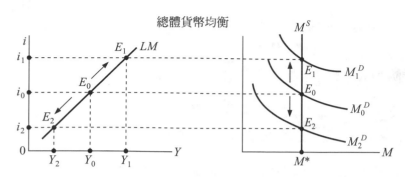

▲ 圖 26-2　LM 曲線與貨幣市場均衡

如圖 26-3，央行採行寬鬆政策增加貨幣供給額（$M_0^S \rightarrow M_0^S$），市場均衡利率下降（$i_0 \rightarrow i_2$），刺激總支出增加而提高均衡總產出所得（$Y_0 \rightarrow Y_2$），形成另一條往右（所得增加）下（利率下跌）方位移的 LM 線（LM_2）；反之央行採行緊縮政策減少貨幣供給額，市場均衡利率上升，導致總支出減少而降低均衡總產出所得，形成另一條往左（所得減少）上（利率上升）方位移的 LM 線（LM_1）。

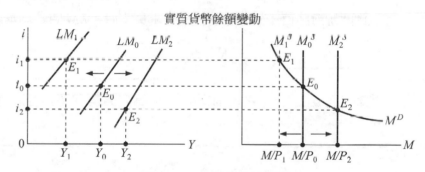

▲ 圖 26-3　實質貨幣餘額變動

貨幣總計代表貨幣存量，以物價水準平減（M/P）稱為實質貨幣餘額，通貨膨脹率高表示貨幣的實際購買力降低，亦即整體實質總所得減少。通貨膨脹代表整體平均物價水準的物價指數不斷升高（$P_0 \rightarrow P_1$），實質貨幣餘額降低（$M_0^S \rightarrow M_1^S$），市場均衡利率上升，形成另一條往左（所得減少）上（利率上升）方位移的 LM 線（LM_1）。

三、LM 方程式

LM 曲線描述貨幣市場均衡時，所得（Y）變化與市場利率（i）變化的關係，所得變化影響貨幣需求變化，進而導致均衡利率變化。

貨幣市場均衡時，代表貨幣供給與貨幣需求相等的穩定狀態。

$$M(M^S) = L(M^D) = LT + LP + LS$$

交易及預防動機之貨幣需求與所得水準呈正相關。

$$L_T + L_P = T_0 + aY，a > 0$$

投機動機之貨幣需求與市場利率水準呈負相關。

$$L_S = S_0 - bi，b > 0$$

四、LM 曲線斜率 = $\triangle i / \triangle Y$

貨幣需求利率彈性 $b = \triangle M^D / \triangle i$ 愈大（$\triangle i$ 相對較小），貨幣需求所得彈性 $a = \triangle MD / \triangle Y$ 愈小（$\triangle Y$ 相對較大），則 LM 曲線斜率愈小，即 LM 曲線愈平坦；反之 LM 曲線斜率愈大，即 LM 曲線愈陡直；對貨幣的投機需求為零時，LM 曲線為垂直。

動動腦

試以貨幣需求所得彈性與 LM 曲線斜率，說明所得提高對貨幣利率與經濟持續成長的影響。

經濟視野 2

熱錢投機？投資？

亞洲開發銀行（ADB）指出，亞洲國家應考慮管制資本，以遏止資本流入殃及經濟與金融體系。國際貨幣基金（IMF）支持對資本流入課稅，藉此阻止部份貨幣漲過頭。

短期資本（熱錢）流入極易產生資產泡沫，一旦泡沫破滅，另一波金融問題將隨之而來。大規模且波動無償的資本流入，會破壞穩定復甦；為對抗潛在的資產泡沫，有必要管理資本移動。央行重申驅趕熱錢的立場及決心，過去東亞國家針對短期資本移動雖有合作經驗，但主要是資訊交換，未來若能擴大到採取實質協調行動，將有助於區域金融穩定。

綜合範例

下列有關政策有效性的敘述，何者正確？ (A) 貨幣需求的利率彈性愈大，貨幣政策的效果愈大 (B) 貨幣需求的利率彈性愈大，則財政政策效果愈大 (C) 投資對利率愈缺乏彈性，貨幣政策效果愈大 (D) 投資對利率彈性愈大，貨幣政策效果愈小。

 詳 LM 曲線斜率 $= \Delta i / \Delta Y$。

解析

貨幣需求利率彈性 $b = \Delta M^D / \Delta i$，因此 (B) 正確

 ## 26-3 IS-LM 分析模型

一、IS-LM 均衡

IS 曲線與 LM 曲線父义點 E 爲總均衡點（$IS = LM$），對應均衡利率水準 i^* 及均衡總產出（所得）Y^*（如圖 26-4），代表商品市場與貨幣市場之間同時達成均衡狀態。以 IS-LM 模型決定均衡利率與均衡所得，並分析貨幣政策（LM 曲線移動）與財政政策（IS 曲線移動）對總體經濟活動的影響及效果。

貨幣市場利率變動影響商品市場之投資需求，而商品市場總產出（所得）變動影響貨幣市場之利率水準，因此均衡利率水準 i^* 及均衡總產出（所得）Y^*，是由商品市場（實質面）與貨幣市場（貨幣面）相互影響，貨幣政策與財政政策亦相互影響，不能單獨決定均衡利率水準 i^* 及均衡總產出（所得）Y^*。

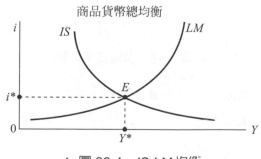

▲ 圖 26-4 *IS-LM* 均衡

簡單凱因斯模型以商品市場的總支出（需求）與總產出（供給）均衡，決定總體經濟的均衡所得水準，所得水準以外之其他因素為外生變數；貨幣市場單獨決定利率水準，利率變動只能影響自發性（定量）支出改變，而難以解釋利率變動對所得波動（變動量）之相關性。以凱因斯學派觀點（延伸模型）來看，將財貨市場與貨幣市場連結起來的變數是利率；古典與貨幣學派主張貨幣中立性，利率水準由實質面單獨決定，均衡之利率水準使得名目及實質利率水準相等。

二、延伸凱因斯模型

探討商品市場與貨幣市場變化的因素，以 IS 曲線與 LM 曲線及其均衡點之變動方向，分析利率水準、產出、所得、就業等總體經濟指標的可能變化，稱為 $IS\text{-}LM$ 均衡模型，由凱因斯學派的席克斯（J. R. Hicks）與漢森（A.Hansen）所提出，所得及利率水準是 $IS\text{-}LM$ 均衡模型的內生變數，假設物價水準不變。

三、貨幣政策分析

如圖 26-5，貨幣政策影響貨幣供給使整條 LM 曲線位移，央行採行緊縮政策減少貨幣供給額，LM 線內（左上）移（$LM_0 \rightarrow LM_1$），市場均衡利率上升（$i_0 \rightarrow i_1$），導致總支出減少而降低均衡總產出所得（$Y_0 \rightarrow Y_1$）；央行採行寬鬆政策增加貨幣供給額，LM 線外（右下）移（$LM_0 \rightarrow LM_2$），市場均衡利率下降（$i_0 \rightarrow i_2$），刺激總支出增加而提高均衡總產出所得（$Y_0 \rightarrow Y_2$）。

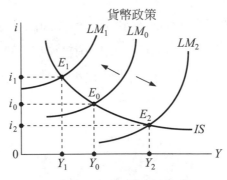

▲ 圖 26-5　貨幣政策影響

貨幣政策調整貨幣供給額，引起金融市場利率變化，進而影響商品市場實質面的經濟活動，當貨幣傳遞機制失效將造成貨幣政策無效。LM 曲線水平段為流動性陷阱以及 IS 曲線垂直段為投資陷阱，多發生於低所得（曲線左方）之經濟蕭條，代表貨幣政策無效，資金寬鬆不能刺激增加經濟活動，而財政政策直接引導總體經濟活動則相對有效。

1. 流動性陷阱 (liquidity trap)

利率下跌至貨幣需求曲線水平段，在 LM 曲線水平段，代表市場利率對貨幣供給不敏感，寬鬆政策貨幣供給額增加（$LM_3 \rightarrow LM_4$），無法再降低市場利率（i_3），總產出所得（Y_3）亦不變，即寬鬆貨幣政策無效。LM 曲線水平段右移使 LM 曲線愈平緩（LM_4），貨幣政策愈無效而財政政策相對有效（如圖 26-12）；LM 曲線愈陡直，代表市場利率對貨幣供給愈敏感，流動性陷阱愈小而貨幣（供給）政策愈有效。

LM 曲線水平段通常發生於曲線左（低所得）方，景氣蕭條資源（資金）閒置，市場利率對寬鬆貨幣供給不敏感（$\Delta i = 0$），無法再降低市場利率造成貨幣政策無效；財政擴張政策直接增加經濟活動，使 IS 線往右（量增加）位移，財政政策相對有效。貨幣傳遞機制失效造成貨幣政策無效（凱因斯理論），又稱為貨幣無用（monetary impotence）。

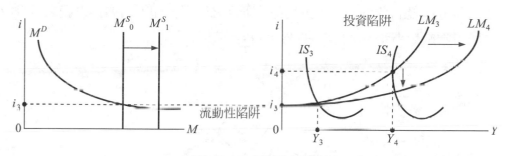

▲ 圖 26-6　貨幣政策無效

2. 投資陷阱 (investment trap)

在 IS 曲線垂直段（$IS4$），代表投資需求對市場利率不敏感，市場利率降低仍不能刺激投資需求等經濟活動，貨幣傳遞機制失效造成貨幣政策無效。寬鬆貨幣政策降低市場利率（$i_4 \rightarrow i_3$），不能刺激增加經濟活動，總產出所得（Y_4）亦不變，即寬鬆貨幣政策無效（如圖 26-6）。垂直 IS 曲線左右移動直接影響總產出所得改變，代表財政政策相對有效；IS 曲線愈平緩時，代表投資需求對市場利率愈敏感，投資陷阱愈小而貨幣（利率）政策愈有效。

IS 曲線垂直段通常發生於曲線左（低所得）方，因景氣蕭條，投資風險仍高、消費信心不足等因素，經濟活動需求對市場利率不敏感，降低利率政策無法再影響總產出所得改變；財政擴張政策直接增加經濟活動，使 IS 線往右（量增加）位移，財政政策相對有效。

．動動腦．

試以投資陷阱的意義與 *IS-LM* 均衡分析，說明在投資人欠缺信心下，貨幣政策引導利率下降，對經濟活動之影響。

四、財政政策分析

如圖 26-7，財政政策影響需求支出使整條 *IS* 曲線位移，擴張性財政政策增加總合需求支出，使 *IS* 線外（右上）移（$IS_0 \to IS_2$），提高均衡總產出所得（$Y_0 \to Y_2$），所得提高則增加貨幣需求，市場均衡利率上升（$i_0 \to i_2$）；反之緊縮性財政政策減少總合需求支出，使 *IS* 線內（左下）移（$IS_0 \to IS_1$），降低均衡總產出所得（$Y_0 \to Y_1$），所得降低使貨幣需求減少，市場均衡利率下降（$i_0 \to i_1$）。

擴張性財政政策增加總合需求支出，導致提高均衡總產出所得與貨幣需求，市場均衡利率上升則減少總合需求支出，抵消部分提高之所得，即支出擴張引發之所得成長幅度減少（所得乘數較小），又稱為 Hicksian 排擠效果。

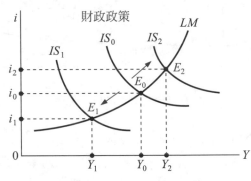

▲ 圖 26-7　財政政策影響

1. 排擠效果 (crowding-out effect)

因擴張性財政政策增加政府支出需求，在市場資金固定有限（*LM* 不動）下，私人投資支出被政府支出所取代。民間部門從事投資、消費等經濟活動的可用資金減少，導致利率上升而支出減少，降低所得水準。*IS-LM* 模型中的政府支出乘數，小於簡單凱因斯模型下之乘數。

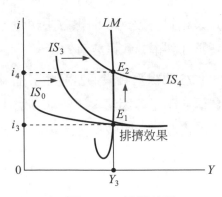

▲ 圖 26-8　排擠效果

如圖 26-8，擴張性財政政策增加總合需求支出（$IS_0 \rightarrow IS_3$）而提高所得水準，但在 IS 曲線水平段，代表投資需求對市場利率敏感（$\Delta i = 0$）；需求支出增加使利率上升，投資需求減少導致所得水準降低，利率下降（回原均衡點 E_1），市場利率（i_3）與總產出所得（Y_3）均不變。

　　擴張性財政政策增加總合需求支出（$IS_3 \rightarrow IS_4$）而提高所得水準，但在 LM 曲線垂直段，代表市場利率對貨幣需求（$\Delta Y = 0$）敏感，利率上升（$i_3 \rightarrow i_4$）使投資需求減少，而總產出所得（降回 Y_3）不變（均衡點 $E_1 \rightarrow E_2$），財政政策之效果最小。

　　在 IS 曲線水平段以及 LM 曲線垂直段，多發生於高所得（曲線右方）之景氣繁榮，增加總合需求支山而總產出所得不變，因景氣過熱至勞動生產力飽和時，排擠效果完全抵消財政擴張提高之所得，代表財政政策完全無效（貨幣學派主張）；而寬鬆貨幣提供經濟活動資金（資源），使 LM 線往右（量增加）位移，則貨幣政策相對有效（IS-LM 模型未考慮物價波動因素）。

試以排擠效果的意義與形成原因，說明擴張性財政政策增加政府支出，應在金融市場如何採取配套措施，才能改善經濟活動情形。

2. 擠入效果 (crowding-in effect)

　　擴張性財政政策增加總支出而提高均衡總產出（所得），可以增加所得誘發性投資，總所得增加幅度更大；總支出增加使資金需求增加而利率上升，但是當所得誘發性投資增加幅度更大，總投資需求增加導致所得水準提高。

　　LM 曲線愈平緩，代表市場利率對貨幣需求愈不敏感（利率愈不上升），或 IS 曲線愈陡直時，代表投資需求對市場利率愈不敏感（投資需求愈不減少），排擠效果愈小而財政政策愈有效。

　　LM 曲線水平（流動性陷阱）以及 IS 曲線垂直（投資陷阱），代表貨幣政策完全無效，而財政政策直接引導總體經濟活動且沒有排擠效果（簡單凱因斯模型），即支出擴張（有效需求）引發之所得成長幅度未抵消減少（所得乘數不變）。

經濟視野 ③

低利率政策

維持低利率政策，因為國內缺乏新興投資、經濟復甦的前景仍存在變數。台灣以製造及出口產業為主要成長動力，央行注意台幣匯率與我國競爭對手的價位，而維持弱勢匯率就會產生吸入美元並同步在市場放出新台幣，導致游資過於浮濫，市場台幣水位上升，利率自然往下走。

利率低影響的是一般存款人的收入，利差低則讓銀行成為高風險、低報酬的艱困行業。央行面臨游資過多壓抑利率、低利率引起銀行及壽險經營困難、存款戶利息收入銳減、對外資不夠友善的四大挑戰。

綜合範例

假設財貨市場與貨幣市場的模型如下：$I = 150 - 40i$；$S = -50 + 0.2Y$；$L_S = 120 - 10i$；$Lt = 0.5Y$；$M_S = 276$，其中 I 為投資，i 為利率，S 為儲蓄，Y 為所得，LS 指投機所持有之貨幣量，Lt 指交易所持有之貨幣量，M_S 為實質貨幣供給量，則 IS 方程式為？LM 方程式為？均衡所得約為？均衡利率為？

 詳 IS-LM 均衡。

商品市場均衡時（$I = S$），$I = 150 - 40i = S = -50 + 0.2Y$，

則 IS 方程式為 $0.2Y = 200 - 40i$，得 $Y = 1000 - 200i$（負斜率 IS 曲線），

貨幣市場均衡時（$MS = MD$），$MD = LS + Lt = 120 - 10i + 0.5Y = MS = 276$，

則 LM 方程式為 $0.5Y = 156 + 10i$，得 $Y = 312 + 20i$（正斜率 LM 曲線）。

IS 曲線與 LM 曲線交叉點 E 為總均衡點（$IS = LM$），$Y = 1000 - 200i = 312 + 20i$

則 $220i = 688$，得均衡利率 $i = 3.13$，均衡所得 $Y = 375$

◦ 活用經濟實務

刺激方案能否終結景氣衰退？

　　人稱「新末日博士」的紐約大學經濟學教授魯比尼（Nouriel Roubini）日前指出，若美國跌落「財政懸崖（fiscal cliff）」並陷入衰退、歐債危機惡化、希臘退出歐元區、中國大陸經濟硬著陸，加上以色列與伊朗爆發戰爭導致油價飆升至每桶 200 美元，那麼完美風暴（perfect storm）就會在 2013 年成形。

　　歐元遭到高估、財政撙節措施、銀行信用緊縮、企業與消費者信心疲弱等因素感到悲觀的主因。美國聯準會（FED）再實行量化寬鬆貨幣政策（QE），其效力也將會大打折扣，因為長期利率已經非常低，進一步降低也無法提振支出。

　　美國傳奇投資人房地產大亨 Sam Zell 警告，由於美國企業對未來愈來愈缺乏信心，而不敢進行業務投資，導致國家正朝向落入二度經濟衰退前進，他認為 Fed 不斷印鈔提供市場流動性的行動只是用來拉抬股市。經濟衰退的導火線之一，正是當企業開始將一個個計畫延後，正顯示美國經濟步上二度衰退道路；企業資本支出計畫普遍被延後，理由都是缺乏信心。

　　美國聯邦公開市場委員會（FOMC）在聲明中表示，將在必要時祭出更多寬鬆措施，在物價穩定的情況下，力促景氣強力復甦，並繼續改善勞動市場。

　　英國中央銀行（英格蘭銀行）啓動貸款融資計畫（Funding for Lending program），目的在透過提供銀行低廉的融資，鼓勵信貸流動。英銀擴大債券收購規模，對抗雙重衰退。決策者將靜候評估最近的刺激措施，以及最新貸款計畫的影響，能否終結景氣衰退。

　　中國大陸推出總金額超過人民幣一兆元的財政刺激方案，緩和經濟下滑的壓力，紓解緊張的地方政府資金調度，轉動現有大量缺乏資金而停擺的基礎建設，更能夠彌補因為出口衰退所造成的經濟成長下滑壓力。再度確認了國家資本優先於民間資本的先後順序，金融體系的資金是否會向地方政府與國有企業傾斜，甚至排擠民間企業的需求。在經濟轉型的努力中，最終還是選擇了短期的特效藥，有助於經濟成長的軟著陸，顯示大陸的確存在較大的緊縮風險。

試以經濟學分析，思考以下問題：

1. 以排擠效果的意義，說明財政刺激方案的影響。
2. 以投資陷阱的意義，說明投資人信心對經濟活動之影響。
3. 以 *IS-LM* 均衡分析，說明財政政策與貨幣政策之影響。

( ) 1. 其他條件不變下，下列何種情況會使政府支出影響總合需求曲線（*AD*）移動的幅度增強？　(A)*LM* 曲線愈平坦　(B)*LM* 曲線愈陡　(C) 貨幣需求的利率彈性愈小　(D) 貨幣需求的所得彈性愈大。

( ) 2. 將 *IS-LM* 模型與簡單凱因斯模型作一比較，執行相同的擴張性財政政策所造成的所得增加，效果有何不同？　(A)*IS-LM* 模型的所得增加幅度一定較小　(B) 除了 *LM* 曲線垂直的情形，*IS-LM* 模型的所得增加幅度一定較小　(C) 除了 *LM* 曲線水平的情形，*IS-LM* 模型的所得增加幅度一定較小　(D) 除了 *IS* 曲線垂直的情形，*IS-LM* 模型的所得增加幅度一定較小。

( ) 3. 當經濟體系處於流動性陷阱時　(A) 財政政策無效　(B) 財政政策可以發揮較大的效果　(C) 貨幣政策可以發揮較大的效果　(D) 財政政策及貨幣政策均無效。

( ) 4. 凱因斯模型中的排擠效果 (crowding-out effect)，說明的是：　(A)民間支出減少，均衡利率下降，排擠政府的消費與投資　(B) 政府支出減少，均衡利率下降，排擠民間的消費與投資　(C) 民間支出增加，均衡利率上升，排擠政府的消費與投資　(D) 政府支出增加，均衡利率上升，排擠民間的消費與投資。

( ) 5. 凱因斯認為經濟嚴重不景氣時，擴張性的貨幣政策將不能有效地降低利率水準，這時的經濟體系可能處於　(A) 儲蓄率小於零　(B) 充分就業　(C) 工資物價僵固　(D) 流動性陷阱。

( ) 6. 當 *IS* 曲線為垂直線而 *LM* 曲線為正斜率時　(A) 貨幣供給增加，均衡所得會增加　(B) 貨幣需求增加，均衡所得會增加　(C) 政府支出增加時，會得到完全排擠效果的現象　(D) 政府支出增加時，均衡所得會增加。

( ) 7. 下列何種狀況表示流動性陷阱 (Liquidity trap) 的現象？　(A)*IS* 為垂直線　(B)*IS* 為水平線　(C)*LM* 為垂直線　(D)*LM* 為水平線。

( ) 8. 利率對貨幣市場的超額供給反應變得比較敏感時，會導致　(A) 財政政策與貨幣政策的效果都變小　(B) 財政政策的效果變小，貨幣政策的效果變大　(C) 財政政策與貨幣政策的效果都變大　(D) 財政政策的效果變大，貨幣政策的效果變小。

27

總合供需均衡

學習導引：皮古與《失業論》

經濟視野❶ 凱因斯學派的總合需求與供給

經濟視野❷ 新劍橋學派的總合需求與供給

經濟視野❸ 供給學派的總合需求與供給

活用經濟實務：經濟動能推升方案的政策效果

英國經濟學家皮古（A.C.Pigou）為劍橋學派創始人，他的作品涵蓋了經濟學的眾多領域，特別是在福利經濟學方面著力最深。1920 年出版的巨著《福利經濟學》，對福利概念及其政策應用作了系統的論述，被推崇為福利經濟學之父，提出了國民收入極大化和收入均等化兩個福利概念。1918 年曾任英國通貨與外匯管理委員會委員，1919 年任皇家所得稅委員會委員，1927 年被選為英國科學院院士。主要著作有財富與福利、福利經濟學、工業波動、財政研究、失業論、靜態經濟學、社會主義與資本主義、就業與均衡：理論探討等。

【皮古】

　　在所著的《失業論》裡就認為，長期而言失業問題可以透過工資的調整來醫治，指出隨著物價水平的下降，實際貨幣餘額增加，消費者會感到富有，並更多地進行支出。1930 年代大蕭條期間，經濟衰退雖導致失業升高、工資縮減、物價下跌，但人們的實質所得反而升高，於是家庭部門又增加消費，帶動景氣回溫。雖然大家所得普遍下滑，但碰到打折、促銷，消費確實會大幅提高。

　　古典學派的皮古效果與凱因斯學派的利率效果都被稱為實質餘額效果，只是皮古效果是透過物價調整，而凱因斯學派較重視利率，因此凱因斯學派的實質餘額效果為利率效果。

▶ 預習思考

☆ 試以有效需求的意義，說明在景氣低迷下，以採取擴張性政策「拚經濟」，改善經濟問題的效果。

☆ 試以需求管理政策的意義，說明在面臨通貨膨脹壓力下，以採取降溫調控，使經濟「軟著陸」的理由。

☆ 試以供給面學派的意義，說明政府應如何採取政策，改變生產資源，帶動台灣經濟穩定發展。

27-1　總合需求與供給

一、總合需求 (aggregate demand；AD)

　　總合需求線亦為一由左上向右下延伸的負斜率曲線，總合價量圖形上的價是總體物價水準，通常以物價指數（PI）代表；量是總體產出（所得）水準，通常以GDP（Y）代表，總合需求線上每一點代表某一特定物價水準所對應的總合需求量，包括消費、投資、政府支出、淨出口等。

二、總合需求量變動

　　在物價水準以外的因素不變下，需求量變動在圖形上表示需求線不動，點沿原需求線移動，總合需求線（AD）上的任一點必使貨幣市場及商品市場同時達到均衡。物價水準與其總合需求量之間呈反向變動關係的原因，為財富效果、國際替代效果、利率效果。

1.財富效果 (wealth effect)

　　物價水準下跌即需求者的財富實質購買力提高，其潛在購買者願意而且能夠購買之商品數量增加；物價水準上升即需求者的財富實質購買力降低，其潛在購買者願意而且能夠購買之商品數量減少。

　　財富效果與個體經濟中之所得效果類似，但總體經濟活動需求包括消費、投資、政府支出、出口等，因此以累積財富實際的購買力效果，來表示總支出能力。

2.國際替代效果 (International substitution effect)

　　需求者以相對價格較低的商品取代相對價格較高者，我國物價水準降低使國外潛在購買者願意而且能夠多買相對價格較低的我國替代品，增加我國出口淨額，同時亦增加國內商品消費而減少進口，進而提高總合需求量；反之我國物價水準相對較高，則增加進口而減少出口與國內商品消費，降低總合需求量。

　　國際替代效果與個體經濟中之替代效果類似，但總體的物價水準代表各種商品之平均價格，而物價指數波動未必改變國內各種商品的相對價格，因此國內商品之間的替代效果，對總體的經濟活動總支出需求未必有直接影響。

3.利率效果 (interest rate effect)

　　短期內貨幣供給不變，物價水準降低則實質貨幣供給餘額（MS/P）過剩，名目交易貨幣需求減少，使利率下降進而刺激國內經濟活動，提高總合需求量，又稱為實質貨幣餘額效果（real money balance effect）。

通貨膨脹代表整體平均物價水準的物價指數不斷升高（$P_0 \rightarrow P_1$），實質貨幣餘額降低（$M_0^S \rightarrow M_1^S$），市場均衡利率上升（$i_0 \rightarrow i_1$），形成另一條往左（所得減少）上（利率上升）方位移的 LM 線（LM_1）。所得及物價水準是的 AD 曲線內生變數，在其他的因素不變下，物價水準變動引起均衡總產出（所得）量呈反向變動，需求量變動在圖形上表示需求線不動，點沿原總合需求線移動，物價水準上漲則沿原需求線（總支出）往左（量減少）上（價上漲）方移（$A \rightarrow B$），物價水準下跌時沿原需求線往右（量增加）下（價下跌）方移（$A \rightarrow C$）。

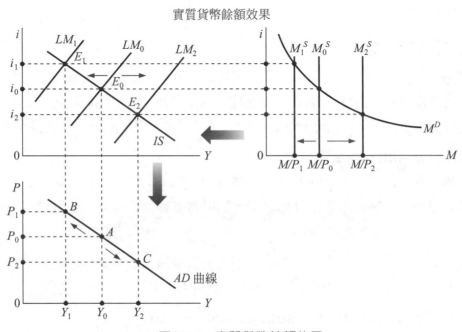

▲ 圖 27-1　實質貨幣餘額效果

IS 曲線與 LM 曲線交叉點 E 為總均衡點（$IS = LM$），代表商品市場與貨幣市場之間同時達成均衡狀態，對應負斜率 AD 曲線上之均衡物價水準及均衡總產出水準。總合需求線代表商品市場與貨幣市場達成總均衡，每一特定均衡物價水準所對應均衡總產出（所得）水準的組合軌跡（如圖 27-1）。

三、AD 曲線斜率 = △P / △Y

貨幣需求利率彈性 $b = \Delta M^D / \Delta i$ 愈小（LM 之 Δi 相對較大），則 LM 曲線斜率愈大（陡直），當物價水準影響實質貨幣供給額，貨幣市場利率變動愈大（貨幣需求曲線愈陡），影響商品市場之總支出需求愈大，則 AD 曲線斜率愈小，即 AD 曲線愈平坦（ΔY 相對較大）；反之則 AD 曲線斜率愈大，即 AD 曲線愈陡直。

·動動腦·

試以國際替代效果的意義，說明開放市場後，大量廉價商品進口，對我國內產品的總
合需求與經濟活動之影響。

四、總合供給 (aggregate supply；AS)

　　社會中全體生產者所能提供之各種財貨勞務的總量，總合供給線代表商品市場與要
素市場達成總均衡，每一特定均衡物價水準所對應均衡總產出（所得）水準的組合軌跡，
總合供給線（AS）上的任一點必使勞動市場達到均衡。

五、總合供給量變動

　　依經濟條件差異（蕭條 → 復甦 → 繁榮 → 過熱），總合供給線形成不同形狀之區段
（水平 → 正斜率 → 垂直）。在物價水準以外的因素（生產資源）不變下，供給量變動
在圖形上表示供給線不動（最大產出 Y_f 固定），點沿原供給線移動；總合供給線上每一點，
代表某一特定物價水準所對應的總合供給（產出）量（如圖 27-2）。

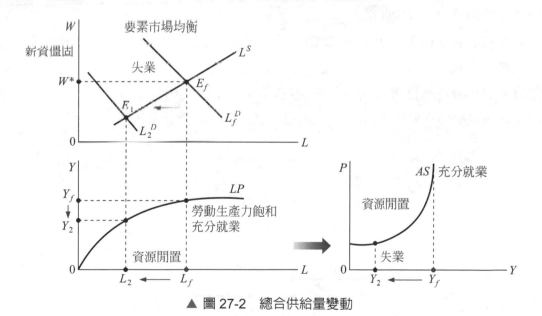

▲ 圖 27-2　總合供給量變動

1.凱因斯區

　　凱因斯認為現實經濟社會為維護其基本生活與成本，薪資與物價水準不能完全伸
縮調整，因此總合供給線固定於某一特定物價水準呈水平線，即價格僵固性。

　　如圖 27-3，總合供給線水平區（P_0A 段），通常發生於景氣蕭條資源閒置，位於 AS 線左方（低所得），景氣蕭條時充分就業尚未達成，增加利用閒置資源可以提高總產出（所得）水準，因生產成本未變不須調高物價。在固定物價水準下，生產者增加利用閒置資源可以提高總產出，改善所得與就業水準，總合供給線為供給彈性無限大之水平線。

2. 中間區

　　除了景氣蕭條價格僵固，以及完全就業之最大產出固定外，總合供給線中間為一由左下向右上延伸的正斜率曲線（AB 段），通常發生於景氣復甦至繁榮之資源調整。當物價上漲（生產收入增加），生產者利潤增加而提高總產出水準，其他條件不變下，沿原供給線往右（所得增加）上（價上漲）方移；反之生產者利潤減少而降低總產出水準，沿原供給線往左（所得減少）下（價下跌）方移（如圖 27-3）。

　　在物價水準開始波動時，受到勞動契約限制，勞工對勞動供給與名目工資不受商品物價影響，即具有貨幣幻覺；貨幣名目薪資仍具有僵固性而生產成本不變，生產者物價收入增加而利潤增加，因此提高總產出水準，總合供給是價格與其供給量之間呈同向變動關係的正斜率曲線。

　　生產者物價收入增加而利潤增加較多，大幅提高總產出水準，供給彈性較大，即正斜率曲線較平（ΔY 較大）。當勞工發覺其名目所得不變而物價成本上漲，會要求提高名目薪資以維持實質所得水準，生產者成本上漲而利潤增加較少，減緩提高總產出水準，供給彈性愈小，即正斜率曲線愈來愈陡（ΔY 愈小）。

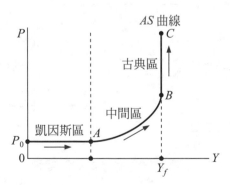

▲ 圖 27-3　AS 三區段之經濟意義

3. 古典區

　　當勞動需求增加至勞動生產力飽和時，薪資與物價水準完全伸縮調整，無法再提高總產出（所得）水準，即達到勞動市場之充分就業及商品市場之最大產出，通常發

生於景氣繁榮至過熱之資源充分利用；位於總合供給線 *AS* 線右方（高所得），供給彈性＝0，是固定於某一特定總產出（所得）水準的垂直線（*BC* 段），即為古典學派主張的理想均衡狀態（如圖 27-3）。

　　總合供給線的垂直段，代表名目薪資與物價水準完全伸縮調整以維持充分就業，因實質工資改變決策，不具有貨幣幻覺，即為古典學派主張的貨幣中性。

凱因斯的經濟理論架構建立於 1930 年代經濟大恐慌，試以總合供給線水平區的形成原因，說明景氣低迷時的經濟指標特性與經濟活動情形。

 綜合範例

下列對總合供需模型的敘述，何者正確？　(A) 古典學派相信合總供給線是正斜率的 (B) 凱因斯學派相信工資可自由調整，故政府政策有運作空間　(C) 古典學派相信出口增加會使實質 GNP 增加　(D) 股票價格重挫會使總合需求線內移是財富效果的作用。

 詳總合需求變動、古典區、凱因斯區。

解析

　(D) 正確

 經濟視野 ❶

凱因斯學派的總合需求與供給

　　1970 年代初期由於世界糧價及油價的大漲，造成舉世的物價上漲，而有經濟萎縮的現象，於是形成停滯性膨脹（Stagflation）。

　　凱因斯學派認為是足以導致總供給減少的各種意外事件諸如戰爭、重要農產品欠收、石油或重要原料短缺；勞動市場因素包括人口結構變化與工會力量；產品市場結構變動；公共部門的結構變動諸如政府支出與租稅結構的改變。主張由改善勞動市場的因素，如減少失業補貼，改善教育訓練與在職訓練等手段著手；對工資和物價進行管制使工資增長不超過勞動生產率的增長，避免通貨膨脹。

27-2 AD-AS 分析模型

一、總合供需均衡

供需均衡表示市場交易的買賣雙方達成共識而形成穩定狀態,在圖形上爲總合需求線 AD 與總合供給線 AS 交叉處(需求=供給),交叉點 E 爲均衡點,對應均衡物價水準 P^* 及均衡總產出(所得) Y^*。總合供需均衡代表商品、貨幣、勞動市場同時都達成均衡狀態,稱爲總體經濟均衡(macroeconomic equilibrium)。以 AD-AS 模型探討總合需求與總合供給的變動因素,並分析在不同階段條件下對總體經濟的影響。

在總體經濟均衡時,生產毛額等於所得毛額,廠商將各種產品以市場價值出售後的收入,支付分配給對生產有貢獻的要素提供者,廠商生產各種最終產品所創造的價值總和,全部供整體經濟社會所有參與者從事各種經濟活動總支出。

> 國內生產毛額 (GDP) =生產各種產品所創造的價值總和
> =總產出=廠商營業收益= AS
> =經濟活動總支出= $C + I + G + (X - M)$
> = AD =總所得=家戶要素報酬= Y

二、完整凱因斯模型

其他條件影響自發性支出改變需求,使整條總合需求線位移,或影響經濟資源改變最大生產潛能,使整條總合供給線位移,均衡點 E 亦移動至新的均衡狀態,對應新的均衡物價水準及均衡總產出(所得)水準改變,所得及物價水準是 AS-AD 均衡模型的內生變數。

探討總合供需變化的因素,以總合供需線及其均衡點之變動方向,分析物價水準、產出、所得、就業等總體經濟指標的可能變化,稱爲總合供需分析模型或 AD-AS 均衡模型。簡單凱因斯模型以及延伸凱因斯模型強調需求面,且假設物價水準不變,而難以解釋供給面變動與物價變動對所得波動之相關性。

AS 曲線與 AD 曲線之形狀及變動,可以分析需求政策與供給政策的相對有效性: AD 曲線愈平緩或 AS 曲線愈陡直時,需求政策愈無效而供給政策愈有效; AD 曲線愈陡直或 AS 曲線愈平緩時,供給政策愈無效而需求政策愈有效。

三、總合需求變動 (demand side shocks)

當物價水準以外的因素影響消費、投資、政府支出、出口淨額等需求，使每一物價水準對應的總合需求量與原先不同，需求變動在圖形上表示整條總合需求線位移。所得注入 $I+G+X$ 支出增加，總合需求增加時 AD 曲線往右（量增加）上（價上漲）位移（AD_0 → AD_2），IS 曲線往右（產出增加）上（利率上升）位移；所得漏出 $S+T+M$ 增加（支出減少），總合需求減少則往左（量減少）下（價下跌）位移（$AD_0 → AD_1$），IS 曲線往左（產出減少）下（利率下降）位移（如圖 27-4）。

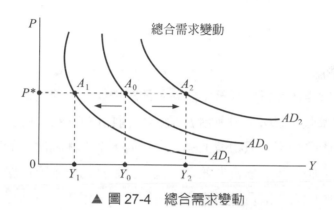

▲ 圖 27-4　總合需求變動

當物價水準以外的因素影響實質貨幣供給額，則整條總合需求（經濟活動支出）線位移。央行採行緊縮政策減少貨幣供給額，市場均衡利率上升，導致總支出（需求）減少，而降低均衡總產出所得（LM 線左上移），對應 AD 曲線往左（量減少）位移；央行採行寬鬆政策增加貨幣供給額，市場均衡利率下降，刺激總支出（需求）增加，而提高均衡總產出所得（LM 線右下移），對應 AD 曲線往右（量增加）位移。

四、需求面均衡變動

當生產技術及資源等影響總合供給的因素不變，AS 線不動，其三區段亦固定。物價水準以外的因素，影響消費、投資、政府支出、出口淨額等經濟活動需求改變，則使整條總合需求線位移，造成均衡物價水準、產出、所得、就業等總體經濟指標的變化。

1.有效需求 (effective demand)

凱因斯區之需求擴張可以有效改善經濟問題。如圖 27-5，位於 AS 線左方（低所得）之水平段（凱因斯區），代表景氣蕭條資源閒置，此區之 AD_1 亦表示需求不足，均衡點 E_1 對應均衡物價水準 P_0 及均衡總產出（所得）Y_1，遠低於 Y_f 即失業率高而所得偏低。若消費、投資、政府支出、出口淨額等需求擴張至 AD_2，均衡點 E_2 對應均衡物價水準 P_0 及均衡總產出（所得）Y_2，即失業率降低而所得提高，物價維持穩定。總需求的減少（AD 線左移）將使實質產出衰退，產生長期性的失業，但價格水準不變。

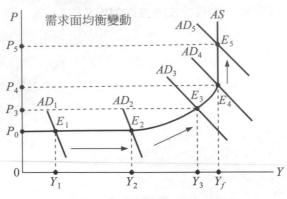

▲ 圖 27-5　需求面均衡變動

2. 需求拉動通貨膨脹

　　如圖 27-5，總產出所得增加至中間區，即經濟條件改善但仍未達充分就業狀態，若總合需求繼續擴張至 AD_3，均衡點 E_3 對應均衡物價水準 P_3 及均衡總產出所得 Y_3，即失業率降低而所得提高，但物價上漲。當物價水準上漲幅度小於所得提高幅度，為爬升式溫和通貨膨脹，實際購買力並未降低；但是當物價水準持續上漲的速度逐漸失控幅度增加，貨幣的實際購買力與實質總所得降低，造成奔騰式通貨膨脹，影響經濟活動的正常運作。

3. 通貨緊縮 (deflation)

　　如圖 27-5，若總合需求衰退，總合需求線向左下移（$AD_3 \rightarrow AD_2$），新均衡（$E_3 \rightarrow E_2$）物價水準降低但失業率提高，而所得減少幅度更大時，實質所得（購買力）減少，造成經濟衰退現象。

4. 停滯性膨脹

　　當勞動市場充分就業及商品市場最大產出，即經濟條件位於總合供給線 AS 線右方（高所得）的垂直線（古典區），若總合需求繼續擴張由 AD_4 至 AD_5，均衡點 E_4、E_5 對應均衡物價水準 P_4 上漲至 P_5，但均衡總產出（所得）固定於 Y_f（如圖 27-5），即產出成長停滯而物價上漲，貨幣的實際購買力與實質總所得降低，通貨膨脹的不利影響將顯現。

試以總合供給線垂直區的停滯性膨脹，說明「泡沫經濟」的形成原因、影響與因應對策。

五、總合供給變動 (supply side shocks)

　　其他條件如長期資本累積、技術進步、人力素質、生產環境、生產成本等因素（生產資源）改變，使每一物價水準對應的總合供給量與原先不同，則總合供給線 AS 移動，充分就業之最大產出 Y_f 改變（如圖 27-6），總合供給增加時往右（量增加）位移（AS_0 $\rightarrow AS_2$），總合供給減少則往左（量減少）位移（$AS_0 \rightarrow AS_1$）。

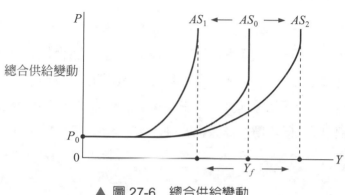

▲ 圖 27-6　總合供給變動

六、供給面均衡變動

　　如圖 27-7，當經濟條件位於總合供給線 AS 線右方（高所得）的垂直線古典區（古典區），總合需求（AD_3）已達維持充分就業所得所需之理想支出水準，均衡總產出（所得）固定於充分就業的最大產出，供給面擴張增加生產潛能，總合供給線右移（$AS_0 \rightarrow AS_1$），可以使均衡總產出（所得）提高（$Yf_0 \rightarrow Yf_1$），並減緩通貨膨脹壓力（$P_3 \rightarrow P_1$），產生低通膨高成長的新經

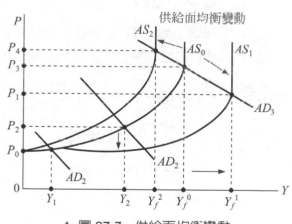

▲ 圖 27-7　供給面均衡變動

濟。AD 曲線斜率愈小（平坦）時，所得變化（ΔY）相對較大；AD 曲線斜率愈大（陡直）時，物價變化（ΔP）相對較大。

　　當經濟條件位於總合供給線 AS 線左方（低所得）之水平段（凱因斯區），總合需求（AD_1）明顯不足，當供給面擴張增加生產潛能，總合供給線右移（AS_1），但資源閒置產能過剩，均衡總產出（所得）未能提高，出現失業率高而所得偏低（Y_1）之蕭條現象，價格僵固（P_0）。

經濟條件改善至中間區，總合需求（AD_2）未達維持充分就業所得之理想支出水準，當供給面擴張增加生產潛能，總合供給線右下移（$AS_0 \rightarrow AS_1$），因資源仍未完全充分利用，均衡總產出（所得）提高有限（Y_2），但可以降低物價水準（$P_2 \rightarrow P_0$）。

七、成本推動通貨膨脹

要素支出或原料成本上升、能源危機、長期資本外流、人才出走、產業外移、生產環境破壞等因素影響，負面供給衝擊將使廠商減少生產，總合供給線向左上移（$AS_0 \rightarrow AS_2$），造成市場物價上漲（$P_3 \rightarrow P_4$）且生產潛能產出減少（$Yf_0 \rightarrow Yf_2$），實質總所得明顯降低，而對經濟活動的正常運作有不利影響。需求擴張提早進入 AS 陡直曲線，均衡總產出（所得）提高有限，但物價水準大幅波動。

 綜合範例

若政府支出增加，同時名目貨幣供給減少，則吾人可預期　(A) 總需求與物價水準增加，但利率水準不變　(B) 總需求、物價水準、以及利率水準均下降　(C) 利率水準上升，總需求及物價水準變動方向則不一定　(D) 總需求及利率下降，物價水準增加。

 詳需求面均衡變動。

解析

　　若政府支出增加，同時名目貨幣供給減少，則吾人可預期 (C) 利率水準上升，總需求及物價水準變動方向則不一定。

經濟視野 ❷

新劍橋學派的總合需求與供給

新劍橋學派經濟分為三個部門：初級產品部門、製造業部門和服務業部門，認為通貨膨脹的根源在於初級產品部門和製造業部門之間的生產比例失調。

在製造品市場上，由於大部分生產集中在大公司手中，因而價格是被生產者操縱而不由市場決定。當初級產品價格下降，雖然可能刺激工業部門吸收更多初級產品，但貿易條件對初級產品生產者極為不利，所以投資減少從而抑制工業發展；當初級產品價格上升，製造業部門將由成本上升引起的產品價格上漲來對付初級產品價格的上漲，便具有強有力的通貨膨脹的影響。

27-3 需求面與供給面政策

一、需求管理政策 (demand management policies)

政府採取適當的財政或貨幣政策，影響消費、投資、政府支出、出口淨額等需求面變動，使整條總合需求線位移，改善物價水準、產出、所得、就業等總體經濟指標的表現。以 *AD-AS* 模型分析需求面政策與供給面政策，在不同階段條件下對總體經濟活動的影響及效果（如圖 27-8）。

1.需求擴張政策

總需求支出不足導致景氣蕭條資源閒置，失業率高而所得偏低，即經濟條件位於 *AS* 線左方之水平段（凱因斯區），可以採取擴張性政策，增加消費、投資、政府支出、出口淨額等需求支出以補足緊縮缺口，整條總合需求線右移，經過乘數效果，導致總所得增加倍數，失業率降低，物價仍可維持穩定。*AS* 線水平段之需求擴張，可以有效改善經濟蕭條問題，需求擴張政策為有效需求，所得乘數最大。

2.需求政策兩難

經濟條件改善但仍未達充分就業狀態的中間區，總合供給線為一正斜率曲線，政府若採取擴張性政策，總合需求線向右上方移，可以降低失業率而提高所得，但物價上漲，實質總所得增加幅度減小（乘數效果較小）；採取緊縮性政策，總合需求線向

左下方移，則可以降低通貨膨脹壓力，但是失業率提高而所得降低，因此政府在中間區時面臨政策兩難。

若爲爬升式溫和通貨膨脹，對買方支付成本影響不大，卻使賣方利潤提升而誘發投資增加，促進經濟成長，利潤分配與薪資報酬增加使實際購買力降低之影響不大，可以採取擴張性政策；但是當物價水準持續上漲的速度逐漸失控幅度增加，貨幣的實際購買力與實質總所得降低，造成奔騰式通貨膨脹，則必須採取緊縮性政策，降低通貨膨脹的不利影響。

3.需求緊縮政策

當經濟條件位於總合供給線 AS 線右方（高所得）的垂直線（古典區），若採取擴張性政策，總合需求線向上方移，均衡總產出（所得）固定於充分就業的最大產出，但均衡物價水準上漲，即發生產出成長停滯而物價上漲的停滯性膨脹；因此必須採取緊縮性政策削除膨脹缺口，總合需求減少使 AD 線向下方移，降低通貨膨脹，而總產出（所得）與充分就業狀態不變（垂直 AS 線）。

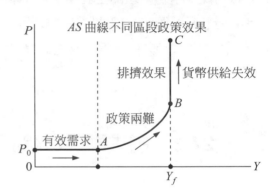

▲ 圖 27-8　政策在不同階段條件下的影響及效果

二、排擠效果 (crowding-out effect)

擴張性財政政策增加總合需求支出，導致提高均衡總產出所得與貨幣需求，但在市場資金固定有限下，民間部門從事投資、消費等經濟活動的可用資金減少，導致利率上升而支出減少（ISLM 模型），排擠效果降低所得水準，抵消部分提高之所得，即支出擴張引發之所得成長幅度減少（所得乘數較小）。

在總合供需分析模型的 AS 中間區，總合需求擴張可以降低失業率而提高所得，但物價上漲減少實質貨幣供給額（MS/P），導致利率進一步上升而支出減少（排擠效果更大），抵消部分所得水準之提高，實質總所得增加幅度減小（乘數效果更小）。

在 AS 垂直區（古典區），生產力飽和無法再提高總產出（所得）水準，總合需求擴張只會導致物價上漲與利率上升，排擠效果完全抵消需求擴張提高之所得，代表需求擴張政策完全無效（古典學派主張）。

在 AS 水平區（凱因斯區），通常發生於景氣蕭條充分就業尚未達成，增加利用閒置資源（資金）可以提高總產出（所得）水準，因生產（資金）成本未變不須調高物價（利

率）。生產者增加經濟活動支出可以提高總產出，改善所得與就業水準，需求擴張政策為有效需求，沒有排擠效果，所得乘數最大（簡單凱因斯模型）。

三、貨幣供給失效

央行採行寬鬆政策增加貨幣供給額，刺激總支出增加而提高均衡總產出所得，但在總合供需分析模型的 AS 中間區，物價上漲導致實質貨幣供給額（MS/P）增加幅度減小，即寬鬆貨幣引發之實質所得（Y/P）成長幅度減少，代表貨幣擴張政策效果較小；在 AS 垂直區，總合需求擴張只會導致物價上漲與利率上升，物價上漲完全抵消寬鬆政策增加之名目貨幣供給額，導致實質貨幣供給額（MS/P）不變，代表貨幣傳遞機制失效，即貨幣擴張政策完全無效。

1.流動性陷阱 (Liquidity trap)

物價下跌導致實質貨幣供給額（MS/P）增加，但市場利率對貨幣供給不敏感，總產出所得亦不變，即在總合供需分析模型的 AD 曲線垂直段，代表貨幣傳遞機制失效，即貨幣擴張政策無效；財政擴張政策直接增加經濟活動需求，使 AD 線往右（量增加）位移，貨幣政策無效而財政政策相對有效。總合需求線垂直段，通常發生於 AD 曲線左（低所得）方（如圖 27-9）。

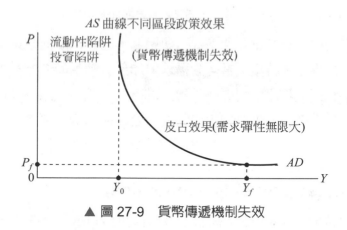

▲ 圖 27-9　貨幣傳遞機制失效

2.投資陷阱 (Investment trap)

物價下跌導致實質貨幣供給額（MS/P）增加，但投資需求對市場利率不敏感，總產出所得亦不變，即在總合供需分析模型的 AD 曲線垂直段，代表貨幣傳遞機制失效，即貨幣擴張政策無效；財政擴張政策直接增加經濟活動需求，使 AD 線往右（量增加）位移，貨幣政策無效而財政政策相對有效。

3.皮古效果 (Pigou effect)

古典學派經濟學家皮古（A.C. Pigou）提出實質財富效果，認為經濟活動需求受實質財富（A/P）影響，物價水準下跌即需求者的財富實質購買力提高；支出擴張形成另一條往右（所得增加）移的 IS 線，實質貨幣餘額（M/P）增加而形成另一條往右（所得增加）移的 LM 線，總產出水準大幅提高，需求彈性較大，即 AD 曲線較平（ΔY 較大）。加入皮古效果，AD 曲線會變平；若不考慮皮古效果，當貨幣需求只是所得的函數時，AD 為垂直線。

皮古效果通常發生於總合需求線右下（低物價）方，古典學派主張薪資與物價水準完全伸縮調整，當物價下跌至最低水準（Pf），位於 AD 曲線水平段，需求彈性無限大，物價下降對總合需求之影響，即可達到充分就業最大產出（Yf）之理想均衡狀態。面臨經濟大蕭條，隨著物價下跌，人們的實質所得反而升高，市場會透過「實質現金餘額效果」，啟動新一波的景氣復甦，故不需財政政策干涉；凱因斯認為價格機能緩不濟急，提出有效需求理論作為對策。

四、供給面政策 (supply side policies)

政府採取適當的政策鼓勵研發技術進步、提高人力素質吸引人才、稅賦優惠等措施改善投資環境、長期資本累積可以擴張供給面，提升生產力增加生產潛能，總合供給線右下移，使均衡總產出（所得）提高，並減緩通貨膨脹壓力。

當經濟條件已達維持充分就業水準（古典區），只有供給面政策有效而需求管理政策無效。若供給面擴張未能持續，當勞動需求增加至勞動生產力飽和時，薪資與物價水準完全伸縮調整，無法再提高總產出（所得）水準，位於總合供給線 AS 線右方（高所得）的垂直線（古典區），即長期仍會發生產出成長停滯而物價上漲。政府若欲增加總產出水準，應該提高工業技術水準，生產成本降低可導致投資增加。

五、供給面學派 (supply side economics)

美國經濟學家拉弗（A. Laffer）認為，稅賦優惠將降低人民負擔，可支配所得增加而擴張消費、投資等經濟活動需求；同時提升工作意願並累積資本，提升生產力增加生產潛能，亦可以擴張供給面，使均衡總產出（所得）提高，並減緩通貨膨脹壓力，目標是藉降低個人稅率來增加總合供給。

德國學者華格納（Wagner）於 1877 年提出華格納法則：經濟活動的熱絡會增加政府稅收而促進政府成長。雷根於 1980 年競選總統時，以減稅為主要政見之一，他認為當時美國稅率過高，影響工作意願，因此降低租稅可以提高工作誘因，所得與稅收收入將會

隨之增加。因此，拉弗與雷根的觀點，被稱為供給面經濟學。但「雷根經濟學」亦被譏為「巫毒經濟學」，其為增加勞動與投資動機的大幅減稅措施，則被指為嘉惠富人而欺壓窮人。

試以供給面政策的意義，說明美國在 1990 年代，由高科技帶動「新經濟」，物價穩定之繁榮的情形與理由。

 綜合範例

假設政府支出增加，在簡單凱因斯模型中的乘數效果為 M_1，在 *IS-LM* 模型中之乘數效果為 M_2，在 *AD-AS* 模型中之乘數效果為 M_3，則乘數效果排序為何？

Tip 詳排擠效果。

解析

政府支出增加，在簡單凱因斯模型中的乘數效果為 M_1，在 IS-LM 模型中之乘數效果為 M_2，在 AD-AS 模型中之乘數效果為 M_3，則 $M_1 > M_2 > M_3$。

 經濟視野 ③

供給學派的總合需求與供給

供給學派認為需求政策使政府總是以擴大社會福利、向高收入者大量徵稅等政策的實行，一方面打擊了人們的儲蓄、投資和工作積極性，另一方面降低了失業成本，解決的辦法是提高勞動生產率以增加供給。

大幅度降低稅率是增加刺激的主要手段，稅後淨收入越高勞動或投資的積極性也就越大，反之則越小。把充分發揮企業家精神看作是促進經濟增長的重要因素，讓企業自由地進行經營，生產能夠收到最佳效果；政府給予過多的、不適當的管制，則會阻礙企業經營的創造性，影響生產增長。

○ 活用經濟實務

經濟動能推升方案的政策效果

行政院推出「經濟動能推升方案」，內容涵蓋產業多元創新、促進輸出、強化人才、促進投資及加強政府效能等五大方針。預估這項兼顧短、中、長期的方案，每年將可為台灣增加 1%至 1.6%的 GDP 成長。

在推動產業多元創新方面，將製造業服務化、服務業科技化與國際化、傳統產業特色化為三大主軸，在 5 年內挑選 50 個項目進行傳統產業維新；並將在 3 年內重點輔導 150 家以上具潛力的中小型企業，帶動新台幣千億元的投資，創造上萬個就業機會，還要在 2016 年達到千萬國際旅客來台的目標。

在促進輸出拓展市場方面，積極開發新興市場，並推動與重要貿易夥伴洽簽各項經濟合作協議（ECA）。在強化產業人才培訓方面，將改進技職教育，調整勞動法規，並將建立外籍優秀專業人士來台工作友善環境，會兼顧國內就業與企業競爭力。

在促進投資推動建設方面，促進民間投資每年至少新台幣 1 兆元，國際招商則預定達到 335 億元的目標，並檢討僑外投資及陸資來台的投資限制。提出吸引台商回台投資計畫，推動自由經濟示範區，提供台商所需土地、資金和人力。

在精進各級政府效能方面，將改進政府採購機制，並將活化公有土地和資產，篩選閒置及低度利用國有建築用地，規劃將創造新台幣 150 億元的收益，民間投資有 260 億元，相關稅收達到 1700 億元。

台灣不採用降稅、降息來提振經濟，政府主力放在經濟成長元素，產業、輸出、投資、政府效能等點火引擎，以提升 GDP 為經濟發展重點。

試以經濟學分析，思考以下問題：

1. 以有效需求的意義，說明「經濟動能推升方案」改善經濟問題的效果。
2. 以供給面政策的意義，說明如何改變生產資源，帶動台灣經濟穩定發展。
3. 以 AD-AS 均衡分析，說明「經濟動能推升方案」之影響。

( ) 1. 在短期，供給面衝擊的影響為何？ (A) 價格和產出同向變動 (B) 價格和產出反向變動 (C) 持續性的通貨膨脹 (D) 價格變動，但產出不變動。

( ) 2. 總合需要曲線會向左移動，若 (A) 政府增加福利支出 (B) 央行提高存款準備率 (C) 政府削減稅收 (D) 貨幣需要減少。

( ) 3. 總體經濟學中的長期總合供給是指什麼？ (A) 失業率為零時的產出水準 (B) 所有機器產能都在使用時的產出水準 (C) 充分就業時的產出水準 (D) 人口出生率等於死亡率時的產出水準。

( ) 4. 凱因斯學派認為，出口暢旺會分別對國內產出和價格有何影響？ (A) 產出增加，價格增加 (B) 產出增加，價格下降 (C) 產出不變，價格增加 (D) 產出減少，價格下降。

( ) 5. 當總合供給曲線為垂直線時，則下列何種政策可促使產出增加 (A) 政府支出增加 (B) 政府支出減少 (C) 降低重貼現率 (D) 改進生產技術。

( ) 6. 物價水準下降時，民眾的實質貨幣需求將會 (A) 增加 (B) 減少 (C) 不受影響 (D) 可能增加，也可能減少。

( ) 7. 在下列因素中，何者將導致民間消費支出的增加？ (A) 利率提高了 (B) 物價水準降低了 (C) 物價水準提高了 (D) 財富減少了

( ) 8. 當名目貨幣供給量增加時，會導致何種變化？ (A)LM 曲線往左上方移動 (B)IS 曲線往左下方移動 (C) 總合供給曲線往右下方移動 (D) 總合需求曲線往右上方移動。

( ) 9. 當生產技術出現突破性的進步時，將導致何種變化呢？ (A)IS 曲線往左下方移動 (B)LM 曲線往左上方移動 (C) 總合供給曲線往右下方移動 (D) 總合需求曲線往右上方移動。

( )10. 總合需求曲線為一條負斜率的曲線，是因為存在什麼效果？ (A) 物價水準上升，導致少消費進口品的效果 (B) 物價水準上升，導致少消費本國商品的效果 (C) 物價水準上升，導致實質貨幣供給增加的效果 (D) 物價水準上升，促使政府支出增加的效果。

筆記頁

28

理性預期與政策效果

學習導引：盧卡斯與沙金特

經濟視野❶ 圈內與圈外（insider-outsider）

經濟視野❷ 冷火雞（cold turkey）

經濟視野❸ 漸進主義（gradualism）

活用經濟實務：失業率與通膨率的政策目標

1995 年諾貝爾經濟學獎獲獎者羅伯特‧盧卡斯（Robert E. Lucas）倡導和發展了理性預期研究的運用理論，深化了人們對經濟政策的理解，並對經濟周期理論提出了獨到的見解。1972 年發表的《預期和貨幣中性》是他的代表作，開創並領導一個新的經濟學派─理性預期學派，或新古典經濟學派，在經濟模型構造、計量方法、動態經濟分析以及國際資本流動分析等方面都作出了卓越的貢獻。

2011 年諾貝爾經濟學獎頒給兩位美國總體經濟理論學者，分別是現任紐約大學經濟系教授沙金特（T.Sargent）和普林斯頓大學經濟學教授辛姆斯（C. Sims），他倆都屬於理性預期新興古典學派學者，對於政府干預政策有很鮮明的看法。得獎者因在總體經濟學中對因果關係的實證研究有重大貢獻獲獎，主要對政府

【盧卡斯】

經濟政策有效與否作研究。沙金特的理性預期菲利浦曲線，是說物價和失業間沒有抵換關係，政府利用擴張政策只會使物價上漲，對失業沒有幫助，亦即菲利浦曲線是一條垂直線，甚至於是正斜率的線。各國都是靠印鈔救市，結果造成愈來愈貪婪的弊病，進一步衍生出金融風暴，而通貨膨脹、泡沫經濟也都沒有斷過，形成高通膨與高失業情況同時存在的困境。

▶ 預習思考

☆ 試以理性預期的意義與新興古典學派理論，觀察經濟學家（研究單位）對物價預期的依據與誤差，並說明其理由。

☆ 試以貨幣學派的菲力普曲線，說明景氣繁榮引發需求拉動通貨膨脹，對經濟活動的短期及長期影響。

☆ 試以凱因斯學派的菲力普曲線，說明政府採行擴張性政策以刺激景氣，對經濟活動的短期及長期影響。

28-1　預期理論

一、預期的種類

比較新興古典學派的理性預期與新興凱因斯學派的適應性預期，並探討其對總體經濟活動與政策效果的影響。

1.靜態預期 (static expectation)

對本期物價的預期，是依據對上一期物價的預期，即預期其他條件不變，本期物價應與上一期物價相同。

動態分析考慮時間因素，主要分析在不同期間下，影響均衡變化的因素與調整情況，探討非均衡狀態調整變動至均衡狀態的過程。

2.適應性預期 (adaptive expectation)

凱因斯學派卡根（P. Cagan）所提出，認為一般人對本期物價的預期，是依據對上一期物價的預期與上一期預期的誤差修正而得；對下一期物價的預期是依據過去預期值與後來實現值，經過嘗試錯誤調整（error-learning），局部修正縮小誤差，將錯誤收斂至 0。

以過去與目前的經濟情況為基礎，並對錯誤預期加以修正調整，適應新的情況，亦即一般人對未來的預期受到過去經驗和目前條件的限制，而未能充分運用完整資訊推測未來情勢的可能變化，又稱為回顧式（backward-looking）預期。

3.理性預期 (rational expectation)

古典學派盧卡斯（R. E. Lucas）所提出，主張對未來的預期應依據所有相關的完整資訊，包括未來情勢的可能變化及其影響，不能只局限過去經驗和目前條件的限制，因此認為適應性預期忽略未來及其他因素的可能影響，而造成系統性（systematical）錯誤。對本期物價的預期，是依據各種可能變化的條件機率之期望值（加權平均值），平均而言應可接近實際物價。

對經濟活動能了解完整資訊而進行精準推測，才不會造成系統性錯誤，只有彼此不相關的隨機（random）誤差難以避免，能理性選擇獲得最大利益，又稱為前瞻式（forward-looking）預期。強調以任何經濟計量模型分析政策效果，必須衡量人民預期的影響，稱為盧卡斯批判（Lucas critique）。

二、新興古典學派 (new classical school)

古典學派加入理性預期的假設，認為一般人可以充分運用完整資訊推測未來情勢的可能變化，所以市場力量會透過價格機能完全調整，引導整個經濟社會資源運用最有效率，達成並維持充分就業之最大產出（所得）的均衡狀態，又稱為理性預期學派。

理性預期為古典學派的基本主張補強理論基礎，使古典經濟學在 1980 年代再領風騷。新興古典學派與貨幣學派同樣主張，以法則政策維持經濟穩定，而反對政府採行權衡性政策，因積極調整可能誤導經濟活動方向而更惡化景氣波動，又稱為政策無效定理（policy ineffectiveness theorem）。

三、盧卡斯 (Lucas) 總合供給曲線

總合供給是價格與其供給量之間呈同向變動關係的正斜率曲線，又稱為引進預期總合供給曲線（expectation-augmented aggregate supply curve；EAS）。在物價水準開始波動時，短期內勞工因相關資訊不完整，對勞動供給與名目工資預期未等幅調高，發生勞工錯覺（worker's misperception）。貨幣名目薪資仍具有僵固性而生產成本不變，生產者物價收入增加而利潤增加，因此提高總產出水準，即預期物價與實際物價不一致，實際產出亦與充分就業產出不同；依據理性預期假說，失業是由於不完全資訊。

長期後當勞工相關資訊完整，發覺其名目所得不變而物價成本上漲，會要求提高名目薪資以維持實質所得水準，生產者成本上漲而利潤增加較少，減緩提高總產出水準。垂直的總合供給線，代表名目薪資與物價水準完全伸縮調整以維持充分就業，又稱為長期總合供給曲線（long-run aggregate supply curve；LAS），即預期物價與實際物價一致，實際產出亦與充分就業產出相同。

當勞工生產的商品價格與整體物價水準波動不一致，不完整預期而發生勞工錯覺較大，生產者利潤增加較多，大幅提高總產出水準，供給彈性較大，即供給線斜率較小曲線較平（ΔY較大）。當勞工生產的商品價格與整體物價水準波動一致，勞工錯覺較小，會要求等幅提高名目薪資以維持實質所得水準，生產者成本上漲而利潤增加較少，減緩提高總產出水準，供給彈性愈小，即供給線斜率較大曲線愈陡（ΔY愈小）。

勞工資訊不完整，無法正確預期物價水準波動幅度，即預料外的物價影響，生產者利潤增加而形成正斜率的總合供給線，稱為價格衝擊（price surprise），因此正斜率的總合供給線，又稱為價格衝擊總合供給曲線，亦即預料外的物價衝擊造成擴張政策有效。

勞工正確預期物價水準波動（理性預期），形成垂直的總合供給線，代表名目薪資與物價水準完全伸縮調整，即預料中的物價波動造成擴張政策無效；理性預期學派假設工人對政府政策變動都能很快地調適他們的預期，總合供給曲線是垂直的。

四、政策中立性 (neutrality)

當政府推行的政策與其影響可以被人民理性預期完全推測，預料中（系統實施）的政策將無效。

人民已知政府會推行擴張性政策，依理性預期完全推測物價水準及名目所得上升幅度，勞工將要求等幅調高名目薪資以維持其實質所得水準，廠商因成本提高不願增加勞動需求以擴充產量，造成預料中的總合需求變動（anticipated shocks in AD），沿垂直總合供給線往上（價上漲）方移，導致失業率未下降且產出所得未增加，名目薪資及物價水準卻上漲，即預料中的擴張性政策無效；會影響名目產出，但不會影響實質產出，政府的反循環政策是無效的。

五、政策非中立性 (non-neutrality)

若人民未能完全推測政府推行的政策與其影響，預料外（隨機實施）的政策將有效。若總合需求擴張，廠商擴產而增加勞動市場需求，短期薪資僵固性但物價上漲，造成實質工資率下跌，但就業水準上升。

人民不知政府將推行擴張性政策，或未能完全推測物價水準及名目所得上升幅度以等幅調高名目薪資，造成預料外的總合需求變動（unanticipated shocks in AD），沿正斜率總合供給線往右（量增加）上（價上漲）方移，則實質產出所得水準改變，即預料外的政策影響將有效。根據理性預期學派，只有在政府能使社會大眾一時無法預期政策效果時，可以使失業暫時性地降低。

理性預期有隨機誤差難以避免，短期內可能未完全推測物價水準上升幅度，造成預料外的總合需求變動與政策非中立性；依據所有相關資訊進行調整修正，長期後完全推測物價水準及名目所得上升幅度，造成預料中的總合需求變動與政策中立性。

適應性預期造成系統性錯誤，經過嘗試錯誤局部調整縮小誤差，受到過去經驗和目前條件的限制，而未能充分運用完整資訊推測未來情勢的可能變化；長期後亦未能完全推測物價水準上升幅度，預料外的總合需求變動與政策非中立性將持續，直到將錯誤收斂至 0。

試以政策中立性與非中立性的意義，說明工會力量介入薪資談判，對政府政策以及經濟活動的影響。

六、新興凱因斯學派 (new Keynesian school)

　　凱因斯學派認為適應性預期較接近現實，因此薪資與物價水準不能依理性預期完全伸縮等幅調整；適應性預期理論為凱因斯學派補強理論基礎，主張工資與物價具有僵固性，使凱因斯學派持續發展，與古典經濟學之論戰仍未止歇。

　　新興古典學派主張之政策中立性，人民須能完全推測政府推行的政策與其影響，且市場力量會依理性預期透過價格機能完全調整，但人民要充分運用完整資訊推測未來情勢的可能變化，須耗費相當的訊息成本，能依理性預期完全推測物價水準及名目所得上升幅度，亦須具備經濟學理論基礎及分析能力。

　　1970 年代發生停滯性膨脹及需求政策失效現象，使凱因斯學派受到挑戰。1980 年代的新興古典學派與新興凱因斯學派加入預期理論，解釋價格機能完全調整與僵固的原因，並進而分析政策有效性。

1. 僵固性 (rigidity)

　　勞資雙方多依過去經驗簽訂契約，名目薪資因契約限制不得隨意調整，廠商依成本訂價亦不願經常變動價格，造成短期內物價水準不能完全伸縮調整。

　　一般人對未來的預期受到過去經驗和目前條件的限制，現實上難以充分運用完整資訊來精準推測未來情勢的可能變化；經過嘗試錯誤，調整修正縮小誤差，將錯誤收斂至接近理性預期，需要一段期間。既使理性預期完全推測物價水準及名目所得上升幅度，調整名目薪資亦受限制，不能完全達到理想的均衡狀態，但會朝均衡水準逐漸調整，稱為滯固性（sluggishness）。

2. 僵固性政策效果

　　契約簽訂前，政府推行的政策與其影響可被人民理性預期完全推測，依價格機能調整契約，政策將無效；若人民未能完全推測政府推行的政策與影響契約簽訂，即預料外的政策將有效。

　　當契約簽訂後，不論政府推行的政策與其影響是否被人民預期推測，因契約限制不得隨意調整，價格機能無法完全伸縮等幅調整，政策影響將有效。

　　在競爭市場結構中，會朝均衡水準逐漸調整接近，沒有價格衝擊現象，即預料中的物價波動終將造成政策無效。在非競爭市場結構中，形成分離式價格區隔，發生價格衝擊現象，即預料中的政策影響可能造成政策有效。

　　新興凱因斯學派承認新興古典學派之理性預期會影響政策有效性，但不認為可立即完全伸縮等幅調整，因此主張以權衡性政策引導經濟活動，在短期內有部分效果，而不至於完全無效。

————→ ·動動腦· ←————

試以適應性預期的意義與新興凱因斯學派理論，觀察一般人對物價預期的依據與誤差，並說明其理由。

 綜合範例

請以總合供需模型，分析「預期之內」與「預期之外」的貨幣供給變動對利率、物價及所得的影響。

Tip 詳政策中立性、政策非中立性。

經濟視野 ①

圈內與圈外（insider-outsider）

圈內已就業勞工或工會成員獲得偏高薪資向下僵固，但圈外失業勞工或非工會成員無法就業，因政府或工會人為干預訂定工資下限，市場力量無法以降價重回均衡；薪資與物價水準不能完全伸縮調整，勞動市場充分就業的理想均衡狀態無法達到。

美國經濟學家費雪（I.Fisher）提出長期契約（long-term contract），通常工會組織工人與廠商資方簽訂二至三年長期勞動契約，以保障勞工權益，不因景氣變化而變動，名目薪資因契約限制不得隨意調整。美國經濟學家歐昆（A. Okun）提出隱藏契約（implicit contract），通常勞方為保障勞工權益與工作穩定，資方為維持勞工穩定與成本固定，雙方互惠建立長期穩定關係，不因景氣變化而要求調薪，名目薪資不會隨意調整。美國經濟學家阿卡洛夫（G.Akerlof）提出效率薪資（efficiency wage），為獲得長期利益，勞方追求個人目標時，亦同時達成資方交付之效率目標；資方以偏高薪資提升勞動生產力，降低監督成本，減少勞工外流，薪資水準不能完全伸縮調整而向下僵固。

28-2 菲力普曲線

一、政策兩難 (policy paradox)

除了景氣蕭條價格僵固（凱因斯區），以及完全就業最大產出固定（古典區）之極端經濟條件外，總合供給線中間區為一由左下向右上延伸的正斜率曲線（如圖 28-1）。當生產技術、資源等影響總合供給的因素不變，使 AS 線不動，若總合需求擴張（AD_2），將使失業率降低而所得提高（Y_2），但物價上漲（P_2）；若總合需求緊縮（AD_1），將使物價下跌（P_1），但失業率提高而所得降低（Y_1）。

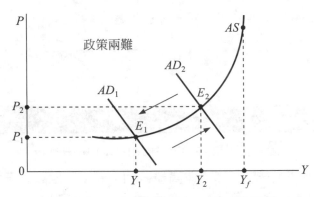

▲ 圖 28-1　總合供給線中間區政策兩難

二、抵換 (trade-off) 關係

在總合供給線中間區，政府不論採行擴張或緊縮政策，都無法同時解決失業與通貨膨脹問題：以擴張政策提高所得而降低失業率，將引發通貨膨脹壓力；以緊縮政策降低通貨膨脹壓力，卻造成失業率提高而所得降低，失業與通貨膨脹之間的抵換關係造成政策兩難。

> 犧牲比率＝產出所得變動百分比 / 通貨膨脹變動百分比

代表降低 1% 通貨膨脹率，產出所得須降低之百分比抵換代價。

三、菲力普曲線 (Phillips curve；PC)

描述失業與通貨膨脹之間的關係，決策者欲降低失業率必將接受高物價上漲率。

1958 年菲力普（A.W. Phillips）提出原始菲力普曲線，表示失業率與薪資上漲率呈反向關係（負斜率曲線），即勞動市場需求增加時，導致名目薪資上漲及失業率降低；勞動市場需求減少，則引發失業率提高及名目薪資下跌；若政府以增加支出的方式，試圖將失業率降至低於充分就業的水準，會造成工資上漲。

當失業率等於自然失業率，勞動市場薪資水準維持在均衡穩定狀態，薪資上漲率＝0；當失業率大於自然失業率，代表勞動市場超額供給，則薪資上漲率＜0；當失業率小於自然失業率，代表勞動市場超額需求，則薪資上漲率＞0。

薩繆森（P. A. Samuelson）與梭羅（R. M. Solow）於 1960 年提出，以通貨膨脹率與薪資上漲率之同向關係，將原始菲力普曲線轉換引申，為描述失業率與通貨膨脹率之間的反向關係（負斜率曲線），成為至今常用的菲力普曲線，同時衡量勞動與商品市場（勞動需求為商品市場的引申需求）。當失業率等於自然失業率（充分就業 U_f），商品市場物價水準維持在均衡穩定狀態，即物價上漲率－0；勞動市場薪資水準維持在均衡穩定狀態，但薪資上漲率＋0，而等於平均生產力成長率。當長期及短期之總體經濟之均衡出現時，實際價格水準與預期價格水準相等。

負斜率菲力普曲線與橫軸交叉於 U_f 點，代表當失業率等於自然失業率，物價上漲率＝0；U_f 點左上方通膨率為正，代表當失業率小於自然失業率，市場超額需求，則物價上漲率＞0；U_f 點右下方通膨率為負，代表當失業率大於自然失業率，市場超額供給，則物價上漲率＜0（如圖 28-2）。將失業率維持在自然失業率之下，通貨膨脹率將加劇，因為實質通貨膨脹率將高於預期通貨膨脹率。

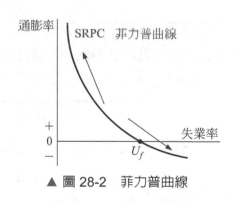

▲ 圖 28-2　菲力普曲線

總合供給線中間區為正斜率，右（所得較高）上（物價較高）方較陡（斜率較大），對應曲線菲力普曲線左上方較陡，代表為使失業率更低，須以更高通膨率抵換代價；總合供給線中間區左（所得較低）下（物價較低）方較平（斜率較小），對應菲力普曲線右下方較平，代表當失業率大而物價上漲率小，則抵換代價較小，造成物價僵固性。

四、政策兩難均衡

政府採行擴張或緊縮政策時，會衡量社會所能獲得的滿足感（效用），在政策兩難下，無法同時解決失業與通貨膨脹兩種問題，則以最佳組合（均衡）得到最大滿足（總效用）。

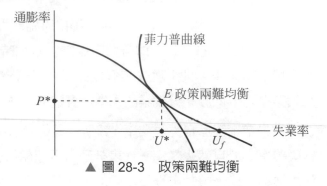

▲ 圖 28-3　政策兩難均衡

均衡在菲力普曲線與效用可能疆界相切之切點（E）處，社會得到最大福利，並對應最佳失業率與通膨率的組合（$U*$，$P*$）。如圖，切點 E（$U*$，$P*$）為菲力普曲線上唯一之最大效用組合（如圖 28-3）。

效用可能疆界較陡，而與菲力普曲線相切於偏左（低失業率）上（高通膨率）方，代表經濟社會效用偏好低失業率，稱為失業趨避（unemployment averse），為使失業率更低，願意以更高通膨率抵換；效用可能疆界較平，而與菲力普曲線相切於偏右（高失業率）下（低通膨率）方，代表經濟社會效用偏好低通膨率，稱為通膨趨避（inflation averse），為使通膨率更低，願意以更高失業率抵換。

◆ 動動腦 ◆

試以政策兩難與抵換關係的意義，說明景氣復甦後，應升息抑制通貨膨脹，或應持續擴張經濟活動。

五、短期 (short-run) 菲力普曲線 (SRPC)

不同菲力普曲線代表不同供給條件或預期通貨膨脹率水準，同一菲力普曲線代表某一特定供給資源或預期水準，線上每一點則代表在固定條件下，失業率與通貨膨脹率沿線相互抵換之最佳組合軌跡。

若總合需求擴張，廠商擴產而增加勞動市場需求，導致薪資上漲及失業率降低，但生產成本提高使物價上漲；反之若總合需求緊縮則引發失業率提高及薪資下跌，但生產成本下降使物價下跌，因此通貨膨脹率和薪資上漲率同樣與失業率呈反向關係。菲力普曲線描述政策兩難，但亦顯示權衡性政策可以引導經濟活動，進而改變所得與物價水準，符合凱因斯學派主張。

　　總合供給或預期通貨膨脹率變動則整
條菲力普曲線位移（如圖28-4），勞動生
產力非預期性的增加，總合供給增加或預
期通貨膨脹率下降時，菲力普曲線往左（失
業率降低）下（通膨率下降）位移（PC_1）；
總合供給減少或預期通貨膨脹率上升，則
菲力普曲線往右（失業率提高）上（通膨
率提高）位移（PC_2），即發生成本推動之
停滯性膨脹。

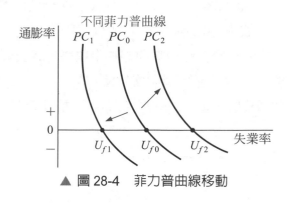

▲ 圖 28-4　菲力普曲線移動

　　總合供給不變則菲力普曲線固定，若總合需求繼續擴張至總合供給線 AS 線右方（高
所得）的垂直線（古典區），對應均衡物價水準上漲，但均衡總產出（所得）固定，即
產出成長停滯失業率上升而物價上漲，發生景氣過熱之停滯性膨脹，形成往右（失業率
提高）上（通膨率提高）延伸的正斜率菲力普曲線，即古典學派主張的政策無效（非政
策兩難）。

六、引進預期菲力普曲線 (expectation-augmented Phillips curve)

　　加入理性預期的假設，充分運用完整資訊推測未來情勢的可能變化，預期實質工資
（W/P）會影響勞動市場供需及失業率的變化；因此預期的調整修正，則整條菲力普曲
線位移。

　　不同曲線則代表不同預期物價水準，整條菲力普曲線往上位移，代表較大的預期通
貨膨脹率，反之若整條菲力普曲線往下位移，代表較小的預期通貨膨脹率。

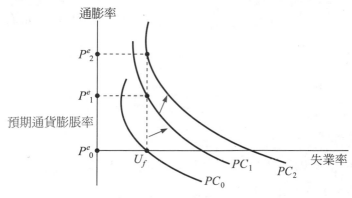

▲ 圖 28-5　引進預期菲力普曲線

如圖 28-5，若以 PC_0 代表預期物價水準不變，即預期通貨膨脹率 $P^e_0 = 0$，當實際物價上漲率＝0，菲力普曲線 PC_0 與橫軸交叉於 U_f 點，代表預期通貨膨脹率 $P^e = 0$ 的自然失業率；整條菲力普曲線往上位移，代表較大的預期物價水準，菲力普曲線 PC_1 的失業率＝U_f 所對應的實際通膨率（P^e_1），即 PC_1 的預期通貨膨脹率；同理，P^e_2 代表 PC_2 的預期通貨膨脹率；$P^e_2 > P^e_1 > P^e_0 = 0$，整條菲力普曲線往上位移，代表較大的預期通貨膨脹率（$PC_2 > PC_1 > PC_0$），不同菲力普曲線代表特定預期通貨膨脹率，即對應自然失業率（U_f）時之通貨膨脹率（P^e）。

經濟視野 ❷

冷火雞（cold turkey）

央行大幅減少貨幣供給額，降溫總體經濟活動，以緊縮性貨幣政策立即減緩通貨膨脹壓力。

貨幣大幅緊縮使物價大幅下跌但短期失業率大幅上升，預期通貨膨脹率向下修正，名目薪資調整後，趨向充分就業狀態；長期達到充分就業（自然失業率）均衡後，最大產出（所得）即固定。冷火雞法立即達成抑制通貨膨脹目標，但短期失業率大幅波動上升。

綜合範例

假設一經濟社會之菲力普曲線為：$\pi t = 0.025 - Ut$，其中 πt 為通貨膨脹率，Ut 為失業率。若其 2001 年及 2002 年之物價指數分別為 120 及 117，則依據此菲力普曲線之模式，2002 年之失業率應為？

 詳菲力普曲線。

解析

物價上漲率 $\pi t = 0.025 - Ut = (117 - 120)/120 = -0.025$，

則失業率 $Ut = 0.025 - (-0.025) = 0.05 = 5\%$。

當失業率（5%）大於自然失業率（2.5%），市場超額供給則物價上漲率＜0。

28-3 長期政策效果

一、長期 (long-run) 菲力普曲線 (LRPC)

　　長期意指預期通貨膨脹率調整修正至和實際通貨膨脹率相等時；LRPC 描述實際通貨膨脹率等於預期通貨膨脹率時，失業率與通貨膨脹率之間關係的組合軌跡。短期菲力普曲線無法完全適用，其主因為該模式忽略了人們的預期通貨膨脹心理，若失業率維持自然失業率水準，通貨膨脹率不一定為 0。以各學派的菲力曲線分析其對總體經濟政策的主張與效果。

二、貨幣學派菲力普曲線

　　貨幣學派經濟學家傅里曼認為，預期通貨膨脹率上升時，勞工將要求等幅調高名目薪資以維持其實質所得水準，廠商因成本提高不願增加勞動需求擴充產量，導致失業率未下降且產出所得未增加，名目薪資及物價水準卻上漲；反之預期通貨膨脹率下降則名目薪資及物價水準下跌，失業率亦未改變。因此長期菲力普曲線是失業率固定的垂直線，而非呈反向（抵換）關係之負斜率曲線。

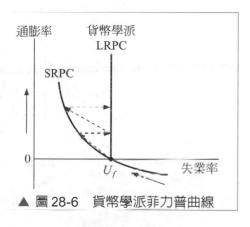

▲ 圖 28-6　貨幣學派菲力普曲線

　　貨幣學派承認均衡狀態並非可以立即達成並持續不變，但認為變動有限且可以理性預期，因此應該適度調整市場機能之不足，而非完全放任；貨幣對實質經濟活動的影響短期並非中性（適應性預期），長期則為中性，即政策短期有效而長期無效。貨幣學派認為貨幣政策不能改變長期均衡所得，主要基於長期菲力浦曲線為垂直線，失業率固定（如圖 28-6）。

　　以最適貨幣供給額成長率作為法則，法則不變則人民預期通貨膨脹率＝0，可以調整短期經濟活動（沿 $P_0^e = 0$ 之 SRPC 左上移），使其趨向充分就業狀態（自然失業率），當失業率大於自然失業率時（U_f 右下方）物價上漲率＜0；長期達到充分就業（U_f）後，當失業率小於自然失業率（U_f 左上方），則物價上漲率＞0，改變貨幣供給數量只會造成物價波動，預期通貨膨脹率等幅調高，而不能改變實質總產出及失業率（垂直 $LRPC$），最大產出（所得）即固定。

1. 加速膨脹 (acceleration)

　　若持續擴張信用，貨幣供給額成長率加速上升，短期失業率降低而所得提高；長期失業率會回升至自然失業率，即長期失業率不會改變，但通貨膨脹率更高，預期通貨膨脹率向上修正，通貨膨脹率加速上升。

　　總合需求擴張使短期所得提高，失業率降低但物價上漲（沿 $SRPC_0$ 左上移），預期通貨膨脹率向上修正（菲力普曲線上移至 $SRPC_1$），勞工要求等幅調高名目薪資後，廠商因成本提高而不願增加勞動需求來擴充產量，導致長期失業率回升至原狀（右移至 U_f）。若持續擴張政策，失業率降低較小但物價上漲較高（沿 $SRPC_1$ 左上移），預期通貨膨脹率向上修正（菲力普曲線上移至 $SRPC_2$），名目薪資等幅調高後，長期充分就業（自然失業率）最大產出（所得）即固定（LRPC），但通貨膨脹率大幅波動加速上升（如圖 28-7），因此貨幣學派主張貨幣中立性，權衡性政策無效。

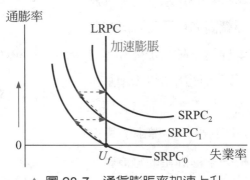

▲ 圖 28-7　通貨膨脹率加速上升

2. 通貨膨脹稅 (inflation tax)

　　政府增加貨幣供給額，通貨膨脹率加速上升，人民的財富實質購買力降低，即實質所得減少，但政府依名目所得課稅，使實質可支配所得減少更大，代表人民的稅賦負擔增加。貨幣學派認為，寬鬆貨幣政策引發通貨膨脹，如同政府擴張信用發行貨幣融通支出，再向人民課徵通貨膨脹稅支應，因此通貨膨脹是唯一不須立法同意的課稅方式。

> 通貨膨脹稅＝通貨膨脹率（稅率）× 實質貨幣餘額（稅基）

三、理性預期學派菲力普曲線

理性預期主張對未來的預期能了解完整資訊，而進行精準推測。當人民已知政府會推行擴張性政策，將依理性預期完全推測物價水準及名目所得上升幅度，預期通貨膨脹率向上修正，並立即要求等幅調高名目薪資；通貨膨脹代表整體平均物價水準的物價指數不斷升高，實質貨幣餘額（M/P）降低，市場均衡利率上升；廠商因成本提高不願增加勞動需求以

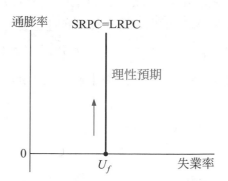

▲ 圖 28-8　理性預期學派菲力普曲線

擴充產量，導致失業率未下降且產出所得未增加，名目薪資及通膨率卻上升（沿 LRPC 上移），即預料中的政策無效，因此短期與長期菲力普曲線同為失業率固定（自然失業率）的垂直線（非抵換關係），政策短期與長期皆無效，無法利用貨幣政策和財政政策來降低失業率。

若人民未能完全推測政府推行的政策與其影響，預料外（隨機實施）的政策短期有效，但依理性預期立即等幅完全調整，失業率在自然失業率的固定垂直線附近短暫波動（如圖 28-8）。

────────────── •動動腦• ──────────────

試以理性預期學派的菲力普曲線，說明工資成本持續上升，對經濟活動的短期及長期影響。

四、凱因斯學派菲力普曲線

凱因斯學派經濟學家杜賓（J. Tobin）認為，薪資與物價水準不能依理性預期完全伸縮等幅調整，因此短期與長期菲力普曲線，同為失業率與通貨膨脹率呈反向關係之負斜率曲線（抵換關係），政策短期與長期皆有效。

長期預期通貨膨脹率向上修正，薪資依預期物價水準調整，幅度較大但不會完全等幅，因此長期菲力普曲線較陡，表示廠商因成本變動影響政策有效性（失業率變動較小），但仍有部分效

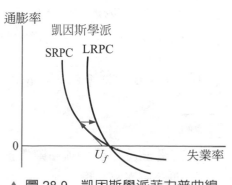

▲ 圖 28-9　凱因斯學派菲力普曲線

果;短期菲力普曲線較平,表示價格(薪資)僵固性(如圖 28-9),因此擴張性有效需求之政策效果佳(失業率變動較大)。若持續擴張信用,長期失業率降低而所得提高,即長期貨幣供給額成長率加速上升,但非加速通貨膨脹率。

凱因斯學派主張政府應採取有效政策誘因,所得政策(income policy)限制薪資所得與企業利潤之物價上漲,阻止通貨膨脹的進一步惡化與不當預期,非緊縮政策而失業率不會波動上升。若政府直接採取價格管制政策,將導致市場失衡之短缺問題,可能造成物價指數表面上未升高之潛在通貨膨脹。

 經濟視野 ③

漸進主義(gradualism)

央行小幅減少貨幣供給額,漸進降溫總體經濟活動,以緊縮性貨幣政策逐步減緩通貨膨脹壓力。

貨幣小幅緊縮使物價小幅下跌,短期失業率小幅上升,長期預期通貨膨脹率向下修正;未達抑制通貨膨漲目標,貨幣政策持續小幅緊縮使物價持續小幅下跌,短期失業率小幅上升,預期通貨膨脹率向下修正;名目薪資調整後,趨向充分就業狀態;長期達到充分就業(自然失業率)均衡後,最大產出(所得)即固定。漸進降溫法短期失業率波動較小,但達成抑制通貨膨脹目標之調整時間較長。

 綜合範例

菲力普曲線主要描述通貨膨脹與失業之間的關係,可是 60 年代以後卻無法適用於各個國家,其主因為該模式: (A) 忽略了人們的預期通貨膨脹心理 (B) 忽略了政府的財政收支平衡 (C) 忽略了經常帳的收支平衡 (D) 忽略了資本帳的收支平衡。

 詳理性預期學派菲力普曲線。

解析

菲力普曲線主要描述通貨膨脹與失業之間的抵換關係,該模式 (A) 忽略了人們的預期通貨膨脹心理。

失業率與通膨率的政策目標

　　美國聯邦公開市場委員會（FOMC）決議，除延續 QE3 每月 400 億美元的房貸抵押證券（MBS）購買外，因應扭轉操作到期，每月將額外買入 450 億美元的政府公債，即每月購買額度擴大至 850 億美元。聯準會並在會後聲明指出，在就業市場沒有明顯好轉前，QE3 都將持續；利率政策方面，則從過去宣布一個固定期間內不會升息的承諾，改採失業率與通膨等經濟變數作為是否調升利率的依據，正式承諾零利率政策（聯邦資金利率 0%～ 0.25%）不達目的（就業市場明顯改善）決不罷休。

　　扭轉操作係買入長天期債券同時賣出等量短天期債券，因此資產負債表規模並未擴大，但本次推出的公債購買，係額外擴大資產規模。聯準會原先 2015 年前中低利率不變之承諾，會讓市場產生 2015 年前經濟皆無法明顯改善的錯誤認知，政策效力也會因此降低；透過貨幣政策維持合宜的長期利率，改以相關經濟變數數據作為門檻較符合決策需求。自 2007 年 9 月起開始調降聯邦資金利率，並在 2008 年 12 月降至目前 0 ～ 0.25%的低利率水準，改採失業率與通膨率作為決策依據，可降低預期效果的影響，但是否真能發揮效力仍待評估。

　　上調原先的通膨目標至不超過2.5%，且加入 6.5%以下的失業率作為共同政策門檻，並表示在就業市場無明確改善前，將持續量化寬鬆政策的執行，在物價許可的情況下，聯準會願意忍受較高的通膨，以換取就業市場加速改善。然而，未來物價上漲速度是否超出預期，致通膨門檻提前到來，讓物價穩定與就業極大化的雙重目標產生矛盾，或將成為未來政策執行的潛在風險。

試以經濟學分析，思考以下問題：

1. 以政策中立性的意義，說明持續量化寬鬆政策的效果。

2. 以抵換關係的意義，說明物價穩定與就業極大化的雙重目標矛盾。

3. 以各學派的長期菲力普曲線，分析預期通貨膨脹之影響。

( ) 1. 短期總合供給曲線越陡峭,菲利普曲線(Phillips curve)形態會如何? (A) 越平坦 (B) 越陡峭 (C) 越向後彎曲 (D) 兩種曲線斜率沒有相關性。

( ) 2. 下列關於失業之敘述,何者正確? (A) 如果勞工求職人數等於廠商求才人數,社會上必無人失業 (B) 當政府給付的失業救濟金提高,使勞工尋找工作意願降低,會使菲力普曲線右移 (C) 當勞動市場充分就業時,摩擦性失業率為零 (D) 古典學派模型中的失業為非意願性失業。

( ) 3. 下列那個敘述將會導致短期菲力普曲線的左移?敘述Ⅰ:預期通貨膨脹率的調降;敘述Ⅱ:自然失業率的降低 (A) 只有敘述Ⅰ (B) 只有敘述Ⅱ (C) 敘述Ⅰ與敘述Ⅱ都會 (D) 敘述Ⅰ與敘述Ⅱ都不會。

( ) 4. 經濟學上的菲力普曲線(Phillips curve)是指那兩種變數之間的關係? (A) 加權股價指數變動率與失業率 (B) 加權股價指數變動率與通貨膨脹率 (C) 通貨膨脹率與失業率 (D) 國幣升值率與加權股價指數變動率。

( ) 5. 下述有關菲力普曲線的陳述,何者是正確的? (A) 該曲線具有正斜率性質 (B) 該曲線說明物價水準與失業人數之間的關係 (C) 該曲線說明物價上漲率與失業率之間具有正向關係 (D) 該曲線呈現物價上漲率與失業率之間具有抵換關係。

( ) 6. 當出現何種變化時,菲力普(Phillips)曲線會往右移動? (A) 自然失業率上升 (B) 自然失業率下降 (C) 預期通貨膨脹率下降 (D) 總合需求曲線往左移動。

( ) 7. 如果中央銀行擴張性的貨幣政策在民眾的預期中,則如何以菲利浦曲線(Phillips curve)來解釋? (A) 短期菲利浦曲線向右上方移動,失業率不變,物價膨脹率上升 (B) 長期菲利浦曲線向右上方移動,失業率增加,物價膨脹率上升 (C) 短期菲利浦曲線向左下方移動,失業率不變,物價膨脹率下降 (D) 長期菲利浦曲線向左下方移動,失業率減少,物價膨脹率上升。

( ) 8. 以下關於菲利浦曲線(Phillips curve)的說明,何者錯誤? (A) 長期曲線是垂直的 (B) 短期曲線是負斜率的 (C) 短期菲利浦曲線是預期利率的函數 (D) 是解釋失業率與物價膨脹率之間的關係。

29

經濟成長

學習導引：梭羅與《對經濟增長理論的一個貢獻》

經濟視野❶　知識管理（Knowledge Management；KM）

經濟視野❷　知識管理科技建設

經濟視野❸　知識資產管理

活用經濟實務：中國城鎮化帶動經濟成長

美國經濟學家梭羅（R. Solow），以其新古典經濟增長理論著稱，並在 1961 年被美國經濟學會授予青年經濟學家的克拉克獎章和 1987 年諾貝爾經濟學獎。1951 年獲得哈佛大學博士學位，他的導師是研究投入產出模型著稱的 1973 年諾貝爾獎得主華西里·李昂蒂夫（Wassily Leontief）。

【梭羅】

主要著作《對經濟增長理論的一個貢獻》，對經濟總體的增長貢獻被設定為由勞動、資本和技術進步三者組成，並且假設邊際生產遞減的一次齊次的總生產函數、滿足儲蓄率一定、技術進步為外生等的條件，在此基礎上得出了政府政策對於經濟增長的作用是無效的，資本積累過程長期將收斂於經濟增長穩定狀態。

該理論以資本邊際收益遞減、完全競爭經濟和外生技術進步及其收益不變為其理論假設。當外生的技術以固定比率增長時，經濟將在平衡增長路徑上增長；而當外生技術水平固定不變時，經濟將趨於停滯；技術進步是經濟增長的主要動力，故被稱為技術決定論。另一個重要假設是在機會均等的條件下，各國沒有技術水平的差別，因此各國的使經濟發展水平和增長率傾向趨於一致。

預習思考

☆ 試以經濟成長的意義與重要性，說明台灣經濟奇蹟，對我國民福祉、國家安全及國際地位的影響。

☆ 試以收斂假說，分析開發中國家的經濟成長率高於先進國家的原因；再以新成長理論，說明先進國家如何仍可維持經濟領導地位。

☆ 試以各種成長理論，驗證台灣在經濟發展過程中，不同階段的成長經驗與形成原因。

29-1　經濟成長影響因素

一、經濟成長的定義

經濟成長（economic growth）以平均每人實質所得逐漸增加的現象，作爲衡量一國經濟實力與國民福祉的重要指標。生產要素充分就業之長期總供給成長，亦即充分就業實質 GDP 的成長，可以使總產出（Y）達到潛在國內生產毛額。

$$經濟成長率 = (Y_t - Y_{t-1})/Y_{t-1} \times 100\ \% = a \times s\ ;\ Y_t = a \times K_t$$

經濟成長率代表平均每人實質所得增加率，決定於資本產出率（$a = Y/K$）及儲蓄率（$s = S/Y$），當期總產出（Y_t）則決定於資本產出率（a）及期初資本（K_t）。透過金融市場將儲蓄資金用於投資活動，儲蓄與投資愈多及資本產出率（生產力）愈大，則經濟成長率愈高，亦即生產力、儲蓄與投資爲經濟成長的主要動力。

制度面需要自由市場秩序、財產權保障、健全金融市場等以確保生產力、儲蓄及投資的價值與順利運作，亦需要實質資本存量、人力資本質量、技術創新發明等以提升生產力，促進經濟成長。

二、總合生產函數 Y = F(K，L)

總合生產函數代表生產要素總投入與總產出（Y）的關係，K（資本）與 L（人力）爲可使生產者產出產量的兩種要素。實質資本投資增加，使每一人力的可用資本增加，而提升生產力；人力資本包括勞動力的數量與素質，泛指可用人力所累積的技能與知識，因此教育訓練與工作經驗可以提升人力資本。

K（資本）與 L（人力）爲總合生產的內生變數，實質投資變動影響資本累積，人口出生率（n）及健康影響勞動數量；其他條件（如技術能力）則是總合生產的外生變數，受知識及經驗等因素影響；亦即經濟成長受內生變數資本與人力，以及外生變數技術能力所影響。

三、勞動生產力 (labor productivity；LP)

平均每一單位勞動產出，在技術能力不變下，內生變數 K（資本）與 L（人力）變動，勞動生產力（Y/L）隨每人可用之資產設備（K/L）增加（資本累積）而提升，但逐漸發

生邊際生產力遞減現象。生產要素增加投入而促進經濟成長，又稱爲勞力效果（producing harder），因資源有限漸趨飽和而邊際生產力遞減。

　　圖形上爲同一條勞動生產力曲線，線上每一點代表某一特定每人可用資本（K/L）所對應的單位勞動產出（Y/L），隨著 K/L 增加（往右），Y/L 的增加幅度漸小（曲線漸平坦），代表邊際生產力遞減（如圖 29-1），因爲受限於既定技術能力（生產外生條件不變）。

　　使用要素增加可以提升總產值，但在固定資產（K）不變下，因每人可用之資產設備減少，人口總數增加將發生勞動邊際生產力遞減現象。若人口總數（N）不變，則資本累積受限於既定勞動人口與技術能力，而逐漸發生資本邊際生產力遞減現象，影響廠商繼續增加投資的意願，資本累積（經濟成長）停滯，總產出固定在充分就業狀態的均衡水準。技術進步代表每人使用資產設備之生產力提升，但若技術進步未能長期持續，終將發生邊際生產力遞減現象，經濟成長亦不可能長期持續。國家的平均每人產出成長變得很緩慢，技術進步緩慢最能解釋其發生原因。

四、實質資本存量變動

　　實質資本存量（K/L）增加，可以使更多單位勞動獲得資產設備而投入生產活動，稱爲資本廣度（capital widening）；也可以使每一單位勞動獲得更多資產設備而增加單位產出，稱爲資本深化（capital deepening）。實質資本存量增加使勞動生產力提升而促進經濟成長，點沿同一條勞動生產力曲線往右上移動（如圖 29-1）。

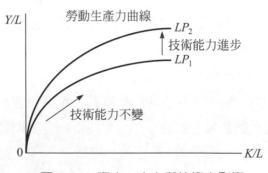

▲ 圖 29-1　資本、人力與技術之影響

　　以政策獎勵儲蓄與投資可以加速資本累積，增加實質資本存量；資本存量增加率與勞動數量增加率（人口出生率）相同時，實質資本存量（K/L）不變，對應特定的單位勞動產出（Y/L）亦不變。

1.投資雙重性

投資為經濟成長的主要動力，具有雙重效果。投資活動增加引導總合需求擴張，經由乘數效果促進所得成長，稱為**需求創造效果**（demand-creating effect）；實質投資變動影響資本累積，淨投資之實質資本存量增加，提高總合供給生產，經由提升總產值促進經濟成長，稱為**產能創造效果**（capacity-generating effect）。

2.技術能力變動

若技術能力進步（生產外生條件變動），使每一 K/L 所對應的 Y/L 增加，而形成另一條往上位移的勞動生產力曲線（LP_2），代表每人使用資產設備之生產力提升，即資本品質提升，使資源的經濟效益增加；但若技術進步未能長期持續，亦終將發生邊際生產力遞減現象（LP_2 曲線漸平坦）。技術能力進步而促進經濟成長，又稱為**智慧效果**（producing smarter），生產力向上突破提升（如圖 29-1），若技術進步未能長期持續，資源將漸趨飽和而邊際生產力則將遞減。

蕭茲（Schultz）強調人力資本的經濟價值，為經濟成長的重要資源動力。創新發明與經驗累積都可以增進技術能力，包括設備產能、生產方法、管理效率、人力素質等的精進，在既定有限資源下增加產出。市場需求亦是刺激投資與創新的重要誘因，商品需求增加或市場擴大，刺激廠商加速資本累積與創新發明以擴充產能。

動動腦

試以總合生產函數的意義，說明獎勵儲蓄與投資以及教育普及，對提升生產力與經濟成長的影響。

3.中性技術進步論

希克斯（J. Hicks）將技術能力進步區分為可以提高資本邊際生產力／勞動邊際生產力比值的資本節約型、降低資本邊際生產力／勞動邊際生產力比值的勞動節約型、資本邊際生產力／勞動邊際生產力比值不變的中性技術進步。

資本節約型與勞動節約型代表對要素之不同雇用組合，可以提高邊際生產力；中性技術進步代表兩要素的邊際生產力等幅提升，使總產出成長。中性技術進步提升勞動邊際生產力，使工資率上升；等幅提升資本邊際生產力，使利潤率亦等幅上升；在實質資本存量（K/L）不變下，資本邊際生產力／勞動邊際生產力比值不變而總產出成長，工資與利潤在國民（要素）所得之比例亦不變。

五、產出成長或衰退

長期生產表示生產資源與技術水準足以改變，當有所突破增進，在新的條件限制下，兩種產品可同時增加產量，亦即最大產量組合增加，生產可能曲線向外移爲產出成長（PPC_1）。反之若生產資源與技術水準受到管制或破壞，在新的條件限制下，兩種產品可同時減少產量，亦即最大產量組合減少，生產可能曲線向內移爲產出衰退（PPC_2）。

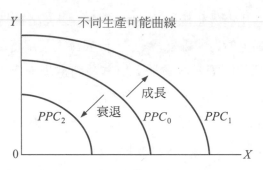

▲ 圖 29-2　生產可能曲線成長與衰退

成長或衰退之 PPC 未必平行移動，新的條件較有利（不利）產出 X 則曲線偏右（左）移，較有利（不利）產出 Y 則曲線偏上（下）移。生產條件改變使生產可能曲線位移，勞動力擴張最可能使生產可能曲線向外移動，生產條件不變則點（生產組合）沿固定曲線調整（如圖 29-2）。

六、經濟成長影響

落後國家的所得低而儲蓄少，難以增加投資累積資本，生產力無法提升使所得難以提高，市場需求不足而缺乏增加產出的誘因，因而形成惡性循環，貧者愈貧。先進國家的所得高而儲蓄多，易於增加投資累積資本，生產力提升使所得進一步提高，市場需求擴張而刺激投資與創新以增加產出，而專業分工與規模經驗有利增進技術能力，所以形成良性循環，富者更富。

經濟成長代表平均每人所創造的生產價值提高，有助於改善人民的生活水準，而且所得財富累積增加，可以舒緩資源有限的壓力並滿足更大的慾望。同時，在成長過程中亦進行財富重分配，可以減少貧窮而促進社會穩定，更有利經濟成長環境。經濟成長爲衡量一國經濟實力與國民福祉的重要指標，代表國家的能力與榮譽，可以增進國家安全及國際地位。

→ 動動腦 ←

觀察我國近年來的經濟成長率，分析其變化的原因，並說明使台灣得以持續經濟成長的主要動力，及需要配合改善的法令制度。

綜合範例

考慮一個的生產函數：$Y= \sqrt{K}\sqrt{N}$ ，其中，$Y=$ 產出，$K=$ 資本，$N=$ 勞動。如果 N 與 K 兩者皆增加 3%，說明 Y 改變？Y/N 改變？

 詳總合生產函數。

生產函數：$Y= {}^{m=\Delta Y/\Delta X=} = K1/2N1/2$，$\alpha+\beta=1$ 為規模報酬固定，總產出（Y）模變動幅度與投入的要素（K，N）數量變動幅度相同皆增加 3%，Y/N 固定不變。因此，Y 增加剛好為 3%，Y/N 不會改變。

經濟視野 ①

知識管理（Knowledge Management；KM）

　　有關知識的清點、評估、監督、規劃、取得、學習、流通、整合、保護、創新活動，並將知識視同資產進行管理，有效增進知識資產價值。由經濟需求出發，進行價值創造的一種策略。著眼於活用知識並與創造未來價值的活動相結合，提升組織內創新性知識的質與量，並強化知識的可行性與運用價值。

29-2　古典與凱因斯成長理論

一、古典成長理論

主要描述古老農業經濟之人口與產出的關係，只有人口是內生變數，忽略人口變數以外的其他影響因素，適用於分析低度開發國家的經濟成長。認為長期總產出固定在充分就業水準，平均每人實質所得終將維持在基本生活水準，又稱為生存水準成長理論（subsistence theory of growth）。透過價格機能完全調整薪資與物價，可以維持充分就業狀態的總產出水準；人民為維持基本生活所需的最低工資水準，稱為生存工資率（subsistence wage rate）。

1. 幽暗科學 (dismal science)

古典學派的成長理論偏向悲觀，認為經濟成長只是短期現象，將經濟剩餘利用成為資本累積，當資源充分就業，資本累積終將停滯，不可能長期持續成長。在充分就業之總產出水準固定下，薪資、物價與人口總數完全調整，使平均每人實質所得維持在基本生活水準。

2. 工資基金 (wage fund)

經濟學家彌勒（Mill）集古典學派的理論大成，認為投資可以加速資本累積，但須支付工資以維持勞工生活，即廠商投資須提撥部分資金支付工資；當廠商投資獲得利潤，可繼續擴大投資以加速資本累積，工資基金亦隨之增加。工資基金與勞工供給數量決定工資水準，因工資鐵律與邊際生產力遞減現象，工資水準終將維持在基本生活水準。當經濟利潤（資本報酬）為零，廠商停止投資，資本累積停滯，總產出固定在充分就業狀態的均衡水準，又稱為經濟成長停滯狀態均衡（stationary-state equilibrium）。

二、哈羅 - 多瑪成長模型

凱因斯學派經濟學家哈羅（R. F. Harrod）與多瑪（E. D.Domar）於 1940 年代所提出，主張資本是經濟成長的決定因素，推導出經濟成長率（g）等於平均儲蓄傾向（APS）除以邊際資本 / 產出比率（$\Delta K / \Delta Y$）。

總儲蓄（S）等於平均儲蓄傾向（APS）乘以總所得（Y），投資（I）等於資本增加（ΔK），邊際資本 / 產出比率（$\Delta K / \Delta Y$）代表資本增加對產出增加的貢獻。

$$I = \Delta K = (\Delta K / \Delta Y) \times \Delta Y$$

　　將儲蓄資金用於投資活動才能累積資本，均衡時 $S = APS \times Y = I$，因此可得 $APS \times Y = (\Delta K / \Delta Y) \times \Delta Y$，$APS = S/Y =$ 儲蓄占國民所得比例。

$$\text{經濟成長率 } g = (\Delta Y/Y) = APS/(\Delta K / \Delta Y)$$

　　經濟成長均衡時，資本供給 (APS) = 資本需求 $(g \times \Delta K / \Delta Y)$。依據哈羅 - 多瑪成長模型，提高儲蓄率（APS；s）並發展邊際資本 / 產出比率較低之輕工業，可以加速經濟成長率（g），代表每增加一單位產出所需資本較低，即輕工業之單位資本對產出增加的貢獻較高；發展邊際資本 / 產出比率較高之重工業則有助於資本累積，增加經濟持續成長所需之實質資本存量（ΔK）。

1. 保證成長率 (warranted rate of growth)

　　廠商投資增加之資本累積沒有過剩閒置現象的均衡所得成長率，其條件為增加投資之供給（儲蓄資金）等於增加投資之需求（投資活動），保證可以完全允分利用，即投資雙重性之需求創造效果與產能創造效果相等。

$$\text{保證成長率 } gw = APS/B$$

　　儲蓄占國民所得比例 APS 用於充分投資（每單位產出需 B 單位資本），代表投資成長率（$\Delta K/K$），產出均衡所得（$Y = K/B$）時即是保證成長率，又稱為充分產能成長率（full capacity growthrate），廠商願意持續投資。

　　當經濟成長率等於保證成長率時，表示資本要素充分就業，而勞動要素未必充分就業；每一單位產出需要 A 單位勞動與 B 單位資本，當資本需求等於資本供給時，勞動需求未必等於勞動供給。

2. 自然成長率 (natural rate of growth)

　　勞動供給（L）等於勞動需求（每單位產出需要 A 單位勞動），勞動沒有過剩閒置現象的均衡所得成長率，即均衡所得 $Y = L/A$ 之經濟成長率，使勞動要素可以充分就業，又稱為充分就業成長率（full employment growth rate）。

> 自然成長率 $gn = n$

經濟成長率恰等於勞動人口增加率（n），使勞動要素可以充分就業，產出均衡所得。

三、效率勞動力 (efficiency labor)

加入技術進步因子 λ 的勞動力，因此經濟成長率恰等於勞動人口增加率（n）以及技術進步因子（λ），使效率勞動要素可以充分就業，產出均衡所得，代表社會最適（最大潛能）成長率。

> 自然成長率 $gn = n + \lambda$
>
> 實際經濟成長率 $g_a = $ 保證成長率 $g_w = APS/B$
> $\qquad\qquad = $ 自然成長率 $gn = n + \lambda$

哈羅－多瑪成長模型均衡條件：保證成長率之毛投資，恰等於人口增加以及技術進步所需之資本累積存量（自然成長率），使每人所得水準（y）維持不變，即每人資本增量＝0。

依據哈羅－多瑪成長模型，實際經濟成長率必須等於保證成長率，而且等於自然成長率時，勞動與資本依固定組合比例生產（要素不能替代），才能使兩要素資源完全搭配並同時充分就業，產出均衡所得。

四、剃刀邊緣 (razor's edge)

當實際經濟成長率不符合均衡條件，將難以調整回到充分就業均衡狀態，持續失衡造成經濟波動的不穩定現象，亦即經濟成長為不安定均衡。

當實際經濟成長率大於保證成長率，代表投資成長率不足，必須增加投資之供給，淨投資之實質資本存量增加，提高總合供給生產，經由產能創造效果促進經濟成長，使實際經濟成長率更大，難以調整回到均衡狀態，導致經濟過熱通貨膨脹。

當實際經濟成長率小於保證成長率，代表投資成長過剩，投資增加之資本累積沒有完全充分利用，造成資本要素閒置現象，必須減少淨投資，使實際經濟成長率更小，難以調整回到均衡狀態，導致經濟緊縮失業增加。

當自然成長率大於保證成長率，代表投資成長率不足，廠商必須持續投資，增加實質資本存量，導致經濟活動擴張之景氣上揚現象；若實質資本存量不能持續增加，代表人口增加所需之資本累積存量不足，每人資本存量降低，導致經濟緊縮失業增加之景氣低迷現象。

　　當保證成長率大於自然成長率，代表勞動人口充分就業，產出最大潛能，但資本要素過剩閒置，廠商必須減少投資，經濟成長終將停滯，總產出固定在充分就業水準。

試以哈羅 - 多瑪成長模型，說明為何開發中國家多發展輕工業以加速經濟成長，而先進國家則以發展重工業維持經濟優勢。

　綜合範例

由於台灣物質資源匱乏，故人力資本應為台灣經濟成長的重要動力，此與以下何者之研究成果相似？　(A) 蕭茲 (Schultz)　(B) 哈羅 (Harrod)　(C) 多瑪 (Domar)　(D) 熊彼得（Schumpeter）。

 詳技術能力變動、哈羅－多瑪成長模型。

　　蕭茲強調人力資本的經濟價值，為經濟成長的重要動力。人力資本應為經濟成長的重要動力，此與 (A) 蕭茲（Schultz）之研究成果相似。

經濟視野 ❷

知識管理科技建設

　　組織管理與技術的基礎設計，建立資訊系統與技術的基礎結構，創造公共知識資料庫，發展專家應用系統，發展整合性的績效支援系統。發展有益於知識管理的良好科技與組織基礎建設，包括有益知識流通的電腦網路與資訊軟體，能推動知識管理的部門或組織制度，發展兼具標準系統與彈性結構的組織知識庫，有助於組織內各項與知識發展有關專案的推行。

29-3 外生與內生成長理論

一、新古典成長理論

美國經濟學家梭羅（R. Solow）於 1950 年代提出，認為人口成長、資本累積、技術能力進步共同影響經濟成長，但主張人口成長與技術進步是外生變數，不受經濟體系內之實質工資率等因素影響；資本與勞動比率是內生變數，總合生產函數 $Y = F(K，L)$，要素（內生變數）增加可以提升總產值。

新古典成長理論主張，人口成長與技術進步均為外生變數，因此又稱為外生成長理論（exogenous growth theory）；主要描述工業革命後，資本累積與技術進步的重要角色，適用於分析經濟體系內資源缺乏之開發中國家的經濟成長。

人口為可控制外生變數，人口總數並非完全隨經濟體系內之實質工資率等因素調整，而是受醫療保健品質、社會家庭觀念等外生變數所影響。技術進步亦受自然科學、研發創新等外生變數所影響。

> 資本累積＝淨投資＝毛投資－資本折舊＝所得 × 儲蓄率－資本 × 折舊率

資本累積（ΔK）代表淨投資之資本存量，毛投資是透過金融市場將儲蓄資金用於投資活動。儲蓄資金 (S)＝所得 $(Y) \times$ 儲蓄率 (s)，資本折舊 (D)＝資本 $(K) \times$ 折舊率 (d)，每人資本存量＝$K/N = k$。

當毛投資大於資本折損，使淨投資之實質資本存量增加而持續累積資本，促進經濟成長；若毛投資小於資本折損，使淨投資減少而失去經濟成長動力；在毛投資等於資本折損下，資本累積與經濟成長達到均衡的穩定狀態，若無外生變數促進技術進步，則每人所得水準（$Y/N；y$）維持在此一均衡狀態，即經濟成長為安定均衡。

> 儲蓄 $(S) = Y \times s = K \times (d + n)$

經濟成長均衡條件：將全民儲蓄資金用於毛投資，恰等於資本折舊 (d) 以及人口增加 (n) 所需之資本累積存量，使每人所得水準 (y) 維持不變，即每人資本增量＝0。

新古典成長模型假設儲蓄率（s）固定，勞動人口增加率（n）固定且為外生變數，不考慮資本折舊因素，生產要素邊際生產力遞減且規模報酬固定，為要素可以完全替代之一次齊次生產函數：$Y = F(N，K) = MP_K \times K + MP_L \times L = Nf(K/N) = Nf(k)$，每人所得水準 $y = f(k) =$ 平均每一單位勞動產出＝勞動生產力 (LP)。

二、外生成長理論長期均衡

長期均衡時每人資本增量＝0，使每人所得水準（Y/N）維持不變，在不考慮資本折舊因素下，毛投資增加恰等於人口增加（n）所需之資本累積存量，即資本累積存量成長率等於人口成長率，人口成長率增加將增加總產出成長率。

將儲蓄資金用於投資活動累積資本，均衡時 $S = s \times Y = I$，因此可得資本累積存量 $K = s \times Y = (K/Y) \times Y$，$s = S/Y =$ 每人儲蓄＝儲蓄率，資本／產出比率（K/Y）代表資本對產出的貢獻。

均衡時每人資本增加率＝$(s \times y/k) - n = 0$，則人口成長率 $n = sy/k = sf(k)/k$，得均衡生產函數 $f(k) = kn/s$。考慮資本折舊因素下，均衡生產函數 $f(k) = k(n+d)/s$。因此外生成長理論的均衡資本累積成長率，等於勞動人口增加率，亦等於儲蓄成長率、投資成長率、消費成長率。

均衡生產函數 $f(k) = kn/s$ 固定時，每人所得水準決定於每人資本大小，均衡點 E_0 對應均衡每人資本 k^* 與均衡每人所得水準 y^*；E 點左方之 $f(k) > kn/s$，$sf(k) > kn$ 代表人口增加所需之資本累積存量（kn）不足而儲蓄資金過剩，用於增加毛投資，沿線往右（每人資本 k 增加）上（每人所得 y 增加）至 $f(k) = kn/s$ 之交叉點 E 為均衡；E 點右方之 $kn/s > f(k)$，$sf(k) < kn$ 代表儲蓄資金不足支應人口增加所需之資本累積存量（kn），淨投資減少，沿線往左（每人資本 k 減少）下（每人所得 y 減少）至 $f(k) = kn/s$ 之交叉點 E 為均衡（如圖 29-3）。

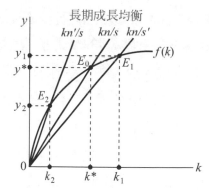

▲ 圖 29-3　外生成長理論長期均衡

外生因素提升儲蓄率（s'）可以增加每人資本累積（K/N），均衡生產函數右移（kn/s'），均衡點 E_1 代表每人資本增加（$k1$）而且每人所得成長（y_1），每人投資（I/N）增加，但每人消費（C/N）不確定；外生因素增加人口成長率（n'）使每人資本累積（K/N）降低，均衡生產函數左移（kn'/s），均衡點 E_2 代表每人資本減少（k_2）而且每人所得衰退（y_2），每人投資（I/N）減少而且每人消費（C/N）減少。

三、收斂 (convergence) 假說

一國的每人均衡所得水準與原來的人口總數及資本存量無關，而是受勞動人口及資本成長率影響，因此原來貧弱的開發中國家引進資本與技術，可以使經濟成長快速；已開發國家在技術能力不變下，先進與落後國家的技術差距會漸縮小，成長速度減緩，最後收斂至各國每人所得水準接近。

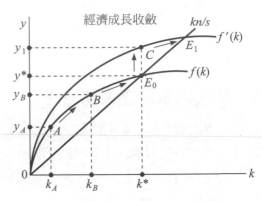

▲ 圖 29-4　經濟成長收斂過程

在穩定狀態下，人口成長率與儲蓄率（均衡生產函數 kn/s）影響均衡每人所得水準（y^*），但每人所得成長率只受技術進步率（$f(k)$ 上移）的影響。在技術能力不變下（$f(k)$ 固定），邊際生產力遞減，每人所得水準增加漸緩，收斂至均衡所得水準；技術能力進步則使生產力曲線上移，經濟持續成長至更高之新均衡所得水準（如圖 29-4）。

假設 A、B 兩國的儲蓄率 (s)、人口成長率 (n)、勞動生產力 $f(k)$ 皆相同，則兩國的均衡生產函數 kn/s 亦相同，均衡點 E_0 對應均衡每人資本 k^* 與均衡每人所得水準 y^* 應相同。A 國原來的每人資本 k_A 較小，資本邊際生產力較大，引進資本可以使經濟成長快速，每人所得沿勞動生產力曲線上移（較陡）；B 國原來的每人資本 k_B 較大，資本邊際生產力較小，資本累積增加使經濟成長緩慢，每人所得沿勞動生產力曲線上移（較平）；邊際生產力遞減使兩國的成長速度減緩，最後收斂至均衡點 E_0，各國每人所得達到相同的均衡水準 y^*，每人資本 k^* 相同，即經濟成長率相同。

資本累積 (k) 為經濟成長的內生變數，點沿同一條勞動生產力曲線往右上移動，但受限於既定技術能力，邊際生產力遞減使成長速度減緩收斂。儲蓄率 (s) 與人口增加率 (n) 為外生變數，使均衡生產函數 kn/s 位移，在既定技術能力下邊際生產力遞減，點沿同一條勞動生產力曲線收斂至不同的均衡所得水準，但未改變經濟成長率。

外生因素使技術能力進步，形成另一條往上位移的勞動生產力曲線 $f'(k)$，代表資本品質提升，相同每人資本 k^* 可以增加每人所得 (y_1)，即短期經濟成長率提高，資本成長率等於勞動人口增加率加上技術進步成長率；若技術進步未能長期持續，亦終將發生邊際生產力遞減現象（向 E_1 收斂）。

絕對收斂假說只能適用於經濟結構相同的國家，即儲蓄率 (s)、人口成長率（n）、勞動生產力 $f(k)$ 皆相同，則各國的均衡生產函數 kn/s 亦相同，經濟成長收斂至各國的均衡每人資本 $k*$ 與均衡每人所得水準 $y*$ 相同。

四、相對 (relative) 收斂假說

經濟結構不同的國家，即均衡生產函數 kn/s 與勞動生產力 $f(k)$ 不同，對應均衡每人資本 $k*$ 與均衡每人所得 $y*$ 不同，經濟成長率大小決定於原來每人資本與均衡每人資本的相對距離。

原來每人資本與均衡每人資本的距離較大的國家，引進資本可以使經濟成長快速；原來每人資本與均衡每人資本的距離較小的國家，資本累積增加使經濟成長緩慢；邊際生產力遞減使成長速度減緩，最後收斂至各自不同之均衡每人所得水準。

試以外生及內生成長理論，並圖示總合生產函數變化，說明電子商務對我國產業升級提升生產力，促進經濟成長的影響。

五、新成長理論

美國經濟學家盧卡斯（R. E. Lucas）與洛莫（P. M. Romer）於 1980 年代提出，主張人力資本與技術進步均為內生變數，受經濟活動本身影響互動，因此又稱為內生成長理論（endogenous growth theory）。貝洛（R. J. Barro）主張政府投資教育訓練與保障財產權，可以提升人力資本與技術進步，提高資本邊際生產力，使經濟成長。

先進國家累積資本，生產力提升使所得進一步提高，持續投資形成良性循環富者更富，強國優勢使其與貧國差距拉大而非收斂，適用於分析經濟體系內資源充裕之先進國家的經濟成長。

六、有效勞動投入 (effective labor input)

人力資本與實質資本同樣可以藉由經濟體系內之所得成長不斷累積，在人力素質與資本品質不斷增進下，使生產力提升，而不會發生邊際生產力遞減現象，經濟成長因而得以長期持續，而非短期現象。因此人力資本累積利於進步，內生成長均衡時，每人所得水準得以持續成長，並非固定不變。

內生成長理論的關係式 $Y = F(K，hL)$，h 是有效勞動投入。以人力資本取代勞動人數，認為經濟活動之教育訓練與工作經驗，可以累積知識與增進技能，而提升人力資本，創新發明亦是由人力資本研究發展而得。熊彼得強調，創新可以提高廠商利潤，但被模仿複製後利潤遭稀釋，刺激廠商不斷進行創新。

內生成長理論觀察科技創新時代的經濟成長，市場需求亦是刺激投資與創新的重要誘因，因此人力資本與技術進步應為經濟體系內生變數，在專業分工與規模經驗下從做中學（learning by doing），有利增進技術能力並發揮規模經濟效率，使規模報酬遞增而非邊際生產力遞減。

 經濟視野 ❸

知識資產管理

將知識有效管理蓄積與運用，企業擁有智慧資本多寡的關鍵。智慧資本是無形的資產，包括專利、商標、著作權等，以及能夠為企業帶來競爭優勢的一切知識，如作業流程、組織制度和專業能力等。

 綜合範例

假設梭羅（Solow）成長模型定義為：$y = k^{1/2}$，其中，y = 平均每一勞動的產出，k = 平均每一勞動的資本，又知儲蓄率為 0.2，資本折舊率為 0.1，試問穩定狀態下平均每一勞動的資本為？

 詳外生成長理論長期均衡。

解析

均衡時每人資本增加率 = $(s \times y / k) - n = 0$，則人口成長率 $n = sy/k = sf(k)/k$，得均衡生產函數 $f(k) = kn/s$。
考慮資本折舊因素下，均衡生產函數 $f(k) = k(n+d)/s = k^{1/2} = k \times 0.1 / 0.2$，
則 $k^{1/2} = 2$，得平均每一勞動的資本 $k = 4$。

○ 活用經濟實務

中國城鎮化帶動經濟成長

　　大陸中央經濟工作會議部署經濟 6 大工作，意圖透過宏觀調控、經濟體制改革、城鎮化（都市化）擴大內需帶動經濟。但城鎮化需要體制改革配合，才能發揮效益。

　　城鎮化又稱城市化，是指伴隨著工業化進程的推進和社會經濟的發展，人類社會活動中農業活動的比重下降，非農業活動的比重上升的過程，使鄉村人口與城鎮人口的此消彼長。推動城市化發展的動力包括鄉村的推力和城市的拉力，推力即是使人群離開鄉村的因素，主要包括農村人口增長快對土地造成巨大壓力、農村人口收入低、社會服務短缺等；而拉力即為吸引人群去到城市的因素，包括城市交通便捷、就業機會多、社會福利保障程度高、文化設施齊全等。

　　許多大陸學者認為，城鎮化應該是大陸今後 20 年的經濟成長點，伴隨城鎮化所需投入的基礎建設，會帶動各行各業與內需直接相關的產業蓬勃發展，進而大幅促進經濟成長。如果未來城鎮化每年保持 1 個百分點的成長，大陸 2030 年城鎮化率將達到 70%，可望拉動人民幣 30 萬億（兆）元至 40 萬億元的投資內需。

　　據統計，1940 年大陸城鎮化率只有 10%，1979 年改革開放起步時則不到 19%。大陸城鎮化的腳步直到 1990 年才快速發展，由 26% 快速上升到 2009 年 46.6%。到 2015 年大陸城鎮化率將達到 52%，到 2020 年城鎮化率可望達 60% 左右。傳統拉動大陸經濟發展的三駕馬車：投資、出口和消費的動力已逐漸減弱，新的三駕馬車就是城鎮化、信息化及民生建設。

　　多位學者指出，大陸推動城鎮化是機遇也是陷阱，若農民土地仍無法自由流轉、未搭配市民化、戶籍等改革，反會激化社會矛盾。大陸改革開放以來，歷經工業化、鄉鎮企業、外資企業進駐，農民、民眾與政府都同步得利，但開始城鎮化後，社會矛盾愈演愈烈。主因是政府有權變更農地地目強制拆遷低買高賣，摻雜官員腐敗，社會矛盾因而更顯激化；除非由公民參與城鎮化過程，才不會社會不穩定。

試以經濟學分析，思考以下問題：

1. 以經濟成長影響因素，說明城鎮化如何帶動經濟。

2. 以收斂假說的意義，說明開發中國家如何引進資本與技術使經濟成長。

3. 以哈羅 - 多瑪成長模型，說明城鎮化的影響。

（　　）1. 假設一經濟社會的總生產函數為：$Y=k^{0.3}L^{0.7}$，其中，$Y=$產出，$K=$資本投入，$L=$勞動投入，試問這個生產函數是何種型態的規模報酬函數？　(A)固定　(B)遞增　(C)遞減　(D)先遞增後遞減。

（　　）2. 1970 年代中期之後，許多富有國家的平均每人產出成長變得很緩慢，下列那一個因素最能解釋其發生原因？　(A)儲蓄率變低　(B)資本折舊率變高　(C)消費率變低　(D)技術進步緩慢。

（　　）3. 下列有關國民所得高低與經濟發展的敘述，何者正確？　(A)國民所得愈高的國家，其國民的預期壽命愈低　(B)國民所得愈高的國家，其人口的成長率愈低　(C)國民所得愈高的國家，其都市化的程度愈低　(D)國民所得愈高的國家，其服務業的產值佔國家總產值的比值愈低。

（　　）4. 假設梭羅 (Solow) 成長模型定義為：$y=k^{1/2}$，其中，$y=$平均每一勞動的產出，$k=$平均每一勞動的資本，又知儲蓄率為 0.2，資本折舊率為 0.1，試問穩定狀態 (steady-state) 下平均每一勞動的資本為　(A)1　(B)2　(C)4　(D)9。

（　　）5. 設生產函數為 $Y=AK^{\alpha}L^{1-\alpha}$，其中 Y 代表產出，A、K 及 L 分別代表技術、資本與勞動，則總要素生產力（total factor productivity）衡量什麼變數的成長率？　(A)技術　(B)資本　(C)勞動　(D)產出。

（　　）6. 下列何種情況發生會使得一個國家的生產可能線向外移動？　(A)邊際機會成本遞增　(B)引進外籍勞工　(C)規模報酬遞減　(D)國內產業外移國外。

（　　）7. 考慮一個的生產函數：$Y=\sqrt{K}\sqrt{N}$，其中，$Y=$產出，$K=$資本，$N=$勞動。如果 N 與 K 兩者皆增加 3%，則下列敘述何者為真？　(A)Y 增加剛好為 3%，Y/N 增加剛好為 3%　(B)Y 增加剛好為 3%，Y/N 不會改變　(C)Y 增加大於 3%，Y/N 增加剛好為 3%　(D)Y 增加大於 3%，Y/N 不會改變。

（　　）8. 下列何種情況最可能使生產可能曲線向外移動？　(A)勞動力擴張　(B)股票價格上漲　(C)生產性資源由資本財移向消費財　(D)公共部門對財貨需要增加。

（　　）9. 在 Solow 模型的成長理論中，假設無技術進步，MP_K 為資本邊際生產力，δ 及 n 分別代表資本折舊率與人口成長率，則黃金律（golden rule）資本存量的條件為何？　(A)$MP_K=\delta+n$　(B)$MP_K=\delta-n$　(C)$MP_K=\delta$　(D)$MP_K=n$。

30

經濟循環與發展

學習導引：熊彼得與《經濟發展理論》

經濟視野❶　工業生產指數（Industrial Production Index）

經濟視野❷　採購經理人指數（Purchase Management Index）

經濟視野❸　新興市場（Emerged Markets）

活用經濟實務：景氣會呈現 U 型復甦？

　　約瑟夫‧熊彼得（Joseph Schumpeter）是一位有深遠影響的奧地利經濟學家，其後移居美國任教於哈佛大學。主張自由主義資本經濟制度，與凱恩斯理論相互對立，對於經濟學科的思想有著很大的貢獻。

　　熊彼得的經濟模型－資本主義的創造性破壞：當景氣循環到谷底的同時，也是企業家考慮退出市場或必須要創新以求生存的時候。只要有成功的創新產生，便會使景氣提升、生產效率提高，但是當有利可圖時又會吸引新的競爭者投入，然後又是一次利潤遞減的過程，每一次的蕭條都包括著一次技術革新的可能。技術革新的結果便是可預期的下一次蕭條，資本主義

【熊彼得】

的創造性與毀滅性因此是同源的。創新是將原始生產要素重新排列組合為新生產方式的一個經濟過程，能夠成功便能夠擺脫利潤遞減的困境而生存，不能夠成功會最先被市場淘汰。

　　被譽為現代企業管理學之父的彼得‧杜拉克（Peter Drucker）一向承認其深受熊彼德的影響，同樣強調企業家在繁榮目的上所扮演的角色比資本家更為關鍵，並且更強調菁英分子的社會責任。

預習思考

☆ 觀察台灣近年來的各項大型選舉、選前政見、選後政策等，與景氣循環變化之關係，是否符合政治循環理論。

☆ 試以耐久財循環及總合需求循環理論，說明「居高思危」與「危機即是轉機」之投資經營理念。

☆ 試以自立持續成長的意義，說明土地改革、國民義務教育、家庭計劃等政策，對台灣經濟發展的影響。

30-1　景氣循環意義與指標

一、景氣循環 (economic cycle)

　　一般總體經濟活動興衰，會發生非定期重複出現的波動現象，產出、所得、就業、物價等總體經濟指標亦隨之變動，基本的景氣循環歷經衰退、蕭條、復甦、繁榮四階段。短期事件影響及定期重複出現的季節性變化，則不屬於景氣循環；而每階段循環波動幅度、型態、期間不同，亦可能形成長期特定發展趨勢（如圖30-1）。

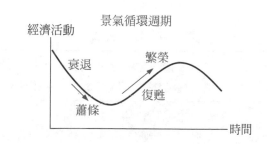

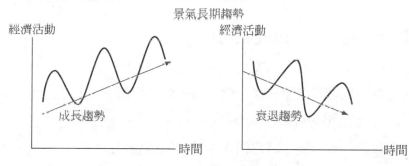

▲ 圖 30-1　景氣循環的變化過程

1.衰退 (recession)

　　經濟活動由高點收縮下降，總合需求逐漸減少，導致產出所得水準降低且失業率上升的現象。

2.蕭條 (depression)

　　經濟活動持續收縮下降，導致產出所得遠低於充分就業水準的現象，當經濟衰退到極低點，又稱為谷底（trough）；通常景氣由此開始向上回升，亦稱為低轉捩點（lower turning point）。衰退與蕭條均為經濟活動收縮現象，合稱為景氣低迷（downswing）。

3.復甦 (recovery)

　　經濟活動由低點開始擴張向上回升，總合需求逐漸增加，導致產出所得水準提高且失業率降低的現象。

4. 繁榮 (prosperity)

經濟活動持續擴張向上，導致產出所得接近充分就業水準的現象，當經濟成長到極高點，又稱爲頂峰（peak）；通常景氣由此開始向下回跌，亦稱爲高轉捩點（higher turning point）。復甦與繁榮均爲經濟活動擴張現象，合稱爲景氣上揚（upswing）。

二、景氣指標

景氣循環未必完全依序經歷衰退、蕭條、復甦、繁榮四階段，且每一階段的期間與幅度各不相同，而經濟活動持續進行，階段結束及循環轉折發生時並不明顯，需要某些經濟活動變數之度量作爲判別參考（詳表 30-1）。

▼ 表 30-1　總體經濟變數

1. 順循環變數 （pro-cyclical variables）	景氣上揚時會隨之共同上升，景氣低迷時會隨之共同下降的總體經濟變數，例如產出、所得、就業、物價等指標。
2. 逆循環變數 （counter-cyclical variables）	景氣上揚時會隨之共同下降，景氣低迷時會隨之共同上升的總體經濟變數，例如失業率、存貨率等指標。

三、落後指標 (lagging indicator)

國民所得、失業率、企業利潤等，依據過去一段期間已發生之事後會計帳或數據記錄，其變化通常在循環轉折發生後才能觀察到，但影響消費者及生產者信心，持續追蹤落後指標亦可確認景氣所在階段或循環轉折發生趨勢。

失業率是落後指標而平均工時爲領先指標，因爲雇用或解除雇用員工通常需要耗費一定成本，企業在景氣初露疲態時通常會先縮減工時，直到狀況已嚴峻才會考慮裁員；景氣好轉時企業則會先增加工時，確定復甦後才考慮擴大雇用。

四、同時指標 (coincident indicator)

物價指數、薪資水準、票據交換金額以及企業生產、銷售、貨運數量等，依據正在發生之經濟活動數據記錄，其變化通常在循環轉折發生時即觀察到，可了解當時景氣所在階段或循環轉折。

台灣經濟的同時指標，是依據工業生產指數變動率、製造業生產指數變動率、製造業銷售值變動率、製造業平均薪資變動率、票據交換金額變動率、國內貨運量變動率等六項變動因素綜合編成。

五、領先指標 (leading indicator)

產品訂單、建築申請、平均工時、資金流動、物價指數、股價指數等之變動，依據影響將來產值之先行經濟活動記錄，可由一些徵候或現象先露出訊息，其變化通常可以預期循環轉折即將發生的可能趨向。

我國列入製造業新接訂單指數、製造業平均每月工作時數、海關出口值、貨幣供給 M1B、躉售物價指數、股價指數、北市房屋建築申請面積等七項變動率作為領先指標，均以 1990 年的綜合指數為 100，逐月計算年增率變動。當領先指標連續三個月下降，則可預知經濟即將進入衰退期；若連續三個月上升，則表示經濟即將復甦或持續繁榮。

六、景氣對策信號

我國行政院經建會經濟研究處編製並每月公佈，主要目的在於綜合判斷未來的景氣，藉燈號預先發出信號，供決策當局擬定景氣對策之參考，企業界亦可根據信號的變化，調整其投資計畫與經營方針。

目前編製的景氣對策信號內容包括：貨幣供給額 M1B、直接及間接金融放款金額、票據交換及跨行通匯、股價指數、製造業新接訂單指數（以製造業產出躉售物價指數平減）、海關出口值（以出口物價指數平減）、工業生產指數、製造業成品存貨率（成品存貨／銷售）、非農業部門就業人數等九項指標。另將躉售及消費者物價指數變動率，以及經濟成長率等列為參考資料。

▼ 表 30-2　景氣信號

燈號	分數	景氣
紅燈	38～45	過熱
黃紅燈	32～37	活絡
綠燈	23～31	穩定
黃藍燈	17～22	欠佳
藍燈	9～16	衰退

編製方法係將每一指標經季節調整後，分別訂出四個變動門檻值，以此四個數值作為區分燈號的分界點，這些分界點的數值稱為檢查值（check point）。當個別統計指標的變動率（與 12 個月前比較之變動率為衡量之標準）超過某一數值時，即分別亮出不同的燈號，每一種燈號給予不同的分數（紅燈 5 分、黃紅燈 4 分、綠燈 3 分、黃藍燈 2 分、

藍燈 1 分），每月將九項統計指標所示的燈號分數合計，再綜合判斷當月的景氣對策信號應該是何種燈號（詳表 30-2）。

　　對策信號亮出紅燈（45-38）表示景氣過熱，政府宜採取緊縮措施，使景氣逐漸恢復穩定狀況；綠燈（31-23）表示當時的景氣穩定；藍燈（16-9）表示景氣衰退，政府須採取強力刺激景氣復甦的政策；黃紅燈表示景氣活絡（37-32），黃藍燈（22-17）表示景氣欠佳，二者均為注意性燈號，宜密切注意其後續之景氣動向，而適時採取因應措施。

 **動動腦**

觀察台灣近期的景氣對策信號及分數，並分析各項指標檢查值，了解影響我國景氣現況的主要經濟活動變化，提出可行之對策。

 經濟視野 ①

工業生產指數（Industrial Production Index）

　　工業總產出對生產設備的比率，設備使用率（Capacity Utilization）包括生產業、礦業、公用事業、耐用品、非耐用品、基本金屬工業、汽車和小貨車業及汽油等八個項目，代表產業的產能利用程度，美國每月中旬公佈前一個月的數據。

　　產能利用率在 90%以下且持續下降，表示設備閒置過多，經濟有衰退的跡象；當設備使用率超過 95%以上，代表設備使用率接近極限，通貨膨脹的壓力將隨著增大。

 綜合範例

下列何不屬於景氣領先指標中的項目？　(A) 股價指數變動率　(B) 票據交換金額變動率　(C) 貨幣供給變動率　(D) 海關出口值變動率　(E) 躉售物價指數變動率。

 詳領先指標。

解析

　　(B) 票據交換金額變動率（同時指標）不屬於景氣領先指標中的項目。

30-2　景氣循環相關理論

一、外生理論 (exogenous)

　　景氣循環之發生是由於經濟體系之外的偶發因素，例如氣候、戰亂、人口、資源、科技等因素，影響經濟活動而引發景氣所在階段改變，並持續進行一段期間與幅度至循環轉折，亦即由經濟外生因素發動另一次景氣循環波動，又稱為外部理論。

1.農獲理論 (harvest theory)

　　農業收成會影響工商業經濟活動，而引發景氣循環波動。農業豐收時增加總合需求，經濟活動逐漸擴張向上回升，景氣復甦繁榮持續擴張向上；農業歉收則減少總合需求，經濟活動開始向下收縮，景氣衰退持續低迷。

　　太陽黑子出現頻率會影響氣候，進而引發農業收成與經濟活動變化之景氣循環波動，稱為太陽黑子（sunspots）理論。

2.心理循環

　　凱因斯學派認為，人民的預期心理與修正會影響投資意願，經濟活動變化而引發景氣循環波動。當經濟活動開始逐漸擴張向上回升（復甦），人民預期樂觀而增加總合需求支出，經濟活動持續擴張向上（繁榮），成長至極高點（頂峰），因過度樂觀導致膨脹缺口；經濟活動反轉（衰退），人民預期悲觀而收縮持續至極低點（谷底），因過度悲觀導致緊縮缺口，經濟活動反轉（復甦）。

試以心理循環理論，說明消費者信心與生產者信心，對景氣循環變化的影響，以及政府信心喊話的理由與效果。

3.政治循環

　　民主國家選舉，為討好選民爭取選票，執政者通常在選前釋出利多，提出擴張性政策刺激景氣復甦；選後則改採穩定政策改善財政，或為避免通貨膨脹而採取緊縮性政策，總合需求減少使經濟活動收縮衰退，持續至選前再刺激景氣，營造復甦繁榮景象及樂觀氣氛。

4. 創新活動

　　熊彼得（J. Schumpeter）提出創新理論（innovation theory），認爲科技創新會帶動新產品、管理、技術、市場等的發明或開發，可以降低廠商成本，並增加收入而提高利潤，誘發總合需求支出增加，經濟活動開始逐漸擴張向上回升，景氣復甦持續成長至頂峰；產品供給過剩而降低利潤，導引總合需求支出減少，使經濟活動收縮下降，景氣衰退持續至谷底，企業爲求突破，再度以創新活動發動另一次景氣循環。

　　創新活動是社會進步的原動力，其規模與重要性對經濟活動的影響不同，因此每一次創新活動發動的景氣循環波動幅度及期間亦不同。

二、內生理論 (endogenous)

　　景氣循環之發生是由於經濟體系之內的因素，亦即經濟活動本身存在自我調節因子，可以自動改變景氣所在階段，發動另一次景氣循環波動並持續一段期間，又稱爲內部理論。

1. 乘數加速原理

　　薩繆森（P. A. Samuelson）引用投資加速原理與凱因斯乘數理論，解釋景氣循環波動；國民所得的變動引起淨投資（資本增量）更大的變動，再經由乘數效果影響國民所得的變動。當經濟活動開始逐漸擴張向上回升（復甦），所得（產出）逐漸增加時淨投資（支出）加速增加，經由乘數效果使國民所得成長，經濟活動持續擴張向上（繁榮）；成長至極高點（頂峰），所得接近充分就業水準，所得增加減速則淨投資（支出）加速減少，經由乘數效果使國民所得衰退，經濟活動收縮下降；衰退持續至極低點（谷底），所得衰退逐漸趨緩則淨投資（支出）減少趨緩，經濟活動開始逐漸反轉（復甦）。

　　席克斯（J. R. Hicks）再加入產出上限（ceiling）與下限（floor）的主張，解釋景氣循環現象，會發生波動重複出現的原因。經濟活動逐漸擴張向上（復甦），持續繁榮成長至頂峰，所得接近充分就業水準時，即產出上限水準，所得不變則淨投資＝0；投資支出減少使國民所得衰退，經濟活動收縮下降，衰退持續至谷底，當淨投資等於折舊（毛投資＝0），即產出下限水準；淨投資（支出）不再減少，經濟活動開始逐漸反轉（復甦）。

2. 耐久財循環

　　當經濟活動開始逐漸擴張向上回升（復甦），人民大量購買資本財與耐久消費財，經濟活動持續擴張向上（繁榮），成長至極高點（頂峰），需求支出逐漸完成，總合需求減少使經濟活動收縮下降（衰退），持續至極低點（谷底），耐久財完成折舊而須更新替換，再度帶動另一次景氣循環。

3. 總合需求循環

總合需求不足或過剩，引發景氣循環波動。增加總合需求，經濟活動擴張復甦，繁榮時經濟活動持續擴張向上，因投資過度造成供給過剩至極高點（頂峰）；經濟活動反轉為減少總合需求，經濟活動開始向下收縮衰退，因消費不足使景氣低迷持續至極低點（谷底），經濟活動逐漸向上回升，總合需求增加。

4. 純粹貨幣現象

貨幣學派經濟學家傅里曼認為，當貨幣供給數量過剩導引市場利率下跌，誘發總合需求支出增加，經濟活動逐漸擴張向上回升（復甦），所得持續成長至頂峰，長期趨向充分就業狀態；貨幣超額需求導致市場利率上升，總合需求減少使經濟活動收縮下降（衰退），所得持續衰退至谷底，貨幣超額供給導致市場利率再度下跌，發動另一次景氣循環。因此只有貨幣因素干擾，才會引發總體經濟活動全面波動，其他因素只會影響部分經濟活動局部調整。

5. 金融結構不穩定

經濟活動變化會影響投資意願與融資方式，金融結構變動而引發景氣循環波動。當經濟活動開始逐漸擴張向上（復甦），投資意願樂觀而增加融資與總合需求支出，經濟活動持續擴張向上（繁榮）；成長至極高點（頂峰），市場利率上升，因過度融資投資導致金融風險，無利可圖使經濟活動反轉（衰退），導致企業危機，投資意願悲觀而融資收縮持續至極低點（谷底），因市場利率下跌，企業獲利回升，經濟活動反轉（復甦）以調整缺口。

6. 均衡景氣循環 (equilibrium business cycle)

人民的預期偏差造成市場之供需變化，為調整超額需求或超額供給以維持市場均衡，影響經濟活動而引發景氣循環波動。當經濟活動擴張持續繁榮，人民預期市場價格高於均衡價格，市場失衡造成供給過剩；市場力量進行調整，降價求售出清存貨，經濟活動反轉為物價下跌且產出減少之衰退現象；當景氣收縮持續至谷底，人民預期市場價格低於均衡價格，市場失衡造成供給短缺；市場力量進行調整，經濟活動反轉為供給量（產出）增加且物價上漲之復甦現象。

新興凱因斯學派認為適應性預期較接近現實，因此市場常處於失衡調整過程，市場均衡並非常態，總體經濟活動興衰會發生非定期重複出現的調整波動現象。新興古典學派則主張市場均衡是常態，只有預料外的政策與物價衝擊造成市場失衡，總體經濟活動才會發生景氣循環的調整波動現象，但依理性預期立即完全調整，並維持充分就業均衡狀態，最大產出（所得）即固定。

三、實質景氣循環 (real business cycle)

　　影響經濟活動的並非貨幣，而為實質因素，如生產力變動可以發動另一次景氣循環波動，強調經濟活動的生產面影響。影響經濟活動實質層面的**實質衝擊**（real shock），包括影響總合供給變動之勞動力數量與素質、資本累積數量與品質、技術創新與研發等因素，以及影響總合需求變動之民間消費與投資、政府稅收與支出等因素，實質總供給為利率的函數。

　　貨幣學派認為貨幣數量可以調整短期經濟活動，新興古典學派則主張市場只有預料外的政策與物價衝擊才會發生景氣循環的調整波動現象，因此對景氣循環重複出現波動現象的解釋不如新興凱因斯學派。古典學派普瑞史考特（E. Prescott）等人提出實質景氣循環理論補強，延續理性預期與價格機能完全調整達成均衡的假設，並主張貨幣中立性；認為景氣循環非純粹貨幣所引起，亦非短暫失衡現象，而是實質因素影響理性預期，價格機能完全調整，導致市場供需價量變動，發動另一次景氣循環波動，長期趨向市場均衡狀態。

> 試以創新活動及實質景氣循環理論，說明網路通訊科技，於 1990 年代的新經濟繁榮至 2000 年代的泡沫衰退現象。

四、實質景氣循環傳遞機制

　　不可預期的實質因素（生產力）衝擊 → 投資生產（存貨）調整 → 商品市場供需價格變動 → 勞動市場供需價格（薪資、生產力）變動 → 總體經濟活動波動。

　　實質因素提升生產力或市場需求而增加投資，經濟活動擴張復甦，繁榮時持續擴張向上，商品價格上漲，勞動需求增加造成薪資上漲；勞動邊際生產力下降，經濟活動開始反轉向下，總合需求收縮衰退，使景氣低迷持續至極低點（谷底），再度以實質衝擊發動另一次景氣循環。

1.生產實質衝擊

　　產出變動率主要來自技術進步率（要素生產力成長率）、資本成長率與勞動成長率，將產出變動率減去資本成長率與勞動成長率的貢獻，即可間接求得技術進步率，稱為**梭羅剩餘**（Solow's residual）。技術進步為實質景氣循環理論強調的生產面實質衝擊，是發動景氣循環波動的主因。

生產環境破壞導致長期資本外流、人才出走、產業外移等影響，負面供給因素將使廠商減少生產，為實質景氣循環理論強調的實質負面衝擊，是景氣循環反轉波動的主因。

2. 勞動跨期替代效果 (inter-temporal substitution effect of labor)

生產面實質衝擊短暫提高本期工資率，勞工理性預期本期工資率相對較高，將增加本期勞動供給量而減少休閒時間，於下期減少勞動供給量而增加休閒時間；若勞工理性預期工資率持續上漲，即下期的工資率相對較高，將減少本期勞動供給量而增加休閒時間，於下期增加勞動供給量而減少休閒時間。因此，勞動市場面對生產面實質衝擊，勞工理性預期跨期決策，其勞動供給彈性極大。

3. 政策實質衝擊

政府影響消費、投資、政府支出、出口淨額等總合需求變動，財政政策為實質景氣循環理論強調的需求面實質衝擊，是發動景氣循環波動的主因；貨幣政策則無效（中立性），非實質景氣循環理論的實質衝擊，不會干擾景氣循環。

總需求支出不足導致景氣蕭條資源閒置，擴張性財政政策直接增加政府支出，降稅刺激消費、投資等經濟活動，景氣擴張復甦；擴張性貨幣政策則增加貨幣供給引導利率下跌，但物價等幅上漲使實質貨幣供給與實質利率不變。

景氣繁榮至過熱，均衡總產出（所得）固定於充分就業的最大產出，緊縮性財政政策直接減少政府支出，增稅減緩消費、投資等經濟活動，景氣收縮衰退；緊縮性貨幣政策則減少貨幣供給引導利率上升，但物價等幅下跌使實質貨幣供給與實質利率不變。

 經濟視野 ❷

採購經理人指數（Purchase Management Index）

衡量美製造業在生產、新訂單、商品價格、存貨、僱員、訂單交貨、新出口訂單和進口等八個範圍的體檢狀況。美國一般在當月的第一個星期公布採購經理人指數（PMI）是美國製造業的體檢表，指數中的支付物價指數及收取物價指數也被視為一種物價指標。當指數高於 50％時，被解釋為經濟擴張的訊號；接近 60％時，則通膨的威脅將逐漸強化；當指數接近 40％時，則有經濟蕭條的憂慮。

綜合範例

下列有關於實質景氣循環的敘述，何者正確？　(A)經濟個體不可能形成理性預期　(B)經濟的波動源自於總合生產函數可預期的衝擊　(C)固定法則政策無效　(D)長期與短期總合供給曲線均是垂直的　(E)勞動供給的變動是引起景氣循環的一個原因　(F)實質總供給為利率的函數　(G)生產技術進步會引起產量的增加造成好的景氣。

Tip 詳實質景氣循環。

解析

因此，實質景氣循環 (D) 長期與短期總合供給曲線均是垂直的正確。

實質景氣循環理論主張：(E) 勞動供給的變動是引起景氣循環的一個原因 (F) 實質總供給為利率的函數 (G) 生產技術進步會引起產量的增加造成好的景氣皆正確。

 # 30-3　經濟發展策略

一、經濟發展 (economic development)

平均每人實質所得（gdp per capita）逐漸增加，並長期持續的經濟成長現象，而且包括改變經濟結構及制度改善，朝向國家現代化；探討落後國家發展經濟至先進國家的過程與策略。

1.落後 (under-developed) 國家

又稱為低度開發（less developed）國家，主要特性為國民所得低、人口多但文盲比例高、出生率高但死亡率亦高，儲蓄少而難以增加投資累積實質資本，教育程度低且營養不良使人力資本無法提升，市場需求不足而缺乏創新誘因與專業分工以增加產出，因而形成貧窮惡性循環。

落後國家的經濟活動通常以層次較低之初級產業為主，如農牧漁獵礦等，技術與制度亦停留在原始落後，不能配合經濟發展需要。若國家致力於經濟發展而有所改善，則稱為開發中（developing）國家，兩者通稱後進國家。

2.先進 (advanced) 國家

又稱為已開發（developed）國家，主要特性為國民所得高、教育程度高、都市化程度高、嬰兒死亡率低而平均壽命長；儲蓄多而易於累積資本，專業分工與規模經驗有利增進技術能力，市場需求擴張而刺激投資與創新，生產力提升使所得進一步提高，但因生育的機會成本提高而降低了勞動人口成長率，經濟成長率亦漸趨平緩。先進國家的經濟活動通常以層次較高之二級產業為主，如輕、重工業等製造業，並足以支持發展三級產業，如旅遊、金融等服務業。

3.國家競爭力

表達一經濟體的國力之參考指標，主要有瑞士洛桑國際管理發展學院（International Management Development Institute；IMD）發表之世界競爭力報告（The World Competitiveness Report），及世界經濟論壇（World Economic Forum；WEF）發表之全球競爭力報告（The Global Competitiveness Report）。兩者衡量國家競爭力的共同項目為政府效能、金融市場、基礎建設、企業管理、科技能力、人力資源；IMD 加上國內經濟實力及國際化程度，以強調國家間創造財富的相對能力；WEF 則加上開放程度及法規制度，來突顯國家間持續經濟成長的相對能力。

二、勞動過剩 (labor surplus) 理論

美國經濟學家路易士（W. A. Lewis）於 1970 年代提出，將落後國家的經濟活動區分為傳統部門與現代部門：傳統部門包括層次較低之初級產業，及基本的商業與服務業；現代部門主要為層次較高之製造業與服務業，以及規模較大的農牧礦業。

傳統部門在有限資源及固定技術下，人口不斷增加導致勞動邊際生產報酬遞減至接近 0，造成低度就業或隱藏性失業的現象，亦即傳統部門的勞動過剩，投入生產對增加產出並無貢獻。現代部門則將大量勞動集中於具有組織規模的生產單位，以先進技術能力及資本累積，提升生產力與產出報酬。如果能將傳統部門的過剩勞動轉移至生產力高的現代部門，將有助於提升生產報酬與所得水準，促進落後國家的經濟發展；反之若傳統部門的過剩勞動無法轉移，將因人力資源不能有效運用而閒置或外流，生產力與所得水準難以提升，使落後國家的經濟發展停滯不前。

現代部門的勞動邊際生產力大於傳統部門，勞動轉移可以提升生產報酬與所得水準，每人使用資產設備之經濟效益增加，廠商利潤提高而繼續增加投資以累積實質資本，進而擴大現代部門的生產規模並轉移更多傳統部門的過剩勞動，而專業分工與規模經驗有利增進技術能力，市場需求擴張並刺激增加產出。傳統部門的過剩勞動為提高所得水準

而轉移至現代部門，並加強教育訓練與工作經驗以累積知識與增進技能，進而提升人力資本，使創新發明亦得以持續發展，因有效勞動投入而促進經濟長期成長。

　　現代部門的勞動就業增加率必須大於傳統部門的過剩勞動增加率，現代部門的生產規模才能持續擴大，進而改變經濟結構，促進經濟發展。因此降低人口成長率、增加資本形成與累積、提升技術能力、維持實質工資與糧食物價穩定，為落後國家促進經濟發展的重要因素。

試以勞動過剩理論，說明台灣經濟結構由農業轉型為工商業的過程，並分析其對台灣經濟發展的影響。

1. 平衡成長 (balanced growth)

　　經濟學家諾克斯（R. Nurkse）於 1950 年代提出，認為經濟社會中各產業部門應同時發展，不可偏廢。因為經濟體系內各部門互動密切相互關聯，平衡成長才能達成市場供給需求與經濟活動循環均衡，各部門互相依賴而同步成長。

　　經濟發展過程不可忽略農業，許多工業原料來自農業供應，且經濟成長所得水準提高後將增加農產品需求，若農業部門未能同步成長，會造成糧食原料物價膨脹，不利經濟成長的持續發展。因此經濟發展之初，即應著重各產業部門之平衡成長，避免發展過程中不同部門間的失調與衝突，而能維持各部門互動和諧，共同促進經濟順利發展。

2. 不平衡成長 (unbalanced growth)

　　經濟學家赫契門（A.O. Hirschman）於 1960 年代提出，主張將有限資源優先集中於少數重點產業，因為經濟體系內各部門互動密切相互關聯，影響力較大的部門發展後，即會刺激其他相關部門亦配合成長，因此不平衡成長才是經濟體系整體成長的動力，又稱為連鎖效果（linkage effect）。

　　落後國家的資本不足，因此經濟發展之初應先著重發展附加價值較高的工業，以累積資本提升技能，帶動經濟體系內其他各部門成長，促進經濟持續發展。

試以平衡成長與不平衡成長的意義，說明台灣經濟發展過程中，形成城鄉差距與農業危機的原因及影響。

3. 自立持續成長 (self-sustaining growth)

　　經濟發展之後，生產報酬與所得水準提升，廠商利潤提高而繼續增加投資累積實質資本，專業分工與規模經驗增進技術能力，市場需求擴張而刺激增加產出與創新，所以經濟體系在發展過程中，可以形成自立持續成長的能量。因此落後國家致力於經濟發展，必須要在發展之初有所突破才能起飛，打破貧窮惡性循環，轉型為自立持續成長。

　　人口成長率若大於產出所得增加率，使邊際生產力遞減，將不利於經濟順利發展，因此經濟發展之初應著重控制人口成長與提升人力素質，即提高人力資源效率，進而增加民間儲蓄與資本累積。

　　配合經濟發展的人力資源策略主要為提倡家庭計劃與節育觀念，以控制新生人口成長及養育品質，並建立醫療保健與營養計劃以減少疾病破壞生產力，同時推行教育普及以掃除文盲，並進而培養先進技術與現代管理人才，提高農業生產效率並轉移過剩勞動，擴大工商業規模以提升生產報酬與所得水準。

　　落後國家本身的資本不足，因此經濟發展之初通常須吸引外國資本流入，包括經援、貸款、投資等方式，引進先進國家的資金、設備、技術，配合國內提升人力素質與健全金融體系，逐漸累積資本促進經濟發展。但若外資只為私利投機炒作，國內亦缺乏資本使用效率，將因國際收支惡化與外債壓力而影響經濟社會安定，不利經濟發展。

三、進口替代 (import substitute)

　　落後國家的資源有限，大部分物資與用品仰賴進口，使國際收支難以改善，不利資本累積發展經濟。由政府主導推行進口替代策略，將有限資源優先扶植少數重點產業，在國內自行生產民生日常用品，而減少向國外進口的依賴，可以改善貿易赤字進而累積資本，增加國內市場需求，又稱為向內發展策略（inward orientation）。通常優先發展資本規模不大而且技術層次較低之勞力密集產業，再逐漸累積資本提升技能，發展附加價值較高的工業並帶動各部門成長，促進經濟持續成長。

　　後進國家在發展進口替代初期，須先保護國內的產業生存才能繼續成長，因此以貿易障礙減少其競爭壓力。貿易障礙以各種政策限制國際貿易之進行，可對進口產品課徵關稅以提高其價格，或以進口限額直接減少其數量，但不利國際貿易之專業分工，且國內產業在保護環境下失去競爭動力，將造成資源浪費而降低經濟福利，亦不能成長發展。

四、出口擴張 (export expansion)

　　出口代表外國對本國產品的需求，將提高本國內的產出、所得與就業水準，因此政府鼓勵發展出口產業，又稱為向外發展策略（outward orientation）。可以直接對出口產品補貼，以降低其成本鼓勵增加其數量；亦可以稅賦優惠及低利貸款等方式，鼓勵發展高附加價值工業並增強其國際競爭力，賺取外匯進而累積資本促進經濟發展。

　　出口擴張促進國際貿易之專業分工，先進國家的資金、設備、技術、人才得以轉移至落後國家，各國資源運用更有效率，國內所得提高而易於增加投資累積資本，市場擴大使專業分工與規模經驗有利增進技術能力，刺激創新以提升生產力而增加產出，因而形成良性循環之經濟發展。但若出口產業未能升級，則無法提升產品附加價值及競爭力，在自由國際貿易下將不利經濟發展。

1.幼稚產業 (infant industry)

　　後進國家在發展某些潛力產業的初期，可能受限於經驗不足、規模太小等因素，須先保護其生存，才能繼續成長而具有比較利益的相對優勢。若任由其與已具強勢的先進國家產業直接競爭而失敗，將失去發展成長的機會，因此短期內應先以貿易障礙減少其競爭壓力；幼稚產業具有國際競爭力後改採自由貿易，即可彌補貿易障礙期間的經濟福利損失。然而，若潛力產業的評估認定失當，或在保護環境下失去競爭動力，亦不能成長發展，將造成資源浪費而降低經濟福利。

　　保護就業（employment protection）論者認為，壓抑進口將可增加本國產品的需求，提高國內產出、所得與就業水準。保護工資（wage protection）論者則主張，貿易障礙可以減少進口低工資產品，以維持本國勞工享有高工資。

　　貿易障礙亦保護民生國防等國家安全（national security）產業，使其達到自給自足，保障國計民生的目標。

2.出口悲觀 (export pessimism)

　　後進國家出口的產品難與先進國家直接競爭，且易受國際價格波動影響其收入，因此依賴理論（dependency theory）主張，後進國家不要發展出口擴張（export promotion）依賴國外市場，而應設立貿易障礙，以進口替代（import substitution）政策保護國內產業，使國內產品能在國內市場取代進口產品。

　　經濟多樣化（diversified economy）論者則認為，可以藉由貿易障礙保護本國產業的多樣化發展，降低國際市場波動之影響。

五、制度經濟學

　　經濟發展需要新的制度與價值標準來引導，而經濟發展過程中造成的市場偏好改變、技術創新、價格變化等，亦促成制度的變遷以配合經濟發展。制度面需要自由市場秩序、財產權保障、健全金融市場等以確保生產力、儲蓄及投資的價值與順利運作，以及提升人力資本質量、鼓勵技術創新發明等，以提升生產力與價值水準。

　　經濟發展亦是舊社會解體重組新社會的過程，政府必須要在發展之初全力主導，負責全面規劃經濟建設計劃及相關法令制度的配合修定，並扮演前瞻企業家的角色，引導經濟穩定成長，同時尊重自由市場機制，協助各產業部門的民間企業，促進經濟持續發展。

1.知識經濟 (knowledge-based economy)

　　知識資源有效的使用，由企業、組織、個人及社群等經濟活動參與者，對知識的有效創造、獲取、累積、傳播及應用所構成的經濟活動。知識經濟是以知識為重要經濟資源，並使其運用最有效率，達到最大經濟效益，亦即以人力資本和知識累積為主要生產要素，並以知識密集產業主導經濟發展。

　　知識經濟一詞最早的來源是 1996 年經濟合作暨開發組織（OECD），指一個以知識的擁有、配置、創造與應用為重要生產投入要素的經濟體系，其貢獻遠超過自然資源、資本、勞動力等傳統生產要素的投入。一個國家的經濟發展階段是否為知識經濟年代，決定於最終產品的組成中，知識所佔比重的增加。

2.經濟理論差異

　　傳統經濟學認為資源及報酬的最佳配置與獲取方式，是透過完全競爭的自由市場來決定；以知識為主的新經濟則主張知識與科技具有獨占性質，尤其是涉及專利與智慧財產權的保護或政府獎勵，管制特定知識與科技發展的產業政策，讓知識經濟無法適用完全競爭的市場模型。

　　傳統經濟認為經濟的發展取決於消費與投資兩大因素，發展知識與科技所投入的相關資源是總體經濟模型中的研發項目；知識經濟則主張科技才是提升產業競爭力與國家經濟發展的主要力量，不同科技產業生產力的差異很大，必須特別突顯不同產業在總體經濟模型中的權值差異，不能採單一總量的方式計算。

經濟視野 ③

新興市場（Emerged Markets）

只要一個國家或地區的人均國民生產總值（GNP）沒有達到世界銀行劃定的高收入國家水平，這個國家或地區的市場就是新興市場；市場機制不成熟，仍被認為是新興市場。成熟市場（Developed Markets）是與新興市場相對而言的高收入國家或地區（即發達國家或地區）的金融市場。

金磚四國（中國、巴西、俄羅斯、印度）就是主要代表，其他東南亞的印尼、泰國、越南，東歐的匈牙利、捷克，中東非洲的土耳其、南非都算是。這些國家經濟發展快速，隨著國內外經濟情勢逐漸好轉，大幅降低新興國家主權國家債信風險，越來越多新興國家債信評等，或債信展望被信評機構調升的消息，例如巴西、南韓、南非、菲律賓、埃及、巴基斯坦、印尼等。

巴西（Brazil）、俄羅斯（Russia）、印度（India）和中國（China），合組其英文起首字母，稱之為 BRIC，金磚四國的概念被廣泛的用來定義這四個國家所組成的一個市場，甚至更一般的用來定義所有新興的工業國家。美國高盛公司首席經濟師吉姆·奧尼爾（Jim O'Neil）首次提出這一概念，研究報告中預測，到 2050 年世界經濟格局將重新洗牌，金磚四國將超越包括英國、法國、義大利、德國在內的西方已開發國家，與美國、日本一起躋身全球新的六大經濟體。

綜合範例

台灣於 1950 年代推行進口替代策略，1960 年代發展以勞力密集產業為主的加工產品出口擴張，1980 年代以後再升級為資本技術密集產業為主的高級產品出口擴張。試以向內與向外發展策略的意義，說明各階段策略對台灣經濟發展的影響。

 詳進口替代、出口擴張。

○ 活用經濟實務

景氣會呈現 U 型復甦？

　　中央銀行總裁彭淮南的報告指出，雖然全球經濟復甦力道不強，國內成長仍緩慢，但出口、民間投資可望成為 GDP 成長的兩大引擎。美國經濟穩定成長，中國大陸景氣回穩，希臘再獲紓困，但西班牙銀行業危機未除，加上財政撙節影響歐元區經濟，且財政懸崖未決，全球經濟不確定性仍高。維持通膨低且穩定的優點，有維護民眾購買力、降低民眾不確定性及財富公平分配等三大好處。

　　這波台灣經濟景氣應會呈現 U 型復甦，不如 2008 年金融海嘯之後呈現的 V 型反彈強勁。2008 年金融海嘯後的景氣呈現 V 型反彈，主要是因為當時業界對於前景太過樂觀，但對於這一波廠商就相對保守。他們覺得不確定性非常高，所以對備庫存、投資非常的謹慎、保守，所以就造成這一波景氣很不容易爬上來的一個最主要原因。

　　台經院公佈最新的景氣動向調查，發現製造業與服務業的當月營業氣候測驗點呈現同步下滑，其中服務業更是創下 2009 年二月以來新低。當前景氣不能說明顯好轉，只能說不再惡化，但台灣的內需問題卻十分令人擔憂，包括失業率、股市、房市、以及無薪假等情形都需要關注。從台灣整體經濟循環來看，首先從國際貿易開始回溫，然後帶動民間投資，接下來就會對就業、消費信心產生幫助。要長期回穩信心，還是要從根本面、貿易面帶動投資、帶動就業來進行，才會比較穩健。

試以經濟學分析，思考以下問題：

1. 以景氣指標的意義，說明景氣所在階段或循環轉折。
2. 以實質景氣循環的意義，說明廠商投資和政府政策的影響。
3. 以制度經濟學的意義，說明政府扮演前瞻企業家的角色，引導經濟成長。

(　　) 1. 實質工資是「反向循環」（countercyclical）的意思，是指當產出上升時，實質工資會如何？　(A) 上升　(B) 下降　(C) 不變　(D) 先上升，後下降。

(　　) 2. 在實質景氣循環模型（real business cycle model）中，下列敘述，何者正確？　(A) 實際的實質 GDP 從未等於自然的實質 GDP　(B) 當實際物價水準等於預期物價水準時，實際的實質 GDP 等於自然的實質 GDP　(C) 當實際物價水準不等於預期物價水準時，實際的實質 GDP 等於自然的實質 GDP　(D) 實際的實質 GDP 總是等於自然的實質 GDP。

(　　) 3. 與景氣循環呈反向變動的指標為　(A) 物價　(B) 所得　(C) 失業率　(D) 銷售量。

(　　) 4. 景氣循環的順序為　(A) 擴張、頂峰、衰退、谷底　(B) 頂峰、擴張、衰退、谷底　(C) 擴張、頂峰、谷底、衰退　(D) 頂峰、擴張、谷底、衰退。

(　　) 5. 實質景氣循環理論 (real-business-cycle theory) 主張　(A) 貨幣政策的變動是引起景氣循環的主要原因　(B) 市場不完美性之存在是引起景氣循環的主要原因　(C) 生產技術進步會引起所得增加而產生好景氣　(D) 貨幣非中立性。

(　　) 6. 下列那一項不是造成投資不穩定的重要因素？　(A) 家庭所擁有財富的金額　(B) 創新的不規則性　(C) 資本財耐久性的特性　(D) 未來利潤的預期不易掌握。

(　　) 7. 下列有關於「實質景氣循環 (real business cycle)」的敘述，何者正確？　(A) 經濟個體不可能形成理性預期　(B) 經濟的波動源自於總合生產函數可預期的衝擊　(C) 固定法則政策無效　(D) 長期與短期總合供給曲線均是垂直的。

(　　) 8. 實質景氣循環理論 (real-business-cycle theory) 基於古典理論的基本假設，此理論主張　(A) 勞動供給的變動是引起景氣循環的一個原因　(B) 實質總供給為利率的函數　(C) 生產技術進步會引起產量的增加，造成好的景氣　(D) 以上皆是　(E) 以上皆非。

(　　) 9. 實質商業循環理論主張，經濟循環的根源在於　(A) 技術革新　(B) 政府政策錯誤　(C) 國會對政策的延誤　(D) 勞動供給過分波動。

31

國際金融

學習導引：蒙代爾與《貨幣理論》

經濟視野❶ 匯率風險（exchange rate risk）

經濟視野❷ 境外金融中心（Offshore Banking Unit；OBU）

經濟視野❸ 複式匯率制度

活用經濟實務：人民幣國際化發展快速

1999 年獲諾貝爾經濟學獎羅伯特‧蒙代爾（Robert A. Mundell）因倡議並直接涉及了區域貨幣 - 歐元，而獲得了 "歐元之父" 之譽。在北美洲、南美洲、歐洲、非洲、澳大利亞和亞洲等地廣泛講學，是聯合國、國際貨幣基金組織、世界銀行、加拿大政府、拉丁美洲和歐洲一些國家、美國聯邦儲備委員會和財政部等許多國際機構和組織的顧問。1970 年擔任歐洲經濟委員會貨幣委員會的顧問，是 1972-3 年度在布魯塞爾起草關於統一歐洲貨幣報告的九名顧問之一。

【蒙代爾】

發表了大量有關國際經濟學理論的著作和論文，被譽為最優化貨幣理論之父；他系統地描述了什麼是標準的國際經濟學模型，《貨幣理論：世界經濟中的利息、通貨膨脹和增長》是貨幣和財政政策相結合理論的開拓者，改寫了通貨膨脹和利息理論，倡導利用貨幣方法來解決支付平衡。

對不同匯率體制下貨幣與財政政策，以及最優貨幣流通區域所做的分析使他獲得 1999 年諾貝爾經濟學獎。1961 年發表最適通貨區的論文，指採用共同貨幣或固定匯率的最適區域，為歐元區的建立奠定理論基礎。

預習思考

☆ 試以本國貨幣貶值的 J 曲線效果與馬歇爾 - 勒納條件，說明台幣貶值，未必可以刺激出口擴張的理由。

☆ 試以無償移轉的意義，說明我國提供人道救援戰亂國家，以及協助友邦國家造橋舖路等建設，對我國際收支經常帳與資本帳的影響。

☆ 試以資本外移與資本移入的意義，說明我國產業外移及吸引外資來台，對我國際收支經常帳與金融帳的影響。

31-1 外匯市場

一、外匯的定義

　　外匯（foreign exchange）是可以作為國際支付工具的外國通貨，或是對外國通貨的請求權，必須是國際間共同接受可兌換，如外國貨幣、存款、支票、匯票、證券、債權等。

二、匯率的定義

　　匯率（exchange rate；e）是不同貨幣之間互相兌換的比例，以一種通貨換取另一種通貨所應支付的單位成本，亦即外匯的交易價格，又稱為雙邊匯率。匯率通常有兩種表達方式（互為倒數），直接報價法（direct quotation）為一單位外國貨幣折換本國貨幣之單位數，又稱價格報價或付出（giving）報價，代表外匯幣值，為美系所採行；間接報價法（indirect quotation）為一單位本國貨幣折換外國貨幣之單位數，又稱數量報價或收進（receiving）報價，代表本國幣值，為歐（英）系所採行。

　　我國目前採用國際較通用之直接報價法，亦即以一單位外國貨幣為基準折換（付出）多少新台幣，例如 1 元美金兌換 33 元新台幣，匯率由 33 升至 35，代表美金升值（對台購買力增加）而台幣貶值（對美購買力減少）。

1. 即期匯率 (spot rate)

　　外匯買賣與交割手續同時完成所依據的兌換價格，銀行結匯或立即結清的交易付款均屬之，為外匯現貨市場的即期交易。

2. 遠期匯率 (forward rate)

　　未來交易而現在先訂定的外匯兌換價格，外匯買賣契約簽訂後在未來某個時點才交付，為外匯遠期市場的遠期交易，遠期匯率與當時即期匯率未必相同。遠期外匯交易是先行簽訂契約，實際交割以到期日為準。通常國際貿易買方先訂貨，未來賣方出貨或交貨時買方才買匯支付貨款，為避免此一期間匯率波動造成損失，可先簽訂外匯買賣契約以鎖定價位避險，亦可在不同時點間的匯率波動投機賺取價差或套利。

3. 無本金交割遠期外匯 (non-deliverable forward；NDF)

　　在契約簽訂後之未來到期日進行結算時，以契約之遠期匯率與到期日之即期匯率價差清算差額，而未實際進行交易外匯買賣的本金總額。

三、匯率變化

1. 升值 (appreciation)

直接報價法之匯率下跌，表示一單位外國貨幣可兌換本國貨幣之單位數減少，代表外國貨幣價值（購買力）下跌而本國貨幣相對強勢（strengthen）。

本國貨幣升值使本國商品以外國貨幣計價的價格上漲（不利出口），外國商品以本國貨幣計價的價格下跌（有利進口）。

2. 貶值 (depreciation)

直接報價法之匯率上升，表示一單位外國貨幣可以折換本國貨幣之單位數增加，代表外國貨幣價值（購買力）上漲而本國貨幣相對弱勢（weaken）。

本國貨幣貶值使本國商品以外國貨幣計價的價格下跌（有利出口），外國商品以本國貨幣計價的價格上漲（不利進口）。

四、外匯市場 (foreign exchange market)

進行外匯買賣交易的地方。貨幣資金的使用不限於國內，當進行國際貿易或前往國外時，必須兌換成當地國貨幣才能使用支付。健全的外匯市場促使國際間資金移轉通暢，國際貿易順利進行，並便利拋補外匯而減少匯率變動風險。

一般大眾通常透過商業銀行買賣外匯，在台灣只有經主管機關核准的外匯指定銀行才能經營外匯業務；外匯經紀商則扮演仲介角色，提供資訊並撮合交易以節省買賣雙方的蒐尋成本；中央銀行亦是外匯市場的主要參與者，為配合政策動用其可操控的龐大資金買賣外匯，因而影響市場供需進而達到調整匯率的目標。

外匯指定銀行向其他銀行、外匯經紀商、中央銀行批發外國貨幣，零售予一般大眾，因此外匯指定銀行牌告匯率之銀行買價（*bid rate*）較低而銀行賣價（*offer rate*）較高，商業銀行提供大眾買賣外匯服務賺取價差。

五、外匯市場均衡分析

橫軸為外匯數量，縱軸為匯率（直接報價），外匯需求線為負斜率（匯率高則買匯成本高，外匯需求量減少），外匯供給線為正斜率（匯率高則外國購買力強，外匯供給量增加）。交叉點 E 為外匯市場均衡（如圖 31-1），對應外匯均衡數量與均衡匯率（外匯報價）。

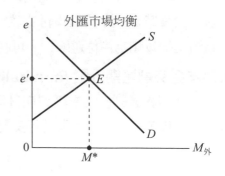

▲ 圖 31-1　外匯市場均衡

　　本國對外國的支付須買匯支付外國價款，因此外匯需求增加（匯率上升）且本國貨幣供給增加（本國貨幣貶值）；反之外國對本國的支付則外國須買本國貨幣支付價款，因此外匯供給增加（匯率下跌）且本國貨幣需求增加（本國貨幣升值）。

　　本國對外國的支付包括進口財貨價款、外勞薪資、出國在外的開支、對外國人分配紅利、償還本金、支付利息、貸放投資、資金外移等，任何資金流出增加使外匯需求增加，整條外匯需求線向右（外匯量增加）上（匯率上升）方位移；反之則需求減少，整條外匯需求線向左（外匯量減少）下（匯率下跌）方位移。

　　任何外國對本國的支付與資金流入增加，使外匯供給增加，整條外匯供給線向右（外匯量增加）下（匯率下跌）方位移；反之則供給減少，整條外匯供給線向左（外匯量減少）上（匯率上升）方位移。

六、影響外匯市場供需與匯率波動的因素

1.國際收支 (international payment) 理論

　　英國學者高森（G. J. Goschen）提出，說明外匯供需變動的原因，及其對匯率與幣值的影響。

　　在正常情形下，資金淨流入表示國際收支順差，外匯供給增加（匯率下跌）而且本國貨幣需求增加（本國貨幣升值）；資金淨流出代表國際收支逆差，外匯需求增加（匯率上升）且本國貨幣供給增加（本國貨幣貶值）。

2.匯兌心理理論 (psychologicaltheoryof exchange)

　　法國學者亞夫太良（Aftalian）提出，解釋非常情勢之外匯供需變動，及其對匯率與幣值的影響。

　　在非常情形下，政治、社會、經濟環境變化或情勢不穩時，將改變人民對外匯及本國貨幣的主觀評價，預期心理影響外匯市場供需，造成匯率與幣值的波動。預期本國貨幣升值則外資流入套利，外匯的供給增加；預期本國貨幣貶值則本國資金外移，外匯的需求增加。

動動腦

中共在台海試射飛彈引發恐慌，試以匯兌心理理論，圖示說明外匯市場供需及均衡匯率變化的過程與方向，並分析央行如何在外匯市場操作以穩定匯率。

3. 購買力平價 (purchasing power parity；PPP)

　　瑞典學者卡塞爾（G. Cassel）提出，基於單一物價法則（Law of one price），認為若不考慮交易成本，相同商品在不同地區之價格應該相同，否則會發生套利交易，因供需變動亦使兩地價格變化而趨近相同。匯率代表外匯之價格及兩國貨幣的相對購買力，因此兩國如果以相同貨幣計價時，其物價水準應該相同，亦即相同貨幣在不同地區之購買力應該相同。

　　若未達理論匯率，即幣值高估或低估，國際金融市場則會發生套利交易，使趨近理論匯率水準，但短期匯率未必符合 PPP，經長期調整才會使均衡匯率符合 PPP。當本國物價上漲，匯率未升達理論匯率，即本國幣值高估，則本國資金外移購買相對價格較低之外國商品套利，使均衡匯率升達理論匯率水準。

$$e_1 = e_0 \times P 本 / P 外$$

　　一國的幣值與其通貨膨脹率呈反比，當本國通貨膨脹率大於外國，代表本國貨幣的相對購買力下降，因此匯率應該上升（本國貨幣貶值）；若外國通貨膨脹率大於本國，代表外國貨幣的相對購買力下降，因此匯率應該下跌（本國貨幣升值）。**匯率變動率＝本國通貨膨脹率－外國通貨膨脹率**

4. 資產組合均衡

　　國際金融資產交易會影響短期均衡匯率變化，又稱為資產分析法匯率決定理論。當本國金融資產（貨幣、債券等）供給相對較高，投資人為避免持有過多本國金融資產的風險，將轉而增加買入外國金融資產，導致匯率上升（本國貨幣貶值）。

5. 利率平價 (interest rate parity) 理論

　　若不考慮交易成本，資本在不同地區之報酬應該相同，因此本國資本利率應等於外國利率加預期匯率變化率。

$$i 本 = i 外 + (e 預 - e)/e$$

七、有效匯率的定義

　　有效匯率（Effective Exchange Rate；EER）是指數化的複合匯率。本國對各國不同貨幣之間互相兌換的匯率變化各不相同，可能對某些國貨幣升值而對其他國貨幣貶值，因此有效匯率以多邊間接匯率（一單位本國貨幣折換外國貨幣之單位數）加權平均值，代表本國幣值的相對變化。

名目有效匯率指數＝Σ(i 國權數 × 當期對 i 國間接匯率 / 基期對 i 國間接匯率)

　　i 國權數＝主要貿易國家與本國貿易量占本國貿易總量之比重貿易量是以當期物價水準計價之進出口總值，但未考慮各國與本國不同之物價水準，也就不能完全表達本國幣值的實質相對購買力，因此為名目有效匯率。

實質有效匯率指數

＝名目有效匯率指數 / Σ(i 國 × 當期 i 國物價指數 / 當期本國物價指數)

　　名目有效匯率以各國與本國之相對物價水準平減調整後，可以完全表達本國幣值的實質相對購買力，即為實質有效匯率。指數 100 為基準，大於 100 表示本國貨幣相對強勢（升值），但幣值高估將不利出口競爭力，應予貶值；若指數小於 100 代表本國貨幣相對弱勢（貶值），幣值低估將有利出口競爭力，主要貿易國家會要求本國貨幣升值。

1. 幣值高估遞延效果 (hysteresis effect of overvaluation)

　　本國貨幣相對弱勢（外匯高估）時，外國貨幣購買力上升，本國商品出口值增加，出口商藉此機會開拓國際市場；商品出口值大於進口值則商品貿易帳出現盈餘，外匯存底增加使本國貨幣升值後，因本國已建立出口競爭力，順差失衡仍會持續一段期間。

　　本國貨幣高估時，本國貨幣購買力上升使進口增加，外國出口商藉此機會開拓我國內市場；商品進口值大於出口值則商品貿易帳出現赤字，外匯存底減少使本國貨幣貶值後，因外國出口商已在我國內建立市場優勢，不利我國競爭力，逆差失衡仍會持續一段期間。

2. 匯率目標區 (target zones)

　　為避免各國以貨幣貶值競賽，有利本國出口競爭力，造成國際貿易摩擦，各主要國家進行協商，訂定彼此接受同意的實質有效匯率區間，各國在此一區間範圍內自由浮動，匯率穩定而降低匯差風險與國際貿易摩擦。

 綜合範例

假設泰銖（泰國貨幣）與新台幣都不是國際間可兌換通貨，若你將前往泰國採購 400 萬泰銖的特產，且已知美元兌新台幣的匯率為 1：30 及美元兌泰銖的匯率為 1：40，則該特產採購金額換算成新台幣為？

Tip 詳購買力平價。

 解析

$$400 \text{ 萬泰銖} \times \frac{1 \text{ 美元}}{40 \text{ 泰銖}} \times \frac{30 \text{ 台幣}}{1 \text{ 美元}} = 300 \text{ 萬台幣}$$

經濟視野 ①

匯率風險（exchange rate risk）

　　國際貨幣的價格（匯率）隨市場供需之變動而漲跌，所生的國際貨幣兌換損失之風險。在浮動匯率制度下，匯率價格的變動常受外匯供需之不同而變動，因外匯匯率變動使金融商品產生價值波動而帶來利潤或損失。

　　原始交易發生至到期結算期間，匯率價格的變動使交易商品或契約產生價值波動，所曝露的可能損失稱為交易風險（transaction exposure）。匯率價格的變動，影響公司的銷售量價、成本控制等企業價值，所曝露的可能損失稱為經濟風險（economic exposure）。

 31-2　國際收支

一、外匯存底的定義

　　外匯存底（foreign exchange reserve）是一國政府的外匯存量，包括央行持有的外匯、特別提款權、在國際貨幣基金的準備部位等，代表該國的國際支付能力，或本國對外國的財產要求權。國際收支逆差，外匯存底減少；國際收支順差，外匯存底增加。

外匯存底少，代表該國的國際支付能力弱，國家債信評等降低。外匯存底多，代表該國的國際支付能力強，國家債信評等提升，但過多將造成國內貨幣供給增加而引發通貨膨脹壓力，且央行外匯資金閒置代表該國的經濟資源未充分有效運用；因此外匯存底大量累積，對國內的經濟影響是物價上漲。

通常適當之外匯存底爲該國三至六個月的進口支出，其國際支付能力即可以維持國家債信、幣值安定、物價平穩。台灣因政治因素未能加入國際貨幣組織，須保有較高之外匯存底，以維持國家信用，並足以自行因應各種因素對金融市場之衝擊。

二、國際收支平衡表 (Balance of Payment；BOP)

一國在一段期間內，其居民與外國居民之間進行的各項國際經貿交易活動，以貨幣單位記載之系統紀錄，大多以美元計價。

我國國際收支平衡表自 1997 年起，依國際貨幣基金於 1993 年出版的第五版國際收支手冊，主要帳目分類結構爲經常帳、資本帳、金融帳、央行國際準備資產等項，並以誤差與遺漏來調整可能之推估差異，維持借貸方平衡的會計原則。

1. 經濟利益中心 (center of economic interest)

居民包括家戶、企業、政府等經濟活動部門，而國內外居民並非以國籍區分，長期在我國從事主要經濟活動者即爲我國居民，因此外國在我國的分支機構及派駐人員視爲我國居民，而短暫居留（未滿一年者）及我國在外國的分支機構及派駐人員，則視爲國外居民。國際收支平衡表傾向屬地主義，應與主要通貨之使用有關，一段期間內則代表流量概念。

2. 經常帳 (current account)

包括財貨勞務進出口貿易、要素所得與支出、消費財無償移轉等之收支淨額。

財貨勞務進出口貿易包括一般商品進出口交易，以及諸如跨國旅行、運輸、金融、教育等服務費用。

商品出口值大於進口值則商品貿易帳餘額出現盈餘，爲貿易順差（trade surplus）；商品進口值大於出口值則商品貿易帳餘額出現赤字，爲貿易逆差（trade deficit）。一國若有貿易的順差，則代表該國是個淨出售國內資產給外國人的賣方，因此會有正的淨對外投資。

要素所得與支出包括工作薪資、租賃租金、投資與借貸之股利及利息等收支淨額。經常帳移轉是一國無償提供他國實質資源或金融項目用於消耗性支出，國際之間的補助、捐贈、救濟等收支淨額皆屬之。

3. 資本帳 (capital account)

包括資本財無償移轉以及非生產性與非金融性資產交易之收支淨額。非生產性與非金融性資產交易諸如專利權、商譽等無形資產之買賣。

資本財移轉是一國無償提供他國實質資源或金融項目用於資本形成,諸如捐贈資金設備、協助投資計劃、債務減免消除等收支淨額皆屬之。舊版 BOP 將所有無償移轉歸屬經常帳一項,新版 BOP 才依據用途細分為經常帳與資本帳。

4. 金融帳 (financial account)

此衡量當期民間部門買賣資產的紀錄,包括民間部門的直接投資、證券投資、其他投資等各種金融交易之本金收支淨額;舊版 BOP 分為長期資本與短期資本,而無金融帳,新版 BOP 則不再以到期期限區分長短期。

直接投資是以控制其他企業經營權為目的之國際資本移動,諸如有形資本、分支機構、商標、技術、管理等經營資源之移動。證券投資非以控制其他企業經營權為目的,又稱為間接投資,包括各種股票、債券、衍生性金融商品之金融性資產買賣交易。其他投資包括貨幣機構及各種金融機構之現金、存款、借貸、貿易信用等非證券、非直接投資之金融交易。

外國居民買進我國資產則我國收入資金,造成我國金融帳順差,稱為**資本移入**(capital inflow);本國居民買進外國資產須支出我國資金,造成我國金融帳逆差,稱為資本外移(capital outflow)。高度流動的投機性國際資本進出,稱為熱錢(hot money);嚴重的資本外移,稱為**資本逃離**(capital flight)。

5. 準備資產 (net foreign assets)

本國中央銀行買賣外國資產之交易紀錄,不屬於金融帳,而另立央行國際準備資產項目,又稱為外匯存底交易帳,或稱為官方準備交易帳(official reserve transaction account)。

> 央行國際準備資產變動
> =經常帳餘額+資本帳餘額+金融帳餘額+誤差與遺漏

央行資產的準備部位,可以平衡前三項國際收支餘額,代表該國的國際支付能力。國際收支順差代表資金淨流入使外匯存底增加,外匯供給增加而匯率下跌,本國貨幣相對升值,稱為順差失衡(surplus dis-equilibrium);國際收支逆差代表資金淨流出使外匯存底減少,並且外匯需求增加而匯率上升,本國貨幣相對貶值,稱為逆差失衡(deficit dis-equilibrium)。國際支付能力無法償付外債,則發生國際財務危機(international debt crisis);本國貨幣大幅貶值,稱為通貨危機(currency crisis)。

→ 動動腦 ←

試觀察我國外匯存底的數量與排名變化情形，並說明其原因，以及對台灣金融穩定與國際地位的重要性與影響。

三、國際收支調整政策

　　任何調整國際資金移動的因素，都將造成國際收支變化進而影響國際收支均衡，例如所得水準、相對利率、匯率調整、貿易政策、央行操作等。

1. 匯率調整：順差失衡時，外匯存底增加使本國貨幣相對升值，代表外國貨幣相對弱勢（購買力下降），本國貨幣購買力上升，商品進口值增加而減緩順差失衡，恢復國際收支均衡。逆差失衡時，外匯存底減少使本國貨幣相對貶值，代表本國貨幣相對弱勢（購買力下降），外國貨幣購買力上升，本國商品出口值增加而進口減少，減緩逆差失衡，恢復國際收支均衡。

2. 央行操作：央行可以主動市場操作，買匯使外匯需求增加（本國貨幣相對貶值），賣匯使外匯供給增加（本國貨幣相對升值），調整匯率使國際收支恢復均衡。央行減緩或改變市場匯率原來方向，稱為逆勢操作（leaning against the wind）；央行增強市場匯率原來方向，稱為順勢操作（leaning with the wind）。

3. 相對物價：順差失衡時，寬鬆貨幣政策提高物價水準，本國物價相對較高則出口減少，減緩貿易帳順差，恢復國際收支均衡。逆差失衡時，緊縮貨幣政策降低物價水準，外國物價相對較高則本國進口減少，減緩貿易帳逆差，恢復國際收支均衡。

4. 相對利率：順差失衡時，寬鬆貨幣政策降低利率水準，外國利率（資產利潤）相對較高，則本國資金外移購買外國金融資產，資本外移減緩我國金融帳順差，恢復國際收支均衡。逆差失衡時，緊縮貨幣政策提高利率水準，本國利率（資產利潤）較高，則外資流入購買我國金融資產，資本移入減緩我國金融帳逆差，恢復國際收支均衡。

5. 所得水準：順差失衡時，擴張財政政策提高所得水準，本國所得提升則進口能力（購買外國資產）增加，減緩順差失衡，恢復國際收支均衡。逆差失衡時，緊縮財政政策降低所得水準，本國所得降低則本國進口能力（購買外國資產）減少，減緩逆差失衡，恢復國際收支均衡。

6. 貿易政策：順差失衡時，降低關稅與減緩金融管制等障礙則增加進口（購買外國資產），降低出口補貼則減少出口，減緩順差失衡，恢復國際收支均衡。逆差失衡時，提高關稅與加強金融管制等障礙則減少進口（購買外國資產），提高出口補貼則增加出口，減緩逆差失衡，恢復國際收支均衡。

四、資金移動管制政策

由政府決定宣布匯率水準，為價格管制方式，通常貿易逆差國家採取貶值政策而貿易順差國家採取升值政策，以改善國際收支。政府亦可以行政命令進行資本管制，限制交易條件或資金流動，以穩定金融市場，是為數量管制方式。

五、J 曲線效果

本國貨幣貶值對我國國際收支的影響，隨時間增長使兩國進口彈性增大，貿易帳（$X-M$）先惡化再逐漸改善，對其貿易餘額之影響是先下降後上升。

直接報價法之匯率上升，表示一單位外國貨幣可以折換本國貨幣之單位數增加，代表外國貨幣價值（購買力）上漲而本國貨幣貶值。因此我國國際收支逆差時，本國貨幣貶值即增加外國貨幣購買力，可以增加我國出口，進而改善我國國際收支。

如圖 31-2，本國貨幣貶值之初（$t_0 \to t_1$），短期內兩國消費支出購買習性尚未改變，即兩國進口彈性之和小於 1，外國貨幣購買力上漲但尚未增加進口（我國出口），我國貨幣購買力下降亦未減少進口量，反而因一單位外國貨幣折換本國貨幣之單位數增加，進口成本提高進而惡化我國國際收支。

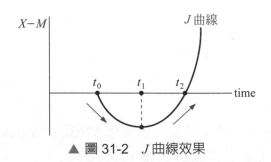

▲ 圖 31-2 J 曲線效果

經過兩國消費支出購買習性調整，至兩國進口彈性之和大於 1，即外國貨幣購買力上漲而增加進口（我國出口），我國貨幣購買力下降而減少進口，才會逐漸改善我國國際收支（t_1 之後）。本國貨幣貶值對我國國際收支的影響，隨時間增長使兩國進口彈性增大，貿易帳（$X-M$）先惡化再逐漸改善，圖形上呈 J 形，為本國貨幣貶值的 J 曲線效果；國際收支順差造成本國貨幣升值時的影響，國際收支呈現先增後減的效果，則稱為倒 J 曲線效果。

　　兩國進口彈性之和大於 1，即外國貨幣購買力上漲而增加進口（我國出口），我國貨幣購買力下降而減少進口，才會逐漸改善我國國際收支。

1. 馬歇爾 - 勒納條件 (Marshall-Lerner condition)

　　本國貨幣貶值可以改善我國國際收支的條件，兩國進口彈性之和大於 1，即我國進口依賴減少而出口能力增加，否則國際收支反而惡化；本國貨幣升值會惡化我國國際收支的條件亦同。

2. 國外迴響 (foreign repercussion)

　　在開放經濟體系，我國擴張性財政政策增加總合需求支出，引發提高均衡總產出所得，導致增加進口外國商品；外國出口增加，導致總合需求支出增加而提高其均衡總產出所得，引發其增加進口外國商品，即我國出口增加，導致總合需求支出增加而再提高均衡總產出所得。

　　我國擴張性財政政策可以提高兩國總產出所得，且因兩國相互誘發出口需求，因此開放經濟體系之國外迴響效果，所得增加幅度（所得乘數）比封閉經濟體系更大。增加貨幣供給降低利率使所得提高，資本流出及增加進口則造成國際收支逆差，因此當考慮了國際貿易及匯率的影響之後，貨幣政策的效果減弱，財政政策之效果增加。

 經濟視野 ❷

境外金融中心（Offshore Banking Unit；OBU）

　　又稱為國際金融業務分行，是政府以減少金融及外匯管制，並提供免稅或減稅待遇，吸引國際金融機構及投資者來我國參與經營銀行業務所成立的金融單位，視同境外金融機構，交易業務以國外狀況視之。

綜合範例

當新台幣相對其他貨幣升值時，下列敘述中，何者為真？　(A) 我國的出口品變為較昂貴，而我國的進口品則變為較便宜　(B) 我國的出口品變為較便宜，而我國的進口品則變為較昂貴　(C) 我國的出口品變為較便宜，而我國的進口品則變為餃便宜　(D) 我國的出口品變為較昂貴，而我國的進口品則變為較昂貴。

Tip 詳 *J* 曲線效果。

解析

直接報價法之匯率上升，表示一單位外國貨幣可以折換本國貨幣之單位數增加，代表外國貨幣價值（購買力）上升而本國貨幣貶值。

當新台幣相對其他貨幣升值時，代表本國貨幣價值（購買力）上升，因此 (A) 我國的出口品變為較昂貴，而我國的進口品則變為較便宜。

31-3 國際貨幣制度

一、匯率制度 (exchange rate system)

匯率代表外匯之價格（直接報價法），由外匯市場的供需均衡所決定，但為維持幣值穩定，確保國際經貿活動順利進行，各國管理國際匯兌的方式不同，基本上可以分為固定匯率制度、純粹浮動匯率制度、管理浮動匯率制度等。

1. 固定匯率制度 (fixed exchange rate system)

中央銀行將本國貨幣與外國貨幣之間互相兌換的比例，固定在一特定匯率水準不隨意變動，又稱為穩定匯率制度（stable exchange rate system）。

固定匯率制度可以降低國際經貿活動之匯差風險，但國際經濟與物價波動時無法彈性調整匯率，外匯市場無效率，而直接影響國內經濟、物價與國際收支均衡。

2. 可調整固定匯率制度 (adjustable fixed exchange rate system)

當一國家之國際收支嚴重失衡時，經國際貨幣基金會同意，可以重新訂定其貨幣與美元之間的兌換比例，又稱為新金匯本位制度（new gold exchange standard system）。

二次大戰後，依據布列敦森林（Bretton Woods）會議規定，各國以美元作爲主要之外匯準備，即以美元取代黃金，成爲各國持有作爲國際貨幣準備的資產，因此美元又稱爲準備通貨（reserve currency）。各國貨幣應與美元之間維持固定在一特定的兌換比例，即以美元爲本位的固定匯率制度，各國央行以操作買賣美元達成固定匯率，所以美元又稱爲干預通貨（intervention currency）。

固定匯率代表外匯之價格固定，不能依外匯市場的供需調整，當固定匯率價位非均衡價格，即出現外匯超額供給或超額需求，政府可以限制外匯交易條件、數量，或進入外匯市場操作調整外匯供需，以維持固定匯率目標。

3. 純粹浮動匯率制度 (pure floating exchange rate system)

匯率完全由外匯供需所決定，亦即尊重外匯市場的自由機制決定均衡價格，而不加以干預，又稱爲乾淨浮動（cleanfloating）。央行買賣外匯非以干預匯率爲目的，不須持有大量外匯準備。

藉由匯率的彈性調整，可以減緩國際因素對國內經濟活動及國際收支平衡的衝擊，國內貨幣政策更獨立有效；但匯率經常波動不定，亦使國際經貿活動成本難以控制而形成匯差風險，吸引套匯投機使外匯市場不穩定。

4. 管理浮動匯率制度 (managed floating exchange rate system)

匯率基本上由外匯供需所決定，仍尊重外匯市場機制決定均衡價格，但央行可以進入外匯市場操作，買匯使外匯需求增加，賣匯使外匯供給增加，影響外匯市場供需進而干預調整均衡匯率，又稱爲污穢浮動（dirty floating）或外匯干預（foreign exchange intervention）。

管理浮動匯率制度介於固定匯率制度與純粹浮動匯率制度之間，原則上由外匯市場自由運作，當匯率波動過大而影響國際經貿活動成本，或匯率區間偏離政策方向時，央行才會進場干預。因此兼顧固定與浮動之優點，可以減緩國際因素對國內經濟活動及國際收支平衡的衝擊，亦使國際經貿活動成本易於控制而降低匯差風險，但央行須有足夠外匯準備。

1970 年代因美國國際收支逆差嚴重，資金大量流向國際收支順差的德、日等國，美元調整貶值幅度仍無法改善各國國際收支失衡的問題，可調整固定匯率制度與協定瓦解，各主要貿易國家即改採管理浮動匯率制度。

5. 釘住 (pegging) 匯率制度

爲許多外匯市場發展尚未成熟的國家所採行，將本國貨幣與某主要國家貨幣固定在一特定匯率水準，而隨該指標貨幣匯率與其他國家貨幣浮動；亦介於固定匯率制度

與浮動匯率制度之間,但較偏向干預市場之固定匯率(釘住),且各國政府亦有較大自主權。

若指標貨幣匯率波動劇烈,亦同時承擔與其他國家貨幣之匯差風險。例如釘住美元匯率,將本國貨幣與美元匯率固定在一特定水準,而隨美元升貶與其他國家貨幣匯率浮動;為避免美元波動風險,可以釘住一籃主要通貨之平均價位。

我國於 1963 年固定 1 元美金兌換 40 元新台幣,1973 年調整固定匯率釘住美元至 38 元,1978 年重新訂定與美元之兌換比例至 36 元後,於 1979 年起改採管理浮動匯率制度。

.動動腦.

試觀察我國外匯管制時期之價格管制與數量管制方式,並說明金融自由化與國際化,外匯管制之開放情形及其影響。

二、沖銷 (sterilization)

央行公開市場操作,消除外匯干預對國內貨幣供給額的不利影響。央行進入外匯市場干預,操作調整外匯供需,以達成匯率政策目標,卻因此影響國內貨幣供給變化;為同時達成貨幣政策目標,可以透過公開市場操作將此不利因素消除,以維持國內貨幣供給額穩定。

當政府採取貶值政策或避免本國貨幣持續大幅升值,央行進入外匯市場賣出本國貨幣(供給增加使本國貨幣貶值)交換買進外匯(需求增加使匯率上升),造成國內貨幣供給增加(央行釋出本國貨幣),央行可發行或賣出票券由金融市場支付資金購買,造成央行收回過剩通貨之沖銷政策效果;若政府採取升值政策或避免本國貨幣持續大幅貶值,央行進入外匯市場賣出外匯(供給增加使匯率下跌)交換買進本國貨幣(需求增加使本國升值),造成國內貨幣供給減少(央行收回本國貨幣),則央行支付資金購買市場票券,造成央行釋出通貨回補貨幣供給之沖銷政策效果。

.動動腦.

試以沖銷的意義,說明中央銀行以公開市場操作,穩定雙率及金融環境之方法與影響。

三、主要之國際貨幣組織及其功能

1. 世界銀行 (World Bank；WB)

於 1945 年底成立，國際重建開發銀行（International Bank for Reconstruction and Development；IBRD）之簡稱。會員國認股比例依各該國經濟占全球經濟之比重而定，由世界銀行提供長期貸款，促進戰後重建，並協助開發中國家調整經濟結構；為確保債權，貸款對象多為會員國政府或國營事業，並須以外匯償還。

2. 國際貨幣基金 (International Monetary Fund；IMF)

1947 年正式成立營運，會員國應依該國人口比重、國民所得、對外貿易、外匯存底等經濟實力提撥基金額度，其表決權依該國提撥基金額度比重而定。會員國共同研商促進國際貨幣金融合作，維持各國正常匯兌關係，以推動國際貿易均衡發展，提供會員國必要之國際融通與金融改革，解決國際收支失衡問題。

3. 特別提款權 (special drawing right；SDR)

1969 年 IMF 創設，相當於一籃通貨，由美元、英磅、法郎、日圓、馬克五種主要貨幣構成，是會員國在 IMF 架構內交易會計帳之通用計價單位；2001 年起，歐元流通後取代法郎與馬克。各會員國依其在 IMF 之提撥基金比重分配到 SDR 額度，可以視 SDR 為各會員國在 IMF 之存款提領權，並可兌換他國通貨；1978 年起，SDR 亦可為會員國提撥會費之貨幣。

4. 亞洲開發銀行 (Asian Development Bank；ADB；亞銀)

1966 年成立，亞太地區會員國股份不低於資本額 60 ％，但不限於亞太地區國家，以引進其他地區開發資金及技術援助，協助亞太國家經濟發展，參與之歐美國家則可擴展其國際影響力與貿易機會。亞銀資金主要由會員國投資認股及捐贈，並發行亞銀債券，亦創設各種特別基金，對開發中會員國提供優惠融資條件，協助合作計劃。

5. 歐元 (Euro)

1999 年歐元正式啟用，以非現金形式成為計價單位並進行清算，但各會員國原有通貨仍並存，歐元與各會員國原有通貨匯率固定而對外浮動，在國際外匯市場自由交易。2002 年歐元貨幣開始流通，各會員國逐漸回收原有通貨，而改為歐元進行交易，歐元正式取代成為法定貨幣。

動動腦

試以世界銀行與國際貨幣基金的功能,說明其協助新興國家經濟發展,以及處理亞洲金融風暴的重要性及影響。

綜合範例

下列敘述何者正確? (A) 預期台幣升值使美元的外匯供給增加 (B) 在固定匯率之下國際收支有盈餘會使貨幣供給減少 (C) 台幣貶值會使出口減少,進口增加,減少貿易盈餘 (D) 在浮動匯率之下必須利用沖銷政策才能維持貨幣供給不變。

Tip 詳匯兌心理理論、固定匯率制度、J 曲線效果、純粹浮動匯率制度。

解析

　　人民對外匯及本國貨幣的主觀評價,預期心理影響外匯市場供需,預期本國貨幣升值則外資流入套利,預期本國貨幣貶值則本國資金外移,造成匯率與幣值的波動。因此,(A) 預期台幣升值使美元的外匯供給增加正確。

 經濟視野 3

複式匯率制度

　　人民買賣匯率之外匯價格因不同條件而有差異。我國於 1951 年實施新金融措施,限制金、銀、外匯資金外流與奢侈品交易,配合外匯審核制度,買匯價格因出口商品不同,賣匯價格亦因進口商品而異。1953 年實施物資預算與進出口實績制度,限制貿易商進口商品營業範圍與申請額度。1955 年實施外匯配額制度,對進出口商品差異採取不同外匯配額與外匯價格,形成多元複式匯率。

　　我國於 1958 年實施改進外匯貿易方案,進出口貿易商憑結匯證結匯,限制進出口商品之結匯,匯率簡化為官定外匯價格與結匯證外匯價格之雙元複式匯率。1960 年訂定結匯證標準匯率,形成單一匯率。1963 年取消結匯證制度,採取 1 元美金兌換 40 元新台幣之固定單一匯率制度。

人民幣國際化發展快速

近年人民幣國際化發展非常快，2009 年擴大試點以來，人民幣跨境貿易結算發展快速。以人民幣結算的貿易量成長 4 倍，2012 年占比達 11％；預計未來 3 年將升至 30％，人民幣可能躋身全球 3 大貿易結算貨幣。大陸更首次授予銀行人民幣跨境放貸額度，供其向跨國企業放貸人民幣。

大陸為了降低過於依賴美元所產生的匯兌風險，近年來積極推動人民幣為跨境貿易結算貨幣，並與多個國家簽署貨幣互換協議，使得人民幣使用量大增，但在整體國際貿易上所佔的比例依然很小。人行有意藉由低成本的貸款來促進人民幣在國際貿易使用，並降低企業的匯兌成本。南韓將起動用之前與大陸達成的 3,600 億元人民幣（約590 億美元）貨幣互換協議，並透過銀行對企業進行人民幣與韓元貸款，以用於貿易結算。實際上等於實現中韓貨幣互換，如果此一制度穩定推行，甚至可以考慮與日本或亞洲其他國家進行類似措施。

大陸最近選定中國銀行台北分行作為兩岸貨幣清算的清算行，這个僅在台灣的金融發展史上將記下一筆，更可能在全球金融體系裡扮演一個角色，因為人民幣將在 2015 年成為國際儲備貨幣之一，與美元分庭抗禮。大陸推動人民幣國際化，其最大的籌碼之一就是人口 17 億的東協各國市場。人民幣在亞洲的影響力大增，離不開區內的貿易變化；中國在東亞地區製造業貿易中所占比例約兩成，分量已經超過日本，中國同時是多個亞洲國家及地區的最大貿易夥伴，吸收了台灣 27％的對外出口，而韓國也有高達 25％的出口輸往中國，遠高於台灣及韓國對日本的出口。

試以經濟學分析，思考以下問題：

1. 以外匯市場的意義，說明人民幣跨境貿易結算的影響。
2. 以匯率制度的意義，說明人民幣的匯兌成本。
3. 以資金移動管制政策，說明人民幣國際化的影響。

( ) 1. 在固定匯率制度下,假如本國幣有貶值的壓力,央行爲了維持固定的匯率水準,必須如何因應? (A) 購買外國幣,外匯準備增加 (B) 拋售外國幣,外匯準備減少 (C) 購買外國幣,外匯準備減少 (D) 拋售外國幣,外匯準備增加。

( ) 2. 我國央行如果進入外匯市場拋售美元,結果是 (A) 美元會升值 (B) 台幣會貶值 (C) 台幣會升值 (D) 匯率不變。

( ) 3. 遠期外匯交易是: (A) 此地簽約,到另外一個地方買賣 (B) 簽約與實際交割同時進行 (C) 買賣外匯以契約簽訂日爲準 (D) 先行簽訂契約,實際交割以到期日爲準。

( ) 4. 那種狀況發生會使我國的「貿易順差」變小? (A) 國外物價上升 (B) 國外所得增加 (C) 台幣升值 (D) 本國所得下降。

( ) 5. 在其他條件不變之下,若本國實施浮動匯率制度,則下列何者會導致國幣的貶值? (A) 政府採取進口管制 (B) 出國旅遊蓬勃發展 (C) 若外國對本國出口品的價格需求彈性大於一的情況下,外國的物價保持不變,但本國的物價卻在下跌 (D) 若本國對外國出口品的價格需求彈性大於一的情況下,本國的物價保持不變,但外國的物價卻在上升。

( ) 6. 下列那一項不會影響本國的進口量? (A) 國內產品價格 (B) 國外產品價格 (C) 國內所得水準 (D) 國外所得水準。

( ) 7. 其他情況不變,當本國人出國觀光大幅增加時,對新台幣匯率會有什麼影響? (A) 升值 (B) 貶值 (C) 不變 (D) 不一定。

( ) 8. 在下列因素中,何者會增加本國的出口量? (A) 國外的物價上升了 (B) 本國的物價上升了 (C) 本國貨幣升值了 (D) 出口獎勵措施取消了。

( ) 9. 以下何種情況,會使本國外匯市場的均衡匯率下跌? (A) 本國利率相對外國利率上升 (B) 本國進口需求增加 (C) 市場普遍預期本國通貨將貶值 (D) 中央銀行干預外匯市場,在外匯市場上購買外匯。

( )10. 何種狀況會造成外匯供給增加? (A) 本國增加進口商品 (B) 出國旅遊人數增加 (C) 本國出口增加 (D) 本國到國外投資。

32

開放經濟體系

學習導引：克魯曼

經濟視野❶ 轉口貿易（switch trade）

經濟視野❷ 反傾銷（anti-dumping）

經濟視野❸ 海外直接投資（foreigndirect investment）

活用經濟實務：泛太平洋戰略經濟夥伴關係協定（TPP）

　　美國經濟學家及紐約時報的專欄作家保羅‧羅賓‧克魯曼（Paul Robin Krugman），是新凱恩斯主義經濟學派代表，1991 年獲得克拉克獎章，2008 年諾貝爾經濟學獎得主。研究領域包括國際貿易、國際金融、貨幣危機與匯率變化理論。對國際貿易與經濟地理學貢獻良多。早在 1979 年就提出新的理論模型，解釋「產業內貿易」現象，顯示規模經濟如何影響貿易模式與經濟活動的區位。

【克魯曼】

　　1996 年出版的《流行國際主義》準確預測亞洲金融危機而聲名大噪，是著名的經濟預言家。他提出所謂的亞洲奇跡是建立在浮沙之上，遲早會幻滅；認為亞洲在高速發展的繁榮時期，已潛伏著深刻的經濟危機，將在一定時間內進入大規模調整。1997 年該預言成功驗證，奠定了克魯格曼作為新一代經濟學大師的地位。

　　克魯曼認為要對富人課稅並封殺諸多避稅漏洞，他也抨擊雷根時代吹起的新自由主義資本經濟風潮，認為沒有管制的資本階級是今天造成災難的主因；在 1983 年到 2008 年間的 25 年中，全美國經濟成長果實落入金融業和跨國企業高層 1% 的人口手中，而廣大中產階級所得並沒有增加，還被通膨逐漸變相減薪。

預習思考

☆ 試以產業內貿易與要素稟賦比率理論，說明在自由化與國際化下，我國產業如何發展，增強貿易競爭力。

☆ 試以要素價格均等化與保護主義相關理論，說明加入 WTO 開放市場後，對我國勞工福利的可能影響。

☆ 試以 IS-LM-BP 均衡，分析純粹浮動匯率之擴張性政策效果，說明央行在必要時，採取干預外匯市場與管制資本移動的理由。

32-1 貿易相關理論

一、國際貿易 (international trade)

不同地區或國家之間各取所長，專業分工生產後進行交易，又稱為開放經濟（open economy）；自給自足生產交易，自成一孤立之經濟體系，則稱為封閉經濟（closed economy）。

不同國家之間的經濟資源及生產要素各有差異且不易移動，國際貿易之專業分工可以促進資源有效運用，比封閉經濟更提高經濟產出與社會福利，因此分析生產分工決策之絕對與比較利益法則，亦適用於國際貿易專業分工之分析。然而，國際貿易亦遭遇進出口貿易障礙、各國政策限制、不同貨幣流通等問題。

二、絕對利益 (absolute advantage) 法則

由亞當史密斯（A. Smith）提出，認為當有兩國可以生產兩種產品，依據勞動價值，全部數量的勞動投入專業生產某產品，可以得到較大產量者，稱為該國對生產該產品具有絕對利益。

三、比較利益 (comparative advantage) 法則

由李嘉圖（D. Ricardo）提出，認為當有兩國可以生產兩種產品，對其中一產品具有比較利益，表示該國勞動投入專業生產該產品的機會成本相對較低，若兩國分別專業生產各自具有比較利益的產品，結果對雙方均有利。

四、要素稟賦比率 (factor endowment proportions)

由兩位瑞典經濟學家赫克紹（E. Heckscher）與歐林（B. Ohlin）所提出之國際貿易理論模型，以要素稟賦與產品所需要素密集度之不同，說明各國比較利益產生的原因；認為古典理論僅以勞動價值分析絕對利益與比較利益，並不能完全闡明國際分工貿易可以產生利益的根源。

生產要素分為資本與勞動兩種，兩國擁有的相對要素稟賦比率不相同；生產不同產品所需之要素比率或密集度亦不同，可分為資本密集財與勞動密集財兩種產品。當某國具有相對豐富的要素稟賦，則生產需要該生產要素密集度相對較高的產品，可以產生比較利益，應專業生產出口該產品，稱為赫克紹 - 歐林定理。

具有相對豐富人力資源稟賦的國家，適於專業生產出口勞動密集產品；具有相對豐富資本資源稟賦的國家，適於專業生產出口資本密集產品；各國應依據所具有的相對豐富要素稟賦，發掘適於專業生產出口的產業發展。

1. 要素價格均等化 (factor price equalization)

生產要素在國際間不易移動，但藉由產品之國際貿易，可以使貿易之兩國的產品價格與要素價格均趨於相等；原產品價格（要素成本）較低者因出口增加需求而上漲，原產品價格（要素成本）較高者因進口增加供給而下跌。

2. 擴大效果 (magnification effect)

當某國具有相對豐富的要素稟賦，專業生產出口該產品，該要素報酬提高而另一要素報酬下降，所得分配差異增加；可以藉由所得重分配政策（課稅與補貼），使勞資雙方共享貿易利益，縮短貧富不均。

3. 技術貿易 (technology trade)

先進國家將技術專利輸出轉移至其他國家，以較低成本複製生產，創造更大利潤與貿易利益。技術貿易通常經由智慧財產權移轉、專利授權租售、跨國企業技術合作等方式。

4. 技術差距理論 (technology gap theory)

先進國家研究創新，技術領先享有比較利益而出口商品或技術；技術成熟後其他國家以較低成本複製生產，因技術水準相同造成進口替代，技術差距貿易將逐漸減少至停止。技術差距來自落後國家的技術落後、需求落後、模仿落後等原因，兩國技術差距的變化引發兩國進出口該產品的數量變化。

五、產品生命循環 (product life cycle)

美國學者沃農（R. Vernon）所提出，解釋貿易結構的動態變化，將產品生命循環區分為創新（innovated）期、成長（growth）期、成熟（matured）期。

最初發明新產品的國家，創新期產品先在該國內生產銷售；獲得普遍認同採用後，產品進入成長期，該國享有比較利益而大量生產出口；隨後其他國家以較低成本複製生產，使該產品的比較利益發生轉移，即產品進入成熟期後，其比較利益通常會由先進國家轉移至其他國家，而先進國家藉由不斷研究創新，持續享有各種新產品的比較利益。

先進國家具有相對豐富資本資源稟賦，適於研究創新生產出口資本密集產品；技術逐漸輸出轉移至其他已開發國家，利用高水準人力資本大量生產成長期產品並拓展市場；技術成熟後，具有相對豐富人力資源稟賦的落後國家，適於以較低成本複製生產出口勞動密集成熟期標準化產品。

1. 雁行理論 (wild-geese-flying-pattern theory)

　　日本學者赤松要（K. Akamatsu）所提出，認為先進國家有如雁行首領，創新產品後，其他國家如群雁列隊跟隨，依產品生命循環之比較利益，形成一完整的國際專業分工之產業體系，並帶動經濟持續發展與國際貿易的順利進行。

　　後進國家因缺乏資本且技術落後，最初完全仰賴由先進國家進口創新期產品；技術輸出轉移後，以較低成本複製生產標準化成熟期產品，累積資本並逐漸縮短技術差距，進入進口替代階段；技術差距貿易減少至停止，進入自給自足階段；進而大量生產出口，進入出口擴張階段；利用高水準人力資本，生產成長期產品並拓展市場，進入已開發國家階段。產業發展由完全仰賴進口，技術轉移後逐漸減少進口，增加生產至自給自足，再逐漸擴張出口，亦呈 V 字雁行型態。

2. 產業內貿易 (intra-industry trade)

　　國際貿易不只發生於專業分工之不同產業間相互交易，亦可能同時進出口同一產業的產品，因產品間不易替代的屬性差異、國際間拓展市場的重疊需求等因素，進行產品異質化（differentiation）產業內貿易。進出口同一產業異質產品，競爭後區隔其特性，由具有規模經濟或競爭優勢的國家或廠商，各自專業生產其比較利益優勢產品，而各國消費者均可增加異質產品之選擇，並享有較低廉的價格支出。例如美國以開發先進豪華轎車著稱，日本小跑車風行全球，兩國均發展汽車產業，但產品各具特色，不互相進出口同一產業的異質產品。

　　同質性標準化產品，因國內外運輸成本不同、季節性產量差異、轉口倉儲批發、加工再出口、自由貿易區的貿易偏轉等因素，亦形成進出口同一產業同質產品的產業內貿易。

3. 成長引擎 (engine of growth)

　　開發中國家參與國際貿易初期，出口初級產品而進口工業產品，優先發展資本規模不大而且技術層次較低之勞力密集產業，勞動薪資成本上漲且邊際報酬遞減後，引進先進國家的資金、設備、技術，配合國內提升人力素質與健全金融體系，逐漸累積資本，發展高附加價值工業並增強國際競爭力，改善貿易條件進而累積資本促進經濟發展。

　　出口產業升級，提升產品附加價值及競爭力，開發中國家在自由國際貿易下將有利經濟發展，可以轉移先進國家技術，以較低成本複製產品，累積資本並逐漸縮短技術差距，專業分工促進資源更有效運用，規模經驗增進技術能力，市場需求擴張刺激增加產出與創新，所以自由貿易在發展過程中，可以形成經濟成長的能量。

4. 成長貧乏 (immiserizing growth)

　　開發中國家參與國際貿易，出口初級產品而進口工業產品，易受國際價格波動影響其收入，進口產品價格相對較高，則貿易條件惡化。難以增加投資累積實質資本，教育程度低且營養不良使人力資本無法提升，市場需求不足而缺乏創新誘因與專業分工以增加產出，因而形成貧窮惡性循環。

 動動腦

　　試以比較利益法則與產品生命循環理論，說明先進國家將低技術層次產業轉移至新興國家，而致力於產業升級生產高階產品的情形與理由。

 綜合範例

甲國以一單位的生產要素能生產 30 單位小麥或 10 單位布，而乙國以同量的生產要素能生產 40 單位小麥或 20 單位布，則甲國的絕對利益為？比較利益為？

Tip 詳絕對利益法則、比較利益。

解析

　　甲國以一單位的生產要素能生產 30 單位小麥或 10 單位布，而乙國以同量的生產要素能生產 40 單位小麥（＞30）或 20 單位布（＞10），因此乙國不論生產小麥或布均具有絕對利益（產量較甲國大），則甲國無絕對利益。

　　甲國生產小麥的機會成本（邊際轉換率）為 $10/30 = 0.33$，專業生產布的機會成本為 $30/10 = 3$；而乙國生產小麥的機會成本為 $20/40 = 0.5$，專業生產布的機會成本為 $40/20 = 2$。因此甲國專業生產小麥（機會成本 $0.33 < 0.5$）具有比較利益，而乙國專業生產布（機會成本 $2 < 3$）具有比較利益。

 經濟視野 ①

轉口貿易（switch trade）

　　出口國與進口國兩國之間的貨物買賣，透過我國商人仲介成交，貨物係自出口國先運至我國後，原封不動或稍為加工改包裝（不通關）存入保稅倉庫，再運至進口國的貿易方式，又稱為轉口型三角貿易。

32-2 貿易限制與自由化

一、貿易障礙

　　政府為保護國內的產業與經濟表現，會以各種政策限制國際自由貿易之進行。國際貿易之專業分工可以促進各國資源更有效運用，但進口代表本國對外國產品的需求，將降低本國的產出、所得與就業水準，因此政府可能會對進口產品課徵關稅以提高其價格，或以進口限額直接減少其數量；反之，出口代表外國對本國產品的需求，將提高本國的產出、所得與就業水準，因此政府可能會對出口產品補貼，以降低其成本鼓勵增加其數量。

1. 關稅 (tariff)

　　從價關稅（ad valorem tariff）依進口產品價值的某一百分比，亦即依據稅額占進口金額的比例課徵，進口價格愈高則稅額愈高，通常為稅率固定之比例稅。從量關稅（specific tariff）依進口產品的某一數量單位，亦即依據稅額占交易數量的比例課徵，交易數量愈高則稅額愈高，通常為稅率固定之比例稅。

　　混合關稅（combined tariff）對同一進口產品，同時依據價值與每一數量單位課徵稅額。變動關稅（variable levy）依進口產品的國內外相對價格差異調整稅率，使該產品的國內稅後價格維持穩定。

　　政府課徵關稅的目的若為增加收入，稱為收入關稅（revenue tariff），通常稅率較低，以不影響國際自由貿易為原則；若課徵關稅目的為保護國內的產業則稱為保護關稅（protective tariff），通常稅率較高，對進口者有不利影響，使消費者減少進口需求而以國內的產品替代，又稱為經濟關稅（economic tariff）；若課徵關稅稅率高至貿易完全停止，則稱為禁止性關稅（prohibitive tariff）。

　　因課徵關稅使進口產品成本提高而價格上漲，稱為關稅障礙（tariff trade barriers），又稱為舊式保護主義（old protectionism）；以其他方式限制國際貿易則稱為非關稅貿易障礙（non-tariff trade barriers），又稱為新式保護主義（new protectionism）。

2. 限額 (quota)

　　政府直接限制進口數量，通常以進口簽證許可國外生產者的進口數量，或以外匯管制分配國內進口商的進口數量。出口商有時會自願出口設限（voluntary export restrain；VER），以獲得價格上漲之額外利益。

3. 出口設限 (export restrain)

　　政府對某些特定產品亦可能採取出口限制，例如為提高價格收入而以量制價，為保護相關產業發展而對其關鍵原料、零件、技術等限制出口，或為國家安全等政治因素限制戰略性物質、技術等出口。

4. 補貼 (subsidy)

　　又稱為負關稅（negative tariff），直接方式由政府給付金額予出口廠商，但為世界貿易組織所禁止；通常採行間接方式，例如低利貸款、減免租稅等獎勵方式，降低國內生產者之出口成本，並為國內生產者開拓市場，以增加出口賺取外匯，擴大生產實現規模經濟。出口補貼可能造成國內市場短缺或售價高於國外，進口國也可能以加徵關稅方式對抗不公平競爭。

　　以低於同類產品正常價格進口而傷害國內產業，形成國際貿易不公平競爭，對低價促銷的進口產品加徵關稅，稱為反傾銷稅（anti-dumping tariff）；對接受外國政府補貼的進口產品提高課徵關稅稅額，稱為平衡稅（countervailing tariff）；外國政府對我國出口產品差別待遇，形成國際貿易不公平競爭，對該國進口的產品加徵關稅，稱為報復關稅（retaliation tariff）。

5. 技術傳播 (technology diffusion)

　　進行國際貿易可將產業的技術知識外傳，其他國家以較低成本複製生產，使該產品的比較利益發生轉移，因此應以貿易障礙保護本國產業的技術領先優勢。

6. 技術外溢 (technology spillover)

　　某些關鍵性產業的技術可以帶動其他相關產業的成長發展，而提升整體生產力，提高本國的產出、所得與就業水準，因此應保障該等產業的產品出口能在國際市場公平競爭；對於外國政府的不公平貿易政策採取反制，迫其開放市場，亦即為特定市場掃除貿易障礙，以保護該等產業的成長發展，又稱為**管理貿易**（managed trade）。

二、貿易自由化

　　政府為保護國內的產業與經濟表現，會以各種政策限制國際自由貿易之進行，為使國際貿易之專業分工促進資源更有效運用，各國尋求訂立貿易規則，並由多邊協議解決紛爭，以達到貿易自由化的目標。

三、關稅貿易總協定 (General Agreement on Tariff and Trade；GATT)

　　1947年在瑞士日內瓦，最初由23國簽署，規範各國貿易的行為準則，主導多邊談判，普遍大幅減除貿易障礙，包括降低關稅、廢除限額、開放市場等，並以最惠國待遇為原則。遵守協定準則的國家已超過一百國，其所進行之國際貿易占全世界90%以上，並以此為基礎經過八回合會議。

四、世界貿易組織 (World TradeOrganization；WTO)

　　依據1986年的烏拉圭回合（Uruguay round）談判原則，於1993年達成協議，1995年正式成立。因為入會的規定是「經濟體」即可，不需要「主權獨立國家」，因此我國於2002年以「台澎金馬關稅區域」為名，正式成為世界貿易組織第一百四十四個會員國，納入全球自由貿易體系。日內瓦各代表團並未對兩岸經貿往來提出任何質疑，因此我方不在入會後立即全面對中國開放市場，除非中國願意透過ＷＴＯ爭端解決機制仲裁，否則兩岸經貿問題仍將回歸兩岸協商管道解決。

　　GATT為過渡性國際協定，WTO則具有國際組織法人地位，定期全面檢討各會員國貿易政策措施，由一般理事會統一解決紛爭。

1.最惠國待遇 (most favored nations；MFN)

　　優惠貿易待遇必須普遍適用於所有GATT締約國，即貿易的公平普遍不歧視原則；雙邊談判達成的貿易條件，亦適用於其他締約國，形成多邊協議的效果。

2.國民待遇 (national treatment)

　　進口產品通過海關後，其所受待遇應與該進口國內的其他產品相同，為產品的公平普遍不歧視原則，亦即進口國政府不得對進口產品採取更嚴苛管理標準，如政府差別性採購政策、環境健康安全管制檢驗規範、稅務行政干擾等，而造成不公平的貿易發展障礙。

五、區域貿易集團化 (regional trading block)

　　許多國家之間進行區域經濟整合，例如自由貿易區、關稅同盟、共同市場、經濟同盟等，以強化區域內的貿易，但卻排擠區域外的貿易，造成區域內外不公平貿易。

　　區域內會員國間針對部分產業或商品進行整合，稱為部門整合（sectional integration）；針對全部產業或總體經濟進行整合，稱為全面整合（overall integration）；經濟發展程度相近的國家之間進行區域經濟整合，稱為水平整合（horizontal integration）；經濟發展程度歧異的國家之間進行區域經濟整合，稱為垂直整合（vertical integration）。

區域經濟整合可以提高會員國的市場競爭力，稱為增強競爭效果（intensified competition effect）；會員國的廠商可以擴大生產並有利技術創新與傳播，稱為規模經濟效果（scale economy effect）；區域內會員國間的貿易成本與政策固定可以吸引投資，稱為降低不確定效果（lessened uncertainty effect）。

區域內會員國間加彼此經貿合作，產生貿易創造（trade creation）效果；區域內會員國對區域外國家減少經貿往來，則發生貿易轉移（trade diversion）效果。

1. 自由貿易區 (Free Trade Area；FTA)

區域內會員國間取消彼此之關稅與貿易障礙，但對區域外國家則由會員國各自訂定關稅；即區域內會員國間進行自由貿易，會員國將彼此間的商品貿易障礙完全去除，而各會員國對區域外仍各別維持有不同程度的貿易障礙。

區域外非會員國的產品，可能進口至關稅較低之會員國，再轉運至關稅較高之會員國，形成自由貿易區的**貿易偏轉**（tradedeflection）問題。

很多國家都簽訂彼此間的**自由貿易協定**（free trade agreement；FTA），全球FTA總數超過276個。中國—東協自由貿易區歷經10年協商，於2010年1月1日正式啟動。市場規模約19億人口，GDP總值5.8兆美元，已超越歐盟整體總額；超過90%、7000多項商品零關稅，增加市場腹地，排擠非貿易區內國家交易。東協加三（東協10國加上中國大陸、日本、南韓等三國）將構成亞太經濟區，其經濟規模可望追過歐盟、北美貿易區。台灣將成為亞太經濟區中，除了北韓之外，唯一未列於自由貿易區內的國家，台灣的貿易將被邊緣化，以出口高關稅對抗亞太區零關稅的競爭；占台灣GDP近七成的外銷產業將因競爭力大降，把2/3的外銷市場拱手讓人。

2. 關稅同盟 (customs union)

區域內會員國間取消彼此之關稅，且對區域外國家亦採取一致的關稅，即區域內進行自由貿易，對區域外有相同程度的貿易障礙。區域經濟進入關稅政策整合，而不會發生貿易偏轉問題。

3. 共同市場 (common market)

區域內會員國間除了產品（財貨勞務）自由貿易，各種生產要素（人力、資本）也可以在區域內自由移動。歐洲共同市場於1967年整合為歐洲共同體（European Community；EC），1994年成立歐洲經濟區（European Economic Area；EEA），正式名稱為歐洲聯盟（European Union；EU），更進一步整合勞工、金融等政策。

4. 貨幣同盟 (monetary union)

區域內會員國間使用共同的貨幣進行交易貿易，區域經濟再進一步整合財政、貨幣等政策。1988 年 EC 會員國領袖議會歐洲參政會（European Council）提出狄洛報告（Delors Report），決定分階段實施歐洲經濟貨幣同盟（European Economic Monetary Union；EMU）。1998 年組成歐洲中央銀行（European Central Bank；ECB），但英國、丹麥、瑞典等三國選擇不加入歐元區，二十五個歐盟成員國有十二個國家已發行歐元，計有法國、德國、義大利、荷蘭、比利時、盧森堡、愛爾蘭、希臘、西班牙、葡萄牙、奧地利、芬蘭等國。

歐洲聯盟於 1999 年開始使用歐元（Euro）為共同的單一通貨，各會員國之間可以降低匯率風險、減少交易成本、商品定價透明化、金融市場流通深化，但推動過程與通貨改變亦耗費相當成本，國際經濟與物價波動時無法彈性調整各國匯率，而直接影響各會員國國內經濟、物價與國際收支均衡。

5. 經濟同盟 (economic union)

區域內會員國間之所有經濟政策已幾乎完全整合，即區域內已無經濟疆界，意味各會員國放棄經濟政策自主權，為區域經濟整合之最高境界。

6. 亞太經濟合作會議 (Asia Pacific Economic Cooperation；APEC)

1989 年成立，會員包含太平洋兩岸的主要國家，為一區域經濟合作論壇，定期諮商各項區域內經濟合作方案，但因會員國間經濟發展程度差異大，若要進一步推動區域經濟整合則有困難。

7. 兩岸經濟合作架構協議 (Economic Cooperation Framework Agreement；ECFA)

兩岸經貿活動依雙方合作模式訂約，2010 年簽訂並用協議規範彼此，先簽署綱要式的協議。免關稅或優惠市場開放，包含：早期收穫、服務貿易、投資保障、防衛措施、經濟合作，及爭端解決機制等，非港澳模式，也不是自由貿易協定（FTA）。屬於兩岸特殊性質的經濟合作協議，不違背世界貿易組織（WTO）精神；只規範兩岸經濟合作事項，不涉及主權或政治問題。

試以區域貿易集團化與自由貿易區的意義，說明中國與東南亞國家簽訂自由貿易協定的可能影響，以及台灣的因應之道。

 綜合範例

如果 A 國規定任何產品的進口，都要繳交該產品價格的固定百分比給政府，這種措施稱之為：　(A) 配額　(B) 非關稅貿易障礙　(C) 出口自願限制　(D) 關稅。

 詳關稅、限額。

解析

如果 A 國規定任何產品的進口，都要繳交該產品價格的固定百分比給政府，這種措施稱之為：(D) 關稅。

 經濟視野 ❷

反傾銷（anti-dumping）

以充分資料顯示因進口貨涉及傾銷而遭受損害，財政部關稅稅率委員會進行調查，經濟部貿易調查委員會認定產業損害，財政部最後裁定傾銷差額或接受價格具結之水準。

32-3　IS-LM-BP 分析模型

一、國際收支均衡 (Balance of Payment；BP)

我國所得增加引發增加進口購買外國商品，造成經常帳（$X-M$）惡化，若其他條件不變，必須提高利率吸引外資流入以改善資本帳，即以資本帳盈餘彌補經常帳赤字，維持國際收支均衡。所得（Y）變化與市場利率（i）變化呈同向變動關係，形成正斜率之 BP 曲線。

BP 曲線與 LM 曲線同為正斜率，BP 曲線較平緩（斜率小）表示利率彈性大，即國際資本受利率影響之移動性較大，水平 BP 曲線代表資本完全自由移動（利率完全彈性）；BP 曲線較陡直（斜率大）表示利率彈性小，即國際資本受利率影響之移動性較小（資本管制），垂直 BP 曲線代表資本完全不移動（利率彈性＝0），而經常帳相對易受所得影響。

當利率對資本帳之影響與所得對經常帳之影響反向時，資本自由與資本管制將導致不同的調整方向與影響。

二、IS-LM-BP 均衡

IS、LM 與 BP 曲線交叉點 E 為均衡點，對應均衡利率水準 $i*$ 及均衡總產出（所得）$Y*$，代表商品市場、貨幣市場與國際收支達成均衡狀態。

探討商品市場、貨幣市場與國際收支變化的因素，以 IS、LM 與 BP 曲線及其均衡點之變動方向，分析匯率、利率、產出、所得、就業等總體經濟指標的可能變化，稱為 IS-LM-BP 均衡模型。

1. 充分均衡 (full equilibrium：E_f)

IS、LM 與 BP 曲線完全交叉，即商品市場、貨幣市場與國際收支完全達成均衡，由曼德爾（R. A. Mundell）所提出。

匯率改變使整條 BP 曲線位移，本國貨幣貶值可以增加外國貨幣購買力，增加我國出口，總支出增加而提高均衡總產出所得，因此 IS 與 BP 曲線向右（所得增加）移；反之本國貨幣升值不利出口，IS 與 BP 曲線向左（所得減少）移。為達成匯率政策目標而影響改變國內貨幣供給額，LM 曲線亦位移，使商品市場、貨幣市場與國際收支達成均衡狀態。

2. 準均衡 (quasi equlllbrium：E_q)

若央行公開市場操作進行沖銷，維持國內貨幣供給額不變，則 LM 曲線不動，三曲線不能完全交叉，即國內商品市場與貨幣市場均衡，而國際收支未達成均衡狀態，由司瓦柏達（A. K.Swoboda）所提出。

三、固定匯率制度分析

匯率不變使 BP 曲線不動，固定匯率政策下，國際收支順差則央行須賣出本國貨幣避免升值，導致國內貨幣供給增加使 LM 右移；國際收支逆差則央行須買進本國貨幣避免貶值，導致國內貨幣供給減少使 LM 左移；若央行完全沖銷以維持國內貨幣供給不變，則 LM 曲線不動，為三曲線不能完全交叉之準均衡。

政策改變固定匯率使整條 BP 曲線位移，形成另一條 BP 曲線後即不動。匯率政策為本國貨幣貶值，央行須賣出本國貨幣避免升值，因有利出口，使 IS 與 BP 曲線向右（所得增加）移；匯率政策為本國貨幣升值，央行須買進本國貨幣避免貶值，因不利出口，IS 與 BP 曲線向左（所得減少）移。

1. 固定匯率之擴張財政政策效果

增加總合需求支出，使 IS 線外（右上）移（$IS_0 \to IS_1$），商品總支出增加，提高均衡總產出，所得提高而增加貨幣需求，市場均衡利率上升。

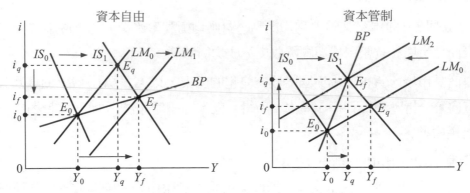

資本自由　　　　　　　　資本管制

▲ 圖 32-1　固定匯率之財政擴張

如圖 32-1，資本自由移動時（BP 曲線平緩），市場利率上升使資本流入，IS_1 與 LM_0 之準均衡 Eq 位於 BP 左上方代表國際收支順差，外匯存底增加，固定匯率政策下，央行須賣出本國貨幣避免升值，國內貨幣供給增加導致 LM 右移（$LM_0 \to LM_1$），則利率降低使資本流出，以調整到國際收支均衡的新充分均衡 E_f。若央行完全沖銷而維持 LM 曲線不動（LM_0），則利率回升（$i_q > i_f$）造成資本流入，調整到國際收支順差之準均衡 Eq，所得提高較少（$Y_q < Y_f$）。

資本管制移動時（BP 曲線陡直），所得提高則增加進口，IS_1 與 LM_0 之準均衡 E_q 位於 BP 右下方代表國際收支逆差，外匯存底減少，固定匯率政策下，央行須買進本國貨幣避免貶值，使國內貨幣供給減少，導致 LM 左移（$LM_0 \to LM_2$），則利率提高使資本流入，以調整到國際收支均衡的新充分均衡 E_f。若央行完全沖銷維持 LM 曲線不動（LM_0），利率降低（$i_q < i_f$）則造成資本流出，調整到國際收支逆差之準均衡 E_q，所得提高較大（$Y_q > Y_f$）。

固定匯率之擴張財政政策效果，資本自由移動時，央行未進行沖銷之充分均衡效果較佳，資本完全自由時（水平 BP 線）市場利率不變，財政擴張不致產生排擠效果；資本管制移動時，央行完全沖銷之準均衡（逆差）效果較佳，資本完全管制時（垂直 BP 線），充分均衡所得不變，利率提高較大，財政擴張產生完全排擠效果。

> ▶ 動動腦 ◀
>
> 試以 *IS-LM-BP* 均衡，分析固定匯率之擴張性財政政策，說明在央行穩定雙率下，以採取擴張性政策改善經濟問題的效果。

2.固定匯率之擴張貨幣政策效果

增加貨幣供給，導致 LM 右下移（$LM_0 \to LM_1$），降低利率使所得提高，資本流出及增加進口則造成國際收支逆差，即 IS 與 LM_1 之準均衡 E_q（BP 右下方），資本自由（BP_1）與資本管制（BP_2）時均同（如圖 32-2）。

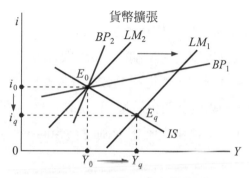

▲ 圖 32-2 固定匯率之貨幣擴張

國際收支逆差之固定匯率政策下，央行須買進本國貨幣避免貶值，導致國內貨幣供給減少，使 LM 左移（$LM_1 \to LM_0$），調整到國際收支均衡的原充分均衡 E_0，市場均衡利率與均衡總產出所得回到 i_0 與 Y_0，即抵消貨幣擴張效果。

因此固定匯率下，若央行未沖銷，擴張性貨幣政策無效，調整到國際收支均衡，但減少外匯存底（賣出外幣而買進本國貨幣）；若央行完全沖銷以維持貨幣擴張之 LM 曲線（LM_1），則擴張性貨幣政策有效，利率降低，所得提高，但造成國際收支逆差之準均衡 E_q。

在固定匯率之下，若有國際收支剩餘，採行擴張性貨幣政策增加貨幣供給，導致 LM 右下移，降低利率使所得提高，資本流出及增加進口則減緩國際收支剩餘。

四、本國貨幣貶值之政策效果

本國貨幣貶值之匯率政策，導致 IS 與 BP 曲線向右移，為達成匯率政策目標，央行須賣出本國貨幣避免升值，使國內貨幣供給增加而 LM 右移，提高均衡總產出所得；利率變動方向則不一定，因 IS 線向右（產出增加）上（利率上漲）方移動，而 LM 線向右（產出增加）下（利率下跌）方移動（如圖 32-3）。

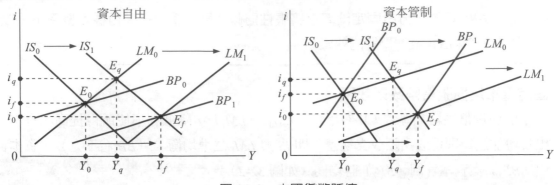

▲ 圖 32-3　本國貨幣貶值

若央行完全沖銷以維持國內貨幣供給不變（LM_0），市場利率上升（$i_q > i_f$）且總產出所得略減（$Y_q < Y_f$），使資本流入且進口減少，IS_1 與 LM_0 之準均衡 E_q 位於 BP 左上方，代表國際收支順差，外匯存底增加，所得提高較少（$Y_0 < Y_q < Y_f$），資本自由與資本管制時均相同；若央行未沖銷，則國內貨幣供給增加，LM 右移到國際收支均衡的新充分均衡 E_f，均衡總產出所得提高，資本自由與資本管制時均相同，但資本完全自由移動時（水平 BP 線）市場利率不變。

試以 *IS-LM-BP* 均衡，分析固定匯率之貨幣貶值效果，並說明台幣貶值，應在產業政策與金融市場如何採取措施，才能改善經濟問題。

五、純粹浮動匯率制度分析

尊重外匯市場的自由機制決定均衡匯率，而不加以干預，則 BP 曲線調整到國際收支均衡的充分均衡，資本完全自由移動時（水平 BP 線）市場利率不變，資本完全管制移動時（垂直 BP 線）所得不變；央行不須為特定匯率政策目標而操作貨幣，亦不須進行沖銷，因此 LM 曲線不會因匯率政策而移動。

1. 純粹浮動匯率之擴張財政政策效果

增加總合需求支出，使 IS 線右上移（$IS_0 \rightarrow IS_1$），提高均衡總產出，增加貨幣需求，而國內貨幣供給維持不變（LM），因此市場均衡利率上升。

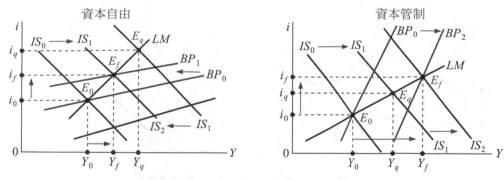

▲ 圖 32-4　純粹浮動匯率之財政擴張

如圖 32-4，資本自由移動時，市場利率上升使資本流入，IS_1 與 LM 之準均衡 E_q 位於 BP_0 左上方，代表國際收支順差，外匯存底增加，則本國貨幣升值，使 BP 曲線向左移（$BP_0 \rightarrow BP_1$），導致淨出口減少使 IS 曲線亦向左移（$IS_1 \rightarrow IS_2$），以調整到國際收支均衡的充分均衡 E_f，但抵消部分所得成長（$Y_f < Y_q$），市場利率回跌（$i_f < i_q$）；資本完全自由移動時（水平 BP 線），所得成長完全抵消（Y_0），市場利率跌回原點（i_0），本國貨幣升值導致擴張性財政政策無效。

資本管制移動時，所得提高使進口增加，IS_1 與 LM 之準均衡 E_q 位於 BP_0 右下方，代表國際收支逆差，使外匯存底減少，則本國貨幣貶值，使 BP 曲線向右移（$BP_0 \rightarrow BP_2$），淨出口增加使 IS 曲線向右移（$IS_1 \rightarrow IS_3$），以調整到國際收支均衡的充分均衡 E_f，且所得成長更大（$Y_f > Y_q$），市場利率上升更高（$i_f > i_q$）。因此純粹浮動匯率之擴張財政政策，資本管制移動時效果較佳，但外匯存底減少，市場利率上升。

2. 純粹浮動匯率之擴張貨幣政策效果

增加貨幣供給，導致 LM 右下移（$LM_0 \rightarrow LM_1$），降低利率使所得提高，資本流出及進口增加造成國際收支逆差，IS_0 與 LM_1 之之準均衡 E_q 位於 BP_0 右下方（如圖 32-5）。

國際收支逆差，外匯存底減少，本國貨幣貶值使 BP 曲線向右移（$BP_0 \rightarrow BP_1$），淨出口增加使 IS 曲線向右移（$IS_1 \rightarrow IS_2$），以調整到國際收支均衡的充分均衡 E_f，利率回升（$i_f > i_q$），所得成長更大（$Y_f > Y_q$），資本自由與資本管制時均同；但資本完全自由移動時（水平 BP 線），利率升回原點（i_0）。在浮動匯率制度，且資本可以自由流動之下，貨幣政策比財政政策效果大。

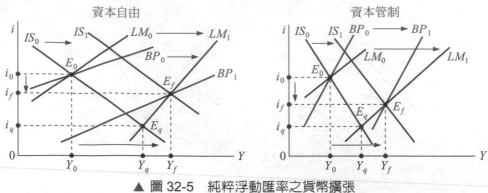

▲ 圖 32-5　純粹浮動匯率之貨幣擴張

經濟視野 ③

海外直接投資（foreigndirect investment）

　　國內企業挾其母公司所擁有的各種資源和經驗，到海外去尋找他國所沒有的技術、市場、原料採購、資金籌措和其他經營上的優勢，以維持企業成長。企業海外直接投資（FDI）的區位選擇，將考慮其在特定地區從事生產、採購、行銷或研發的成本高低；國家或地區的需求狀況，依企業策略目標，評估各區位與營運有關因素對策略目標貢獻程度，產業所在地是否具備其他支援性工業；一個國家或地區的生產要素，勞動成本的比較利益是企業最關切的。

綜合範例

在資本有完全移動的前提下，則　(A) 貨幣政策在浮動匯率之下完全無效　(B) 財政政策在浮動匯率之下完全無效　(C) 貨幣政策在固定匯率之下有效　(D) 財政政策在固定匯率之下的產出效果不明確。

Tip 詳純粹浮動匯率制度分析。

[解析]

　　純粹浮動匯率之擴張財政政策效果：增加總合需求支出使 IS 線右上移，提高均衡總產出，市場均衡利率上升。資本自由移動時，市場利率上升使資本流入，國際收支順差，外匯存底增加，則本國貨幣升值，使 BP 曲線向左移，導致淨出口減少使 IS 曲線亦向左移，資本完全自由移動時（水平 BP 線），所得成長完全抵消，市場利率跌回原點，因此 (B) 財政政策在浮動匯率之下完全無效。

○ 活用經濟實務

泛太平洋戰略經濟夥伴關係協定（TPP）

　　為擴大台灣貿易動能，經濟部積極和各國尋求洽簽自由貿易協定（FTA）和經濟合作協議，政府已經訂下目標，包括兩岸經濟合作架構協議（ECFA）、跨太平洋戰略經濟夥伴協定（TPP）和其他東南亞國家洽簽的雙邊經濟合作協議的總貿易量，要在2020年達到台灣總貿易額的6成。

　　在台美貿易及投資架構協定（TIFA）復談後，長期將推動台灣加入跨太平洋夥伴協議（TPP），深化雙邊經貿關係；台灣在亞太區域經濟整合扮演關鍵角色，在此區域中的各國應要簽訂自由貿易協定，或更進一步的經貿合作。台美貿易暨投資架構協定（Trade and Investment Framework Agreement；TIFA）是國家間為擴大貿易和解決未決問題，而建立的貿易協定架構；往往被視為建立自由貿易協定重要的一步，被視為是台灣入TPP的踏腳石。由新加坡倡議的泛太平洋戰略經濟夥伴關係協定（Trans-Pacific Strategic EconomicPartnership Agreement；TPP），是為促成亞太自由貿易區最重要的先行組織架構，主要為因應金融海嘯衝擊，且加強亞太經濟體推動擴大對外自由貿易圈。

　　2005年6月，在APEC部長會議時完成談判，由新加坡、智利、汶萊和紐西蘭等國率先簽署，就是所謂P4。繼美國、澳洲、秘魯、越南參與後成為P8，讓TPP的影響力大增，鼓勵增進APEC會員體間自由貿易，做為亞太區域經濟整合的藍圖。此項協定並非靜滯不動之協定，TPP將會不停地擴大增加成員國以及納入新興議題。

　　台灣由於政治現實問題，和多數國家沒有邦交，至今和他國洽簽FTA所達到的貿易量只有5%，比韓國、新加坡等國家少很多。亞洲金融風暴之後，東亞各國體會區域合作對維繫國家經濟安全的重要性，紛紛投入區域經濟整合。雖然起步晚，成果卻最好，更展現自我特色，結盟方式跳脫傳統先區域內再區域外的模式，在過去短短10餘年間，東亞已形成多個自由貿易協定（FTA）。美國一直是台日重要貿易夥伴，三方也同為世界貿易組織（WTO）及亞太經濟合作會議（APEC）成員，但都未簽署自由貿易協定。

試以經濟學分析，思考以下問題：
1. 以區域貿易集團化的意義，說明區域合作對維繫國家經濟安全的重要性。
2. 以自由貿易區（FTA）的意義，說明TPP促成亞太自由貿易區的影響。
3. 以貿易創造效果和貿易轉移效果，說明洽簽FTA的影響。

( ) 1. 張三每小時可以生產 10 枝原子筆或 20 枝鉛筆，而李四同樣一小時則可以生產 5 枝鉛筆或 15 枝原子筆。以下的比較那一個正確？ (A) 張三在鉛筆的生產上具有絕對利益 (B) 李四在鉛筆的生產上具有比較利益 (C) 李四生產 1 枝原子筆的機會成本為 3 枝鉛筆 (D) 張三生產 1 枝鉛筆的機會成本為 2 枝原子筆。

( ) 2. 進口關稅提高，會產生何種影響？ (A) 生產者剩餘減少 (B) 消費者剩餘減少 (C) 進口數量增加 (D) 進口品國內售價下價。

( ) 3. 甲乙兩人各懂得如何生產水果與蔬菜，在兩人生產的過程中，以下敘述何者正確？ (A) 具有比較利益的一方是生產的機會成本較高的一方 (B) 兩人一定各有生產的絕對利益，但是不一定有比較利益 (C) 其中一人可能同時有兩種生產絕對利益，但是一定只有一種比較利益 (D) 如果某一人有生產蔬菜的絕對利益，也就同時有生產水果的比較利益。

( ) 4. 甲國在生產汽車與紅酒上有絕對利益，乙國則在生產汽車有比較利益，表示： (A) 甲國應該同時生產紅酒與汽車 (B) 乙國不應該和甲國貿易 (C) 甲國應該生產紅酒，乙國應該生產汽車 (D) 乙國應該生產紅酒，甲國應該生產汽車。

( ) 5. 假設美國人一天可生產 12 單位的汽車，或 3 單位的小麥，中國人一天可生產 2 單位的汽車或 2 單位的小麥，當美國人與中國人進行貿易時 (A) 美國人會進口汽車，而中國人進口小麥 (B) 美國人會出口汽車，而中國人出口小麥 (C) 美國人會出口小麥，而中國人出口汽車 (D) 中國人進口汽車和小麥。

( ) 6. 所謂的馬歇爾－勒納條件 (Marshall-Lerner Condition) 是指 (A) 外國對本國出口品與本國對外國出口品的需求彈性之和大於 1 (B) 保護貿易理論之幼稚工業論 (C) 比較利益理論成立的重要論述 (D) 本國到國外投資的重要指標。

( ) 7. 何種因素會造成本國淨出口增加？ (A) 本國的所得增加 (B) 本國的物價水準上升 (C) 本國貨幣貶值 (D) 外國的所得減少。

( ) 8. 下列因素何者會造成本國淨出口增加？ (A) 外國物價下降 (B) 本國貨幣升值 (C) 外國所得增加 (D) 本國所得增加。

筆記頁

國家圖書館出版品預行編目資料

活用經濟學 / 朱容徵 編著. ‑‑ 二版. ‑‑

　新北市：全華圖書，2014.08

　　面；　公分

　ISBN 978-957-21-9617-5 (平裝)

　1. 經濟學

550　　　　　　　　　　　103016313

活用經濟學 (第二版)

作者 / 朱容徵

執行編輯 / 林芸珊

發行人 / 陳本源

出版者 / 全華圖書股份有限公司

郵政帳號 / 0100836-1 號

印刷者 / 宏懋打字印刷股份有限公司

圖書編號 / 0807601

二版一刷 / 2014 年 9 月

定價 / 新台幣 620 元

ISBN / 978-957-21-9617-5 (平裝)

全華圖書 / www.chwa.com.tw

全華網路書店 Open Tech / www.opentech.com.tw

若您對書籍內容、排版印刷有任何問題，歡迎來信指導 book@chwa.com.tw

臺北總公司(北區營業處)
地址：23671 新北市土城區忠義路 21 號
電話：(02) 2262-5666
傳真：(02) 6637-3695、6637-3696

中區營業處
地址：40256 臺中市南區樹義一巷 26 號
電話：(04) 2261-8485
傳真：(04) 3600-9806

南區營業處
地址：80769 高雄市三民區應安街 12 號
電話：(07) 381-1377
傳真：(07) 862-5562

歡迎加入 全華會員

● 會員獨享

會員購書折扣、紅利積點、生日禮金、不定期優惠活動…等。

● 如何加入會員

填妥讀者回函卡直接傳真 (02) 2262-0900 或寄回，將由專人協助登入會員資料，待收到 E-MAIL 通知後即可成為會員。

如何購書

全華書籍

1. 網路購書

全華網路書店「http://www.opentech.com.tw」，加入會員購書更便利，並享有紅利積點回饋等各式優惠。

2. 全華門市、全省書局

歡迎至全華門市（新北市土城區忠義路 21 號）或全省各大書局、連鎖書店選購。

3. 來電訂購

(1) 訂購專線：(02) 2262-5666 轉 321-324
(2) 傳真專線：(02) 6637-3696
(3) 郵局劃撥（帳號：0100836-1　戶名：全華圖書股份有限公司）

※ 購書未滿一千元者，酌收運費 70 元。

OpenTech.com.tw
全華網路書店

全華網路書店 www.opentech.com.tw
E-mail: service@chwa.com.tw

※ 本會員制如有變更則以最新修訂制度為準，造成不便請見諒。

讀者回函卡

填寫日期： ___ / ___ / ___

姓名：_____ 生日：西元 ___ 年 ___ 月 ___ 日 性別：□男 □女

電話：( ) _____ 傳真：( ) _____ 手機：_____

通訊處：□□□□□

e-mail：_____ (必填)

學歷：□博士 □碩士 □大學 □專科 □高中・職

職業：□工程師 □教師 □學生 □軍 □公 □其他

學校/公司：_____ 科系/部門：_____

・需求書類：

□A.電子 □B.電機 □C.計算機工程 □D.資訊 □E.機械 □F.汽車 □I.工管 □J.土木

□K.化工 □L.設計 □M.商管 □N.日文 □O.美容 □P.休閒 □Q.餐飲 □B.其他

・本次購買圖書為：_____ 書號：_____

・您對本書的評價：

封面設計：□非常滿意 □滿意 □尚可 □需改善，請說明 _____
內容表達：□非常滿意 □滿意 □尚可 □需改善，請說明 _____
版面編排：□非常滿意 □滿意 □尚可 □需改善，請說明 _____
印刷品質：□非常滿意 □滿意 □尚可 □需改善，請說明 _____
書籍定價：□非常滿意 □滿意 □尚可 □需改善，請說明 _____
整體評價：請說明 _____

・您在何處購買本書？

□書局 □網路書店 □書展 □團購 □其他

・您購買本書的原因？ (可複選)

□個人需要 □公司採購 □親友推薦 □老師指定之課本 □其他

・您希望全華以何種方式提供出版訊息及特惠活動？

□電子報 □DM □廣告 (媒體名稱) _____

・您是否上過全華網路書店？ (www.opentech.com.tw)

□是 □否 您的建議 _____

・您希望全華出版那方面書籍？ _____

・您希望全華加強那些服務？ _____

~感謝您提供寶貴意見，全華將秉持服務的熱忱，出版更多好書，以饗讀者。

全華網路書店 http://www.opentech.com.tw 客服信箱 service@chwa.com.tw

2011.03 修訂

親愛的讀者：

感謝您對全華圖書的支持與愛護，雖然我們很慎重的處理每一本書，但恐仍有疏漏之處，若您發現本書有任何錯誤，請填寫於勘誤表內寄回，我們將於再版時修正，您的批評與指教是我們進步的原動力，謝謝！

全華圖書 敬上

勘 誤 表

書 號	頁 數	行 數	書 名	作 者
			錯誤或不當之詞句	建議修改之詞句

我有話要說： (其它之批評與建議，如封面、編排、內容、印刷品質等・・・)

_____
_____
_____